Oscar varia

D0675476

Racconti d'amore del '900

a cura di Paola Dècina Lombardi

25-12-2002

Perchè tu possa CREDERE

e CERCARE L'AMORE

Sempre e comunque...

Ti voglio bene

Simona.

OSCAR MONDADORI

© 1990 Arnoldo Mondadori Editore S.p.A., Milano

I edizione Oscar narrativa novembre 1990

ISBN 88-04-47771-7

Questo volume è stato stampato
presso Mondadori Printing S.p.A.
Stabilimento NSM - Cles (TN)
Stampato in Italia - Printed in Italy

Ristampe:

9   10   11   12   13   14   15   16   17

2000   2001   2002   2003   2004

La prima edizione Oscar Scrittori del Novento
è stata pubblicata in concomitanza
con la nona ristampa
di questo volume

Si ringraziano gli editori
Bombiani, Boringhieri, Einaudi,
F.M. Ricci, Rizzoli, Sellerio
che hanno concesso la riproduzione
di racconti di loro proprietà

Il nostro indirizzo Internet è:
http://www.mondadori.com/libri

Prefazione

Per noi
l'amore
   non è paradiso terrestre,
a noi
   l'amore
   annunzia ronzando
che di nuovo
   è stato messo in moto
il motore
   raffreddato del cuore.

V. Majakovskij, da *Lettera al compagno Kostrov
sulla sostanza dell'amore*

Una favola antichissima racconta come il Dio Cupido, innamoratosi di Psiche, bellissima ma mortale, ottenesse da Giove il consenso alle nozze a patto che la sposa accettasse di incontrarlo solo dal calar delle tenebre fino all'alba. Racconta pure come Psiche, per aver disobbedito, fosse da lui abbandonata e dopo terribili patimenti cadesse sfinita in un sonno profondo. Come ogni favola anche questa aveva un lieto fine: guarito dalla ferita provocata dalla lucerna che la sposa aveva acceso per guardarlo, Cupido convinceva Giove a rendere immortale Psiche affinché potesse amarla alla luce del giorno.

La morale della favola[1] che Apuleio mise in bocca a una vecchia per consolare una fanciulla rapita dai briganti, e che è stata variamente recuperata nella cultura popolare, ci insegna che a voler scoprire il segreto dell'amore si rischia di perderlo. D'altronde, essendo di natura divina, e cioè irrazionale, come potrebbe sopportare di essere «scoperto» e conosciuto secondo il lume dei mortali? Per chi come Psiche, e come Eva, volendo «conoscere» vìola l'interdetto, non può che esserci perdita e separazione.

La favola di Amore e Psiche torna in mente nel constatare come sia cambiata la concezione dell'amore e come rara o trasversale sia diventata la sua presenza nella letteratura del Novecento in cui pare molto più forte la rappresentazione della perdita e la difficoltà di stabilire un rapporto con l'altro che non l'effettiva relazione di coppia.

[1] La favola è inserita ne *L'Asino d'oro*.

Una storia di questo sentimento attraverso la trasposizione letteraria registrerebbe certamente la variazione di simbologie, codici di comunicazione e comportamenti amorosi in rapporto alle trasformazioni politiche, etiche, culturali e sociali, ma registrerebbe pure, insieme all'accelerazione di tali mutamenti a partire dalla fine del secolo scorso, l'inattualità di una concezione dell'amore avvolta di mistero e sacralità che, nata con la poesia dei trovatori, attraverso numerose varianti è arrivata fino al secolo scorso assumendo la forma «romantica» della passione assoluta che, per quanto dolorosa, non corrisposta e insomma «esecrabile follia», è irrinunciabile.

Ampiamente dibattuto, soprattutto in rapporto al matrimonio, e rappresentato secondo tutte le espressioni e sfumature, dall'idillio, al dramma, alla trasgressione, l'amore che il poeta-filosofo Novalis definiva «lo scopo ultimo della Storia Universale» ed Hegel «il superamento della contraddizione tra commozione e sentimento di perdita della personalità», nell'Ottocento non ha sollecitato solo i romantici. Oltreché nella narrativa intimista-sentimentale, esso ha avuto un posto centrale nel filone storico-sociologico e in quello realista. Si pensi a Walter Scott, a Balzac e a Stendhal, al Nievo delle *Confessioni di un Italiano* o al Tolstoj di *Guerra e pace* e di *Anna Karenina,* tanto per citare i primi nomi che vengono in mente.

Non mancava certamente un filone erotico: la sessualità era espressa o per allusioni, o attraverso una esasperata sensualità e, per non incorrere nella censura, le sue vicende venivano affidate a edizioni limitate e anonime. A riassumere questi vari aspetti si presta bene l'opera di Alfred de Musset: poeta lirico delle *Nuits*, testimone attento della degenerazione dei valori morali, oltreché amante appassionato nelle *Confessioni di un figlio del secolo*, è l'anonimo autore di *Gamiani ou deux nuits (d'excès) d'amour,* romanzo erotico ricalcato sulla *Justine* di Sade il cui repertorio – dal voyeurismo all'onanismo, dal sadismo al masochismo al lesbismo – nella sua pretesa di trasgressività ci appare così povero di rivelazioni e sorprese da farci sorridere. Quel repertorio infatti, illustrato dai fumetti, circola oggi tranquillamente in mano degli adolescenti e per quanto riguarda la letteratura è uscito sempre più allo scoperto conquistandosi un posto di primo piano attraverso opere di varia qualità artistica.

Ma allora, a cavallo del secolo, nonostante *Madame Bovary* che nelle intenzioni di Flaubert, inguaribile romantico a dispetto del suo realismo, metteva in guardia dai pericoli del sentimentalismo amoroso, e nonostante Zola che animato da «un forte desiderio di verità» dissacrava l'emotività dei suoi personaggi sostituendo al sentimento gli istinti più brutali – si pensi ai due amanti in *Teresa Raquin* –, lo «scandaloso» Oscar Wilde nel *De Profundis* seguitava a considerare l'amore «un sentimento cui bisogna accostarsi in ginocchio» e trent'anni dopo i surrealisti ne facevano uno dei temi privilegiati della loro poetica rivendicando ed enfatizzando il carattere totalizzante dell'esperienza erotica. Esperienza che è centrale anche nell'opera del loro contemporaneo Georges Bataille, come momento in cui non esiste più contraddizione tra vita e morte e come realizzazione di quel «culmine» della vita che rientra nei valori del sacro.

In un testo del 1928, André Breton, teorico dell'*amour fou*, distingueva tra l'Amore esclusivo, che disprezzando ogni logica si situa al di là delle convenzioni sociali, e l'Idea dell'Amore, una fata stereotipata che difende da sempre «prospettive di foreste, telai da ricamo e una perpetua generazione di esseri né carne né ossa». Reinterpretava dunque l'amore-passione di natura romantica svincolato dall'unione coniugale.

Nello stesso anno, Majakovskij, che si dichiarava «per l'eternità ferito dall'amore», gli faceva eco scrivendo che «l'amore non si misura con le nozze» ma precisava che esso non consiste «nel bollire più sodo,/e neppure/nell'esser bruciati come carbone/ma in ciò/che sorge dalle montagne dei petti/sopra le giungle dei capelli...».

Più o meno in quel periodo, l'autore de *L'amante di Lady Chatterley*, per rispondere alle accuse di oscenità suscitate dal suo romanzo, affermava che era venuto il momento di mettere in armonia la coscienza e la sensazione dell'esperienza corporale con l'esperienza stessa dell'atto d'amore. Ne sarebbe derivato il dovuto rispetto per il sesso e il dovuto culto per «la misteriosa esperienza del corpo», entrambi essenziali perché – aggiungeva – «la vita è sopportabile solo quando lo spirito e il corpo vivono in armonia».

Che il suo romanzo non fosse stato capito, per Lawrence dipendeva dalla tendenza dei suoi contemporanei alla «contraffazione» di sentimenti ed emozioni, primo fra tutti l'amore, «preso alla leggera come un passatempo», soprattutto dai giovani che, educati a diffidare di ogni emozione, si difendevano da quello che veniva loro prospettato come «l'inganno maggiore».

«Ora la vera tragedia» aggiungeva lo scrittore «è che nessuno di noi è tutto d'un pezzo, *tutto* contraffatto o *tutto* amor vero. E in molti matrimoni, si agita, nel mezzo della contraffazione, una fiammella d'amor vero, da ambo le parti... ma in un'età particolarmente sospettosa dei surrogati e degli inganni in fatto di emozioni, e particolarmente dell'emozione sessuale, il furore e la diffidenza contro l'elemento contraffatto finiscono, nella maggior parte dei casi, per sopraffare ed estinguere la fiammella genuina della vera comunione amorosa che avrebbe potuto rendere felici due vite. Di qui il pericolo di insistere solo sull'emozione contraffatta e ingannevole, come fa la maggior parte degli scrittori "avanzati". Per quanto lo facciano, naturalmente, per controbilanciare l'inganno infinitamente maggiore degli scrittori "romantici", sentimentali.»

Lawrence infine, a proposito del matrimonio che definiva l'unione tra «due fiumi di sangue... eternamente distinti ma col potere di congiungersi e rinnovarsi», denunciava la tendenza dei drammaturghi e scrittori contemporanei a identificare la sessualità con l'uso peccaminoso dell'atto d'amore mentre tutta la letteratura del mondo dimostrava quanto profondo fosse l'istinto della fedeltà sia nell'uomo sia nella donna e come entrambi perseguissero la soddisfazione di questo istinto soffrendo per l'incapacità di trovare «la via della vera fedeltà».

La lunga arringa di Lawrence mette bene a fuoco la situazione di crisi nella concezione dell'amore che in letteratura apparirà sempre più travolto da quell'onda di cupo pessimismo che Guido Davico Bonino individuava già nel racconto di von Hofmannsthal con cui si chiudeva la raccolta di *Racconti d'amore dell'Ottocento* uscita qualche anno fa in questa stessa collana.

Che in letteratura la «perdita» dell'amore totalizzante e fusionale dipenda dai profondi cambiamenti che, sconvolgendo il nostro secolo con guerre e campi di sterminio, scoperte scientifiche e conquiste tecnologiche, ideali rivoluzionari e fallimenti delle loro realizzazioni, hanno spostato l'interesse degli scrittori sulla crisi d'identità dell'uomo moderno; che un ruolo decisivo lo abbia avuto la teoria freudiana la quale, proseguendo l'indagine sulle emozioni promossa dalla psicologia sperimentale di fine secolo, ha insistito sulle dinamiche sessuali identificando nel desiderio l'essenza dell'uomo perché «è il principio del piacere a stabilire il programma dei fini della vita», il risultato è comunque un panorama amoroso sempre più tormentato in cui abbondano i disinganni o i risvolti ironici e grotteschi. La sessualità pare aver sostituito la passione ed è rappresentata volentieri come la molla di una conoscenza carnale folgorante e intensa ma vissuta più in funzione della esperienza individuale che non nella prospettiva della relazione di coppia. L'impressione che se ne ricava è insomma di una estrema solitudine: del «discorso» amoroso, come lamentava Roland Barthes in un volume di alcuni anni fa e delle figure degli amanti, uniti assai spesso da una *concordia discors*.

Romanzi e racconti in cui risulta trasposto il grande amore che per quanto «croce e delizia» resiste ai colpi della sorte e vale la pena di coltivare per tutta una vita perché riscalda l'esistenza, non sono mancati ma sono diventati sempre più rari. Eppure, l'interesse del grande pubblico verso questo sentimento si mantiene vivo come dimostrano il successo di alcuni bestsellers e dei saggi sull'amore ultimamente sempre più numerosi.

Un tempo, a dissertare sull'amore erano i filosofi e gli scrittori, oggi sono gli psicanalisti, i sociologi e i giornalisti. Da allora il numero dei lettori è cresciuto, c'è stato un ricambio nel pubblico femminile che, nel secolo scorso, accostandosi per la prima volta alla lettura ha determinato il boom del romanzo d'appendice salvando un'editoria in crisi. Il fatto è che molti di quei romanzi, pubblicati a puntate nel *feuilleton*, ossia in un inserto staccabile su quotidiani e riviste, erano firmati da Stendhal, Hoffmann, Balzac, Poe e sapevano parlare al grande pubblico senza sacrificare la qualità artistica della scrittura. L'amore vi occupava una posizione centrale perché era un valore «forte» nella vita dei protagonisti e le sue vicende erano rappresentate nel loro accedere attraverso una serie di peripezie che, mantenendo alto l'interesse del lettore, soddisfacevano il suo bisogno di evasione.

Una certa letteratura del Novecento, più interessata alla narrazione dell'esperienza interiore e al fenomeno della scrittura che non alla rappresentazione dei sentimenti, pare aver appagato sempre meno questo bisogno la cui soddisfazione è stata recuperata dal cinema. Più forte è diventato dunque il divario con una letteratura di consumo sempre meno letteraria e più visiva: romanzo «rosa», serials televisivi, fotoromanzi.

Insomma, se i Fromm hanno rimpiazzato gli Stendhal, i Balzac, i Michelet autori di trattati sull'amore e sul matrimonio, non pare che a sostituirli, come romanzieri capaci di conquistare alla lettura un'altra fetta di grande pubblico, ci siano molti scrittori di altrettanta qualità. E l'idea della raccolta che segue è nata anche dal desiderio di proporre a un pubblico più vasto, attraverso il tema dell'amore, molti scrittori più noti che letti perché non rientrano nella cosiddetta letteratura di evasione.

Ordinata cronologicamente secondo la data della prima edizione dei testi, questa raccolta si apre con due racconti che seppure pubblicati alla fine del secolo scorso appartengono a scrittori come D'Annunzio e Kipling i quali con la loro produzione, oltreché per sensibilità e scrittura, rientrano nella narrativa del Novecento.

La chiude un brevissimo racconto inedito che Michel Tournier mi ha proposto quando, incerta nella scelta tra due suoi testi, ho richiesto il suo parere. *Lo specchio magico* che a Tournier fu suggerito dall'immagine di una antica miniatura indiana, col suo sapore di apologo mi pare che, involontariamente, suoni come una «morale della favola» rispetto al racconto a più voci intorno all'amore che il volume propone.

Terra vergine di D'Annunzio con la sua prepotente e primitiva istintualità e *Lo specchio magico* col suo ammaestramento circa la felicità coniugale ci danno dell'amore due visioni agli antipodi e anche due esempi diversi di scrittura.

In mezzo, ci sono racconti e novelle dai quali – credo – risultano, insieme ai diversi aspetti dell'amore, le variazioni di un modo di raccontare che nel Novecento registra parecchie novità. La voce del narratore pare infatti perdere sempre più il suo ampio respiro. Diminuisce anche la sonorità, il calore; si fa più secca, e finendo per perdere di vista l'obiettivo dell'ascoltatore si riduce a volte a una sorta di ironico monologo.

Nonostante la varietà dei punti di vista sull'amore e degli stili degli autori, questa raccolta non è, e non pretende di essere, né esaustiva né obiettiva, per esempio secondo criteri di correnti letterarie o di nuclei tematici. E forse il suo titolo può apparire improprio guardando all'indice in cui mancano scrittori, anche di qualità, il cui successo è dovuto a opere in cui il tema amoroso è fortemente presente.

Allora sarebbe stato più corretto intitolare questa raccolta: L'amore in alcuni racconti e novelle del Novecento? Può darsi, comunque il criterio della scelta è dovuto principalmente a «preferenze personali», nei limiti delle mie letture. E si tratta di preferenze determinate da un'idea della Letteratura alla quale, come diceva André Gide, appartengono quelle opere «che non lasciano il lettore nello stato in cui l'hanno trovato». Ovviamente, che si tratti di semplice interesse, di piacere, di turbamento o di consonanza, quel «cambiamento» è del tutto soggettivo e fa sì che la «preferenza» non sempre coincida con il giudizio di merito decretato dalla critica o dal successo di pubblico.

Accanto alle «preferenze» cui in gran parte corrispondono testi più o meno noti dei maggiori scrittori del nostro secolo, c'è qualche racconto scelto o per il suo interesse in rapporto all'autore o come campione di quel cambiamento di voce di cui s'è detto.

Infine, la raccolta propone un certo numero di testi inediti di scrittori stranieri poco noti al grande pubblico o non ancora tradotti, di cui si forniscono in appendice delle note critico-biografiche più ampie rispetto alle brevi schede che, sempre in appendice, accompagnano racconti e novelle di autori sui quali è più facile per il lettore documentarsi.

Anche in questo caso si tratta di «preferenze», più consistenti nel campo della letteratura straniera che conosco meglio nell'originale; negli altri casi mi sono state utilissime le indicazioni degli specialisti: Patrizia Nerozzi, Cristina Di Pietro e Daniel Vogelmann.

C'è un'altra cosa che vorrei segnalare al lettore. In questa, come in ogni raccolta, la presenza, e l'assenza, di tanti racconti e novelle di grande qualità artistica dipende anche dalla disponibilità, o indisponibilità, di altri editori a cedere i diritti d'autore e dalla maggiore o minore facilità di trattativa con gli autori o i loro eredi. Perciò ringrazio gli editori – soprattutto la Einaudi, dal cui catalogo proviene un cospicuo bottino – e tutti coloro che hanno facilitato la pubblicazione di questo volume o vi hanno collaborato redazionalmente come Elena Albertini, Nanda Mainardi e Nino Ravenna.

Paola Dècina Lombardi

Racconti d'amore del '900

Gabriele D'Annunzio

TERRA VERGINE

La strada si slanciava innanzi, sotto la rabbia del sole di luglio, bianca e vampante e soffocante di polvere tra le fratte arsicce piene di bacche rosse, fra i melagrani intristiti e qualche agave in tutto fiore.

Il branco de' porci irrompendo per quella bianchezza sollevava nugoli enormi; Tulespre dietro con la canna su quell'accavallamento di dorsi nerastri, da cui uscivano grugniti sordi e grufolii e lezzi aspri di carne riscaldata; Tulespre dietro, gittando urlacci dalla strozza secca, rosso, in faccia e tutto in sudore; Iozzo un mastino chiazzato di nero, con tanto di lingua fuori, a testa bassa, gli zoppicava accanto. E andavano alle querci della Fara, i porci a saziarsi di ghiande, Tulespre a fare all'amore.

Andavano. Lì da San Clemente Casauria c'era un mucchio di ciociari addormentati all'ombra degli archi di pietra; era un mucchio di corpi sfiniti: volti abbruciacchiati, gambe e braccia ignude tatuate di turchino; russavano forte, e da quel carname vivo esalava un odore di selvaggina grossa. Al passaggio del branco, qualcuno si rizzò sui gomiti. Iozzo fiutava; poi fermo sulle tre gambe cominciò a latrare furiosamente: i porci si sbandavano di qua, di là, con grugniti acutissimi sotto i colpi di canna; i ciociari all'assalto improvviso balzarono in piè tra la paura, mentre la luce acuta li feriva negli occhi torpidi di sonno; e il polverone copriva tutto quel tumulto di bestie e d'uomini in faccia alla maestà della basilica gloriata dal sole.

«Per Sant'Antonio!» mugghiava Tulespre affannandosi ˄ re il branco, fra le imprecazioni rabbiose de' cioci˄ dannate!»

E si rimise in via, di corsa, tempestando con la canna, con i sassi, verso il querceto che verdeggiava in distanza, ove c'erano le ghiande, e le ombre fitte e gli stornelli di Fiora.

Fiora cantava a squarciagola, seduta sotto a una siepe di rovo, mentre le capre intorno brucavano arrampicandosi pel rialto; cantava innanzi alle farnie gigantesche che si rizzavano su con la gran possa del tronco e allargavano le braccia fronzute, gremite di frutti, in quella gioia odorosa di aria e di luce. Il vento della montagna vi alitava per entro: uno stormire ampio, un ondeggiare di frasche, un luccicare di ghiande correva per tutto quel popolo vegetale: sotto, le ombre rotte da occhiate vive di sole. I porci si sparpagliavano rivoltolandosi per quell'abbondanza, con grunniti di piacere; e Fiora cantava uno stornello di garofani; e Tulespre trafelato beveva il fresco, la canzone; e su tutta quella sanità forte serena giovine di piante, di bestie, d'uomini, s'apriva il cielo oltremarato.

Tulespre s'era immerso nell'umidore dell'erba che qua e là era ancora intatta: sentiva il sangue bollire, fermentare, come mosto vergine, dentro le vene. A poco a poco in quel refrigerio l'arsura gli svampava dai pori; dai mucchi di fieno intorno vaporante gli saliva su per le narici calde una voluttà di profumo; in fondo all'erba udiva brulichii d'insetti, provava su la pelle, ne' capelli vellicamenti di corpuscoli strani; e il cuore gli palpitava al ritmo selvaggio dello stornello di Fiora...

Stette in ascolto. Poi si mise a strisciare sul terreno, come un giaguaro contro la preda.

«Ah!» gridò d'un tratto balzandole dinanzi in piè, con uno scroscio di risa: tozzo, tutto muscoli, di pelo rossiccio, con due occhi sprizzanti salute coraggio amore.

La capraia non ebbe paura; fece con la bocca una smorfia di scherno, indescrivibile.

«O che ti credevi?» disse, sfidando.

«Niente.»

E tacquero; e la Pescara mugghiava di lontano, dietro al rialto, nella profonda boscaglia, sotto la montagna nuda.

Ma Tulespre aveva tutta l'anima nelle pupille e le pupille fitte 'n quella superba femmina dalla carne colore di rame.

«Canta!» ruppe finalmente con un fremito di passione nella voce.

Fiora si voltò, nel sorriso della bocca sanguigna mostrando le due file bianchissime dei denti mandorlati; e svelse una manata di erba fresca, e gliela gittò in faccia con un impeto di desiderio, come gli avrebbe gittato un bacio. Tulespre rabbrividì: sentì l'odore della femmina, più acuto, più inebriante che l'odore del fieno.

Iozzo abbaiava avventandosi di qua, di là, aizzato dal padrone, contro i porci spersi.

Era il vespero, pieno di fumi caldi intorno alle vette: le fronde delle farnie prendevano luccichii metallici agli aliti languidi del rezzo; frotte di uccelli selvatici attraversavano in alto l'aria rossa perdendosi; e dalla parte delle cave di Manoppello giungevano buffi pregni di asfalto, a tratti; e a tratti giungeva anche la cantilena ultima della capraia là fra mezzo ai ginepri d'una bassura.

I porci strascicavano la pinguedine de' ventri giù per la discesa tutta invermigliata di lupinella in fiore; Tulespre dietro, ricanticchiando lo stornello dei garofani, tendendo a volte l'orecchio se gli giungesse anche un palpito di voce femminile. Era silenzio; ma dal silenzio nascevano mille suoni indefinibili, ma le avemarie si propagavano di chiesa in chiesa con un ondeggiamento fievole di malinconia. E come gli alberi fiorivano effluvii di donna per Tulespre innamorato!

Uscirono alla strada maestra: da' lati le fratte si addormentavano sotto la polvere, e un biancicore dubbio stendevasi innanzi nella chiarità plenilunare; dalla macchia scura del branco qualche grunito sommesso, poi le peste monotone, monotono il cantilenare dei carrettieri, lo scampanellare delle alfane stanche, in quella immensa calma di frescura, di fragranza e di luce.

Ma il bosco fu traditore. Alla Fara quella mattina c'era un fischiettio di merli, un'allegria di frascheggiamenti, sotto il cielo tenero di turchesia ricamato dai fogliami; nelle gocciole della pioggia si rinfrangevano mille iridi vive.

E d'intorno, in lontananza, dalle alture di Petranico agli oliveti di Tocco, la campagna selvaggia fumigava riamata dal sole.

«O Fiora!» gridò Tulespre vedendola venire dietro le capre giù pel viottolo, tra due spalliere di melagrani, balda come una giovenca.

«Vo al fiume» rispose ella perdendosi con il branco nelle scorciatoie. E Tulespre udì i crepitii dei rami stroncati, i belati brevi nella discesa, le voci; poi uno sprazzo, uno squillo, uno zampillo di canto... Lasciò i porci al pascolo, e si cacciò per la china, là, come una belva in fregola.

Dall'umidità estuosa del terreno pullulava, scoppiava una forza giovine ed aspra di tronchi, di virgulti, di steli, simili a colonne di malachite, striscianti in basso, attorcigliantisi con spire di rettili, abbracciantisi in impeti di lotta per un'occhiata di sole. Le orchidee gialle turchine vermiglie, i rosolacci sanguigni, i ranuncoli aurei screziavano tutta quella vivente verzura avida di umore; le edere, i caprifogli si slanciavano tra fusto e fusto, si stringevano in volute inestricabili d'intorno alle scorze; dai frutici chiusi le bacche pendevano a corimbi; ed era al vento una tempesta immensa, era come un respirare, un alenare di petti umani; e un effluvio agro di linfe si spandeva per l'ombre; e in mezzo a quel trionfo di vita vegetativa squillavano altre due giovinezze, fremevano altri amori, passavano Fiora e Tulespre inseguendosi a precipizio verso la Pescara.

Giunsero in fondo, per mezzo alle fratte, ai bronchi, alle ortiche, ai canneti, con le vesti lacere, con mani e piedi sanguinanti, con i polmoni dilatati, tutti in sudore: un buffo di pulviscolo acqueo li spruzzò d'improvviso. Il fiume là innanzi si frangeva contro i massi in un nembo di schiuma, in un maraviglioso nembo di bianchezza e di freschezza, sotto l'aridità disperata della montagna battuta dal solleone; l'acqua irrompente si apriva mille vie a traverso la pietra; tumultuava contro gli argini, spariva sotto a uno strato d'erbe secche facendolo palpitare come il ventre di un anfibio sommerso, riappariva gorgogliante fra i giunchi, tumultuava ancora. Nelle rocce di sopra, a picco, non un filo di verde, non un lembo di ombra: erte, come solcate da arterie di argento, terribilmente belle ed ignude incontro al cielo.

Fiora si accostò avida e bevve. China sul greto, con il seno balzante, con la lingua all'acqua, nella curva della schiena e de' lombi rassomigliava una pantera; Tulespre la involse tutta d'uno sguardo torbido di libidine.

«Baciami!» e il desiderio gli strozzava la voce in gola.

«No.»

«Baciami...»

Le prese la testa fra le palme, l'attirò a sé, e con gli occhi socchiusi stette a sentirsi correre per tutte le vene la voluttà di quella bocca umida premuta all'arida bocca sua.

«No» ripeté Fiora sguizzando indietro, passandosi la mano sulle labbra come per toglierne il bacio. Ma tremava più d'una vetrice, ma nella carne turgida pel calore della corsa aveva le prurigini, ma la lascivia c'era nell'aria, c'era nel sole, c'era negli odori.

Una testa nera di capra sbucò sopra tra il fogliame guardando con le miti iridi gialle quel groppo vivo di membra umane. E la Pescara cantava.

(1882)

da *Terra vergine*, Mondadori 1981.

Rudyard Kipling

ALBA EQUIVOCA[1]

> Dio sa ciò che stanotte accadrà,
> tormentata e debole[2] è la Terra –
> D'attesa insonne, aperti gli occhi,
> e noi, da codesta argilla impastati,
> vibriamo nel dolore di Colei che ci è madre.
>
> R. Kipling, *In sopportazione*

Nessuno saprà mai la verità di questa storia, sebbene capiti che le donne se la sussurrino dopo il ballo, quando si acconciano i capelli per la notte e confrontano gli elenchi delle rispettive vittime. È ovvio che un uomo non possa assistere a tali funzioni. Cosicché il racconto deve essere narrato dall'esterno: come un brancolamento nel buio, e senza alcuna garanzia di verità.

Mai lodare una sorella di fronte all'altra sorella, nella speranza che i tuoi complimenti raggiungano le orecchie a cui sono indirizzati, di modo che ti sia aperta la via per la mossa successiva. Le sorelle sono in primo luogo donne, e solo in seguito sorelle, e non otterrai altro risultato che quello di danneggiarti.

Saumarez era consapevole di ciò, quando decise di dichiararsi alla maggiore delle sorelle Copleigh. Saumarez era una persona strana, con ben pochi meriti, da quello che potevano giudicare gli altri membri del sesso maschile, ed era tuttavia popolare presso le donne, e la sua presunzione era tanta da rifornire senza difficoltà il Consiglio del viceré, oltre a lasciarne un poco per lo stato maggiore del comandante in capo. Lui era comunque membro del Servizio Civile. Forse moltissime donne s'interessavano a Saumarez perché il suo comportamento verso di loro era offensivo. Se

---

L aggettivo «equivoca», nella traduzione del titolo, riassume meglio il senso del racconto; mentre il più letterale «falsa» (l'inglese infatti ha *False*) può ricordarci che Kipling allude anche al fenomeno della «falsa alba», che precede quella vera e propria. (*N.d.T.*)

[2] La *Sussex Edition* (e i *Collected Verses*) hanno *fain* (voce arcaica), cioè tesa, mentre le edizioni precedenti hanno *faint*, debole. (*N.d.T.*)

batti un pony sul naso le prime volte che hai a che fare con lui, è possibile che l'animale non ti si affezioni, ma in futuro seguirà i tuoi movimenti con profondo interesse. La maggiore delle Copleigh era graziosa, un po' rotondetta, ma simpatica. La più giovane non era altrettanto graziosa e, a sentire talune persone che avevano trascurato l'avvertimento testé esposto, il suo stile era repellente e privo di qualsiasi attrattiva. Entrambe le ragazze avevano in pratica la stessa figura, e vi era una forte rassomiglianza tra di loro, sia nello sguardo sia nella voce; sebbene nessuno potesse dubitare, nemmeno per un istante, quale fosse la più graziosa.

Saumarez si mise in mente, non appena le due ragazze – che provenivano da Behar[1] – vennero ad abitare nella Stazione, di sposare la maggiore. Perlomeno noi tutti ci accorgemmo di questa sua intenzione, il che è esattamente la medesima cosa. La ragazza aveva ventidue anni, e lui trentatré, con un salario e indennità varie che ammontavano a quasi millequattrocento rupie il mese. Così l'unione, come tutti la prospettavamo, era eccellente sotto ogni punto di vista. Saumarez era il suo nome, e incerta la sua natura, come qualcuno ebbe a dire una volta. Dopo aver abbozzato questo suo proposito, per prendere una decisione formò un comitato speciale di una sola persona, e si propose di fare la cosa con calma. Le ragazze Copleigh erano «selvaggina che si muoveva in coppia», come dicevamo nel nostro gergo sgradevole. Vale a dire, non si poteva fare qualcosa con l'una senza che ci fosse l'altra. Le due sorelle erano tra loro molto affezionate, anche se un simile affetto era talvolta inopportuno. Saumarez non sgarrava di un capello a favore di una delle due, e nessuno, tranne egli stesso, avrebbe potuto dire verso chi inclinava il suo cuore, anche se tutti lo indovinavano. Cavalcò e danzò molto con loro, ma non riuscì mai a separarle per un periodo di tempo relativamente lungo.

Le donne dicevano che le due ragazze stavano insieme per semplice sfiducia reciproca, e perché ciascuna temeva che l'una si avvantaggiasse sull'altra. Questa tattica tuttavia non influisce sul

[1] Città del Bengala (distretto di Patna), luogo di transito dei musulmani che vanno in pellegrinaggio alla Mecca. Si trova a circa 170 miglia a sud-est di Lahore. Era la stazione ferroviaria più vicina a Simla. (*N.d.T.*)

comportamento maschile. Saumarez taceva, comunque andassero le cose, e continuava a essere vigile e attento nella vita quotidiana, senza mai trascurare né il lavoro né il polo. Non vi erano dubbi che piacesse alle due ragazze.

Intanto la stagione calda si avvicinava, e Saumarez non dava il minimo segno di rivelare le proprie intenzioni. Le donne dicevano che era possibile leggere un turbamento del tutto femminile negli occhi delle sorelle, che apparivano tese, ansiose e irritabili. Gli uomini sono alquanto ciechi in simili circostanze, a meno che nella loro natura non abbiano qualche aspetto più femminile che maschile, nel qual caso non importa ciò che dicono o pensano. Da parte mia, ritengo che furono i caldi giorni d'aprile a togliere il colore dalle guance delle ragazze Copleigh. Avrebbero dovuto mandarle in montagna all'inizio del caldo. Nessuno – uomo o donna – si sente un angelo quando si avvicina l'arsura. La sorella minore acquisì modi più cinici, per non dire acidi, e il fascino della maggiore si affievolì di molto. Sembrò assumere un comportamento innaturale.

La Stazione dove si svolsero questi avvenimenti non era affatto piccola, ma non era toccata dalla ferrovia, e soffriva a causa di una certa trascuratezza mondana. Non vi erano giardini, né bande o divertimenti di cui valesse la pena parlare, e ci voleva quasi un giorno di viaggio per partecipare a un ballo dato a Lahore. Cosicché la gente era grata, quando incidenti trascurabili tenevano desto l'interesse della comunità.

Verso l'inizio di maggio, e immediatamente prima del grande esodo verso le località montane, quando il clima era torrido e nella Stazione non erano rimaste più di venti persone, Saumarez organizzò un picnic equestre al chiaro di luna, presso una vecchia tomba lontana sei miglia, accanto al letto del fiume. Era un picnic del tipo l'*Arca di Noè*, nel quale i partecipanti dovevano cavalcare a coppie miste, e a causa della polvere vi doveva essere un intervallo di un quarto di miglio tra ciascuna coppia. Vennero in tutto dodici persone, *chaperons* comprese. I picnic fatti al chiaro di luna sono utili quando la stagione mondana sta per finire nelle Stazioni, prima che tutte le ragazze raggiungano le alture. Questi picnic, infatti, favoriscono le intese, e dovrebbero essere incoraggiati dalle *chaperons*, in particolare da quelle le cui ragazze fanno una figura superba in abito da amazzone. Potrei raccontarvi di quella volta... Ma questa è un'altra storia. Il picnic di cui stiamo parlando era stato battezzato il «Grande Picnic Effervescente», in quanto tutti sapevamo che Saumarez si sarebbe dichiarato alla maggiore delle sorelle Copleigh; per di più, oltre a questa, vi era un'altra faccenda che forse sarebbe potuta sbocciare a buon fine. L'atmosfera sociale era piuttosto confusa, ingombra, e aveva bisogno di una bella schiarita.

C'incontrammo nella piazza d'armi alle dieci: la notte era spaventosamente calda. I cavalli sudavano già al passo, ma qualsiasi cosa era meglio che starsene seduti e immobili nelle proprie case senza lumi accesi. Quando uscimmo in aperta campagna sotto la luna piena eravamo divisi in quattro coppie, in un terzetto e in un cavaliere singolo, ovvero io. Saumarez cavalcava con le ragazze Copleigh, e io seguivo lentamente la processione, chiedendomi con quale ragazza Saumarez avrebbe cavalcato durante il ritorno. Tutti eravamo felici e contenti, anche se ognuno di noi avvertiva che qualcosa era in procinto d'accadere. Cavalcavamo lentamente, ed era quasi mezzanotte, quando raggiungemmo la vecchia tomba, di fronte al serbatoio per l'acqua ormai fuori uso, nei giardini andati in rovina, e nei quali noi ci accingevamo a mangiare e a bere. Raggiunsi gli altri con un certo ritardo, e vidi, prima di entrare nel giardino, che sulla linea dell'orizzonte era apparsa, a nord, qualcosa di simile a una penna sottile e di colore bruno grigiastro. Comunque nessuno mi sarebbe stato riconoscente se avessi guastato un trattenimento così ben condotto; e poi una tempesta di sabbia non è che arrechi così grandi danni.

Ci raccogliemmo accanto al serbatoio. Qualcuno aveva tirato fuori un banjo – che è strumento assai sentimentale – e tre o quattro di noi cantarono. Il lettore non deve mettersi a ridere. Sono ben limitati i divertimenti concessi a chi abita in Stazioni fuori mano. Ci mettemmo quindi a discorrere a gruppi o tutti insieme, stando sdraiati sotto gli alberi, e intanto le rose bruciate dal sole facevano cadere i petali ai nostri piedi, finché la cena non fu pronta. Fu una cena bellissima, come meglio non potevamo desiderare, e indugiammo lungamente a tavola.

Mi ero accorto che l'aria stava diventando sempre più rovente, anche se nessuno sembrava rendersene conto; poi a un tratto la luce della luna si spense e un vento molto caldo incominciò a sferzare gli aranci, con un suono simile al fragore del mare. Fummo circondati in un batter d'occhio dalla tempesta di sabbia, e ogni cosa venne avvolta da una coltre di tenebre ruggenti e roteanti. La tavola su cui era stata imbandita la cena fu spinta dal vento dentro il serbatoio. Noh ci fidammo a restare nelle vicinanze della vecchia tomba, che avrebbe potuto crollarci addosso. Così ci avviammo a tentoni verso gli aranci ai quali erano legati i cavalli, e lì aspettammo che la tempesta si sfogasse Quindi, anche quel poco di luce che era rimasta svanì, e non era possibile vedere neppure la mano tenuta davanti alla faccia. L'aria polverosa era greve della sabbia che si alzava dal letto del fiume, e ne avevamo pieni gli stivali e colme le tasche, e ci scivolava giù per il collo, e ricopriva sopracciglia e baffi. Fu una delle peggiori tempeste di sabbia dell'anno. Noi ci eravamo tutti accovacciati e stretti l'uno all'altro vicino ai cavalli tremanti, con il tuono che rumoreggiava facondo sopra le nostre teste, e il lampo che zampillava come la sorgente d'acqua di una cateratta, in tutte le direzioni. Non vi era il minimo pericolo, ovviamente, purché i cavalli non si disperdessero. Me ne stavo con il capo piegato verso il basso per sfuggire alla sferza del vento, con le mani posate sulla bocca, e udivo gli alberi che si frustavano l'un l'altro. Non riuscii a scorgere chi mi fosse accanto, finché la scena non fu rischiarata dai bagliori dei lampi. Mi accorsi quindi di essermi stretto a Saumarez e alla maggiore delle sorelle Copleigh, e che avevo di fronte proprio il mio cavallo. Riconobbi la maggiore delle Copleigh perché aveva un *puggaree* avvolto attorno al casco, a differenza della sorella, che non lo aveva. Tutta l'elettricità dell'aria si era trasferita nel mio corpo, e stavo tremando e fremendo da capo a piedi, esattamente come un callo sembra muoversi e pizzica prima della pioggia. Fu una tempesta grandiosa. Il vento sembrava dovesse raccogliere la terra e scagliarla sottovento in grandi mucchi, e il calore si levava dal basso con grandi vampate, come le fiamme del giorno del giudizio.

Dopo la prima mezz'ora la tempesta si placò leggermente, e udii al mio orecchio una voce sottile e disperata, che diceva a se stessa, con tono basso e pacato – come se fosse un'anima perduta trascinata in giro dal vento – «O mio Dio!». Quindi la più giovane delle Copleigh incespicò tra le mie braccia, dicendo: «Dov'è il mio cavallo? Cerchi il mio cavallo. Voglio tornare a casa. Voglio tornare a casa. Mi riporti a casa».

Pensai che i lampi e l'oscurità, nera come pece, l'avessero spaventata; così le dissi che non vi era pericolo, ma che doveva aspettare che il vento si calmasse, per andarsene. Mi rispose: «Non è come pensa! Voglio andare a casa! Oh, mi porti via di qui!».

Dissi che non si sarebbe potuta allontanare finché non fosse ritornata la luna; sentii tuttavia che mi sfiorò passandomi accanto, prima d'allontanarsi. Era troppo buio per vedere dove. Quindi l'intera volta celeste fu squarciata da un unico tremendo bagliore, come se stesse venendo la fine del mondo, e tutte le donne gridarono.

Quasi immediatamente dopo sentii posarsi sulla mia spalla una mano maschile, e udii Saumarez strillarmi qualcosa all'orecchio. A causa del rumore degli alberi scossi e dell'ululare del vento non riuscii a cogliere subito le sue parole, ma alla fine afferrai: «Mi sono dichiarato a quella sbagliata! Cosa devo fare?». Non è che Saumarez avesse motivi particolari per essere così in confidenza con me. Non ero mai stato tra i suoi amici, né lo ero allora; immagino tuttavia che nella circostanza nessuno di noi fosse pienamente padrone di se stesso. Lui mi stava accanto tutto tremante per l'eccitazione, e io mi sentivo assai strano in corpo, a causa dell'elettricità. Non mi venne in mente nulla da dire tranne: «È stato abbastanza sciocco dichiararsi durante una tempesta di sabbia». Tuttavia non vedevo come le mie parole potessero porre rimedio alla situazione.

Quindi egli gridò: «Dov'è Edith, Edith Copleigh?». Edith era la più giovane delle sorelle. Risposi, stupefatto: «Cosa c'entra *lei*?». Per due minuti gridammo entrambi come degli invasati, lui a giurare che aveva sempre avuto intenzione di dichiararsi alla sorella minore, e io a ripetergli, sino a diventare rauco, che doveva aver fatto uno sbaglio! Non posso spiegarmi tale comportamento se non, ancora, con il fatto che nessuno di noi due era in sé. Tutto sembrava svolgersi come un brutto sogno: dai cavalli che battevano gli zoccoli nelle tenebre a Saumarez che mi raccontava come avesse amato Edith Copleigh da sempre. Mi stava ancora stringendo la spalla con dita di ferro, supplicandomi di dirgli dove si trovasse Edith Copleigh, quando la tempesta si

11

calmò per un altro attimo e ritornò la luce lunare e vedemmo la nube di polvere che si stava formando nella pianura di fronte a noi. Sapevamo così che il peggio era passato. La luna era bassa nel cielo, e incominciava a intravedersi il bagliore della falsa alba, che avviene un'ora prima di quella vera e propria. Tuttavia la luce era ancora molto debole, e la nube grigiastra muggiva come un toro. Mi domandai dove fosse andata Edith Copleigh; e mentre me lo domandavo vidi nello stesso tempo tre cose: prima, la faccia di Maud Copleigh uscire sorridendo dalle tenebre e avvicinarsi a Saumarez, che mi stava accanto. Udii la ragazza mormorare: «George», e infilare il suo braccio sotto il braccio di lui che stava stringendo convulsamente la mia spalla, e le vidi sulla faccia quello sguardo che capita soltanto una o due volte in tutta la vita: quando una donna è completamente felice e l'aria è piena di trombe e di fuochi dai colori splendenti, e la terra diventa leggera come una nube, perché lei ama ed è riamata. Nello stesso tempo, vidi il volto di Saumarez mentre udiva la voce di Maud Copleigh, e a cinquanta metri dal boschetto di aranci vidi un abito di lino grezzo che si stava arrampicando sopra un cavallo.

Deve essere stata la mia condizione di sovraeccitamento a farmi immischiare con tanta prontezza in affari che non mi riguardavano. Saumarez si mosse per raggiungere l'abito; lo spinsi via, dicendogli: «Rimanga qui e si spieghi. Ci penso io a riportarla indietro!». E corsi immediatamente verso il mio cavallo. Mi era venuta l'idea, assolutamente superflua, che la faccenda avrebbe dovuto essere sbrigata con ordine e decenza, e che Saumarez avrebbe dovuto, come prima cosa, cancellare l'espressione felice dal volto di Maud Copleigh. Mi domandai come avrebbe fatto, e me lo chiesi per tutto il tempo che impiegai ad allacciare il barbazzale.

Andai a piccola andatura dietro a Edith Copleigh, pensando di riportarla indietro con calma, con un pretesto qualsiasi. Però la ragazza galoppò via non appena mi vide, e fui costretto a cavalcarle dietro di gran lena. Si voltò, mi gridò due o tre volte: «Vada via! Ritorno a casa. Oh, vada via!»; tuttavia il mio compito era quello di prenderla, e poi di discutere. La cavalcata ben si adattava al resto del brutto sogno. Il terreno era molto irregolare, e di tanto in tanto finivamo in mezzo a dei turbini di polvere, che si erano formati ai margini della tempesta ormai passata. Vi era un vento caldo che portava con sé un fetore stantio di fornace, e l'abito di lino grezzo in groppa al cavallo grigio svolazzava nella piana desolata. Dapprima la ragazza si diresse verso la Stazione. Quindi fece una conversione e si diresse verso il fiume, passando attraverso cespugli di erba nella giungla riarsa e bruciata, su un terreno pessimo anche per gente abituata a cacciare il maiale selvatico. A sangue freddo non mi sarebbe mai venuto in mente di cavalcare in modo simile di notte, ma la cosa sembrava del tutto giusta e naturale con il lampo che crepitava sopra le nostre teste, e con esalazioni di vapore fetido sotto il naso, come se davanti a noi si fosse improvvisamente squarciato il Pozzo infernale. Cavalcavo e gridavo, e la ragazza si curvava in avanti e sferzava il cavallo; fummo raggiunti dal rigurgito della tempesta di polvere, ed entrambi ne rimanemmo avvolti, e il vento ci trascinò via con sé come se fossimo stati due pezzi di carta. Non so fino dove cavalcammo; tuttavia il tamburreggiare degli zoccoli e il rombare del vento, e la fuga attraverso la foschia gialla della luna lievemente arrossata come di sangue, sembrarono continuare per anni e anni, ed ero letteralmente inzuppato di sudore dal casco alle ghette, quando il cavallo grigio incespicò, si riprese e si fermò di colpo, completamente zoppo. Anche la mia bestia non si reggeva più in piedi. Edith Copleigh era a testa nuda, ricoperta di polvere e piangeva amaramente. «Perché non può lasciarmi in pace?» disse. «Volevo solo andarmene via e ritornare a casa. Oh, *per favore*, mi lasci andare!»

«Deve ritornare con me, miss Copleigh. Saumarez ha qualcosa da confessarle!»

Era un modo assai sciocco di dire le cose, ma conoscevo appena miss Copleigh e sebbene stessi facendo la parte della Provvidenza, rovinandomi il cavallo, non potevo riferire alla ragazza quanto Saumarez mi aveva detto, con una profusione di parole. Pensavo che lui se la sarebbe sbrigata meglio. Tutte le sue proteste di stanchezza e di voler tornare a casa scomparvero di colpo, e prese a dondolarsi avanti e indietro sulla sella mentre singhiozzava, e il vento caldo le tirava indietro tutti i capelli neri. Non intendo ripetere quello che disse, poiché era del tutto fuori di sé.

Così si comportò la cinica miss Copleigh e io, che ero quasi un perfetto estraneo nei suoi confronti, stavo cercando di dirle che Saumarez l'amava, e che lei doveva tornare indietro per sentirselo dire da lui. Credo d'essere riuscito a farmi capire, perché la ragazza rimise in qualche modo in sesto il cavallo e lo fece camminare tutto zoppicante, e così ci dirigemmo entrambi alla volta della tomba, mentre la tempesta si spostava tuonante verso Umballa e sopra di noi caddero alcune grosse gocce di acqua tiepida. Accertai che si trovava proprio accanto a Saumarez, quando lui si era dichiarato alla sorella, e aveva avuto l'intenzione di andarsene a casa per piangere in pace, come si addice a una ragazza inglese. Continuava a passarsi il fazzoletto sugli occhi mentre andavamo, e continuava a chiacchierare rivolta a me, per scaricare la felicità del proprio cuore, e l'isteria. Tale comportamento era del tutto innaturale, e tuttavia mi parve più che giustificato in quella occasione e in quel luogo. In tutto il mondo esistevano soltanto le due sorelle Copleigh, Saumarez ed io, racchiusi in un cerchio di lampi e di tenebre; sembrava che la guida di quel mondo fuorviato stesse nelle mie mani.

Quando ritornammo alla tomba, nella quiete profonda e assoluta che era seguita alla tempesta, l'alba stava appena irrompendo nel cielo. Nessuno se ne era andato, tutti avevano aspettato che ritornassimo. Soprattutto Saumarez, che era bianco e tirato in volto. Mentre miss Copleigh e io avanzavamo verso il gruppo sui nostri cavalli zoppicanti, egli si mosse incontro a noi e quando aiutò la ragazza a scendere di sella la baciò davanti all'intera compagnia. Era come stare a teatro, e la somiglianza con la situazione scenica era accentuata dalle persone, uomini e donne, bianche di polvere e dall'apparenza spettrale, allineate sotto gli aranci, e che battevano le mani alla scelta di Saumarez, proprio come se stessero osservando una pièce teatrale. Nella mia vita non vidi mai un comportamento così poco inglese.

Infine, Saumarez disse che dovevamo andare tutti a casa, altrimenti l'intera Stazione si sarebbe mossa alla nostra ricerca, e mi chiese se sarei stato così gentile da cavalcare con Maud Copleigh. Con il massimo piacere, risposi.

Così ci mettemmo in formazione, sei coppie in tutto, e tornammo indietro a due a due; Saumarez accanto a Edith Copleigh, che cavalcava il cavallo di lui. Maud Copleigh non mi rivolse neanche una parola.

L'aria si era ripulita e a poco poco, mentre il sole sorgeva, sentivo che stavamo ritornando a essere uomini e donne normali, e che il «Grande Picnic Effervescente» era stato una cosa completamente a parte e fuori dal mondo: un'esperienza che non si sarebbe mai più ripetuta. Se n'era andato con la tempesta di sabbia e il pizzicore dell'aria calda.

Mi sentivo stanco e zoppicavo, e mi vergognavo molto della parte avuta, mentre mi dirigevo verso casa per un bagno e qualche ora di sonno.

Esiste anche una versione femminile di questa storia, ma non sarà mai scritta... a meno che a Maud Copleigh non venga la voglia di provarci.

(Trad. di Alessandro Monti)

«False Down», da *Life's Handicap*, 1891;
da *Racconti anglo-indiani*, Mondadori 1989.

Henry James
L'ALTARE DEI MORTI

1

Aveva un'antipatia mortale, povero Stransom, per gli anniversari meschini, e ancor meno gli garbavano quando avevano la pretesa di far figura. Celebrazioni e omissioni gli riuscivano ugualmente penose; tuttavia fra le prime, una ve n'era che aveva trovato posto nella sua vita. Non aveva mancato, ogni anno, di ricordare a modo suo la data della morte di Mary Antrim. Forse sarebbe più esatto dire che era la data a ricordarglielo: almeno in quanto aveva per effetto di impedirgli di fare qualunque altra cosa. Pareva ogni volta trattenerlo con una mano di cui il tempo aveva allentato la stretta senza mai scioglierla. Si destava a quella celebrazione della memoria non meno cosciente di quanto lo sarebbe stato alla celebrazione delle sue nozze. Da gran tempo il matrimonio aveva avuto troppo poco a che fare con la sua vicenda: per la fanciulla destinata a divenire sua sposa non v'era stato amplesso nuziale. Era morta di una febbre maligna poco dopo ch'era stato fissato il giorno delle nozze, e prima ancora di averlo gustato a sufficienza, egli aveva perduto un affetto che prometteva di colmargli la vita.

Ma sarebbe falso affermare che la vita l'aveva veramente orbato di quella benedizione; la sua esistenza era tuttora dominata da un pallido spettro, ancora governata da una presenza sovrana. Non era stato un uomo di molte passioni, e anche in tutti questi anni nessun sentimento si era tanto rafforzato nel suo intimo quanto quello di essere stato defraudato. Non aveva avuto bisogno né di prete né di altare per capire di essere vedovo per sempre. Molte cose aveva fatto al mondo: anzi, quasi tutto, salvo una cosa: non aveva mai, mai dimenticato. Aveva cercato di introdurre nella sua esistenza qualsiasi altro elemento potesse trovarvi posto, ma era riuscito a farne soltanto la dimora di una padrona assente in eterno. Più che mai assente ella si faceva sentire in quella ricorrenza decembrina cui la tenacia di Stransom aveva dato speciale rilievo. Non che la osservasse di proposito, ma quella data si era interamente impadronita dei suoi nervi, costringendolo senza misericordia a uscir di casa. La meta del suo pellegrinaggio era lontana. Ella era stata seppellita in un sobborgo di Londra, allora nel cuore della natura, ma egli aveva visto sparire man mano, uno dopo l'altro, ogni aspetto di freschezza di quel luogo. In realtà, i suoi occhi lo contemplavano meno che mai nei momenti in cui vi sostava. Allora essi fissavano un'altra immagine, si aprivano a un'altra luce. Era un futuro credibile? Era un incredibile passato? Qualunque fosse la risposta, era una fuga senza fine dal presente.

È vero che, se non c'erano altre date all'infuori di questa, c'erano altri ricordi; e all'epoca in cui George Stransom aveva compiuto i cinquantacinque anni, questi ricordi s'erano ampiamente moltiplicati. Oltre quello di Mary Antrim, altri spettri popolavano la sua vita. Forse non aveva subìto perdite in numero maggiore di gran parte degli uomini, ma in certo modo le aveva sofferte più in profondità. A poco a poco aveva preso l'abitudine di contare i suoi Morti: aveva capito fin dalla giovinezza che qualcosa andava fatto per loro. Essi persistevano nella loro essenza, resa più semplice e più intensa, assenti consapevoli nella loro espressiva pazienza, con una personalità così marcata come se fossero stati semplicemente resi muti. Venuta meno ogni percezione di essi, spentasi ogni loro voce, era come se il loro purgatorio fosse ancora realmente sulla terra; era così poco ciò che chiedevano, poveretti, che ottenevano ancora di meno, e morivano di nuovo, morivano ogni giorno del duro logorio della vita. Nessun servizio religioso veniva celebrato per loro, non godevano di un posto riservato, né di onoranze, né di sicuro rifugio. Anche gli ingenerosi si davano cura per i vivi, ma persino i cosiddetti generosissimi non facevano alcunché per gli altri. Così in George Stransom si era andata formando con gli anni la risoluzione di far almeno lui qualche cosa, far qualcosa, cioè, per i propri defunti: sarebbe stato un gesto di carità estrema per nulla riprovevole. Ciascuno aveva i suoi, e ciascuno poteva ricorrere, per far fronte a questo gesto di carità, alle vaste risorse della propria anima.

Senza dubbio era la voce di Mary Antrim che si levava alta per loro; comunque, col passare degli anni, egli si trovò in regolare comunione con questi pensionati differiti, quelli cioè che nei suoi pensieri egli era solito definire «gli Altri». Riservava loro ritagli di tempo, predisponeva la sua opera di carità. Proprio in che modo essa era sorta, probabilmente non avrebbe mai saputo dire, ma sta di fatto che un altare – un altare come sarebbe potuto essere a portata di tutti – splendente di ceri perpetui e dedicato a questi riti segreti s'era elevato negli spazi del suo spirito. Da gran tempo si era domandato, non senza imbarazzo, se avesse una religione, certissimo di non possedere in ogni modo – e non senza poca soddisfazione – la religione che alcune persone di sua conoscenza avrebbero desiderato per lui. Poco alla volta aveva trovato una risposta alla domanda: gli divenne chiaro che la religione istillatagli dalla sua prima coscienza era stata semplicemente la religione dei Morti. Si confaceva alla sua inclinazione, procurava soddisfazione al suo spirito, gli consentiva di mettere alla prova la sua pietà. Rispondeva al suo amore per le funzioni solenni, per un rituale splendido e imponente, giacché nessun altare poteva esser più adorno, nessun cerimoniale più maestoso di quelli ai quali si riallacciava il suo culto. Non era solito fantasticare di queste cose, se non per concepire l'idea che esse erano alla portata di chiunque ne sentisse il bisogno. Il più povero avrebbe potuto innalzare tali templi dello spirito, farli sfavillare di candele e fumare d'incenso, farli risplendere di fiori e dei colori dei quadri. Quanto al costo del mantenimento, per dirlo alla buona, esso ricadeva interamente sulla generosità del cuore.

2

Quell'anno, alla vigilia dell'anniversario a lui caro, gli avvenne di provare un'emozione che non esulava dalla sfera del sentimento di cui s'è detto. Tornando a piedi verso casa al termine di una giornata densa di occupazioni, s'era fermato di botto nella via londinese, attratto dall'effetto particolare di una vetrina che illuminava la cupa aria bruna con il suo commerciale sogghigno e davanti alla quale erano radunate diverse persone. Era la vetrina di un gioielliere, i cui brillanti e zaffiri sembravano ridere con bagliori simili alle note acute di un suono, per la pura soddisfazione di sapere che valevano assai più della maggior parte degli scoloriti pedoni che li fissavano al di là del vetro. Stransom indugiò abbastanza per cingere, con l'immaginazione, il candido collo di Mary Antrim di una collana di perle: poi, a trattenerlo, fu il suono di una voce a lui nota.

Accanto a lui una vecchia stava borbottando qualcosa e, al di là di essa, c'era un signore con una signora al braccio. La voce proveniva da lui, da Paul Creston, che commentava con la sua compagna qualcuno degli oggetti preziosi della vetrina. Stransom l'aveva appena riconosciuto che la vecchia se ne andò; ma proprio nell'attimo in cui l'occasione di rivolgersi all'amico si era fatta più propizia, si sentì pervadere da una strana sensazione che lo fermò mentre stava per posare una mano sul braccio dell'altro. Fu un attimo, ma bastò per fargli balenare alla mente una domanda insensata. Ma non era morta, Mrs. Creston? Il dubbio lo colse nel momento in cui sentì la voce del marito abbassarsi in un sommesso tono coniugale – ammesso che lo fosse – e in cui vide i due volti chinarsi uno verso l'altro. Nel muovere un passo per guardare qualche altra cosa, Creston gli si avvicinò, gli rivolse uno sguardo, trasalì, e uscì in un'esclamazione: un comportamento che sul momento non sortì altro effetto che quello di lasciare Stransom a bocca aperta nel rievocare, attraverso il succedersi dei mesi, l'altro viso, il viso del tutto diverso che il pover'uomo gli aveva mostrato l'ultima volta: una maschera sconvolta, devastata, china sulla tomba aperta presso la quale avevano sostato insieme. Adesso quel figlio dello strazio non portava il lutto: lasciò il braccio della sua accompagnatrice per afferrare la mano dell'amico di un tempo. Quando Stransom si levò il cappello in un impacciato tentativo di saluto alla signora, Creston, illuminato dalla luce violenta della vetrina, arrossì e sorrise nello stesso tempo. Stransom ebbe appena modo di notare che la donna era graziosa, prima di trovarsi, sconcertato, a ricevere una spiegazione ancor più strabiliante. «Carissimo, permetti che ti faccia conoscere mia moglie.»

Creston l'aveva detto arrossendo e balbettando un poco, ma mezzo minuto dopo; secondo le consuetudini della società per bene, al nostro amico non era rimasto che il ricordo del colpo ricevuto. Restarono lì in piedi a ridere e a chiacchierare; Stransom aveva istantaneamente rimosso lo choc, per serbarlo per suo privato consumo. Si accorgeva di far delle smorfie, di eccedere in compitezza, ma era consapevole di sentirsi non poco confuso. Quella donna mai vista, quell'attrice prezzolata, Mrs. Creston? Mrs. Creston era stata per lui più vitale di qualunque altra donna, a eccezione di una. Questa signora aveva una faccia che sfavillava in pubblico come la vetrina del gioielliere, e nello stesso felice candore con cui si immedesimava nel suo mostruoso ruolo v'era una nota di procace grossolanità. Il ruolo di moglie di Paul Creston così conferitole era mostruoso per le ragioni di cui Stransom era a conoscenza, come l'amico perfettamente sapeva. La coppia felice era appena arrivata dall'America, ma Stransom non aveva avuto bisogno di esserne informato per indovinare la nazionalità della signora. In certo modo ciò accentuava nel marito l'aria da babbeo che la sua impacciata cordialità non riusciva a dissimulare. Stransom si rammentò di aver sentito dire che il povero Creston, ancor fresco di lutto, aveva traversato l'oceano per quel che la gente in simili circostanze suole chiamare un diversivo. L'aveva davvero trovato il diversivo, se l'era portato con sé al ritorno, il diversivo; eccolo lì, il piccolo diversivo, in piedi davanti a loro: per quanto il marito, mettendo in mostra i suoi grossi incisivi, si desse da fare, lei non poteva impedirgli di aver l'aria di un consapevole imbecille. Stavano per entrare nel negozio, dichiarò Mrs. Creston, e pregò Mr. Stransom di entrare con loro per aiutarli nella scelta. Questi la ringraziò, e facendo scattare la molla del suo orologio addusse a pretesto un impegno per il quale era già in ritardo. Si separarono mentre lei gli gridava nella nebbia: «Badi di venirmi a trovare al più presto!», cosa che Creston aveva avuto la delicatezza di non suggerire. E Stransom sperò che il sentire la consorte strillare così ai quattro venti, lo avesse fatto in qualche modo soffrire.

Nell'allontanarsi si sentì fermamente determinato a non avvicinarla mai più in vita sua. Era forse un essere umano, ma Creston non avrebbe dovuto mostrarla senza prendere delle precauzioni, anzi, non avrebbe mai dovuto mostrarla affatto. Le sue precauzioni avrebbero dovuto essere quelle di un falsario o di un assassino, e in patria nessuno avrebbe mai parlato di estradizione. Questa era una moglie per un incarico all'estero o per uso puramente esteriore: un minimo di riflessione le avrebbe risparmiato l'offesa del confronto. Tale fu la prima reazione di George Stransom; ma, mentre se ne stava seduto solo, quella sera – c'erano ore particolari ch'egli trascorreva sempre da solo – l'asprezza di quel giudizio cadde per lasciar posto soltanto al rimpianto. Lui sì, sarebbe stato in grado di passare una sera con Kate Creston, se non lo era colui al quale ella aveva dato tutto. Vent'anni di conoscenza avevano fatto di lei l'unica donna per la quale poteva anche commettere un'infedeltà. Kate era tutta intelligenza e comprensione e fascino; di tutte le case al mondo la sua era stata la più accogliente, la sua amicizia la più salda. Egli l'aveva amata senza complicazioni, come era capitato a tutti: Kate aveva saputo rendere le passioni che suscitava normali e tranquille come le maree governate dalla luna. Certo, era stata assolutamente al di sopra del marito, ma lui non l'aveva mai sospettato, e nulla l'aveva resa tanto degna d'ammirazione come l'arte squisita con cui aveva cercato d'impedire a ciascuno (impedirlo a Creston non era un problema) di scoprirlo. Ecco un uomo a cui ella aveva dedicato la vita e al quale l'aveva sacrificata, morendo nel dare alla luce un figlio del loro letto; aveva soltanto dovuto accettare il proprio destino per non contare per lui – prima che l'erba fosse spuntata sopra la sua tomba – più di una serva di casa sostituita. Tanta superficialità, tanta assenza di decoro riempirono di lacrime gli occhi di Stransom; quella sera ebbe la netta sensazione di essere l'unico ad avere il diritto di marciare a testa alta in un mondo d'indelicatezza. Dopo cena, fumando, teneva un libro sulle ginocchia, ma non aveva occhi per la lettura: nel vuoto brulicante di immagini, i suoi occhi sembravano aver incontrato quelli di Kate Creston, e nel dolente silenzio di quegli occhi egli fissava lo sguardo. Era a lui che lo spirito sensibile di lei si era rivolto, sapendo ch'egli avrebbe pensato a lei. A lungo Stransom rifletté su come gli occhi chiusi delle donne morte riescano ancora a vivere, come avrebbero potuto aprirsi in una stanza silenziosa illuminata da una lampada, molto tempo dopo aver guardato per l'ultima volta. Avevano degli sguardi che

sopravvivevano, allo stesso modo che i grandi poeti sopravvivonᵉ
nei versi delle citazioni.

Il giornale – che arrivava di pomeriggio e che i domestic
ritenevano fosse la cosa desiderata – era posato accanto alla suᵃ
poltrona: senza affatto pensare a ciò che poteva contenere
Stransom l'aveva aperto meccanicamente e poi lasciato cadere
Prima di coricarsi lo riprese e, questa volta, cinque parolᵉ
all'inizio di un periodo lo fecero trasalire. Restò in piedi davanᵗ
al fuoco guardando nel vuoto. LA SCOMPARSA DI SIR ACTOᴺ
HAGUE, K.C.B.,[1] l'uomo che dieci anni prima era stato l'amicᵒ
suo più intimo, e che, cadendo da quell'eminente posizione,
aveva lasciato il posto vacante. L'aveva ancora visto dopo la loro
rottura; ora da molti anni non lo vedeva più. In piedi davanti al
fuoco, si sentì gelare nel leggere quel che era accaduto all'amico.
,Eletto poco tempo prima al governatorato delle Isole Occidentali, Acton Hague era morto, nel desolato e triste onore del suo
esilio, di una malattia causata dal morso di un serpente velenoso.
Il giornale riassumeva la sua carriera in una dozzina di righe,
scorrendo le quali George Stransom fu percorso soltanto da un
vivo sentimento di sollievo per l'assenza di qualsiasi riferimento al
loro contrasto, incidente a suo tempo infangato – grazie al loro
comune impegno in affari di vasta portata – da una terribile
pubblicità. Conosciuto da tutti, a giudizio di Stransom, era stato
in realtà il torto da lui subìto, nota l'offesa, da lui passivamente
sopportata da parte dell'unica persona che gli fosse intimamente
amica: il compagno, quasi adorato, degli anni d'Università,
divenuto poi oggetto della sua lealtà appassionata: così «pubblico» che egli non ne aveva mai fatto parola con anima viva, così
«pubblico» che l'aveva indotto a metterci una pietra sopra.
L'amicizia era finita per sempre, quella era stata per lui l'unica
differenza. Il contrasto di interessi era stato in sommo grado di
natura privata; ma l'azione di Hague si era svolta davanti agli
occhi di tutti. Ormai pareva che ciò fosse accaduto unicamente
perché lui, George Stransom, dovesse pensare a lui come a
«Hague», permettendogli di rendersi conto con precisione di

---

[1] K.C.B.: Knight Commander of the Bath. Il *Bath* (Bagno) è un ordine
cavalleresco inglese, istituito da Giorgio I nel 1725 e distinto in due categorie,
militare e civile. (*N.d.T.*)

quanto lui stesso potesse assomigliare a una pietra. Si sentì percorrere da un brivido, un brivido improvviso e orribile. E andò a letto.

3

L'indomani, di pomeriggio, nel grande sobborgo grigio, comprese che la lunga camminata l'aveva stancato. Nel tetro cimitero era rimasto soltanto un'ora sui due piedi. Quegli stessi piedi che poi, istintivamente, sulla via del ritorno, l'avevano condotto a fare una deviazione in un deserto in cui nessun vetturino circolava puntando su una possibile preda. Si fermò a un angolo a misurare la vastità della desolazione; poi, attraverso l'oscurità infittita, scoperse di trovarsi in una di quelle zone di Londra meno tetre di notte che di giorno, perché di notte godono del civile dono della luce. Di giorno non c'era nulla, ma di notte c'erano i lampioni, e George Stransom era in uno stato d'animo per cui i lampioni erano cosa buona di per sé. Non che gli consentissero di vedere qualcosa, ma almeno splendevano di chiara luce. Tuttavia, poco dopo, non senza sua sorpresa, proprio qualcosa gli mostrarono: l'arco di un alto portale preceduto da una bassa gradinata, in fondo al quale – quasi un oscuro vestibolo – il sollevarsi di un tendaggio, nel momento in cui egli vi passava davanti, gli permise di scorgere un viale di tenebre chiuso da uno sfolgorio di candele. Si fermò e guardò in su, riconoscendo in quel luogo una chiesa. Gli venne subito in mente che, siccome era stanco, lì si sarebbe potuto riposare, e un momento dopo aveva a sua volta sollevato la cortina di cuoio ed era entrato. Era un tempio della fede primitiva, e secondo ogni evidenza vi si era svolta una funzione – forse un servizio per i defunti; l'altar maggiore era tutto uno scintillio di candele: uno spettacolo che gli era sempre piaciuto. Si abbandonò su una panca con sollievo. Mai come in quel momento gli parve bene che esistessero le chiese.

Questa era semivuota e gli altari intorno erano spenti. Un sacrestano andava ciabattando su e giù, una vecchia tossì, ma nella fitta atmosfera dolciastra Stransom intuì un che di ospitale. Era solo l'odore dell'incenso, oppure qualcosa di più vasto intendimento? Comunque, aveva abbandonato il gran sobborgo grigio e si era avvicinato al cuore caldo della città. Di lì a poco non ebbe nemmeno più l'impressione di essere un intruso, stabilendo alla fine persino un senso di comunione con l'unica devota che gli fosse vicina, l'austera presenza di una donna in gramaglie di cui vedeva solo la schiena, prosternata e immersa nella preghiera a poca distanza da lui. Auspicò di potersi ugualmente abbandonare, con pari immobilità, rapito in quell'atteggiamento di devozione. Lasciato passare qualche minuto, spostò la propria sedia: poteva apparire indelicato l'essere tanto consapevole della presenza di lei. Ma di lì a poco Stransom si perdette del tutto, rapito in quel mare di luci. Se simili occasioni fossero state più frequenti nella sua vita, egli avrebbe avuto più presente l'archetipo originale, eretto in una miriade di templi, dell'inaccostabile sacrario da lui stesso elevato nella propria mente. All'inizio quell'altare gli aveva richiamato alla mente il fasto della Chiesa, ma l'eco aveva finito per provocare un richiamo più forte del suono stesso. Ora il suono ridondava, l'archetipo irradiava su di lui tutte le sue luci, con un fulgore misterioso in cui infiniti significati potevano brillare. Fu come se, mentre rimaneva lì seduto, l'oggetto di fronte a lui divenisse il suo altare particolare, come se ogni luminoso cero esprimesse un particolare voto. Li contò, diede a ciascuno un nome, li raggruppò: era l'appello silente dei suoi Morti. Creavano tutti insieme una luminosità vasta e intensa, un fulgore in cui il modesto sacrario dei suoi pensieri sbiadì a tal segno che, mentre si dissolveva, egli si chiese se non avrebbe forse trovato la sua vera consolazione in qualche gesto materiale, qualche rito esteriore.

L'idea s'impossessò di lui mentre, poco più in là, la signora nerovestita stava tuttora prosternata; egli si sentì così dolcemente esaltato dalla sua idea, che alla fine si alzò, tutto eccitato da un progetto improvviso. Vagò in punta di piedi tra le navate, sostando dinanzi alle varie cappelle, tutte, salvo una, dedicate a una speciale devozione. Qui, in questo spoglio recesso, non illuminato e disadorno, si fermò molto a lungo – tutto il tempo che gli occorse per dare forma al concetto di abbellirlo grazie alla sua prodigalità. Non lo avrebbe sottratto ad altri riti, né lo avrebbe associato ad alcunché di profano; l'avrebbe preso semplicemente come glielo avrebbero dato, per farne poi un capolavoro di splendori, una montagna di fuoco. Custodito tutto l'anno come luogo sacro, circondato dalla chiesa santificante, sarebbe stato sempre pronto per i suoi rituali. Difficoltà ce ne sarebbero state, ma fin dall'inizio si prospettavano superabili. Anche per un estraneo al culto com'era lui, sarebbe stata solo questione di mettersi d'accordo. Prevedeva ogni cosa, e in particolare quanto splendore avrebbe riflesso per lui la cappella quando si fosse concesso qualche sosta nel lavoro o durante la penombra pomeridiana; quanta generosa sicurezza gli avrebbe offerto in qualsiasi momento, ma soprattutto nel mondo indifferente. Prima di uscire si avvicinò ancora al posto dove si era seduto entrando e, così facendo, incrociò la signora che aveva visto immersa nella preghiera e che ora si stava avviando verso la porta. Gli passò rapidamente davanti, ed egli colse solo per un attimo i tratti del suo pallido viso, dei suoi occhi assenti, come ciechi. In quell'istante gli apparve sciupata, eppure bella.

Fu questa l'origine dei riti più palesi e tuttavia certamente esoterici che finalmente fu in grado di compiere. Gli ci volle parecchio tempo, un anno: sia l'attuazione sia il risultato avrebbero offerto – a chi l'avesse saputo – una chiara visione della sua buona fede. Nessuno ne era al corrente in realtà, salvo i miti ecclesiastici con i quali aveva cercato subito di prendere contatto con l'astuzia, la curiosità e la comprensione, ottenendone infine il consenso a tanta munifica eccentricità e qualche indulgenza in cambio di talune concessioni. A un primo stadio della sua richiesta, Stransom, naturalmente, era stato indirizzato al vescovo, e il vescovo era stato deliziosamente umano, il vescovo si era quasi divertito. Il successo era stato comunque prevedibile, dal momento che coloro dai quali esso dipendeva si erano mostrati liberali in cambio di liberalità. L'altare e la sacra abside semicircolare che lo conteneva, dedicati a riti di ordinaria amministrazione, sarebbero stati conservati in tutto il loro splendore; ciò che Stransom riservava a se stesso era solo il numero dei ceri e il godimento gratuito della sua idea. Una volta mandata questa a completo effetto, il godimento fu ancor maggiore di quanto egli avesse osato sperare. Amava ripensare a questo effetto quando ne era lontano, ma ancor più amava convincersene allorché vi era vicino. Non accadeva sovente, in verità, che vi si trovasse a così breve distanza da non far passare una visita per qualcosa di simile a un faticoso pellegrinaggio; ma il tempo dedicato all'esercizio della sua pietà finì per sembrargli piuttosto un contributo agli altri suoi interessi che un tradimento. Anche una vita carica di impegni può riuscire forse più facile se la si arricchisce di nuove esigenze.

Quanto più facile, probabilmente, non lo indovinò mai nessuno, neppure chi sapeva soltanto che c'erano ore in cui egli spariva: molti davano un'interpretazione volgare a quelle che venivano definite le sue immersioni. Erano immersioni in profondità più tranquille di quelle nelle abissali caverne marine: in capo a un anno o due quell'abitudine era divenuta per lui irrinunciabile se non a ben caro prezzo. Adesso i suoi Morti avevano per davvero qualcosa di irrevocabilmente loro; e gli era caro pensare che in certi casi potevano anche essere i Morti di altri, allo stesso modo che i Morti altrui potevano venir evocati lì, sotto la protezione di ciò che lui aveva fatto. Gli pareva che chiunque piegasse un ginocchio sul tappeto da lui disteso agisse secondo la sua intenzione. Ogni candela aveva un nome per lui e di quando in quando un'altra ne veniva accesa. Era questo il punto sul quale si era essenzialmente accordato: che ci potesse essere sempre spazio per tutti. Ciò che i passanti o quelli che vi sostavano davanti vedevano era solo il più splendente degli altari, riportato d'improvviso a un'utilità viva, e un tranquillo signore anziano, su cui esso esercitava in apparenza un fascino speciale, spesso seduto lì, come assonnato o incantato. Ma gran parte del conforto che questo luogo offriva all'incostante e misterioso devoto era il ritrovarvi gli anni della sua vita trascorsa, e i legami, gli affetti, le battaglie, le umiliazioni, le conquiste, se pur ve n'erano state, il documento insomma di quell'avventuroso viaggio in cui l'inizio e la fine dei rapporti umani sono incisi a chiare lettere su pietre miliari. In genere egli non amava rievocare il passato come parte della propria storia; altrove e in altri momenti esso gli appariva per lo più miserando e irreparabile; ma – là seduto – lo accettava con quella certa soddisfazione positiva con cui ci si adatta a un male che comincia a soccombere alla cura. Alla cura del tempo la malattia della vita comincia a un dato momento a soccombere; e queste erano senza dubbio le ore in cui quella verità gli appariva più concreta. Là era scritto il giorno in cui per la prima volta aveva conosciuto la morte, e le successive fasi di quella conoscenza erano segnate ciascuna da una fiammella.

Ormai le fiammelle erano andate infittendosi, perché Stransom si trovava già nella parabola discendente della nostra vita terrena, quando ogni giorno muore qualcuno. Pareva ieri che per Kate Creston si era acceso un bianco fuoco; eppure già nuove stelle sfavillavano sulle punte dei lucignoli. Varie persone per le quali non aveva nutrito particolare interesse gli si erano fatte più vicine, entrando a far parte del sodalizio. Le passava in rassegna una per una, fino a sentirsi il pastore di un gregge ammassato alla rinfusa, con la capacità d'individuazione del pastore per ogni minima differenza fra un capo dell'armento e l'altro. Distingueva ogni singola candela, persino dal colore della fiamma; le avrebbe riconosciute anche se la loro posizione fosse stata mutata. Per un'immaginazione diversa dalla sua avrebbero potuto significare altro: Stransom nulla chiedeva se non che la loro presenza su quell'altare imponesse il silenzio, pur intensamente consapevole com'era della nota particolare che ciascuna sprigionava e del modo in cui ognuna contribuiva al concerto. V'erano momenti in cui quasi si coglieva ad augurarsi che qualche suo amico morisse, sì da stabilire con lui in tal modo un legame più intimo di quello che, magari, li aveva uniti in vita. In quanto a coloro dai quali si è separati dalle lunghe curve del globo, tale legame non poteva che migliorare: te li metteva subito a portata di mano. Certo, nella costellazione c'erano dei vuoti: Stransom sapeva che poteva soltanto pretendere di agire in proprio, e che non aveva diritto a venir commemorata ogni figura che passasse davanti ai suoi occhi per immergersi nel grande buio. La morte elargiva una sorta di santificazione, ma certi personaggi erano più santificati dall'oblio che dal ricordo. Il vuoto più grande nella pagina radiosa era la memoria di Acton Hague, un ricordo da cui egli cercava accanitamente di liberarsi. Per Acton Hague nessuna fiamma avrebbe mai potuto levarsi su un altare da lui voluto.

4

Ogni anno, tornando a piedi dal cimitero grande, si recava nella chiesa come aveva fatto il giorno in cui era nata in lui quell'idea. In una di queste occasioni, trascorso un anno, gli accadde di rendersi conto che il suo altare era frequentato da una fedele non meno assidua di lui. Nel resto della chiesa altri fedeli andavano e venivano e, nell'allontanarsi, gli risvegliavano la sensazione di un vago o un preciso riconoscimento, ma quella presenza la constatava sempre immancabilmente arrivando; quand'egli usciva, restava ferma al suo posto. Fu sorpreso, la prima volta, dalla prontezza con la quale gli venne fatto di attribuirle un'identità: quella della signora che, due anni prima, nel giorno dell'anniversario, egli aveva visto prosternata in preghiera e del cui tragico volto aveva ricevuto un'impressione tanto fugace. Dato il lungo periodo di tempo trascorso, il ricordo di lei si era mantenuto così vivo da meravigliarlo. Di lui naturalmente lei non aveva serbato alcun ricordo, o piuttosto, sulle prime, non aveva mostrato di averne: ma venne il momento in cui il suo contegno indusse Stransom a ritenere che, a poco a poco, ella avesse indovinato che le loro visite avevano lo stesso scopo. Lei si valeva di quell'altare per un suo fine personale: lui poteva solo sperare che, triste e solitaria come gli era sempre sembrata, lei se ne valesse per i suoi Morti. Da parte di lui vi furono interruzioni, defezioni, altri doveri e convegni a impegnarlo; ma col passare dei mesi la rivide ogniqualvolta vi fece ritorno e finì per trovare appagamento al pensiero di aver procurato a lei quasi la stessa gioia che a se stesso. Pregarono così sovente uno accanto all'altra che in certi momenti egli auspicò per sé la certezza di poter invecchiare insieme nell'adempimento di quei riti, tanto parallele si prospettavano le loro strade. Era più giovane di lui, ma dal suo aspetto si poteva supporre che i suoi Morti fossero almeno in ugual numero delle candele di lui. Non aveva colore, né voce, né difetto alcuno, e un'altra cosa di cui si era convinto era che fosse priva di mezzi. Sempre vestita di nero, doveva aver avuto dispiaceri uno dietro l'altro. Dopo tutto, chi è colpito da tante perdite non è povero, anzi, se ha dovuto rinunciare a tanto, è stato senz'altro ricco. Ma l'aspetto di questa donna pia e indifferente che, in qualunque posa si trovasse, creava sempre un involontario bellissimo disegno, in certo modo suggeriva a Stransom l'impressione che avesse conosciuto più di un affanno.

Egli era un appassionato di musica e aveva poco tempo per goderne; ma di tanto in tanto, quando i pomeriggi del sabato smorzavano il frastuono dei giorni lavorativi, gli tornava in mente che esisteva della splendida musica. Del resto, aveva anche amici pronti a rammentarglielo, e allora si ritrovava al loro fianco ad assistere a un concerto. In una di quelle sere d'inverno, al Saint James's Hall, dopo aver preso posto, si accorse che vicino a lui era seduta la signora vista tante volte in chiesa. Evidentemente era sola, come appunto lo era lui quella volta. All'inizio era troppo assorta nell'esame del programma per badargli, ma quando finalmente volse lo sguardo su di lui, egli ne approfittò per parlarle, e la salutò dicendo che gli pareva di conoscerla. Ella rispose sorridendo: «Oh sì, la riconosco» e tuttavia, nell'ammettere quella conoscenza d'antica data, egli la vide sorridere per la prima volta. Il che ebbe l'effetto di contribuire alla loro conoscenza più di quanto fosse avvenuto con tutti gli incontri precedenti. Non aveva «afferrato» – Stransom si disse – che fosse così graziosa. Più tardi, quella sera, mentre in carrozza si recava a cenar fuori, dovette aggiungere che non aveva nemmeno «afferrato» che fosse così interessante. Il mattino dopo, mentre lavorava, all'improvviso e senza una ragione evidente rifletté che l'impressione, ch'essa gli aveva pur fatto da tanto tempo, era simile a un fiume tortuoso che ha finalmente raggiunto il mare.

Sta di fatto che per tutto quel giorno il suo lavoro fu come offuscato dal pensiero di ciò che era avvenuto fra loro. Non era stato molto, ma aveva cambiato il loro rapporto. Avevano ascoltato insieme Beethoven e Schumann; avevano chiacchierato durante gli intervalli, e quando, alla fine, diretti insieme verso l'uscita, egli le aveva chiesto se poteva esserle d'aiuto per il rientro, lei lo aveva ringraziato e aveva aperto l'ombrello per scivolar via tra la folla, senza alludere a un eventuale nuovo incontro. Non una parola era stata scambiata – come egli ebbe agio di ricordare – in merito allo scenario consueto dei loro incontri. L'omissione gli parve ora naturale, ora perversa. Avrebbe potuto non concedergli in alcun modo il diritto di parlarle, eppure, se l'avesse fatto, egli l'avrebbe ritenuta una maleducata. Era curioso che – quantunque fosse riuscito a comunicarle l'impressione di essere vecchi amici – non ci fosse mai stato nulla ad avvicinarli realmente: strano che questo elemento negativo contasse in certo modo più di quanto si fossero detti. Era anche vero che il suo successo era stato attenuato dalla rapida fuga di lei e ciò faceva aumentare in lui l'assurdo desiderio di sottoporla a prova più valida. Dato e non concesso che gli venisse in aiuto un'altra banale occasione, tale prova poteva aver luogo solo incontrandola di nuovo in chiesa. Se fosse dipeso da lui, vi sarebbe andato quel pomeriggio stesso, non foss'altro che per la curiosità di vedere se ve l'avrebbe trovata. Ma proprio all'ultimo, quando aveva virtualmente deciso di recarvisi, dovette scoprire che non dipendeva da lui. Il potere che lo trattenne gli rivelò come i suoi Morti non lo abbandonassero mai. Vi andava solo per loro – per nessun'altra ragione al mondo.

Quell'istintivo rifiuto lo tenne lontano dalla chiesa per dieci giorni: detestava il pensiero di collegare il luogo con motivazioni estranee ai propri riti, e di lasciar trasparire, anche soltanto con uno sguardo, la curiosità che quasi ve lo aveva sospinto. Per una cosa tanto semplice come un'abituale devozione quotidiana o a ore stabilite che fosse, era assurdo ingarbugliare una matassa: eppure la matassa s'era ingarbugliata da sola. Era dispiaciuto, era deluso: come se un lungo felice incantesimo si fosse spezzato e a lui fosse venuto a mancare un senso di sicurezza. Tuttavia finì col domandarsi se, per tema di tante complesse ragioni, dovesse rimanere lontano per sempre. E, lasciato trascorrere un intervallo né più lungo né più breve del solito, rimise piede in chiesa, fermamente convinto che si sarebbe accorto a stento della presenza o dell'assenza della signora del concerto. Quest'indifferenza non gli impedì di constatare all'istante che, per la prima volta dacché l'aveva notata, la signora non si trovava sul posto. Non si fece scrupolo di darle tempo di arrivare, ma lei non arrivò, e quando Stransom si allontanò dalla cappella sempre senz'averla vista, provò un profano ma incontestabile rammarico. Se la matassa s'aggrovigliava sempre più, la colpa era solo sua, di lei.

Trascorso un altro anno, la matassa era più aggrovigliata che mai; ma ormai non gliene importava più niente, e solo la sua raffinata coscienza poteva ancora fargli nascere degli scrupoli. Tre volte in tre mesi si era recato in chiesa senza trovarla, e sentì che non erano state necessarie queste circostanze per dimostrargli che la tensione era cessata. Eppure, per una strana incongruenza, non era stata l'insensibilità, ma una speciale delicatezza a trattenerlo dal chiedere al sacrestano, che l'avrebbe senza dubbio individuata in base alla sua descrizione, se in altre ore del giorno l'avesse notata. Era stato sempre per delicatezza che s'era ogni volta trattenuto dal chiedere di lei; proprio quella stessa virtù che gli aveva liberamente consentito di essere tanto signorilmente garbato con lei al concerto.

Della stessa felice prerogativa si valse nuovamente – allorché i loro occhi, dopo un quarto tentativo, finalmente s'incontrarono – per prendere la ferma decisione di aspettare quando fosse uscita. La raggiunse in strada appena si mosse, e le chiese se gli permetteva di accompagnarla per un tratto. Ottenuto un pacato consenso, la scortò fino a un certo edificio in quei paraggi dove lei aveva qualcosa da sbrigare: lo informò che non era lì che abitava. Viveva, come ebbe a dirgli, in una viuzza di un povero quartiere, insieme a una vecchia zia, riguardo alla quale parlò dell'obbligo di tediosi doveri e monotone occupazioni. Lei, la nipote vestita a lutto, non era nel fiore degli anni, la sua freschezza appassita lasciava intendere, a giudizio di Stransom, ch'essa fosse stata, in passato, tragicamente sacrificata. Ma tutto ciò che gli raccontava lo raccontava senza un punto di riferimento preciso. Poteva essere una duchessa divorziata, come una vecchia zitella che dava lezioni di arpa.

5

Infine presero l'abitudine di fare insieme un pezzo di strada a piedi quasi ogni volta che s'incontravano, anche se, ancora per parecchio tempo, non s'incontrarono mai se non in chiesa. Lui non poteva chiederle di andarlo a trovare, e lei, quasi non avesse un'abitazione adatta a riceverlo, non lo invitò mai. Conosceva la società londinese non meno di lui, ma per una tacita intesa di riserbo frequentavano i quartieri non tracciati sulla mappa della buona società. Tornando, lei si faceva sempre lasciare allo stesso angolo. Guardava con lui, col pretesto di una pausa, le povere cose esposte nelle vetrine delle botteghe suburbane; e non ci fu mai una parola detta da lui che non ricevesse la più completa comprensione da parte di lei. Per anni e anni egli ignorò il suo nome così come ella non pronunciò mai quello di lui. Ma i nomi non avevano importanza: ciò che contava era il loro rapporto perfetto, la loro esigenza comune.

Il che rendeva la loro relazione così impersonale da permettere di non attenersi alle norme o ai motivi che la gente trova di solito nell'amicizia. Delle cose di cui si ritiene necessario tener conto nelle convenzioni mondane essi non si occupavano. Arrivarono un giorno a lanciare l'idea – né seppero mai chi dei due fosse stato il primo a esprimerla – che non provavano affetto uno per l'altra. Questa scoperta aumentò la loro intimità; vi si aggrapparono in maniera tale da segnare una nuova svolta nella loro confidenza. Se l'essere perfettamente all'unisono su certe questioni da cui si sentivano del tutto staccati non garantiva sicurezza, dove allora cercar sicurezza? Quando accadeva qualcosa che si prestasse, per così dire, a scaldare l'atmosfera, allora arrivavano quasi al punto di chiamare i loro Morti per nome: tuttavia, ciò non avveniva alla leggera, né sovente, non senza uno spunto né senza emozione, non più di quanto le persone serie si permettano di fare accenno alla propria fede. Sembrava loro di stare quasi per manifestare del tutto il loro pensiero. Bastava la parola «loro»: era una parola che, precisando l'accenno, aveva una dignità tutta propria, e se qualcuno – nel corso delle conversazioni dei nostri due eroi – li avesse uditi farne uso, li avrebbe scambiati per una coppia di antichi pagani che alludevano con il dovuto rispetto alle divinità domestiche. Non seppero mai – o almeno, Stransom non seppe mai – come avessero imparato a essere sicuri uno dell'altro. Se ciascuno si era domandato a che cosa era dovuta la presenza dell'altro in quel luogo, la risposta certa si era insinuata delicatamente da sé. Qualunque fede, dopo tutto, è per istinto portata al proselitismo, ed era così naturale, così bello che là, sul posto, avessero provato gioia nell'immaginare un seguace. Se, per ognuno di loro, il seguace era stato uno solo, in quella circostanza era parso sufficiente. Tuttavia, da parte di lei il debito era naturalmente molto maggiore di quello di lui, poiché se lei gli aveva donato soltanto un adepto, lui le aveva offerto un tempio magnifico. Una volta lei disse che lo compativa per la lunghezza del suo elenco – aveva contato le candele di Stransom non meno di quanto le avesse contate lui – ed egli si domandò allora quanto poteva essere lungo l'elenco di lei. Già si era stupito della coincidenza dei loro lutti, soprattutto perché di tanto in tanto sull'altare veniva aggiunto un nuovo cero. In una certa occasione egli ebbe per caso a esprimerle questa sua curiosità, ed essa gli rispose, quasi sorpresa che lui non avesse già capito: «Oh, per me, vede, quanto più numerosi sono, tanto meglio è: non sarebbero mai troppi. Vorrei averne centinaia e centinaia, migliaia ne vorrei: un'immensa montagna di luce...».

Allora, naturalmente, in un lampo Stransom comprese. «I suoi Morti sono dunque Uno solo?»

Ella esitò, come mai aveva fatto finora. «Uno solo» rispose, arrossendo come se adesso egli conoscesse il suo ben custodito segreto. Ma in realtà Stransom ebbe l'impressione di saperne meno di prima: gli era troppo difficile ricostruire una vita in cui una sola esperienza aveva talmente sminuito tutte le altre. La sua propria vita, attorno al grande vuoto di centro, era stata ben fittamente riempita. Dopo di ciò ella parve rimpiangere la propria confessione, sebbene al momento delle sue pur imbarazzate parole fosse trasparita una certa fierezza. Gli dichiarò che la parte da lui posseduta era la più grande, la più preziosa: quella che, potendo, uno avrebbe scelto; gli assicurò che riusciva perfettamente a immaginare alcuni degli echi di cui erano popolati i suoi silenzi. Lui sapeva bene che non era possibile: il rapporto con ciò che si è amato e odiato è un rapporto troppo distinto da ciò che altri hanno amato e odiato.

Questo però non impedì loro di invecchiare insieme nella loro speciale pratica di devozione. Lei era un aspetto di quella devozione, ma anche le volte in cui – giunti ormai a una fase di matura conoscenza – combinarono di trovarsi a un concerto o di andare insieme a un'esposizione, ella continuò a rappresentare per lui solo e null'altro che quell'aspetto. Accadde così che, per Stransom, quella forma di devozione divenne più importante di ogni altra cosa. Uno dopo l'altro gli amici scomparivano, finché da ultimo rimasero più emblemi sull'altare di Stransom che case in cui venir accolto. Più di chiunque altro lei rimaneva, ignota agli altri, la sua amica fedele. Una volta che ella scoprì una nuova stella – come usavano chiamarle tra loro – si espresse dicendo che ormai la cappella ne era colma.

«Ah no,» obiettò Stransom «manca ancora un elemento importantissimo! La cappella non sarà mai completa finché non vi si leverà un cero davanti al quale tutti gli altri impallidiranno. Sarà il più alto di tutti!»

Lei posò su di lui uno sguardo di pacato stupore. «Di che cero intende parlare?»

«Ma, cara signora, del mio!»

Passato molto tempo, aveva appreso che lei si guadagnava da vivere con la penna, scrivendo sotto uno pseudonimo che mai gli rivelò, per riviste che egli non vide mai. Lei conosceva troppo bene ciò che egli si rifiutava di leggere e ciò che ella era incapace di scrivere, e gli insegnò a coltivare l'indifferenza con un successo che molto contribuì ai loro buoni rapporti. L'invisibile operosità di lei gli si confaceva: lo aiutava a pensare serenamente a lei, a quella sua vita oscura, fatta di dignità e di orgoglio, sostenuta da un'arte magramente rimunerata, in quella casetta inaccessibile. Perduta nella bruma del suburbio con la sua parente povera, riemergeva per lui alla superficie in zone lontane. Era davvero la sacerdotessa del suo altare e, ogniqualvolta lasciava l'Inghilterra, a lei ne affidava la cura. Ella gli aveva dimostrato una volta di più che le donne hanno maggiore spirito religioso degli uomini, e Stransom sentiva di avere, in confronto alla sua, una pietà fiacca, debole. Spesso le diceva che, avendo per sé così poco tempo da vivere, si consolava al pensiero che lei ne avesse tanto, e si allietava all'idea che, quando fosse giunta la sua ora, a custodia del tempio rimanesse lei. A questo scopo aveva formulato un progetto grandioso, di cui naturalmente la mise a parte: un lascito in denaro per mantenere l'altare in condizioni di costante splendore. Avrebbe nominato lei soprintendente all'amministrazione di quel lascito: e, se si fosse sentita animata da quello spirito, avrebbe potuto accendere un cero anche per lui.

«E per me, allora, chi lo accenderà?» gli aveva ribattuto lei in tono serio.

6

Era sempre vestita a lutto, eppure il giorno in cui egli tornò da un'assenza più lunga delle altre, il suo aspetto esteriore gli rivelò all'istante che aveva di recente subìto una perdita dolorosa. Quella volta s'incontrarono mentre lei usciva di chiesa, sicché, rinviando per conto proprio il momento di entrarvi, egli si offerse subito di fare dietro front accompagnandola sulla via del ritorno. Dopo breve riflessione lei gli disse: «Entri adesso, ma venga a trovarmi fra un'ora, a casa mia». A Stransom era nota l'angusta prospettiva della via, senza sbocco al fondo e desolata come una tasca vuota, dove gli squallidi villini a due a due, mezzo separati uno dall'altro, ma indissolubilmente uniti, somigliavano a certe coppie di coniugi in cattivi rapporti. Per quanto spesso l'avesse imboccata, non si era mai spinto oltre l'inizio della strada. Intuì subito che la zia era morta, come pure che da ciò sarebbe derivato un cambiamento: ma dopo che, per la prima volta, ella gli ebbe indicato il numero della via, al momento di lasciarla si ritrovò non poco agitato per tale liberalità improvvisa. Non era una donna con cui, in fin dei conti, si stabilisse facilmente un rapporto; gli ci erano voluti mesi e mesi per sapere il suo nome, anni e anni per conoscerne l'indirizzo. Se, in questo ritrovarsi, lei gli era parsa tanto invecchiata, chissà come aveva dovuto sembrarle lui! Lei aveva raggiunto quella fase della vita, da lui ormai superata da gran tempo, nella quale il quadrante del volto dell'amico, incontrato dopo una lunga separazione, ci indica l'ora che abbiamo cercato di dimenticare. Scaduto per lui il tempo dell'attesa, voltato l'angolo dove per anni si era sempre fermato, Stransom non avrebbe saputo dire che cosa si aspettasse: già il fatto di non doversi più fermare lì era sufficiente causa di emozione. In certo modo era un avvenimento; e in tutta la loro lunga consuetudine di avvenimenti non ce n'erano mai stati. Acquistò maggiore importanza quando, cinque minuti dopo, nella smorzata eleganza del suo salottino, ella emise con voce tremula un saluto che mostrava quanto valore gli attribuisse. Lui aveva la strana sensazione di essere venuto per una ragione particolare; strana perché, fra loro, non esisteva alla lettera nulla di particolare, nulla all'infuori del sentirsi all'unisono sul loro culto comune, ormai da gran tempo diventato una meravigliosa realtà. È vero che, dopo la frase detta da lei «Ora può venire quando vuole», la ragione per la quale era venuto sembrava già essersi tradotta in atto. Le domandò se, a cambiare le cose, era stata la morte della zia; al che lei rispose: «La zia non ha mai saputo che ci conoscessimo. Io non volevo che lo sapesse». La sua limpida trasparenza – quella bellezza appassita era come un crepuscolo d'estate – liberava le parole da qualsiasi parvenza d'inganno. Avrebbero potuto sembrargli una dissimulazione profonda, ma ella gli aveva sempre dato l'impressione di essere guidata da nobili motivi. Guardandosi intorno, egli avvertiva la presenza della zia scomparsa nei fronzoli minuti della stanza: il velluto a pois e il moire scanalato dei tendaggi; e sebbene, come sappiamo, avesse il culto dei Morti, Stransom constatò che non rimpiangeva poi troppo quella signora. Se essa non faceva parte della sua lunga lista, rientrava tuttavia in quella più breve della nipote: adesso almeno – egli fece osservare poco dopo a quest'ultima – nel luogo che frequentavano insieme, lei avrebbe avuto un altro oggetto di devozione.

«Sì, è vero. È stata molto buona con me. È per questo che ora tutto è diverso.»

Meditando su una quantità di cose prima di accennare a prender congedo, egli giudicò infine che la differenza sarebbe stata grandissima e sarebbe consistita in molte altre cose oltre quel consenso a entrare in casa. Questo, anzi, lo raggelava un poco, perché erano stati molto felici insieme così com'erano stati. In ogni modo le strappò l'ammissione che ora lei avrebbe goduto di mezzi meno limitati, perché d'ora innanzi, ereditato il minuscolo patrimonio della zia, lei sola avrebbe potuto attingere a ciò che prima erano state costrette a far bastare per due. Ciò fu motivo di sollievo per Stransom, per il quale finora era stato ugualmente impossibile farle dei regali e rassegnarsi in pace ad astenersene. Era troppo increscioso starle accanto a quel modo, nuotando nell'abbondanza per proprio conto, e tuttavia nell'incapacità di riversarne su di lei una parte, con gesto che avrebbe avuto lo stridore di una nota falsa. Persino lo stesso miglioramento di situazione di lei pareva soltanto dar rilievo in certo senso alla sua solitudine futura. L'avrebbe solamente aiutata a vivere sempre più per amore del loro piccolo rituale, e ciò in un momento in cui lui stesso aveva cominciato ad avvertire stancamente che, avendolo ormai avviato, poteva allontanarsene.

Dopo essersi trattenuti un momento nel salottino dalle tinte sbiadite, lei si alzò. «Non è questa la mia stanza» disse. «Andiamo in camera mia.» Stransom notò che c'era solo da attraversare il piccolo ingresso per entrare in un'atmosfera del tutto diversa. Una volta richiusa la porta della seconda stanza – come lei la chiamò – a lui parve di aver imparato finalmente a conoscerla. Questa stanza aveva il calore della vita, diceva qualche cosa; le pareti, tappezzate di rosso scuro, parlavano attraverso ricordi, reliquie. Piccole cose semplici: fotografie e acquerelli, brani di scritti incorniciati e fantasmi di fiori disseccati; eppure gli bastò un attimo per capire che avevano tutti un significato comune. Era qui che lei aveva vissuto e lavorato e, come già gli aveva detto, non avrebbe cambiato in nulla la scena. Nelle cose che la circondavano Stransom lesse il riferimento generico a luoghi e anni; un istante dopo, però, scorse fra tutti il piccolo ritratto di un uomo. Pure a distanza e senza occhiali esso lo colpì al punto di provare una curiosità vaga che lo fece avvicinare per istinto. Un attimo dopo fissava esterrefatto l'immagine, con la sensazione di essersi lasciato sfuggire un suono dalle labbra. Poi si rese conto di volgere verso la sua compagna un volto divenuto pallido, esclamando in un sussulto: «Acton Hague!».

Non minore fu la sorpresa di lei. «Lo conosceva?»

«È stato l'amico di tutta la mia giovinezza... della mia prima maturità. E *lei*, lo ha conosciuto?»

Per un istante ella avvampò in viso e fu incapace di rispondere; abbracciava con lo sguardo tutto quanto la circondava, e con una strana ironia sulle labbra gli fece eco: «Conosciuto?».

Allora, mentre la camera sembrava beccheggiare come la cabina di una nave, Stransom capì che tutto quanto era là dentro gridava il suo nome, che quello era il museo in suo onore, che tutti gli anni recenti di lei erano stati dedicati a lui e che l'altare da lui stesso innalzato era stato da lei convertito appassionatamente a questo fine. Era solo per Acton Hague che lei s'era inginocchiata ogni giorno al suo altare. Che bisogno c'era di una candela consacrata, quando tutto quello splendore era per lei dedicato alla presenza di Acton Hague? La rivelazione si abbatté sul nostro amico con una tale violenza che egli si lasciò cadere sul divano ammutolito. Si rese presto conto che lei era stata travolta dalla stessa improvvisa emozione. Ma quando si abbandonò a sedere accanto a lui ponendogli una mano sul braccio, Stransom ebbe l'intuizione quasi immediata che non fosse risentita quanto lei stessa avrebbe forse desiderato.

7

Due cose egli apprese in quell'attimo: una, che durante quel lungo volger di tempo lei non aveva avuto mai sentore né della loro grande amicizia, né del grave dissidio che li aveva separati; l'altra, che nonostante tale ignoranza, ella fu pronta – in modo abbastanza curioso – a fornire sul momento una ragione per lo stupore del suo ospite.

«È straordinario» esclamò Stransom di lì a poco «che noi non lo abbiamo mai saputo!»

Lo stanco sorriso di lei parve a Stransom ancor più straordinario del fatto in sé.

«Di lui non ho mai parlato, mai.»

Stransom volse lo sguardo intorno alla stanza. «Ma perché, se la sua vita ne è stata così piena?»

«Mi è permesso farle la stessa domanda? Forse che la sua vita non è stata altrettanto piena di lui?»

«La vita di chiunque, di chiunque abbia fatto la meravigliosa esperienza di conoscerlo. Ma io,» soggiunse Stransom, dopo una pausa «io non ho mai parlato di lui perché, anni fa, mi fece un torto che non posso dimenticare.»

Lei tacque, e mentre la presenza di Acton Hague aleggiava intorno a loro, Stransom fu percorso da un brivido di paura nel non sentirle pronunciare protesta di sorta. Accettava le sue parole, ed egli volse di nuovo lo sguardo su di lei per vedere in che modo le accogliesse: fu con le lacrime agli occhi e una rara dolcezza nell'atto di tendere una mano a prender possesso della sua. Nulla gli parve così bello in quella stanzetta piena di ricordi e di omaggi quanto la tacita ammissione da parte di lei, unita a una squisita dolcezza, che, da parte di Acton Hague, qualsiasi ingiuria era credibile. La pendola ticchettava nel silenzio – probabilmente era un dono di Hague – e mentre egli si lasciava tenere la mano con una tenerezza che sembrava ammettere in lei una parte di responsabilità sia per la sofferenza da lui patita un tempo, sia per l'attuale, un momento dopo Stransom proruppe: «Dio mio, quanto male deve averle fatto!».

Lei allora abbandonò la sua mano, si alzò e, attraversata la stanza, andò a raddrizzare un quadretto che, nell'esaminarlo, egli aveva leggermente spostato. Poi, riconquistata la sua serena pacatezza, si volse verso di lui: «Io gli ho perdonato!» affermò.

«Lo so cosa ha fatto,» riprese Stransom «cosa lei fa da anni.» Per un momento si guardarono negli occhi attraverso tutto ciò che li aveva uniti attraverso la loro lunga comunione di culto. Il breve momento segnò per lui una confessione piena e illimitata da parte della donna che gli stava davanti; e poco dopo, avvampando d'improvviso rossore e di nuovo mutando posto, ella parve comprendere che proprio questo egli vi aveva scorto. Stransom si alzò. «Quanto deve averlo amato!» esclamò.

«Le donne non sono come gli uomini: le donne sanno continuare ad amare anche quando hanno sofferto.»

«Le donne sono meravigliose» convenne Stransom. «Ma le assicuro che anch'io gli ho perdonato.»

«Se avessi mai immaginato una cosa tanto inverosimile, non l'avrei mai portato qui.»

«In modo da continuare fino all'ultimo a non sapere?»

«Che intende dire con "fino all'ultimo"?» gli chiese lei, sorridendogli ancora.

Egli riuscì a sorriderle a sua volta. «Lo capirà... quando verrà il momento.»

Lei rifletté. «Forse è meglio così; ma com'eravamo prima... andava bene.»

«È mai accaduto che abbia parlato di me?» le domandò Stransom.

Dopo lunga riflessione, ella non rispose nulla: lui comprese che un'adeguata risposta sarebbe stata quella di domandargli quante volte lui stesso aveva nominato il loro terribile amico. Il viso di lei s'illuminò d'un tratto di più viva luce e un commovente appello le venne alle labbra: «Lei gli ha davvero perdonato?».

«E come potrei trattenermi qui, se non gli avessi perdonato?»

La profonda ma involontaria ironia di quella risposta la fece visibilmente fremere ma, pur turbata nell'intimo, gli domandò palpitando: «Dunque fra i ceri del suo altare...?».

«Nessun cero splende mai per Acton Hague!»

Lo fissò sbigottita, in preda a un abbattimento terribile. «Ma se lui è uno dei suoi Morti...?»

«È morto per il mondo, se vuole, è un Morto che appartiene a lei. Ma non a me. Miei sono solo i Morti che morirono continuando ad amarmi. Sono miei nella morte come sono stati miei in vita.»

«Lui le appartenne in vita, anche se per un certo tempo non fu più suo. Se gli avesse perdonato, sarebbe tornato a lui. Quelli che si sono amati una volta...»

«Sono quelli che possono farci più male» la interruppe Stransom.

«Ah, non è vero! Lei non gli ha perdonato!» ella gemette in tono così appassionato che lo spaventò.

Stransom la guardò come ancora non l'aveva mai guardata. «A lei, che cosa ha fatto?»

«Tutto!» Poi, bruscamente, gli tese la mano in gesto di saluto. «Addio.»

Si sentì percorrere da un brivido di freddo come la sera in cui aveva letto l'annuncio della morte di quell'uomo. «Intende dire che non ci vedremo più?»

«Non come ci siamo visti finora, non *laggiù*!»

L'improvviso infrangersi del loro stretto sodalizio lo lasciò senza respiro: nell'ultima parola marcata da tanta enfasi aveva colto il tono della rinuncia.

«Ma per lei, che cosa è cambiato?»

Aspettò a rispondergli, travagliata da una pena che, per la prima volta dacché si conoscevano, la rendeva mirabilmente severa. «Come può capire adesso, se non ha mai capito prima?»

«Non avevo capito solo perché non sapevo. Ora che so, comprendo con che cosa ho vissuto per anni» continuò Stransom con molta dolcezza.

Ella lo guardò con maggiore indulgenza, prendendo atto di quella dolcezza. «Adesso che so, come posso io allora chiederle di continuare a vivere in questo modo?»

«Ho innalzato il mio altare con i suoi molteplici significati...» cominciò Stransom, ma lei fu pronta a interromperlo.

«Lei ha innalzato il suo altare, e quando io più lo desideravo, l'ho trovato sfarzosamente allestito. Ne ho fruito con la gratitudine che le ho sempre dimostrato, perché fin dall'inizio sapevo che era dedicato alla Morte. Le dissi molto tempo fa che i miei Morti non erano molti. I suoi lo erano, ma tutto ciò che lei aveva fatto in loro onore non era per nulla eccessivo per il *mio* culto. Lei aveva acceso una grande luce per Ciascuno di loro, io ho radunato quelle luci tutte insieme per Uno solo!»

«Avevamo intenzioni diverse» lui replicò. «Come lei dice, questo io lo sapevo perfettamente: non vedo perché la sua intenzione non debba continuare a sorreggerla.»

«È perché lei è un generoso: lei riesce a immaginare, a pensare. Ma l'incanto è rotto.»

Parve al povero Stransom che, malgrado la sua resistenza, l'incanto fosse davvero spezzato: gli stava di fronte un avvenire grigio e vuoto. «Spero che ritenterà, prima di rinunciare» fu tutto ciò che riuscì a dire.

«Se avessi saputo che vi eravate conosciuti, avrei dato per certo che lui avesse il suo cero» ella riprese poco dopo. «Di cambiato, come lei dice, c'è questo: ora che l'ho scoperto, mi rendo conto che lui non l'ha mai avuto. Questo fa sì che il *mio* atteggiamento» tacque come riflettendo sul modo di esprimersi, poi disse semplicemente «sia tutto sbagliato.»

«Venga ancora una volta» egli la supplicò.

«Ci sarà un cero per lui?»

Egli esitò, ma soltanto perché la risposta avrebbe avuto un tono sgarbato, non perché avesse il minimo dubbio dei propri sentimenti. «Non posso far questo!» dichiarò infine.

«Addio, allora.» E gli tese nuovamente la mano.

Lo aveva congedato; e del resto, nell'agitata prospettiva di tutto ciò che gli si spalancava davanti, egli sentì il bisogno di riprendersi come soltanto in solitudine poteva fare. E tuttavia indugiò: indugiò ancora per vedere se lei non avesse qualche compromesso da suggerire, qualche accomodamento da proporre. Ma incontrò solo i suoi grandi occhi dolenti, nei quali lesse che la compassione provata per lui non era maggiore di quella provata per chiunque altro. Quello sguardo gli fece dire: «Quanto meno, in ogni caso, posso venire a trovarla qui?».

«Oh sì, venga, se vuole. Ma non credo che gioverà.»

Egli si guardò attorno ancora una volta nella stanza, ben sapendo quanto poco ciò avrebbe giovato. Anch'egli si sentiva colpito, e un senso di freddo sempre più intenso gli percorreva le membra: quel gelo era come una febbre malarica contro cui doveva lottare per non tremare.

«Dovrò fare io un tentativo, se lei non si sente di poterlo fare» fu la sua dolente risposta.

Uscì con lui nell'anticamera e lo accompagnò fino alla soglia di casa: qui lui le rinnovò la domanda alla quale meno era capace di rispondere con l'aiuto del proprio intelletto: «Perché non mi ha mai permesso di venire prima?».

«Perché la zia l'avrebbe vista, e io sarei stata costretta a raccontarle come mai ci eravamo conosciuti.»

«E che obiezioni avrebbe potuto fare?»

«La cosa avrebbe implicato altre spiegazioni; quel pericolo ci sarebbe stato comunque.»

«Sua zia sapeva di certo che lei si recava in chiesa ogni giorno.»

«Però non sapeva per quale motivo ci andavo.»

«Non ha mai nemmeno sentito parlare di me?»

«Lei penserà che io l'abbia ingannata. Ma non ce n'è stato bisogno!»

Era sceso adesso sull'ultimo gradino, e la sua ospite teneva l'uscio socchiuso alle sue spalle. Vide il viso di lei incorniciato in quello spiraglio. Le rivolse un appello supremo. «*Che cosa dunque le ha fatto?*»

«Si sarebbe scoperto tutto... La zia ne avrebbe parlato con *lei*. Avevo quel timore nel cuore... è stata quella la mia ragione!» E serrò la porta, chiudendolo fuori.

8

L'aveva abbandonata senza pietà: ecco che cosa aveva fatto. Stransom giunse a quella scoperta in solitudine, con calma, ricomponendo a grado a grado i pezzi scompagnati e vagliando a uno a uno cento punti oscuri. Ella aveva conosciuto Hague soltanto dopo che i rapporti fra lui e il suo amico di oggi erano cessati del tutto; anzi, evidentemente, parecchio tempo dopo. Era abbastanza naturale che, della vita precedente di lui, fosse venuta a conoscenza solamente da ciò che Hague aveva ritenuto opportuno informarla. C'erano stati episodi che, anche nei momenti di massima tenerezza, egli doveva averle sottaciuto, cosa del tutto concepibile. Molti fatti della carriera di un personaggio così in vista nella società erano naturalmente di pubblico dominio; ma questa donna viveva lontana dalla vita pubblica: per lei l'unico periodo perfettamente chiaro sarebbe stato quello successivo all'alba del suo dramma. Al suo posto, un uomo avrebbe «scavato» nel passato, avrebbe magari consultato vecchi giornali. Restava davvero singolare che, nella lunga consuetudine con il confidente della sua vita retrospettiva, nessun accenno occasionale le avesse offerto un indizio. Ma era inutile starci a pensare: in effetti l'occasione se n'era pure offerta, ma semplicemente il senso di cautela aveva prevalso. Aveva accettato ciò che Hague le aveva dato, e l'ignoranza sua circa i rapporti dell'uomo amato con gli altri era solo una pennellata nel quadro di quell'arte di plasmare in cui Stransom aveva eccellente motivo di scorgere il risultato dell'opera creata – c'era da esserne certi – da un insigne maestro come Hague.

Per un po' questo quadro fu tutto ciò che il nostro amico seppe individuare; a volte si sentiva quasi venir meno al pensiero che la donna con la quale aveva da anni un così squisito punto di contatto era la creatura che Acton Hague, fra tutti gli uomini al mondo, aveva più o meno plasmato. L'immagine di lei, così seduta com'era stata quel giorno accanto a lui, era rimasta impressa in modo indelebile nella sua mente. Per buona e innocente che la ritenesse, Stransom non riusciva a scuotersi di dosso l'impressione di essere stato – come si direbbe – raggirato. Senza rendersene conto, non più di quanto se ne fosse reso conto lui stesso, gli aveva teso un inganno madornale. Tutto questo recente passato gli tornò in mente come un periodo di tempo sprecato in modo grottesco. Tali almeno furono le sue prime riflessioni; più tardi si ritrovò ancor più lacerato dal dubbio e, alla fine, ancor più angosciato. Immaginò, rievocò, ricostruì, raffigurò a se stesso la verità che lei aveva rifiutato di rivelargli, il che ebbe per effetto di fargli apparire quella donna più che mai vittima del destino. Intuì che, a onta di tutta la sua stramberia, lei aveva una sensibilità più acuta della sua proprio in quanto forse, anzi certamente, aveva subìto un torto maggiore. Una donna, quando subisce un'offesa, la subisce sempre a livello più alto che non un uomo: v'erano state situazioni nelle quali il minimo con cui essa ne era uscita, era più del massimo che lui, Stransom, sarebbe stato in grado di sopportare. Era sicuro che quella rara creatura non se l'era cavata col minimo. Il pensiero di una tale resa, di una tale umiliazione lo colmò di pietà e di ammirazione insieme. Erano davvero mani possenti quelle che l'avevano plasmata per indurla a convertire in un'esaltazione così sublime la ferita ricevuta. A quell'individuo era bastato morire perché tutte le sue brutture fossero lavate via, come in un torrente. Era vano cercar di indovinare ciò che era accaduto, ma nulla era più chiaro del fatto ch'ella aveva finito per autoaccusarsi. Assolveva lui su ogni punto, adorava le sue stesse ferite. La passione di cui Hague aveva approfittato era rifluita dopo la piena, e ora la marea di amore, arrestatasi per sempre dopo la piena, era troppo profonda per poterla scandagliare. Stransom riteneva in buona fede di avergli perdonato; ma come appariva piccino il miracolo da lui operato in confronto a quello di lei! Il suo perdono era stato il silenzio, ma quello di lei era un lamento non proferito. La luce da lei richiesta per l'altare di Hague avrebbe infranto il silenzio come uno squillo di tromba; mentre tutti i lumi della chiesa erano per lei un silenzio troppo grande.

Aveva avuto ragione a proposito della differenza – aveva detto la verità quanto al cambiamento: Stransom dovette presto riconoscersi perversamente ma acutamente geloso. La *sua* marea aveva avuto un riflusso, non era avanzata; se aveva «perdonato» ad Acton Hague, quel perdono era stato dettato da un motivo a cui era saltata la molla. Il fatto stesso che lei lo avesse supplicato di offrirle un segno tangibile, un segno che avrebbe reso il suo defunto amante pari agli altri in quel luogo, rendeva la concessione accordata all'amico troppo nobile per il caso in questione. Stransom non si era mai considerato un intransigente, ma una richiesta eccessiva poteva renderlo tale. Continuava a girare intorno a quella richiesta, allargandone senza tregua i cerchi: quanto più la considerava, tanto meno accettabile gli appariva. Al tempo stesso non si faceva illusioni circa l'effetto del proprio rifiuto; capiva perfettamente che esso avrebbe portato a una rottura.

La lasciò in pace per una settimana, ma quando infine tornò da lei, fu crudelmente confermato nella propria convinzione. Nell'intervallo si era tenuto lontano dalla chiesa, e non fu necessaria una conferma da parte sua per sapere che nemmeno lei vi era entrata. Il cambiamento era stato abbastanza completo da sconvolgere la vita di lei. In verità, pure la sua era stata sconvolta, perché gli parve d'improvviso che anche tutti i fuochi del suo sacrario si fossero spenti. Gli venne addosso una grande indifferenza, di per sé così greve da causargli pena; e non aveva mai capito che cosa avesse significato per lui quella forma di devozione, finché essa non si era arrestata di colpo, come un orologio caduto a terra. E neppure aveva compreso con quanta illimitata fiducia egli avesse contato sul rito finale che ormai veniva a mancare: la disillusione mortale stava nel fatto che in questo abbandono tutto il futuro crollava.

Quei giorni della sua assenza gli dimostrarono ciò di cui essa era capace: tanto più che non gli era neppure passato per la mente che lei fosse vendicativa o anche soltanto capace di risentimento. Non lo aveva abbandonato in un momento di collera; era stato un semplice atto di sottomissione alla dura realtà, alla logica severa della vita. Ciò gli fu chiaro quando di nuovo si trovò seduto accanto a lei nella stanza in cui i discorsi della defunta zia echeggiavano come le note di un pianoforte scordato. Lei cercava di fargli dimenticare quanto si erano allontanati l'uno dall'altra; ma, messi di fronte a ciò cui avevano rinunciato, era impossibile non provare pena per una donna dalla quale aveva ricevuto molto più di quanto le avesse dato. Ne discusse ancora con lei: le disse che ora poteva avere l'altare tutto per sé; ma ella si limitò a scuotere il capo con supplichevole tristezza, pregandolo di non sprecare fiato per l'impossibile, per ciò ch'era estinto. Non capiva dunque che in relazione alle esigenze personali di lei il rituale da lui voluto era in pratica un'elaborata esclusione? Lei non rimpiangeva nulla di quanto era successo; era andato tutto benissimo finché non aveva saputo: soltanto, ora lei sapeva troppo e, dal momento in cui entrambi avevano aperto gli occhi, altro non rimaneva loro se non adattarsi. Senza dubbio l'aver potuto andare avanti insieme per tanto tempo era già stata una felicità sufficiente. Si mostrò gentile, grata, rassegnata; ma questo non era che un modo di dissimulare la propria irremovibilità. Stransom capì che non avrebbe più varcato la soglia della seconda stanza, e intuì che questo solo fatto lo avrebbe reso un estraneo, conferendo alle sue visite una rigidità consapevole. Non avrebbe mai tollerato di tuffarsi ancora in quel mare di rimembranze, ma altrettanto poco lo soddisfaceva l'alternativa del nulla.

Dopo averle fatto visita tre o quattro volte, fu sorpreso di constatare che l'essere finalmente entrato in casa sua aveva sortito il disastroso effetto di diminuire la loro intimità. L'aveva conosciuta meglio e si era sentito più libero di trovarla simpatica quando percorrevano insieme dei tratti di strada, semplicemente, o quando s'inginocchiavano insieme. Ora fingevano soltanto, prima erano stati nobilmente sinceri. Ritentarono con le loro passeggiate, ma si rivelarono una storpiatura, perché quelle di prima, sin dall'inizio, erano collegate con la chiesa, sia che vi si recassero, sia che ne uscissero. Per di più, adesso Stransom incespicava: non camminava più come un tempo. Dover abbandonare quell'abitudine falsò ogni cosa: era una mutilazione crudele delle loro vite. Il nostro amico ne parlava con insistente franchezza: non faceva mistero del suo scontento, né della sua situazione difficile. La risposta di lei, qualunque essa fosse, giungeva sempre alla medesima conclusione: un invito implicito a giudicare – a proposito di situazioni difficili – quale conforto poteva trarre lei dalla propria. Per lui, in effetti, non c'era conforto neppure nelle lamentele, giacché ogni allusione a ciò che era loro accaduto non faceva che evocare maggiormente il responsabile della loro sofferenza. Acton Hague si ergeva tra loro due – questa era l'essenza della questione – e mai era tanto presente come quando si trovavano faccia a faccia. In quei momenti Stransom, pur volendolo ancora allontanare, cercava di renderselo accetto per ritrovare un po' di pace. Profondamente sconvolto da ciò che sapeva, sentiva crescere il proprio tormento dal fatto che, in realtà, non sapeva. Conscio che sarebbe stato terribilmente meschino inveire contro l'amico di un tempo, o raccontare alla sua compagna la storia del loro dissidio, egli si tormentava perché l'illimitato riserbo di lei non gli offriva alcuno spunto e risultava d'una magnanimità ancora superiore alla sua.

Lanciava una sfida a se stesso, si accusava, si chiedeva se non era forse perché era innamorato di lei che le sue passate avventure gli stavano tanto a cuore. Non aveva mai ammesso per un istante di essere innamorato, e dunque nulla avrebbe potuto sconcertarlo di più che scoprire di essere geloso. Che cosa poteva far nascere in un uomo quell'esulcerante, contraddittorio desiderio di conoscere nei particolari ciò che l'avrebbe fatto soffrire, se non la gelosia? In effetti sapeva benissimo che tale conoscenza non gli sarebbe mai venuta dalla persona che, in realtà, era in grado di fornirgliela. Ella si lasciava opprimere dagli sguardi disperati di lui, accontentandosi di sorridergli con dolce compassione, senza mai pronunciare la parola che avrebbe rivelato il suo segreto, quella parola che in apparenza gli avrebbe negato l'effettivo diritto al rancore. Lei non diceva nulla, non giudicava nessuno; accettava tutto, tranne la possibilità di tornare ai simboli di un tempo. Stransom intuiva che, anche per lei, essi erano stati intensamente personali, e, in ore particolari e con particolari attributi, avevano rappresentato anelli speciali della sua catena. Credette di chiarire a se stesso che la stessa natura della supplica per l'amico infedele costituiva per lui un'inibizione, e il fatto che tale supplica venisse proprio da *lei* era appunto ciò che la viziava. Era sicuro che avrebbe ascoltato la voce di una generosità impersonale: si sarebbe acconciato al giudizio del proprio avvocato che, parlando in nome della giustizia astratta, sapendo del suo diniego senza aver conosciuto Hague, avrebbe avuto tanta fantasia da dirgli: «Ah, ricordi soltanto il meglio di lui; abbia pietà di lui: provveda in suo favore». Provvedere in suo favore proprio sulla base di aver scoperto un'altra delle sue turpitudini non significava averne compassione, ma rendergli onore. Più ci pensava, più si rendeva conto che, qualunque fosse stata questa relazione di Hague, altro non poteva essere che un inganno messo in atto con maggiore o minor raffinatezza. A quale momento della vita ch'era sotto gli occhi di tutti ciò era avvenuto? Perché mai nessuno aveva sentito parlare di quella relazione se avesse avuto la trasparenza delle cose onorevoli? Stransom ne sapeva a sufficienza degli altri legami di Hague, dei suoi obblighi e della sua vita esteriore – per tacere del suo carattere in generale – per essere certo che si trattava di un'infamia. In un modo o nell'altro questa creatura era stata sacrificata freddamente. Era questa la ragione per cui, adesso non meno di prima, egli doveva continuare a escluderlo.

9

Eppure questo non aveva risolto nulla, specie dopo aver detto alla sua amica tutto ciò che, secondo i suoi pensieri, voleva chiederle di fare per lui quando fosse giunta la fine. Gliene aveva parlato altre volte, e lei aveva risposto con una franchezza attenuata solo da cortese riluttanza – riluttanza a indugiare sull'argomento della morte di lui – che lo commosse. Essa aveva poi finito per accettare l'incarico, consentendogli di capire che poteva contare su di lei come ultima custode del suo sacrario; e in nome di ciò che vi era stato fra loro la implorò di non abbandonarlo nella vecchiaia. Adesso lei lo ascoltava con lucida freddezza, insistendo con la consueta pazienza sulle proprie posizioni, e tanto più affettuosa appariva nel deplorare quei discorsi, perché tradiva la compassione che provava nel sentirlo abbandonato. Ciò nonostante le condizioni da lei poste permanevano le stesse, appena meno intelligibili perché non pronunciate, benché Stransom fosse sicuro che, nell'intimo, ancor più di lui ella si sentisse defraudata della gioia che l'incarico solenne da lui affidatole le avrebbe procurato. Entrambi sentivano la mancanza di un avvenire ricco, ma era lei a sentirla di più, giacché in fin dei conti quell'avvenire avrebbe dovuto appartenerle pienamente. Fu la sua accettazione di quella perdita che permise a lui di misurare quanto il pensiero di Acton Hague superasse in lei qualsiasi altro pensiero. Lui era ancora abbastanza dotato di spirito per chiedersi con un amaro sorriso: «Perché diavolo deve piacerle tanto più di me?» quando le ragioni per questo erano in realtà così ovvie. Ma anche la capacità di analisi lo lasciava irritato, e questa irritazione finì col dimostrarsi forse la più grande disgrazia che gli fosse mai capitata. Eppure fino a quel momento non c'era stato nulla che gli avesse fatto tanto desiderare di darsi per vinto. Naturalmente, l'età delle rinunce l'aveva ormai raggiunta; ma ancora non gli era apparso con tanta chiarezza che era tempo di rinunciare a tutto.

Infatti, passati sei mesi, aveva rinunciato all'amicizia un tempo così piena di fascino, così consolatrice. Il privarsene presentava due facce, e in occasione dell'ultimo tentativo compiuto al fine di coltivare quell'amicizia, la faccia che gli si mostrò fu quella che meno si sentiva di contemplare. Uno era il volto della privazione che egli infliggeva, l'altro quello della rinuncia sofferta. Adesso, quand'era solo, gli capitava di mormorare tra sé la condizione che lei non aveva mai espresso: «Ancora una, una sola, una soltanto». Per certo stava declinando: ne aveva sovente l'impressione, quando, mentre lavorava, si sorprendeva a fissare il vuoto e a dar voce a quel vaniloquio. Del resto la debolezza, il malessere che si sentiva addosso ne erano prova sufficiente. L'irritazione si trasformò in malinconia, la malinconia divenne convinzione di essere veramente ammalato. Per di più, il suo altare aveva cessato di esistere; nel sogno, la cappella diventava un grande antro buio. I lumi erano tutti spenti – tutti i suoi Morti erano nuovamente morti. Dapprima non capì come la sua compagna di un tempo avesse avuto il potere di estinguerli, giacché non era stato per lei, né grazie a lei, che essi avevano preso vita. Poi comprese che la rinascita aveva avuto luogo essenzialmente nella sua stessa anima e che ora essi non potevano più attingere vita dall'atmosfera di tale anima. Materialmente, le candele riuscivano ad ardere, ma ciascuna aveva perduto il proprio splendore. La chiesa era diventata uno spazio vuoto: ad agire da indispensabile medium erano state la sua presenza, la presenza di lei, la loro presenza comune. Se v'era qualcosa di stonato, tutto era stonato – il silenzio di lei guastava l'armonia.

Poi, trascorsi tre mesi, Stransom si sentì così solo che vi ritornò, considerando che, se per anni e anni i suoi Morti erano stati la sua compagnia migliore, forse non avrebbero accettato che li abbandonasse senza fare ancora qualcosa per lui. Eccoli là, come lui li aveva lasciati, eretti nel loro splendore: grappolo luminoso che già altra volta, allorché si sentiva incline a comparare le cose piccole alle grandi, egli aveva paragonato a un gruppo di fari sulla riva dell'oceano della vita. Rimasto a sedere per un poco, provò sollievo nell'avvertire ch'essi avevano ancora un certo potere. Adesso si stancava sempre più facilmente e si faceva portare in carrozza: il suo cuore era fiacco e non gli dava affatto la stessa sicurezza che gli procurava la fantasia. Ciò nonostante tornò, e tornò di nuovo: tornò parecchie volte, e da ultimo, per sei mesi consecutivi frequentò la cappella con rinnovata assiduità, in uno stato di tensione impaziente. D'inverno la chiesa non era riscaldata: esporsi al freddo gli era vietato, ma dal suo altare emanava una luce quasi sufficiente a infondergli calore. Seduto nel banco, si chiedeva a che cosa egli avesse ridotto la sua compagna assente, che cosa ella stesse facendo in quelle ore, lontana da lui. C'erano altre chiese, altri altari, altre candele: in una maniera o nell'altra ella avrebbe ancora praticato la sua pietà; lui non avrebbe assolutamente potuto defraudarla dei suoi riti. Andava così meditando, ma senza convincimento, perché sapeva bene che quel simulacro di montagna di luce era per lei unico e incomparabile: il solo capace di appagare in pieno le sue esigenze. E come tale simulacro diventava sempre più grande per lui, e la sua pia consuetudine si faceva sempre più regolare, lo strazio nell'immaginare il buio dentro di lei si faceva sempre più intenso; perché mai come in queste settimane il suo culto aveva avuto un significato, mai l'insieme delle luci era parso così accogliente, addirittura invitante. Egli si perdeva nella vastità luminosa, sempre più simile a quella che, fin dall'inizio, aveva desiderato. abbagliante come la visione del paradiso alla mente di un bambino. Andava vagando per i campi di luce: passava, tra gli alti ceri, da una fila all'altra, da fiammella a fiammella, da nome a nome, dal vivido biancore di un dato simbolo a lui noto a un altro, da un salvato all'altro. Godeva stranamente nel suo intimo per la tranquilla coscienza di aver salvato delle anime. Non si trattava in questo caso di un'oscura salvazione teologica, non della grazia d'un mondo contingente; quelle anime erano salvate al di là della fede o delle opere, salvate per il mondo dei vivi da cui si erano strappate morendo, salvate per il presente, per la continuità, per la certezza dell'umana memoria.

Ormai egli era sopravvissuto a tutti i suoi amici; l'ultima fiamma splendeva diritta, da tre anni, non c'era più nessuno da aggiungere alla lista. Faceva ripetutamente l'appello, e gli pareva completo, compatto. Dove avrebbe potuto includere un altro nome, dove, salvo altre obiezioni, avrebbe potuto inserire un altro cero nella schiera? Con una ben consapevole mancanza di sincerità, rifletté che sarebbe stato difficile individuarne la collocazione. E inoltre, sempre più ponendosi faccia a faccia con il suo piccolo drappello – leggendo e rileggendo cronache senza fine, maneggiando gusci vuoti e giocando con il silenzio – sempre più si rendeva conto di non aver mai fatto entrare là in mezzo un estraneo. Aveva dato prova di grande compassione, di molta indulgenza: in taluni casi erano state immense; ma cos'era stata dopo tutto la sua pratica devota, se non – in fondo – una forma di rispetto? Ciò malgrado era sorpreso della propria intransigenza; finito l'inverno, la responsabilità che gliene derivava era ciò che più di ogni altra cosa occupava i suoi pensieri. Era ormai un ritornello abusato, quella supplica richiesta di un altro cero. Venne il giorno in cui, allo stremo delle forze se la simmetria ne avesse richiesto uno solo, un unico, egli si sentiva disposto ad accontentare la simmetria. La simmetria era armonia, e cominciò a essere perseguitato dall'idea di armonia: diceva a se stesso che certo, l'armonia era tutto. Fece a pezzi con la fantasia la sua composizione, ridistribuendola secondo schemi diversi, creando altri accostamenti, altri contrasti. Spostò questa e quella candela con effetti di spazi diversi, cancellando la stonatura di un possibile vuoto. V'erano rapporti sottili e complessi, tutto uno schema geometrico, e v'erano momenti in cui gli pareva di cogliere con lo sguardo quel vuoto così percettibile per la donna errante in esilio, o rimasta seduta dov'egli l'aveva vista, vicino al ritratto di Acton Hague. Proseguendo a questo modo, finì per raggiungere un concetto dell'insieme, dell'ideale, che lasciava evidentemente un'unica possibilità per un altro simbolo. «Una sola, ancora una per completare il disegno; ancor una, una soltanto» gli ronzava nella testa. Era un pensiero stranamente confuso, perché sentiva avvicinarsi il giorno in cui lui stesso avrebbe fatto parte degli Altri. Che gliene sarebbe importato allora degli Altri, poiché essi importano solo ai vivi? Anche se avesse fatto parte dei Morti, che cosa avrebbe ancora contato per lui il suo altare, poiché il suo sogno particolare di mantenerlo vivo era svanito? Che importanza aveva in tal caso l'armonia, se tutte le sue luci erano destinate a spegnersi? Aveva sperato in un'istituzione: avrebbe potuto perpetuarla con qualche altro pretesto, ma il significato particolare che egli vi attribuiva si sarebbe perduto. Quel significato era inteso a durare tutta la vita dell'unica persona, oltre lui, che l'aveva colto.

In marzo ebbe una malattia che lo trattenne a letto due settimane: quando si fu un po' rimesso, venne informato che due cose erano accadute. Una, che una signora, il cui nome era ignoto ai domestici (non ne aveva lasciato alcuno), era stata tre volte a chiedere di lui; l'altra, che nel sonno e in un momento in cui evidentemente il suo cervello vagava lontano, lo si era udito mormorare ripetutamente: «Ancora una, una sola». Non appena si sentì in condizioni di uscire, e prima di ottenerne la conferma dal medico curante, presa una carrozza, andò a trovare la signora che era venuta a informarsi sul suo conto. Non era in casa; ma ciò gli offrì l'occasione – prima che le forze lo abbandonassero – di avviarsi alla volta della chiesa. Vi entrò da solo; aveva rifiutato – nel modo garbato che gli era proprio allo scopo di opporre un netto, efficace rifiuto – la compagnia del domestico o di un'infermiera. Ormai sapeva benissimo come la pensava questa brava gente: avevano scoperto la sua relazione clandestina, la calamita che lo aveva attirato per tanti anni, e indubbiamente avevano attribuito un loro speciale significato alle strane parole che gli avevano riferito. La signora senza nome era la sua relazione clandestina – e nulla avrebbe potuto renderla più esplicita di quella indecorosa fretta di raggiungerla.

Cadde in ginocchio davanti al suo altare, e reclinò il capo sulle mani. La debolezza, il tedio della vita lo sopraffecero. Gli parve di essere venuto per la resa finale. Dapprima si chiese come avrebbe fatto a uscire; poi, col diminuire della fiducia nelle proprie forze, il desiderio stesso di muoversi da lì a poco a poco lo abbandonò. Era venuto, come sempre, per fuggire a se stesso; i campi di luce stavano ancora dinanzi a lui per smarrirvisi; soltanto che questa volta, se si fosse perduto, non sarebbe più tornato indietro. Aveva dedicato la vita ai suoi Morti, e aveva fatto bene: questa volta i Morti l'avrebbero trattenuto. Non riuscì a rialzarsi: credette di non rialzarsi mai più; tutto ciò che poté fare fu sollevare il capo e fissare gli occhi sulle luci. Esse brillavano di uno strano, insolito splendore, ma quella che sempre lo aveva attirato di più splendeva di un fulgore senza precedenti. Era la voce centrale del coro, il cuore ardente di quel luccichio, e questa volta sembrava espandersi, spalancando grandi ali di fiamma. Tutto l'altare sfolgorava, abbagliava accecante; ma la sorgente di quel bianco sfavillio ardeva più luminosa del resto, assumendo una forma, e la forma era quella della bellezza umana e dell'umana carità, era il volto lontano di Mary Antrim. Gli sorrideva dalla gloria dei cieli... in quella gloria discendeva a prenderlo. Stransom piegò il capo in segno d'obbedienza, e nello stesso momento un'altra onda lo travolse. Era il rapido mutarsi della gioia in dolore? Nel pieno di quella gioia comunque sentì che il suo volto, nascosto fra le mani, avvampava come per una nuova consapevolezza che aveva la forza di un rimprovero. Di colpo sentì come proprio quell'estasi contrastasse con la felicità senza limiti che egli aveva negato a un'altra persona. Quel soffio di passione immortale era tutto quello che l'altra gli aveva chiesto; la discesa di Mary Antrim aperse il suo spirito a un profondo anelito di pentimento per aver negato la discesa di Acton Hague. Era come se Stransom lo avesse letto nei suoi occhi.

Un momento dopo si guardò intorno disperato: ebbe la sensazione che la sua linfa vitale si stesse inaridendo. La chiesa era vuota – era solo; ma voleva fare qualcosa, rivolgere un'ultima preghiera. Quest'idea gl'infuse sufficiente energia per compiere uno sforzo. Si alzò in piedi con un movimento che lo fece voltare, sostenendosi alla spalliera di una panca. Dietro di lui c'era una figura prosternata, una figura che altre volte aveva visto, una donna in lutto stretto che pregava, chiusa nel suo dolore. L'aveva vista in tempi passati – la prima volta che aveva messo piede in quel sacro luogo. Ora vacillò un poco, fissandola di nuovo finché ella sembrò accorgersi di essere stata notata. Essa alzò il capo e incontrò gli occhi di lui: la compagna della sua pratica devota, tanto a lungo esercitata, era tornata. Ricambiò il suo sguardo per un istante con un viso che esprimeva meraviglia e timore: Stransom capì di averla spaventata. Ella si alzò in fretta e gli venne incontro tendendogli tutt'e due le mani.

«Allora è potuta venire? Dio l'ha mandata!» egli disse sottovoce, sorridendo felice.

«Lei sta molto male... non dovrebbe trovarsi qui» replicò lei ansiosa.

«Dio ha mandato anche me, credo. Stavo male quando sono venuto, ma il vederla opera miracoli.» Tenne strette le sue mani che gli ridavano energia ed equilibrio. «Debbo dirle una cosa.»

«Non me la dica!» ella lo supplicò con dolcezza. «Lasci che gliela dica io. Quest'oggi, per miracolo, per il più dolce dei miracoli, la pena del nostro dissenso mi ha lasciata. Ero fuori, ero qui nelle vicinanze, e pensavo e riflettevo tutta sola, quando, di punto in bianco, qualcosa nel mio cuore è mutato. È la mia confessione questa: eccola. Tornare, tornare immediatamente... l'idea mi ha dato le ali. È stato come se mi apparisse qualcosa all'improvviso, come se tutto divenisse possibile. Potevo anch'io venire per la stessa ragione per cui veniva lei. Ed eccomi. Non è per me che vengo: quella è una storia finita. Sono qui per *loro*.» E ansimando, immensamente sollevata dalla spiegazione precipitosa bisbigliata sottovoce, fissò il loro sfolgorante altare con occhi che ne riflettevano tutto lo splendore.

«*Loro* sono qui per lei» disse Stransom «presenti questa sera come non mai. Parlano per lei, non vede?, esultanti di luce; cantano in coro come gli angeli. Non sente quello che dicono? Le offrono proprio quello che lei mi aveva chiesto.»

«Oh, non ne parli... Non ci pensi; lo dimentichi!» La sua era una supplica sommessa e, mentre i suoi occhi tradivano un allarme più vivo, liberò una delle mani e lo circondò col braccio per meglio sorreggerlo, per aiutarlo ad accasciarsi su una panca.

Stransom si abbandonò, appoggiandosi a lei; si lasciò cadere sul sedile ed ella gli si inginocchiò accanto, col braccio di lui che le cingeva la spalla. Così egli rimase un istante, con lo sguardo fisso al suo sacrario.

«Pare che ci sia un vuoto... dicono che la parata non è piena, non è completa. Ancora una, una sola» soggiunse dolcemente. «Non è questo che lei voleva? Sì, ancora una, una sola.»

«Ah, basta, basta, non più» ella gemette soffocando la voce, come se l'avesse colta un improvviso senso di terrore.

«Sì, ancora una» ripeté lui semplicemente; «una soltanto!» E così dicendo abbandonò la testa sulla spalla di lei, ed essa credette che la debolezza l'avesse fatto venir meno. Sola con lui nella chiesa ormai buia fu presa da un gran terrore per ciò che poteva accadere, giacché il viso di Stransom aveva il pallore della morte.

(Trad. di Maria Luisa Castellani Agosti)

«The Altar of the Dead», da *Stories of the Supernatural*, 1895; da *Racconti di fantasmi*, Einaudi 1988.

Raymond Roussel

LA PELLE VERDASTRA DELLA PRUGNA

La pelle verdastra della prugna un po' matura sembrava straordinariamente appetitosa. Perciò scelsi questo frutto tra le poche golosità preparate su un piatto d'argento per il ritorno della *Señora*.

Con la punta di un coltello feci un buco impercettibile nella buccia sottile e, tirando fuori dalla tasca un flaconcino, vi versai qualche goccia di un veleno istantaneo.

«Natte, m'hai tradito» dissi con voce sorda; «si compia la tua sorte!»

E rimisi a posto il frutto fatale.

Sotto gli abiti da picador, la parrucca e il grande cappello, stavo soffocando. I lampadari del salone gareggiavano in splendore con la ribalta che m'accecava con i suoi riflettori. Le porte erano ingombre di abiti scuri, e dappertutto nelle file di sedie dorate si susseguivano scollature dalle scintillanti *parures*. Sulla piccola scena improvvisata, l'arredo era lussuoso e accurato. Nessun particolare mancava a quella camera da gran dama spagnola. All'improvviso un rumore di campanelli e di colpi di frusta dietro la quinta mi annunciò il ritorno di Natte.

Afferrai subito il mio mantello nero che all'arrivo avevo gettato su una sedia e saltai sul letto le cui tende socchiuse mi permisero di osservare senza essere visto.

Apparve Natte. Era la padrona di casa in persona, ancora bella nonostante i suoi quarantasei anni, grazie agli artifici che impiegava. Aveva soprattutto il segreto di un colorito miracoloso e i suoi capelli seguitavano a restare di un nero intenso e brillante.

Disgraziatamente la faccia era un po' spenta. Il trucco non riusciva a cancellare qualche ruga agli angoli degli occhi e della bocca.

La piccola Madame Dé, affascinante come soubrette andalusa, era entrata dietro di lei. Congedata da Natte dopo un breve dialogo, uscì portando via il mantello della padrona. Rimasta sola, Natte si mise subito a cenare.

«Turquoise... oh mio Turquoise, quanto t'amo!» esclamò tutta fremente.

Turquoise era un giovane asinaio con cui Natte mi tradiva. Una lettera intercettata mi rivelò tutto e mi spinse all'assassinio.

«Com'è dolce pensare a te, Turquoise, mio giovane amante!» ripeteva Natte con lo sguardo perso nella fantasticheria.

Poi riprendendosi, tutta turbata:

«Dio mio! se lo sapesse Mirliton, mi ucciderebbe!...»

Mirliton ero io, il picador abbandonato. Per scacciare l'ansia, Natte cominciò a mangiare. Incarnava bene il tipo spagnolo con i suoi due nei, uno sulla guancia, l'altro sul mento, e i suoi splendidi capelli neri pieni di riflessi della ribalta riuscivano a far dimenticare i suoi tratti sfioriti.

«Cosa fa Turquoise in questo momento?» mormorava tra una sfoglietta e una tartina. «Pensa a me come io penso a lui.»

Dal mio osservatorio osservavo attentamente la cena che diminuiva. Natte cercava di tranquillizzarsi da sola.

«Mirliton non può saper nulla; mi ama, ha fiducia in me...»

Stava finendo un'albicocca; sul piatto c'era soltanto il frutto mortale. Lo prese tra due dita.

«Però se Mirliton sapesse» seguitò a dire con una voce profonda.

Poi dette un morso...

L'effetto fu immediato. Si alzò per aprire la finestra come dovesse soffocare, fece qualche giro su se stessa battendo l'aria con le braccia e cadde morta sul tappeto.

Con un salto fui in piedi e corsi a spegnere le candele che ardevano nei due candelabri d'argento sul tavolo. Tutto si spense all'istante, i lampadari contemporaneamente alla ribalta. Restò soltanto un largo raggio di luna che, entrando dalla finestra aperta, piombava in pieno sulla morta.

Andai a prendere sul letto il mio mantello, il mio grande mantello nero fatto apposta per avvolgersi, e allargandolo completamente lo stesi sul corpo di Natte. Poi mi inginocchiai e restai in silenzio.

Natte, immobile, sembrava di marmo. Il mantello nero la ricopriva interamente. Spuntava solo la testa, la sua testa senza giovinezza dagli splendenti capelli neri, pallidissima sotto il fascio di luce livida, quasi verde, che irrompeva dalla finestra.

L'effetto era tragico.

Si vedeva soltanto una cosa, una sola...

La pelle verdastra della bruna un po' matura.

(Trad. di Paola Dècina Lombardi)

«La peau verdâtre de la prune», 1900 circa, da *Textes de grande jeunesse ou Textes genèse*, in *Comment j'ai écrit certains de mes livres*, 1935. Inedito.

Wilhelm Jensen
GRADIVA

Visitando a Roma uno dei maggiori musei, Norbert Hanold scoprì un bassorilievo da cui fu particolarmente attratto, tanto che rientrato in Germania fu assai lieto di potersene procurare un ottimo calco in gesso. Già da vari anni questo pendeva su un piccolo tratto libero di parete del suo studio, per il resto occupato da librerie; era esposto in buona luce, e al tramonto veniva, sia pur per breve tempo, direttamente illuminato dal sole.

L'immagine riproduceva, a un terzo delle dimensioni naturali, una completa figura femminile nell'atto di camminare: una donna ancor giovane ma non più bambina, e d'altronde neppure donna fatta; piuttosto una vergine appena ventenne.

Non ricordava affatto i molti bassorilievi che si conservano di una Venere, di una Diana, o di qualche altra dea dell'Olimpo; e neppure di una Psiche o di una Ninfa. Nel modo come la figura era riprodotta traspariva qualche cosa di umano e di comune (ma non nel senso deteriore), in certo modo qualche cosa di moderno: come se l'artista avesse, per la strada al passaggio della ragazza, fermato la sua immagine vivente, così come ai giorni nostri si fa con la matita uno schizzo sulla carta. Una figura slanciata e snella, la cui capigliatura lievemente ondulata era quasi completamente stretta da una sciarpa leggera. Non vi era alcuna civetteria nell'espressione del volto sottile; i suoi tratti raffinati esprimevano piuttosto una serena indifferenza per quanto si svolgeva intorno, l'occhio era tranquillamente rivolto davanti a sé, e lo sguardo non appariva turbato né da cose materiali né da complicazioni interiori.

Così la giovane donna non colpiva tanto per una sua bellezza plastica; piuttosto possedeva qualche cosa che è raro trovare in antiche sculture marmoree: una grazia naturale, semplice, virginea, che sembrava infondere vita all'immagine di pietra. Vi contribuiva notevolmente il movimento in cui la giovane donna era rappresentata. Col capo lievemente reclinato, tratteneva la veste assai ampia che le scendeva dalle spalle alle caviglie, così che erano visibili i piedi nei sandali. Il piede sinistro era avanti, e il destro sul punto di seguirlo toccava appena con le punte delle dita il terreno, mentre la pianta e il calcagno si alzavano quasi verticalmente. Questo movimento dava una doppia impressione: soprattutto quella di una lieve agilità nel passo, ma insieme anche quella di una stabilità. Questo librarsi quasi in volo, congiunto alla sicurezza dell'incedere, conferiva all'immagine la sua grazia specifica.

Dove andava essa e da dove proveniva? Il dottor Norbert Hanold, docente di archeologia, non aveva propriamente trovato nel bassorilievo nulla di notevole per la sua scienza: non si trattava di un'opera plastica dell'arte antica maggiore, ma di un quadretto di genere dell'età romana; ed egli non riusciva a capacitarsi di ciò che avesse richiamato la sua attenzione; il fatto è che egli era stato attratto da qualche cosa, e che questa prima impressione si era poi mantenuta inalterata. Per dare un nome all'immagine l'aveva chiamata, per proprio conto, Gradiva, «l'avanzante». Era questo in verità un appellativo attribuito dagli antichi poeti soltanto a Marte Gradivo, al dio della guerra incamminantesi verso il combattimento; ma a Norbert apparve quello più appropriato per indicare il portamento e l'incesso della giovane fanciulla; oppure – per esprimerci modernamente – della giovane dama; giacché essa indubbiamente non apparteneva a un ceto inferiore, ma doveva essere la figlia di un nobile, o comunque di un *honesto loco ortus*. Avrebbe potuto appartenere – la sua immagine suscitava spontaneamente tale idea – alla casa di un edile patrizio, esercitante il suo ufficio nel nome di Cerere; ed essa stava forse avviandosi al tempio della dea, per una qualche funzione religiosa.

Pure il giovane archeologo era restio a inserirla nel quadro della grande tumultuosa metropoli romana. Il suo aspetto, il suo portamento tranquillo e silenzioso mal si adattavano al via vai di migliaia di persone, dove nessuno fa attenzione all'altro, ma faceva piuttosto pensare a una piccola località, nella quale ciascuno conoscesse la ragazza, e pur senza rivolgersi a lei dicesse al proprio compagno: «È Gradiva [non riusciva a Norbert di chiamarla altrimenti], la figlia di...; è la più bella fra tutte le giovani della nostra città».

Come se lo avesse udito con le sue orecchie, questo discorso gli era rimasto in testa; e quasi di sorpresa si era formata in lui un'altra ipotesi. Durante il viaggio in Italia era rimasto alcune settimane a Pompei per studiarvi gli antichi monumenti, e in Germania un giorno gli apparve chiaro che la figura rappresentata nella scultura camminasse là in qualche modo sopra le pietre degli appositi passaggi che consentivano ai pedoni di attraversare col cattivo tempo la strada, senza bagnarsi, pur lasciando libero il transito ai veicoli. Egli la vide come se avesse con un piede oltrepassato l'intervallo fra due pietre, mentre l'altro era in procinto di fare lo stesso; e contemplando lei che camminava, egli, nella sua fantasia, ricostruì concretamente tutto l'ambiente prossimo e lontano.

L'immaginazione, con l'aiuto della sua cultura classica, gli creò lo spettacolo della strada che si estendeva lontano con le due serie di case, fra le quali si mescolavano spesso portici e templi. Anche negozi e botteghe sorgevano tutto intorno: *tabernae, officinae, cauponae*, fondaci, laboratori, mescite; fornai tenevano in mostra il loro pane; recipienti inseriti in banchi marmorei presentavano tutto ciò che può occorrere per una casa e per una cucina. All'angolo di un incrocio stradale una donna stava offrendo in vendita verdura e frutta in cesti. A una mezza dozzina di noci aveva tolto metà del guscio, per poter mostrare il gheriglio fresco e intatto, così da sollecitare le voglie dei compratori. Dovunque si volgesse, lo sguardo incontrava colori vivaci, le pareti dei muri dipinte in vario modo, colonnati con capitelli rossi e gialli. Tutto scintillava e riluceva sotto il sole di mezzogiorno. Un po' più lontano s'innalzava sopra un alto piedistallo una bianca statua; oltre a quella in lontananza si vedeva, pur velato in parte dal tremolio della luce bianca, il Vesuvio: non ancora nella sua forma odierna e con il cono arido e scuro, ma coperto fino all'erta cima di una lussureggiante vegetazione verde. Per la via si muovevano in qua e in là solo poche persone, in cerca di qualche possibile riparo d'ombra; la calura del mezzogiorno estivo paralizzava il traffico solitamente intenso. Intanto la Gradiva avanzava sopra le pietre del passaggio, facendo scappare una lucertola dal color verde cangiante in oro.

Così essa si presentava viva davanti agli occhi di Norbert Hanold; se non che, contemplando ogni giorno la sua testa, una nuova supposizione venne un po' alla volta formandosi in lui. Il taglio del volto di lei sempre più gli appariva non di tipo romano o latino, ma piuttosto greco; cosicché si consolidò in lui la convinzione di una sua origine ellenica. L'ipotesi poteva essere suffragata tenendo conto dell'antica colonizzazione greca di tutta l'Italia meridionale; e su queste basi molte altre piacevoli fantasie si erano sviluppate. Infatti la giovane *domina* forse parlava greco nella casa paterna, ed era forse cresciuta con una educazione greca. A una più attenta osservazione ciò trovava conferma anche nell'espressione del volto; certo dietro la sua semplicità si nascondeva qualche cosa di profondo e di spirituale.

Queste congetture, o scoperte, non erano tuttavia tali da giustificare un vero interesse archeologico per il piccolo bassorilievo; e Norbert si rendeva conto che qualche cosa d'altro, non pertinente alla sua scienza, lo spingeva a occuparsene tanto insistentemente. Si trattava per lui del problema critico se, nella Gradiva, l'artista avesse riprodotto il modo di camminare in maniera corrispondente alla vita reale. Egli non riusciva a venire a capo di un tale problema e di alcun aiuto gli fu la sua ricca raccolta di riproduzioni di antiche opere plastiche. In modo specifico la posizione quasi verticale del piede destro gli sembrava esagerata; in tutte le prove che intraprese personalmente il movimento del suo piede dava luogo a una posizione assai meno verticale; in termini matematici il suo piede, nel breve momento di arresto, si trovava a fare col terreno solo un angolo di 45 gradi, e questa gli parve anche la posizione naturale e più utile per la meccanica del passo. L'amicizia con un giovane anatomico gli fornì l'occasione di porre una volta anche a lui questo problema; ma l'amico non fu in grado di dargli una risposta sicura, giacché non aveva mai fatto osservazioni in questo senso. L'esperienza che anche questo amico fece sopra di sé coincise su per giù con l'esperienza sua; Hanold però non sapeva dire se per caso il modo di camminare femminile si differenziasse da quello maschile; e il problema rimase privo di soluzione.

Questa intervista con l'amico non fu tuttavia inutile, giacché portò Norbert Hanold a compiere qualche cosa che non gli era mai prima capitato di fare, e cioè a effettuare, per chiarire la cosa, osservazioni personali sulla realtà vivente. Fu in tal modo costretto a occuparsi di un aspetto della realtà fino allora ignorato. Il sesso femminile era stato infatti per lui un concetto che riguardava soltanto oggetti marmorei o rinvenimenti di scavo; e le sue rappresentanti contemporanee non avevano ancora suscitato da parte sua la benché minima attenzione. Fu il bisogno di conoscere che attivò in lui un ardore scientifico, col quale egli si dedicò a un'opera esplorativa che gli appariva necessaria.

Nella gran ressa della città tale attività risultò ostacolata da varie difficoltà; un qualche risultato avrebbe potuto essere ottenuto solo con una ricerca condotta in vie poco frequentate. Anche qui tuttavia gli abiti lunghi impedivano per lo più l'osservazione del modo di camminare; in genere le servette soltanto portavano sottane corte, ma, fatta eccezione per una piccola minoranza, esse non potevano venir prese in considerazione per la soluzione del problema a cagione delle grosse calzature. Ciò non ostante egli proseguì tenacemente nella sua investigazione sia col bel tempo che con la pioggia. Si avvide che in quest'ultimo caso era più facile concludere qualche cosa, perché le donne erano costrette a sollevare le gonne. Parecchie dovettero inevitabilmente accorgersi del suo sguardo rivolto in modo esplorativo alle loro gambe, e non di rado un'occhiata corrucciata della persona osservata rendeva noto che essa considerava il suo comportamento sfrontato o sconveniente; talora invece, poiché egli era un giovane di assai piacevole presenza, gli occhi potevano anche esprimere il contrario, e cioè un certo incoraggiamento: egli tuttavia non si rendeva conto né dell'una né dell'altra cosa.

Un po' alla volta la sua costanza gli permise di raccogliere un certo numero di dati, tuttavia molto disparati: le une camminavano lentamente, le altre in fretta, qualcuna in modo pesante e qualche altra con movimento leggero. Parecchie toccavano il suolo soltanto di piatto, alcune sollevavano il piede obliquamente con mossa graziosa. Nessuna però presentava il modo di camminare della Gradiva; ciò gli diede la soddisfazione di concludere che non si era ingannato col suo giudizio archeologico sul bassorilievo. D'altra parte le sue osservazioni gli procurarono pure una certa delusione, giacché la posizione verticale del piede che si sollevava gli sembrava assai bella, ed egli si rammaricava che fosse solo il frutto della fantasia dell'artista, senza una corrispondenza con la realtà della vita.

Subito dopo esser giunto con le sue indagini pedestri a tale riconoscimento, gli capitò una notte di fare un pauroso sogno d'angoscia.

Si trovava nell'antica Pompei, e precisamente il 24 agosto dell'anno 79, il giorno della terribile eruzione del Vesuvio. Il cielo copriva la città destinata alla distruzione con una nera cappa paurosa; solo qua e là, attraverso qualche squarcio, le fiamme emergenti dal cratere lasciavano scorgere qualche cosa di traboccante dai riflessi sanguigni. Tutti gli abitanti, come impazziti dall'orrore, cercavano scampo nella fuga, singolarmente o a frotte scomposte. Anche su Norbert cadevano violentemente lapilli e pioggia di cenere; tuttavia – come suole accadere assurdamente nei sogni – egli non ne rimaneva colpito; così parimenti sentiva i mortali vapori sulfurei nell'aria, senza tuttavia trarne una difficoltà nella respirazione. Mentre si trovava così a lato del Foro, presso il tempio di Giove, vide improvvisamente poco distante avanti a sé la Gradiva; fino allora non gli era venuto in mente che potesse trovarsi là; ora però fu per lui del tutto naturale ch'essa fosse una pompeiana, che abitasse nella sua stessa città e – senza ch'egli lo sospettasse – proprio contemporaneamente a lui. La riconobbe al primo istante; la sua riproduzione marmorea era perfetta in ogni particolare, e anche nel modo di camminare. Spontaneamente gli venne fatto di qualificare un tale modo come *lente festinans*. Così col suo passo agile e insieme tranquillo essa si avviava attraverso il lastricato del Foro verso il tempio di Apollo, nella sua caratteristica serena indifferenza per le cose circostanti. Sembrava non si avvedesse della rovina incombente sulla città, e fosse immersa nei propri pensieri. Accadde in tal modo anche a lui di dimenticare, almeno per pochi istanti, gli avvenimenti paurosi; e poiché la vivente realtà di lei sarebbe presto di nuovo scomparsa, egli cercò di fissarsela nella mente nel modo più preciso. Subito dopo si rese a un tratto conto che, se essa non si fosse affrettata a fuggire, sarebbe perita nell'universale rovina, e il gran spavento gli strappò un grido. Anch'essa l'udì, giacché volse il capo verso di lui, per modo che il suo volto gli si presentò fuggevolmente di faccia; ma con la sua espressione assente e distratta riprese il cammino alla maniera di prima. Intanto però il suo volto si scolorì divenendo più pallido, come se si trasformasse in marmo bianco; avanzò ancora fino al portico del tempio, si sedette su un gradino e abbassò lentamente la testa. La pioggia di lapilli si fece così intensa da costituire una cortina impenetrabile alla vista. Precipitandosi per soccorrerla egli trovò la via per giungere fin là dove essa era scomparsa al suo sguardo, e la trovò al riparo del tetto sporgente, distesa come nel sonno sull'ampio gradino: non respirava più, evidentemente asfissiata dai vapori di zolfo. Il chiarore rosso proveniente dal Vesuvio rischiarava il suo volto che, con le palpebre chiuse, era del tutto simile a quello di una bella immagine marmorea. Dai suoi tratti non traspariva alcuna angoscia o alcun turbamento, ed essa si presentava in un meraviglioso, sereno, tranquillo atteggiamento, composto per l'eternità. Tosto però i suoi lineamenti apparvero meno precisi, giacché ora il vento addensava la pioggia di cenere, che come un velo grigio si stese sopra di lei, spense gli ultimi barlumi del suo volto, e presto come una nordica nevicata invernale seppellì l'intera figura sotto una coltre uniforme. Fuori da questa si elevavano ancora le colonne del tempio, ma solo per metà, giacché anche attorno ad esse veniva accumulandosi la grigia massa delle ceneri.

Quando Norbert Hanold si svegliò aveva ancora nelle orecchie il confuso clamore degli abitanti di Pompei in cerca di salvezza, e il cupo rimbombo del mare agitato. Poi egli rientrò in sé: il sole proiettava un'ampia fascia luminosa sul suo letto, era un mattino di aprile, e da fuori i molti rumori della grande città, i richiami dei venditori e lo stridio dei veicoli, salivano fino alla sua camera. Pure l'immagine del sogno, in tutti i suoi particolari, stava ancora con grande evidenza davanti ai suoi occhi aperti; gli occorse un certo tempo per sottrarsi a uno stato di semiallucinazione, e per persuadersi che nella realtà egli non si era trovato, durante la notte circa duemila anni dopo la catastrofe, sulla costa del golfo di Napoli.

Soltanto mentre si stava già vestendo poté sottrarsi progressivamente a quella impressione; non gli riuscì invece, pur impiegando il suo pensiero critico, a liberarsi dall'idea che la Gradiva fosse vissuta a Pompei e vi fosse rimasta sepolta nell'anno 79. Con un senso di tristezza contemplò nella sua camera l'antico bassorilievo che acquistava per lui un nuovo significato. Era in certo modo un monumento funerario, col quale l'artista aveva voluto tramandare alla posterità l'immagine di lei che tanto precocemente aveva perduto la vita. Tuttavia se si osservava l'immagine spassionatamente, l'espressione complessiva sembrava non lasciar dubbio sul fatto che essa nella notte fatale avesse veramente incontrato la morte con quella tranquillità che il sogno gli aveva mostrato. Un vecchio detto affermava che proprio i prediletti degli dèi erano destinati a lasciare la terra nel fiore della giovinezza.

Norbert, prima ancora di aver indossato camicia e colletto, in veste da camera e pantofole si affacciò alla finestra. La primavera che giungeva finalmente anche nel settentrione, era là fuori: nel grande ammasso di pietre della città essa appariva solo dall'azzurro del cielo e dalla limpidezza dell'aria; pure egli ne fu toccato nei sensi, e gli si risvegliarono desideri di vaste pianure soleggiate, del verde della natura, dell'aria libera e del canto degli uccelli. Un riflesso di tutto questo era pur giunto anche là presso di lui: sulla strada le venditrici avevano ornato le loro ceste con qualche fiore campestre, e a una vicina finestra aperta un canarino in gabbia faceva udire il suo canto. Il poverino fece pena a Norbert; sotto al limpido canto e malgrado il tono allegro, si sentiva la nostalgia per la libertà degli spazi.

Tuttavia il pensiero del giovane archeologo vi si soffermò solo fuggevolmente, dato che qualche cosa d'altro urgeva su di lui. Gli venne solo ora in mente che nel sogno non aveva fatto attenzione se il modo di camminare della Gradiva vivente fosse effettivamente quale era rappresentato nel bassorilievo, e quale non si presenta invece mai nelle donne moderne. Ciò era molto strano dato che il suo interesse scientifico al bassorilievo riguardava precisamente questa questione. Egli lo attribuì all'emozione provata per il mortale pericolo di lei. Cercò allora, tuttavia invano, di richiamare alla memoria il suo modo di camminare.

Frattanto fu come scosso improvvisamente: al primo momento non avrebbe neppure saputo dire da che cosa. Poi individuò la causa. Giù nella strada, volgendo le spalle, passava un essere femminile dal passo particolarmente elastico, che per l'abito e il portamento sembrava una giovane signora. Con la mano sinistra teneva un po' sollevato l'orlo della gonna, la quale giungeva fino alle caviglie; ed essa gli diede l'impressione come se nel camminare la suola del sottile piede retrostante si sollevasse sulle punte delle dita perpendicolarmente al terreno. Così almeno gli parve, dato che la lontananza e l'osservazione dall'alto rendevano difficile un riconoscimento sicuro.

In un istante Norbert Hanold si ritrovò sulla strada, senza neppur rendersi conto di come si fosse deciso a muoversi. Era volato giù per la scala in un lampo, come un ragazzo che si lascia scivolare lungo la ringhiera, e ora stava correndo fra carri, carrozze e persone.

Queste ultime volgevano su di lui gli occhi meravigliati, e da parecchie labbra uscirono risate e motteggi. Egli non si avvedeva che questi commenti riguardavano proprio lui, e il suo sguardo era tutto occupato a rintracciare la giovane donna; gli parve anche di distinguere il suo abito a una ventina di metri di distanza: ma solo nella parte superiore; la parte inferiore e i piedi egli non li poté distinguere, coperti come erano dal traffico della gente che si affollava sul marciapiede.

Intanto una vecchia e grassa erbivendola lo prese per una manica, e trattenendolo lo apostrofò sghignazzando: «Dica un po', bello mio, abbiamo bevuto un po' troppo questa notte, e stiamo forse cercando il letto per la strada? Farebbe meglio ad andarsene per prima cosa a casa e a guardarsi nello specchio». Una risata intorno gli confermò che egli si presentava in un abbigliamento poco conveniente per il pubblico, e lo rese ora consapevole del modo sconsiderato col quale era fuggito dalla sua camera. Ciò lo sbalordì, perché egli teneva all'aspetto esteriore; e abbandonando l'impresa tornò precipitosamente a casa.

Il suo spirito, dopo il sogno, era tuttavia evidentemente ancora turbato da qualche cosa che lo ingannava con immagini illusorie, dato che all'ultimo momento aveva veduto la giovane donna volgere per un istante il capo alle risa e agli schiamazzi; e gli era sembrato di scorgere che essa non avesse un volto ignoto, ma che fosse proprio il volto della Gradiva quello che lo stava guardando.

Il dottor Norbert Hanold, possedendo considerevoli mezzi di

fortuna, si trovava nella piacevole condizione di essere il padrone assoluto delle proprie azioni; per cui se gli veniva voglia di fare qualche cosa, non aveva bisogno dell'approvazione altrui, ma poteva decidere per proprio conto. In ciò si differenziava, in modo per lui assai favorevole, dal canarino: il quale poteva esprimere solo col canto il proprio innato impulso a fuggirsene dalla gabbietta negli spazi soleggiati; pure il giovane aveva molti altri elementi in comune con quell'uccellino.

Non era venuto al mondo e non era cresciuto nella libertà naturale; ma fin dalla nascita si era trovato chiuso in un recinto che la tradizione familiare aveva elevato attorno a lui con l'azione educativa, predeterminando il suo avvenire. Fin dalla più tenera infanzia non vi era stato alcun dubbio nell'ambiente familiare che egli, quale unico figlio di un professore universitario studioso del mondo antico, era destinato a perpetuare, o ancor meglio a superare, attraverso un'attività analoga, la fama del nome paterno: così fin da allora questa prosecuzione dell'opera paterna gli era apparsa il naturale scopo della sua futura vita. Anche dopo la morte prematura dei genitori egli, completamente solo, si era attenuto a tale divisamento e lo aveva fedelmente seguito: a conclusione dell'esame di laurea in filosofia da lui brillantemente superato, aveva fatto il viaggio di studio a tappe in Italia e aveva così potuto vedere negli originali molte antiche opere d'arte plastiche, di cui gli erano state prima accessibili le sole riproduzioni. Nessun altro luogo come i musei di Firenze, di Roma e di Napoli avrebbe potuto offrirgli un materiale tanto importante per i suoi studi; ed egli dovette convenire di aver utilizzato nel modo migliore il tempo della sua permanenza in quelle città per l'arricchimento delle sue cognizioni, cosicché era ritornato a casa assai soddisfatto, per utilizzare le nuove acquisizioni, nell'approfondimento della sua scienza.

Che oltre agli oggetti di questa scienza appartenenti a un lontano passato esistesse attorno a lui anche una realtà attuale, egli ebbe sentore solo in modo molto nebuloso. Per il suo modo di sentire, marmi e bronzi non erano morti minerali, ma piuttosto l'unica realtà vivente capace di conferire scopo e valore alla vita degli uomini. Così egli se ne stava fra le pareti di casa sua, in mezzo ai suoi libri e alle sue riproduzioni, senza sentire il bisogno di alcuna relazione sociale, ma anzi schivandola possibilmente come un puro perditempo. Solo a malincuore e di tanto in tanto affrontava l'inevitabile seccatura di un gruppo di conoscenti che, per antichi legami familiari, era costretto a frequentare. Era tuttavia notorio che prendeva parte a queste riunioni conviviali senza aver occhi od orecchi per chi gli stava attorno, solo anticipando il momento in cui, finito il pasto, gli fosse possibile di andarsene; e così pure si sapeva che per la strada egli non salutava mai coloro con i quali era stato a tavola insieme.

Ciò non contribuiva a metterlo in buona luce, specie fra le giovani signore. Giacché anche se gli era capitato di scambiare eccezionalmente un paio di parole con qualcuna, quando poi la incontrava per via, egli la fissava come una faccia nuova mai veduta senza il menomo cenno di saluto.

O che l'archeologia fosse in se stessa una scienza alquanto strana, o che combinandosi con la personalità di Norbert Hanold producesse un amalgama speciale, fatto sta che essa non gli consentiva molto di interessarsi d'altro; così anche gli serviva poco per quelle gioie della vita alle quali la gioventù è solita aspirare. Tuttavia la natura, forse con buone intenzioni, aveva aggiunto in lui, quasi come correttivo extrascientifico, e senza che egli sapesse di possederla, una fantasia particolarmente ricca, la quale si metteva in moto non soltanto nei sogni ma anche durante la vita vigile, e che in sostanza rendeva la sua mente non decisamente adatta a metodi di indagine rigorosi e spassionati.

Ma da tale sua dote nasceva un'altra somiglianza fra lui e il canarino. Quello era nato in prigionia, non aveva mai conosciuto altro che la sua stretta gabbia, e pur recava in sé il sentimento che gli mancasse qualche cosa, e col canto che usciva dalla sua gola andava esprimendo il suo struggimento per questa cosa ignota. Ciò comprese, con un senso di compassione per l'uccellino, Norbert Hanold, quando rientrato in casa si trovò ancora affacciato alla finestra; insieme fu colpito da una nuova impressione: e che cioè anche a lui stesso, Norbert, mancasse qualche cosa che pur non sapeva precisare. Poco gli servì, per individuarlo, lo stare a pensarci su. Era come se quella impressione derivasse dalla chiara atmosfera primaverile, dai raggi del sole, dall'orizzonte appena velato di vapori, e ciò gli fece formulare un confronto: anch'egli si trovava qui come in una gabbia dietro le sbarre. Tosto però si collegò a tale pensiero la confortante constatazione che le sue condizioni erano notevolmente migliori di quelle del canarino: era infatti in possesso di ali per volar via a piacimento verso la libertà, e nulla avrebbe potuto ostacolarlo.

Si trattava per il momento di una pura immagine, che richiedeva riflessione per poter essere sviluppata. Vi si dedicò per un po'; ma non ci volle molto perché in lui maturasse la risoluzione di fare un viaggio primaverile. Diede corso al suo proposito lo stesso giorno: preparò un leggero bagaglio, lanciò ancora, sul far della sera, un tenero sguardo alla Gradiva che illuminata dagli ultimi raggi del sole sembrava avanzare agilmente sopra le pietre del passaggio invisibili sotto ai suoi piedi, e partì verso il sud col direttissimo della notte. Anche se l'impulso a compiere questo viaggio era sorto in lui in base a un'impressione imprecisa, a un'ulteriore considerazione era sembrato senz'altro ovvio che il viaggio avrebbe dovuto avere uno scopo scientifico. Gli era venuto in mente di aver trascurato a Roma di documentarsi intorno ad alcuni importanti problemi archeologici relativi a diverse statue, e così, senza fermarsi per via, con un viaggio di una giornata e mezza, si portò direttamente in quella città.

Pochi hanno fatto personalmente l'esperienza di quanto sia bello partire di primavera, giovani, ricchi e indipendenti, dai paesi tedeschi verso l'Italia; anche chi sia in possesso di queste tre qualità non sempre è infatti accessibile a una tale impressione di bellezza. Ciò vale in particolare per coloro, e costituiscono ahimè la maggioranza, che si trovano a effettuare il viaggio in coppia, nei giorni o nelle settimane immediatamente consecutive alle nozze, che non lasciano passar nulla davanti ai loro occhi senza esprimere il loro straordinario entusiasmo con numerosi superlativi, ma che alla fine riportano come risultato del loro viaggio precisamente ciò che avrebbero egualmente potuto scoprire, sentire e godere, restandosene tranquillamente a casa. Tali coppie usano sciamare di primavera oltre i passi alpini, in senso opposto a quello delle rondini.

Norbert Hanold durante il viaggio fu circondato, come in una colombaia viaggiante, dai loro gorgheggi e dalle loro moine, e per la prima volta nella sua vita si trovò nella condizione di dovere per forza ascoltare e osservare i suoi simili, che erano attorno a lui. Dalla lingua risultava che provenivano in genere dai paesi tedeschi, ma questa comunanza di stirpe non suscitò in lui alcun sentimento d'orgoglio, anzi qualche cosa di opposto: aveva agito bene fino allora occupandosi il meno possibile del vivente *Homo sapiens* della classificazione di Linneo; soprattutto in relazione alla metà femminile di questa specie.

Per la prima volta egli vedeva da presso queste unioni promosse dall'istinto dell'accoppiamento, senza essere in grado di capire che cosa li avesse potuti portare reciprocamente a questo. Gli rimaneva incomprensibile perché le donne avessero scelto questi uomini, ma gli risultava ancor più misterioso perché la scelta degli uomini fosse caduta su queste donne. A ogni movimento della testa il suo sguardo doveva necessariamente incontrare il volto di una di loro; e non ve n'era alcuna i cui occhi donassero grazia esteriore o esprimessero una interiore spiritualità. Vero è che gli mancava un metro a cui commisurarle, dato che naturalmente non aveva senso confrontare il sesso femminile odierno con la superiore bellezza delle antiche opere d'arte. Oscuramente gli sembrava di non cadere in un tale procedimento erroneo, ma piuttosto aveva il senso che in ogni circostanza gli mancasse qualche cosa che anche la vita abituale necessariamente presentava. Così si mise a pensare per varie ore allo strano arrabattarsi degli uomini, giungendo alla conclusione che fra tutte le loro follie il matrimonio era la follia maggiore e più inconcepibile. Quanto all'insulso viaggio di nozze in Italia esso rappresentava il degno coronamento di quella pazzia.

Ancora gli venne però fatto di ricordare il canarino da lui lasciato in cattività; giacché anche qui egli si trovava chiuso in gabbia, tutto rinserrato intorno dai giovani volti degli sposi come annullati dall'estasi amorosa, e dai quali il suo sguardo poteva solo di tanto in tanto liberarsi guardando oltre il finestrino.

Così si rese conto che le cose che fuori passavano davanti ai suoi occhi gli facevano un'impressione diversa da quella che ne aveva avuto guardandole negli anni addietro. Le foglie degli ulivi luccicavano con un riflesso argenteo più vivo. I cipressi e i pini che qua e là si levavano solitari si stagliavano contro il cielo con forme più belle e singolari. I paesini appollaiati sulle alture gli sembravano particolarmente graziosi, e come se ciascuno fosse un individuo con la sua fisionomia caratteristica diversa da quella degli altri. Perfino il Trasimeno gli apparve di un tenero azzurro che non aveva mai veduto in una superficie d'acqua.

Ebbe l'impressione che ai due lati della strada ferrata vi fosse una natura per lui nuova: come se nel passato avesse dovuto osservarla attraverso una nebbia persistente, o attraverso un velo di pioggia, e se soltanto ora la vedesse per la prima volta nel fulgore della luce solare.

Un paio di volte gli capitò di sorprendere in sé un desiderio nuovo: quello di scendere e d'incamminarsi a piedi verso una qualche località, giacché gli sembrava che essa avesse in sé nascosto qualche cosa di peculiare e di misterioso. Tuttavia non si lasciò tentare da questi irragionevoli diversivi, e il direttissimo lo portò difilato a Roma, dove prima ancora di entrare in stazione, il mondo antico, con i ruderi del tempio di Minerva Medica, lo riprese nei suoi lacci.

· Liberatosi dalla sua gabbia zeppa di coppie inseparabili, scese provvisoriamente in una locanda a lui nota, allo scopo di poter poi con comodo cercare un alloggio privato di proprio gradimento.

Non riuscì a trovarne uno che gli andasse bene il giorno dopo, e così alla sera, affaticato dall'inabituale atmosfera italiana, dal gran sole, dal lungo girare e dal chiasso delle vie, ritornò al suo albergo in cerca di riposo.

Già la sua coscienza stava ottundendosi ed egli era in procinto di addormentarsi, quando si ritrovò nuovamente sveglio: la sua camera infatti comunicava, attraverso una porta dissimulata dietro un armadio, con una stanza contigua, e in questa erano entrati due nuovi ospiti dell'albergo giunti al mattino. Le voci, attraverso il lieve schermo, rivelavano che si trattava di un uomo e di una donna, appartenenti in modo inconfondibile a quella categoria di uccellini tedeschi in volo primaverile con i quali egli aveva viaggiato il giorno prima da Firenze in qua. Il loro stato d'animo attestava la bontà della cucina dell'albergo; e si doveva allo squisito vino dei Castelli romani se essi con accento della Germania settentrionale esternavano i loro pensieri e sentimenti in modo estremamente chiaro.

«August, amor mio...»

«Mia dolce Grete...»

«Sei nuovamente tutto per me.»

«Sì, finalmente siamo di nuovo soli.»

71

«Abbiamo molte cose da vedere domani?»

«A colazione vedremo nel Baedeker quello che ci manca ancora.»

«August, amor mio, mi piaci molto di più dell'Apollo del Belvedere.»

«Ho pensato spesso, mia dolce Grete, che sei molto più bella della Venere capitolina.»

«È abbastanza vicino il vulcano dove dobbiamo salire?»

«No, ci vogliono ancora un paio d'ore di ferrovia, così almeno credo.»

«E se il vulcano si risvegliasse proprio mentre fossimo là, che cosa faresti?»

«Il mio unico pensiero sarebbe quello di salvarti, e ti prenderei in braccio così.»

«Attento a non pungerti con lo spillo!»

«Versare il mio sangue per te è la più bella cosa a cui possa pensare!»

«August, amor mio...»

«Mia dolce Grete...»

Così per il momento si concluse il dialogo; Norbert sentì ancora un indistinto lieve rumore e uno spostamento di sedie. Poi tutto tacque ed egli fu ancora preso da un sonno leggero.

Questo lo trasportò nuovamente a Pompei, mentre si rinnovava l'eruzione del Vesuvio. Attorno a lui vi era un confuso brulichio di gente in fuga, e a un tratto egli vide l'Apollo del Belvedere che sollevava la Venere capitolina, la trasportava e la posava, coperta da un'ombra scura, sopra un oggetto. Questo sembrava essere una vettura, o un carro, con cui essa avrebbe dovuto essere trasportata via, giacché emetteva un cigolio. Questa scena mitologica non sorprese gran che il giovane archeologo; solo gli sembrò strano che i due fra loro non parlassero greco, ma tedesco: infatti, dopo un po', mentre stava riprendendo parzialmente coscienza, li sentì dire:

«August, amor mio...»

«Mia dolce Grete...»

Tosto però l'immagine del sogno attorno a lui si trasformò completamente. Una gran pace silenziosa subentrò al confuso rumore, e in luogo del fumo e dei riflessi delle fiamme, una chiara e limpida luce solare sovrastava i ruderi della città distrutta.

Anche questa venne un po' alla volta trasformandosi così da diventare un letto, sulle cui bianche coperte si protendevano i raggi del sole fino a raggiungere i suoi occhi; e Norbert Hanold si risvegliò al fulgore del primo mattino romano.

Anche in lui stesso qualche cosa era mutato: non sapeva il perché, ma di nuovo si impadroniva di lui la strana opprimente sensazione d'essere rinchiuso in una gabbia, la quale questa volta aveva nome Roma. Come aprì la finestra, gli giunsero dalla strada le grida varie e molteplici dei venditori, che risuonavano ai suoi orecchi con toni più sonori che non nella patria tedesca. Aveva dunque mutato una rumorosa prigione di pietra in un'altra simile; e, spaventato dall'idea di potervi incontrare l'Apollo del Belvedere e la Venere capitolina, fu preso da uno strano fastidio per i musei di antichità. Così dopo una breve riflessione rinunciò al proposito di cercarsi un'abitazione, rifece rapidamente il proprio bagaglio e corse alla stazione per ripartire verso il sud.

Per evitare le coppie inseparabili prese una vettura di terza classe, anche con l'idea di ritrovarvi una compagnia, interessante e istruttiva da un punto di vista scientifico, fatta di tipi popolari italiani, quali dovettero essere i modelli delle antiche sculture. Se non che trovò solo la solita sporcizia, l'orrendo puzzo dei «toscani» di monopolio, individui piccoli, storti e rachitici, e rappresentanti del sesso femminile rispetto alle quali quelle patatone delle sue compaesane gli apparivano ancora nel ricordo simili a dee dell'Olimpo.

Due giorni dopo Norbert Hanold abitava un ambiente dall'aspetto non troppo raccomandabile, denominato camera, nell'Hôtel Diomede, posto nelle vicinanze dell'ingresso agli scavi di Pompei, guardato dagli alberi di eucalipto. Egli aveva stabilito di fermarsi per un po' a Napoli, per studiarvi nuovamente a fondo le sculture e gli affreschi del Museo Nazionale; ma lì gli era accaduta la stessa cosa che a Roma.

Nella sala dedicata alle suppellettili pompeiane si vide circondato da una moltitudine di abiti da viaggio femminili di fattura modernissima, che evidentemente erano stati da non molto frettolosamente indossati al posto di sgargianti abiti da sposa, di raso, di seta o di trine. Ciascuno di questi abiti era congiunto, a mezzo di una manica, al braccio di un accompagnatore, più o meno giovane, abbigliato in modo altrettanto impeccabile. E la competenza recentemente acquisita da Hanold in un campo scientifico rimastogli precedentemente ignorato aveva fatto tali progressi che egli poté di primo acchito riconoscere che ciascuno di loro era August, e ciascuna Grete. Soltanto erano diversi i discorsi che, giungendo al suo orecchio, lo rivelavano.

«Oh guarda un po', erano proprio gente pratica! Dobbiamo procurarci anche noi scaldavivande simili.»

«Sì, ma per i pranzetti cucinati dalla mia mogliettina, debbono essere d'argento.»

«Come fai a sapere che quanto ti cucinerò sarà di tuo gusto?»

Seguiva uno sguardo d'intesa e una risposta incaramellata:

«Ciò che preparerai per me non potrà essere che una leccornia.»

«No! Ma questo è un ditale! La gente di allora aveva già aghi per cucire?»

«Sembra così, ma tu, tesoro mio, non avresti potuto usar questo! Sarebbe troppo grande anche per il tuo pollice.»

«Pensi proprio? E tu preferisci dita sottili o larghe?»

«Non ho bisogno di vederle, le tue dita. Anche nell'oscurità più profonda le riconoscerei fra tutte al mondo!»

«È spaventosamente interessante! Dobbiamo proprio andare anche nella stessa Pompei?»

«No, non ne vale la pena. Ci sono solo sassi e macerie. Le cose di valore, lo dice il Baedeker, sono state tutte trasportate qui. E poi non vorrei che il sole fosse troppo forte per la tua carnagione delicata. Mi sentirei terribilmente colpevole.»

«Allora avresti fatto meglio a prendere per moglie una negra.»

«No, la mia fantasia non è mai giunta a questo; ma una lentiggine sul tuo nasino mi renderebbe infelice. Penso, se lo vuoi, che potremmo domattina andare a Capri, amor mio. Là ci sono tutte le comodità; e nella luce meravigliosa della Grotta azzurra potrò apprezzare in pieno quale gran premio la lotteria della fortuna mi abbia riserbato.»

«Zitto, se qualcuno ascolta. Mi sto già vergognando. Ma io sono felice dovunque tu mi porti; dovunque, purché ti abbia con me.»

August e Grete tutto intorno, per gli occhi e per le orecchie, appena un po' moderati e addolciti.

Norbert Hanold si sentiva come se fosse contornato da ogni parte da un mare di miele appiccicoso, che a un certo punto gli arrivò alla gola fino a dargli la nausea. Uscì dal Museo Nazionale ed entrò nella prima osteria per prendervi un bicchierino di vermut. Per l'ennesima volta gli venne fatto di chiedersi: Ma perché queste centinaia di coppie affollano i musei di Firenze, di Roma e di Napoli, invece di dedicarsi a queste faccende in collaborazione, a casa loro in patria? Dal complesso dei discorsi e degli accenni che era stato costretto a udire, aveva tuttavia almeno appreso che la maggior parte delle coppie non si proponeva di nidificare fra le rovine di Pompei, considerando più vantaggioso dirigere il proprio volo verso Capri; nacque perciò subito in lui l'impulso a fare precisamente quello che gli altri non facevano. Pensava così di uscire in certo modo dal folto di questo stormo, e di ritrovare invece ciò che egli stava inutilmente cercando qui nella terra esperia. Si trattava ancora di una coppia, non però nuziale, ma fraterna e senza sdolcinati cinguettii: la pace e la scienza, due sorelle tranquille, presso le quali soltanto egli pensava di trovare riparo. Questa sua aspirazione conteneva tuttavia in sé un elemento per lui nuovo; e se ciò non fosse stato in sé contraddittorio, egli avrebbe potuto definirlo sentimentale.

Un'ora dopo si trovava in una carrozzella che lo trasportava velocemente lontano attraverso la lunga strada di Portici e di Resina. Il viaggio si svolgeva lungo una meravigliosa via che sembrava pavesata per un trionfatore di Roma antica. Da entrambi i lati quasi ogni casa stendeva, in gialli festoni, una enorme quantità di pasta di Napoli, messa a seccare al sole: la massima specialità del paese, in forme più grosse e più sottili, maccheroni, vermicelli, spaghetti, cannelloni, fidelini, i quali erano destinati, attraverso il puzzo di grasso delle cucine d'osteria, la polvere, le mosche, le pulci, le scaglie di pesce vaganti per l'aria, il fumo dei camini, e altrettali ingredienti diurni e notturni, a raggiungere l'intima squisitezza del loro sapore.

Da un lato, oltre i bruni campi di lava raffreddata, si ergeva il cono del Vesuvio, a destra si stendeva il golfo nella sua scintillante tinta azzurra, che pareva ottenuta da una mescolanza di malachite liquida e di lapislazzuli.

La carrozza volava, quale guscio di noce sospinto da un pazzo turbine di vento, e come se ogni istante fosse per lei l'ultimo, attraverso il terribile acciottolato di Torre del Greco; attraversò col fracasso Torre Annunziata, raggiunse la coppia dei due Dioscuri, l'Hôtel Suisse e l'Hôtel Diomede, che nella loro incessante silenziosa aspra contesa misuravano fra loro le proprie capacità d'attrazione, e si fermò finalmente davanti al secondo, che il giovane archeologo, a cagione del nome classico, scelse nuovamente, come durante il suo primo viaggio, a propria dimora.

Il moderno concorrente svizzero stava intanto osservando dalla sua porta, almeno apparentemente con grande serenità. Si consolava al pensiero che nelle pentole del suo classico vicino si cucinava con la stessa acqua che nelle sue, e che gli antichi oggetti preziosi che là venivano abilmente offerti al compratore incantato non erano stati tratti alla luce dopo duemila anni dalla coltre di cenere, più di quanto non lo fossero i suoi.

Così Norbert Hanold in pochi giorni si trovò, contro ogni attesa e ogni sua intenzione, trasferito dalla Germania a Pompei; trovò il Diomede non troppo affollato di ospiti umani, ma in compenso abbondantemente abitato dalla *musca domestica communis*, dalla mosca volgare.

Era per lui una cosa insolita che il suo spirito fosse turbato da violente passioni, ma contro questi insetti si scatenò la sua ira. Li considerò come il più abbietto prodotto della malignità della natura, preferì di gran lunga in cuor suo l'inverno, come unica stagione in cui fosse possibile vivere, all'estate, e riconobbe in tali animaletti una prova irrefutabile contro l'esistenza di un ordine razionale dell'universo. Esse qui lo accoglievano con alcuni mesi di anticipo rispetto all'epoca in cui in Germania gli sarebbe toccato questo tormento, gli si avventavano contro come su una vittima designata, gli sfrecciavano sugli occhi, gli ronzavano nelle orecchie, gli si impigliavano nei capelli, gli facevano il solletico nel naso, sulla fronte, sulle mani.

Alcune gli ricordavano inoltre le coppie in viaggio di nozze, e sembravano anch'esse dire, nella loro lingua, «August, amor mio» e «Mia dolce Grete». Il povero tormentato desiderò ardentemente uno scacciamosche, come quello, proveniente da una antica tomba, che aveva veduto nel Museo etrusco di

Bologna. Dunque fin dall'antichità questa miserabile creatura era stata una piaga dell'umanità: altrettanto maligna e implacabile dello scorpione, dei serpenti, della tigre, del pescecane, pronti a dilaniare e a divorare il corpo di coloro che riescono a sorprendere ma dai quali, prendendo le proprie precauzioni, ci si può almeno porre al sicuro. Contro la mosca volgare non vi era invece difesa; essa paralizzava, sconvolgeva e infine distruggeva l'essenza stessa spirituale dell'uomo, le sue capacità di pensiero e di lavoro, ogni aspirazione superiore e ogni sentimento di bellezza. Non la fame o la sete di sangue la spingevano a ciò, ma soltanto la infernale brama di tormentare. Era la «cosa in sé», in cui il male metafisico aveva trovato la propria espressione e la propria incarnazione.

Lo scacciamosche etrusco – un manico di legno con un fascio di stringhe di cuoio – era tutta una dimostrazione: essa, la mosca, aveva già rovinato i più alti pensieri poetici nella mente di Eschilo, così come aveva indotto lo scalpello di Fidia al colpo errato non più riparabile; la fronte di Zeus, il petto di Afrodite, tutti gli dèi e le dee dell'Olimpo, dalla testa ai piedi, in pericolo! E Norbert sentì nel proprio intimo che sopra ogni altra cosa si dovesse valutare il merito di un uomo dal numero di mosche che nel corso della propria vita egli, vindice dell'intera specie umana fin dalla più remota antichità, avesse schiacciato, infilzato, bruciato, distrutto in quotidiane ecatombi.

Per la conquista di una tal gloria gli mancava però qui l'arma necessaria; e, non diversamente da quanto avrebbe fatto anche il più grande eroe guerriero dell'antichità ridotto a combattere da solo, di fronte all'enorme superiorità numerica del nemico egli abbandonò il campo, e cioè la sua stanza.

Fuori tuttavia ebbe l'intuizione che quanto oggi aveva fatto in piccolo, domani avrebbe dovuto ripetere in proporzioni maggiori: neppure Pompei evidentemente gli offriva un soggiorno tranquillo e soddisfacente per le sue necessità. Tuttavia a tale pensiero si accompagnò, più o meno oscuramente, anche un altro: e che cioè la sua insoddisfazione non doveva essere determinata soltanto da circostanze esterne, ma doveva trarre la propria origine anche da qualche cosa che era in lui stesso.

La molestia delle mosche gli era sempre stata assai fastidiosa, ma non gli aveva mai provocato finora un tale accesso di rabbia.

Evidentemente i suoi nervi si trovavano, per effetto del viaggio, in un grande stato di eccitabilità, che si era probabilmente venuto sviluppando anche a casa, per effetto della lunga permanenza invernale nell'aria viziata della sua stanza, e per l'eccesso di lavoro. Si rendeva conto che era di malumore perché gli mancava qualche cosa, pur senza riuscire a capire di che si trattasse. E questo malcontento lo portava con sé dovunque. Certo né le mosche né le coppie di sposi, svolazzanti intorno in massa, erano fatte per rallegrare la vita. Tuttavia, se voleva essere del tutto sincero con se stesso, doveva riconoscere che anch'egli andava in giro per l'Italia in un modo altrettanto insensato e privo di scopo: sordo e cieco come loro, e incapace di trarne un qualsiasi piacere. Giacché la sua compagna di viaggio, la scienza, si comportava come un antico trappista, non apriva bocca se non era interpellata; ed egli si rese conto di essersi quasi dimenticato il modo per intrattenersi con lei.

Era ormai troppo tardi quel giorno per entrare, attraverso l'ingresso, in Pompei. Norbert si ricordò di un viottolo attorno alle mura dell'antica città, già percorso altra volta, e cercò di raggiungerlo salendo attraverso la sterpaglia e gli arbusti. Avanzò così per un buon tratto fino a trovarsi in posizione elevata rispetto alla città dissepolta, che giaceva alla sua destra, immobile e silenziosa. Gli apparve come una morta distesa di rovine, coperta in gran parte da ombre, dato che il sole a occidente era già vicino al bordo del Mar Tirreno. Tutto intorno, invece, il sole lambiva le cime dei monti e le contrade circostanti col magico splendore della vita, indorava il pinnacolo elevantesi sul cratere del Vesuvio, e illuminava i picchi di Monte Sant'Angelo in Purpure.

Norbert riuscì fin dall'inizio, con appropriato discorso congiunto a una buona mancia, a liberarsi dalla sua guida, per poter proseguire le proprie mète da solo in libertà. Si rallegrò constatando che la sua memoria era perfetta: dovunque girasse lo sguardo, tutto era precisamente così come egli lo ricordava, quasi che soltanto ieri se lo fosse impresso nella mente con una osservazione accurata. Tuttavia questo rivedere le cose in maniera identica implicava una certa inutilità del suo esser ritornato sul posto; e a poco a poco si rinnovò in lui quel senso d'indifferenza che aveva già provato la sera innanzi sulle mura. Stranamente, pur scorgendo di fronte a sé il pinnacolo di fumo del Vesuvio che si alzava contro il cielo azzurro, non gli passò affatto per il capo di aver sognato di recente di assistere alla distruzione di Pompei durante l'eruzione del 79.

Il lungo girovagare lo aveva stancato e gli aveva procurato una certa sonnolenza, senza tuttavia suscitare il lui nulla che avesse a che fare col mondo dei sogni; intorno a lui stava solo una congerie di antichi archi, di colonne e di muri, estremamente interessanti per l'archeologia, ma che a prescindere da una tale interpretazione esoterica, altro non apparivano che un gran cumulo di macerie, disposto sì con un certo ordine, ma pur sempre estremamente insipido. Benché scienza e fantasia seguano di solito cammini opposti, esse evidentemente oggi s'erano trovate d'accordo nel rifiutare entrambe a Norbert Hanold il loro soccorso, lasciandogli il senso della completa inutilità del suo girovagare.

Era infatti andato di qua e di là, dal Foro fino all'Anfiteatro, dalla porta di Stabia a quella del Vesuvio, e poi attraverso la via dei Sepolcri, come attraverso molte altre; e il sole intanto aveva quasi compiuto il suo abituale percorso mattutino, fino al punto in cui stava per mutare la sua salita sopra le cime dei monti nella più comoda discesa della parte del mare. In tal modo, con grande soddisfazione della guida che continuava a parlare con voce roca e incomprensibile, esso forniva agli inglesi e agli americani di entrambi i sessi, tutti presi dai loro doveri di viaggiatori, un segnale: per cominciare, a desiderare di sedersi comodamente nei due alberghi-dioscuri, per il pasto di mezzodì. Avevano del resto già osservato con occhio attento tutto quello che avrebbe potuto occorrere per la loro conversazione una volta al di là dell'Oceano o della Manica; e così, ben sazi del passato, i componenti dei vari drappelli presero la via del ritorno, rifluendo in massa, attraverso la via Marina, verso le tavole eufemisticamente luculliane del presente, nell'albergo di Diomede o di «Mister Swiss», a soddisfazione dei bisogni dei loro stomaci.

Considerate tutte le circostanze, interne ed esterne, questa era indubbiamente la cosa più saggia che potessero fare, giacché il sole di maggio a mezzogiorno era certamente ottimo per le lucertole, per le farfalle e per gli altri abituali abitatori e visitatori alati della vasta città dissepolta, ma cominciava, per effetto della verticalità dei suoi strali, a divenire meno amabile verso la nordica carnagione di una Mistress o di una Miss. Ciò stava probabilmente in una certa connessione col fatto che nell'ultima ora i *charming* erano notevolmente diminuiti di numero, gli *shocking* erano aumentati in proporzione, e gli *auh* maschili, pronunciati fra uno sbatter di mascelle divenuto più intenso di prima, avevano preso un notevole sopravvento sugli sbadigli.

Lo strano era che, proprio mentre costoro se ne andavano, ciò che una volta era stata la città di Pompei assumeva un aspetto del tutto diverso. Non già un aspetto vivente; anzi sembrava che soltanto ora essa si pietrificasse completamente nella immobilità della morte. Ma ne derivava il senso che la morte cominciasse a parlare, anche se in forme non afferrabili per l'orecchio umano. Qua e là, come proveniente dalle pietre, si alzava un mormorio provocato dal leggero soffio del vento del sud, l'antico *atabulus*: che aveva già duemila anni fa lambito i templi, i portici, le case, e che ora conduceva il suo lieve gioco con i verdi steli tremolanti sulle marmoree rovine. Spesso esso giungeva violento qui dalle coste dell'Africa spinto da una furia selvaggia; ma oggi si limitava a toccare lievemente le sue antiche conoscenze nuovamente tornate alla luce. Tuttavia provenendo dal deserto non poteva fare a meno di investire con un soffio caldo tutto ciò che anche leggermente toccasse sul suo cammino.

Gli veniva in aiuto il sole, rinforzando il calore del suo alito, e giungendo là dove quello non poteva giungere, così da ricoprire ogni cosa di una luce vivida, scintillante, accecante. Con la sua lama d'oro cancellava via ogni traccia d'ombra sulle *semitae* e *crepidines viarum*, come una volta si chiamavano i marciapiedi lungo le case, penetrava con tutti i suoi raggi nei *vestibula, atria, perystilia* e *tablina*; e là dove qualche riparo gli impediva un ingresso diretto, lanciava la sua luce riflessa. Non vi era più angolino in cui ci si potesse difendere sotto un velo di penombra, da questa ondata di luce.

Ogni strada correva fra le antiche costruzioni murarie come un gigantesco nastro bianco steso a candeggiare. E tutto, senza più alcuna eccezione, era divenuto immobile e silenzioso, giacché non soltanto i messi d'Inghilterra e d'America, col loro gracchiare nasale, erano scomparsi fino all'ultimo, ma anche la vita minore delle lucertole e delle farfalle sembrava aver abbandonato la taciturna città di rovine. Non era esattamente così; ma l'occhio non riusciva più a cogliere alcun loro movimento. Conformemente a quello che da secoli era stato l'uso dei loro progenitori sui declivi montani o sulle pareti rocciose, quando il grande Pan si disponeva al sonno, esse lo facevano anche qui, per non turbare il suo riposo, distendendosi immobili e accoccolandosi qua e là con le ali congiunte. Ed era come se avvertissero qui in modo ancor più rigoroso il comando della sacra calda pausa meridiana, giacché in quest'ora degli spiriti la vita deve tacere e nascondersi, al fine che i morti risorgano e comincino a parlare il loro muto linguaggio.

Quest'altro volto, che le cose attorno stavano assumendo, s'imponeva non tanto agli occhi quanto al sentimento, o meglio a un ignoto sesto senso; ma in modo così forte e persistente, che colui che provava una tale impressione non riusciva assolutamente a sottrarvisi.

Fra gli ospiti dei due alberghi all'ingresso, intensamente occupati allora a usare le loro posate a tavola, difficilmente si sarebbe trovato qualcuno, o qualcuna, in possesso di tale sesto senso; ma la natura aveva invece dotato così Norbert Hanold, ed egli doveva subirne le conseguenze. E questo non perché fosse consenziente; egli non lo voleva affatto, e avrebbe solo desiderato di potersene stare tranquillo nel suo studio con un buon libro in mano, anziché trovarsi imbarcato in questo stupido e inutile viaggio primaverile. Ma mentre ora, dopo esser tornato dalla via dei Sepolcri attraverso la porta di Ercolano nell'interno della città, stava voltando presso la casa di Sallustio nello stretto vicolo a sinistra, questo sesto senso si era improvvisamente risvegliato. Forse l'espressione non è del tutto esatta: piuttosto esso lo trasferì in uno strano stato oniroide, che stava a mezzo fra la piena coscienza totale.

Come a custodia di un segreto, il silenzio di morte ricoperto di luce si stendeva adesso tutto intorno a lui; non vi era più alcun alito di vento ed egli stesso tratteneva il respiro. Si fermò a un incrocio, là dove il vicolo di Mercurio attraversa la più ampia via di Mercurio, che si estende lontano sia a destra sia a sinistra: in armonia con quel dio, si svolgevano qui una volta i commerci e gli affari. Gli angoli delle vie ne davano una muta testimonianza. Su di essi si aprivano frequentemente *tabernae*, botteghe, con i loro banchi di pietra screpolata; qui la disposizione indicava una panetteria, là un certo numero di grandi e rotondi boccali indicava una vendita di olio o di farina. Di contro anfore più slanciate e munite di manico, inserite nei banchi, stavano a indicare che il locale retrostante era stato una mescita di vino, dove alla sera anche gli schiavi e le ancelle del vicinato si saranno affollati per venire a prendere con i propri orci il vino «caupone» per i loro padroni. Si vedeva che l'iscrizione in mosaico, non più leggibile, posta sulla *semita* davanti al banco era stata calpestata da molti piedi: probabilmente decantava ai passanti le lodi del vino pregiato. Sulla parete si scorgeva un graffito all'altezza della cintola di un uomo, fatto probabilmente sull'intonaco da un giovane scolaro, con l'unghia o con un chiodo, per commentare ironicamente quell'elogio con l'affermazione che il vino dell'oste doveva la sua eccellenza all'abbondante aggiunta di acqua.

Sembrava infatti, agli occhi di Norbert Hanold, che dagli scarabocchi trasparisse la parola *caupo*, quantunque non potesse con certezza dire se si trattasse soltanto di un'illusione. Era ben preparato per la decifrazione di difficili graffiti, e avevano fatto in questo campo pregiate scoperte; ma in questo caso la sua abilità fallì completamente. Non solo; ma egli ne trasse l'impressione di non capire assolutamente il latino, e che fosse assurdo per lui voler leggere quello che uno scolaretto pompeiano aveva duemila anni prima graffiato su un muro.

Non soltanto tutta la sua scienza lo aveva abbandonato: ma egli neppure aveva il minimo desiderio di ritrovarla. Si ricordava di lei come molto da lontano, e nel suo modo di sentire essa era come una vecchia arida zia noiosa: la più tediosa e la più inutile fra le cose di questo mondo. Ciò che le sue labbra avvizzite sentenziavano con fare saputo, e che essa dava per comprovato, era tutto soltanto apparenza; riguardava solo l'arida scorza esterna dei frutti del sapere, e non chiariva il loro contenuto, l'essenza; né dava il godimento di un'intima comprensione. Ciò che insegnava era una fredda concezione archeologica, e ciò che parlava era un morto linguaggio filologico. Esse non aiutavano per nulla a capire qualche cosa dell'anima, dello spirito, del cuore, o come si voglia dire; e chi di questo avesse sentito in se stesso il bisogno, doveva da solo, soltanto come individuo vivente, venir qui nel caldo silenzio del mezzogiorno fra i monumenti del passato, per guardare e per ascoltare non con gli occhi e con le orecchie del corpo. Allora tutto sarebbe venuto fuori senza muoversi, e tutto avrebbe cominciato a parlare senza suoni... allora il sole avrebbe sciolto la sepolcrale rigidità delle vecchie pietre, queste sarebbero state percorse da un brivido ardente, i morti si sarebbero levati e Pompei avrebbe ripreso a vivere.

Non che nella testa di Hanold vi fossero esattamente proprio questi sacrileghi pensieri; si trattava soltanto di un oscuro sentimento, ancorché degno di essere esso pure qualificato in modo analogo. Con tale stato d'animo egli guardò immobile davanti a sé la via di Mercurio, fin giù alle mura della città. I blocchi poligonali di lava del lastricato erano là ancora perfettamente connessi come prima di venire sepolti, ed erano ciascuno di un colore giallo chiaro, ma ne proveniva un riflesso così accecante, che nell'insieme costituivano come un nastro argenteo trapuntato, fra i muri silenziosi e i colonnati.

Quando a un tratto...

Con gli occhi aperti egli guardava lungo la via, ma era come se lo facesse in sogno. Improvvisamente, un po' più avanti a destra, appena fuori della casa di Castore e Polluce, passando sopra le pietre di lava che costituivano il passaggio dalla casa stessa all'altro lato della via di Mercurio, venne avanti con passo leggero la Gradiva.

Non vi era dubbio che fosse lei; quantunque i raggi del sole ricoprissero la sua figura di un lieve riflesso dorato, egli ne afferrò in modo chiaro e preciso sia il profilo sia il rilievo. Teneva lievemente piegato il capo ricoperto da una sciarpa che ricadeva sulle spalle; la mano sinistra manteneva un po' alzata la gonna assai ampia, e questa, giungendo appena alle caviglie, lasciava chiaramente scorgere che il piede destro, quando rimaneva addietro, si sollevava sulle punte delle dita, sia pur per un solo istante, col calcagno quasi perpendicolare. Solo non si trattava di una immagine di pietra tutta egualmente incolore: la veste evidentemente confezionata con una stoffa assai morbida non aveva il freddo aspetto del marmo, ma era di una calda tinta gialla, mentre i capelli appena ondulati, sporgendo di sotto alla sciarpa sulla fronte e sulle tempie, spiccavano con un riflesso bruno dorato sul colore alabastro del volto.

Come la scorse, Norbert si ricordò di averla già veduta camminare qui durante la notte del sogno, quando si era distesa tranquillamente come per dormire, là oltre il Foro, sui gradini del tempio di Apollo. E insieme con questo ricordo gli venne per la prima volta in mente un'altra cosa: che egli, pur senza essere consapevole dentro di sé dell'impulso che lo aveva mosso, era venuto in Italia e, senza sostare a Roma e a Napoli, era arrivato fino a Pompei, proprio allo scopo di tentare di ritrovare qui tracce di lei. E questo in senso letterale, dato che essa, per il suo particolare modo di camminare, doveva aver lasciato nella cenere le impronte delle sue dita, inconfondibili rispetto a quelle di qualsiasi altro.

Era nuovamente una pura immagine di sogno quella che si muoveva davanti a lui; eppure era anche una realtà. Lo dimostrava il fatto che essa era capace di produrre effetti reali. Sull'ultima pietra del passaggio, lateralmente, se ne stava immobile, distesa alla rovente luce del sole, una grande lucertola che inviava fino agli occhi di Norbert i riflessi, come d'oro e di malachite mescolati insieme, del suo corpo. Ma al sopravvenire del piede di lei, essa sgusciò via rapidamente, scivolando lontano sulle rilucenti piastre di lava.

La Gradiva superò, col suo passo tranquillamente spedito, le piastre del passaggio, e continuò il suo cammino, volgendo ora le spalle, sul marciapiede opposto: sembrava che fosse diretta alla casa di Adone. Davanti a questa si soffermò un attimo, poi, come se mutasse pensiero, proseguì per la via di Mercurio. Qui a sinistra vi era ancora soltanto, fra le costruzioni maggiori, la casa di Apollo, così chiamata per le numerose immagini di quel dio che vi erano state scoperte. E il fatto che vi volgesse lo sguardo, fece venire in mente a lui ch'essa aveva scelto per il suo sonno mortale proprio il portico del tempio di Apollo. Probabilmente dunque vi era un qualche legame fra lei e il culto del dio solare, ed essa era dedita a tale culto.

Ma tosto si fermò nuovamente: anche qui le pietre del passaggio attraversavano la via, ed essa le superò portandosi di nuovo sul lato destro. Così mostrava ora di profilo l'altro lato presentandosi diversamente: giacché la mano sinistra che teneva la veste non era visibile, e in luogo di quel braccio piegato si scorgeva il braccio destro diritto lungo la linea del corpo. Data la maggior distanza però il riflesso della luce solare rendeva più confusa l'immagine e non lasciò scorgere come essa, una volta giunta alla casa di Meleagro, scomparisse.

Norbert Hanold era rimasto là immobile. Solo con gli occhi, e questa volta con gli occhi del corpo, aveva seguito la sua figura che via via si faceva più piccola. Ora soltanto respirò profondamente, dato che anche il suo petto era rimasto presso che immobile.

Tosto però il suo sesto senso, che in genere rimaneva represso e annullato, si mise in azione con ogni suo potere. Ciò che si era svolto di fronte a lui era puro frutto dell'immaginazione, o realtà effettiva?

Egli non lo sapeva; non sapeva se era sveglio o se sognava, e invano cercò di sincerarsene. Tuttavia un fremito lo percosse nelle ossa: non vedeva e non udiva nulla, ma qualche cosa di misterioso dentro gli faceva sentire che Pompei, tutta intorno a lui, nell'ora meridiana degli spiriti aveva cominciato a rivivere: così era tornata in vita anche la Gradiva, e se n'era andata nella casa già abitata prima del fatale giorno d'agosto del 79.

Egli conosceva la casa di Meleagro fin dalla sua visita precedente; questa volta non vi era ancora stato; però si era soffermato brevemente nel Museo Nazionale di Napoli davanti all'affresco, di Meleagro e della sua compagna di caccia Atalanta, che era stato trovato in quella casa della via di Mercurio, e che aveva dato il nome alla casa stessa. Quando però, riuscendo finalmente a ritrovare le proprie capacità di movimento, vi arrivò, gli venne il dubbio che la casa non traesse il proprio nome dall'uccisore del cinghiale calédone. S'era improvvisamente ricordato di un altro Meleagro, il poeta greco vissuto circa un secolo prima della distruzione di Pompei. Un discendente di lui sarebbe potuto esser venuto qui ed essersi costruita la casa. Questo combinava abbastanza bene con un'altra circostanza che pure gli era venuta in mente: si ricordava infatti di aver formulato l'ipotesi, anzi di esser giunto alla conclusione sicura, che la Gradiva fosse di origine greca. In tal modo nella sua fantasia essa si fuse con l'immagine di Atalanta, così come Ovidio la descrive in una delle sue Metamorfosi:

> Liscia sopra la spalla la fibbia teneva la veste.
> Semplice era la chioma, raccolta in un unico nodo.

Non che ricordasse i versi precisi, ma ne aveva presente il contenuto. Vi si congiunse il ricordo, tratto dal bagaglio delle sue cognizioni, che la giovane sposa di Meleagro, figlio di Deneo, aveva avuto nome Cleopatra. Eppure, con ogni probabilità, non si trattava di questo, ma del poeta greco Meleagro. Tutto questo pasticcio mitologico-letterario-archeologico si agitava nella sua testa sotto la canicola della terra campana.

Oltrepassate le case di Castore e Polluce e dei Centauri, egli si fermò davanti a quella di Meleagro, dalla cui soglia lo salutava, ancora visibile, l'*Have* scolpito. Sulla parete del vestibolo, il Mercurio della Fortuna offriva una borsa piena di denaro, che probabilmente alludeva allegoricamente alla ricchezza e alle felici condizioni in genere di coloro che ne erano stati gli abitatori. Dietro si apriva l'atrio, il cui centro era occupato da un tavolo di marmo sostenuto da tre grifoni.

La casa era vuota e silenziosa e si presentava del tutto estranea al visitatore, che più non ricordava di esservi stato. Tuttavia gli sembrò che l'interno presentasse qualche cosa di diverso dai soliti edifici dissepolti della città. Il peristilio non era collegato all'atrio nel modo abituale, attraverso il tablino nella parte retrostante della casa, ma si trovava sul lato sinistro; era tuttavia molto più ampio ed era decorato molto più fastosamente di qualsiasi altro a Pompei. Era circondato da un portico retto da venti o trenta colonne, dipinte in rosso nella metà inferiore e in bianco in quella superiore. Esse conferivano solennità all'ampio ambiente; al centro si trovava una piscina con fontana e un recinto ben lavorato. Da tutto il complesso si vedeva che la casa doveva aver servito da abitazione a un uomo ragguardevole, raffinato e colto.

Norbert Hanold si guardò attorno e stette ad ascoltare. Ma anche qui nulla si muoveva, né si avvertiva il minimo rumore. Non vi era più alcun alito di vita fra quelle fredde pietre; se la Gradiva era venuta nella casa di Meleagro, doveva nuovamente essersi dileguata nel nulla.

Dietro al peristilio vi era un altro ambiente, un *decus*, specie di sala per feste, contornata pure su tre lati da colonne, però dipinte in giallo, e che da lontano nella luce scintillavano come fossero ricoperte d'oro.

Fra l'una e l'altra invece brillava un rosso ancor più lucente che pareva provenire dalle pareti; non era però dovuto ad alcun antico pennello, bensì all'attuale recente natura del terreno.

L'antico pavimento artistico era completamente rovinato e distrutto; e la primavera esercitava qui ancora tutta la sua antica potenza ricoprendo l'intero *decus*, come accadeva in molte altre case della città dissepolta, di rossi papaveri, i cui semi portati dal vento erano germogliati nella cenere. Era tutto un fluttuare della fitta fioritura, o almeno appariva tale: giacché in realtà i fiori erano là immobili, in quanto l'*atabulus* non riusciva a trovare ora un passaggio giù fino a loro, e sfrusciava solo in alto lievemente. Ma il sole proiettava su essi i suoi strali ardenti in modo tale da produrre l'impressione di rosse onde oscillanti su e giù.

In altre case Norbert Hanold non aveva prestato attenzione a un simile spettacolo, ma qui ne fu colpito. I fiori che riempivano l'ambiente erano quelli che nascevano al bordo del Lete, e in mezzo ai quali giaceva *Hypnos*, che con i succhi raccolti di notte dai rossi calici dispensava il sonno annullatore di ogni coscienza. Entrando attraverso il portico del peristilio nel *decus*, era come se egli avesse avvertito sulla nuca il tocco incantatore dell'antico domatore degli uomini e degli dèi: non fu però preso da sonno profondo, e la sua coscienza fu solo invasa da un dolce struggimento. Mentre rimaneva in sé, gli si presentarono sulla parete di fronte le antiche immagini: Paride che offriva la mela, e un satiro che teneva nella mano un aspide con cui spaventava una giovane Baccante.

Ma di nuovo a un tratto, inaspettatamente,... a cinque passi da lui, nell'ombra proiettata dall'unico frammento rimasto della parete superiore del portico, stava seduta su un basso gradino fra due delle gialle colonne una figura femminile, che con leggero movimento sollevava ora il capo. Non si era accorta prima della presenza di lui, e soltanto ora aveva udito il suo passo. Egli la vide in pieno volto, e questo provocò in lui una doppia impressione: esso apparve ai suoi occhi un volto nuovo, ma insieme anche qualche cosa di già noto, di già veduto o immaginato. Il cuore ebbe un balzo e il respiro gli si mozzò in gola, giacché riconobbe in modo certo a chi quel volto appartenesse. Aveva trovato ciò che andava cercando e per cui era venuto a Pompei: la 'Gradiva viveva ancora, nell'ora meridiana degli spettri, la sua vita di fantasma; ed era qui seduta davanti a lui così come egli l'aveva veduta in sogno sedersi sui gradini del tempio di Apollo. Sulle sue ginocchia era steso qualche cosa di bianco che egli non riusciva bene a distinguere: gli parve un foglio di papiro, e su di esso spiccava un rosso papavero.

Sembrava sorpresa; e sotto i lucidi capelli bruni e la fronte alabastrina due occhi straordinariamente brillanti lo fissarono meravigliati con espressione interrogativa. A lui bastarono pochi istanti per ritrovare nei suoi tratti la corrispondenza con quelli del profilo. Proprio così dovevano essere, visti di fronte; perciò anche al primo sguardo essi non gli erano apparsi completamente nuovi.

Da vicino la veste chiara tendente al giallo acquistava un tono ancor più caldo; era evidentemente di una leggera stoffa di lana assai morbida; e così pure la sciarpa che avvolgeva il capo. Da questa sporgevano in parte sulla nuca i bruni capelli, raccolti con semplicità in un unico nodo. Davanti, sul collo, al di sotto del mento sottile, una piccola sbarretta d'oro chiudeva l'abito.

Questo riuscì a osservare Norbert Hanold nella penombra; istintivamente aveva portato la mano al suo leggero panama e se l'era tolto; quindi cominciò a parlare in greco: «Sei tu Atalanta, la figlia di Iafo? Oppure discendi dalla famiglia del poeta Meleagro?».

L'interpellata, senza rispondere, lo osservò in silenzio con espressione tranquilla; e due pensieri si incrociarono nella mente di lui: o essa, in quanto puro spirito, non aveva la possibilità di parlare, oppure non era di origine greca e non conosceva la lingua. Mutò perciò il greco col latino e le chiese: «Tuo padre era un nobile cittadino di Pompei di stirpe latina?».

Neppur ora ottenne risposta, ma le labbra sottili di lei ebbero un lieve movimento come se trattenessero un impulso al riso. Ora egli fu preso dal panico: essa gli era dinanzi come muta immagine, come fantasma cui non era concesso di parlare. Ed egli assunse un'espressione profondamente costernata.

Ma ora le labbra di lei, non potendo più trattenere l'impulso, si atteggiarono chiaramente al riso, mentre si faceva udire la sua voce: «Se lei vuol parlare con me, bisogna che lo faccia in tedesco».

Ciò era veramente straordinario in bocca a una pompeiana morta da duemila anni; o almeno lo sarebbe stato per un ascoltatore che si trovasse in diverso stato d'animo. Ma di tale stranezza non tenne conto Norbert, sopraffatto da due impressioni contemporanee: la prima riguardava il fatto che la Gradiva era in grado di parlare, l'altra si riferiva al tono della voce. Esso era chiaro come lo sguardo degli occhi; non era forte, ma argentino. Il suono nel silenzio solare giunse a lui attraverso i papaveri in fiore, e il giovane archeologo si rese improvvisamente conto di aver già udita quella voce dentro di sé nella sua immaginazione. Involontariamente lo disse forte: «Sapevo che la tua voce sarebbe stata così».

Nel volto di lei si leggeva che essa cercava di capire qualcosa senza riuscirvi. Alle ultime parole ribatté: «Come può essere, se lei non ha mai parlato con me?».

Non gli era per nulla chiaro perché essa parlasse tedesco e perché, secondo l'uso moderno, si rivolgesse a lui in terza persona. Ma poiché lo faceva, egli pensò che così doveva essere; e rapidamente rispose: «No, parlato no..., ma io ti ho chiamata quando ti sei messa a dormire; ed ero poi vicino a te... il tuo volto era bello e immobile come il marmo. Posso rivolgerti una preghiera?... Posalo ancora sul gradino allo stesso modo...».

Mentre egli parlava era accaduta una cosa straordinaria. Una farfalla color rosso e oro era volata via dai papaveri sulle colonne, aveva volteggiato un paio di volte sopra il capo della Gradiva e si era quindi posata sui suoi capelli presso la fronte. Tosto la sua figura apparve eretta; si era infatti alzata con movimento rapido e tranquillo insieme, volse ancora per un istante verso Norbert Hanold un breve e silenzioso sguardo, in cui qualche cosa sembrava dire che essa lo considerava pazzo, e si allontanò col suo passo speciale lungo le colonne dell'antico portico. Rimase visibile solo per poco, giacché scomparve come inghiottita dal suolo.

Egli era rimasto senza respiro e sbalordito; pure nella sua mente confusa aveva afferrato il significato di quel che era accaduto. L'ora meridiana degli spettri era trascorsa, e sotto forma di una farfalla proveniente dal campo di asfodeli dell'Ade, una messaggera alata era venuta per invitare al ritorno i defunti. E ancora qualche cosa d'altro, sia pur in modo confuso, si aggiungeva a questo. Egli sapeva che la bella farfalla dei paesi mediterranei era chiamata Cleopatra; e così pure si chiamava la giovane sposa di Meleagro che, alla morte di lui, per il dolore aveva recato se stessa in olocausto agli inferi.

Mentre lei si allontanava, egli le gridò dietro: «Tornerai ancora qui domani a mezzogiorno?». Ma essa non si volse, non rispose e scomparve dopo pochi istanti in un angolo del *decus* dietro le colonne. Ciò agì su di lui come una scossa, ed egli tentò di seguirla. Non riuscì però a rintracciare in alcun luogo il suo chiaro vestito: la casa di Meleagro, resa ardente dai caldi raggi del sole, rimase attorno a lui silenziosa e immobile; solo la Cleopatra svolazzava ancora con le sue ali d'oro dai riflessi rossi, compiendo lenti giri sopra i folti papaveri.

Hanold non ricordava quando e in qual modo fosse ritornato all'ingresso; solo si rammentava che il suo stomaco aveva in modo perentorio fatto valere le proprie esigenze e che egli con grande ritardo s'era trovato a tavola al Diomede. Da là, per la prima via che aveva trovato, s'era avviato senza una mèta precisa verso la riva del golfo a nord di Castellammare, dove rimase seduto sopra un blocco di lava, alla brezza marina; finché il sole tramontò circa a metà strada fra il Monte Sant'Angelo sopra Sorrento e il Monte Epomeo su Ischia. Nonostante questa permanenza di alcune ore presso l'acqua del mare, l'aria fresca giovò poco alla sua interiore temperatura spirituale; ed egli ritornò all'albergo circa nelle stesse condizioni in cui lo aveva lasciato. Trovò gli altri ospiti coscienziosamente impegnati nella cena, si fece portare in un angolo della sala un fiaschetto di vino del Vesuvio e stette a osservare coloro che pranzavano, ascoltando la loro conversazione. Ma dal comportamento di tutti, come dai loro discorsi, gli risultò con piena certezza che nessuno di loro aveva incontrato e aveva parlato con una pompeiana defunta ritornata fuggevolmente in vita durante l'ora di mezzodì. Ciò era senz'altro prevedibile dato che a quell'ora essi si erano trovati tutti a pranzo. Senza ben sapere perché e a quale scopo, egli dopo un po' si trasferì dal concorrente del Diomede, all'Hôtel Suisse, e si sedette anche là in un angolo davanti a una bottiglia di Vesuvio (dato che qualche cosa bisognava pure ordinare), e si dedicò con gli occhi e gli orecchi ad analoga ispezione. Questa gli diede gli stessi risultati; e in più quest'altro: che ormai egli conosceva tutti gli attuali visitatori di Pompei, volto per volto.

Non che l'aver fatto queste nuove conoscenze propriamente lo arricchisse di qualche cosa; ma gli dava comunque un senso piacevole il sapere che non vi era ospite, di sesso maschile o femminile, col quale egli non avesse, osservandolo e guardandolo, stabilito un sia pur unilaterale rapporto. Naturalmente non gli era mai passata per il capo l'assurda ipotesi di poter incontrare in una delle due locande la Gradiva, ma comunque era ora in grado di poter giurare che in esse non si trovava alcun uomo o alcuna donna che anche alla lontana avesse con lei qualche somiglianza.

Durante le sue osservazioni aveva ripetutamente versato nel suo bicchiere il contenuto del fiaschetto, vuotando poi lo stesso bicchiere. Quando il fiaschetto fu vuoto, egli si alzò per ritornare al Diomede. Innumerevoli stelle scintillanti e ammiccanti occupavano ora il cielo in ordine sparso; non erano però immobili come di consueto: Norbert aveva infatti l'impressione che Perseo, Cassiopea e Andromeda, con molte altre loro vicine, oscillassero in qua e in là lievemente come in lento movimento di danza; e anche qui sulla terra gli sembrò che gli oscuri profili degli alberi e delle costruzioni non rimanessero fermi al loro posto. Forse questo fatto non avrebbe dovuto meravigliare, data l'antica tendenza a traballare, propria del suolo di questa regione: il fuoco sotterraneo era infatti dovunque pronto a erompere, e lasciava salire un po' del proprio calore alle viti: dalla cui pigiatura era tratto quel vino del Vesuvio che il nostro Norbert Hanold non era abituato a bere.

Anche se questo movimento oscillante delle cose poteva essere in parte attribuito all'effetto del vino, a lui venne in mente che tutti gli oggetti, fin dal mezzogiorno, avevano avuto chiaramente la tendenza a confondersi nella sua testa. La cosa perciò non gli apparve nuova, ed egli la considerò una semplice continuazione di ciò che accadeva anche prima. Salì nella sua camera, e rimase ancora un po' alla finestra a osservare il Vesuvio, sopra il quale ora non vi era più il pinnacolo di fumo elevantesi dalla cima, ma piuttosto si agitava ondeggiando come un mantello porporino scuro.

Quindi il giovane archeologo si svestì senza accendere la luce, e cercò il proprio giaciglio. Quando vi si distese, però, non si trovò più nel letto di Diomede, ma su un campo di rossi papaveri, i cui fiori, come una soffice coltre calda di sole, si richiudevano sopra di lui.

La sua nemica personale, la *musca domestica communis*, in una cinquantina di esemplari, se ne stava domata dall'oscurità in letargo; una soltanto, spinta pur nella sua sonnolenza dal bisogno di tormentare, venne dalla parete a ronzargli sul naso. Egli tuttavia non la riconobbe come il male assoluto che dal principio dei secoli incombe sull'umanità; e la sentì svolazzare davanti ai suoi occhi chiusi come una Cleopatra dalle ali dorate.

Quando al mattino il sole, col vivace aiuto delle mosche, lo risvegliò, egli non riuscì a rendersi conto di quale ulteriore straordinaria metamorfosi ovidiana si fosse prodotta nel suo letto. Certo però un qualche mitico essere gli era stato vicino tessendo in continuazione trame di sogno, giacché se ne sentiva la testa zeppa, tanto da non poter liberamente pensare: sapeva solo di doversi trovare nuovamente a mezzogiorno in punto nella casa di Meleagro. Tuttavia lo prese il timore che se i guardiani all'ingresso l'avessero visto in volto, non lo avrebbero lasciato entrare; a ogni buon conto era opportuno non farsi vedere da vicino da altri uomini.

Per sottrarsi a ciò esisteva, per un conoscitore di Pompei, un mezzo sia pur poco legale; dato il suo stato d'animo non gli era del resto possibile subordinare il proprio comportamento alle disposizioni regolamentari. Si recò quindi, come alla sera del suo arrivo, alle vecchie mura, e seguendole girò con un ampio cerchio attorno alla città in rovina, fino alla solitaria porta di Nola incustodita. Qui gli fu facile scendere all'interno, ed egli lo fece senza darsi troppa pena del fatto che con questo suo procedimento aveva per il momento sottratto all'amministrazione le due lire del biglietto d'entrata: che del resto avrebbe potuto in qualche altra maniera rimborsare più tardi.

Così, senza che alcuno lo vedesse, raggiunse una zona della città priva di interesse, che in genere non è visitata da alcuno e che in gran parte non è ancora dissepolta; si mise in un angolo nascosto, all'ombra, e attese consultando di tratto in tratto l'orologio, per rendersi conto del passar delle ore. Il suo sguardo cadde una volta su qualche cosa di bianco con riflessi argentei che sporgeva da un cumulo di macerie, e che egli stentava con la sua vista a riconoscere. Automaticamente fu spinto ad avvicinarsi, e riconobbe così un ramoscello di asfodelo con i fiori bianchi, di cui il vento aveva portato qui il seme. Era il fiore del mondo sotterraneo e – come a lui venne in mente – sembrava cresciuto qui proprio per alludere a ciò che egli stesso stava aspettando. Colse il gambo e tornò con quello al suo posto.

Il sole di maggio si faceva via via più ardente come il giorno prima, e si avvicinò infine allo zenit; egli si incamminò allora per la lunga strada di Nola. Questa giaceva abbandonata in un silenzio di morte, come del resto quasi tutte le altre vie; più in là verso ponente tutti i visitatori mattutini si affollavano ormai verso porta Marina e verso le tavole apparecchiate. Vi era soltanto il tremolio dell'aria arroventata, e nella luce accecante la figura di Norbert Hanold col suo ramo di asfodelo sembrava quella di un *Hermes psychopompos* (sia pure modernamente vestito) in viaggio per accompagnare nell'Ade un'anima recisa.

Senza saperlo e seguendo l'impulso istintivo, trovò la strada della Fortuna e poi giusto la via di Mercurio, e piegando a destra arrivò davanti alla casa di Meleagro. Privi di vita come il giorno innanzi lo accolsero qui il vestibolo, l'atrio e il peristilio; fra le colonne di quest'ultimo fiammeggiavano i papaveri del *decus*. Entrandovi egli era in dubbio se era stato qui ieri o duemila anni prima per ottenere dal proprietario della casa qualche notizia di grande interesse per la scienza archeologica, non sapeva però più quale. E d'altronde – anche se la cosa era contraddittoria – tutta la scienza dell'antichità gli appariva in quel momento quanto di più inutile e di più indifferente ci fosse al mondo. Non capiva come un uomo potesse occuparsene, quando una sola cosa avrebbe dovuto attrarre ogni pensiero e ogni ricerca: di quale essenza fosse l'apparenza corporea di un essere contemporaneamente morto e vivo: anche se vivo solo durante l'ora meridiana degli spiriti, o anche soltanto proprio il giorno prima, e forse una volta sola ogni secolo od ogni mille anni; giacché ora improvvisamente si rendeva conto come il ritorno di quell'essere qui oggi fosse problematico. Forse non avrebbe incontrato quella che egli cercava, perché a essa sarebbe stato consentito di ritornare soltanto dopo gran tempo: ed egli allora non avrebbe più appartenuto ai vivi, ma sarebbe stato egli pure morto, sepolto e dimenticato!

Tuttavia mentre procedeva lungo la parete sotto il Paride che porge la mela, i suoi occhi videro la Gradiva come il giorno innanzi, con lo stesso abito e seduta sullo stesso gradino fra le due colonne. Non si lasciò però ingannare dal tiro che gli stava giocando la sua immaginazione; sapeva che soltanto la fantasia aveva ricreato in forma illusoria davanti ai suoi occhi ciò che ieri egli aveva realmente veduto. Non poté fare a meno tuttavia di abbandonarsi alla contemplazione della immagine priva di realtà che egli stesso aveva suscitato; ristette immobile e senza saperlo esclamò con voce di lamento: «Oh perché non ci sei veramente, e non vivi ancora!».

La sua voce tacque, e fra i resti dell'antica sala ci fu ancora il silenzio. Ma questo fu rotto da un'altra voce che diceva: «Non vuoi sederti tu pure? Sembri affaticato».

A Norbert si fermò il cuore. Cercò invano di raccapezzarsi: una visione non poteva parlare. Oppure l'inganno produceva in lui anche un'allucinazione uditiva? Guardando fissamente, si appoggiò con la mano a una colonna. La voce lo interpellò ancora: ed era una voce che poteva appartenere soltanto alla Gradiva: «Mi hai portato il fiore bianco?».

Fu preso dalla vertigine, sentì di non poter più reggersi in piedi e che era costretto a sedersi, e si lasciò scivolare lungo la colonna di fronte a lei sul gradino. Gli occhi chiari di lei erano rivolti verso di lui, ma con un'espressione diversa da quella con la quale lo aveva guardato ieri quando si era improvvisamente alzata e se n'era andata. Allora aveva l'aria seccata e sostenuta; ciò era scomparso come se nel frattempo essa avesse mutato pensiero; e ora traspariva in lei una certa curiosità, o un desiderio di sapere. Così pure sembrava ch'essa si fosse resa conto che la terza persona attualmente usata nella conversazione non si adattava alla sua bocca e alle circostanze, tanto che si era servita del tu; e questo le era venuto alle labbra senza difficoltà come una cosa naturale. Poiché egli non aveva risposto alla sua ultima domanda, prese nuovamente la parola:

«Ieri dicesti che una volta m'hai chiamata mentre io mi ero distesa per dormire, e che poi eri rimasto vicino a me; il mio volto era divenuto tutto bianco come il marmo. Non riesco a ricordarmene; vuoi per favore raccontarmelo in modo preciso?»

Norbert aveva ritrovato ora la capacità di parlare, e gli fu possibile rispondere: «Fu nella notte in cui tu nel Foro ti fermasti sui gradini del tempio di Apollo e la pioggia di cenere del Vesuvio ti ricoprì».

«Ah così... quella volta. Giusto... non mi era venuto in mente. Avrei dovuto pensare che si trattava di qualche cosa del genere. Quando me l'hai detto ieri, la cosa mi giunse inaspettata, e non vi ero preparata. Però, se ricordo bene, ciò avvenne quasi duemila anni fa. Vivevi già a quel tempo? Mi sembra che tu abbia un aspetto più giovane.»

Parlava molto seriamente; solo verso la fine apparve sul suo volto un leggero sorriso assai grazioso. Egli era lievemente imbarazzato, e replicò balbettando un poco: «No, veramente, non credo, non vivevo certo ancora nel 79... era forse... sì, fu proprio quello stato che si chiama sogno a trasferirmi nel tempo della distruzione di Pompei... ma io ti ho riconosciuta a prima vista...».

Essa che gli sedeva di fronte a due passi di distanza esprimeva chiaramente sul volto la sorpresa, e ripeté con tono meravigliato: «Tu mi hai riconosciuto? In sogno? E in che modo?».

«Immediatamente, per la tua maniera particolare di camminare.»

«Vi avevi fatto attenzione? Ma io cammino proprio in modo speciale?»

La sua meraviglia era evidentemente ancora aumentata. Egli continuò: «Sì... non lo sai? In modo così grazioso come nessun'altra; per lo meno fra quelle che vivono ora non ce n'è alcuna. Ma io ti ho pure riconosciuta subito fra tutte, per la figura e il volto, per l'atteggiamento e per l'abito, giacché tutto coincideva perfettamente col tuo bassorilievo che è a Roma».

«Ah così...,» ripeté essa ancora con un tono di voce simile a quello di prima «col mio bassorilievo di Roma. Già, neppure a ciò avevo pensato, e neppure ora so bene... com'è?... e dove l'hai visto?»

Egli spiegò che gli era piaciuto tanto, che se ne era quindi procurato un calco in Germania, e che questo era appeso al muro, ormai da qualche anno, nella sua camera. Lo guardava ogni giorno, e gli era venuto il pensiero che l'immagine dovesse rappresentare una giovane pompeiana mentre attraversava, nella sua città, le pietre del passaggio di una strada: ciò che il sogno aveva confermato. Ora sapeva che era stato spinto proprio da ciò a tornare qui, per cercar di ritrovare qualche traccia di lei. E mentre ieri a mezzogiorno si trovava all'angolo della strada di

95

Mercurio, essa stessa improvvisamente, proprio come nel suo ritratto, era passata davanti a lui sopra le pietre del passaggio, come se volesse recarsi più oltre nella casa di Apollo. Poi invece aveva attraversato ancora la strada ed era scomparsa nella casa di Meleagro.

Essa annuì col capo e disse: «Sì, avevo intenzione di visitare la casa di Apollo, ma poi sono venuta qui».

Egli continuò: «Perciò mi venne in mente il poeta greco Meleagro, e ho creduto che tu fossi una sua discendente e che tornassi, nell'ora che te lo consente, nella tua casa paterna. Ma quando ti ho interpellato in greco, tu non hai capito».

«Era greco? No, non lo comprendo, oppure l'ho completamente dimenticato. Ma quando sei tornato ora qui, ho udito qualche cosa che invece ho compreso. Esprimevi il desiderio che qualcuno potesse ancora essere qui e vivere. Non afferro bene a chi volessi riferirti.»

Così egli poté rispondere che al suo apparire aveva creduto ch'essa non fosse reale, ma un'immagine illusoria, creata dalla sua fantasia nel luogo esatto dove egli l'aveva veduta ieri. Al che essa rise assentendo: «Sembra che tu abbia motivo di diffidare di una tua eccessiva capacità d'imprimerti nella mente le immagini; non lo avrei proprio sospettato nei rapporti che ho avuto con te». Interruppe però questo discorso e aggiunse: «Ma che cos'è questo mio modo di camminare di cui dicevi poco fa?».

Evidentemente si era ravvivato in lei l'interesse per questo argomento ed essa vi ritornava. A lui venne da dire: «Posso pregarti...». Ma s'interruppe subito, giacché si ricordò con terrore ch'essa ieri si era improvvisamente alzata e se n'era andata via, quando l'aveva pregata di disporsi nuovamente per dormire sul gradino, come su quello del tempio di Apollo; e nella sua testa ciò si collegò in modo confuso allo sguardo ch'essa gli aveva rivolto nell'andarsene. Ora però la tranquilla espressione amichevole dei suoi occhi si mantenne tale, e poiché egli non continuava, parlò lei: «È stato gentile da parte tua il riferirti a me nell'augurare che qualcuno potesse ancora vivere. Perciò se mi vuoi rivolgere una preghiera, sarò lieta di accontentarti».

Ciò tranquillizzò i suoi timori, ed egli rispose: «Sarei felice se potessi vederti da vicino camminare come nella tua immagine...».

Subito, senza replicare, essa si alzò e fece alcuni passi fra la parete e le colonne. Era proprio il modo di camminare che lo aveva tanto impressionato, tranquillo e insieme agile, con la suola che si sollevava quasi ad angolo retto; solo egli si accorse per la prima volta che sotto la veste che lasciava liberi i piedi essa non portava sandali, ma scarpe color sabbia, di pelle sottile. Quando essa tornò indietro e voltandosi si allontanò nuovamente, gli venne fatto di accennare a questa diversità della sua calzatura da quella del bassorilievo. Essa rispose: «I tempi cambiano per ogni cosa, e per i tempi presenti i sandali non vanno più bene; perciò porto scarpe che proteggono meglio dalla polvere e dalla pioggia. Ma perché mi hai pregato di camminare davanti a te? Che cosa c'è di particolare in questo?».

La rinnovata richiesta rivelava una certa curiosità tutta femminile. Egli spiegò che si trattava del modo speciale col quale essa sollevava il piede; e aggiunse che al suo paese aveva cercato per varie settimane di osservare per la strada il passo delle donne di oggi. Sembra però che questo bel modo d'incedere sia andato ora del tutto perduto, con eccezione forse di una sola che una volta gli diede l'impressione di camminare così. Non aveva però potuto, data la ressa, assicurarsene con certezza; e probabilmente era stata un'illusione, dato che gli era sembrato che anche i tratti del viso assomigliassero un poco a quelli della Gradiva.

«Peccato!» rispose lei. «Giacché questa scoperta avrebbe avuto un grande valore scientifico; e se tu fossi riuscito a farla ti saresti forse potuto risparmiare il lungo viaggio fin qui. Ma di chi stai parlando? Chi è la Gradiva?»

«Avevo dato, per mio conto, questo nome alla tua immagine, poiché non conoscevo il tuo vero nome... e anche adesso non lo conosco ancora.»

Aveva indugiato un po' prima di pronunciare l'ultima frase, e anch'essa esitò alquanto prima di corrispondere alla domanda indiretta: «Io mi chiamo Zoe».

Egli replicò con tono addolorato:

«Il nome ti sta bene, ma ha per me il sapore amaro dell'ironia, giacché Zoe significa vita.»

«Bisogna adattarsi all'inevitabile,» rispose lei «e io mi sono abituata da gran tempo a essere morta. Per oggi il mio tempo però è ormai trascorso; tu hai portato il fiore delle tombe, che deve guidarmi nel mio viaggio di ritorno. Dammelo dunque.»

Alzandosi allungò verso di lui la mano sottile, ed egli le consegnò il ramoscello di asfodelo, facendo attenzione a non toccare le sue dita. Prendendolo essa disse: «Grazie; a quelle che sono più fortunate si danno rose di primavera, ma per me è giusto ricevere dalle tue mani il fiore dell'oblio. Domani mi sarà concesso di ritornare ancora qui in quest'ora. Se anche la tua strada ti condurrà un'altra volta nella casa di Meleagro, potremo di nuovo sederci, l'uno di fronte all'altro, accanto ai papaveri. Sulla soglia della casa sta scritto *Have*; e io pure ti dico *Have*».

S'incamminò e scomparve come il giorno prima all'angolo del portico, quasi che là fosse sprofondata sotto terra. Tutto ridivenne vuoto e silenzioso; solo un po' in distanza risuonò per un momento il trillo, quasi un lieve riso, di un uccellino che volava sulla città sepolta.

Egli guardò ancora il gradino dove essa si era seduta; là si vedeva qualche cosa di bianco: sembrava fosse il foglio di papiro che la Gradiva ieri teneva in grembo, e che oggi si era scordata di prendere con sé. Ma quando allungò timorosamente la mano per prenderlo, si avvide che era un piccolo quaderno con disegni a matita riproducenti particolari di varie case di Pompei. Sul penultimo foglio era disegnato il tavolo con i grifoni dell'atrio della casa di Meleagro, e nell'ultimo era appena iniziato il disegno dei papaveri del *decus*, veduti attraverso le colonne del peristilio.

Che una trapassata disegnasse in un album di schizzi quali si usano oggigiorno era cosa altrettanto straordinaria di quella che essa esprimesse i propri pensieri in lingua tedesca. Erano tuttavia particolari accessori, di fronte al fatto principale della resurrezione: evidentemente essa occupava la sua ora meridiana di libertà per fissare attualmente, con un'attività artistica per lei nuova, i luoghi in cui aveva vissuto. I disegni dimostravano la sua sviluppata capacità di osservazione, come del resto ogni sua parola attestava la sua acutezza di giudizio. Probabilmente si era in passato seduta all'antico tavolo con i grifoni, cosicché questo conservava per lei un particolare valore come ricordo.

Norbert, col quaderno in mano, si avviò meccanicamente lungo il portico, e si accorse che là dove esso girava vi era nel muro un passaggio, stretto, ma tuttavia sufficiente per una persona molto esile; il passaggio conduceva nel fabbricato contiguo, e di là nel vicolo del Fauno sull'altro lato della casa. Così si rese conto che la Zoe-Gradiva non era sprofondata nel suolo in quel posto – ciò che era assurdo, ed egli non capiva come avesse potuto pensarlo – ma che attraverso quel passaggio se n'era andata per ritornare alla sua tomba. Questa doveva trovarsi sulla via dei Sepolcri, ed egli di corsa imboccò la via di Mercurio, fino alla porta di Ercolano. Se non che, quando vi giunse, madido di sudore e senza respiro, era ormai troppo tardi: l'ampia strada dei Sepolcri si stendeva deserta nel suo bianco riflesso, e solo in fondo, oltre l'abbagliante luccichio dei raggi solari, sembrava esservi una lieve ombra forse all'altezza della villa di Diomede.

Nella seconda metà della giornata Norbert Hanold fu dominato dall'impressione che Pompei, tutta intera o per lo meno nei luoghi dove egli si recava, fosse come avvolta da una nebbia. Non era però come al solito grigia, cupa e triste, ma invece chiara e variopinta: azzurra, rossa e bruna, e ancor più spesso bianco-gialla e bianco-alabastrina, trapuntata dai raggi del sole con fili d'oro. Non costituiva alcun impedimento per la vista o per l'udito; solo il pensiero non era libero di muoversi. Incontrava un muro di nubi di fronte a sé, che era più spesso della più fitta delle nebbie. Per il giovane archeologo era come se avesse bevuto in continuazione, senza accorgersene, da un fiaschetto di Vesuvio, e il vino gli girasse in testa senza posa. Per liberarsene cercò istintivamente di ricorrere a qualche rimedio: bevve spesso acqua e andò in giro di qua e di là a prendere aria. Le sue cognizioni mediche non erano molto estese; esse lo condussero a diagnosticare che il suo stato fosse dovuto a un eccessivo afflusso di sangue al capo, congiunto a un'accelerata attività del cuore: sentiva infatti questo battere rapidamente in modo per lui del tutto nuovo.

I suoi pensieri incapaci di fissarsi sulle cose esterne, non erano per nulla inattivi all'interno; per meglio dire si trattava di un unico pensiero che lo occupava interamente, costringendo la sua mente a un oscuro quanto vano lavorio. Continuava a girare attorno al problema di quale potesse essere la natura corporea della Zoe-Gradiva; e se cioè durante la sosta nella casa di Meleagro fosse un essere in carne e ossa, oppure soltanto una sua copia apparente. Per la prima ipotesi sembravano deporre considerazioni fisiche, fisiologiche e anatomiche: giacché son pur necessari organi per parlare e per tenere con le dita una matita. Prevaleva tuttavia in Norbert l'idea che tentando di toccarle una mano avrebbe incontrato l'aria soltanto. Un forte impulso lo avrebbe spinto ad assicurarsene; ma una paura altrettanto grande lo tratteneva anche soltanto dal rappresentarselo. Giacché sentiva che la conferma di ciascuna delle due possibilità sarebbe stata angosciante. La corporeità della mano lo avrebbe spaventato, ma la non corporeità lo avrebbe riempito di dolore.

Immerso inutilmente in questo problema la cui soluzione, per esprimerci in termini scientifici, avrebbe richiesto una prova sperimentale, giunse nel suo girovagare pomeridiano fino alle prime colline del gruppo di Monte Sant'Angelo, a sud di Pompei. Qui incontrò improvvisamente un vecchio signore coi capelli bianchi, che, per gli attrezzi di vario genere di cui era munito, sembrava uno zoologo o un botanico, intento a cercare qualche cosa su un pendio soleggiato. Quando Norbert gli fu vicino volse il capo, lo guardò un attimo sorpreso, e chiese poi: «S'interessa anche lei alla faraglionense? Io non l'avrei creduto, ora però mi sembra probabile che essa non si trovi soltanto sui faraglioni a Capri, ma che con la tenacia si possa trovare anche in terra ferma. Il mezzo usato dal collega Eimer per prenderle è veramente buono; l'ho già usato varie volte con ottimi risultati. Prego, stia fermo...». S'interruppe, fece guardingo alcuni passi avanti e, allungandosi per terra, tenne un piccolo cappio, fatto di un lungo filo d'erba, davanti alla spaccatura di una roccia da cui sporgeva la testa azzurrina di una lucertola. Così rimase immobile. Norbert Hanold dietro le sue spalle girò silenziosamente su se stesso e tornò indietro per la stessa strada dalla quale era venuto.

Confusamente gli parve di aver già veduto il volto del cacciatore di lucertole, probabilmente in uno dei due alberghi; anche il modo col quale si era rivolto a lui sembrava confermarlo. Era veramente incredibile come la gente potesse essere spinta a compiere il lungo viaggio fino a Pompei da tanti diversi insensati propositi.

Lieto di essere riuscito a liberarsi così presto del cacciatore coi lacci, e di poter tornare a dedicare gli sforzi del suo pensiero al problema della corporeità o incorporeità, percorreva la via del ritorno. Tuttavia sbagliò strada e un viottolo laterale lo portò, anziché nella parte occidentale, sul lato orientale delle lunghe mura della vecchia città. Immerso nei suoi pensieri si accorse dell'errore solo quando si trovò in prossimità di un edificio che non era né il Diomede né l'Hôtel Suisse. Aveva tuttavia l'aspetto di un albergo; poco lontano riconobbe i ruderi del grande anfiteatro pompeiano, e si sovvenne allora che nei pressi di questo vi era proprio un albergo, l'Albergo al Sole: per la notevole distanza dalla stazione era in genere frequentato da un piccolo numero di ospiti, ed egli stesso non vi era mai stato.

Era accaldato per il lungo cammino, e inoltre la confusione nella sua testa non era per nulla diminuita; così entrò per la porta aperta e si fece portare quello che riteneva un rimedio efficace contro l'afflusso di sangue al capo, e cioè una gazzosa. La stanza, fatta naturalmente eccezione per le mosche, era vuota; e il padrone disoccupato, iniziando una conversazione col nuovo venuto, colse l'occasione per valorizzare nel miglior modo possibile la propria casa e i tesori, provenienti dagli scavi, in essa contenuti. Fece chiaramente capire che nei dintorni di Pompei esisteva gente che offriva in vendita molti oggetti, fra i quali non ve n'era alcuno originale, ma che erano tutti semplici contraffazioni; egli invece, attenendosi a un commercio più limitato, era in grado di offrire ai suoi ospiti soltanto cose sicuramente genuine: giacché acquistava con facilità oggetti al cui scavo egli stesso era stato presente. Continuando con la sua facondia raccontò pure d'essere stato là, quando nei pressi del Foro era stata trovata quella giovane coppia di amanti, che accortisi della catastrofe inevitabile si erano strettamente abbracciati e avevano atteso così la morte. Norbert ne aveva già udito parlare altra volta, ma aveva allora accolto il racconto con una alzata di spalle, giudicandolo frutto della troppo fervida fantasia del narratore. Fece così anche ora; tuttavia l'oste a riprova andò a prendere una spilla metallica ricoperta di una patina verde, che in sua presenza era stata raccolta nella cenere vicino ai resti della giovane donna.

Quando il nuovo avventore dell'Albergo al Sole ebbe in mano propria la spilla, la sua immaginazione esercitò su di lui un'azione così potente ch'egli a un tratto, dimesso ogni potere critico, sborsò il prezzo richiesto (ch'era un prezzo per inglesi) e uscì rapidamente col suo acquisto.

Volgendosi ancora indietro scorse sopra una finestra aperta, in un bicchier d'acqua, un ramoscello fiorito d'asfodelo, e senza che vi fosse una connessione logica pensò che ciò costituisse una conferma della genuinità del suo nuovo acquisto.

Arrestandosi sulla sua strada verso porta Marina, lungo le mura della città, lo guardava ora con interesse e paura insieme.

Soprattutto vi era in lui un sentimento contraddittorio. Dunque non era una semplice favola che una giovane coppia fosse stata sepolta nelle vicinanze del Foro in un tale abbraccio; e là nel tempio di Apollo egli aveva veduto la Gradiva disporsi al sonno della morte. Ma solo in sogno, egli ora lo sapeva con certezza; nella realtà essa sarebbe potuta essere andata oltre il Foro, incontrando qualcuno, ed essere morta insieme con lui.

La verde spilla che era fra le sue mani gli dava l'impressione di aver appartenuto alla Zoe-Gradiva, e di essere servita a chiudere il suo vestito al collo. Ma allora era lei l'amata, la fidanzata, forse la giovane sposa di colui col quale aveva voluto morire.

Norbert Hanold fu tentato di buttar via la spilla. Essa gli bruciava in mano come se fosse stata di una sostanza rovente. O meglio gli procurava lo stesso dolore che immaginava di poter provare se la sua mano, poggiandosi su quella della Gradiva, avesse incontrato soltanto il vuoto dell'aria.

La ragione prese tuttavia il sopravvento in lui e non permise ch'egli si lasciasse passivamente dominare dalla fantasia. Per quanto verosimile, mancava la prova certa che la spilla le fosse appartenuta e che fosse stata proprio lei la giovane trovata fra le braccia di un uomo. Questo pensiero gli consentì di trarre un profondo sospiro di liberazione; e quando sull'imbrunire raggiunse il Diomede, la sua sana costituzione gli fece sentire, dopo la lunga passeggiata, le esigenze di un nutrimento anche corporeo.

Consumò, non senza piacere, il pasto serale, in complesso spartano, che il Diomede, nonostante la sua origine argiva, aveva adottato per la propria tavola; e osservò intanto due nuovi ospiti arrivati nel pomeriggio. La maniera di fare e di parlare li indicava come tedeschi, un lui e una lei. Avevano entrambi un aspetto giovanile e simpatico, e un'espressione intelligente. Il modo come si comportavano fra loro non avrebbe dovuto lasciar dubbi; ma Norbert, in base a una certa somiglianza, concluse che dovevano essere fratello e sorella, anche se i capelli del giovane col loro colore biondo contrastavano col bruno dei capelli di lei. Essa portava sull'abito una rosa sorrentina rossa, e a Norbert che la stava guardando dal suo angolo ciò ricordò qualche cosa che però non seppe precisare.

I due erano le prime persone incontrate durante il viaggio che gli riuscissero simpatiche. Sedute davanti a un fiaschetto, chiacchieravano fra loro con voce né troppo alta né soltanto sussurrata, passando – così almeno sembrava – da argomenti più seri ad altri scherzosi: giacché talora le loro labbra accennavano contemporaneamente a un mezzo sorriso, in modo gradevole e che invogliava a prendere parte alla conversazione. Per dire meglio Norbert avrebbe potuto esservi incoraggiato, se si fosse trovato con loro due giorni prima in quella stanza allora invece occupata soltanto da anglo-americani. Sentiva invece che ciò che agitava la sua mente contrastava completamente con la lieta naturalezza dei due, attorno ai quali non esisteva la minima nebbia, e che certamente non si preoccupavano di qual natura potesse essere una donna morta venti secoli fa. Anziché affaticarsi attorno a questo misterioso problema, si godevano semplicemente la vita. Il suo stato d'animo era tutt'altro, e non poteva presentare alcun interesse per loro. D'altra parte egli si guardò bene dal tentar di fare la loro conoscenza, anche perché aveva il senso che con i loro chiari occhi penetranti potessero leggere nei suoi pensieri, giudicandolo un uomo fuori di cervello.

Così ritornò su nella stanza, si soffermò ancora per un po', come la sera prima, alla finestra, osservando il purpureo mantello notturno del Vesuvio, e andò quindi a letto. Stanco morto si addormentò subito e fece un sogno del tutto insensato. In qualche posto al sole sedeva la Gradiva, faceva con un filo d'erba un laccio per prendere con esso una lucertola, e diceva: «Prego sta fermo... la collega ha ragione, il mezzo è veramente buono, ed è stato usato con successo».

Norbert Hanold, durante il sogno stesso, si rese conto che era tutta una follia, e tentò di sottrarvisi. Ciò gli riuscì anche con l'aiuto di un uccellino, che lanciò un trillo simile a una risatina, e che si portò via la lucertola nel becco. Dopo di che tutto scomparve.

Al risveglio ricordò che durante la notte una voce aveva detto che di primavera si offrono rose; per dir meglio i suoi occhi gli fecero venir in mente questo, dato che guardando giù fuori della finestra il suo sguardo incontrò un cespuglio di fiori rossi. Erano della stessa specie di quello che la giovane signora portava al petto, e quando egli discese, ne colse distrattamente un paio odorandoli. Le rose sorrentine dovevano effettivamente avere qualche cosa di speciale, giacché il loro profumo non solo gli parve squisito, ma anche nuovo e strano: era come se esercitassero un'azione liberatrice sulla sua testa. Comunque fecero scomparire in lui la paura che il giorno prima aveva avuto dei custodi degli scavi. Entrò regolarmente a Pompei attraverso l'ingresso, pagò con un pretesto un doppio biglietto, e s'incamminò rapidamente per vie che lo conducevano lontano dagli altri visitatori.

Portava con sé il quaderno degli schizzi raccolto nella casa di Meleagro, e insieme la spilla verde e le rose rosse; il loro profumo gli aveva fatto dimenticare di far colazione, e il suo pensiero non era volto al presente ma soltanto verso l'ora del mezzodì. Questa però era ancora lontana, e dovendo in qualche modo occupare il tempo di attesa, si dedicò alla vista di varie case che riteneva possibile fossero state in passato frequentate dalla Gradiva; o che magari anche ora potevano di tanto in tanto essere visitate da lei: la sua idea che essa potesse far questo soltanto di mezzogiorno cominciava infatti a vacillare. Forse era libera anche in altre ore del giorno, oppure anche di notte quando spunta la luna. Misteriosamente questa supposizione si rafforzava in lui per effetto delle rose, quando egli le annusava. Ciò gli fece piacere, giacché dimostrava che egli non era rigidamente legato a idee preconcette, ma pronto invece ad accogliere qualsiasi obiezione ragionevole. In questo caso l'obiezione non solo corrispondeva a esigenze logiche, ma anche al suo desiderio.

Essendo essa libera di girare a ogni ora, restava però il problema se anche gli altri uomini, incontrandola, erano in grado di vedere la sua immagine corporea, o se a lui soltanto fosse riserbato questo privilegio. La prima ipotesi non poteva essere confutata, e appariva anzi più verosimile; ciò trasformò però il desiderio nel suo contrario, e lo rese inquieto e malinconico. L'idea che anche altri potessero rivolgersi a lei, sedersi vicino a lei a conversare, lo indignava. Gli sembrava di avere un diritto di esclusività, o per lo meno di priorità; giacché egli soltanto aveva scoperto la Gradiva di cui nessuno aveva saputo nulla, egli l'aveva osservata ogni giorno, l'aveva accolta in sé, e l'aveva in certo modo pervasa della sua stessa forza vitale; era come se in tal modo egli stesso le avesse infuso nuovamente quella vita che senza di lui non avrebbe più avuto. Ne derivava a suo parere un diritto che egli soltanto poteva reclamare e che non era disposto a condividere con alcuno.

Il giorno che avanzava era ancor più caldo dei due precedenti. Il sole sembrava essersi impegnato a una prestazione veramente fuor dell'ordinario, e faceva rimpiangere, non soltanto da un punto di vista archeologico ma anche da quello pratico, che l'acquedotto di Pompei da duemila anni fosse guasto e all'asciutto.

Le fontane qua e là nelle strade ne costituivano il ricordo e contemporaneamente testimoniavano ancora adesso l'uso continuo che gli individui assetati di allora ne avevano fatto. Per sporgersi sulla bocchetta di quell'acqua che ora era scomparsa, appoggiavano una mano sul bordo marmoreo della fontana e – come le gocce scavano la roccia – ciò aveva un po' alla volta prodotto un'incavatura sul punto dell'appoggio. Norbert osservava a un angolo della strada della Fortuna; gli venne allora in mente che anche la mano della Zoe-Gradiva poteva essersi poggiata qui nel passato, e gli venne fatto di porre la propria mano nella piccola incavatura.

Respinse però subito quest'idea e s'irritò anzi con se stesso per averla potuta formulare. Ciò non poteva infatti accordarsi con la natura e le abitudini della giovane pompeiana appartenente a famiglia distinta. Era impossibile che essa si fosse sporta e avesse con le sue labbra toccato quella stessa fontanella da cui bevevano tante rozze bocche plebee. Il suo modo di fare e di muoversi era infatti quanto di più raffinato, in senso nobile, egli avesse mai potuto osservare.

Con terrore pensò ch'essa avrebbe potuto accorgersi dell'incredibile e insensato errore in cui era caduto. I suoi occhi infatti possedevano un particolare potere di penetrazione, e già un paio di volte, mentre era con lei, aveva avuto l'impressione che essi si sforzassero di trovare un passaggio nell'interno della sua testa come per frugarvi dentro con un'acuta sonda d'acciaio. Doveva perciò agire prudentemente, e fare una grande attenzione affinché essa non dovesse cogliere qualche cosa d'insensato nei suoi pensieri.

Mancava ancora un'ora a mezzogiorno; per farla trascorrere, entrò, attraversando la strada, nella casa del Fauno: la più ampia e ricca di tutte le case dissepolte. Essa soltanto possedeva un doppio atrio; al centro dell'impluvio stava lo zoccolo vuoto su cui aveva poggiato la famosa statua del fauno danzante, che aveva dato il nome alla casa. Norbert Hanold s'era al momento del tutto scordato che quest'opera d'arte, di altissimo pregio per la scienza, non si trovava più qui, ma era stata trasferita, insieme col mosaico del combattimento d'Alessandro, nel Museo Nazionale di Napoli. Ma non aveva alcun particolare proposito, né alcun desiderio, eccetto quello di far passare il tempo, e perciò si mise a girovagare a caso nel grande edificio. Dietro il peristilio, si apriva un altro ambiente circondato da molte colonne, che poteva essere o un secondo peristilio oppure uno *xystos*, un giardinetto interno: così appariva attualmente dato che, come il *decus* della casa di Meleagro, era completamente coperto da papaveri in fiore. Senza pensare a nulla il visitatore passava in mezzo ai silenziosi resti del passato.

A un tratto però si fermò stupito; non era solo: il suo sguardo s'era fermato a una certa distanza su due figure, le quali da principio davano l'impressione di essere una sola, tanto erano vicine e in certo modo compenetrate. Non si curavano di lui, giacché erano interamente occupate di se stesse; nell'angolo dietro le colonne dove si trovavano potevano credersi del tutto al riparo da ogni occhio indiscreto.

Circondandosi reciprocamente con le braccia, tenevano anche le labbra strettamente congiunte; e l'imprevisto osservatore riconobbe con meraviglia che si trattava del giovane signore e della giovane donna che la sera innanzi, per la prima volta durante il viaggio, gli erano piaciuti. Gli parve tuttavia che il loro comportamento, l'abbraccio e bacio, durassero troppo a lungo per due fratelli; dunque si trattava di una coppia d'innamorati, e probabilmente di giovani sposi: ancora un August e una Grete.

Stranamente questi ultimi due non irritarono per il momento Norbert, e il loro comportamento non gli apparve per nulla ridicolo o nauseante; anzi la sua simpatia per loro aumentò. Ciò che facevano gli sembrò assai naturale e comprensibile; e i suoi occhi si soffermarono sul quadro vivente con maggior interesse che su qualsiasi pregiata opera d'arte antica. Si sarebbe fermato volentieri di più a osservare; ma aveva l'impressione d'essere come entrato abusivamente in un luogo sacro e d'essere sul punto di turbare là un rito segreto. Con terrore pensò di poter essere veduto; si girò quindi su se stesso, fece silenziosamente alcuni passi sulle punte dei piedi, e giunto là dove non poteva essere più udito, col fiato grosso e il cuore in tumulto, corse fuori nel vicolo del Fauno.

Quando arrivò alla casa di Meleagro non sapeva se fosse già mezzogiorno, né si curò d'interrogare l'orologio; ma si fermò per un po' indeciso davanti alla porta, guardando giù sull'*Have* dell'ingresso. Aveva paura a entrare: e lo strano era che temeva contemporaneamente sia di non incontrarvi la Gradiva, sia di trovarla. Negli ultimi minuti infatti gli era venuto in mente che nel primo caso essa sarebbe potuta essere altrove con qualche giovane uomo, e nel secondo che questo stesso uomo sarebbe potuto trovarsi in sua compagnia là sul gradino fra le colonne.

Contro costui sentiva un odio ancor più forte che non contro tutte le mosche messe insieme; ed egli non avrebbe mai creduto per il passato di essere capace di un'irritazione così intensa. Il duello, che aveva sempre considerato una sciocchezza priva di senso, gli appariva ora sotto una luce totalmente diversa. Nel caso attuale si trattava del diritto naturale, per cui colui che si sentiva colpito nei suoi più intimi diritti, l'offeso a morte, ricorreva all'unico mezzo possibile per ottenere soddisfazione, o per rinunciare a un'esistenza ormai inutile.

Così il suo piede, pur muovendosi agitatamente, era ancora davanti all'ingresso: voleva provocare quell'impudente; voleva – e ciò gli si imponeva in modo ancora più deciso – dichiarare francamente a lei che egli l'aveva considerata degna di qualche cosa di meglio e più nobile, che non di una simile compagnia...

Era così pervaso da questo spirito di rivolta, che non poté trattenersi dall'esprimerlo verbalmente anche quando l'occasione venne del tutto a mancare. E così, allorché con passo furioso ebbe superato il tratto fino al *decus*, esplose con violenza: «Sei sola?».

E ciò quantunque fosse ben visibile che la Gradiva se ne stava là seduta in solitudine proprio come nei due giorni precedenti.

Essa lo guardò meravigliata e replicò: «Chi dovrebbe esserci ancora qui dopo mezzogiorno? La gente ha fame e siede a tavola a quest'ora. È una legge di natura, e secondo me piacevole».

La sua esaltazione non poteva placarsi tanto rapidamente, ed egli rimase indeciso di fronte a quei pensieri che un momento prima, fuori, avevano agito su di lui con la forza della certezza. Tuttavia le rispose, in modo alquanto contraddittorio, che effettivamente non si poteva pensare in maniera diversa.

Gli occhi chiari di lei rimasero rivolti a lui finché egli finì di parlare, poi essa fece un gesto con un dito verso la propria fronte, e disse: «Tu...». Ma quindi proseguì: «Mi par di far bene non rinunciando a venir qui, anche se mi fai attendere fino a quest'ora. Ma il posto una volta mi piaceva. Vedo che hai portato con te l'album da disegno che ho dimenticato ieri. Me lo vuoi dare?».

L'ultima richiesta era giustificata dal fatto che egli si era scordato di farlo spontaneamente, ed era rimasto in piedi immobile. Continuava a rendersi conto di comportarsi dentro di sé, e anche fuori, come uno sciocco, e di avere anche parlato da sciocco. Per migliorare, come era possibile, la propria posizione, si scosse, consegnò alla Gradiva il quaderno e si sedette meccanicamente vicino a lei sul gradino. Dando un'occhiata alle sue mani, essa gli disse: «Sembra che tu sia amico delle rose».

A queste parole gli venne in mente ciò che lo aveva indotto a coglierle e a portarle con sé, e replicò: «Sì... ma non sono per me... tu ieri dicevi... e anche questa notte qualcuno diceva... che esse si danno di primavera...».

Essa stette un po' sopra pensiero prima di rispondere: «Già... sì, mi ricordo... pensavo che ad altre non si danno asfodeli, bensì rose. È gentile da parte tua. Sembra che tu abbia un po' migliorato le tue idee su di me».

La sua mano si allungò per prendere i rossi fiori, ed egli porgendoglieli continuò: «In principio credevo che tu potessi esser qui soltanto nell'ora del mezzogiorno, ma ora mi sembra verosimile che tu lo possa anche in ore diverse... ciò mi rende assai felice...».

«Perché ti rende felice?»

Il volto di lei era impassibile, solo le sue labbra si contrassero lievemente. Egli riprese imbarazzato: «È bello vivere... prima non era così per me... ti volevo anche chiedere...». Cercò lestamente nella sua tasca e, tirando fuori l'oggetto, continuò: «Era tua una volta questa spilla?».

Essa si sporse un po' per guardare, poi scrollò il capo: «No, non ricordo. A giudicare dal tempo la cosa non sarebbe poi impossibile, giacché a quanto pare essa è stata fabbricata soltanto quest'anno. L'hai forse trovata al sole? Mi sembra di riconoscere la bella patina verde come se l'avessi già veduta».

Automaticamente egli ripeté: «Al sole?... Perché al sole?».

«*Sole* è il suo nome, ed egli combina qualche volta scherzi del genere. Non doveva la spilla essere appartenuta a una giovane ragazza, che deve esser morta, mi sembra, nelle vicinanze del Foro insieme con un compagno?»

«Sì, che la teneva abbracciata.»

«Ah, così!»

Le due parole costituivano evidentemente una intenzione abituale per la Gradiva. Si fermò un attimo prima di proseguire: «Perciò pensavi che mi appartenesse? E questo..., come hai detto prima?... ti rendeva infelice?».

Era chiaro che egli si sentiva straordinariamente sollevato, e ciò apparve anche dalla sua risposta: «Sono molto contento... perché l'idea che la spilla ti fosse appartenuta, mi produceva... una confusione nella testa».

«Sembra che tu ci sia predisposto. Forse ti sei dimenticato stamane di far colazione? Ciò favorisce tali disturbi; io non ne vado soggetta, penso però che, il trascorrere qui proprio l'ora del mezzogiorno potrebbe provocarlo anche a me. Per rimediare alla tua dimenticanza, potrei condividere con te il mio spuntino...»

Tolse dalla tasca del suo abito un panino bianco avvolto in carta velina, lo spezzò in due, gliene diede in mano una metà e cominciò ad addentare l'altra con evidente appetito. I suoi denti perfetti non soltanto luccicavano con un riflesso perlaceo fra le labbra, ma producevano anche col movimento delle mascelle un lieve rumore crocchiante, tale da dare l'impressione di non essere semplici immagini prive di realtà, ma d'esser fatti di solida materia reale. Del resto aveva colto giusto col suo discorso sulla dimenticanza della colazione; anch'egli meccanicamente si mise a mangiare, e ciò lo aiutò a chiarire i propri pensieri. Per un pezzetto non parlarono e si dedicarono entrambi alla stessa utile operazione, finché essa disse: «Ho l'impressione come se avessimo già altra volta, duemila anni fa, mangiato insieme il nostro pane. Riesci a ricordarlo?».

Non gli riuscì; ma si meravigliò ora ch'essa parlasse di un passato tanto lontano; dopo aver mangiato le migliorate condizioni della testa avevano infatti provocato una modificazione nella sua mente. L'ipotesi che essa se ne andasse in giro qui per Pompei in quell'epoca lontana non reggeva per una mente sana; e tutto in lei attualmente faceva pensare ch'essa non potesse avere più di vent'anni: la forma e il colore del viso, la bella capigliatura bruna lievemente ondulata e i denti perfetti; anche l'idea che la sua veste chiara, senza l'ombra di una macchia fosse rimasta per secoli sotto la cenere eruttiva, appariva del tutto assurda.

Norbert fu preso da un dubbio; non sapeva se realmente era là seduto interamente sveglio, o se non piuttosto si trovasse nel suo studio e, sopraffatto dal sonno durante la contemplazione dell'immagine della Gradiva, avesse sognato: che era venuto a Pompei e che l'aveva incontrata viva; e che ancora stesse sognando ora di starsene seduto vicino a lei nella casa di Meleagro. Giacché, che essa vivesse veramente ancora e fosse risuscitata, poteva solo appartenere a un sogno... le leggi della natura non lo consentono...

Era tuttavia strano che avesse detto di aver già diviso una volta con lui il suo pane duemila anni prima. Egli non ne sapeva nulla, e neppure in sogno riusciva a raccapezzarsi...

La mano sinistra di lei, con le dita sottili era tranquillamente poggiata sulle ginocchia... quella mano conteneva in sé la chiave che poteva risolvere l'enigma inestricabile...

Neppure di fronte al *decus* della casa di Meleagro si arrestava la temerarietà delle mosche; sulle gialle colonne di fronte a lui egli ne vide una, che correva su e giù secondo la sua sciocca abitudine in avida ricerca, e che poi venne a svolazzare in prossimità del suo naso.

Doveva ancora rispondere alla domanda di lei se ricordava di aver già mangiato una volta del pane insieme, ed egli disse con forza: «A quei tempi erano le mosche così diaboliche come lo sono ora, fino a tormentarti tanto da provocarti un disgusto per la vita?».

Essa lo guardò senza comprendere, e replicò: «Le mosche? Ma forse una mosca l'hai tu in testa!».

A un tratto il mostro nero si posò sulla mano di lei, che rimase immobile come se non lo sentisse. In quell'istante nel giovane archeologo si mescolarono fra loro due potenti impulsi, rivolti entrambi allo stesso unico atto. La mano di lui si levò rapida in alto e, con un colpo per nulla delicato, batté contemporaneamente sulla mosca e sulla mano della vicina.

Egli ne rimase rassicurato e costernato insieme, e una dolce paura lo invase: non aveva incontrato l'aria vuota, e neppure qualche cosa di rigido e freddo, ma una mano vivente e calda, indubbiamente reale, che era rimasta a contatto con la sua. Tosto però essa si ritrasse di scatto, ed esclamò: «Tu sei pazzo da legare, Norbert Hanold!».

Il nome, che egli non aveva comunicato ad alcuno a Pompei, fu pronunciato dalla Gradiva in un modo così chiaro e sicuro, che il suo proprietario ancor più spaventato si alzò dal gradino. Contemporaneamente si sentirono fra le colonne passi che si avvicinavano; al suo sguardo smarrito apparvero i volti della simpatica coppia di sposi della casa del Fauno, e la giovane signora esclamò con sorpresa: «Zoe! Anche tu sei qui? E tu pure in viaggio di nozze? Non me ne avevi scritto nulla!».

Norbert si ritrovò di nuovo fuori della casa di Meleagro, nella strada di Mercurio. Come vi fosse giunto non gli era chiaro; doveva essere accaduto in modo automatico, o perché un'improvvisa illuminazione gli aveva suggerito che non vi era null'altro da fare per sottrarsi a una figura quanto mai comica: comica di fronte ai giovani sposi, di fronte a colei che era stata da loro salutata amichevolmente e che si era rivolta a lui chiamandolo per nome e cognome, e comunque di fronte a se stesso. Anche se non era ancora in grado di spiegarsi tutto, una cosa gli sembrava certa. La Gradiva – dalla mano non apparente, ma calda e materialmente reale – aveva detto un'indubbia verità: la sua mente negli ultimi due giorni era stata in preda a un'autentica follia E questo non durante un vano sogno, ma mentre egli guardava e udiva da sveglio, con quegli occhi e quelle orecchie che la natura fornisce agli uomini perché ne facciano un uso ragionevole. Come questo fosse potuto accadere era incomprensibile a lui come era incomprensibile ad altri; ma in modo oscuro egli sentiva che doveva aver agito un sesto senso che, prendendo in lui il sopravvento, aveva convertito qualche cosa che altrimenti sarebbe stato forse prezioso, nel suo contrario. Per poter giungere, meditandovi, a chiarire almeno un po' più la situazione, sarebbe stato necessario un luogo appartato dove poter stare in silenzio. Ma soprattutto Norbert fu spinto a sottrarsi al più presto agli occhi, agli orecchi e ai restanti sensi di tutti coloro che impiegavano tali doni naturali in modo corrispondente al loro scopo.

Per quanto riguarda colei a cui quella mano calda apparteneva, l'impreveduta e improvvisa visita nella casa di Meleagro l'aveva pure sorpresa; e in modo non del tutto piacevole, dato l'atteggiamento in cui inizialmente essa era stata colta. Di tale atteggiamento non rimase però più traccia dopo un istante sul suo volto sereno. Essa si levò prestamente, andò verso la giovane signora e, dandole la mano, rispose: «Oh che bellezza, Gisa; il caso talvolta è proprio gentile. Dunque costui da due settimane è tuo marito? Sono lieta di poterlo conoscere di persona. L'aspetto felice che avete entrambi mi assicura che non dovrò in seguito convertire le mie congratulazioni in condoglianze. Le coppie a cui può capitare una cosa simile si affrettano a quest'ora, a Pompei, a sedersi a tavola. Voi abitate probabilmente presso l'Ingresso, e verrò nel pomeriggio a trovarvi. No, non ti ho scritto nulla; ma non hai ragione di prendertela. Non ho ancora seguito il tuo esempio, e come vedi la mia mano non porta anello. Il clima qui ha un'azione assai forte; lo si vede del resto anche dal tuo aspetto. Meglio naturalmente quando agisce in senso favorevole. Il giovane signore che ora se n'è andato si è ammalato, così mi sembra, di un eccesso di fantasia: egli ritiene che una mosca gli ronzi nella testa; del resto ciascuno ha una qualche specie di insetto dentro. Io ho l'obbligo d'intendermi alquanto di entomologia, e posso quindi essere un po' utile per simili stati».

«Mio padre e io abitiamo al "Sole"! Anche lui ha avuto improvvisamente un attacco, e ciò gli ha fornito la bella occasione di condurmi qui con lui: a condizione però che io passi il tempo per mio conto a Pompei, senza interferire nelle sue faccende. Mi sono detta che avrei ben scavato qualche cosa d'interessante qui anche da sola. Quanto a ciò che ho trovato... – mi riferisco al piacere d'incontrarti, Gisa – non ci avevo contato. Ma io perdo il tempo in chiacchiere; ciò accade fra vecchie amiche..., bene, proprio vecchie vecchie ancora non lo siamo. Mio padre viene alle due, dopo esser stato tutta la mattina al sole, a sedersi alla tavola del "Sole"; io debbo far colazione con lui, e sono perciò costretta a rinunciare adesso alla tua compagnia. Voi potete visitare la casa di Meleagro anche senza di me. Io veramente non me ne intendo, ma m'illudo di capirci. *Favorisca signore! Arrivederci Gisetta!* Questo è tutto l'italiano che ho imparato. Ma veramente non· ne occorre molto di più. Ciò che ancora può essere necessario, uno se lo fabbrica da sé... prego, no, *senza complimenti*!»

Le ultime parole di lei si riferivano a un gesto cortese, col quale sembrava voler cedere il passo alla giovane coppia. Aveva parlato con grande vivacità, in modo assai disinvolto e del tutto confacente alla situazione dell'improvviso incontro con un'intima amica; tuttavia anche in modo estremamente rapido, che dava credito alla sua affermazione di non potersi trattenere più a lungo. Così non erano trascorsi più di un paio di minuti dalla partenza precipitosa di Norbert Hanold, che anch'essa uscì dalla casa di Meleagro nella strada di Mercurio. Questa, data l'ora, era animata soltanto da una lucertola che sgusciava di qua e di là; e per alcuni istanti essa si soffermò su un lato della via a pensare. Poi improvvisamente prese la via più breve per la porta di Ercolano: all'incrocio del vicolo di Mercurio e della strada di Sallustio attraversò le pietre del passaggio, nella tipica maniera agile e tranquilla della Gradiva, e raggiunse rapidamente i due lati delle mura diroccate della porta ercolanense. Al di là di questa si stendeva la via dei Sepolcri, senza tuttavia più il bianco riflesso provocato dagli ardenti raggi del sole di ventiquattr'ore prima, quando il giovane archeologo aveva anch'egli volto su quella via uno sguardo indagatore. Sembrava che il sole si fosse reso conto di avere troppo esagerato durante il mattino; ed esso teneva ora davanti a sé un velo grigio, ch'era destinato a infittirsi assai. Di conseguenza i cipressi cresciuti qua e là lungo la strada dei Sepolcri, si stagliavano in modo particolarmente netto, con la loro sagoma scura, contro il cielo. Era uno spettacolo diverso da quello del giorno prima, e mancava quello strano luccichìo che allora ricopriva ogni cosa. La strada aveva acquistato una certa malinconica chiarezza, assumendo un aspetto di morte in armonia col proprio nome. Quest'impressione non si attenuava, ma anzi si accentuava sul fondo della via, per effetto di un particolare. Sembrava che là, nei pressi della villa di Diomede, un'ombra cercasse il proprio tumulo e scomparisse sotto uno dei monumenti funebri.

Non era quella la via diretta dalla casa di Meleagro all'Albergo al Sole, anzi era un percorso in direzione opposta; ma la Zoe-Gradiva, ricredendosi, doveva essersi persuasa che il tempo non stringeva ancora per l'ora del suo pasto. Giacché, dopo essersi fermata un attimo alla porta di Ercolano, s'inoltrò sulle piastre di lava della via dei Sepolcri, sollevando sempre la suola del piede quasi verticalmente.

La villa di Diomede è, con notevole arbitrio, così chiamata dai moderni per la tomba che un liberto, Marco Urrio Diomede, fece costruire nelle vicinanze (in previsione di un allargamento della città) per la sua antica padrona, per sé e per i suoi. La villa era una costruzione assai ampia e conteneva, non in senso fantastico ma proprio in maniera intuibile e reale, un brano della storia della distruzione di Pompei.

Un ammasso di estese rovine costituiva attualmente la parte superiore; al di sotto, circondato da un portico a colonne ancora in piedi, vi era un giardino interno abbastanza ampio, al centro del quale si trovavano gli avanzi di una fontana e di un tempietto. Due scale, in parte, conducevano giù in un passaggio di servizio, sotterraneo, circolare, debolmente illuminato. Anche qui era penetrata la cenere del Vesuvio, e in essa furono trovati gli scheletri di diciotto donne e fanciulli: per cercare scampo si erano rifugiati, portando con sé qualche cibaria frettolosamente raccolta, in quella cantina sotterranea; e l'ingannevole rifugio era divenuto la loro tomba. In un altro luogo giaceva disteso al suolo, parimenti soffocato, il presumibile ignoto padrone della casa; aveva cercato salvezza attraverso la porta chiusa del giardino, giacché ne teneva ancora fra le dita la chiave. Presso di lui se ne stava accoccolato un altro scheletro, probabilmente quello di un servo, che recava con sé un buon numero di monete d'oro e d'argento. Le forme corporee dei poveretti si erano conservate nella cenere consolidata. Nel Museo Nazionale di Napoli era tenuto sotto vetro, fra le cose qui ritrovate, il calco perfetto del collo, delle spalle e del busto di una giovane ragazza, rivestita di un leggero abito di velo.

La villa di Diomede costituiva, almeno un tempo, la mèta conclusiva per ogni coscienzioso visitatore di Pompei; ma ora, di mezzogiorno, data la posizione solitaria e lontana, si poteva sicuramente presumere che nessun occhio indiscreto vi permanesse; e così essa era sembrata a Norbert Hanold il più sicuro rifugio per le nuove esigenze della sua testa. Erano particolarmente idonei il silenzio di tomba e l'immobilità: ma quanto a quest'ultima essa veniva vigorosamente contraddetta da un'irrequietezza negli impulsi del suo sistema cardiovascolare. Fra le due opposte esigenze, della quiete e del moto, egli dovette stabilire una sorta di compromesso, per cui la testa cercò di difendere la propria tranquillità, mentre fu data ai piedi via libera per seguire il loro impulso a muoversi. Così egli si mise a passeggiare tutt'intorno al portico; raggiunto un certo equilibrio fisico si sforzò di trovarne uno anche per il suo spirito. Ciò si rivelò più difficile del previsto.

Si rendeva ben conto di essere stato del tutto fuor di senno quando aveva creduto di essere rimasto seduto accanto a una giovane pompeiana resuscitata, con o senza corpo; e questa sua chiara consapevolezza della propria follia costituiva indubbiamente un reale progresso verso il recupero della sanità mentale. Con ciò però la sua ragione non era ancora certamente a posto: giacché se gli appariva chiaro che la Gradiva era soltanto una morta immagine di pietra, era altrettanto indubbio ch'essa viveva ancora. Vi erano su ciò prove certe: non egli soltanto, ma anche altri la vedevano, sapevano che si chiamava Zoe e parlavano con lei come con qualunque altro essere vivente. D'altra parte essa conosceva anche il suo nome, e ciò poteva attribuirsi soltanto ai poteri sovrannaturali della sua essenza. Questa doppia natura rimaneva anche alla ragione, che egli stava riacquistando, inesplicabile.

Il dilemma irrisolvibile creava anche in lui un'analoga dualità; giacché avrebbe desiderato di essere stato anch'egli sepolto duemila anni prima qui nella villa di Diomede, per non correre il rischio d'incontrarsi ancora da qualche parte con la Zoe-Gradiva, e d'altronde sentiva in sé una grande gioia all'idea di vivere ancora e di avere quindi la possibilità di stare ancora con lei. Per usare un paragone volgare, ma tuttavia efficace, era come se una ruota di macina gli girasse in testa. E parimenti intorno girava egli stesso, percorrendo senza sosta il lungo portico. Ciò non lo aiutava per nulla a risolvere la sua contraddizione. Anzi aveva l'incerta impressione che tutto si oscurasse sempre più in lui e attorno a lui.

Improvvisamente a uno dei quattro angoli del colonnato si voltò per tornare indietro. A pochi passi stava seduta, un po' in alto, su un frammento di muro, una delle giovani ragazze che avevano trovato qui la morte nella cenere.

No; era un'assurdità che la ragione respingeva. Anche i suoi occhi, come pure qualche cosa d'altro in lui, lo riconoscevano. Era la Gradiva; sedeva sul rudere come prima sul gradino; soltanto poiché il muro era più alto, i suoi piedi, penzoloni nelle loro scarpe color sabbia, rimanevano visibili fino alla caviglia.

Il primo moto istintivo di Norbert fu di fuggir via fra due colonne nel giardino: quello che da mezz'ora in qua temeva più di ogni altra cosa al mondo era giunto, e lo guardava con gli occhi chiari, sotto ai quali le labbra erano sul punto, secondo la sua impressione, di prorompere in una risata ironica. Esse però non lo fecero, e la ben nota voce squillò in tono tranquillo: «Fuori ti bagnerai!».

Solo allora egli si accorse che pioveva: perciò si era fatto tanto buio.

Non vi era dubbio che tutta la vegetazione attorno a Pompei, e dentro a essa, traeva vantaggio dalla pioggia; ma l'idea di un uomo parimenti inzuppato conteneva in sé qualche cosa di ridicolo; e Norbert Hanold nulla temeva più di quel momento come un pericolo mortale, che di rendersi ridicolo.

Rinunciò perciò al proposito di uscir fuori, e si fermò confuso a guardare i due piedi che adesso dondolavano su e giù come per impazienza. E poiché neppure questa osservazione ebbe l'effetto di chiarirgli le idee in modo tale da poterle esprimere verbalmente, prese ancora una volta la parola la proprietaria di quei piedi dondolanti: «Siamo stati interrotti poco fa; tu volevi raccontare qualche cosa delle mosche (e io pensavo che tu facessi qui in proposito ricerche scientifiche), oppure di una mosca nella tua testa. Ti è riuscito di acchiapparla sulla mia mano e di ammazzarla?».

Disse le ultime parole accennando a un sorriso, ma tuttavia in modo così lieve e grazioso, che egli non se ne spaventò. Anzi ciò gli ridiede la capacità di parlare, con una riserva però: il giovane archeologo non sapeva ora quale pronome dovesse usare. Per sottrarsi al dilemma non trovò di meglio che non adoperarne alcuno. E replicò: «Io avevo, come è stato detto da qualcuno, un po' di confusione in testa; e chiedo scusa per la mano, se ho... non posso capire come son potuto essere tanto sciocco... ma non riesco neppure a capire come colei a cui la mano appartiene abbia potuto rimproverarmi la mia... la mia stoltezza, chiamandomi per nome».

I piedi della Gradiva si arrestarono nel loro movimento e, restando nella seconda persona, disse: «La tua comprensione non è ancora giunta a questo, Norbert Hanold. Non me ne posso del resto meravigliare, giacché mi ci hai abituata da molto tempo. Per farne l'esperienza non avrei avuto bisogno di venire qui lontano, fino a Pompei; e tu avresti potuto darmene una conferma restando più di cento miglia più vicino».

«Cento miglia più vicino» ripeté egli senza capire, e quasi balbettando: «Ma dove dunque?».

«Un po' di traverso, di fronte alla tua abitazione, nella casa d'angolo: alla mia finestra vi è una gabbietta con un canarino.»

L'ultima parola suscitò come un ricordo estremamente lontano in lui, ed egli ripeté: «Un canarino...» e aggiunse sempre più balbettando: «che... che canta?».

«Essi usano farlo, specialmente di primavera, quando i raggi del sole tornano a essere caldi. Nella casa abita mio padre, il professore di zoologia Richard Bertgang.»

Gli occhi di Norbert Hanold si allargarono a dismisura: «Bertgang..., ma allora lei è... lei è... la signorina Zoe Bertgang! Ma quella era completamente diversa...».

I due piedi penzoloni tornarono a dondolare, e la signorina Zoe Bertgang riprese: «Se ritieni che vada meglio, posso anch'io adoperare il lei, ma il tu mi viene più spontaneo alle labbra. Può darsi che quando andavamo ogni giorno insieme da buoni amici, e anche per cambiare ci bisticciavamo e ci pattuffavamo, io fossi diversa. Ma se lei negli ultimi anni mi avesse degnata di uno sguardo, i suoi occhi forse avrebbero veduto che già da vario tempo il mio aspetto è questo... No, ora sta proprio diluviando, e lei s'inzupperebbe fino alle ossa».

Non soltanto i piedi indicavano una ripresa in lei dell'impazienza, e di ciò che d'altro poteva essere, ma anche la voce aveva assunto un tono un po' triste e di rimprovero. Sembrava perciò a Norbert di fare la figura di uno scolaro, grande e grosso, che viene svergognato. E ancòra gli venne fatto di cercare una via di uscita fra le colonne: si riferivano appunto al gesto ch'egli fece in base a un tale impulso, le ultime parole che la signorina Zoe pronunciò freddamente. Del resto l'osservazione era esatta, giacché fuori dalla protezione del tetto era proprio un diluvio quello che ricopriva ogni cosa. Uno scroscio d'acqua tropicale, come mosso a pietà dell'arsura estiva della campagna campana, si precipitava giù verticalmente con fragore, come se lo stesso Mar Tirreno si rovesciasse qui sulla villa di Diomede, e costituisse una fitta muraglia fatta di miriadi di gocce, simili a grosse perle.

Era effettivamente impossibile uscire all'aria aperta, e Norbert fu obbligato a restare là nel portico a fare la parte dello scolaretto. La giovane maestra, dal volto delicato e intelligente, ne approfittò per proseguire la sua opera pedagogica, e dopo una breve pausa continuò:

«Una volta, e così fino all'adolescenza, quando, non so perché, noi ragazze veniamo chiamate in tedesco "pesciolini da frittura", io avevo per lei un grande affetto; e pensavo che non avrei mai potuto trovare al mondo un amico più caro. Non avevo né madre né sorella o fratello; e quanto a mio padre, una *Caecilia* conservata sotto spirito era indubbiamente per lui più interessante di me. Ma qualche cosa bisogna pur avere, pareva a me anche da ragazzina, con cui occupare il proprio pensiero e tutto il resto. Questo qualche cosa era allora per me lei; ma quando lei fu preso dalla scienza del mondo antico, feci la scoperta che tu... mi scusi ma questa novità del lei convenzionale mi suona male, e neppure corrisponde al mio pensiero... Volevo dire che era evidente che tu eri divenuto un uomo insopportabile: il quale, almeno per me, non aveva più né occhi né lingua, e che più non conservava alcun ricordo della nostra amicizia infantile. Perciò ero completamente diversa nell'aspetto; perché quando talora ci trovavamo in società, e ciò è accaduto una volta anche quest'inverno, tu non mi vedevi né mi accadeva di udire la tua voce: cosa questa del resto che non era un mio privilegio, dato che facevi lo stesso con tutti. Io ero pura aria per te; e tu con quel tuo ciuffo biondo, che tante volte ti ho tirato quando eravamo piccoli, eri divenuto così tedioso, arido e taciturno da sembrare un cacatua impagliato; e insieme grandioso come un... *Archaeopteryx*; sì, così si chiama quel mostro volante fossile che è stato trovato negli scavi. Però, che tu avessi in testa una fantasia altrettanto grandiosa, per considerarmi qui a Pompei come qualche cosa anche di tratto dagli scavi e di riesumato... no, non me lo sarei aspettato da te; e quando mi sei capitato improvvisamente di fronte, ho dovuto faticare assai a comprendere quale incredibile storia la tua immaginazione fosse venuta fabbricando. Poi la cosa mi ha divertito e, quantunque fosse del tutto pazza, non mi è neppure dispiaciuta. Giacché, come ho detto, non lo avrei mai supposto in te.»

Così la signorina Zoe Bertgang, addolcendo un po' alla fine sia l'espressione sia il tono, terminò la franca, particolareggiata e istruttiva filippica. Ed era come se essa effettivamente assomigliasse in modo straordinario al bassorilievo della Gradiva. E questo non solo nei tratti del volto, negli occhi dallo sguardo vivace, nella capigliatura leggiadramente mossa, come nel suo grazioso modo di camminare tante volte osservato: anche l'abbigliamento, il vestito e la leggera sciarpa di *kashmir* che le avvolgeva il capo, concorrevano alla straordinaria somiglianza dell'insieme.

C'era voluta una buona dose di follia per aver potuto credere che una pompeiana sepolta sotto l'eruzione del Vesuvio duemila anni prima potesse risuscitando andarsene ora in giro, parlare, disegnare e mangiare del pane; ma se la fede rendeva felice, bisognava pure che essa fosse ripagata con una bella somma di assurdità. E, tenuto conto di tutte le circostanze, esistevano indubbiamente, in una valutazione dello stato mentale di Norbert Hanold, alcune attenuanti per la follia che lo aveva dominato durante quei due giorni, facendogli prendere la Gradiva per una rediviva.

Benché egli se ne stesse là all'asciutto sotto il tetto del portico, si sarebbe potuto istituire un paragone abbastanza calzante fra lui e un barboncino bagnato, sul quale fosse stato rovesciato un secchio d'acqua. Solo che la doccia fredda gli aveva propriamente giovato. Senza sapere bene perché si sentiva alleggerito e respirava più liberamente. Vi aveva contribuito probabilmente il cambiamento di tono alla fine della predica (giacché essa sembrava parlare da un pulpito). Per lo meno fra le palpebre di lei era come brillata una luce, simile a quella che negli occhi dei credenti può provocare la rinnovata speranza della salvezza attraverso la fede.

E poiché la predica si era interrotta, senza che vi fosse da temere una sua ripresa, riuscì a lui di dire: «Sì, lo riconosco... no, in fondo non sei per nulla cambiata... sei proprio Zoe... la mia cara lieta e saggia compagna... ma è veramente straordinario...».

«Che uno debba prima morire, per divenire vivo? Ma per gli archeologi questo è ben necessario.»

«No, io pensavo al tuo nome.»

«Che cosa c'è di straordinario?»

Il giovane archeologo si rivelò esperto non solo nelle lingue classiche, ma anche nell'etimologia dei nomi germanici, e spiegò: «Perché Bertgang equivale a Gradiva, e significa: "colei che risplende nel camminare"».

Le scarpe, simili a sandali, della signorina Zoe Bertgang ricordavano col loro movimento quegli uccellini che si chiamano ballerine e che fanno vibrare la coda quando sono in attesa di qualche cosa. Non erano tuttavia considerazioni scientifiche quelle che attraevano la sua attenzione in quel momento, ed essa dava piuttosto l'impressione di star pensando a questioni più urgenti. A queste la richiamava anche l'esclamazione che dal profondo salì alle labbra di Norbert Hanold: «Che fortuna però che tu non sia la Gradiva, ma sia invece come la giovane signora simpatica!».

Il volto di lei assunse un'espressione assai meravigliata; poi essa chiese: «Chi è? di chi stai parlando?».

«Quella che ti ha rivolto la parola nella casa di Meleagro.»

«Ma tu la conosci?»

«Sì, l'avevo già veduta. È stata la prima che mi sia veramente piaciuta.»

«Ah così? Ma dove mai l'hai veduta?»

«Questa mattina nella casa del Fauno. Facevano entrambi qualche cosa di assai speciale.»

«E che cosa facevano?»

«Non mi avevano visto e si sono baciati.»

«Era molto ragionevole. Perché mai sarebbero altrimenti venuti a Pompei in viaggio di nozze?»

Il quadro che Norbert aveva davanti agli occhi mutò di colpo, giacché il vecchio rudere non era più occupato; essa infatti era saltata giù da quello che fino allora le era servito da sedile, da cattedra e da pulpito. O piuttosto era volata giù, con la stessa leggerezza con cui lo avrebbe fatto quel tale uccellino ballerina, cosicché prima ancora che egli si rendesse conto del suo movimento, era già in piedi di fronte a lui e gli diceva: «Ha smesso di piovere; le cose esagerate durano poco. Anche questo è ragionevole. Così ogni cosa è ritornata alla ragione, fatta eccezione per me. Tu puoi andare a cercarti ancora Gisa Hartleben, o come altro ora si chiama, per avere informazioni scientifiche circa lo scopo del suo soggiorno a Pompei. Io ora debbo andarmene all'Albergo al Sole, giacché mio padre mi starà già aspettando per la colazione. Forse ci incontreremo ancora in società in Germania, o nella luna. Addio».

Così parlò Zoe Bertgang, nel tono gentile e tuttavia pacato che si conviene a una giovane ragazza educata; e avanzando il piede sinistro, sollevò alla sua maniera la suola del destro quasi verticalmente per incamminarsi. Poiché inoltre, dato che fuori il suolo era completamente bagnato, essa teneva l'abito un po' sollevato con la mano sinistra, l'immagine della Gradiva era completa. A due passi da lei Norbert si avvide per la prima volta di una lievissima differenza della Gradiva vivente con quella di pietra. A quest'ultima mancava qualche cosa che era invece posseduta dalla prima, e che costituiva per lei un lieve vantaggio: una fossetta sulla guancia, che poteva esprimere disappunto, o anche un impulso interiore al riso che venisse trattenuto, oppure anche entrambe le cose insieme. Norbert la stava osservando, e quantunque – secondo l'attestazione che gli era stata appena ora rilasciata – avesse riacquistato completamente la ragione, i suoi occhi dovettero ancora una volta subire una illusione ottica, giacché, con voce trionfante per la scoperta, esclamò: «C'è ancora la mosca!».

Di fronte alla strana esclamazione, essa che non poteva vedersi e che non capiva, ripeté automaticamente: «La mosca... ma dove?».

«Là, sulla tua guancia!» E, posatole improvvisamente il braccio intorno al collo, cercò di acchiappare quello che la sua immaginazione gli faceva apparire come l'insetto tanto temuto e che era soltanto la fossetta sulla guancia, con le labbra. Naturalmente senza riuscirvi, giacché tornò a esclamare: «No, ora è sulle tue labbra!», e in un attimo trasferì su queste la sua caccia; ma soffermandosi tanto a lungo da rendere evidente che egli aveva pienamente raggiunto il suo scopo.

La Gradiva vivente non cercò questa volta per nulla di ostacolarlo, e quando la sua bocca, dopo quasi un minuto, si staccò per riprendere fiato, non disse: «Sei pazzo da legare, Norbert Hanold»; un sorriso di gioia sulle sue labbra più arrossate faceva capire che ora la sua persuasione sul riacquistato equilibrio mentale di lui era completa.

La villa di Diomede che duemila anni prima, in un tetro giorno, aveva assistito a uno spettacolo orrendo, sentì e sopportò attualmente per circa un'ora cose tutt'altro che raccapriccianti. Alla fine tuttavia la signorina Zoe Bertgang si riscosse e, sia pur controvoglia, disse: «Ora però me ne debbo andare veramente, altrimenti il mio povero padre morirà di fame. Penso che oggi, trovandoti con Gisa Hartleben, potrai rassicurarla che non hai più nulla da imparare da lei, e che ti sei adattato pienamente alla potenza del sole».

Si potevano da ciò dedurre alcuni particolari, di cui insieme con molti altri, doveva essersi trattato nell'ora trascorsa, giacché si accennava a un utile insegnamento che Norbert avrebbe tratto dalla detta signora.

Egli tuttavia non rilevò ciò nel discorso di lei, ma piuttosto un'altra cosa che per la prima volta gli veniva in mente spaventandolo; cosicché esclamò: «Tuo padre... ma che cosa dirà...».

La signorina Zoe, senza il minimo segno di quella inquietudine che si era risvegliata in lui, lo interruppe: «Mio padre probabilmente non dirà nulla; non costituisco un elemento indispensabile per la sua collezione zoologica: se lo fossi stata, il mio cuore non si sarebbe probabilmente attaccato in modo tanto sconsiderato a te. Del resto mi sono resa conto già da gran tempo che una donna a questo mondo serve a qualche cosa solo se risparmia a un uomo la fatica di decidere quello che si deve fare o non fare in casa; e io questo lo risparmio a mio padre quasi sempre. Puoi da questo lato stare tranquillo anche tu per il tuo avvenire. Se per caso poi egli dovesse essere, in questa faccenda particolare, di un'opinione diversa dalla mia, possiamo facilitare le cose in modo assai semplice. Tu te ne vai per due giorni a Capri, là con un laccio d'erba acchiappi – e puoi esercitarti prima col mio mignolo – una *Lacerta faraglionensis*, la metti di nuovo in libertà qui e torni a prenderla sotto i suoi occhi. Poi gli proponi di scegliere liberamente fra lei e me; e tu mi ottieni senz'altro. La cosa è tanto certa quanto è certo che io ho avuto compassione di te. Quanto al collega Eimer, sento che sono stata finora ingrata verso di lui, giacché senza la sua geniale scoperta sulle lucertole, non sarei probabilmente venuta nella casa di Meleagro; e questo sarebbe stato un vero peccato, non per te soltanto, ma anche per me».

Fece questa considerazione appena fuori della villa di Diomede. Non vi era ahimè più alcuna persona sulla terra la quale potesse descrivere la voce e la maniera di parlare della Gradiva; ma se esse assomigliavano come il resto, a quelle della signorina Zoe Bertgang, avevano certamente un fascino particolare.

Di ciò per lo meno Norbert Hanold era tanto persuaso che esclamò: «Zoe, vita mia, mio dolce presente... il nostro viaggio di nozze, lo faremo in Italia e a Pompei!».

Ciò era una bella dimostrazione di come un cambiamento di circostanze possa modificare il modo di sentire degli uomini, producendo nel contempo un completo oblio delle convinzioni precedenti. Giacché non gli passò neppure lontanamente per il capo l'idea che egli e la sua compagna, con tale viaggio, correvano il rischio di ricevere da parte di un viaggiatore misantropo e depresso, incontrato in ferrovia, i nomi di August e di Grete. No, egli non vi pensava affatto mentre, tenendosi per mano, essi percorrevano l'antica via dei Sepolcri di Pompei.

Anche questa, ora, faceva un'impressione totalmente diversa; il cielo sgombro dalle nubi splendeva ancora in alto, il sole stendeva un tappeto d'oro sulle antiche piastre di lava, il Vesuvio elevava come una corona il suo pennacchio di fumo, e tutta la città dissepolta, anziché con cenere e lapilli, appariva, in seguito al violento scroscio di pioggia, coperta di perle e diamanti.

In modo simile rilucevano pure gli occhi della giovane figlia di zoologo, mentre rispondeva alla proposta del suo amico d'infanzia, anch'esso in certo modo dissepolto dalla cenere: «Penso che non sia il caso di romperci oggi il capo su questa questione. Potremo decidere meglio entrambi dopo matura riflessione. Non mi sento ancora tornata in vita in modo sufficientemente completo, almeno per prendere una decisione geografica di questo genere».

Vi era nelle sue parole una sorta di ritegno a esprimere pareri su cose alle quali non aveva mai pensato fino a oggi.

Erano tornati alla porta di Ercolano, dove all'inizio della strada consolare vi era, attraverso la via, il passaggio con le antiche pietre. Norbert Hanold si fermò e disse con uno speciale tono di voce: «Prego, attraversa». Un chiaro sorriso d'intesa illuminò il volto della sua compagna; e sollevando un po' l'abito con la mano sinistra, Zoe Bertgang, Gradiva rediviva, avvolta dallo sguardo trasognato di lui, attraversò le pietre del passaggio fino all'altro lato della strada, sotto la luce del sole, col suo caratteristico passo agile e tranquillo.

(Trad. di Cesare Musatti)

«Gradiva», da *Gradiva, ein pompeyanisches Phantasiestück*, 1903.
Il testo è apparso anche in S. Freud, *Saggi sull'arte, la letteratura e il linguaggio*, vol. II, Boringhieri 1982.

Maria Messina
LE SCARPETTE

Vanni e Maredda si volevano bene, ma di maritarsi non potevano parlare perché erano poveri. Tutti e due orfani di padre, Maredda faceva la tessitrice, Vanni lavorava nella bottega di mastro Nitto il calzolaio. Spesso, egli, diceva alla madre:

«Ma', per quanto si lavori, si fa come le formiche; raspa e raspa e a pena a pena si riesce a campare.»

«Che ci puoi fare, figliolo? Campare è già qualche cosa.»

Con Maredda si vedeva un poco verso sera, allo smettere del lavoro, e, la domenica, alla prima messa della Matrice. Più d'un'occhiatina e d'una paroletta amorosa, non osava. E pure diverse volte s'erano trovati soli, al chiaro di luna, sotto la pergola del Sinibbio, e senza paura di esser veduti; ma anche allora Vanni non aveva fatto altro che prenderle una mano e dirle piano piano:

«Bruttona! Ti voglio bene assai, a te!»

Aveva sentito tremare la mano gelata di Maredda nella sua, aveva capito che, se pure l'avesse abbracciata non si sarebbe difesa, ma non aveva osato. Pure, quando le era vicino non sentiva altro desiderio che di baciarla; e spesso nella bottega di mastro Nitto, si dava del minchione rimpiangendo di non averlo fatto. Ma lui – ch'era cresciuto attaccato alle gonne della mamma come una ragazza – aveva certe delicatezze che non si sapeva chi gliele avesse insegnate.

La stessa Maredda gli aveva detto tante volte, quando s'eran bisticciati:

«Già tu non farai mai niente di buono perché tu non sei che un *poesiante!*»

Se n'offendeva. Ma lo chiamavano tutti così e perché sonava il mandolino come pochi lo sonavano e perché era il più buon giovane del Sinibbio.

«Non è vero» soleva dire alla ragazza «ch'io non pensi al sodo. Io che non fumo un sigaro e non bevo un bicchiere di vino manco se m'invitano!... Eh! presto potrò parlare a tua madre senza paura d'essere scacciato com'un morto di fame. Ho già cominciato a far le spese, io!»

S'era provveduto d'un paiolo di rame, d'una dozzina di piatti, e aveva lavorato a pezzi e a bocconi un par di scarpette gialle col fiocco di seta, che avevan fatto arrossire di piacere Maredda quando gliel'aveva mostrate.

«Si comincia dal poco e piano piano si va al grande» diceva Vanni «verrà il tempo che comprerò l'oro e le vesti, e allora!...»

E guardava in fondo in fondo agli occhi della ragazza che diventava rossa come un papavero.

Ma per quanto s'industriasse non poteva far gran che. Ogni tanto, per la provvista del grano e della legna, se n'andava in una volta il gruzzolo messo su, a soldo a soldo, per mesi e mesi. Così un inverno, che non poté metter da parte manco quattr'onze, cominciò a scoraggiarsi. La gna' Nunzia, a vederlo afflitto, gli andava dietro rincorandolo:

«Buon tempo e malo tempo non duran tutto il tempo... Vedrai che passerà questa miseria.»

Ma Vanni non rispondeva; e in bottega lavorava a testa china come quando si pensa. Una sera, mentre la gna' Nunzia stava al focolare per cocere un cavolo, disse:

«Io me ne vado alla Mèrica.»

La vecchia trasalì come se le avessero dato una botta sulle spalle e posò la vèntola.

«Sì, me ne vado. Che faccio qui a sprecare il meglio della gioventù con mastro Nitto che mi succhia il sangue? Me ne vado.»

«Pure si campa» osservò la madre.

«E ci facciamo vecchi.»

La testa l'aveva a Maredda e la gna' Nunzia, che lo sapeva, non gliene faceva carico perché la ragazza era onesta e laboriosa.

Cenarono senza dirsi altro; la gna' Nunzia guardava il figlio come se lo vedesse per l'ultima volta, e gli occhi le si gonfiavano di lacrime; Vanni, ora che la madre non l'aveva contrariato, sentiva il peso della propria risoluzione.

Ne parlò a Maredda come d'una cosa fatta. Maredda pianse disperatamente ma si chetò alla voce sicura del giovane:

«Che faccio qui? Laggiù... Più d'un anno non ci resto. Guadagnerò tanto da poterci maritare e metter su bottega per conto mio. Laggiù l'oro costa poco e le buccole te le porterò da lì...»

Maredda sorrise fra le lacrime e Vanni la guardò girando il berretto fra le mani e movendo la testa come per dire:

«Non sono uno qualunque, io!»

Altro che uno qualunque! aveva tanti progetti per la testa e diceva:

«... ti farò passare davanti, bruttona, il mare con tutti i pesci, e ti farò fare la signora...»

E già gli pareva di essere ricco, di avere una casa e la moglie, e la bottega per conto proprio.

Da principio fu un poco sbigottito della sua stessa decisione; poi, a poco a poco, cominciò ad abituarcisi, ne fece l'argomento di tutti i discorsi, e volle sembrare allegro; quando cominciò a prepararsi per la partenza non volle che sua madre piangesse:

«Non vado alla guerra, io! vedrai che non mi riconoscerai più. Se non altro, mastro Nitto mi rispetterà.»

Gli pareva d'esser diventato un uomo di quelli anziani, e camminava superbamente con Peppe Sciuto e Cola Spica ch'erano ammogliati e partivano anch'essi per la Mèrica.

Anche la sera della partenza volle parere allegro. Peppe e Cola vennero a prenderlo verso le otto e la gna' Nunzia lo seguì per accompagnarlo fino a Cicé. Maredda, con gli occhi rossi, s'affacciò sulla finestra, a salutarlo, sporgendo un po' la testa fra un basilico e una rosa.

Per la via incontrarono gli altri emigranti; non si conoscevano bene fra di loro, ma si unirono come se fossero stati amici dalla nascita. Tutti volevano parere tranquilli; ma tutti lasciavano una casa e una donna. Cola teneva per mano il figlioletto e gesticolando alzava, a strappate, anche il braccino che teneva stretto nella mano callosa, così che il bimbo levava i grandi occhi sgomenti. Passando davanti la propria *quota* aggrottò la fronte e scosse la testa e maledì la terra ingrata.

Ma Peppe Sciuto cominciò a cantare e allora ognuno lo accompagnò. E la strada si riempì d'un canto forte e melanconico che pareva tutto d'una voce, e ora si levava cupo come una minaccia, a momenti tremulo come un pianto sconfortato, a momenti piano come una preghiera.

Maredda aspettava notizie di Vanni e le pareva una festa quando la gna' Nunzia gliene dava.

Dopo due mesi il postino le consegnò una lettera gialla coll'indirizzo stampato, e lesse, trepidante e commossa.

Vanni le diceva tante parole amorose che la riempirono di felicità, ma la madre cominciò a borbottare. La lettera era venuta in una brutta giornata: il pane della madia era finito e, poi che non c'era denaro per provvedersi del nuovo grano, madre e figlia s'erano avvilite sino a comprare il pane in bottega, come l'ultime delle poverette, come quelle che campano alla giornata. Però la gna' Liboria, ch'era di malumore pe' i fatti propri, se la sfogò con quella povera lettera innocente e con la figlia che credeva alle ciance di quel babbaleo, che se fosse tornato con qualche soldo non l'avrebbe neanche guardata in faccia. Essa vedeva girare nel vicoletto mastro Cristoforo di Licata – un potatore che guadagnava dieci lire la settimana – e si struggeva a veder la ragazza, dura dura, voltargli le spalle o chiudergli la finestra sul muso. Cose da pigliarla a schiaffi!

«Io sono vecchia,» le diceva spesso «tu sei povera. Che ti aspetti dalla vita? Mica sei una signora da potere stare con la testa fra le nuvole! Non vedi che quel barbagianni non s'è promesso?»

Maredda si mortificava ma pensava a Vanni suo. Avrebbe voluto almeno mandarlo a salutare, ma non erano fidanzati e sarebbe stata una sfacciataggine, sarebbe stato peggio che farsi baciare davanti a un popolo.

Dopo quella non ebbe altre lettere. Venne la primavera e passò l'estate, e di Vanni non sentì più parlare. Le vicine dicevano che la Mèrica non lascia più tornare alcuno, che il meglio della gioventù si consuma in quella terra sconosciuta e l'emigrante non rimpatria se non ha cent'onze per farsi una casa.

Maredda credeva a quei discorsi sconfortanti, e tessendo canticchiava, per scordarsi la pena di Vanni:

> Vitti tri rosi a 'na rama pinniri
> Nun sacciu di li tri qual è a pigghiari
> ...
> Nun c'è ghiurnata chi nun scura mai
> Nun c'è mumentu chi nun penzu a ttia...
> ...

Ma Vanni tornò nell'altra primavera. Aveva seco il suo piccolo baule bigio che sapeva anch'esso strade e gente straniera e fumo di ferrovia. Non portava altro che trentacinque onze; una miseria, in paragone ai capitali sognati e progettati sotto la pergola del Sinibbio. Ma non aveva potuto più resistere laggiù...

Parlò subito di questo alla madre che gli venne incontro sino al Rosario. La gna' Nunzia, con la mantellina calata sulle spalle, non sapeva dir nulla; se lo guardava da capo a piedi, quel figliolo, e le pareva smagrito e le pareva d'averlo ritrovato. Aprendo l'uscio lo fece passare avanti e gli indicò il lettuccio col *tramareddo* pulito e la tovaglia stesa sulla cassapanca, per fargli capire che l'aveva aspettato. E Vanni le disse ancora in piedi:

«Non ho fatto gran cosa, ma'...»

«Non fa niente figlio. Purché sii tornato. Mi pareva di dover morire senza più vederti.»

«Solo trentacinque onze. E Dio solo sa quel che ho patito per metterle insieme.»

«Non fa niente, figlio. Qui c'è lavoro perché il mese passato è morto mastro Nitto il calzolaio.»

«Non ho altro» continuò Vanni. «Ma io mi contento d'un pezzo di pane quassù al mio paese. Maledetta la Mèrica... È una vecchia ruffiana che porta alla mala via con le lusinghe. Mica la gente onesta s'arricchisce, laggiù! Ma mi bastano per comprar l'oro e le vesti e anche un po' di coio da poter lavorare.»

«Mangia, Vannuzzo» disse la gna' Nunzia abbuiandosi «e non pensare ad altro, per ora.»

«Perché, ma'?» chiese Vanni guardandola sospettosamente.

La gna' Nunzia sospirò, e sì come Vanni sgranava gli occhi e corrugava la fronte, gli toccò un braccio e gli disse:

«Vanni, Vanni! Sei dunque venuto solo per quella! per la tua mamma non saresti tornato?»

«Che discorsi!» fece il giovanotto alzando le spalle «o allora perché son partito?»

«Vanni» disse la vecchia «tu se' ancora un *poesiante* e nulla più. Quando l'uccello vola vuoi che la rama resti deserta? La rama è ferma e l'uccello si move, ne vola uno e se ne posa un altro.»

«Ma io... come è vero Dio...!»

«Vanni, Vanni, che dici, che bestemmi? Che vuoi? La gioventù vuole l'amore e le donne voglion marito!»

Vanni guardava a terra nero e torvo, coi pollici irrequieti nei taschini della sottoveste. La gna' Nunzia un po' timorosa scodellava.

«Si fredda, figlio.»

«Io li scanno» mormorava Vanni. «Vergogna! Non aspettare un anno e mezzo! E io minchione che ho mangiato pane asciutto e ho dormito sulla paglia per fare a soldo a soldo queste miserabili trantacinque onze. Ma chi è? Lo sai, almeno?»

«Uno di Licata, un potatore. Il partito era buono e Maredda è povera. C'è da compatirla. Anch'io mi son sentita bollire il sangue nelle vene. Ma poi l'ho perdonata. Bisogna sapere come stanno le cose...»

«Ma se mi capita davanti gli dirò due paroline. Lui si piglia le bucce, vergogna! Il meglio, l'ho avuto io; ché il primo amore d'una ragazza è ciò che vale, il secondo no. Glielo dico. E la lascerà. E allora non me la piglio neanche io!»

La gna' Nunzia scodellava e lo lasciava parlare. Quand'ebbe sfogato bene, parlò e a poco a poco lo calmò. Che voleva fare? Ormai, Maredda s'era rovinata, s'era ridotta al punto che, se il potatore non l'avesse voluta, poteva legarsi una pietra al collo e buttarsi a mare. Il male era stato a non promettersi. Non era preferibile, adesso, lasciare andare ognuno per la propria via e non impicciarsi di que' pezzenti disonorati?

Lo persuase anche a mangiare. E dopo aver mangiato Vanni si sentì un altro, così che la vecchia disse:

«Era la fame e la stanchezza, figlio. Tu vedevi le cose con gli occhi del bove. Allegramente, che sei giovanotto e le ragazze non sono finite!»

«Oh, questo sì!» approvò Vanni. «Ora la moglie me la cercherai tu. Com'è vero Dio, mi voglio maritare per la festa di San Giuseppe!»

Sul tardi vennero amici e parenti a festeggiare il ritorno di Vanni che, tutto acceso, si sentiva un uomo esperiente e parlava della Mèrica sputando a terra.

Verso sera, quando tutti furono andati via, Vanni cercò nella cassapanca una camicia pulita, di quelle vecchie. Con le mani toccò qualche cosa di duro; la scatola di cartone con le scarpette di Maredda.

«Cose di femmine!...» mormorò, abbuiandosi in viso, e la scaraventò lontano, in un canto.

«No, no» fece la gna' Nunzia correndo a raccattarla «se, mettiamo caso, *un'altra... la sposa*, ha lo stesso piede? Non è peccato spendere altro denaro? E poi» aggiunse soffiando delicatamente su un fiocchetto che s'era un po' pigiato «son proprio nuove, nuove!»

Vanni chiuse la cassapanca, scrollando la testa in segno d'approvazione.

(1911)

da *Piccoli gorghi*, Sellerio 1988.

Robert Musil

IL COMPIMENTO DELL'AMORE

«Davvero non puoi venire?»

«È impossibile; lo sai, devo cercare di concludere al più presto.»

«Ma Lilli sarebbe così felice...»

«Certo, certo, ma non si può.»

«E io non ho proprio voglia di partire senza di te...» disse sua moglie versandogli il tè nella tazza, e intanto lo contemplava, seduto, con la sigaretta fra le labbra, nella poltrona a fiori chiari in un angolo della stanza. Era sera e le persiane verdi guardavano sulla strada, in una lunga fila d'altre persiane verdi dalle quali nulla le distingueva. Come palpebre scure e tranquillamente abbassate esse nascondevano il fulgore di quel salotto, dove il tè da una teiera d'argento opaco scendeva nelle tazze con un leggero tintinnio, e poi sembrava fermo nel getto come una trasparente colonna tortile di topazio lieve color bruno-paglia... Sulle superfici un po' concave della teiera s'addensavano ombre verdi e grige, qua e là anche gialle e azzurre; immobili come se, raccolte lì, non potessero più muoversi. Il braccio della donna sollevato sulla teiera e lo sguardo ch'ella fissava sul marito formavano un angolo rigido e fermo.

Un angolo, certo, come si poteva vedere; ma quell'altro elemento quasi corporeo lo potevano percepire solo loro due, e sembrava teso fra di essi come un ponte di metallo durissimo che li tenesse fermi ai loro posti eppure li unisse, benché così distanti, in un'unità quasi tangibile; poggiava sui loro cuori ed essi ne sentivano la pressione... che li teneva rigidi contro la spalliera della seggiola, con volti immoti e sguardi fissi, eppure nel punto d'appoggio sentivano una commozione, una tenerezza, qualcosa di molto leggero, quasi che i loro cuori intrecciassero il volo come due sciami di piccole farfalle...

Intorno a quella sensazione sottile, · appena appena reale eppure così netta girava, come intorno a un asse lievemente vibrante, tutta la stanza, e poi ancora intorno ai due su cui poggiava. Gli oggetti trattenevano il fiato, la luce sulla parete si rapprendeva in merlettature dorate... tutto taceva e aspettava ed era lì per loro... il tempo, che corre per il mondo come un lucido filo senza fine, pareva passare attraverso quella stanza e attraverso quelle persone, e improvvisamente arrestarsi e diventare rigido, impietrito e immobile e scintillante... e gli oggetti si avvicinavano un po' gli uni agli altri. Era quell'arresto e poi quella leggera discesa, come quando all'improvviso si assestano le superfici e si forma un cristallo... Intorno alle due creature attraverso le quali passava il suo asse e che a un tratto, per quella sospensione di fiato e quell'avvolgimento, quell'inglobamento, si vedevano come in mille superfici rifrangenti, ma anche come se si vedessero per la prima volta...

La donna posò la teiera, appoggiò la mano sulla tavola; come spossato dal peso della sua felicità, ciascuno si riadagiò sui cuscini e mentre con gli occhi si tenevano stretti, sorridevano come sperduti e avevano bisogno di non parlare di sé; parlarono di nuovo di un malato in un libro che avevano letto, e cominciarono subito da un punto e da una questione ben precisa come se avessero pensato solo a quello, benché così non fosse, perché avevano soltanto ripreso una conversazione che già per giorni e giorni li aveva singolarmente avvinti, come se la sua visione ne fosse garante, e mentre trattava del libro, in realtà mirasse altrove; dopo un po' infatti i loro pensieri da quell'inconscio pretesto erano insensibilmente tornati a loro stessi.

«Quale opinione di sé potrà avere un uomo come quel G.?» domandò la donna, e poi seguitò a parlare, immersa nelle sue riflessioni, quasi per sé sola. «Egli corrompe bambini, istiga giovani donne a disonorarsi; e poi sta lì e sorride e contempla affascinato quel po' di erotismo che balena in lui come un debole riflesso. Credi che si renda conto di agire male?»

«Se se ne rende conto?... Forse; e forse no,» rispose l'uomo «forse non è lecito scandagliare simili sentimenti.»

«Per me,» disse la donna, e si capì che non parlava di quell'individuo casuale, ma di qualcosa di preciso che già si delineava dietro di esso «per me egli crede di agire bene.»

Per un poco i pensieri corsero silenziosi a fianco a fianco, poi – fuori, lontano – riemersero nelle parole: era tuttavia come se tacendo si tenessero ancora per mano, e tutto fosse già detto.

«...Egli fa male alle sue vittime, le fa soffrire, deve sapere che le avvilisce, che sconvolge la loro sensualità e la agita così che non potrà mai più giungere a una meta e acquetarsi... e tuttavia sembra di vederlo sorridere... tutto molle e pallido in volto, malinconico eppure risoluto, pieno di tenerezza... con un sorriso carezzevole che aleggia su di lui e sulle sue vittime... come un giorno di pioggia sulla campagna: il cielo lo manda; è incomprensibile, ogni giustificazione è nella sua mestizia, nel sentimento con cui accompagna la distruzione... Non è ogni cervello qualcosa di solitario e di unico?...»

«Sì, non è ogni cervello qualcosa di solitario?» Questi due che ora di nuovo tacevano pensavano insieme a quel terzo, ignoto, a quell'uno dei tanti terzi, come se camminassero insieme per una campagna... alberi, prati, un cielo, e d'improvviso un non sapere perché qui è tutto azzurro e là pieno di nuvole... sentivano tutti quei terzi intorno a loro, come la grande sfera che ci racchiude e talvolta ci guarda estranea e vitrea e ci fa rabbrividire quando il volo di un uccello scalfisce sulla sua superficie una linea ondeggiante e incomprensibile. Nella stanza notturna c'era a un tratto una solitudine fredda, vasta, chiara come a mezzogiorno.

Allora uno di loro, e fu come un leggero tocco di violino, disse: «...egli è come una casa con le porte serrate. In lui, forse, quello che ha fatto è come una musica delicata, ma chi la può udire? Forse per essa tutto diventa dolce malinconia...».

E l'altro rispose: «...forse egli passa e ripassa sempre attraverso se stesso, brancolando, in cerca di una porta, e alla fine si ferma, e ormai preme soltanto il viso contro i vetri ispessiti e guarda di lontano le amate vittime e sorride...».

Non dissero altro, ma nel loro silenzio estaticamente avvinto il discorso suonava più alto e più ampio: «...Solo quel sorriso le raggiunge e aleggia intorno a esse e ancora dei loro laidi guizzi, dei loro gesti dissanguati compone un mazzo di fiori dagli esili steli... E teneramente egli si chiede se esse lo sentono, e lo lascia cadere, e risolutamente, portato con ali tremanti dal segreto della propria solitudine, sale come un animale sconosciuto nella vacuità dello spazio, piena di meraviglie».

Essi sentivano che su quella solitudine si reggeva l'arcano del loro essere due. Era intorno a essi un oscuro senso del mondo, che li stringeva dolcemente l'uno all'altro, era una trasognata sensazione di freddo da ogni lato, tranne quello dove essi erano congiunti, si scaricavano, si davano appoggio, come due metà meravigliosamente appaiate che diminuiscono le loro superfici verso l'esterno, mentre l'interno confluisce e s'allarga. A volte si desolavano di non poter mettere in comune tutto, fino all'estremo.

«Ricordi» disse improvvisamente la donna «che poche sere fa mentre mi baciavi sentisti che c'era qualche cosa fra di noi? Mi era venuto in mente un pensiero, nello stesso momento, un pensiero indifferente, ma non era te e a un tratto mi fece male che non fosse te. E non potei dirtelo, e prima dovetti sorridere di te perché tu non lo sapevi e credevi di essermi vicino, poi non te lo volli più dire ed ero irritata che tu non lo sentissi da solo, e le tue tenerezze non mi trovarono più. E non osavo pregarti di lasciarmi perché in realtà non era nulla, in realtà io ti ero vicina, eppure, come un'ombra indefinita, era anche come se io potessi essere lontana da te e senza di te. Conosci quella sensazione? Talora tutte le cose sono lì due volte; nette e chiare, come le conosciamo, e poi anche pallide, crepuscolari e spaventate, come se in segreto e già estranee l'altro le contemplasse. Avrei voluto afferrarti, e stringerti di nuovo a me... e nello stesso tempo cacciarti via e gettarmi a terra perché era stato possibile...»

«Fu quella volta...?»

«Sì, quella volta che poi mi misi a piangere fra le tue braccia; e tu credesti che fossi sopraffatta dal desiderio struggente di entrare col mio sentimento ancor più profondamente nel tuo. Non avertela a male, dovevo dirtelo e non so perché, è stata solo un'immaginazione ma mi ha fatto tanto soffrire, credo di aver pensato a G. solo per questo. Tu...?»

L'uomo in poltrona aveva messo via la sigaretta e s'era alzato. I loro sguardi si avvinghiarono, con quel teso oscillare di due corpi che si reggono sopra una corda. Poi essi non dissero parola, aprirono le persiane e guardarono fuori; pareva loro di ascoltare uno scoppiettio di tensioni dentro di loro, che tornavano a formare qualcosa di nuovo e lo mettevano in disparte. Sentivano di non poter vivere l'uno senza l'altro, e che soltanto insieme, come un sistema ingegnosamente fondato su se stesso, potevano dare quel che volevano. Quando pensavano l'uno all'altro lo vedevano quasi malato e dolente, tanto delicata e rischiosa e impenetrabile appariva a essi la loro relazione nella sua sensibilità per la più piccola intima incertezza.

Dopo un po', quando nella contemplazione del mondo estraneo lì fuori ebbero ripreso sicurezza, si sentirono stanchi e desiderarono di addormentarsi vicini. Non percepivano altro che la presenza reciproca, e tuttavia era ancora un sentimento come verso gli immensi spazi dell'universo – già piccolo piccolo e dileguante nel buio.

La mattina dopo, Claudine partì per la cittadina dove Lilli, la sua figliola tredicenne, veniva educata in un istituto. La bimba era nata durante il suo primo matrimonio, ma il padre era un dentista americano che aveva curato Claudine, tormentata da un forte mal di denti mentre si trovava in villeggiatura. In quel periodo ella attendeva invano la visita di un amico, il cui arrivo si differiva oltre ogni limite della pazienza, e la cosa era accaduta in una strana ubriachezza, fatta di rabbia, dolor di denti, etere e la faccia rotonda del dentista che per giorni e giorni ella aveva visto sospesa sopra la sua. Mai la coscienza s'era svegliata in lei per quell'incidente, né per altri di quella prima perduta parte della sua vita; quando era dovuta ritornare dal dentista, parecchie settimane dopo, per l'ultima seduta, s'era fatta accompagnare dalla cameriera, e con ciò la vicenda fu conclusa per lei; non rimase che il ricordo di una strana nuvola di sensazioni che l'aveva turbata e spaventata per un certo tempo, come un mantello avvolto repentinamente intorno alla testa e poi di colpo caduto al suolo.

Perché qualcosa di bizzarro era rimasto nelle sue azioni ed esperienze di allora. Non sempre ella trovava una soluzione così rapida e controllata come quella volta, e accadeva che, in apparenza, rimanesse a lungo sotto la dominazione dell'uno o dell'altro e per ciascuno ella faceva allora tutto quel che le veniva richiesto, fino al sacrificio e all'abnegazione, ma non avveniva mai che dopo ella avesse la sensazione di intense o importanti vicende; ella commetteva o subiva atti che andavano dalla passione all'umiliazione, eppure non perdeva mai la coscienza che tutto quel che faceva, in fondo non la toccava essenzialmente, non la riguardava. Tutto quel fare di una donna infelice, comune, infedele scorreva via da lei come un ruscello e lei aveva soltanto l'impressione di starvi dentro immobile e pensierosa.

Era la coscienza, mai precisa, di una lontana interiorità che portava quell'ultima riserva e sicurezza nel suo inconsiderato darsi in balia di questo o di quello. Dietro tutti i viluppi delle esperienze reali trascorreva qualcosa di irreperibile, e sebbene ella non avesse mai afferrato quell'essenza nascosta della sua vita e forse credesse persino di non poter mai penetrare fino a essa, di ogni vicenda aveva una sensazione simile a quella di un ospite che entra per una volta tanto in una casa sconosciuta e s'abbandona senza pensare e un poco annoiato a tutto quel che gli succede lì dentro.

E poi tutto quel che ella aveva fatto e sofferto s'inabissò per lei nel momento in cui fece la conoscenza di colui che adesso era suo marito. Ella entrò allora nella quiete e nell'isolamento, non ebbe più importanza ciò che era stato prima, ma soltanto ciò che ne risultava adesso e tutto sembrava essere avvenuto soltanto perché ognuno sentisse più fortemente l'altro, o addirittura era dimenticato, cancellato. Come da montagne di fiori ella fu sommersa da una sensazione inebriante di accrescimento, e solo rimaneva, lontano, un senso di pene patite, uno sfondo da cui tutto si scioglieva, come nel calore si destano dal rigore di gelo i gesti ancora sonnolenti.

Un solo tratto, forse, trascorreva ancora sottile, pallido e appena percettibile dalla sua vita di allora in quella di oggi. E che proprio ora ella dovesse ripensare a quel tempo poteva dipendere dal caso, oppure dal suo andare a trovar la bambina, o da qualche altra cosa di solito indifferente, ma era incominciato soltanto alla stazione, mentre, tra la folla che la premeva e l'inquietava, s'era sentita presa da un sentimento che, come fluiva così incompiuto ed evanescente, le aveva richiamato alla memoria in modo oscuro, lontano eppure con quasi corporea identità quel pezzo della sua vita quasi dimenticato.

Suo marito non aveva avuto tempo di accompagnarla alla

stazione; Claudine aspettò il treno tutta sola, intorno a lei la gente si pigiava e si urtava e la spingeva lentamente di qua e di là come una grossa, pesante ondata di risciacquatura. Le espressioni che si leggevano sulle facce mattutinamente pallide e aperte galleggiavano sullo spazio oscuro come uova di pesce su acque livide. Ella ne ebbe ribrezzo. Desiderò di poter strappar via tutto ciò con un gesto indolente, ma – fosse la superiorità materiale di tutti quei corpi che la sgomentava, oppure soltanto la luce appannata, uguale, indifferente sotto la gigantesca tettoia di vetro sporco e di arruffate traverse di ferro – mentre si muoveva, in apparenza disinvolta e gentile, fra la gente, sentiva che avrebbe dovuto farlo e ne soffriva dentro come di un'umiliazione. Inutilmente cercò una difesa in se stessa; era come se in lento dondolio si fosse perduta nella calca, i suoi occhi non s'orizzontavano, ella non si ritrovava, e più si sforzava, più un sottile morbido mal di capo si tendeva davanti ai suoi pensieri.

Essi vi si affondarono e cercarono di raggiungere l'ieri, ma Claudine ne ricavò solo la consapevolezza di portare in sé segretamente qualcosa di prezioso e di delicato. E non le era permesso rivelarlo perché gli altri non l'avrebbero capito ed essa era più debole, non poteva difendersi e aveva paura. Andava tra loro sottile e raccolta, piena di superbia. Ma sussultava se qualcuno le veniva troppo vicino, e si nascondeva dietro un'aria modesta. E intanto sentiva con segreta delizia la propria felicità che diventava sempre più bella mentre ella cedeva e si abbandonava a quel sottile confuso sgomento.

A quel segno lo riconobbe. Perché così era stato, allora; le parve a un tratto: una volta, molto tempo fa, come se fosse stata lungamente altrove oppure mai lontano. Era come un crepuscolo attorno a lei, qualcosa d'incerto come il malato che nasconde timorosamente le proprie passioni; i suoi atti si strapparono da lei a brandelli e furono portati via dalle memorie di gente estranea, nulla aveva lasciato in lei quel germe di un frutto che incomincia pian piano a gonfiare un'anima quando gli altri credono di averle strappato tutte le foglie e sazi si allontanano da essa... eppure in tutto ciò che ella pativa c'era, pallido, un barlume come di una corona, e nella cupa ronzante sofferenza che accompagnava la sua vita palpitava uno splendore. A volte le sembrava che i suoi dolori ardessero in lei come piccole fiamme, e qualcosa la urgeva ad accenderne altre senza posa; credeva allora di sentire intorno alla fronte un cerchio tagliente, invisibile e irreale come se fosse fatto di sogno e di vetro, e talora era solo come un canto lontano rotante nella sua testa.

Claudine sedeva immobile, mentre il treno con leggero dondolio correva per la campagna. I compagni di viaggio chiacchieravano, lei udiva soltanto come un brusio. E mentre pensava al marito e i suoi pensieri erano immersi in una soffice stanca felicità come in un'aria piena di neve, c'era tuttavia qualcosa che quasi le impediva di muoversi, come il corpo d'un convalescente, abituato alla sua stanza, che deve fare i primi passi all'aperto, una felicità che immobilizza e quasi fa male... e nello sfondo c'era ancora sempre quel richiamo indefinito, titubante che lei non poteva afferrare, lontano, dimenticato come una canzone infantile, come un dolore, come lei... in ampi giri oscillanti esso attirava a sé i suoi pensieri, ed essi non potevano vederlo in faccia.

Ella si appoggiò allo schienale e guardò fuori del finestrino. Continuare a pensare la stancava; i suoi sensi erano desti e sensibili, ma al di là dei sensi qualcosa voleva star quieto, stirarsi, lasciare che il mondo gli scorresse sopra... Passavano obliqui i pali del telegrafo, i campi si srotolavano con i loro solchi bruni senza neve, gli arbusti stavano come a testa in giù con cento gambette divaricate dalle quali mille campanellini d'acqua pendevano e cadevano, correvano e scintillavano; era una vista allegra e leggera, il mondo che si allargava, come quando si spalancano le pareti, qualcosa che si scioglieva e si scaricava, di una tenerezza estrema. Anche dal suo corpo si sollevò la dolce gravezza, negli orecchi le lasciò una sensazione come di neve che fonde e a poco a poco null'altro che un costante rado tintinnio. Le sembrava di vivere nel mondo col suo uomo come in una sfera schiumosa piena di perle e di bolle e di nuvolette fruscianti, leggere come piume. Chiuse gli occhi e vi si abbandonò.

Ma dopo un poco ricominciò a pensare. La leggera regolare vibrazione del treno, la natura allentata dimorante al di fuori... era come se un peso fosse stato rimosso, e d'improvviso s'accorse che era rimasta sola. Involontariamente alzò gli occhi; intorno ai suoi sensi fluiva sempre quella corrente in piccoli gorghi fruscianti; era come quando si trova aperta una porta che si è sempre veduta chiusa. Forse lo desiderava da molto tempo, forse qualche oscillazione nascosta c'era stata nell'amore fra lei e il marito, ma lei non sapeva niente se non che erano sempre più fortemente attratti l'uno verso l'altro; ora le parve all'improvviso che in lei fosse scoppiato qualcosa che da molto tempo era chiuso; pensieri e sentimenti ne sgorgavano lentamente come da una ferita appena visibile ma di una certa profondità, in piccole gocce ininterrotte, e ne allargavano lo squarcio.

Vi sono tanti problemi nel rapporto con la persona amata, e su questi bisogna innalzare l'edificio della vita in comune prima che siano approfonditi; più tardi quello che è fatto non lascia più libera alcuna forza per poter anche soltanto immaginare qualcosa di diverso. Allora ci deve pur essere in qualche luogo lungo la strada uno strano pilone, un volto, indugerà un profumo, si perderà fra l'erba e fra i sassi un sentiero mai calpestato; si sentirà che si dovrebbe tornare indietro, vedere, ma tutto spinge innanzi, solo qualcosa come ragnatele, sogni, rami stormenti rallenta il passo, e da un pensiero non avverato irradia una silenziosa paralisi. Negli ultimi tempi c'era stato talvolta, forse un poco più spesso, quello sguardo all'indietro, un più frequente rivolgersi verso il passato. La fedeltà di Claudine vi si ribellava, proprio perché essa non era una quiete ma uno sprigionamento di forze, un appoggio reciproco, un equilibrio nel costante moto in avanti. Procedevano tenendosi per mano, ma qualche volta, di colpo, sorgeva lì quella tentazione di fermarsi, di fermarsi tutta sola e di guardarsi intorno. Allora ella sentiva la sua passione come una coercizione, un obbligo, un travolgimento; e anche quando superava quell'impressione e ne aveva rimorso ed era di nuovo cosciente della bellezza del suo amore, tutto ciò restava rigido e pesante come una narcosi ed ella con estasi e timore capiva che ognuno dei suoi gesti era rigido e solenne come avviluppato in un broccato d'oro; ma in qualche posto c'era qualcosa che allettava e giaceva silenzioso e pallido come le ombre del sole di marzo sulla terra travagliata dalla primavera.

Pur nella sua felicità Claudine era assalita talora dalla consapevolezza di una nuda realtà, quasi di una casualità; a volte pensava che doveva esserle riservato un altro, lontano modo di vivere. Forse era soltanto la forma di un pensiero rimasto in lei da prima, non un pensiero realmente inteso, ma solo un sentimento che una volta poteva averlo accompagnato, un'attività vuota e incessante di spiamento e di osservazione che – arretrante e incolmabile – aveva perso da molto tempo il suo contenuto e stava nei suoi sogni come l'imbocco di un corridoio tenebroso.

Forse però era una felicità solitaria, molto più mirabile d'ogni altra cosa. Qualcosa di sciolto, di mobile e d'oscuramente sensibile in un punto dei loro rapporti, là dove nell'amore di altre persone v'è solamente l'impalcatura ossuta e senz'anima. C'era in lei una leggera inquietudine, una quasi morbosa bramosia di tensione estrema, il presagio di una suprema esaltazione. E qualche volta le pareva di essere destinata a una ignota sofferenza d'amore.

A tratti, quando ascoltava musica, quel presagio le sfiorava l'anima, segreto, lontano, chi sa dove... ella si spaventava allora di sentire ancora improvvisamente la sua anima laggiù nell'inconoscibile. Ogni anno però veniva un periodo, alle soglie dell'inverno, in cui lei sentiva più vicini del solito quegli estremi confini. In quei giorni nudi, estenuanti, sospesi fra la vita e la morte, ella provava una malinconia che non poteva essere quella del solito bisogno d'amore, ma quasi un desiderio di abbandonare quel grande amore che possedeva, come se intravedesse vagamente la via di un'ultima concatenazione, che non la conducesse più all'amato ma via da lui, inerme, indifesa verso il molle e arido avvizzimento di una dolorosa lontananza. E notava che questo proveniva da un luogo remoto dove il suo amore non era più qualcosa fra loro due soli, ma era indefinitamente attaccato al mondo con pallide radici.

Quando camminavano insieme, le loro ombre appena debolmente tinte di scuro erano attaccate così lente al loro passo come se fossero incapaci di legarlo alla terra, e il suono del terreno duro sotto i loro piedi era così breve e inabissato, e i cespugli vuoti così irrigiditi nel cielo che in quelle ore vibranti di prodigiosa sensibilità era come se a un tratto le cose mute e docili si fossero stranamente staccate. Ed erano dritte, torreggianti nella mezza luce come personaggi avventurosi, come stranieri, come esseri irreali presi dalla propria eco morente, consapevoli di avere in sé qualcosa d'incomprensibile che non otteneva risposta, che era respinto da tutte le cose, e mandava sul mondo solo un raggio spezzato, scintillante qua e là, reietto e incoerente, ora su un oggetto ora su un pensiero sperduto.

Allora ella poteva immaginare di appartenere a un altro uomo, e non sembrava un tradimento ma un matrimonio supremo in un luogo dove essi non erano esseri reali, dove esistevano soltanto come una musica, una musica che nessuno udiva e che nulla riecheggiava. Perché allora ella sentiva la propria esistenza solo come una linea digrignante da lei stessa incisa per udirsi nel silenzio conturbante, come qualcosa in cui un attimo procede dall'altro, ed ella diveniva – inesorabilmente e irrilevantemente – identica con quel che faceva eppure restava sempre qualcosa che ella non avrebbe mai potuto fare. E mentre le sembrava che forse si amavano solo con tutta la forza di un rifiuto di ascoltare un suono lieve, doloroso, quasi freneticamente intenso, presentiva le complicazioni più profonde e i tremendi grovigli che si producevano negli intervalli, nei silenzi, nei momenti del ridestarsi da quel tumulto nel mondo senza sponde dei fatti, per trovarsi fra avvenimenti inconsci e meccanici con null'altro che un sentimento; e col dolore del loro alto e solitario torreggiare l'uno accanto all'altro – di fronte al quale tutto il resto non era che uno stordirsi e rinchiudersi e addormentarsi a forza di rumore – ella lo amava quando pensava di infliggergli l'estrema offesa mortale.

Per settimane ancora il suo amore conservò quel colore, che poi svanì a poco a poco. Ma spesso quando ella sentiva la vicinanza di un altro uomo ricompariva, sebbene più pallido. Bastava un uomo qualunque che diceva qualcosa d'indifferente e lei si sentiva come contemplata, fissata con stupore di laggiù... perché sei ancora qui? Non le accadeva mai di desiderare questi estranei; le era penoso pensare ad essi, anzi le facevano ribrezzo. Ma a un tratto c'era intorno a lei l'immateriale ondeggiamento del silenzio; e lei non sapeva se si innalzava o precipitava.

Claudine guardò fuori del finestrino. Fuori era tutto come prima. Ma – fosse una conseguenza dei suoi pensieri o qualche altra ragione – ora era ricoperto da una resistenza insipida e tenace, come se la si vedesse attraverso una pellicola ripugnante, lattiginosa. Quella giocondità irrequieta, leggera, dalle mille zampine era adesso insopportabilmente tesa; era tutto un muovere e zampettare sovraeccitato e scimmiesco, a passettini di pigmei, qualcosa che era fin troppo vivace eppure per lei muto e morto; qua e là balzava su come uno strepito vuoto, strusciava via come con una immensa frizione.

Le faceva fisicamente male guardare in quel tumulto col quale non consentiva più. Tutta quella vita che poco prima era entrata in lei e diventata sentimento, era ancora lì fuori, arrogante e insensibile, ma appena cercava di trarla a sé, le cose si sgretolavano e cadevano a pezzi sotto il suo sguardo. Ne risultava una bruttura che bucava stranamente gli occhi, come se l'anima s'affacciasse di là, ampia e tesa, e cercasse di prender qualcosa, e non afferrasse che il vuoto...

Di colpo le venne in mente che anche lei – come tutto ciò che la circondava – era prigioniera del suo proprio essere e viveva legata sempre a un dato posto, in una data città, in una casa di quella città, in un appartamento e nella stessa coscienza di sé, anno per anno in quel luogo minuscolo, e allora le sembrò che anche la sua felicità, se si fermava ad attendere per un attimo solo, poteva fuggir via come quel mucchio di cose schiamazzanti.

Non era un pensiero marginale, al contrario conteneva qualcosa di quella solitudine sconfinata e tumultuosa nella quale il suo sentimento cercava invano un punto d'appoggio, e qualcosa d'impalpabile la sfiorava, come un rocciatore su una parete, e venne un momento, freddo e tranquillo, in cui ella udì se stessa come un lieve suono inintelligibile sull'immensa superficie e poi, da un silenzio improvviso, capì com'era stato tacito e lieve il suo avanzare, e com'era grande e piena di terribili frastuoni dimenticati, in contrasto, la fronte pietrosa del vuoto.

E mentre si ritraeva contraendosi come una pelle sottile e sentiva nelle punte delle dita la muta paura di pensare a se stessa, e le sue sensazioni s'appiccicavano a lei come granellini e i suoi sentimenti scorrevano come sabbia, ella udì nuovamente quel suono singolare: pareva librato nell'aria vuota come un punto o un uccello.

E allora improvvisamente tutto le apparve come un destino. Era destino l'esser partita, l'essere abbandonata dalla natura, l'aver paventato e temuto quel viaggio fin dal principio, l'aver paura di sé, degli altri, della propria felicità; e il suo passato le sembrò a un tratto l'espressione imperfetta di qualcosa che doveva ancora accadere.

Continuò a guardar fuori, ansiosa. Ma gradualmente, sotto il peso di quell'immane mistero, il suo spirito cominciò a vergognarsi delle sue proteste e delle sue prepotenze e le sembrò che si fermasse a riflettere; lo invase pian piano quella finissima, estrema, passiva forza della debolezza e lo ridusse più sottile e più esile di un bambino e più morbido di un foglio di seta ingiallita. E soltanto con una dolce crepuscolare delizia ella provò la profondissima staccata felicità umana di essere estranea al mondo, con la coscienza di non potervi entrare, di non poter trovare fra i suoi decreti quello che era destinato a lei, e sospinta sull'orlo dell'abisso gustare l'istante prima del precipizio nella cieca immensità dello spazio vuoto.

E incominciò a sognare oscuramente la sua vita di prima, sciupata e sfruttata da estranei, così come nella malattia si sogna il pallido debole stato di veglia, quando in casa i rumori passano da una stanza all'altra, ed ella sentiva che il suo posto non era più in nessun luogo e alleggerita dall'oppressione della propria personalità conduceva chi sa dove un'altra vita fluttuante.

Fuori il paesaggio tumultuava senza suono. Nei suoi pensieri la gente diventava così grande e rumorosa e sicura di sé, e lei si racchiudeva in se stessa e non possedeva altro che la propria nullità, la propria mancanza di peso, e l'andarsene alla deriva verso qualcosa. Il treno incominciò a viaggiare molto quietamente in lunghe e leggere ondulazioni attraverso una campagna ancora coperta di neve alta, il cielo s'abbassava sempre più finché parve trascinarsi sul terreno in lunghe cortine grige di pigri fiocchi mulinanti. Negli scompartimenti la luce era gialla e fioca, i contorni degli altri viaggiatori si scorgevano vagamente e dondolavano lenti e irreali. Claudine non sapeva più che cosa pensare, e il piacere di essere sola alle prese con strane esperienze s'impadronì quietamente di lei; era come un gioco di lievissime inafferrabili inquietudini e di grandi moti dell'anima, brancolanti e spettrali. Ella cercò di ricordare il marito, ma del suo amore quasi passato non trovò che un'immagine bizzarra come di una stanza con finestre chiuse da molto tempo. Si sforzò di liberarsene, ma l'immaginazione cedette appena di un poco e si fermò a breve distanza. E il mondo era piacevolmente fresco come un letto in cui si resta soli... Le parve di trovarsi di fronte a un passo decisivo, e non era né felice né risentita, sentiva soltanto di non voler fare nulla e nulla impedire, e i suoi pensieri erravano lentamente fuori nella neve senza guardarsi indietro, lontani e sempre più lontani come quando si è troppo stanchi per far ritorno e si continua ad andare e andare.

Verso la fine del viaggio il signore ben vestito aveva detto, indicando il paesaggio: «Un idillio, un'isola incantata, una bella donna al centro di una fiaba di *dessous* e pizzi candidi...». «Che stupido» pensò Claudine, ma non trovò subito una replica adatta.

Era come quando si ode bussare, e una faccia larga e scura fluttua dietro i vetri, indistinta. Non sapeva chi fosse quell'uomo e non le importava di saperlo; sentiva soltanto che era lì e voleva qualcosa. E che qualcosa incominciava a diventare reale.

Come quando un vento lieve s'alza fra le nuvole e le ordina in fila e se ne va lentamente, ella sentiva il moto di quella materializzazione sommuovere il nembo immobile e soffice dei suoi sentimenti e poi, senza sostanza, passare via da lei... E come molte persone sensibili amava nell'incomprensibile sfilar degli eventi tutto quello che non era dello spirito, che non era ella stessa: l'impotenza e la vergogna e l'angoscia del suo spirito – come per tenerezza si batte una creatura più debole, una donna, un bambino, e poi si vorrebbe essere la veste che in tenebra e solitudine fascia il suo dolore.

Così arrivarono a destinazione, nel tardo pomeriggio, col treno che si era svuotato. A uno a uno i viaggiatori erano sgocciolati dai vagoni; stazioni e stazioni li avevano filtrati dagli altri, e ora qualcosa radunava il resto rapidamente perché per il viaggio d'un'ora dalla ferrovia alla città c'erano soltanto tre slitte e bisognava suddividersi. Quando Claudine cominciò a orientarsi, era seduta con altri quattro in uno dei piccoli veicoli. Dall'avanti veniva l'odore poco familiare dei cavalli fumanti nel freddo e fasci di luce da lanterne sparse, ma ogni tanto l'oscurità giungeva fino alle slitte e le sommergeva; allora Claudine poteva vedere che stavano correndo tra due file di alberi alti, come in un corridoio buio che si stringeva verso lo sbocco.

Per il freddo ella sedeva volgendo la schiena ai cavalli, di fronte a lei c'era quell'uomo, grande e grosso e imbacuccato nella pelliccia. Egli sbarrava la strada ai pensieri di Claudine che volevano ritornare. Come se una porta si fosse chiusa, ella trovava sempre davanti al suo sguardo quella nera figura. Si accorse di averlo guardato più di una volta esaminando il suo aspetto come se, essendo già stabilito il resto, non ci fosse più che questo da fare. Ma sentiva con piacere che egli rimaneva indefinito, sarebbe potuto essere chiunque, un grosso pezzo d'ignoto. E qualche volta pareva avvicinarsi come un bosco ambulante con il suo intrico di tronchi. E pesava su di lei.

Frattanto le conversazioni fra gli occupanti della slitta si tendevano come una rete. Anch'egli vi partecipava e dava risposte di comune buon senso, come tanti, condite con un po' di quelle spezie che con aroma acuto e confidente avvolgono un uomo in presenza di una donna. In quei momenti di naturale predominio maschile ella si sentì a disagio e si vergognò di non aver respinto più severamente le allusioni di lui. E quando le toccò di parlare le parve di farlo con troppa prontezza, e di colpo ebbe di se stessa una sensazione di debolezza, di incompiutezza, qualcosa che si agitava a vuoto come un moncherino.

Poi s'accorse di essere sbattuta di qua e di là come un oggetto, e a ogni curva si sentiva toccare ora le braccia, ora le ginocchia, o tutta la parte superiore del suo corpo si appoggiava a quello d'un estraneo, e le parve che quella piccola slitta fosse una camera buia e tutti quegli individui fossero seduti intorno a lei, focosi e insistenti, ed ella impaurita dovesse subire sorridendo le loro sfrontatezze come se non s'accorgesse di nulla, gli occhi fissi davanti a sé.

Tutto questo era come un sogno penoso nel dormiveglia, la cui irrealtà rimase sempre un poco cosciente, ed ella si stupiva soltanto di sentirlo così fortemente, finché quell'uomo si sporse fuori, guardò su verso il cielo e disse: «Saremo seppelliti dalla neve».

Allora i pensieri di Claudine balzarono di colpo dalla sonnolenza alla veglia. Si guardò intorno, la gente scherzava lieta e innocente, come quando dopo un passaggio buio si vede in distanza la luce e piccole figure. E a un tratto ella ebbe coscienza della realtà, una coscienza obiettiva e stranamente indifferente. Notò con meraviglia che tuttavia si sentiva toccata e lo sentiva intensamente. Ne aveva un poco paura, perché era una lucidità pallida, quasi innaturale, dove nulla poteva sprofondare nell'indeterminatezza dei sogni, dove nessun pensiero si muoveva e tuttavia gli uomini si ergevano grandi e frastagliati come montagne, luccicanti improvvisamente fra una nebbia invisibile in cui il reale s'ingrandiva in un secondo contorno gigantesco e spettrale. Allora ella si sentì quasi umile e sgomenta davanti a essi, però non smarrì del tutto l'impressione che quella debolezza fosse solamente una particolare facoltà: era come se i limiti del suo essere si fossero allargati invisibilmente e sensitivamente, e ogni cosa li urtasse e li facesse tremare. E per la prima volta ella provò un vero sgomento di quella strana giornata la cui solitudine come una strada sotterranea era precipitata con lei gradualmente nei confusi mormorii di interiori crepuscoli e ora d'improvviso, in una lontana regione, emergeva nel mezzo di eventi inesorabilmente attuali e la lasciava sola in una vasta realtà ignota e non voluta.

Guardò furtivamente lo sconosciuto. In quel momento stava accendendo un fiammifero: la sua barba, un occhio per un attimo furono illuminati. Anche quell'atto insignificante le sembrò degno di nota, vi sentì una solidità, la naturalezza con la quale una cosa si collegava all'altra ed era lì, insensibile e calma, eppure come una forza semplice e immensa, dalle giunture di pietra. Pensò che di certo non era che un uomo qualunque. Ed ebbe di nuovo di se stessa una sensazione tenue, svanita, inafferrabile; le sembrava di nuotare nelle tenebre davanti a lui dissolta e lacera come una pallida schiuma. Adesso si sentiva stranamente attratta a rispondergli con gentilezza; e intanto guardava se stessa e quel che faceva, perplessa e con spirito immobile, provando un godimento diviso tra piacere e sofferenza, come se fosse accoccolata nell'improvvisa cavità di un estremo sfinimento.

Le balenò in mente che qualche volta in passato la cosa era incominciata allo stesso modo. Al pensiero di tale ricorso la sfiorò per un attimo un orrore voluttuoso, abulico, come davanti a un peccato ancora senza nome; si chiese se egli potesse essersi accorto che lei lo guardava, e il suo corpo si colmò di una leggera, quasi sottomessa sensualità, come un oscuro nascondiglio per i segreti desideri dell'anima. Lo sconosciuto però era lì nell'oscurità, grosso e tranquillo, e ogni tanto sorrideva, o così le sembrava.

Così viaggiarono vicini, uno di fronte all'altro nel buio profondo, e a poco a poco tornò a insinuarsi nei suoi pensieri quell'inquietudine che la incalzava dolcemente. Cercò di dirsi che era soltanto il silenzio interiore, turbato fino all'illusione, di quell'improvviso viaggio solitario fra gente estranea, e in altri momenti invece credeva che fosse il vento che l'avvolgeva in un gelo rigido e ardente, togliendole ogni volontà; altre volte le sembrava, stranamente, che suo marito le stesse accanto, e quel languore sensuale fosse un sentimento ineffabile del loro amore. E una volta – aveva giusto guardato di nuovo lo sconosciuto, e sentito quel fantomatico abbandono della sua volontà, della sua saldezza e intangibilità – vi fu improvvisamente una luce alta e chiara sul suo passato, come su un paesaggio indescrivibile, dall'ordine misterioso; era uno strano senso di futuro, come se tutto ciò che sembrava da lungo tempo passato vivesse ancora. L'istante dopo non era più che un morente bagliore di comprensione nell'oscurità e solo dentro di lei qualcosa palpitava ancora, come se fosse stato il paesaggio del suo amore, mai veduto prima, pieno di cose colossali e di un sommesso mormorio, confuso e straniero. Ella non sapeva più dov'era, e si sentì avviluppata nel proprio essere, molle e sbigottita, piena di strane risoluzioni non ancora decifrabili, che venivano di laggiù.

E dovette pensare a giorni stranamente scissi da tutti gli altri, aperti davanti a lei come una fuga di stanze remote e comunicanti e intanto sentiva battere gli zoccoli dei cavalli che la portavano indifesa nell'insignificante realtà di quella slitta con i suoi occupanti; e si unì con un riso precipitoso alla conversazione, ma dentro tutto era vasto e ramificato, e davanti all'incomprensibilità delle cose ella era senza potere, come avvolta in una coltre di silenzio.

Nella notte s'era svegliata, come al tintinnio di una sonagliera. Intuì di colpo che nevicava. Guardò fuori: la neve riempiva l'aria, molle, pesante come un muro. In punta di piedi e scalza ella andò alla finestra. Tutto avvenne rapidamente, ella aveva l'oscura percezione di posare i piedi nudi sul suolo come un animale. Poi guardò torpida il fitto reticolato dei fiocchi. Fece tutto ciò come quando ci si sveglia di soprassalto nel breve spazio di una coscienza che emerge come una piccola isola disabitata. Si sentiva molto lontana da se stessa. E a un tratto ricordò, e ricordò il tono nel quale egli aveva detto: saremo seppelliti dalla neve.

Cercò di riprendersi e si volse. La stanza era piccola e c'era qualcosa di strano in quella piccolezza, come essere in gabbia o essere bastonati. Claudine accese una candela e illuminò le cose; lentamente il sonno scorreva via da esse ed erano come se ancora non si fossero esattamente ritrovate – armadio, cassettone, letto, eppure qualcosa di troppo o di troppo poco, un nulla, un nulla ruvido e mormorante; cieche e sciupate stavano nella squallida penombra della luce palpitante, sul tavolo e sulle pareti c'era ancora un'infinita sensazione di polvere e di dover camminare su quella polvere a piedi nudi. La camera si apriva su un corridoio stretto, imbiancato e col pavimento di legno; ella sapeva che in cima alla scala c'era una lampada fioca in un anello di fil di ferro; proiettava sul soffitto cinque cerchi chiari oscillanti, poi la luce sgocciolava sulla calce della parete come le impronte di mani sporche che tastano in giro. Quei cinque cerchi oscillanti senza senso erano come le sentinelle di un vuoto stranamente eccitato... Tutt'intorno dormiva gente sconosciuta. Claudine sentì un'ondata di calore irreale. Per poco non si mise a gridare sottovoce, come gridano i gatti per paura e desiderio, mentre stava lì desta nella notte, e silenziosamente l'ultima ombra delle sue azioni, strane persino ai suoi occhi, riscivolava tra le pareti del suo intimo, di nuovo lisce e levigate. E improvvisamente pensò: se ora egli venisse, e tentasse semplicemente di fare ciò che di sicuro desidera...

La colse un terrore inesplicabile. Qualcosa rotolò su di lei come una palla di fuoco; per minuti non ci fu che quel folle sgomento, e dietro a esso l'angustia della stanza, muta, dritta come una sferza. Poi ella si sforzò di formarsi un'immagine dell'uomo. Ma non vi riuscì; sentiva soltanto il passo cautamente animalesco dei propri pensieri. Solo ogni tanto intravedeva qualcosa di lui com'era in realtà, la sua barba, uno degli occhi lucenti... E ne aveva ribrezzo. Sentiva che mai più sarebbe potuta appartenere a un estraneo. E proprio allora, simultaneamente, con quella ripugnanza per ogni altro del suo corpo misteriosamente desideroso di uno solo, ella sentì – come su un alto piano, più profondo – una vertigine, uno squilibrio, forse un presagio dell'insicurezza umana, forse una paura di se stessa, forse soltanto un desiderio inconcepibile assurdo brancolante che lo straniero venisse; e la paura fluiva nelle sue vene come un gelo mordente che una voluttà distruttiva sospingeva davanti a sé.

In qualche luogo intanto un orologio cominciò a chiacchierare tranquillamente con se stesso. Si udirono dei passi sotto la finestra, che poi si persero. Voci pacate... Nella stanza faceva freddo, dalla pelle di Claudine emanava il calore del sonno, vagamente, irresistibilmente vibrando con lei nell'oscurità come in una nuvola di languore... Le cose intorno a lei le facevano sentir vergogna, così dure e aspre e di nuovo staccate, di nuovo uguali a se stesse, guatanti il vuoto, mentre lei era confusamente cosciente di esser lì ad attendere uno sconosciuto. Eppure capiva oscuramente che non lo sconosciuto l'attirava, bensì quell'ansia e quell'attesa, una felicità dai denti aguzzi, un'estasi selvaggia e abbandonata di esser se stessa, creatura umana, viva e desta come una ferita aperta fra le cose inanimate. E mentre si sentiva battere il cuore come se portasse nel petto un animale – atterrito, rifugiatosi in lei da chissà dove – il suo corpo quietamente ondeggiante crebbe e vi si racchiuse intorno come un grande fiore esotico e accennante, che rabbrividisce a un tratto dell'ebbrezza immensa di un misterioso congiungimento. Lontano, udì vagare piano il lontano cuore dell'amato, inquieto, senza pace, senza casa, tintinnante nel silenzio come il suono di una musica portata via dal vento, remota e palpitante come luccichio di stelle; e fu sconvolta dalla mesta solitudine di quella consonanza che la cercava lontano oltre i limiti delle anime umane.

Ella sentiva che qualcosa stava per compiersi e così aspettando non si rendeva conto dello scorrer del tempo: minuti, ore... il tempo era immobile intorno a lei, alimentato da sorgenti invisibili come un lago senza rive e senza emissari. Solo una volta, in un momento qualsiasi, da quell'orizzonte illimitato qualcosa di scuro scivolò nella sua coscienza, un pensiero, un'idea... e mentre passava, ella vi riconobbe il ricordo di sogni da un pezzo dileguati, sogni del suo passato – si credeva prigioniera di nemici che la costringevano a servizi umilianti – ma subito impallidì e si dissolse, e dalle lontananze nebbiose emerse un'ultima volta, disegnato con spettrale chiarezza come l'alberatura e il sartiame di una nave, ed ella si rammentò come non aveva mai potuto difendersi, come gridava nel sonno, come aveva lottato con cupa disperazione, finché le venivano meno le forze e i sensi... tutta la sconfinata, informe miseria della sua vita... e poi, tutto era passato e nella quiete che tornava ad avvolgerla c'era soltanto un bagliore, un'onda che rifluiva, una bonaccia, come se fosse accaduto qualcosa d'inesprimibile... Ed ecco che di laggiù – come una volta, al di là dei suoi sogni, quella sua terribile incapacità di difendersi aveva vissuto una seconda vita, lontana, intangibile, immaginaria – la invase un senso di promessa, una luce di nostalgia, un intenerimento mai provato, un nudo sentimento del proprio essere spogliato di ogni elemento personale dalla tremenda irrevocabilità del suo destino; e mentre la spingeva barcollante verso sempre più profonde spossatezze, la inebriava stranamente come se fosse la tenera particella, sperduta dentro di lei, di un amore che cercava il proprio compimento, un amore per il quale non v'erano parole nel linguaggio del giorno e della solida pesante camminatura eretta.

Ormai non sapeva più se appena prima di svegliarsi non aveva fatto ancora una volta quel sogno. Credeva di averlo dimenticato da anni, e a un tratto il sogno e il tempo a cui esso apparteneva erano lì alle sue spalle, come quando ci si volta e d'improvviso si fissa una faccia. Era così strano! Come se in quella camera solitaria la sua vita ritornasse verso se stessa, come orme che s'incrociano in una pianura. Dietro il dorso di Claudine brillava la piccola luce che ella aveva acceso; il suo volto era in ombra; e a poco a poco non fu più conscia del suo aspetto, i suoi contorni le apparvero nel presente come i limiti di una bizzarra cavità tenebrosa. Incominciò a sentire che in realtà ella non era lì, no, affatto, come se solo qualcosa di lei avesse camminato, camminato attraverso il tempo e lo spazio, e ora si svegliasse lontano da lei e stranito ed ella fosse rimasta sempre in quel reame inabissato dell'antico sogno... chi sa dove... una casa... gente... un terribile nodo d'angoscia... E poi il sangue alle gote, le labbra che si ammorbidivano... e improvvisamente la certezza che qualcuno stava per venire... e ritornava quella sensazione passata dei suoi capelli sciolti, delle sue braccia, come se quella di allora fosse l'infedeltà di adesso. Ed ecco, confuso col desiderio angoscioso di riservarsi all'amato – le mani alzate, imploranti, si stancavano lentamente – il pensiero: «Siamo stati infedeli l'uno all'altro ancor prima di conoscerci...». Era appena un barlume, la metà di un pensiero, quasi soltanto una sensazione: un'amarezza singolarmente squisita, così come nel vento che s'alza dal mare indugia talvolta una fresca asprezza che poi si perde; quasi soltanto il pensiero: «Ci amavamo ancor prima di conoscerci...». Quasi che l'infinita tensione del loro amore si allargasse in lei al di là del presente, fino a quell'infedeltà passata dalla quale era venuta a essi come da una forma anteriore della sua eterna esistenza fra di loro.

Claudine si lasciò andare e per molto tempo, come attonita, non si rese conto di niente se non di essere seduta a un tavolo nudo su una sedia dura. E poi le venne in mente quel G. del romanzo, e la conversazione prima del viaggio: le parole velate e quelle mai dette. E poi, a un certo momento, entrò da una fessura della finestra l'aria umida e mite della notte di neve e accarezzò tacita e tenera le sue spalle nude. Di lontano, con malinconia, come un vento che soffia sui campi neri di pioggia ella cominciò a pensare che l'infedeltà doveva essere un piacere come una pioggia quieta, come un cielo teso sopra un paesaggio – una voluttà che chiudeva misteriosamente la vita...

Dal mattino dopo, una strana aura di passato calò su tutte le cose.

Claudine voleva andare all'Istituto; si svegliò presto, e fu come uscire da un'acqua limpida e pesante; non ricordava più nulla di quel che l'aveva turbata durante la notte; aveva portato lo specchio vicino alla finestra e incominciò a pettinarsi; la stanza era ancora buia. Ma mentre si puntava i capelli, aguzzando lo sguardo nel piccolo specchio cieco, ebbe la sensazione di essere una ragazza di campagna che si faceva bella per la passeggiata domenicale, ed era certa che si trattava dei professori che avrebbe incontrato, o forse dello sconosciuto, e non poté più liberarsi da quell'assurda impressione. Non veniva dal suo intimo, ma era allacciata a tutto ciò che ella faceva, e ogni gesto assumeva qualcosa di un'affettazione scioccamente sensuale, smorfiosa ma a gambe larghe, che lenta, ripugnante e inarrestabile dalla superficie stillava giù nel profondo. Dopo un poco ella cessò davvero di muovere le braccia; ma infine tutto ciò era sciocco e non poteva impedire quel che necessariamente doveva accadere; e mentre la suggestione era lì, oscillante, e con un impalpabile senso di cose proibite e volute e non volute, in una catena più confusa e immateriale di quella delle vere risoluzioni, accompagnava l'azione – e mentre con le dita maneggiava i suoi capelli soffici e le maniche della vestaglia s'arrovesciavano scoprendole le bianche braccia – le sembrò nuovamente che chi sa quando – una volta, sempre? – era già stato così. E a un tratto le parve strano che ora nella veglia, nel vuoto del mattino, le sue mani si muovessero come soggette non alla sua volontà ma a qualche altro potere indifferente e sconosciuto. Pian piano si levò intorno a lei l'atmosfera della notte, i ricordi s'innalzarono fino a mezza altezza, poi ricaddero; davanti a quelle vicende appena impallidite vi fu come una cortina che s'agitava. Fuori spuntava un'alba chiara e inquietante, guardando quella luce uguale e cieca Claudine sentiva un movimento come lo sciogliersi volontario di una stretta delle dita e una lenta attraente sensazione di scivolar giù fra bolle d'aria luminose e argentee e pesci bizzarri e immobili dai grandi occhi; incominciava il giorno.

Prese un foglio di carta e scrisse poche parole al marito: «...Tutto è strano. Durerà pochi giorni, ma mi sembra di essere non so dove al di sopra di me stessa, coinvolta in qualcosa che non capisco. Il nostro amore, dimmi, cos'è? Aiutami, ho bisogno di sentirti. So che è come una torre, ma io sento soltanto come il fremito che avvolge qualcosa di alto e sottile...».

Ma quando volle spedire la lettera, l'impiegata le disse che le comunicazioni erano interrotte.

Andò fino alle porte della città. Ampia e bianca come un mare si stendeva la campagna all'intorno. A tratti una cornacchia attraversava quel candore, qua e là emergeva nero un cespuglio. Solo laggiù sotto l'orizzonte in piccoli punti oscuri, staccati, ricominciava la vita.

Ella tornò indietro e camminò per le strade, inquieta, per forse un'ora. Svoltò in tutte le vie, rifece gli stessi tratti in senso contrario, li abbandonò cambiando direzione, attraversò piazze dove sentiva di esser passata poco prima; dappertutto quel gioco d'ombre bianche su dalla pianura vuota attraversava col suo luccichio febbrile la cittadina tagliata fuori dalla realtà. Davanti alle case c'erano alti muri di neve; l'aria era asciutta e chiara; nevicava ancora, ma a fiocchi radi, piatti, quasi raggrinziti, come prossimi a finire. Al di sopra delle porte sbarrate le finestre occhieggiavano azzurre e vitree, e anche sotto i piedi il suolo scricchiolava come vetro. Ogni tanto un pezzo di neve schiacciata precipitava da una grondaia; poi, per minuti, restava nell'aria quieta quella lacerazione. E improvvisamente il muro di una casa

153

balenava rosa fragola o giallo canarino, intenso e vivo... Allora i suoi atti le apparivano strani e pieni di intensissima vita; nella quiete senza suoni le cose visibili parvero ripetersi come un'eco in altre cose visibili. Poi tutto si ritrasse in se stesso; le case la circondavano in strade incomprensibili, aggruppate come i funghi in un bosco o come macchie d'alberi su una vasta pianura, ed ella sentiva ancora l'immensità e la vertigine. C'era in lei qualcosa come un fuoco, come un liquido ardente e amaro, e mentre camminava e meditava le sembrava di essere portata per le strade come un'anfora dalle pareti sottili, grande, fiammeggiante, misteriosa.

Strappò la lettera, andò all'Istituto, e fino a mezzogiorno parlò con i professori.

In quelle stanze c'era silenzio; se dal suo posto ella guardava fuori attraverso i foschi e profondi porticati, tutto le sembrava remoto, smorzato, come in un velo di luce grigia e nevosa. La gente appariva invece stranamente corporea, massiccia e pesante con contorni spiccati. Claudine parlò con gl'insegnanti di cose molto impersonali, ma in certi momenti anche quello era quasi un abbandonarsi. Se ne meravigliò perché non erano uomini che le piacessero, non ve n'era uno che avesse per lei la minima attrattiva, anzi tutti la disgustavano con le loro maniere caratteristiche di una classe inferiore, e tuttavia sentiva in loro la mascolinità, l'altro sesso, con un'acutezza mai sperimentata prima o almeno da lungo tempo dimenticata. Capiva che ciò dipendeva dall'espressione dei loro volti, intensificata dalla mezza luce, qualcosa di ottusamente ordinario eppure incomprensibilmente potenziato dalla bruttezza che aleggiava intorno a quegli uomini come l'aura di goffi, colossali animali trogloditici. E anche qui, a poco a poco, ricominciò a sentirsi inerme, indifesa, la stessa sensazione che tornava sempre ad assalirla da quando era sola. E una stracca remissività si insinuò in tutti i suoi atti, in piccole frasi della conversazione, nell'attenzione con la quale ascoltava e perfino nel fatto che era lì seduta e parlava.

Allora cominciò a irritarsi, trovò che aveva già indugiato troppo e che l'aria e la semioscurità della stanza la opprimevano e la turbavano. Per la prima volta la colpì d'improvviso l'idea che, appena sola, lei che semplicemente non s'era mai separata dal marito, forse stava già ricadendo nel suo passato.

Quel che sentiva adesso non era più vago, impalpabile, bensì legato a esseri reali. Eppure non era paura di essi, ma paura dei propri sentimenti, come se, mentre i discorsi di quegli uomini l'avvolgevano, qualcosa si fosse mosso in lei leggermente scuotendola; non era una singola sensazione, ma il fondamento su cui poggiano tutte, come può accadere quando si gira un appartamento che non ci piace, ma a poco a poco riusciamo a immaginare che altra gente può viverci felice, e a un tratto viene il momento che siamo presi e ci sentiamo loro; vorremmo liberarci e irrigiditi sentiamo che da tutte le parti il mondo gira solido e tranquillo anche intorno a quel centro...

Nella luce grigia quegli uomini neri e barbuti le parevano giganti dentro le sfere semibuie di mondi ignoti, ed ella cercò di immaginarsi che cosa si doveva sentire a esser rinchiusi così. Mentre i suoi pensieri affondavano come in un terreno molle e paludoso ella non udì più che una voce arrochita dal fumo le cui parole erano ovattate da una nebbia di sigarette che le lambiva la faccia, e un'altra voce alta e acuta come di latta, e cercò di immaginare il suono di questa seconda voce abbassarsi e spezzarsi nell'eccitamento sessuale; poi di nuovo qualche gesto maldestro attirò la sua attenzione, traendosi dietro i suoi sentimenti in strane circonvoluzioni. C'era un tale, olimpicamente ridicolo, ed ella cercò di considerarlo come avrebbe fatto una donna che credesse in lui... Qualcosa di estraneo col quale la sua vita nulla aveva in comune torreggiò su di lei, come una bestia irsuta dall'afrore acutissimo; le parve di aver soltanto desiderato una frusta per scudisciarlo e, improvvisamente paralizzata ma senza capire, colse un gioco di espressioni sfumate e familiari in un viso che in qualche modo rassomigliava al suo.

Allora pensò segretamente: «Una donna come me forse potrebbe vivere persino con uno di questi uomini...». Quell'idea conteneva un fascino singolarmente tormentoso, una dilatante voluttà del cervello, e davanti a essa c'era come una sottile lastra di vetro contro la quale si pigiavano dolorosamente i suoi pensieri per scrutare in un'incerta foschia. Frattanto ella godeva di poter fissare negli occhi quegli uomini con chiarezza e senza sospetto. Poi cercò di raffigurarsi suo marito così estraniato, come visto di lì. Riuscì a pensare a lui serenamente; restava un uomo meraviglioso, incomparabile, ma qualcosa d'imponderabile, qualcosa che la ragione non poteva afferrare lo aveva lasciato, ed egli le sembrò un po' impallidito e non più così vicino. Qualche volta prima dell'ultima crisi di una malattia si vive in una tale chiarità fredda e distaccata. Com'era strano, ella pensò, che altra volta ella avesse davvero vissuto qualcosa di simile a quello con cui stava ora giocando, che ci fosse stato un tempo in cui ella, senza essere tormentata da alcuna domanda, avrebbe certo sentito suo marito così come cercava di immaginarselo ora. Tutto ciò le parve a un tratto molto inesplicabile.

Giorno dopo giorno ci si muove fra determinate persone, o si cammina per una campagna, una città, una casa e quel paesaggio o quelle persone procedono con noi, ogni giorno, a ogni passo, a ogni pensiero, senza opporre resistenza. Ma un giorno con un leggero sussulto si fermano, e sono incomprensibilmente rigidi e muti, perduti in un'atmosfera tenacemente estranea. E quando uno si volta a guardare se stesso, c'è uno sconosciuto accanto a loro. Ed è così che si ha un passato. «Ma che cos'è?» si chiese Claudine, e non riusciva a trovare cosa c'era di cambiato.

Eppure la risposta era semplice: era cambiata lei stessa; ma Claudine sentiva una strana ripugnanza ad ammettere quella possibilità; e forse tutte le esperienze grandi e determinanti si vivono soltanto in una logica curiosamente rovesciata. Mentre ella ora non capiva l'agevolezza con cui si sentiva straniera a un passato che una volta le era stato vicino quanto il suo corpo stesso, e ora le sembrava inconcepibile che qualcosa fosse stato diverso da adesso, le venne in mente un altro pensiero: qualche volta succede di veder qualcosa in lontananza, qualcosa di non familiare, e poi ci si avvicina e a un certo punto si entra nel cerchio della propria vita, ma il posto dove si era prima, ora è stranamente vuoto. Oppure basta ricordare: ieri ho fatto questo o quest'altro: qualsiasi istante è sempre come un abisso e sull'orlo rimane un essere malato, che non si conosce e che a poco a poco impallidisce alla vista; solo che non ci si pensa. E di colpo come in una illuminazione improvvisa ella vide tutta la sua vita dominata da quell'incomprensibile, continuo tradimento che si commette a ogni istante strappandosi via da se stessi senza sapere perché e nondimeno con il vago presentimento di un'estrema inesauribile tenerezza lontana dal pensiero cosciente, mediante la quale si è legati a se stessi più profondamente che a qualsiasi azione.

E mentre questa sensazione ancora brillava in lei in tutta la sua profondità messa a nudo, le pareva che la sicurezza che reggeva la sua vita esteriore e la faceva ruotare intorno a lei, a un tratto non la reggesse più. La sua vita si scindeva in mille possibilità, si svolgeva come gli scenari arrotolati di molte vite diverse, e nello spazio che c'era in mezzo, bianco, vuoto, inquieto, emergevano i professori – forme oscure, incerte – ricascavano cercando qualcosa, la guardavano e ritornavano pesantemente ai loro posti. Lei provava un piacere bizzarro e melanconico nello star lì col suo sorriso inavvicinabile di signora forestiera chiusa nella propria apparenza corporea, mentre dentro se stessa era un essere casuale, separato da quelli solo da un involucro mutevole di caso e di realtà. E mentre il discorso le fluiva di bocca affrettato e inconcludente, facile e senza vita come il filo si svolge da un rocchetto, incominciò a turbarla piano piano il pensiero che se l'atmosfera di uno di quegli uomini si fosse chiusa intorno a lei, tutto ciò che ella allora avrebbe fatto sarebbe diventato realmente lei stessa, come se tale realtà non fosse che una di quelle cose prive di significato che talvolta germogliano dalla fessura indifferente di un momento, mentre al di sotto, inafferrabile a se stesso, il nostro io naviga su una corrente di realtà non nate, di cui nessuno sente la voce tenera, solitaria, al di fuori del mondo. La sua sicurezza, il suo aggrapparsi con angoscia amorosa all'amato, le sembrò in quel momento qualcosa di arbitrario, d'irrilevante e puramente superficiale in confronto con la sensazione – che la ragione non riusciva quasi più ad afferrare – della fusione assoluta di due esseri in un'intimità suprema e senza eventi.

E questo era l'incanto quando ora improvvisamente ella si ricordò di quell'uomo, il consigliere ministeriale. Capì che egli la desiderava, e che quello che era ancora un gioco della possibilità, con lui sarebbe divenuto realtà.

Qualcosa dentro di lei rabbrividì e la mise in guardia. Sodomia, ella pensò; io commettere atti di sodomia...? Ma al di là c'era la tentazione del suo amore: affinché tu debba sentire nella realtà, io, io sotto quella bestia. L'inconcepibile. Perché tu, laggiù non possa mai più credere saldamente e semplicemente in me. Perché io diventi un riflesso inafferrabile che si dilegua appena tu mi lasci andare, solo un miraggio, cioè tu sappia che io sono soltanto qualcosa dentro di te e grazie a te, solo finché tu mi tieni stretta...

e qualcosa di diverso se tu mi lasci andare, o mio amato e a me così stranamente unito...

E la vinse la tristezza quieta e incostante dell'avventuriero, quell'attaccamento doloroso ad azioni che non si compiono per se stesse ma per averle compiute. Sentiva che il consigliere ministeriale in qualche luogo la stava aspettando. Il campo visivo intorno a lei si era già ristretto ed era già denso del respiro dell'uomo, e del suo odore. Irrequieta, ella incominciò a prendere commiato. Sentiva che sarebbe andata dritto verso di lui, e il pensiero del momento in cui sarebbe avvenuto era come una mano fredda che stringesse il suo corpo. Come se qualcosa l'avesse ghermita e la trascinasse verso una porta. E lei sapeva che quella porta si sarebbe chiusa dietro di lei, e lottava, e tuttavia aspettava con tutti i suoi sensi tesi.

Quando lo incontrò, egli non era più per lei qualcuno all'inizio di una conoscenza, ma un uomo nell'imminenza dell'intimità. Ella sapeva che nel frattempo anch'egli aveva pensato a lei e s'era fatto un progetto. Lo sentì dire: «Mi sono rassegnato a essere respinto da lei; ma non troverà mai un'adorazione disinteressata come la mia». Claudine non rispose. Le parole di lui fluivano lente ed enfatiche; ella sentì solo come sarebbe stato se le avessero fatto effetto. Poi disse: «Lo sa che siamo davvero sepolti dalla neve?». Aveva l'impressione di aver già vissuto una volta tutta quella vicenda; le sue parole sembravano impigliate nelle orme di parole che doveva già aver pronunciato un'altra volta. Non badava a quel che faceva, ma solo alla differenza fra le sue azioni presenti e qualcosa di simile nel passato: l'arbitrarietà di tutto ciò, quel senso di intimo e tuttavia d'accidentale. E aveva di se stessa una coscienza grande e immobile, sulla quale passato e presente si ripetevano come piccole onde.

Dopo un poco egli disse improvvisamente: «Sento che in lei c'è un'esitazione. La conosco, ogni donna vi si trova di fronte almeno una volta nella vita. Lei rispetta suo marito e non vuol fargli del male, ed è per questo che si chiude in sé. Ma dovrebbe liberarsi almeno per un poco, e fare anche lei l'esperienza della grande bufera». Di nuovo Claudine tacque. Sentiva che egli avrebbe frainteso il suo silenzio, ma ciò le dava uno strano senso di benessere. In quel suo silenzio ella ebbe più acuta la coscienza che c'era in lei qualcosa che non si poteva esprimere in atti e che gli atti non potevano intaccare, qualcosa che non si poteva difendere perché era al di sotto della sfera delle parole, qualcosa che per esser capito doveva essere amato come amava se stesso, qualcosa che ella aveva in comune solo con suo marito. Era una comunione intima, mentre la superficie del suo essere era abbandonata allo sconosciuto che la deformava.

Così passeggiavano conversando. Ma i sentimenti di Claudine s'inclinavano verso l'orlo, e in lei c'era una vertigine, come se sentisse così la natura mirabilmente incomprensibile della sua appartenenza all'amato. A momenti le sembrava di essersi già acconciata al suo accompagnatore anche se a un estraneo sarebbe apparsa immutata, ed era come se scherzi, ispirazioni e gesti della sua prima femminilità, cose che ella credeva da lungo tempo superate, si risvegliassero in lei. Poi egli disse: «Signora, lei ha molto spirito».

Mentre egli parlava così camminandole a fianco, Claudine si accorse che le parole di lui uscivano in uno spazio vuoto ed esse sole lo riempivano tutto. A poco a poco vi sorgevano le cose alle quali essi passavano accanto, solo che erano diverse e un po' storte come quelle che si riflettono nei vetri delle finestre, e la strada dov'erano, e infine lei stessa, anche lei un po' mutata e distorta, ma non tanto da non riconoscersi. Sentiva la forza che emanava da quell'uomo comune, la semplice vitalità elementare che impercettibilmente modificava il mondo, lo spostava, travolgeva le cose in superficie. La sconcertava vedere anche la propria immagine in quel mondo che scivolava come uno specchio; se lei avesse ceduto ancora un poco si sarebbe interamente identificata con la sua immagine. E a un certo momento egli disse: «Mi creda, non si tratta che d'abitudine. Se lei a diciassette o diciotto anni – non so – avesse conosciuto e sposato un altro uomo, oggi lo sforzo d'immaginarsi moglie del suo attuale marito non le riuscirebbe meno difficile».

Erano arrivati davanti alla chiesa e ristettero alti e solitari sulla vasta piazza; Claudine alzò gli occhi, i gesti del consigliere ministeriale sporgevano fuori di lui, nel vuoto. Per un attimo ella ebbe l'impressione che mille cristalli uniti a formare il suo corpo si raggricchiassero, una luce sparsa, inquieta, spezzettata le si accese dentro e colui che ne fu investito apparve a un tratto diverso, tutte le linee di quella figura convergevano verso

Claudine palpitanti come il suo cuore, ed ella sentì i movimenti di lui passarle attraverso la persona. Voleva gridare, ricordare a se stessa chi era l'uomo, ma il sentimento era come un bagliore senza sostanza, senza leggi, che stranamente fluttuava in lei come se non le appartenesse.

E poi tutto sembrò dissolversi in una nebbia chiara. Ella si guardò intorno; diritte e silenziose le case cingevano la piazza; al campanile rintoccavano le ore. I colpi rotondi e metallici balzavano fuori dalle finestrelle dei quattro muri, si scioglievano cadendo e svolazzavano sui tetti. Claudine li immaginava spargersi ampi e sonori sulla campagna, e rabbrividendo sentì: voci attraverso il mondo, massicce e turrite come sonanti città di bronzo, qualcosa che è al di là della ragione... un mondo del sentimento, indipendente, incomprensibile, che solo per arbitrio e per caso si unisce fugacemente e silenziosamente con il mondo del buon senso come quelle ombre morbide e senza fondo che a volte passano su un cielo nitido e fisso.

Era come se qualcosa stesse intorno a lei e la guardasse. Ella sentiva la commozione dell'uomo come qualcosa di tumultuante in una vastità svuotata di senso, qualcosa di fosco che combatteva da solo. E a poco a poco le parve che quello che l'uomo desiderava da lei, quell'atto in apparenza così grande e importante, fosse assolutamente impersonale; si riduceva a quell'essere contemplata così, con uno sguardo stupido e ottuso, come nell'aria si guardano l'un l'altro, estranei, i punti incomprensibilmente riuniti a formare un disegno casuale. Rabbrividì, oppressa dal pensiero di non esser lei stessa che uno di quei punti. Quell'idea le dava una strana sensazione di sé, non aveva più niente da fare con la spiritualità e la libera scelta dell'esser suo, eppure ogni cosa restava sempre la stessa. Di colpo ella perse la coscienza che l'uomo davanti a lei era di mentalità goffa e comune. E le sembrò di esser fuori all'aperto, e intorno a lei i suoni nell'aria e le nuvole in cielo stavano fermi, affondati nello spazio e nell'attimo, ed ella stessa non era diversa da loro, era un vapore, un'eco... credeva di capire l'amore degli animali... delle nuvole e dei suoni. E s'avvide che gli occhi del consigliere ministeriale cercavano i suoi... si sgomentò e aveva bisogno di essere certa della propria esistenza; sentì improvvisamente i propri vestiti come l'involucro che racchiudeva l'ultima tenerezza che le era rimasta, e sotto pulsava il suo sangue, credeva di fiutarne l'odore acuto e vibrante, e non aveva altro che questo suo corpo che stava per arrendersi e quel senso della propria anima che anelava alla verità come un senso di lui – suprema beatitudine. E non sapeva se in quel momento il suo amore diventava ardimento estremo o se già impallidiva mentre i suoi sensi s'aprivano come finestre curiose...

Più tardi, quella sera, in sala da pranzo ella si sentì sola. Una donna le parlò attraverso la tavola: «Oggi ho visto la sua figliola che l'aspettava. È una ragazzina deliziosa. Deve darle molta gioia». Quel giorno Claudine non era andata all'Istituto, e non seppe che dire. Le sembrava di trovarsi fra quella gente solo con una parte insensibile di se stessa, con i capelli o con le unghie, o con un corpo tutto fatto di corno. Si sforzò di rispondere in qualche modo e intanto aveva l'impressione che tutto quel che diceva s'impigliasse come in un sacco o in una rete; le sue proprie parole le parevano estranee fra altre parole estranee, come i pesci fra i corpi freddi di altri pesci esse si dibattevano nell'incoerente caos di opinioni.

Fu vinta dal ribrezzo. Di nuovo si rese conto che non si trattava di ciò che lei poteva dire di sé, spiegare con le parole, ma che tutte le giustificazioni consistevano in ben altro – un sorriso, un silenzio, un ascoltare le voci interiori. E d'improvviso provò uno struggimento indicibile per quell'unico uomo che era anch'egli così solitario, che nessuno qui avrebbe capito, e che non possedeva nulla tranne quella morbida tenerezza piena d'immagini fluttuanti, che come i veli della febbre para il duro colpo delle cose materiali, lasciando fuori tutti gli eventi esteriori in una vasta e piatta penombra, mentre all'interno tutto riposa sicuro nell'eterno misterioso equilibrio della coscienza.

Ma mentre di solito in tale disposizione d'animo una camera così affollata la imprigionava come una massa calda e pesante che le rotasse intorno, qui c'era ogni tanto un arresto furtivo, un'interruzione; le cose balzavano al loro posto, ed erano burberamente respinte. Un armadio, un tavolino. Fra lei e quegli oggetti familiari sorgeva una discordia, essi manifestavano un'incertezza, un'esitazione. Improvvisamente c'era di nuovo, come in viaggio, quella bruttezza, non una bruttezza semplice, ma qualcosa per cui la sua percezione, volendo afferrare le cose come una mano, vi scivolava attraverso. S'aprivano dei vuoti, come se – da quando quell'ultima sicurezza aveva incominciato a trasognatamente contemplare se stessa – qualcosa si fosse strappato nell'ordine delle cose, di solito irriconoscibilmente annidate in lei, e invece di una catena coordinata d'impressioni, quelle fratture avessero trasformato il mondo in un incessante frastuono.

A poco a poco qualcosa nasceva in lei, come quando si cammina in riva al mare: la sensazione di non potersi opporre a quell'infuriare di onde che strappa via ogni azione e ogni pensiero non lasciando altro che il momento presente, e poi un'incertezza, una lenta impressione di oltrepassare i propri limiti, di smarrire la propria identità, di perdersi – un desiderio di gridare, un bisogno di fare gesti smodati e incredibili, una volontà, che cresceva in lei senza radici, di far qualcosa, senza fine, solo per sentire se stessa. V'era una forza travolgente e devastatrice in quel senso di perdizione, in cui ogni attimo era come una solitudine selvaggia, irresponsabile, tagliata fuori da ogni cosa, che fissava il mondo con smemorato stupore. E le strappava gesti e parole, che venendo da chi sa dove le passavano accanto e tuttavia erano ancora parte di lei. Il consigliere ministeriale era lì seduto e non poteva fare a meno di vedere che tutto ciò gli portava più vicino il corpo di lei, celante in sé il desiderio e l'amore; e già ella non scorgeva più altro che il movimento continuo della sua barba che monotona e soporifera andava su e giù mentre lui parlava, come la barba di un orribile caprone mormorante parole a mezza voce.

Aveva una gran pietà di se stessa; e come un dolore cullante e cantilenante al pensiero che tutto ciò potesse accadere. L'uomo disse: «Lo vedo: lei è una di quelle donne il cui destino è di essere travolte da una tempesta. Già, lei è orgogliosa e vorrebbe nasconderlo; ma, creda a me, non può ingannare un conoscitore dell'anima femminile». Era come sprofondare senza fine nel suo passato. Ma quando si guardò intorno ella sentì, nel precipitare attraverso quei periodi della sua vita stratificati, come acque profonde, la natura fortuita di quel che la circondava; non nel fatto che le cose avessero preso quel preciso aspetto ma che quell'aspetto persistesse, come perfettamente aderente, innaturalmente aggrappato come l'espressione di un sentimento che non vuol lasciare un volto quando il sentimento è già svanito. E stranamente, come se nella catena degli eventi che si sgrana pian piano si fosse spezzato un anello e fosse stato proiettato fuori della fila, tutti i volti e tutte le cose s'irrigidirono in un'espressione casuale, improvvisa, legati a squadra da un ordine nuovo, anormale. E lei sola scivolava con sensi dilatati e vacillanti fra quei volti e quelle cose – giù, giù... lontano.

La vasta trama dei suoi sentimenti, intrecciatasi in tanti anni di vita, s'intravide per un attimo al di là di tutto ciò, lontana e quasi senza valore. Ella pensò: si traccia una linea, una sola linea coerente, per trovare un appoggio fra le cose che torreggiano mute; questa è la nostra vita; qualcosa come parlare senza mai smettere e illudersi che ogni parola derivi dalla precedente e susciti la seguente, perché si ha paura, se il filo si strappa, di vacillare e di essere inghiottiti dal silenzio; ma è solo debolezza, solo terrore della tremenda, spalancata casualità di tutto quel che facciamo...

Il consigliere ministeriale disse ancora: «È il destino. Vi sono uomini che hanno in sorte di portare inquietudine; bisogna accettarla, non v'è possibilità di difesa...». Ma Claudine l'ascoltava appena. I suoi pensieri intanto vagavano fra strane, remote contraddizioni. Con una sola frase, con un gran gesto impetuoso ella voleva liberarsi e gettarsi ai piedi dell'amato; sentiva di essere ancora in tempo. Ma qualcosa la costringeva a fermarsi davanti a quel grido, a quella violenza; a sostare davanti a quel fiume per paura di esser trascinata via, a stringere a sé la sua vita per non perderla, a cantare, solo per non tacere improvvisamente perplessa. Ella si rifiutava a tutto questo. Avrebbe voluto un discorso esitante, meditativo. Non gridare, come tutti, per non sentire il silenzio. E neanche cantare. Solo un mormorio, un silenzio che scende... il nulla, il vuoto...

E poi vi fu una lenta, tacita avanzata, il consigliere ministeriale si protese innanzi e disse: «Non le piace il teatro? Quel che io amo nell'arte è la finezza della giusta conclusione, che ci consola della volgarità quotidiana. La vita delude, ci defrauda così spesso all'ultimo atto. Ma questo non è forse lo squallore della naturalezza...?».

Ecco che a un tratto ella lo ascoltava parlare, chiaro e da vicino. C'era ancora, ma dove? quella mano, un calore che fluiva debolmente, un barlume di coscienza: tu... ma ella si lasciò andare e la sorreggeva una certezza di essere ancora l'uno per l'altro la cosa suprema, di appartenersi senza parole, increduli, come un tessuto di una leggerezza dolce come la morte, come un arabesco di un gusto ancora sconosciuto; ognuno di essi una nota che solo nell'anima dell'altro risuona pienamente, e non è nulla se l'anima non l'ascolta.

L'uomo si raddrizzò e la guardò fisso. Ed ella ebbe coscienza di essere lì con lui, lontana dall'altro, dall'amato; che cosa egli pensasse ella non lo poteva sapere... in lei stessa, nascosta nell'oscurità del suo corpo, c'era un'emozione ondeggiante, senza scopo. In quel momento ella sentì il proprio corpo – casa e rifugio di tutte le proprie sensazioni – come un ostacolo indefinito. Ne riconobbe l'esistenza indipendente, con sentimenti ed esigenze che la rinchiudevano più strettamente di qualsiasi altra cosa, e l'infedeltà inevitabile che la separava dall'amato; e in un oscuramento dei sensi mai sperimentato prima le parve che l'estrema fedeltà, che aveva serbata col suo corpo, in qualche inquietante profondità interiore si trasformasse nel suo contrario.

Forse non era altro che il desiderio fisico dell'amato, ma percorso com'era da una profonda incertezza dei valori spirituali diventava desiderio di quell'uomo straniero. Ella guatava la possibilità che il suo corpo, anche mentre subiva una devastazione, le desse l'impressione di essere se stessa; e rabbrividì, come davanti a qualcosa di oscuro e di vuoto che l'avvolgesse, dell'autonomia di questo corpo e della sua misteriosa debolezza davanti alla libera scelta, tanto da sentire la tentazione tra amara e beatificante di respingerlo, di sconfessarlo, di lasciarlo nell'indifeso abbandono della sua sensualità, calpestato da quello sconosciuto e come scannato con un coltello, riempito fino all'orlo di orrore e di schifo e di violenza e di guizzi non voluti – e tuttavia, in una strana ed estrema fedeltà, veracità e costanza, sperimentarne la presenza intorno a quel nulla, a quell'ondeggiamento, a quell'onnipresenza senza forma, a quella certezza di malattia che era l'anima, e sentirlo come si sentono in sogno gli orli di una ferita, che, nella sofferenza senza fine rinnovata dello sforzo di ricongiungersi, si cercano inutilmente l'un l'altro.

Come una luce dietro un delicato intrico di vene, s'alzò fra i suoi pensieri dall'oscura attesa degli anni quel desiderio di morte del loro amore, avvolgendoli a poco a poco. E tutt'a un tratto, da molto lontano, in una radiosa distensione, come se solo adesso avesse capito le parole del consigliere ministeriale, ella udì se stessa rispondere: «Non so se lui lo sopporterebbe...».

Era la prima volta che parlava del marito. Sussultò, nulla le pareva più far parte della realtà; ma già sentiva la forza inarrestabile della frase che le era sfuggita e le sue conseguenze. Pronto il consigliere ribatté: «Ma lei lo ama forse?». Non le sfuggì il ridicolo dell'apparente sicurezza di quell'uomo, e rispose: «No, no; non lo amo affatto». Tremante e decisa.

Quando fu di sopra nella sua stanza, non capiva più la propria menzogna, ma ne subiva il fascino occulto e incomprensibile. Pensò a suo marito: ogni tanto gliene giungeva un baleno, come quando si guarda dalla strada dentro le finestre illuminate; solo allora capì veramente quel che stava facendo. Egli le appariva bello, avrebbe voluto essergli insieme, così quella luce avrebbe brillato anche in lei. Ma invece si rannicchiò nella sua bugia, e di nuovo fu come star fuori per la strada nel buio. Aveva freddo; soffriva di essere viva, soffriva di ogni oggetto che vedeva, di ogni respiro. Come in una sfera calda e splendente avrebbe potuto rifugiarsi nel suo sentimento per il marito; lì si sentiva protetta, le cose non tagliavano la notte come aguzzi rostri di navi, erano morbidamente prese e trattenute. Ma lei non voleva.

Si ricordò che già una volta aveva mentito. Non nella sua vita di prima, perché allora non c'erano menzogne, tutto era semplicemente lei stessa. Ma un'altra volta, più tardi, aveva detto una bugia, benché fosse la verità; una sera che aveva dichiarato d'essere andata a passeggio per due ore, e capì improvvisamente che era la sua prima menzogna. Come poc'anzi era stata in salotto fra la gente, così aveva vagato allora per le strade, sperduta e irrequieta come un cane vagabondo, e aveva guardato dentro le case; e in qualche posto qualcuno aveva aperto la sua porta a una donna, contento della propria amabilità, del proprio gesto, dello stile della propria accoglienza. E altrove qualcuno usciva di casa con sua moglie ed era un marito perfetto, tutto dignità ed equilibrio; e dappertutto, come in un largo fiume che accoglieva placidamente ogni cosa, c'erano piccoli vortici turbinanti intorno a un centro, un risucchio verso l'interno che improvvisamente era cieco e senza finestre, al limite dell'indifferenza; e dappertutto c'era quella sensazione di essere trattenuti dalla propria eco in uno spazio ristretto che afferra ogni parola e la prolunga fino alla successiva, perché non si senta ciò che sarebbe stato insopportabile: l'intervallo, l'abisso fra gli urti di due azioni, nel quale ci si allontana dal senso della propria identità, e si precipita nel silenzio fra due parole, che potrebbe essere il silenzio fra due parole di qualcun altro.

E allora l'assalì il segreto pensiero: in qualche luogo fra costoro vive un uomo, un altro, uno che non è adatto a me ma al quale tuttavia mi potrei adattare e in tal caso non saprei mai nulla di quella che io sono oggi. Giacché i sentimenti esistono solo in una lunga catena di altri sentimenti, reggendosi l'un l'altro; e quel che importa è che un punto della vita s'attacca all'altro senza soluzione di continuità, e ciò può accadere in mille modi. Per la prima volta da quando amava le balenò l'idea che si trattava di un caso; per un caso qualcosa diventa realtà, e allora lo si tiene stretto. Per la prima volta sentì il proprio io vagamente ma fino in fondo, e provò di se stessa nel suo amore quella sensazione estrema, senza volto, che distrugge la radice e l'assoluto, sensazione che sempre aveva fatto di lei quella persona ch'ella era, e che pure non era diversa da tutte le altre. E fu allora come se dovesse lasciarsi andare di nuovo alla deriva, fra le cose non avverate, nella terra di nessuno; e corresse per le strade deserte e guardasse dentro le case e non volesse altra compagnia che il picchiettio dei suoi tacchi sulla pietra, che udiva ora dietro ora davanti a sé, ridotta ormai a quell'unico segno di vita.

Ma mentre allora capiva soltanto la decadenza, lo sfondo in cui si muovevano senza posa fantasmi di sentimenti irreali, che frustrava ogni forza di reciproco sostegno, lo scadimento, l'indimostrabilità e l'incomprensibilità della sua vita, e quasi si sarebbe messa a piangere sconvolta e sfinita dalla clausura in cui era entrata, ecco che adesso, nel momento in cui ci ripensava, aveva esaurito tutte le possibilità di amore, di vera unione, contenute nella sottile, diafana vulnerabilità delle illusioni necessarie alla vita: la strettura oscura come un sogno dell'esistere solo in grazia dell'altro, l'insulare solitudine del non potersi destare, l'inafferrabilità dell'amore, sguisciante come fra due specchi, dietro i quali c'è il nulla. E lì in quella stanza, coperta dalla sua falsa confessione come da una maschera, aspettando l'avventura di quell'altra persona ch'era in lei, ella conobbe l'essenza mirabile, insidiosa, gagliarda della menzogna e dell'inganno nell'amore, e la sentì uscire segretamente da lei, verso un luogo non più raggiungibile da altri, un territorio proibito, il dissolvimento della solitudine, ed entrare, in nome della grande verità, nel vuoto che qualche volta per un attimo si spalanca al di là degli ideali.

E improvvisamente udì passi furtivi, uno scalpiccio sulle scale, qualcuno che si fermava davanti alla sua porta facendo scricchiolare l'intavolato.

Rivolse gli occhi all'uscio. Le sembrava strano che di fuori, dietro quei pannelli sottili, ci fosse un uomo: ella sentiva soltanto l'indifferenza, la casualità di quella porta ai cui due lati si accumulavano tensioni che non potevano incontrarsi.

. Si era già spogliata. Sulla seggiola accanto al letto le sue vesti erano buttate così come se l'era tolte. L'aria di quella camera affittata oggi a questo domani a quello si affrontava col profumo del suo corpo. Si guardò intorno. Notò una serratura d'ottone che pendeva semistaccata da un cassetto, indugiò con gli occhi sullo scendiletto logoro, calpestato da molti piedi. Pensò all'odore che dalla pelle di quei piedi saliva ed entrava nell'anima di altri sconosciuti; un odore familiare protettivo come quello della casa paterna. Era una strana impressione, duplice, incerta, ora ripugnante ora irresistibile, come se l'amor di se stessi di tutti quegli stranieri affluisse in lei e non le restasse altro della propria identità che una passiva coscienza. E sempre quell'uomo stava lì dietro la porta rivelando la sua presenza solo con piccoli suoni involontari.

Fu afferrata dal desiderio di buttarsi su quel tappeto, di baciare le tracce ripulsive di quei piedi e di eccitarsene come una cagna annusante. Ma non era sensualità, era qualcosa che gemeva come il vento o piangeva come un bambino. D'improvviso s'inginocchiò per terra, i fiori rigidi del tappeto rameggiarono ottusi più alti davanti ai suoi occhi; ella vide le proprie cosce pesanti di donna piegarvisi sopra come qualcosa di brutto e di assurdo, e tuttavia con una tensione, una gravità incomprensibile; le sue mani sul pavimento si fissavano l'un l'altra, come due animali a cinque zampe.

A un tratto le venne in mente la lampada sul pianerottolo, con i suoi cerchi che si muovevano sul soffitto in un silenzio sinistro, le pareti, le pareti nude, il vuoto e di nuovo l'uomo che stava lì, ogni tanto scricchiolando come un albero dentro la corteccia, il sangue che gli urgeva nel capo come fogliame fitto, mentre lei era lì accucciata a quattro gambe, nuda, dietro una porta, e tuttavia sentiva in qualche modo tutta la dolcezza del suo corpo maturo, con quell'inestinguibile residuo dell'anima che rimane lì tranquillo vicino al corpo devastato anche quando è rotto e piagato da orrende ferite, in greve ininterrotta coscienza di esso eppure rivolto altrove, come accanto al corpo di un animale abbattuto.

Poi udì l'uomo andarsene via con passo furtivo. E capì di colpo, ancora stravolta e fuori di se stessa, che quella era l'infedeltà, solo più forte della bugia.

Lentamente si risollevò sui ginocchi, fissa nel pensiero incomprensibile che a quell'ora tutto poteva già essere realmente accaduto, e tremava come quando si è liberati da un pericolo per caso, non per virtù propria. Cercò di figurarselo. Vide il proprio corpo giacere sotto quello dello straniero, con una chiarezza d'immagine che si diramava in tutti i particolari come un'acqua che s'insinua in ogni fessura. Sentì il proprio pallore e le arrossenti parole di dedizione, e vide al di sopra di sé gli occhi dell'uomo che la piegavano, che la costringevano giù, occhi feroci d'uccello di preda. E pensava continuamente: questa è l'infedeltà. E immaginò che quando sarebbe tornata a lui, dopo tutto questo, egli avrebbe detto: tu non sei qui, io non ti sento... e lei non avrebbe avuto in risposta che un povero sorriso, un sorriso che tentava di dire: credimi, non è stato nulla che potesse farci del male... Eppure ella sentiva il suo ginocchio assurdamente premuto contro il suolo, come un oggetto, ed era lì inaccessibile con quella dolente, inerme fragilità delle più intime possibilità umane, che nessuna parola, nessun ritorno può trattenere e intessere nella trama della vita. Non c'era più pensiero in lei, non sapeva se faceva male, tutto era come un raro solitario dolore che la racchiudeva, un dolore che era come uno spazio dissolto, fluttuante, eppure saliva su dolcemente nell'aria intorno a una mite oscurità. Al di sotto rimase una luce forte, chiara, indifferente, nella quale ella vedeva tutti i propri gesti, quell'espressione d'estasi che le era stata strappata con la violenza, quell'immensa immaginaria resa e dedizione dell'anima... piccola, fredda, rattrappita, svuotata di senso, laggiù lontana lontana...

E dopo molto tempo le sembrò che di nuovo una mano guardinga tentasse la maniglia, e fu certa che l'uomo stava in ascolto dietro la porta. Una vertigine la spingeva a strisciare verso l'ingresso e a togliere il chiavistello.

Ma restò accovacciata per terra in mezzo alla camera; qualcosa la tratteneva, una coscienza della propria abiezione, un sentimento del passato; l'idea che tutto ciò forse non era che una ricaduta nel passato le tagliò i nervi come una sciabolata. Alzò le mani invocando: aiutami, aiutami tu! e sentiva ch'era vero, e un pensiero le ritornava, lieve: misteriosamente siamo venuti l'un verso l'altro attraverso gli anni e lo spazio, e ora io entro in te per le vie più tristi e angosciose.

E poi venne la pace, la vastità. L'affluire delle forze dolorosamente ingorgate dopo l'abbattimento delle pareti. La sua vita, il passato e il futuro, erano davanti a lei come uno specchio d'acqua lucente e tranquilla, uniti nel momento presente. Vi son cose che mai si possono fare, non si sa perché, e forse sono le più importanti. Si sa che lo sono. Si sa che grava sulla vita un'angoscia mortale, una rigidità e oppressione come quando si gelano le dita. E qualche volta questo si scioglie, come il ghiaccio sui prati; si è pensierosi, un chiarore oscuro che si allarga e si estende. Ma la vita, la vita dura e ossuta, la vita irrevocabile s'aggancia altrove anello per anello, incurante; e non ci risolviamo all'azione.

Improvvisamente Claudine si alzò in piedi e il pensiero che adesso *doveva* aprire la spinse avanti senza rumore; le sue mani tirarono la stanghetta. Ma il silenzio non fu rotto, nessuno bussò. Ella aprì la porta e guardò fuori: nessuno, nella luce fioca della lampada le pareti nude cingevano lo spazio vuoto. L'uomo era andato via senza che lei lo sentisse.

Si coricò, la mente piena di rimorsi. Già sull'orlo del sonno pensò; sì, faccio male, ma aveva la strana sensazione: tutto quello che faccio io lo fai tu. Mentre affondava nell'oblio, sentì: noi diamo via tutto quello che si può abbandonare, per avvolgerci più strettamente in quello che nessuno può toccare. E solo una volta, per un attimo interamente sveglia, pensò: quest'uomo trionferà di noi. Ma che cos'è la vittoria? E con questa domanda tornò a scivolare nel sonno. Sentiva la sua cattiva coscienza come un'ultima tenerezza che l'accompagnava. Un immenso egoismo che approfondiva e oscurava il mondo s'alzò su di lei come su uno che deve morire, attraverso le palpebre chiuse ella vedeva alberi, nuvole e uccelli e diventava piccola piccola in mezzo a essi, eppure erano lì solo per lei. E venne il momento del rinchiudersi ed escludere da sé tutto ciò che le era estraneo, nel compimento, già quasi in sogno, di un grande e puro amore che l'avvolgeva tutta d'una luce tremante, in cui si placavano tutte le apparenti contraddizioni.

L'uomo non tornò più; così ella dormì tranquilla, con la porta aperta, come un albero nel prato.

Col mattino dopo incominciò una giornata mite e misteriosa. Claudine si svegliò come dietro a cortinaggi chiari che tengono fuori tutta la realtà della luce. Andò a passeggio, e il consigliere ministeriale l'accompagnò. C'era in lei qualcosa come un'ebbrezza data dall'aria azzurra e dalla neve bianca. Giunsero fino alla periferia della cittadina, guardarono la campagna: la piana candida era abbagliante e festosa.

Si erano fermati presso una siepe che chiudeva una stradina fra i campi; una contadina buttava il mangime ai polli, una zolla di muschio brillava gialla nel sole. «Che dice?... cosa le pare...?» chiese Claudine e guardò la strada di dove erano venuti e l'aria azzurra e non terminò la frase; solo dopo un poco continuò: «...da quanto tempo sarà lì appesa quella ghirlanda? Chi sa se l'aria la sente? Sarà viva?». Non disse altro, e non sapeva nemmeno perché l'aveva detto. Il consigliere sorrise. Le sembrava che tutto fosse inciso nel metallo, ancora vibrante per la pressione del bulino. Stava lì, accanto a quell'uomo, e sentiva che egli la guardava; qualcosa si riordinò dentro di lei e giacque vasto e chiaro come una distesa di campi sotto gli occhi di un uccello rotante.

Questa vita ora azzurra ora scura con una piccola macchia di giallo... che cosa significa? La voce che chiama le galline, il ticchettio lieve dei chicchi di grano rotto improvvisamente da qualcosa che è come lo scoccare di un'ora... che cosa dice, e a chi? Questa cosa senza nome, che rosicchiando si fa strada giù nel profondo e solo qualche volta scatta su verso lo stretto spiraglio di pochi secondi trafiggendo qualcuno che passa, e se no sta lì come morto... che cos'è? Ella osservava con occhi tranquilli, e sentiva le cose senza pensarle, così come le mani talvolta si posano sopra una fronte, quando non c'è più nulla da dire.

E poi ascoltò soltanto, con un sorriso. Il consigliere ministeriale credeva di serrare più strettamente intorno a lei le maglie della sua rete, ed ella lo lasciò fare. Lui parlava, e per Claudine era come camminare fra case dove c'è gente che parla. Nella trama delle sue meditazioni se ne insinuava ogni tanto un'altra e traeva il suo pensiero con sé, di qua, di là; ella la seguiva docile, poi per un po' ritornava quasi a una vaga confusa coscienza, per riaffondare nei dolci meandri di una corrente che la teneva prigioniera.

Frattanto sentiva, come se fosse un sentimento suo proprio, l'amore di quell'uomo per se stesso. L'idea della tenerezza che egli aveva per la propria persona le eccitava leggermente i sensi. Intorno si faceva un silenzio, come quando s'entra in una regione dove sono valide altre decisioni, mute, diverse. Si sentiva assediata dal consigliere ministeriale, e sapeva che stava cedendo, ma tutto ciò non aveva importanza. Nel suo cuore c'era qualcosa come un uccello posato su un ramo, e cantava.

La sera fece una cena leggera e andò a dormire presto. Tutto era già un po' morto per lei, più nessun eccitamento erotico. Tuttavia si svegliò dopo un breve sonno, e fu certa che lui l'aspettava dabbasso. Prese i suoi abiti e si vestì. Semplicemente s'alzò e si vestì, null'altro: nessun sentimento, nessun pensiero, solo una lontana coscienza di far male, fors'anche, quando fu pronta, una sensazione di nudità, di non essere abbastanza protetta. Così scese di sotto. La sala era vuota, tavoli e sedie torreggiavano tesi e improbabili nella notte. In un angolo sedeva il consigliere ministeriale.

Tanto per parlare, ella disse qualcosa come: «Mi sentivo sola lassù»; sapeva in che modo egli l'avrebbe fraintesa. Dopo un momento egli le prese la mano. Lei s'alzò in piedi. Esitava. Poi fuggì via. Sentiva di comportarsi come una donnetta sciocca, ma ciò era pieno di fascino. Sulla scala udì i passi che la seguivano, i gradini gemettero, improvvisamente pensò a qualcosa di molto lontano, di molto astratto, e intanto il suo corpo tremava come una bestia inseguita nella foresta.

Più tardi il consigliere, sedendole accanto nella sua stanza le chiese: «Tu mi ami, è vero? Non sono né un artista né un filosofo, ma sono un vero uomo, sì, posso dirlo, un vero uomo». E lei disse: «Che cos'è un vero uomo?». «Strana domanda!» esclamò lui risentito, ma Claudine aggiunse: «No, no, voglio dire com'è strano che qualcuno ci piaccia perché ci piace, i suoi occhi, la sua lingua: non le parole, ma il suono...».

Allora il consigliere la baciò: «È così dunque che mi ami?».

E Claudine trovò ancora la forza di ribattere: «No, quel che mi piace è stare con Lei, il fatto, il caso di stare con Lei. Potrei anche vivere fra gli esquimesi, invece, e portare calzoni di pelle, e avere i seni cascanti, e trovare che è bello. Non possono esserci anche altrove degli uomini veri?».

Ma il consigliere disse: «Ti sbagli. Tu ami me. Solo che non puoi ancora rendertene conto, e questo è proprio il segno della vera passione».

Involontariamente qualcosa esitava in lei sentendolo impossessarsi così della sua persona. Ma egli pregò: «Oh, taci».

E Claudine tacque; ma parlò ancora una volta, mentre si spogliavano. Era un discorso fuori di posto, senza scopo, forse senza valore, null'altro che una carezza dolorosa, sconsolata: «...sembra di scivolare attraverso un passaggio angusto: bestie, uomini, fiori, tutto è cambiato; noi stessi siamo diversi. Ci si chiede: se io fossi sempre vissuta qui, che cosa penserei di questo, come sentirei quello? È strano, non c'è che un solco, un solco da varcare. Vorrei lasciarla, e poi tornare al di qua del solco a guardare; e di nuovo tornare da Lei. E ogni volta che passo il confine lo dovrei sentire più intensamente. Diventerei sempre più pallida. La gente morirebbe, no, diventerebbe secca, rattrappita; e così gli alberi e gli animali. E alla fine non ci sarebbe più che un fumo sottile sottile... e poi ancora una melodia... fluttuante nell'aria... al di sopra d'un vuoto...».

E poi parlò ancora: «La prego, vada via» disse. «Ho schifo.»

Ma lui s'accontentò di sorridere. Allora ella disse: «Per favore, va' via». Ed egli sospirò contento: «Finalmente, mia cara piccola sognatrice, finalmente mi dài del tu!».

E poi Claudine sentì con orrore che, nonostante tutto, il suo corpo si colmava di voluttà. E tuttavia in fondo alla sua memoria pensava a qualcosa che aveva sentito una volta in un giorno di primavera: come un potersi dare a tutti, eppure appartenere a uno solo.

E lontano lontano – come i bambini dicono di Dio: Egli è grande – vide e conobbe l'immagine del suo amore.

(Trad. di Anita Rho)

«Vereinigungen», 1911;
da *Racconti e teatro*, Einaudi 1980.

Robert Musil

PERCEZIONI FINISSIME

Sono andato a letto più presto del solito; mi sento un po'
raffreddato, forse ho anche la febbre. Contemplo il soffitto, o
forse la tenda rossiccia che incornicia la finestra a balcone della
mia camera d'albergo: difficile distinguere.

Avevo appena finito, quando anche tu hai incominciato a
spogliarti. Aspetto. Sto soltanto in ascolto.

Passi incomprensibili, in lungo e in largo; da questa parte della
camera, dall'altra. Ti avvicini per posare qualcosa sul letto; non lo
vedo, chi sa che cosa sarà? Intanto tu apri l'armadio, vi metti o ne
tiri fuori non so che; sento che lo richiudi. Deponi sul tavolo
oggetti duri e pesanti; altri sul marmo del cassettone. Non ti fermi
un momento. Poi riconosco il fruscio familiare dei capelli che si
sciolgono e che vengono spazzolati. Poi lo scrosciare dell'acqua
nella catinella. Prima avevo già udito che ti spogliavi dei vestiti,
ora di nuovo: non si può concepire quanta roba hai indosso.
Adesso ti sei sfilata le scarpe. Ma ecco che le calze vanno avanti
e indietro sul tappeto morbido, come le scarpe poco fa. Versi
acqua nel bicchiere, tre, quattro volte di seguito, non mi so
spiegare perché. Da molto tempo la mia fantasia ha smesso
d'immaginare tutto l'immaginabile, mentre tu evidentemente
trovi sempre qualche altra cosa da fare. Ti sento infilare la
camicia da notte. Ma siamo ancora lontani dalla fine. Ci sono
cento faccende da sbrigare. So che ti spicci per riguardo a me;
dunque si vede che tutto è necessario, che fa parte del tuo Io più
profondo e come il muto affaccendarsi degli animali il tuo movimento non s'arresta dal mattino alla sera; con piccoli gesti

incoscienti e innumerevoli, di cui non sai renderti conto, tu t'immergi in un vasto spazio dove nemmeno un soffio di me stesso t'ha mai raggiunta.

Lo sento per caso, perché ho la febbre e ti aspetto.

(Trad. di Anita Rho)

da *Nachlass zu Lebzeiten*, 1936;
da *Pagine postume pubblicate in vita*, Einaudi 1981.

James Joyce
I MORTI

Lily, la figlia del portiere, non si reggeva letteralmente in piedi dalla stanchezza. Faceva appena in tempo ad accompagnare un invitato nello stanzino dietro la dispensa, a pianterreno, e aiutarlo a togliersi il soprabito, che risuonava l'asmatico campanello d'ingresso e doveva precipitarsi lungo il corridoio spoglio per introdurne uno nuovo. Meno male che non doveva occuparsi anche delle signore. A quelle pensavano Miss Kate e Miss Julia che avevano trasformato il bagno al piano di sopra in spogliatoio. Stavano lassù Miss Kate e Miss Julia a ridere e spettegolare e darsi d'attorno, correndo a turno a capo delle scale e sporgendosi dalla ringhiera per chiedere a Lily chi fosse arrivato.

Era un avvenimento il ballo annuale delle signorine Morkan. Non c'era persona di loro conoscenza che non vi intervenisse: parenti, amici, le coriste di Julia, alcune delle scolare di Kate in età di potervi partecipare e anche qualche allieva di Mary Jane. E mai una volta vi si erano annoiati. Da anni e anni, per quanto si potesse ricordare, era sempre riuscito splendidamente: fin da quando, dopo la morte del fratello Pat, Kate e Julia avevano lasciato la loro abitazione in Stoney Batter e assieme all'unica nipote Mary Jane erano andate a vivere nella squallida, tetra casa di Usher Island, della quale avevano preso in affitto il piano di sopra da Mr. Fulham, il sensale in granaglie che abitava al pianterreno. Erano passati ben trent'anni da allora e pareva un giorno. Mary Jane che a quei tempi era una ragazzina in sottanine corte, era diventata adesso il sostegno della famiglia: era lei che suonava l'organo di Haddington Road. Aveva studiato al conservatorio e ogni anno dava un saggio nella sala superiore dell'Antient Concert. Molte delle sue allieve appartenevano alla migliore società di Kingstown e di Dalkey. Vecchie com'erano, però, anche le zie facevano la loro parte: Julia, sebbene avesse già i capelli grigi, era ancora il primo soprano all'Adamo ed Eva, e Kate, troppo cagionevole di salute per andare in giro, dava lezioni di musica ai principianti sul vecchio pianoforte verticale nella stanza sul retro. Lily, la figlia del portiere, sbrigava per loro le faccende di casa. Nonostante la vita modesta, credevano nella buona cucina. Sempre il meglio di tutto: filetto di vitello, tè da tre scellini e birra di marca. Ma Lily sbagliava di rado nelle ordinazioni, perciò andava abbastanza d'accordo con le sue tre padrone. Erano solo un po' esagerate, ecco tutto. L'unica cosa che proprio non sopportavano era sentirsi rispondere.

Quella sera del resto avevano ragione d'essere nervose. Erano già le dieci passate e ancora non si erano visti né Gabriel né la moglie. Temevano inoltre che Freddy Malins arrivasse brillo. Per nulla al mondo avrebbero voluto che qualcuna delle alunne di Mary Jane lo vedesse in quello stato e purtroppo quando lo era, a volte riusciva molto difficile trattarlo. Freddy Malins arrivava sempre tardi, ma Gabriel non capivano cosa avesse potuto trattenerlo. E così ogni due minuti correvano alla ringhiera per chiedere a Lily se Gabriel o Freddy fosse venuto.

«Oh, Mr. Conroy» disse Lily a Gabriel nell'aprirgli la porta «Miss Kate e Miss Julia pensavano quasi che non veniste più. Buona sera, Mrs. Conroy.»

«Lo credo!» esclamò Gabriel. «Ma si sono dimenticate che a mia moglie ci vogliono tre ore buone per vestirsi!»

In piedi sul tappetino si scuoteva la neve dalle soprascarpe mentre Lily guidava la moglie verso le scale gridando:

«Miss Kate, c'è Mrs. Conroy!»

Immediatamente Kate e Julia scesero trotterellando giù per la rampa buia. Tutt'e due abbracciarono la nipote, dissero che doveva essere morta dal freddo e chiesero se era venuto anche Gabriel.

«Eccomi qua, preciso come un orologio, zia Kate!» gridò la voce di Gabriel dal buio. «Salite pure, io vi seguo.»

Seguitava a strusciare vigorosamente i piedi sul tappeto mentre le tre donne s'avviavano di sopra ridendo, verso lo spogliatoio delle signore. Una frangia leggera di neve gli posava come un

177

bavero sulle spalle e come una mascherina sulle soprascarpe, e via via che i bottoni uscivano scricchiolando dalle asole irrigidite, la fragranza fredda e pungente dell'aria esterna sfuggiva dalle pieghe e dalle aperture del cappotto.

«Nevica ancora, Mr. Conroy?» domandò Lily.

Lo aveva preceduto nello stanzino per aiutarlo a togliersi il soprabito, e sorridendo per le tre sillabe che aveva aggiunto al suo cognome, Gabriel la guardò. Era una ragazzina esile, nell'età della crescita, pallida in viso e dai capelli color fieno, e il lume a gas dello stanzino la faceva parere ancora più pallida. Gabriel la conosceva fin da quando era bambina e seduta sull'ultimo scalino, cullava una bambola di pezza.

«Sì, Lily» rispose «e secondo me ne avremo per tutta la notte.»

Alzò gli occhi al soffitto che tremava sotto il pestare e strusciare di piedi al piano di sopra e per un istante tese l'orecchio al suono del pianoforte. Poi riguardò la ragazza che piegava con cura il soprabito in fondo a uno scaffale.

«Dimmi, Lily, ci vai ancora a scuola?» le disse in tono amichevole.

«Oh, no, signore» ella rispose. «Quest'anno l'ho finita per sempre con la scuola.»

«Be'» continuò Gabriel faceto «vuol dire allora che uno di questi giorni c'inviterai alle tue nozze con un bel giovanotto...»

La ragazza gli restituì l'occhiata da sopra la spalla, e disse con grande amarezza:

«Gli uomini oggi sono tutti chiacchiere e pensano solo ad approfittarsi...»

Gabriel arrossì come se si fosse accorto di aver sbagliato. Senza guardarla si sfilò d'un colpo le soprascarpe e col fazzoletto dette una spolverata energica alle scarpe di vernice.

Era un giovane massiccio, piuttosto alto. Il colorito acceso delle guance gli saliva fin sulla fronte dove si disperdeva in poche macchie informi di un rosso più pallido e sul viso sbarbato scintillavano irrequiete le lenti lustre degli occhiali cerchiati d'oro, che gli proteggevano gli occhi perplessi e delicati. I capelli lucidi e neri erano divisi nel mezzo e ravviati all'indietro in lunga curva sulle tempie dove li ondulava appena la piega lasciata dal cappello.

Quando ebbe ridato il lucido alle scarpe si raddrizzò tirandosi in giù il gilè aderente sul corpo grassoccio, poi in fretta si tolse una moneta di tasca.

«To', Lily» disse mettendogliela in mano «siamo vicini a Natale, no?... ecco qua... giusto per...»

S'avviò svelto alla porta.

«Ma no, signore» gridò la ragazza seguendolo «davvero non l'accetterei.»

«È Natale, è Natale» ripeté Gabriel quasi trottando verso le scale e facendole con la mano un gesto di scusa.

Visto che ormai aveva raggiunto il primo gradino la ragazza gli gridò dietro:

«Grazie tante, allora, signore!»

Attendeva fuori della sala che il valzer finisse, intento al fruscio delle vesti contro la porta e allo stropicciare dei piedi sul pavimento. L'amara, inattesa risposta della ragazza continuava a turbarlo. Gli aveva buttato addosso un'ombra di malinconia che tentava di scacciare aggiustandosi i polsini e il nodo della cravatta. Toltosi dal taschino del gilè un foglietto di carta diede un'occhiata agli appunti presi per il discorso. Era incerto sui versi di Robert Browning perché temeva fossero al di sopra della portata dei suoi ascoltatori. Sarebbe stata meglio qualche citazione riconoscibile, da Shakespeare o dalle *Melodie*. Il picchio volgare dei tacchi maschili e lo strofinio delle suole vennero a ricordargli che il loro grado di cultura differiva molto dal suo. Non avrebbe fatto altro che rendersi ridicolo a citare loro versi che non potevano capire: come se volesse far sfoggio della propria erudizione. Avrebbe fatto fiasco con loro, come con la ragazza nello stanzino. Non aveva preso il tono giusto. L'intero discorso era uno sbaglio dal principio alla fine, un fallimento completo.

Proprio in quel momento le zie e la moglie uscirono dallo spogliatoio. Le zie erano due vecchiette piccoline vestite modestamente. Zia Julia, più alta dell'altra di qualche centimetro, aveva grigi i capelli, pettinati bassi sulle orecchie, e grigia, con ombre più scure, la faccia, flaccida e larga.

Per quanto forte d'ossatura ed eretta nella persona, gli occhi lenti e le labbra semiaperte le davano l'aspetto di una donna che non sa dov'è né dove va. Zia Kate era più vivace. Il viso, più sano di quello della sorella, era tutto grinze e fossette come una rossa mela vizza e i capelli pettinati anch'essi all'antica, non avevano perduto il loro colore di nocciola matura.

Tutte e due abbracciarono Gabriel con slancio. Era il nipote prediletto, figlio della sorella maggiore morta, Ellen, che aveva sposato T. J. Conroy, funzionario del porto e dei docks.

«Gabriel, Gretta ci stava dicendo che non tornerete a Monkstown in carrozza, stanotte» disse zia Kate.

«No» disse Gabriel rivolgendosi alla moglie. «Ne abbiamo avuto abbastanza l'anno scorso, vero? Non ti ricordi, zia Kate, il raffreddore che ci prese Gretta? Gli sportelli non fecero che apri e serra per tutta la strada, e tutto quel vento che soffiava dentro, passato Merrion... Uno spasso, ti dico! Gretta ci prese un raffreddore tremendo.»

A ogni parola zia Kate aggrottava le sopracciglia severa e assentiva col capo.

«Giusto, Gabriel, giusto» disse. «La prudenza non è mai troppa.»

«Gretta invece, se la lasciassi fare» disse Gabriel «sarebbe capacissima di tornarsene a piedi fino a casa, sotto la neve.»

Mrs. Conroy si mise a ridere.

«Non gli dar retta, zia Kate» disse. «È lui ch'è un tormento con le sue visiere verdi per gli occhi di Tom la sera, e gli esercizi coi manubri che gli fa fare, e la pappa d'avena per Eva. Povera piccola, lei che non la può soffrire!... Ah, ma non v'immaginerete mai cosa mi fa portare adesso!»

Ruppe in una risata squillante e guardò il marito, i cui occhi erravano ammirati e felici dal suo abito al viso e ai capelli. Anche le zie risero di cuore poiché la sollecitudine di Gabriel era per loro continuo oggetto di scherzo.

«Galoshes!» rispose Mrs. Conroy. «L'ultima novità. Appena c'è un po' d'umido, me le debbo mettere. Perfino stanotte voleva che me le mettessi, ma io mi sono ribellata. Scommetto che il prossimo regalo, sarà un costume da palombaro.»

Gabriel rise nervoso raggiustandosi la cravatta per darsi un contegno, mentre zia Kate quasi si piegava in due, tanto aveva gustato lo scherzo. Ma ben presto il sorriso svanì dalla faccia di zia Julia i cui occhi smorti si rivolsero al nipote. Dopo una pausa domandò:

«E cosa sono le galoshes, Gabriel?»

«Ma, Julia» esclamò la sorella. «Che diamine, non sai cosa sono le galoshes? Si mettono... si mettono sopra le scarpe, vero Gretta?»

«Sì, sono di gomma» rispose Mrs. Conroy. «Ne abbiamo un paio per ciascuno adesso. Gabriel dice che le portano tutti nel continente.»

«Oh, nel continente!» mormorò zia Julia, scuotendo adagio la testa.

Gabriel aggrottò le sopracciglia e disse quasi indispettito:

«Per me non ci vedo nulla di strano, ma Gretta le trova buffissime perché la parola, dice, le ricorda i *Christy Minstrels*[1].»

«Senti un po', Gabriel» intervenne zia Kate con tatto risoluto «avete provveduto no, per la stanza? Gretta mi stava dicendo...»

«Oh la stanza va bene. Ne ho fissata una al Gresham.»

«Benissimo» disse zia Kate. «Non potevate far meglio. E per i bambini, Gretta, non starai in pensiero?»

«Be', per una notte... E poi c'è Bessie che li guarda.»

«Benissimo» ripeté zia Kate. «Dev'essere una bella tranquillità avere una ragazza come quella, una di cui ci si può fidare... C'è Lily invece che non so proprio cosa le sia preso ultimamente. Non è più la stessa.»

Gabriel stava per rivolgere alla zia alcune domande sull'argomento quando questa s'interruppe d'un tratto per cercare con lo sguardo la sorella che sporgendo il collo di sopra alla ringhiera si allontanava adagio giù per le scale.

«Ma insomma» disse in tono un po' brusco «dove va Julia... Julia! Julia! Dove vai?»

Julia che aveva già sceso mezza rampa tornò indietro e annunciò blanda:

«C'è Freddy.»

Nello stesso istante un applauso e l'ultimo accordo del pianista annunciarono la fine del valzer, la porta della sala venne aperta

---

[1] Gruppo di suonatori ambulanti così chiamati da un certo George Christy di New York. Questi suonatori imitano i negri: spesso s'anneriscono la faccia e cantano, accompagnandosi al banjo, melodie negre inframmezzandole a lazzi e buffonerie. (*N.d.T.*)

dal di dentro e uscirono alcune coppie. In fretta zia Kate trasse Gabriel da parte e gli mormorò all'orecchio:

«Fa' un salto giù Gabriel, da bravo, e vedi in che stato si trova. Non lasciarlo salire se è ubriaco. Sono sicura che è ubriaco. Ne sono sicura.»

Gabriel scese le scale e tese l'orecchio dalla ringhiera. Sentì le voci di due persone che parlavano nello stanzino, poi riconobbe la risata di Freddy Malins. Continuò a scendere rumorosamente.

«È un tale sollievo, avere qui Gabriel» disse zia Kate a Mrs. Conroy. «Mi sento sempre più tranquilla quando c'è lui... Julia, ecco Miss Daly e Miss Power che vorrebbero qualche rinfresco... Grazie del magnifico valzer, Miss Daly. Un ritmo splendido.»

Un uomo alto dalla faccia grinzosa con duri baffi brizzolati e pelle abbronzata, il quale stava uscendo in quel momento con la sua dama, disse:

«E per noi nulla, Miss Morkan?»

«Julia» riprese zia Kate in tono conciso «ci sono qui Mr. Browne e Miss Furlong. Accompagnali di là, Julia, insieme a Miss Daly e a Miss Power...»

«Farò io da cavaliere alle signore» disse Mr. Browne sporgendo le labbra sotto i baffi appuntiti e sorridendo con tutte le rughe «vedete, Miss Morkan, la ragione della loro simpatia per me è...»

Non finì la frase e visto che zia Kate non gli dava più ascolto, guidò senz'altro le tre signorine nella stanza sul retro. Nel centro della stanza erano stati messi due tavoli quadrati posti l'uno contro l'altro e su di essi zia Julia e il portiere stavano in quel momento stendendo una grande tovaglia. Piatti, bicchieri, vassoi e mazzi di posate erano allineati sulla credenza, il coperchio abbassato del pianoforte serviva per poggiarvi dolci e vivande e in un angolo, a una credenza più piccola, due giovanotti in piedi bevevano *hop-bitters*[1].

Mr. Browne condusse innanzi le sue protette e offrì a tutte, scherzando, un ponce per signore, caldo, dolce e forte. Ma avendo quelle dichiarato che non prendevano mai nulla di alcoolico, aprì per loro tre bottiglie di limonata. Chiese poi a uno dei giovanotti di farsi da parte e impossessatosi della caraffa si

---

[1] *Hop-bitter*: liquore non fermentato all'aroma di luppolo. (*N.d.T.*)

mescé un buon bicchiere di whisky. I giovanotti lo guardavano con rispetto, mentre ne tracannava un primo sorso per prova.

«Che Dio mi assista» disse sorridendo «ma è prescrizione del medico.»

La faccia rugosa gli si ruppe in un più ampio sorriso e le tre signorine fecero eco ridendo musicalmente allo scherzo e dondolandosi in qua e in là con scosse nervose delle spalle. La più ardita disse:

«Ah, Mr. Browne, son certa che il medico non vi ha ordinato nulla di simile!»

Mr. Browne tracannò un'altra sorsata e con una mimica sghemba disse:

«Vedete, io sarei un po' come la famosa Mrs. Cassidy, nota per aver detto: "Be', Mary Grimes, se non lo prendo fatemelo prendere perché sento di averne proprio bisogno".»

E poiché aveva piegato in avanti la faccia accaldata in gesto troppo confidenziale e preso un forte accento dublinese, le tre signorine di comune istinto, accolsero la frase in silenzio. Miss Furlong, una delle allieve di Mary Jane, chiese a Miss Daly il titolo del bel valzer che aveva suonato e Mr. Browne, visto che non si occupavano più di lui, si rivolse senza indugio ai due giovanotti che potevano apprezzarlo meglio.

Una giovane donna rossa in viso e vestita di viola entrò nella stanza battendo eccitata le mani e annunciando:

«La quadriglia! La quadriglia!»

Le veniva dietro zia Kate che gridava:

«Tre dame e due cavalieri, Mary Jane.»

«Oh, ecco qua Mr. Bergin e Mr. Korrigan» disse Mary Jane. «Mr. Korrigan, volete prendere per dama Miss Power? E a voi, Miss Furlong, posso dare per cavaliere Mr. Bergin?... Benissimo!»

«Tre dame, Mary Jane» disse zia Kate.

I due giovanotti chiesero alle rispettive compagne se potevano avere l'onore e Mary Jane si rivolse a Miss Daly.

«Cara Miss Daly, siete stata proprio gentile a suonare in questi due ultimi balli, ma a dire la verità siamo così a corto di signore, stasera...»

«Prego, Miss Morkan...»

«Ho però un simpatico cavaliere per voi, Mr. Bartell D'Arcy, il tenore. Voglio farlo cantare più tardi. Tutta Dublino ne è entusiasta.»

«Una voce magnifica! Magnifica!» disse zia Kate.

E poiché il pianoforte aveva già ripreso per due volte l'introduzione alla prima figura, Mary Jane guidò senz'altro le sue reclute fuori della stanza. Ne erano appena usciti che entrò zia Julia adagio, voltandosi ogni tanto a guardarsi dietro le spalle.

«Cosa succede, Julia?» domandò ansiosa zia Kate. «Chi c'è?»

Julia che portava una pila di tovaglioli si rivolse alla sorella e disse con semplicità, come se la domanda l'avesse sorpresa:

«Niente, Kate. C'è Freddy, insieme a Gabriel.»

Proprio dietro di lui infatti si vedeva Gabriel che pilotava Freddy Malins attraverso il pianerottolo. Quest'ultimo, un uomo sui quaranta, aveva su per giù l'altezza e corporatura di Gabriel, e le spalle molto rotonde. La faccia era pallida e carnosa con appena un accenno di colore sui lobi spessi e penduli delle orecchie e sulle larghe narici. Aveva fattezze grossolane, naso schiacciato, fronte convessa e sfuggente e labbra tumide. Gli occhi dalle palpebre pesanti e il disordine dei capelli radi gli davano un'aria assonnata. Stava ridendo forte e di cuore a una storiella che aveva raccontato a Gabriel per le scale e al tempo stesso si strofinava le nocche del pugno avanti e indietro nell'occhio sinistro.

«Buona sera, Freddy» disse zia Julia.

Con una voce che a causa del singulto cronico poteva suonare incurante, Freddy Malins augurò alle signorine Morkan la buona sera e visto poi Mr. Browne che gli faceva l'occhietto dalla credenza, traversò a passi piuttosto malsicuri la stanza e prese a ripetergli sottovoce la storia che aveva finito giusto allora di raccontare.

«Non c'è male, vero?» disse zia Kate a Gabriel.

La fronte di Gabriel era aggrondata, ma subito la spianò e rispose:

«Ma certo, si nota appena...»

«Sciagurato! E dire che quella povera donna di sua madre glielo aveva fatto giurare la vigilia di Capodanno... Vieni, Gabriel, andiamocene in sala...»

Ma prima di lasciare la stanza con il nipote fece cenni d'intesa a

Mr. Browne, aggrottando le sopracciglia e scuotendo l'indice come avvertimento. In risposta, questi assentì col capo e appena se ne fu andata si rivolse a Freddy.

«Su, Teddy, bevici sopra un po' di limonata per rimetterti in sesto.»

Freddy Malins, che proprio allora stava arrivando al punto culminante del racconto, rifiutò dapprima l'offerta con un gesto impaziente, ma Mr. Browne, dopo avergli richiamato l'attenzione sul disordine delle vesti, riempì un bicchiere e glielo porse. Macchinalmente Freddy lo prese con la sinistra, essendo la destra impegnata a riassettare altrettanto macchinalmente il vestito, e ancor prima d'aver raggiunto il culmine della storiella, mentre Mr. Browne, cui l'allegria raggrinziva sempre di più il viso, si mesceva un altro whisky, esplose in uno scoppio acuto e rauco di risa e posato il bicchiere intatto e traboccante sulla credenza tornò a fregarsi le nocche del pugno avanti e indietro nell'occhio sinistro ripetendo, per quanto glielo permetteva l'accesso d'ilarità, l'ultima frase della storiella.

Gabriel non riusciva a prestare attenzione al pezzo accademico irto di scale e di passaggi difficili che Mary Jane suonava in sala dinanzi all'uditorio silenzioso. Gli piaceva la musica, ma quel pezzo per lui non aveva melodia e dubitava l'avesse anche per gli altri, sebbene avessero tutti pregato Mary Jane di suonare qualcosa. Quattro giovanotti, che al suono del pianoforte avevano lasciato il buffet per venire a fermarsi sulla soglia, se n'erano andati via pian piano, due alla volta, pochi minuti dopo. Le sole persone che avevano l'aria di seguire la musica erano Mary Jane stessa le cui mani scorrevano sulla tastiera o si alzavano nelle pause come quelle di una sacerdotessa in una momentanea invocazione, e zia Kate che le stava a fianco per voltarle le pagine.

Gli occhi di Gabriel abbagliati dal riflesso del pesante lampadario sul pavimento lucidato a cera, si spostarono sulla parete di fronte, sopra il pianoforte. Là stava appeso un quadro della scena del balcone in *Giulietta e Romeo* accanto a un altro dei due giovani principi assassinati nella Torre, ricamato in lane blu, rosse e marrone da zia Julia quand'era ragazza. Probabilmente nella scuola cui andavano allora, quel genere di lavoro aveva costituito l'insegnamento di un anno intero. Anche sua madre gli aveva fatto in dono per un compleanno un gilè di moire viola lavorato a piccole teste di volpi, con la fodera in seta marrone e bottoni rotondi a forma di more. Era strano ch'ella non avesse alcun talento per la musica, sebbene zia Kate solesse chiamarla il cervello della famiglia Morkan. Erano sempre state fiere tutte e due, Kate e Julia, di quella sorella rigida e imponente. C'era la sua fotografia sulla specchiera: teneva un libro aperto sulle ginocchia e vi additava qualcosa a Constantine che le sedeva ai piedi, vestito alla marinara. Lei stessa aveva scelto i nomi dei figli perché era molto sensibile alla dignità della vita familiare. Grazie a lei Constantine faceva adesso il curato a Balbriggam e, grazie a lei, Gabriel aveva preso la sua laurea alla Royal University. Un'ombra gli passò sul viso rammentando l'ostinata opposizione della madre al suo matrimonio. Le frasi dispregiative da lei usate gli tornarono alla memoria: una volta aveva parlato di Gretta come di una contadina astuta, cosa assolutamente non vera. Ed era stata proprio Gretta a curarla in quella sua ultima lunga malattia nella casa di Monkstown.

Capì che Mary Jane doveva esser prossima alla fine poiché ripeteva la melodia iniziale con volate di scale a ogni battuta, e, aspettando, il risentimento gli morì in cuore. Un trillo di ottave negli acuti e una fonda ottava finale nel basso terminarono il pezzo e un applauso nutrito salutò Mary Jane che arrossendo e arrotolando nervosamente il foglio di musica, fuggiva dalla sala. L'applauso più fragoroso venne dai quattro giovanotti che, ritiratisi al buffet appena cominciato il pezzo, erano tornati indietro quando il piano aveva smesso.

Si combinarono i lanceri. Gabriel si trovò ad avere per compagna Miss Ivors, una ragazza loquace e franca di modi, col viso lentigginoso e gli occhi bruni e sporgenti. Non portava il corpetto scollato e il grosso fermaglio fissato sul davanti del colletto aveva un motto e un emblema irlandesi.

Quando ebbero preso posto, ella disse d'un tratto:

«Avrei un conto da regolare con voi.»

«Con me?»

Assentì grave.

«E di che si tratta?» domandò Gabriel sorridendo di quel modo solenne.

«Chi è G. C.?» fece la ragazza di rimando, guardandolo.

Gabriel arrossì e stava per aggrottare le sopracciglia, come se non avesse capito, allorché lei disse brusca:

«Guarda l'innocente! Ho scoperto che scrivete sul "Daily Express". Non vi vergognate?»

«E perché dovrei vergognarmi?» domandò Gabriel, sbattendo le palpebre e sforzandosi di sorridere.

«Bene, mi vergogno io per voi» dichiarò Miss Ivors con franchezza. «Pensare che scrivete per un giornale simile. Non credevo che foste un anglofilo.»

Il viso di Gabriel prese un'espressione perplessa. Era vero che ogni mercoledì scriveva per il «Daily Express» un articolo di critica letteraria che gli veniva pagato quindici scellini. Ma non per questo era un anglofilo. I libri che riceveva da recensire gli giungevano quasi più graditi del misero assegno: amava sentirsene fra le dita la copertina e sfogliarne le pagine stampate di fresco. Quasi ogni giorno, finite le lezioni al collegio, se ne andava a vagabondare sul lungofiume nelle botteghe di libri usati, da Hickey sulla Bachelor Walk, da Webb o da Massey sull'Alston Quay o da O'Clohissey nel vicolo laterale. Non sapeva come far fronte all'accusa della ragazza. Avrebbe voluto dirle che la letteratura stava al di sopra della politica. Ma erano amici di lunga data e le loro carriere erano state parallele, prima all'università e in seguito come insegnante: non poteva rischiare frasi pompose con lei. Seguitò a sbattere le palpebre sforzandosi di sorridere, poi balbettò che non vedeva cosa c'entrasse la politica con le recensioni.

Era ancora perplesso e distratto quando venne il loro turno di traversare e Miss Ivors dovette prenderlo con mossa decisa per mano dicendogli in tono bonario:

«Via, via, scherzavo! Venite, tocca a noi passare dall'altra parte.»

Quando poi si ritrovarono insieme portò il discorso sulla questione universitaria e Gabriel si sentì a suo agio. Era stata un'amica, a mostrarle una sua critica sui poemi di Browning e così aveva scoperto il segreto. L'articolo però le era piaciuto immensamente. Disse a un tratto:

«Ma perché, Conroy, non ci venite anche voi alle isole Aran quest'estate? Ci staremo tutto un mese. Sarà magnifico laggiù in pieno Atlantico. Dovreste proprio venirci. Verranno anche Mr. Clancy e Mr. Kilkelly e Kathleen Kearney... Anche a Gretta piacerebbe, se venisse. È di Connacht, vero?»

«La sua famiglia, sì» tagliò corto Gabriel.

«Verrete, allora?» disse Miss Ivors posandogli con foga la mano calda sul braccio.

«Il fatto è» disse Gabriel «che avrei già in mente di andare...»

«Andare dove?»

«Sapete, ogni anno combiniamo un giro in bicicletta con gli amici e...»

«Ma dove?»

«Be', di solito in Francia o nel Belgio o magari in Germania...» rispose Gabriel imbarazzato.

«E perché ve ne andate in Francia o nel Belgio invece di visitare il vostro paese?»

«Ma, così, un po' per tenermi in esercizio con le lingue e un po' per cambiare aria.»

«E la vostra lingua, l'irlandese, non vi basta?»

«Be', in quanto a questo allora vi dirò che l'irlandese non è la mia lingua.»

Le coppie vicine si erano già voltate per seguire l'interrogatorio; Gabriel si guardava nervosamente a destra e a sinistra e nonostante la prova che lo faceva arrossire fino alla radice dei capelli, si sforzava di non perdere il buonumore.

«Non avete dunque il vostro paese da visitare, il vostro paese e la vostra gente che ancora non conoscete?» lo incalzò Miss Ivors.

«Oh, a dirvi la verità sono stufo del mio paese, stufo!» esplose Gabriel d'un tratto.

«Perché?» insisté Miss Ivors.

Gabriel non rispose perché lo scatto improvviso gli aveva mandato il sangue alla testa.

«Perché?» insisté Miss Ivors.

Adesso dovevano «far visita» insieme, e siccome egli continuava a tacere, la Ivors lo rimbeccò brusca:

«Naturalmente non sapete rispondere.»

Gabriel cercava di nascondere il suo turbamento partecipando alla danza con grande energia. Evitava però gli occhi di lei in cui leggeva l'irritazione; e quando così si ritrovarono nella catena lo sorprese sentirsi stringere forte per mano. Ella lo guardò per un istante da sotto le ciglia con aria provocante finché lui non fu costretto a sorridere, poi, proprio mentre la catena stava per riprendere, s'alzò in punta di piedi e gli sussurrò all'orecchio:

«Anglofilo!»

Finiti i lancieri, Gabriel si ritirò in un angolo appartato della stanza dov'era seduta la madre di Freddy Malins, una vecchia grossa e malandata, dai capelli bianchi. Aveva anche lei una specie di singulto nervoso come il figlio, e balbettava un poco: le avevano detto che Freddy era arrivato e che stava abbastanza bene. Gabriel le chiese se aveva fatto una buona traversata: viveva a Glasgow in casa d'una figliola e veniva a Dublino una volta l'anno. Rispose placida che la traversata era stata ottima e il capitano pieno di attenzioni nei suoi riguardi. Parlò anche della bella casa della figlia a Glasgow e dei numerosi amici che frequentavano, e via via ch'ella seguitava nel suo balbettio, Gabriel si sforzava di bandire dalla memoria ogni ricordo dello spiacevole incidente con Miss Ivors. Certo la ragazza, o donna che fosse, era un'esaltata, ma c'è tempo e luogo per tutto. Lui forse non avrebbe dovuto risponderle a quel modo e d'altra parte lei non aveva diritto di chiamarlo anglofilo in presenza di tutti, nemmeno per scherzo. Aveva cercato di metterlo in ridicolo dinanzi alla gente, punzecchiandolo e piantandogli in faccia quegli occhi da coniglio.

Vide la moglie che gli veniva incontro attraverso le coppie dei ballerini. Quando l'ebbe raggiunto, gli disse all'orecchio:

«Gabriel, zia Kate vorrebbe sapere se taglierai tu l'oca, come al solito. Miss Daly taglierà il prosciutto e io il pudding.»

«Benissimo.»

«Dice che prima manderà al buffet la gioventù, appena finito il valzer, così dopo avremo il tavolo tutto per noi.»

«E tu hai ballato?»

«Certo. Non m'hai visto? Che battibecco hai avuto con Molly Ivors?»

«Nessun battibecco. Perché? Te l'ha detto lei?»

«Già, pressappoco. Vorrei indurre a cantare quel Mr. D'Arcy. Mi pare un tipo pieno di sé.»

«Nessun battibecco» disse Gabriel di malumore. «Solo che

avrebbe voluto farmi partecipare a un viaggio nell'Irlanda dell'ovest e io ho detto di no.»

La moglie ebbe un balzo e giunse le mani eccitata:

«Oh, Gabriel, ti prego, mi piacerebbe tanto rivedere Galway!»

«Puoi andarci tu se ti va!» rispose Gabriel freddo.

Lei lo guardò un istante poi si rivolse a Mrs. Malins.

«Che maritino gentile, eh, Mrs. Malins?»

Mentre tornava ad allontanarsi attraverso la sala Mrs. Malins, senza avvertire l'interruzione, continuò a parlare a Gabriel dei bei posti che c'erano in Scozia e dei paesaggi magnifici. Ogni anno il genero li portava sui laghi e là andavano a pesca: era un pescatore nato, suo genero. Un giorno aveva preso un pesce stupendo e l'uomo dell'albergo lo aveva cucinato per pranzo.

Gabriel udiva appena ciò che stava dicendo. Adesso che s'avvicinava l'ora di cena ricominciava a pensare al suo discorso e alle famose citazioni. Quando vide Freddy Malins che veniva da sua madre, gli lasciò libera la sedia e si tirò nel vano della finestra. La sala si era in parte svuotata e dalla stanza di fondo veniva un acciottolio di piatti e posate: le persone che ancora vi s'intrattenevano parevano stanche di ballare e conversavano quiete a gruppetti. Le dita di Gabriel calde e tremanti tamburellavano sul vetro gelato della finestra. Come doveva far freddo fuori! E che piacere sarebbe stato passeggiare là solo, prima lungo il fiume e poi attraverso il parco! Certo la neve doveva ricoprire i rami degli alberi e rivestire di un cappuccio scintillante la sommità del monumento di Wellington. Quanto sarebbe stato più bello trovarsi laggiù che non lì, al tavolo della cena!

Ripassò nella mente i punti principali del discorso: l'ospitalità irlandese, i tristi ricordi, le tre Grazie, Paride, e la citazione del Browning. Si ripeté una frase scritta nell'articolo: «Par d'ascoltare una musica tormentata di pensiero». La Ivors gliene aveva fatto le lodi. Era sincera? Viveva veramente di una vita propria dietro lo zelo della propagandista? Fino a quella sera non c'erano stati malintesi fra loro. Lo innervosiva il pensiero che sarebbe stata al tavolo della cena fissandolo con quei suoi occhi critici, provocanti, mentre parlava: non le sarebbe dispiaciuto forse, vederlo far fiasco. Un'idea venne a dargli coraggio. Avrebbe detto alludendo a zia Julia e zia Kate: «Signore e signori! la generazione che giunge adesso al declino potrà avere avuto le sue colpe ma per parte mia non credo mancasse di certi pregi di ospitalità, spirito e comprensione di cui questa nuova generazione, supercolta e pacata che ci vediamo crescere sotto gli occhi, mi appare invece completamente priva». Magnifico: quella era la botta per Miss Ivors. Che gliene importava in fin dei conti se le zie non erano che due vecchie ignoranti!

Un mormorio in sala attrasse la sua attenzione. Dalla soglia veniva avanti Mr. Browne a galante scorta di zia Julia che gli s'appoggiava al braccio sorridendo e chinando il capo. Una irregolare salva d'applausi la scortò egualmente fino al pianoforte e andò poi spegnendosi via via mentre Mary Jane s'accomodava sullo sgabello e zia Julia, senza più sorridere, si voltava a mezzo verso l'uditorio in modo da aggiungere alla voce maggior risonanza.

Gabriel riconobbe il preludio. Quello d'una vecchia canzone di zia Julia: *Adorna per le nozze*. La sua voce forte e chiara attaccò con brio i gorgheggi che abbellivano l'aria senza tralasciare, nonostante la fretta, la minima fioritura. Seguirla, senza guardare la faccia della cantante, era partecipare all'impeto di un volo rapido e sicuro. Alla fine del canto, Gabriel applaudì forte con tutti gli altri, un nutrito applauso partì anche dall'invisibile tavolata nella stanza di fondo e suonò così sincero che un po' di rossore salì al viso di zia Julia curva a riporre nello scaffale il vecchio volume di canzoni rilegato in cuoio, con le iniziali sulla copertina.

Freddy Malins, che era stato ad ascoltare con la testa inclinata da un lato per sentir meglio, continuava ad applaudire anche adesso che tutti avevano finito e intanto parlava animatamente con la madre la quale assentiva grave col capo. In ultimo quando proprio fu stanco di applausi s'alzò e traversata in fretta la sala si precipitò a stringere con ambo le mani quelle di zia Julia scuotendogliele con forza ogni volta che venivano a mancargli le parole o il singulto lo sopraffaceva.

«Stavo giusto dicendo alla mamma che non vi ho mai sentita cantare così bene, mai. Sì, proprio, la vostra voce non mi è mai parsa così bella come stasera. Non mi credete? È la verità. Parola mia d'onore, è la verità... Davvero, non l'ho mai sentita così fresca e... così chiara e fresca, mai.»

Zia Julia ebbe un largo sorriso e liberando la mano dalla stretta mormorò qualcosa sui complimenti in generale. Allora Mr. Browne tese il braccio verso di lei e col tono e il gesto dell'imbonitore che presenta al pubblico un fenomeno vivente, disse a coloro che gli stavano vicino:

«Miss Julia Morkan, la mia ultima scoperta!»

Continuava a ridersela da solo di tutto cuore, quando intervenne Freddy Malins.

«Scherzi a parte, Browne, come scoperta non avete da lamentarvi. Quanto a me vi posso dire che da quando vengo qui in casa non l'ho mai sentita cantare come stasera, ecco. E questa è la pura verità.»

«Nemmeno io» disse Mr. Browne. «Ritengo anch'io che la sua voce sia molto migliorata.»

Zia Julia alzò le spalle e disse con timido orgoglio:

«Una trentina d'anni fa forse non era male davvero.»

«Quante volte gliel'ho detto che era sprecata in quel coro» disse zia Kate con enfasi. «Ma lei non mi ha mai voluto dar retta.»

Si rivolse agli altri come per fare appello al loro buon senso di fronte a una bambina capricciosa, mentre zia Julia guardava fisso dinanzi a sé, un vago sorriso di reminiscenza sul volto.

«E invece non si è mai lasciata convincere né da me né da nessuno» continuò zia Kate «e ci s'è affaticata in quel coro giorno e notte, giorno e notte. In piedi alle sei del mattino anche il giorno di Natale! E tutto a che scopo?»

«A maggior onore di Dio, non credi, zia Kate?» domandò Mary Jane rigirandosi sul seggiolino e sorridendo.

Ma zia Kate le si rivoltò furibonda.

«A maggior onore di Dio, sì, Mary Jane, ma per il papa non trovo che gli torni affatto ad onore cacciar via dai cori le donne che ci hanno faticato tutta la vita per rimpiazzarle con dei marmocchi buoni a nulla. Sarà magari per il bene della Chiesa se il papa lo fa, ma non è giusto, ecco, non è giusto!»

Si era accalorata nel discorso e dato che il soggetto le cuoceva avrebbe continuato la difesa della sorella se Mary Jane, visto che i ballerini erano tornati tutti, non fosse intervenuta a placarla.

«Su, zia Kate, stai scandalizzando Mr. Browne che è di opinioni diverse.»

Zia Kate si rivolse a Mr. Browne che ridacchiava a quell'accenno alla sua religione, e disse in fretta:

«Oh, non voglio mettere in dubbio le ragioni del papa. Sono solo una stupida vecchia e non mi presumo da tanto. Ma non c'è cosa come la semplice cortesia e gratitudine quotidiana. E fossi in Julia glielo direi chiaro e tondo a padre Healey.»

«E poi, zia Kate» disse Mary Jane «abbiamo tutti fame e si sa che quando si ha fame ci si sente d'umore battagliero.»

«Be', questo succede anche quando si ha sete» aggiunse Mr. Browne.

«In conclusione faremmo bene ad andarcene tutti a tavola e rimandare a dopo la discussione» disse Mary Jane.

Sul pianerottolo dinanzi alla sala Gabriel trovò Mary Jane e la moglie che cercavano di convincere Miss Ivors a rimanere per la cena. Ma la Ivors che si era già messa il cappello e si stava abbottonando il soprabito, non voleva restare. Non sentiva per nulla appetito e si era trattenuta anche troppo.

«Ma è questione di dieci minuti, Molly» disse Mrs. Conroy. «Non sarà per questo che farai tardi.»

«Il tempo di prendere un boccone, dopo tutti quei balli!» insisté Mary Jane.

«Davvero non posso!»

«Ho paura che non ti sia divertita per niente!» disse Mary Jane rassegnata.

«Mai tanto in vita mia, stanne certa» disse Miss Ivors. «Ora però dovete lasciarmi scappare...»

«E come fai a tornare a casa?» domandò Mrs. Conroy.

«Sono solo due passi sul lungofiume.»

Gabriel esitò un istante poi disse:

«Se proprio siete decisa ad andarvene, Miss Ivors, permettete che v'accompagni.»

Ma Miss Ivors già si allontanava.

«Non ne parlate neppure» gridò. «Per l'amor di Dio, andate alla vostra cena e non vi date pena per me. So cavarmela da sola.»

«Che tipo strano sei, Molly!» disse franca Mrs. Conroy.

«*Beannacht libb!*» gridò la Ivors con una risata correndo giù per le scale.

Mary Jane la seguì con lo sguardo, un'espressione fra urtata e perplessa sul viso, mentre Mrs. Conroy si sporgeva dalla ringhiera per sentire se la porta d'ingresso veniva richiusa. Gabriel si domandò se non fosse lui la causa di quella brusca partenza. Non pareva di cattivo umore, però: anzi se n'era andata ridendo. Fissò le scale con occhio vuoto.

In quel momento sopraggiunse trotterellando zia Kate che quasi si torceva le mani dalla disperazione.

«Ma dov'è Gabriel? Dove s'è cacciato? Sono tutti di là ad aspettare a scena muta e nessuno che mi tagli l'oca.»

«Eccomi, zia Kate» gridò Gabriel con improvvisa animazione «pronto a tagliarne anche un reggimento, se necessario.»

Un'oca grassa e dorata troneggiava a un capo del tavolo e dall'altro, sopra un letto di rametti di prezzemolo e di carta pieghettata che ne avvolgeva l'osso in nitida frangia, giaceva un enorme prosciutto libero dalla cotenna e cosparso di pane grattugiato, con accanto un bel rotolo di manzo arrosto alle spezie. Fra questi capisaldi rivali correvano due file parallele di piatti di mezzo: due cupole di gelatina gialla e rossa; una coppa colma di blocchi di bianco-mangiare e di marmellata rossa, un vassoio verde a forma di foglia col gambo per manico, sul quale s'ammucchiavano grappoli d'uva porporina e mandorle sbucciate, un altro piatto uguale che conteneva un piedestallo compatto di fichi di Smirne, una scodella di crema cotta spruzzata di noce moscata, una coppa piena di cioccolatini e altri dolci incartati d'oro e d'argento e un vaso di vetro da cui spuntavano lunghi gambi di sedano. Nel centro, come sentinelle dinanzi a un'alzata che reggeva una piramide d'arance e di mele americane, stavano due belle caraffe di cristallo all'antica, una ricolma di porto e l'altra di sherry scuro. Sul piano verticale chiuso aspettava il pudding in un enorme piatto giallo, e dietro s'allineavano tre squadre di bottiglie di birra e di acqua minerale, disposte a seconda del colore delle uniformi: le prime due nere con le etichette rosse e marrone e la terza, più piccola, bianca con le etichette verdi.

Gabriel prese baldanzoso il suo posto a capotavola, ed esaminato il filo del coltello, con mano ferma piantò la forchetta nell'oca. Si sentiva adesso perfettamente a suo agio e poiché era un esperto siniscalco, nulla gli riusciva più gradito che trovarsi a capo d'una tavola bene imbandita.

«Miss Furlong, che preferite» domandò «un'ala o una fettina di petto?»

«Una fettina di petto, prego.»

«E voi, Miss Higgins?»

«Quel che vi pare, Mr. Conroy.»

Mentre Gabriel e Miss Daly scambiavano i piatti con l'oca, l'arrosto e il prosciutto, Lily faceva il giro degli invitati col vassoio delle patate calde e farinose avvolte in tovagliolo di bucato. Quella era stata un'idea di Mary Jane che aveva suggerito anche la composta di mele da servire con l'oca. Ma zia Kate aveva detto che per lei la semplice oca arrosto senza composte di sorta era sempre andata bene e s'augurava di non dover mai mangiare di peggio.

Mary Jane vigilava sulle sue alunne, attenta che prendessero i bocconi migliori e zia Kate e zia Julia aprivano e portavano dal pianoforte alla tavola le bottiglie di birra chiara e scura per gli uomini e di acqua minerale per le signore. C'era molta confusione e risa e chiasso, il rumore degli ordini e dei contrordini, dei coltelli e delle forchette, dei tappi e dei coperchi. Finito il primo giro Gabriel, senza nemmeno servirsi, attaccò immediatamente il secondo, ma alle generali proteste dovette in via di compromesso accettare un buon sorso di birra poiché davvero aveva fatto una bella fatica.

Mary Jane si era adesso seduta calma dinanzi al suo piatto mentre zia Kate e zia Julia continuavano a trotterellare attorno al tavolo pestandosi i piedi, sbarrandosi il passo e dandosi reciprocamente degli ordini di cui nessuna delle due teneva conto. Mr. Browne le pregò di accomodarsi a cenare e così fece Gabriel, ma loro dissero che c'era tempo per quello, finché alla fine Freddy Malins non s'alzò e afferrata zia Kate, non la sbatté giù sulla sedia fra le risate generali.

Quando furono tutti serviti, Gabriel dichiarò sorridendo:

«Adesso, se qualcuno ha ancora voglia d'abboffarsi, come volgarmente si dice, non ha che da dirlo.»

Un coro di voci lo esortò a prendersi la sua cena e Lily si fece avanti con tre patate che gli erano state messe da parte.

«Benissimo» disse Gabriel amabilmente tirando giù un altro sorso preliminare «vi prego, signore e signori, di dimenticare per qualche minuto la mia esistenza.»

Si sedette a mangiare e non prese parte alla conversazione con cui la tavolata copriva il rumore dei piatti tolti da Lily. Ne era oggetto la compagnia lirica a quel tempo in funzione al Royal Theatre. Mr. Bartell D'Arcy, il tenore, un giovanotto scuro di pelle dai baffetti audaci, teneva in gran pregio il primo contralto, mentre Miss Furlong le riscontrava un gioco scenico piuttosto volgare; Freddy Malins disse che nella seconda parte della pantomima al Gaiety Theatre, cantava un capotribù negro che aveva una delle più belle voci di tenore che avesse mai udito.

«L'avete inteso?» domandò a Mr. D'Arcy attraverso il tavolo.

«No» rispose D'Arcy con noncuranza.

«Perché m'interesserebbe sapere la vostra opinione» spiegò Freddy Malins. «Per conto mio è una voce magnifica.»

«Eh, ci vuole Teddy per scoprire le cose veramente buone» disse familiarmente Mr. Browne rivolgendosi a tutta la tavolata.

«E perché non dovrebbe avere anche lui una bella voce?» domandò brusco Freddy Malins. «Perché è un negro, forse?»

Nessuno rispose alla domanda e Mary Jane riportò il discorso sul tema dell'opera seria. Una delle sue allieve le aveva dato un biglietto per la *Mignon*: un bel lavoro certo, ma le faceva rivenire in mente la povera Georgina Burns. Mr. Browne poteva risalire ancora più indietro, alle vecchie compagnie italiane che solevano venire a Dublino: Tietjens, Ilma de Murzka, Campanini, il grande Trebelli, Giuglini, Ravelli, Aramburo. Che tempi, diceva, allora sì che a Dublino si poteva sentire qualcosa! E narrava di quando l'anfiteatro del vecchio Royal era gremito ogni sera e del tenore italiano che aveva dovuto bissare per ben cinque volte l'aria *Lasciatemi cader come un soldato!* salendo ogni volta al do di petto, e dei ragazzi del loggione che a volte, nell'impeto dell'entusiasmo, staccavano i cavalli dalla carrozza di certe prime donne famose per portarle loro stessi in trionfo per le vie fino all'albergo. Perché oggi non si danno più le grandi opere di un tempo, domandò, come la *Dinorah* e la *Lucrezia Borgia*? Perché non ci sono più voci che le sappiano cantare. Ecco perché.

«Be'» disse Bartell D'Arcy «io penso che anche oggi ci siano dei bravi cantanti come allora.»

«E dove sono?» domandò Mr. Browne in tono di sfida.

«A Londra, a Parigi, a Milano» disse Bartell D'Arcy con

calore. «Caruso, a esempio, credo sia altrettanto bravo, se non migliore, di quelli che avete nominato adesso.»

«Sarà» disse Mr. Browne «ma permettetemi di dubitarne.»

«Ah, darei chissà cosa pur di sentire Caruso» disse Mary Jane.

«Per me» disse zia Kate che stava spiluccando un osso «non c'è stato che un tenore al mondo. Che piacesse a me, voglio dire. Ma forse voi non ne avete mai sentito parlare...»

«Chi era, Miss Morkan?» domandò Bartell D'Arcy per cortesia.

«Si chiamava Parkinson» disse zia Kate. «L'ho inteso nel pieno del suo splendore e a mio parere aveva allora la più pura voce di tenore che sia mai stata messa in gola a un uomo.»

«Strano» disse Bartell D'Arcy «è un nome nuovo.»

«Sì, sì, Miss Morkan ha ragione» disse Mr. Browne «ricordo anch'io d'aver sentito parlare del vecchio Parkinson, ma si risale a tempi un po' troppo lontani per me...»

«Un bel tenore inglese puro, dolce, melodioso» disse con entusiasmo zia Kate.

Poiché Gabriel aveva finito, venne trasferito sul tavolo l'enorme pudding e il tintinnio di forchette e cucchiai ricominciò. La moglie di Gabriel lo serviva a cucchiaiate e passava poi i piatti che Mary Jane tratteneva a metà strada per guarnirli di gelatina d'arance o di lamponi, o bianco-mangiare. Il pudding lo aveva fatto zia Julia, e ne fu lodata all'unanimità. Lei però non lo trovava brunito abbastanza.

«Bene, spero, Miss Morkan, d'esserlo io per lei» disse Mr. Browne «perché vede, io sono bruno di nome e di fatto!»

Tutti gli uomini per riguardo a zia Julia presero un po' di pudding. Poiché Gabriel non mangiava mai dolci gli avevano riservato il sedano. Anche Freddy Malins ne prese un gambo e lo mangiò assieme al pudding: gli avevano detto che faceva bene al sangue e lui si trovava appunto sotto cura. Mrs. Malins che aveva taciuto per tutta la cena, disse che il figlio sarebbe andato a Mount Melleray fra una settimana o due. La tavolata parlò allora di Mount Melleray, della bell'aria che c'era e di quanto erano ospitali i monaci che non chiedevano mai un centesimo ai loro invitati.

Mr. Browne domandò incredulo:

«Non mi verrete a dire che può andarcisi a installare chiunque come all'albergo e mangiare e bere e dormire a volontà senza pagare un soldo, no?»

«Be', i più lasciano un obolo per la chiesa prima d'andarsene» disse Mary Jane.

«Magari ci fossero anche nella nostra chiesa istituzioni del genere!» dichiarò ingenuamente Mr. Browne.

Lo stupì sentire che i monaci non parlavano mai, s'alzavano alle due del mattino e dormivano in una bara. Chiese perché lo facevano.

«È la regola» rispose zia Kate con fermezza.

«Sì, ma perché?» domandò Mr. Browne.

Zia Kate ripeté che era la regola, ecco tutto e poiché Mr. Browne non si dimostrava ancora convinto, Freddy Malins gli spiegò come meglio poté che i monaci cercavano di far penitenza per i peccati di tutti i peccatori del mondo. La spiegazione non fu molto chiara perché Mr. Browne fece una risatina e disse:

«L'idea mi piace, ma invece della bara non sarebbe meglio un bel letto morbido?»

«La bara» disse Mary Jane «serve a ricordare loro l'inevitabile fine.»

Il discorso cadeva nel lugubre e opportunamente venne sepolto nel silenzio di tutta la tavolata, durante il quale si udì Mrs. Malins confidare in mormorio indistinto al suo vicino:

«Brava gente i monaci, uomini molto pii...»

Venivano adesso serviti mandorle, uva, fichi, mele, arance e cioccolatini, e zia Julia offriva a tutti porto e sherry. Dapprima Bartell D'Arcy rifiutò l'uno e l'altro ma uno dei suoi vicini lo urtò col gomito e gli sussurrò qualcosa, al che permise che gli riempissero il bicchiere. Man mano che si riempivano gli ultimi bicchieri, la conversazione languiva. Seguì una pausa, rotta solo dal gorgogliare del vino e da un rumore di sedie smosse. Le tre Morkan abbassarono gli occhi sulla tovaglia, qualcuno tossì una o due volte, e altri batterono colpetti sulla tavola per ristabilire il silenzio. Il silenzio venne e Gabriel spostò la sedia e si alzò.

S'accrebbero allora i colpetti per incoraggiamento, e poi cessarono. Appoggiate dieci dita tremanti sulla tovaglia, Gabriel sorrise nervoso alla compagnia e incontrando quella fila di facce voltate a guardarlo, alzò gli occhi al lampadario. Il pianoforte suonava un tempo di valzer e gli giungeva il fruscio delle vesti contro la porta della sala. Fuori, forse, sulla neve del lungofiume, la gente guardava le finestre illuminate e ascoltava la musica. Laggiù l'aria era pura. In distanza si stendeva il parco con gli alberi carichi di neve. Il monumento a Wellington portava uno splendente cappuccio di neve, che scintillava verso ovest, sulla bianca pianura dei Fifteen Acres.

Cominciò:

«Signore e signori,

«m'è dato in sorte stasera, come già in anni trascorsi, di assolvere un compito senza dubbio gradito, ma per il quale assai temo l'inadeguatezza delle mie scarse facoltà d'oratore.»

«No! no!» disse Mr. Browne.

«Comunque, non mi resta che pregarvi di tener conto soprattutto della buona intenzione e di prestarmi orecchio attento nei pochi momenti in cui mi sforzerò d'esprimere in parole quali siano in tale circostanza i miei sentimenti.

«Non è la prima volta, signore e signori, che questo tetto ospitale e questa ospitalissima mensa ci riuniscono. Non è la prima volta che siamo oggetto, o forse sarebbe meglio dire vittime, della cortesia di certe care signore...»

Fece un cerchio in aria col braccio e si fermò. Ognuno rise o sorrise a zia Kate, zia Julia e Mary Jane che si erano fatte color cremisi dal piacere. Gabriel proseguì più ardito:

«Ogni anno che passa sento con maggior forza come non vi sia tradizione che più onori il nostro paese e che più gelosamente debba essere conservata, dell'ospitalità. È una tradizione unica fra le nazioni moderne, per quanto almeno me lo consente la mia esperienza, e ho visitato non pochi luoghi all'estero. Taluno mi vorrà forse osservare che si tratti qui più d'un difetto che di una qualità di cui vantarsi. Ma anche ammettendolo, si tratta a mio avviso di un nobile difetto e tale che io spero venga coltivato a lungo fra noi. Di una cosa almeno son certo: fintanto che questo tetto darà riparo alle gentili signore sunnominate – il che m'auguro di tutto cuore sarà ancora per molti, moltissimi anni a venire – fino allora, dicevo, la tradizione della sincera, gentile e cordiale ospitalità irlandese, trasmessaci dai nostri avi e che a nostra volta trasmetteremo ai nostri discendenti, non si spegnerà fra noi.»

Un caloroso mormorio di consenso corse attorno alla tavola. In quel momento gli tornò in mente che Miss Ivors non c'era e scortesemente se n'era andata; e aggiunse sicuro:

«Signore e signori,

«una generazione nuova ci sta crescendo sotto gli occhi, una generazione animata da nuove idee e da nuovi principi, seria ed entusiasta, e il suo entusiasmo per queste nuove idee, anche se maldiretto, io credo sia nella maggior parte sincero. Ma purtroppo viviamo in un'epoca di scetticismo, un'epoca, permettetemi la parola, tormentata di pensiero e a volte mi coglie il timore che questa gioventù, educata o ipereducata che sia, manchi di quelle doti di umanità, ospitalità e buon umore, proprie del tempo antico. Riudendo stasera i nomi di quei grandi cantanti di allora m'è parso, lo confesso, di vivere oggi in un'epoca di meno vasti orizzonti. Erano tempi, quelli, che non a torto potevano esser definiti spaziosi e anche se ormai sono passati senza più speranza di ritorno, auguriamoci almeno che in riunioni come questa se ne possa ancora parlare con orgoglio ed affetto, continuando a nutrire in cuor nostro la memoria dei grandi scomparsi, la cui fama il mondo non lascerà certo perire.»

«Bravo! Bravo!» disse forte Mr. Browne.

«Eppure» proseguì Gabriel addolcendo la voce in più tenere inflessioni «eppure in tali riunioni non mancano mai d'assalirci tristi ricordi: ricordi del passato, della giovinezza, dei mutamenti, dei visi svaniti di cui sentiamo stasera l'assenza... Tutto il nostro cammino terreno è sparso di tali ricordi e se dovessimo indugiarvi, mai troveremmo il coraggio di continuare bravamente la nostra opera fra i vivi. E tutti abbiamo doveri vitali, effetti vitali che reclamano e con diritto il nostro sforzo più strenuo.

«Non voglio quindi soffermarmi sul passato. Non voglio dare il passo tra noi, stasera, a tetre moralizzazioni. Ci siamo qui tutti riuniti per un breve istante, a riposo del peso e dell'affanno della vita quotidiana. Ci siamo qui riuniti come amici, nello spirito della buona amicizia; come colleghi, sotto un certo aspetto almeno, nello spirito del vero cameratismo e come ospiti delle, come chiamarle? delle Tre Grazie del mondo musicale dublinese.»

All'allusione la tavolata scoppiò in risate e applausi. Invano zia

Julia domandava a turno ai vicini di raccontarle cosa aveva detto Gabriel.

«Ha detto che siamo le Tre Grazie, zia Julia» le disse Mary Jane.

Zia Julia non capì, ma sorridendo alzò gli occhi su Gabriel che continuò sullo stesso tono.

«Signore e signori,

«non m'azzarderò questa sera alla parte che in altra circostanza ebbe Paride. Non oserò scegliere fra di loro. Il compito sarebbe arduo e al di sopra delle mie povere facoltà. Quando infatti indugio a volte a guardarle, sia che si tratti della nostra principale padrona di casa il cui buon cuore, il cui eccessivo buon cuore, è diventato proverbiale fra tutti coloro che la conoscono, o della sorella, che pare dotata di un'eterna giovinezza e il cui canto stasera ha certamente costituito per tutti una sorpresa e una rivelazione, o ultima ma non in merito, della nostra più giovane ospite, intelligente, gaia, laboriosa, la migliore delle nipoti, confesso, signore e signori, che proprio non saprei a chi dare la palma.»

Gabriel abbassò lo sguardo sulle zie e notando il largo sorriso sulla faccia di zia Julia e le lacrime negli occhi di zia Kate, s'affrettò alla conclusione. Alzò in gesto cavalleresco il bicchiere di porto e mentre ogni membro della compagnia toccava in attesa il proprio, disse forte:

«Brindiamo dunque a tutt'e tre insieme. Brindiamo alla loro salute, benessere e lunga vita, felicità e prosperità e che per molti anni ancora possano mantenere con orgoglio il posto sì duramente conquistato nella professione, nonché quello onorato e amato che tengono nel nostro cuore.»

Tutti i commensali s'alzarono, il bicchiere in mano, e volgendosi alle tre signore sedute, presero a cantare in coro sotto la guida di Mr. Browne:

> For they are jolly gay fellows,
> for they are jolly gay fellows,
> for they are jolly gay fellows,
> which nobody can deny.[1]

---

[1] Poiché cari amici sono / poiché cari amici sono / poiché cari amici sono / mai nessuno potrà negar.

Zia Kate ora faceva apertamente uso del fazzoletto e anche zia Julia aveva l'aria commossa. Freddy Malins batteva il tempo con la forchetta da pudding e i cantori si volgevano l'uno verso l'altro quasi in melodiosa conferma, cantando con enfasi:

> Unless he tells a lie,
> unless he tells a lie.[1]

E tornando poi a voltarsi verso le padrone di casa riprendevano:

> For they are jolly gay fellows,
> for they are jolly gay fellows,
> for they are jolly gay fellows,
> which nobody can deny.

L'acclamazione che seguì venne ripetuta in diverse riprese dagli altri ospiti, dietro la porta della stanza da pranzo e Freddy Malins seguitava a fare da direttore d'orchestra con la forchetta per aria.

L'aria pungente del mattino entrava nel vestibolo dove si erano raccolti, tanto che zia Kate disse:

«Chiuda un po' la porta, qualcuno. Mrs. Malins morirà dal freddo.»

«C'è Browne di fuori, zia Kate» disse Mary Jane.

«Browne è dappertutto» disse zia Kate abbassando la voce.

Mary Jane si mise a ridere.

«Certo che è molto assiduo» disse con malizia.

«Gravita qui come il gas» disse zia Kate sullo stesso tono «per tutto il tempo delle feste di Natale.»

E questa volta fu lei a ridere di cuore, soggiungendo poi in fretta:

«Ma digli di venire dentro, Mary Jane, e di chiudere la porta. Speriamo che non m'abbia sentito.»

In quel momento la porta si spalancò e dagli scalini entrò Mr. Browne che rideva a crepapelle. Aveva indosso un lungo pastrano verde con polsi e colletto in finto astrakan e in testa un berretto a forma ovale, di pelo. Indicò il lungofiume tutto coperto di neve, dal quale giungeva lo stridore di un fischio continuato.

---

[1] A men di dire il falso / a men di dire il falso.

«Teddy farà accorrere tutte le carrozze di Dublino» disse.

Infilandosi a fatica il cappotto Gabriel si fece avanti dallo stanzino dietro l'office, e guardandosi attorno nel vestibolo domandò:

«E Gretta, non è ancora scesa?»

«Si sta vestendo, Gabriel» disse zia Kate.

«Chi è che suona di sopra?» domandò Gabriel.

«Nessuno. Se ne sono andati tutti.»

«Ma no, zia Kate» disse Mary Jane «ci sono ancora Bartell D'Arcy e Miss O'Callaghan.»

«Comunque, c'è qualcuno che strimpella» disse Gabriel.

Mary Jane dette un'occhiata a Gabriel e a Mr. Browne e disse rabbrividendo:

«Mi fa venir freddo vedervi così intabarrati. Non mi piacerebbe dover affrontare il vostro viaggio fino a casa a quest'ora.»

«Per me invece» disse forte Mr. Browne «non ci sarebbe nulla di più piacevole adesso che una bella camminata in campagna o una bella corsa in carrozza, con un buon cavallino fra le stanghe.»

«A casa un tempo tenevamo un buonissimo cavallo e un calesse» disse zia Julia con rimpianto.

«L'indimenticabile Johnny!» rise Mary Jane, e anche zia Kate e Gabriel si misero a ridere.

«Perché, cosa aveva di straordinario questo Johnny?» domandò Mr. Browne.

«Il povero Patrick Morkan, cioè nostro nonno buon'anima» spiegò Gabriel «più noto negli ultimi anni della sua vita come "il vecchio signore", era un fabbricante di colla.»

«Andiamo, Gabriel» disse zia Kate ridendo «era un mulino d'amido!»

«Be', amido o colla che fosse» disse Gabriel «il vecchio signore aveva un cavallo chiamato Johnny. E Johnny lavorava al mulino del vecchio signore, girando e girando tutto il giorno per farlo andare. Fin qui niente di male, ma ora viene il tragico. Una bella mattina il vecchio signore pensò che gli sarebbe piaciuto uscirsene in carrozza con l'aristocrazia per assistere a una rivista militare nel parco.»

«Che Dio lo abbia in gloria!» disse zia Kate in tono pio.

«Amen» disse Gabriel. «E così, come vi dicevo, il vecchio

signore attaccò Johnny, si mise il colletto duro e la tuba migliore e in pompa magna se ne partì dall'avita magione che si trovava, mi pare, nei pressi di Back Lane.»

Tutti, perfino Mrs. Malins, si misero a ridere al tono di Gabriel e zia Kate disse:

«Ma no, Gabriel, non abitava a Back Lane. Là c'era solo il mulino.»

«Partì insomma con Johnny dalla magione dei suoi padri» continuò Gabriel «e tutto andò a meraviglia finché Johnny non arrivò dinanzi alla statua di re Billy e là, sia che s'innamorasse del cavallo di re Billy, sia che pensasse di ritrovarsi al suo mulino, fatto sta che si mise a girare e a girare attorno al monumento.»

E in mezzo alle risate generali, Gabriel con le sue soprascarpe fece un mezzo giro nell'atrio.

«Girava e girava» disse Gabriel «e il vecchio signore che era un vecchio signore molto pomposo, montò su tutte le furie: "Avanti, avanti, signore! Che vi prende dunque? Johnny! Johnny! Cosa significa questa condotta! Incomprensibile!".»

Lo scroscio di risa che seguì alla mimica di Gabriel fu interrotto da un sonoro picchio alla porta d'ingresso. Mary Jane corse ad aprire ed entrò Freddy Malins, un Freddy Malins col cappello tirato fin sulla nuca, le spalle rattratte a causa del freddo e sbuffante e ansimante in conseguenza delle sue fatiche.

«Sono riuscito a trovare solo una carrozza» disse.

«Be', ne troveremo un'altra sul lungofiume» disse Gabriel.

«Sì» disse zia Kate. «Meglio non tenere Mrs. Malins qui alle correnti.»

Mrs. Malins venne aiutata a scendere i gradini dal figlio e da Mr. Browne e, dopo molte manovre, issata in carrozza. Freddy Malins salì subito dopo di lei e impiegò una infinità di tempo ad accomodarla sul sedile con Mr. Browne che lo aiutava coi suoi consigli. Alla fine fu comodamente sistemata e Freddy Malins invitò Mr. Browne a salire. Ci furono un bel po' di discorsi confusi, poi anche Mr. Browne salì. Il vetturino s'avvolse le gambe nella coperta e si chinò a chiedere l'indirizzo. La confusione s'accrebbe e Freddy Malins e Mr. Browne si sporsero ciascuno da un finestrino dando due indicazioni diverse. La difficoltà era decidere dove depositare Mr. Browne e zia Kate, zia Julia e Mary Jane dalla soglia aiutavano la discussione con altre indicazioni e contraddizioni e un'infinità di risate. In quanto poi a Freddy Malins non gli riusciva nemmeno più di parlare dal ridere e con la testa faceva un dentro e fuori continuo, a notevole rischio del cappello, per riferire alla madre i progressi del dibattito. Finché finalmente Mr. Browne, dominando il chiasso delle risate generali, non gridò al vetturino stupefatto:

«Sapete dov'è il Trinity College?»

«Sissignore» disse il vetturino.

«Be', andate a sbattere dritto fino ai cancelli del Trinity College» disse Mr. Browne «e là vi diremo che direzione prendere. Capito?»

«Sissignore» disse il vetturino.

«Come una freccia al Trinity College, allora!»

«Benissimo, signore» disse il vetturino.

Un colpo di frusta al cavallo e la carrozza s'avviò rumorosamente per il lungofiume fra un coro di risate e di addii.

Gabriel non era uscito sulla soglia con gli altri. Era rimasto nella parte buia dell'atrio e guardava su in alto verso le scale. C'era una donna lassù, in cima alla prima rampa, in ombra anche lei. Non riusciva a vederne il viso ma solo i quadri rosa salmone e terracotta della sottana che l'ombra faceva apparir bianchi e neri. Era sua moglie. S'appoggiava alla ringhiera e ascoltava qualcosa. Lo sorprese la sua immobilità e anche lui tese l'orecchio ad ascoltare. Ma oltre il rumore delle risate e della discussione sull'ingresso poté udire ben poco: alcuni accordi sul pianoforte e note sparse d'una voce di uomo che cantava.

Fermo nel buio dell'atrio si sforzava d'afferrare il motivo dell'aria che la voce cantava e guardava la moglie. Vi erano grazia e mistero nel suo atteggiamento, quasi che ella fosse il simbolo di qualcosa. Si chiedeva cosa potesse mai simboleggiare una donna in piedi sulle scale nell'ombra, in ascolto d'una musica lontana. Se fosse stato un pittore l'avrebbe ritratta così, l'azzurro cappello di feltro avrebbe fatto risaltare sul buio il bronzo dei capelli, e i quadri scuri della sottana avrebbero dato risalto a quelli chiari. *Musica lontana* avrebbe intitolato il quadro, se fosse stato un pittore.

La porta d'ingresso si richiuse e zia Kate, zia Julia e Mary Jane rientrarono ancora ridendo.

«Non è tremendo quel Freddy?» diceva Mary Jane. «Veramente tremendo!»

Gabriel non fece parola ma indicò la scala verso il punto dove stava la moglie. Ora che la porta era chiusa la voce e il suono del pianoforte s'udivano più chiaramente. Gabriel alzò la mano perché tacessero. Sembrava una canzone di vecchio stile irlandese e il cantante appariva incerto sia delle parole che della propria voce. La voce, fatta lamentosa dalla distanza e dalla raucedine del cantante, illuminava appena la cadenza con espressioni di dolore:

> Oh, la pioggia cade sulla mia chioma greve
> e la rugiada bagna la mia pelle;
> il mio bambino giace gelido...

«Oh, è Bartell D'Arcy che canta!» esclamò Mary Jane. «E non ha voluto cantare in tutta la sera... Gli farò cantare una canzone adesso, prima che se ne vada.»

«Sì, sì, vai Mary Jane» disse zia Kate.

Passando davanti agli altri Mary Jane corse verso le scale, ma prima che l'avesse raggiunte il canto s'interruppe e il pianoforte venne chiuso di schianto.

«Che peccato!» gridò. «Sta venendo giù, Gretta?»

Gabriel sentì la risposta affermativa della moglie e la vide scendere verso di loro. A pochi passi la seguivano Mr. Bartell D'Arcy e Miss O'Callaghan.

«Ah, Mr. D'Arcy» gridò Mary Jane «è stata proprio una cattiveria da parte vostra smettere così d'un tratto mentre vi stavamo tutti a sentire incantati!»

«L'ho pregato tutta la sera» disse Miss O'Callaghan «e anche Mrs. Conroy. Ma lui sostiene che è raffreddatissimo e non può cantare...»

«Ah, Mr. D'Arcy» disse zia Kate «questa adesso è una gran bugia.»

«Ma come, non avete sentito che sono rauco come una cornacchia?» disse brusco Mr. D'Arcy. In fretta si diresse nello stanzino a indossare il cappotto.

Gli altri, stupiti da tanta scortesia, non seppero che rispondere e zia Kate, aggrottando le ciglia, fece loro cenno di non insistere. Mr. D'Arcy scuro in viso s'avviluppava il collo con cura.

«È il tempo» disse zia Julia dopo una pausa.

«Eh sì, sono tutti raffreddati» disse pronta zia Kate «tutti!»

«Pare che da trent'anni almeno non si sia mai vista tanta neve» disse Mary Jane. «Stamane ho letto sul giornale che è nevicato dappertutto.»

«A me piace la neve» disse zia Julia con tristezza.

«Oh, anche a me!» disse Miss O'Callaghan. «Anzi, il Natale non mi pare nemmeno Natale, se non c'è neve.»

«Ma al povero Mr. D'Arcy la neve non piace» disse sorridendo zia Kate.

Mr. D'Arcy uscì dallo stanzino fasciato e imbacuccato fino al collo e in tono pentito prese a narrare la storia del suo raffreddore. Diedero tutti il loro consiglio, dissero ch'era un gran peccato e lo esortarono a salvaguardarsi bene la gola dall'aria della notte. Gabriel osservava la moglie che non prendeva parte alla conversazione. Ella stava in piedi sotto il lucernario polveroso e la fiamma a gas le accendeva il ricco color bronzo dei capelli che egli le aveva visto asciugare dinanzi al fuoco, pochi giorni prima. Aveva lo stesso atteggiamento, adesso, e pareva non accorgersi dei discorsi attorno a lei. Alla fine si voltò e Gabriel vide che aveva le guance accese e gli occhi scintillanti. Un'onda improvvisa di gioia gli balzò dal cuore.

«Mr. D'Arcy» lei disse «che canzone cantavate, prima?»

«*La Fanciulla di Aughrim*. Ma non la so bene» disse Mr. D'Arcy. «Perché? La conoscete?»

«*La Fanciulla di Aughrim*» ripeté lei. «Non riuscivo a ricordarne il nome.»

«È un'aria molto bella» disse Mary Jane. «Mi dispiace che non siate in voce stasera.»

«Su, Mary Jane» disse zia Kate «non tormentare Mr. D'Arcy. Non voglio.»

Visto che erano tutti pronti a partire, li guidò verso la porta dove vennero scambiati gli ultimi saluti.

«Buona notte, zia Kate, e grazie della magnifica serata.»

«Buona notte, Gabriel! Buona notte, Gretta!»

«Buona notte, zia Kate, e grazie di nuovo. Buona notte, zia Julia.»

«Oh! buona notte, Gretta, non t'avevo visto...»

«Buona notte, Mr. D'Arcy. Buona notte, Miss O'Callaghan.»

«Buona notte, Miss Morkan.»

«Buona notte di nuovo.»

«Buona notte a tutti. Buon ritorno a casa.»

«Buona notte, buona notte...»

La mattina era ancora buia. Un'opaca luce gialla s'attardava sulle case e sul fiume e il cielo pareva più basso sulla terra. C'era fanghiglia per terra, e la neve restava solo in chiazze e strisce sui tetti, sui parapetti del lungofiume e sulle cancellate. Le lampade ardevano ancora rossastre nell'aria buia e di là dal fiume il Palazzo delle Quattro Corti s'ergeva minaccioso contro il cielo greve.

Ella gli camminava dinanzi assieme a Bartell D'Arcy, le scarpette involtate in carta scura sotto il braccio, e le mani che reggevano la gonna perché non s'infangasse. Non aveva più grazia alcuna d'atteggiamento, ma gli occhi di Gabriel scintillavano ancora di felicità, il sangue gli pulsava impetuoso nelle vene e pensieri arditi, gai, teneri e orgogliosi gli s'affollavano alla mente.

Gli camminava dinanzi dritta e leggera tanto che avrebbe voluto correrle dietro senza rumore, afferrarla per le spalle e mormorarle una qualsiasi sciocchezza affettuosa all'orecchio. Gli pareva così fragile da provare il desiderio di difenderla da qualcosa e di restare poi solo con lei. Attimi segreti della loro vita in comune gli sfolgorarono come stelle alla memoria. Una busta color eliotropio accanto alla tazza della colazione e lui la carezzava piano con le dita. Gli uccelli cinguettavano nell'edera e la trama assolata della tendina tremava rasente terra: non riusciva a mangiare per la felicità. Stavano in piedi nella piattaforma affollata e lui le infilava il biglietto nel palmo caldo, sotto il guanto. Le stava accanto nel freddo e guardavano attraverso la grata l'uomo che soffiava bottiglie nella fornace ruggente. Era molto freddo. Si sentiva vicino il viso di lei fragrante nell'aria gelida e tutto a un tratto aveva gridato all'uomo della fornace: «Ehi, è caldo il fuoco?»

Ma l'uomo non poteva intendere per il rumore. Tanto meglio così: avrebbe potuto rispondergli male.

Un'ondata di più tenera gioia gli sfuggì dal cuore e gli corse in flusso caldo per le vene. Simili a lievi fuochi di stelle, attimi della loro vita segreta, di quella vita che nessuno sapeva e avrebbe mai saputo, irruppero a illuminargli la memoria. Desiderava ricordarle quegli attimi, farle dimenticare gli anni della loro monotona esistenza in comune e ricordare solo momenti di estasi. Poiché quegli anni, lo sentiva, non avevano spento né la sua anima né quella di lei, e i figli, il lavoro, le cure domestiche non avevano attenuato il tenero fuoco dei loro cuori. In una lettera scritta allora le aveva detto: "Perché avviene che parole come queste mi paiano sempre troppo fredde e insignificanti? È perché non esiste per te nome abbastanza soave?".

Come musica lontana queste parole scritte anni prima gli rinascevano dal passato. Voleva restare solo con lei. Quando gli altri se ne fossero andati e lui e lei si fossero ritrovati nella loro camera in albergo, allora sì che sarebbero stati soli. L'avrebbe chiamata, piano:

"Gretta!"

Forse non l'avrebbe inteso subito, intenta a svestirsi. Poi qualcosa nella sua voce l'avrebbe colpita. Si sarebbe voltata a guardarlo...

All'angolo di Winetavern Street trovarono una carrozza. Fu contento del rumore squassante perché lo esimeva dalla conversazione. Ella guardava fuori del finestrino e aveva l'aria stanca. Gli altri scambiavano poche parole, additandosi a vicenda un monumento o una strada. Il cavallo trottava stanco sotto il cielo buio del mattino trascinandosi dietro la vecchia scatola rumorosa e Gabriel di nuovo si ritrovava solo in carrozza con lei, in corsa per arrivare a tempo al battello, in corsa verso la loro luna di miele.

Mentre passavano sull'O'Connel Bridge Miss O'Callaghan disse:

«Pare che non si possa traversare questo ponte senza vedere un cavallo bianco.»

«Io vedo un uomo bianco, questa volta» disse Gabriel.

«Dove?» domandò D'Arcy.

Gabriel additò la statua chiazzata di neve e facendole un cenno familiare col capo agitò la mano in segno di saluto.

«Buona notte, Dan!» disse allegramente.

Quando la carrozza si fermò davanti all'albergo, Gabriel saltò giù e nonostante le proteste di Mr. D'Arcy pagò la corsa. Diede all'uomo uno scellino di mancia. L'uomo salutò e disse:

«Buon anno, signore!»

«Altrettanto a voi» disse Gabriel cordialmente.

Ella gli s'appoggiò al braccio un momento nello scendere dalla vettura e dopo, mentre ferma sul marciapiede augurava agli altri la buona notte. Gli s'appoggiava appena come quando aveva ballato con lui poche ore prima. Allora si era sentito fiero e felice, felice che fosse sua, fiero della sua femminilità e della sua grazia. Ma adesso, dopo il riaccendersi di tanti ricordi, quel primo contatto del suo corpo, strano e armonioso e profumato, lo percorse di uno spasimo acuto di lussuria. Protetto dal silenzio se ne strinse il braccio contro il fianco e mentre stavano in piedi davanti alla porta dell'albergo sentì che erano fuggiti entrambi dalla loro vita solita e dai soliti doveri, fuggiti dalla famiglia, dagli amici, fuggiti insieme con cuori raggianti e appassionati verso una nuova avventura.

Un vecchio sonnecchiava in un seggiolone nell'atrio. Accese una candela nel bureau e li precedette su per le scale. Lo seguirono in silenzio, il rumore dei passi attutiti dal tappeto folto delle scale. Ella saliva dietro il portiere, la testa china, le esili spalle curve come sotto un peso, la gonna raccolta intorno. Avrebbe voluto afferrarla ai fianchi e tenerla stretta, tanto le braccia gli tremavano dal desiderio e solo piantandosi le unghie nelle palme riuscì a trattenere lo sfrenato impulso della sua carne.

Il portiere si fermò sulle scale per fissare nel candeliere la candela che smoccolava, e anche loro si fermarono sul gradino sottostante. Nel silenzio Gabriel sentiva lo sgocciolio della cera sul piattello e il battere del proprio cuore contro le costole.

Il portiere li guidò lungo il corridoio e aprì una porta. Poi posò la candela oscillante sul cassettone e chiese a che ora volevano essere svegliati l'indomani.

«Alle otto» disse Gabriel.

Il portiere accennò all'interruttore della luce elettrica e cominciò a borbottare una scusa, ma Gabriel tagliò corto.

«Non abbiamo bisogno di luce. Ne viene abbastanza dalla strada. E dico» aggiunse indicando la candela «quel bell'affare potete anche portarvelo via, da bravo.»

Il portiere la riprese, ma adagio, stupito di quella novità. Poi biascicò una buona notte e uscì. Gabriel tirò il paletto.

La squallida luce del lampione della strada s'allungava a striscia da una finestra alla porta. Gabriel, gettati cappotto e cappello su un divano, traversò la stanza verso la finestra. Guardava fuori nella strada per dar modo alla sua emozione di calmarsi. Poi si voltò appoggiandosi al cassettone, con le spalle alla luce. Anche lei si era tolto cappello e mantello e in piedi dinanzi alla specchiera si sganciava il corpetto. Per un po' Gabriel rimase zitto a osservarla, poi disse:

«Gretta!»

Adagio ella s'allontanò dallo specchio e gli venne incontro lungo la striscia di luce. Aveva un viso così serio e stanco che le parole gli morirono sulle labbra. No, non era ancora il momento.

«Hai l'aria stanca» le disse.

«Lo sono un po'» lei rispose.

«Non ti senti male, vero?»

«No, solo un po' stanca.»

Ella s'avvicinò alla finestra e stette lì, guardando fuori.

Gabriel aspettò ancora, poi temendo che la timidezza prendesse in lui il sopravvento, disse a un tratto:

«A proposito, Gretta...»

«Cosa?»

«Sai, quel povero Malins...» disse in fretta.

«Ebbene?»

«Be' poveraccio, è un brav'uomo in fondo» continuò Gabriel con voce falsa. «M'ha reso quella sovrana che gli avevo prestato e veramente ormai non me l'aspettavo. Peccato che non riesca a tenersi lontano da quel Browne perché, in fin dei conti, non sarebbe cattivo...»

Tremava dalla tensione. Perché pareva così distratta? Forse anch'essa era tormentata da qualcosa? Se almeno si fosse rivolta a lui o spontaneamente gli fosse venuta vicino! Prenderla così sarebbe stato brutale. No, prima voleva vederle un po' di fuoco negli occhi. Voleva vincere quel suo strano umore.

«E quando gliel'avevi prestata?» gli domandò dopo una pausa.

A stento Gabriel si trattenne dal prorompere in improperi contro quello sciocco di Malins e la sua sterlina. Avrebbe voluto dar sfogo in un grido all'anima sua, stringerla a sé, dominarla. Invece disse:

«Oh, a Natale quando aprì quel negozietto di cartoline in Henry Street.»

Tale era la sua febbre di rabbia e di desiderio che non la udì allontanarsi dalla finestra. Per un attimo gli stette dinanzi, guardandolo stranamente. Poi, alzatasi a un tratto in punta di piedi e appoggiategli appena le mani sulle spalle, lo baciò.

«Sei molto generoso, tu, Gabriel» gli disse.

Tremante di piacere per quel bacio improvviso e per la stranezza della frase, Gabriel le mise le mani sui capelli e prese a carezzarglieli piano, sfiorandoli appena con le dita. Lavarli li aveva resi fini e lucenti. Il cuore gli traboccava di felicità. Proprio nel momento in cui la desiderava ella era venuta a lui, spontaneamente. Forse i pensieri di lei avevano corso insieme ai suoi. Forse aveva sentito in lui l'impeto del desiderio e ciò l'aveva disposta all'abbandono. Adesso ch'ella gli s'era arresa così facilmente, si domandava il perché della sua sfiducia.

Rimase immobile tenendole la testa fra le mani. Poi, passandole in fretta un braccio intorno alla vita, l'attirò a sé e disse piano:

«Gretta, cara, a che pensi?»

Essa non rispose né si abbandonò interamente all'abbraccio. Ripeté ancora piano:

«Dimmi cos'hai, Gretta. Credo di sapere di che si tratta. Lo so?»

Non rispose subito. Poi disse in uno scoppio di lacrime:

«Oh, pensavo a quella canzone, *La Fanciulla di Aughrim.*»

E scioltasi dalla stretta, corse al letto, gettò le braccia sulla spalliera e nascose il viso. Per un istante Gabriel rimase pietrificato dallo stupore, poi la seguì. Passando dinanzi alla specchiera vi si vide riflesso da capo a piedi: il petto della camicia teso e rigonfio, gli occhiali cerchiati d'oro e il viso, la cui espressione lo imbarazzava sempre quando si guardava allo specchio. Si fermò a pochi passi da lei e disse:

«Cosa c'entra la canzone? Perché ti fa piangere?»

Ella rialzò la testa dalle braccia e s'asciugò gli occhi col dorso della mano, come una bambina. Una nota più gentile di quanto intendesse, entrò nella sua voce:

«Perché, Gretta?» le domandò.

«Mi fa pensare a qualcuno tanto tempo fa che la cantava...»

«E chi è questo qualcuno tanto tempo fa?» domandò Gabriel sorridendo.

«Uno che avevo conosciuto a Galway quando stavo da mia nonna» lei disse.

Il sorriso scomparve dalla faccia di Gabriel. Una rabbia opaca tornò ad accumularsi nel fondo della mente e opache fiamme di lussuria gli arsero rabbiose nelle vene.

«Uno di cui eri innamorata?» domandò beffardo.

«Era un ragazzo che conoscevo. Si chiamava Michael Furey e cantava quella canzone *La Fanciulla di Aughrim.* Era molto delicato di salute.»

Gabriel taceva. Non voleva farle pensare che questo ragazzo delicato lo interessava.

«Mi pare ancora di vederlo» ella disse dopo un momento. «Gli occhi che aveva, grandi, scuri... E con una tale espressione dentro, un'espressione!»

«Oh, ma allora sei innamorata di lui?» disse Gabriel.

«Andavamo a spasso insieme, quando stavo a Galway.»

Un pensiero gli traversò la mente.

«Forse è per questo che volevi andare a Galway con quella Ivors?» disse freddo.

Lei lo guardò stupita e domandò:

«Perché?»

I suoi occhi lo imbarazzavano. Si strinse nelle spalle.

«Che ne so io! Per vederlo, forse.»

In silenzio lei guardò lontano da lui, lungo la striscia di luce verso la finestra.

«È morto» disse alla fine. «Morì che aveva appena diciassette anni. Non è tremendo morire così giovani?»

«E che faceva questo ragazzo?» domandò Gabriel ancora ironico.

«Era impiegato del gas» ella disse.

Si sentì mortificato dall'insuccesso della sua ironia e dall'evocazione di questa immagine del morto, un ragazzo impiegato del gas. Mentre egli si saziava dei ricordi della loro vita in comune, di tenerezza, di gioia, di desiderio, lei dentro di sé lo aveva confrontato a un altro. Una coscienza umiliata della propria persona lo assalì. Si vide come una figura ridicola, una specie di galoppino delle zie, un sentimentale nervoso e bene intenzionato

che arringava la gente dappoco e idealizzava i propri bassi appetiti, quell'essere fatuo e pietoso di cui aveva colto l'immagine nello
specchio. D'impulso voltò le spalle alla luce per tema che ella
potesse accorgersi della vergogna che gli bruciava la fronte.

Si sforzò di mantenere un tono di freddo interrogatorio, ma
quando parlò la voce gli suonò umile e smorta.

«Immagino che tu fossi innamorata di questo Michael Furey,
Gretta.»

«Stavamo molto insieme, allora» lei disse.

Aveva una voce triste e velata. E Gabriel sentendo quanto
sarebbe stato vano tentare di ricondurla dove avrebbe voluto, le
carezzò una mano e disse con eguale tristezza:

«E di cosa è morto così giovane, Gretta? Di tisi?»

«Credo che sia morto per me» lei rispose.

A quella risposta un vago terrore afferrò Gabriel quasi che
proprio nell'ora in cui aveva sperato di trionfare, un essere
impalpabile e vendicativo gli venisse incontro, raccogliendo forze
contro di lui nel suo etereo mondo. Con uno sforzo della ragione
però se ne liberò, e continuò a carezzarle la mano. Non le
domandava più nulla adesso perché sapeva ch'ella gli avrebbe
detto tutto di sua spontanea volontà. La sua mano era umida e
calda e non rispondeva alla carezza, ma egli seguitava a carezzarla
proprio come aveva carezzato la prima lettera sua, in quella
lontana mattina di primavera.

«Fu in inverno» ella disse «sul principio dell'inverno quando
stavo per lasciare la casa di mia nonna, per venire qui in
convento. E lui s'era ammalato nel suo alloggio di Galway, tanto
che non poteva nemmeno uscire e avevano scritto ai suoi giù a
Oughterard. Era sul declino, dicevano, o qualcosa di simile. Non
l'ho mai saputo per certo.»

S'interruppe un istante e sospirò.

«Povero ragazzo! Mi voleva così bene ed era d'animo così
gentile! Facevamo delle passeggiate insieme, sai Gabriel, come si
fa in campagna. Avrebbe studiato canto se non fosse stato per la
salute. Aveva tanto una bella voce, povero Michael!»

«Bene, e poi?» domandò Gabriel.

«E poi quando venne il momento che dovevo lasciare Galway
per entrare in convento, lui stava assai peggio e non mi permisero
di vederlo. Così gli scrissi una lettera dicendo che andavo a

Dublino e che sarei tornata per l'estate e che speravo di trovarlo meglio allora...»

S'interruppe di nuovo per dominare la voce, poi riprese:

«La notte prima di partire ero nella casa della nonna a Nuns Island per fare i bagagli, e sentii un rumore di sassolini contro i vetri. Ma erano così bagnati di pioggia i vetri, che non riuscivo a vedere e così corsi giù com'ero e uscii fuori in giardino dalla porta posteriore e là in fondo c'era quel povero ragazzo che tremava.»

«E non gli dicesti di andar via?» domandò Gabriel.

«Lo implorai di tornare a casa subito e gli dissi che sarebbe morto con quella pioggia. Ma lui mi disse che non ci teneva a vivere. Mi pare di vederli ancora i suoi occhi. Stava in piedi in fondo al muro, dove c'era un albero.»

«E andò a casa?» domandò Gabriel.

«Sì, se ne andò. Non era passata una settimana che mi trovavo in convento, quando morì e fu sepolto a Oughterard, il paese dei suoi. Ah, il giorno che seppi ch'era morto...»

S'interruppe soffocata dai singhiozzi e sopraffatta dall'emozione si gettò a faccia in giù sul letto, singhiozzando nelle coltri. Gabriel le tenne ancora un momento la mano, irresoluto, poi, quasi temendo di riuscirle importuno nel suo dolore, la lasciò ricadere pian piano e se ne andò senza far rumore alla finestra.

Si era profondamente addormentata.

Appoggiato sui gomiti Gabriel le guardò per alcuni istanti, senza rancore, i capelli scomposti, la bocca semichiusa e ne ascoltò il respiro profondo. Dunque c'era un romanzo nella sua vita: un uomo era morto per lei. Quasi non gli doleva adesso pensare alla parte meschina che lui, il marito, vi aveva avuto. La guardava dormire come se mai fossero vissuti insieme da uomo e donna. Incuriositi, gli occhi s'attardarono a lungo sul suo viso, sui suoi capelli; e, pensando a quella che doveva essere stata allora, all'epoca della sua prima bellezza di fanciulla, una strana, dolce pietà per lei gli penetrò l'anima. Non voleva confessarlo nemmeno a se stesso che quel viso non era più bello; ma certo non era più il viso per il quale Michael Furey aveva sfidato la morte.

Forse non gli aveva detto tutto. Portò gli occhi alla sedia su cui ella aveva buttato alcuni dei suoi indumenti. Il laccio di una sottana pendeva sul pavimento, uno stivaletto stava in terra ritto, il gambale floscio ripiegato, e il compagno gli giaceva accanto su un fianco. Lo meravigliava quel disordine di emozioni, un'ora prima. Da dove era nato? Dalla cena delle zie, dal proprio sciocco discorso, dal vino e dal ballo, dall'allegria di quegli ultimi saluti nell'atrio, dal piacere della passeggiata lungo il fiume, sulla neve. Povera zia Julia! Anche lei presto sarebbe stata un'ombra con l'ombra di Patrick Morkan e il suo cavallo. Per un attimo le aveva visto in viso quell'aspetto di larva mentre cantava *Adorna per le nozze*. Presto forse si sarebbe trovato seduto in quello stesso salotto, vestito di nero, la tuba sulle ginocchia: le imposte sarebbero state accostate e zia Kate seduta accanto a lui, piangendo e soffiandosi il naso, gli avrebbe raccontato com'era morta. Si sarebbe torturato il cervello allora per trovare qualche parola che potesse consolarla e ne avrebbe trovate solo di goffe e inutili. Sì, sì, sarebbe accaduto molto presto.

L'aria della stanza gli gelava le spalle. S'allungò adagio sotto le coperte accanto alla moglie. A uno a uno tutti si sarebbero mutati in ombre. Meglio trapassare baldanzosi nell'altra vita, nel pieno della passione, che appassire e svanire a poco a poco nello squallore degli anni. Pensò a come colei che gli giaceva a fianco avesse serbato così a lungo in cuor suo l'immagine degli occhi del suo innamorato quando le aveva detto che non desiderava di vivere.

Lacrime generose gli gonfiarono gli occhi. Non aveva mai provato nulla di simile per nessuna donna, ma sapeva che quello doveva essere veramente amore. Più fitte le lacrime gli velarono gli occhi e nella semioscurità immaginò la figura di un giovane in piedi sotto un albero gocciolante di pioggia. Altre figure gli erano accanto. L'anima sua s'avvicinava alle regioni abitate dalla immensa folla dei morti. E pur essendo cosciente di quella loro illusoria e vacillante esistenza, non riusciva ad afferrarla. La sua stessa identità svaniva in un mondo grigio e impalpabile: la stessa solida terra in cui quei morti avevano un tempo dimorato e procreato, si dissolveva e si rimpiccioliva.

Un battere leggero sui vetri lo fece voltare verso la finestra. Aveva ripreso a nevicare. Assonnato guardava i fiocchi neri e argentei cadere di sbieco contro il lampione. Era venuto il momento di mettersi in viaggio verso l'ovest. I giornali dicevano il vero: c'era neve dappertutto in Irlanda. Neve cadeva su ogni punto dell'oscura pianura centrale, sulle colline senz'alberi; cadeva lieve sulle paludi di Allen e più a occidente cadeva lieve sulle fosche onde rabbiose dello Shannon. E anche là, su ogni angolo del cimitero deserto in cima alla collina dov'era sepolto Michael Furey. S'ammucchiava alta sulle croci contorte, sulle tombe, sulle punte del cancello e sui roveti spogli. E l'anima gli svanì lenta mentre udiva la neve cadere stancamente su tutto l'universo, stancamente cadere come scendesse la loro ultima ora, su tutti i vivi e i morti.

(Trad. di Franca Cancogni)

«The Dead», da *Dubliners*, 1914;
da *Gente di Dublino*, Mondadori 1978.

D. H. Lawrence
SECONDA SCELTA

«Oh, sono stanca!» esclamò Frances con voce petulante, lasciandosi cadere sull'erba, presso la siepe. Anne ristette un momento sorpresa, poi, abituata alle stranezze della sua cara, disse:

«Mi pare abbastanza comprensibile che tu debba essere stanca, dopo aver fatto quel po' po' di viaggio da Liverpool a qui, ieri.» E si lasciò cadere accanto alla sorella. Anne era una saggia ragazzina di quattordici anni, molto sviluppata e piena di buon senso. Frances, molto più vecchia – circa ventitré anni –, volubile, spasmodica, era la bellezza e la ragazza prodigio della casa. Si andava tirando i bottoni di argentina del vestito, nervosissima, con una sorta di frenesia. Il suo bel profilo, coronato di capelli neri, caldo e dal colorito rosso-bruno delle pere era impassibile come una maschera; la mano bruna e sottile tormentava i bottoni convulsa.

«Il viaggio non c'entra» disse, irritata dall'ottusità di Anne. Anne guardò la sua prediletta con aria interrogativa. La ragazza si studiava, nel suo modo pratico e sereno, di spiegare a se stessa la strana creatura che le stava a fianco. Ma si trovò d'un tratto con gli occhi di Frances fissi nei suoi: due occhi neri e febbrili fiammeggianti di sfida, e si ritrasse. Frances era famosa per quelle grandi occhiate senza compromessi, che sconcertavano tutti con la loro subitanea violenza.

«Che cos'hai, tesoruccio mio?» chiese Anne mentre stringeva tra le braccia il corpo sottile e ribelle dell'altra. Frances rise nervosa, poi si rannicchiò a suo agio, posando il capo sul petto in germoglio della giovanetta, tanto più robusta di lei.

«Oh, solo un po' di stanchezza» mormorò, sul punto di piangere.

«Ma naturalmente! Che cosa ti aspettavi?» la consolò Anne. Frances trovava divertente che Anne le facesse da sorella maggiore, quasi da mamma. Ma Anne era ancora nell'età felice, mentre Frances, con i suoi ventitré anni, soffriva molto.

Il mattino era intensamente immobile sopra la campagna. Tutto, sul prato, scintillava accanto alla propria ombra e la costa della collina emanava mutamente calore. La terra bruna sembrava subire un processo di lenta combustione, le foglie delle querce erano bruciate sino a essere brune. Tra il fogliame che nereggiava in distanza splendevano il rosso e l'arancione del villaggio.

Improvvisamente i salici lungo il ruscello ai piedi del pendio furono corsi da un brivido, sprizzarono scintille come diamanti. Una folata di vento. Anne riprese la sua posizione normale. Aprì le ginocchia, si mise in grembo una manata di nocciole, verdi-bianchicce e fogliose, un lato delle quali era tinto dal sole tra il bruno e il rosa. Poi si mise a spezzarle e a mangiare. Frances, a testa china, pensava amara tra sé.

«Di' un po', conosci Tom Smedley?» cominciò la giovanetta sforzandosi di tirar fuori una nocciola fortemente incastrata nel guscio.

«Credo bene» rispose Frances sarcastica.

«Be', mi ha dato un coniglio selvatico che ha preso, e mi ha detto di metterlo insieme con quello domestico che ho già...»

«Meno male» osservò Frances, ironica e lontana.

«Direi! Voleva accompagnarmi alla festa di Ollerton, ma poi non ne ha fatto nulla. Sta' a sentire: figurati che ci è andato con una servetta del rettorato; l'ho visto io.»

«Benissimo» disse Frances.

«Benissimo un corno! E gliel'ho detto. E gli ho detto che ti avrei raccontato tutto, anche... e l'ho fatto.»

Fece crocchiare una nocciola tra i denti, ne tolse il frutto, si mise a masticare compiaciuta.

«Non vedo che ci sia una gran differenza» disse Frances.

«Be', forse no; ma io ne fui furiosa.»

«Perché?»

«Perché sì, non gli riconosco il diritto di andare con una serva.»

«Può farlo fin che vuole» insistette Frances, fredda e serena.

«No, dal momento che aveva detto che avrebbe accompagnato me.»

Frances dette una risata di sollievo, divertita.

«Sì, me n'ero dimenticata» disse, e aggiunse: «E che cosa ha detto quando hai minacciato di raccontarmi tutto?».

«Rise e disse: "Non se la prenderà così calda".»

«No davvero» concluse Frances, sprezzante.

Tacquero. Il prato, con i suoi cardi secchi e dal capo biondo, i cumuli di rovi silenziosi, l'erica dai baccelli bruni nella vampa del sole, sembravano una visione. Oltre il ruscello incominciava il vasto disegno dei campi lavorati: riquadri bianchi di stoppie d'orzo, riquadri bruni di frumento e quelli, più chiari, tenuti a pascolo, strisce rossastre di maggesi, mentre il terreno boschivo e le variazioni più cupe del minuscolo villaggio si prolungavano lontano, fino alle montagne, dove il disegno a riquadri si faceva sempre più piccolo, finché, nella caligine nerastra dell'afa, più oltre, si vedevano distintamente soltanto i piccoli riquadri bianchi delle stoppie d'orzo.

«Ehi, dico, c'è una tana di conigli qui!» esclamò Anne improvvisamente. «Vogliamo vedere se ne viene fuori uno? Ma bisogna star ferme, sai!»

Le due ragazze rimasero perfettamente immobili. Frances osservava alcune cose che le stavano intorno; avevano un aspetto strano, ostile: il peso delle bacche di sambuco, verdastre, che pendevano dai rametti violacei; lo scintillio giallo delle mele selvatiche che crescevano a grappoli in cima alla siepe, contro il cielo; le foglie esauste e accartocciate delle primule, appiattite ai piedi della siepe: tutto questo appariva strano. In quel punto i suoi occhi colsero un movimento. Una talpa si muoveva silenziosa sulla terra rossa e calda, annusando, strisciando qua e là, schiacciata e oscura come un'ombra, cambiando continuamente direzione, vivace a tratti e sempre silenziosa, come lo spirito inquieto della *joie de vivre*. Frances ebbe un sussulto e, per abitudine, fu sul punto di dire ad Anne che uccidesse il piccolo mostro. Ma oggi il suo stato di letargica infelicità la sopraffaceva. Seguì la bestiola con gli occhi mentre sgambettava, annusava, toccava le cose nella sua cecità per riconoscerle, estasiata dal sole e da quanto di caldo e strano le accarezzava il ventre e il naso. Provò per l'animale un profondo senso di pietà.

«Di' Frances, guarda! Una talpa!»

Anne s'era alzata in piedi, guardava la bestiola grigia e inconscia. Frances corrugò le ciglia, ansiosa.

«Non scappa mica, vero?» disse la piccola, piano. Poi si avvicinò furtiva alla talpa, che si spostò come a tentoni. In un attimo Anne le posò un piede sopra, senza premere troppo. Frances vide la bestiola dibattersi, i movimenti delle zampine rosa che sembrava nuotassero, il contorcersi e sussultare del naso aguzzo sotto la suola della scarpa.

«Come si contorce!» disse Anne aggrottando le ciglia, presa da una sensazione strana. Poi si chinò a guardare la sua trappola. Frances vedeva ora, oltre l'orlo della suola, il sussulto delle spalle vellutate, le pietose contrazioni del muso senz'occhi, il frenetico remeggio delle piatte zampine rosa.

«Uccidila» disse, distogliendo gli occhi.

«Oh, no, io no» rise Anne, rabbrividendo. «Uccidila tu, se vuoi.»

«Ma io *non* voglio» disse Frances con pacata intensità.

Dopo parecchi tentativi falliti, Anne riuscì a prendere l'animale per la nuca. Lo si vide allora gettare la testa all'indietro, scagliare il lungo muso cieco a destra e a sinistra, aprire la bocca in un ovale caratteristico, lungo gli orli del quale correvano i dentini rosa. Boccheggiava, cieco, frenetico, torceva il muso. Il corpo goffo e pesante rimaneva penzoloni, quasi immobile.

«Fa di tutto per mordermi» disse Anne, torcendosi anche lei per evitare l'assalto dei denti.

«Che cosa ne vuoi fare?» chiese Frances, seccamente.

«Bisogna ucciderla... guarda il guasto che fanno. La porterò a casa perché il babbo o qualcun altro la uccidano. Non la lascio andare.»

Avvolse la bestia alla meglio nel fazzoletto e sedette accanto alla sorella. Ci fu una pausa di silenzio, durante la quale Anne lottò contro gli sforzi della talpa per liberarsi.

«Non hai trovato molto da dire sul conto di Jimmy questa volta. Lo hai visto spesso a Liverpool?» domandò Anne improvvisamente.

«Un paio di volte» rispose Frances, dissimulando quanto la domanda la turbasse.

«Non gli vuoi più bene, allora?»

«Direi di no, dal momento che è fidanzato.»

«Fidanzato? Jimmy Barrass! Questa poi! Non avevo mai pensato che si potesse fidanzare.»

«Perché no? Ne ha diritto quanto qualsiasi altro!» ribatté Frances.

Anne era alle prese con la talpa.

«Può darsi,» disse infine «ma non immaginavo che Jimmy lo avrebbe fatto, però.»

«Vorrei sapere perché!» scattò Frances.

«Non so... Questa benedetta talpa non vuol star ferma un momento! Con chi si è fidanzato?»

«E come vuoi che lo sappia?»

«Credevo che glielo avessi domandato; lo conosci da tanto tempo. Forse ha pensato che doveva fidanzarsi perché è diventato dottore in chimica.»

Frances rise controvoglia.

«Che c'entra?» domandò.

«C'entra moltissimo, mi pare. Vorrà sentirsi *qualcuno*, ora, e così si è fidanzato. Ehi, fermati! Va' dentro!»

Ma in quel momento la talpa quasi riuscì a liberarsi. Si dibatteva e si contorceva frenetica, agitando la testina cieca e aguzza, la bocca aperta come un piccolo imbuto, le zampe contorte e protese.

«Va' dentro!» strillò Anne spingendo la bestiola con l'indice, cercando di ricacciarla nel fazzoletto. Improvvisamente la bocca dell'animale si avventò come un guizzo di fiamma sul dito di lei.

«Ahi!» gridò la ragazza. «M'ha morso!»

Lasciò cadere il fazzoletto e la bestia che rimase lì, cieca, stordita, a brancicare. Frances fu sul punto di emettere un urlo. Si aspettava che la talpa scappasse in un lampo, come un topo, e invece rimaneva lì a brancolare; voleva gridarle di andarsene. Anne, in un impeto d'ira improvvisa, afferrò il bastoncino da passeggio della sorella. La bestia morì al primo colpo. Frances rimase sconcertata, piena di raccapriccio. Un momento prima la povera bestiola si dibatteva al sole, e ora giaceva lì come un sacchetto nero, inerte... senza un sussulto, un brivido.

«È morta!» disse Frances, e aveva il fiato mozzo. Anne si tolse il dito di bocca, guardò le piccole punture di spillo, disse:

«Sì, e ne sono contenta. Le talpe sono bestie perfide e dannose.»

E con questa parola la sua ira svanì. Raccolse la bestiola morta.

«Bella pelle, vero?» mormorò accarezzandola con l'indice, poi con la guancia.

«Sta' attenta» fece Frances, rapida. «Ti sporcherai di sangue il vestito!»

Una goccia di sangue pendeva come un rubino dal muso della bestiola, stava per staccarsi. Anne la fece cadere con una piccola scossa su alcune campanule. Frances era divenuta improvvisamente tranquilla: adulta, ora.

«Credo anch'io che sia necessario ucciderle» disse, e al suo dolore si sostituì una sorta di tetra indifferenza. Lo scintillio delle mele selvatiche, la lucidità luminosa dei salici le apparivano ora insignificanti, oggetti sui quali non metteva quasi conto di posare gli occhi. Qualche cosa era morta in lei, e tutto aveva perduto d'intensità. Era calma, e sopra la sua tranquilla tristezza s'era steso un velo d'indifferenza. Alzandosi in piedi, si avviò lungo il corso del ruscello.

«Aspettami!» gridò Anne correndole dietro. «Aspettami.»

Frances si fermò sul ponticello, guardando la fanghiglia rossa profondamente segnata dalle zampe degli animali. Non c'era una goccia d'acqua, ma tutto appariva verde, pieno di linfa. Perché si occupava così poco di Anne, che le voleva tanto bene? si domandava. Perché si occupava così poco di tutti? Non lo sapeva, ma provava una sorta di ostinato orgoglio in quell'isolamento, in quella sua indifferenza.

Entrarono in un prato, dove biche d'orzo erano disposte in fila, con le trecce bionde sparse in terra. La stoppia era bruciata dalla canicola, così che la distesa splendeva di candore. Il campo vicino era dolce e molle d'una seconda mèsse; sottili piante di trifoglio sparse qua e là posavano graziosamente i loro bottoncini rosa sul verde cupo. Il sentore era appena percettibile e tuttavia morboso. Le due ragazze camminavano l'una dietro l'altra; Frances faceva strada.

Accanto al cancello un giovane stava falciando un po' d'erba per il pasto pomeridiano del suo bestiame. Nel vedere le ragazze smise di lavorare e rimase in attesa, come disorientato. Frances era vestita di mussola bianca, e camminava dignitosa, lontana, dimentica. Quella calma, quel modo semplice e distratto di venire avanti lo rendevano nervoso. Frances aveva amato il lontano Jimmy per cinque anni, e avuto in cambio solamente le sue mezze misure. Provava, ora, un vago interesse per quest'altro.

Tom era di media statura, vigoroso. Aveva il viso liscio e biondo arrossato, non abbronzato, dal sole, e quel rosso accresceva il suo aspetto allegro e spigliato. Aveva un anno più di Frances, e se lei si fosse mostrata disposta le avrebbe fatto la corte; così non essendo, aveva seguitato amabilmente per la sua strada sgombra d'imprevisti, chiacchierando con molte ragazze, ma rimanendo libero, e quasi senza fastidi. Ma si rendeva conto che aveva bisogno d'una donna. Come le ragazze si avvicinavano, si tirò un po' su i pantaloni alla cintola con un gesto leggermente studiato. Frances era una creatura rara, delicata, ed egli ne era conscio per quello strano e delizioso turbamento che gli correva nelle vene. Gli dava un lieve senso di soffocazione. In certo modo, quella mattina, ne rimase più colpito del solito. Era vestita di bianco. Egli, tuttavia, semplice com'era, non si rendeva conto di nulla. Il suo sentimento non era mai stato cosciente, non aveva mai mirato a uno scopo.

Frances sapeva a che cosa mirava. Tom era pronto ad amarla solo che lei si fosse mostrata disposta a manifestargli qualche interesse. Ora che Jimmy era perduto, non le importava gran che di nulla. Ma qualche cosa voleva ottenere. Se non poteva avere il migliore – Jimmy che si dava delle arie – si sarebbe presa l'uomo di seconda scelta, Tom. Continuò a camminare con una certa indifferenza.

«Siete tornata, dunque!» disse Tom. Ella notò una punta d'incertezza nella voce.

«No,» rise «sono ancora a Liverpool»; e il tono confidenziale di lei gli scaldò il sangue nelle vene.

«Allora quella che vedo è un'altra?» domandò lui.

Il cuore della giovane sussultò, approvando. Guardò l'uomo negli occhi e per un attimo fu con lui.

«Che ne pensate voi?» rise.

Egli sollevò un momento il cappello con un breve gesto nervoso. L'uomo le piaceva, con quello strano modo di fare, quel senso d'umorismo, quell'ignoranza, quella lenta mascolinità.

«Guardate un po' qui, Tom Smedley» intervenne Anne.

«Una talpa! L'avete trovata morta?» domandò egli.

«No, mi ha morso» disse Anne.

«Ah! E siete andata in bestia, eh?»

«No!» rimproverò Anne aspramente. «Che modo di esprimersi!»

«Non va?»

«Non posso soffrire di sentirvi parlare a quel modo.»

«Davvero?»

Guardò Frances.

«Non è bello» disse Frances. In realtà non gliene importava nulla. La parlata volgare, di solito, la urtava; Jimmy era un gentiluomo. Ma il modo di parlare di Tom non le importava niente.

«Mi piace che parliate come si deve» aggiunse.

«Ah!» rispose lui, scostando un poco il cappello all'indietro, solleticato.

«E generalmente lo fate, badate bene» sorrise lei.

«Ci starò attento» disse Tom con vivace galanteria.

«A che cosa?» domandò lei, scherzosa.

«A parlare con voi come si deve.»

Frances si fece violentemente rossa, chinò un momento la testa, poi rise gaia, come se quella goffa allusione le piacesse.

«Ehi, badate a quello che dite» gridò Anne colpendo l'uomo come per ammonirlo.

«Non vi sono certo occorsi molti colpi come questo per uccidere la vostra talpa» ribatté l'uomo scherzosamente, lieto di trovarsi su terreno sicuro, strofinandosi il braccio.

«No, davvero, è morta con un colpo solo» disse Frances, con una levità che le riusciva sgradita.

«E voi non siete capace di picchiare?» diss'egli, voltandosi, verso di lei.

«Non so; se sono stizzita sì, forse.»

«Proprio?» chiese l'uomo subito attento.

«Lo farei,» aggiunse lei con maggiore durezza «se fosse necessario.»

Egli fu lento a intuire la differenza che ella faceva.

«E non vi sembra necessario?» domandò, perplesso.

«Perché a voi sembra che lo sia?» diss'ella, guardandolo fissamente, con improvvisa freddezza.

«Certo» rispose Tom distogliendo gli occhi ma rimanendo fermo sulla sua posizione.

Ella rise rapida.

«Ma non è necessario per *me*» insistette Frances con una punta di disprezzo.

«Questo è vero» rispose l'uomo.

Frances rise ancora, nervosamente.

«Lo so» disse; e vi fu una pausa d'imbarazzo.

«Vi piacerebbe dunque che uccidessi le talpe?» domandò infine, cauta.

«Fanno tanto danno» diss'egli, irremovibile, irritato.

«Bene, vedrò la prima volta che ne incontro una» promise Frances in tono di sfida. I loro occhi s'incontrarono ed ella cedette di fronte a lui, turbata nell'orgoglio. Egli si sentì a disagio, trionfante e vinto, come se il fato lo avesse ghermito. Nel continuare per la sua strada, ella sorrise.

«Bene» disse Anne, mentre con la sorella attraversava la stoppia del frumento «non so davvero di che cosa abbiate chiacchierato voi due.»

«No?» rise Frances in modo significativo.

«Proprio no. Ma in ogni modo, Tom Smedley vale molto di più, a parer mio, di Jimmy... ed è più simpatico.»

«Forse hai ragione» rispose Frances, fredda.

E il giorno seguente, dopo una caccia insistente e ostinata, trovò un'altra talpa che si crogiolava al sole. La uccise e, la sera, quando Tom sedeva davanti al cancello per fare una pipata dopo cena, gli portò la bestia morta.

«Eccovi qua!» disse.

«L'avete presa voi?» chiese Tom agguantando il corpo velluta-to ed esaminandolo minutamente. Ma lo fece per nascondere la sua trepidazione.

«Credevate che non ne fossi capace?» domandò la donna con la faccia vicinissima a quella di lui.

«No, non sapevo.»

Gli rise in faccia: una strana risata breve, a fiato mozzo, tutta agitazione e lacrime e impazienza di desiderio. Egli la guardò spaventato e sconvolto. Ella gli posò una mano sul braccio.

«Volete che ci conosciamo meglio?» domandò Tom con voce esitante, turbata.

Frances distolse il viso con una trepida risata. Il sangue si accese in lui, forte, imperioso. Egli tenne fermo. Ma fu vinto, travolto. Vedendo la fragile nuca di lei, così attraente, fu sopraffatto da un'irresistibile ondata d'amore e di tenerezza.

«Dovremo parlarne con vostra madre» disse. E rimase immobile, soffrendo, resistendo alla passione che provava per lei.

«Sì» rispose la donna con voce spenta. Ma c'era in quella morte un brivido di piacere.

«Second Best», 1914;
da *Racconti*, vol. IX, Mondadori 1952.

Katherine Mansfield
LA LEZIONE DI CANTO

Con fitto nel cuore un dolore, un dolore gelido e acuto come una lama, Miss Meadows, in toga e tocco[1], con una bacchetta in mano, percorse i freddi corridoi che portavano alla sala di musica. Ragazze di tutte le età, con le guance rosate dall'aria, traboccanti d'allegria e ancor tutte eccitate dalla corsa compiuta per giungere a scuola, nel bel mattino autunnale, le passarono accanto di corsa, le saltellarono, le svolazzarono attorno; dalle aule provenne un rapido tamureggiare di voci; una campana sonò; una voce d'uccello gridò: «Muriel». E poi dalle scale giunse un terribile tonfo. Qualcuna delle ragazze aveva lasciato cadere i suoi manubri ginnastici.

La insegnante di storia naturale fermò Miss Meadows.

«Buon giorno» disse, con la sua voce dolce e affettata. «Fa freddo, nevvero? Potrebbe essere inverno.»

Miss Meadows, serrandosi in petto la lama che la feriva, guardò la collega con aria ostile. Tutto in quella creatura era dolce e pallido come il miele. Non ci si sarebbe stupiti di scorgere un'ape impigliarsi nel viluppo dei suoi capelli biondi.

«È un freddo piuttosto tagliente» rispose la Meadows, accigliata. L'altra sorrise col suo sorriso mellifluo.

«Avete l'aria intirizzita» soggiunse. I suoi occhi azzurri si spalancarono, illuminati da una punta di malizia. (Che si fosse accorta di qualche cosa?)

[1] Nelle scuole inglesi è usanza che gli insegnanti portino la toga e il tocco universitario, durante le lezioni. (*N.d.T.*)

«Oh, no, per fortuna non lo sono ancora» ribatté la Meadows, ricambiando il sorriso della collega con una smorfia; e si allontanò.

Le classi quarta, quinta e sesta erano radunate nella sala di musica. Il chiasso era assordante. Sul palco, vicino al pianoforte, c'era Mary Beazley, l'allieva prediletta di Miss Meadows, incaricata degli accompagnamenti. Stava voltando lo sgabello del piano. Quando vide Miss Meadows, diede l'avviso con un «Sh, sh! ragazze!» e Miss Meadows, con le mani nascoste nelle maniche e la bacchetta sotto il braccio, attraversò la fila dei banchi, salì i gradini, si voltò bruscamente, afferrò il leggio di ottone, se lo piantò davanti, e picchiò con la bacchetta due colpi secchi, per richiamare al silenzio.

«Silenzio, per favore!... Subito!» e, senza fissar nessuno, i suoi occhi si posarono su quel mare di camicette di flanella colorata, ove spiccavano volti e mani rosee, su quei nastri annodati ai capelli, trepidanti come ali di farfalle, e sui libri di musica sparsi. Sapeva benissimo quello che le ragazze pensavano. «La Meadows è fuori dei gangheri!» Uf... lascia che lo pensino! Le tremarono le palpebre; gettò la testa all'indietro con aria di sfida. Che cosa contavano dopo tutto i pensieri di quelle creature per una persona che toccava la morte col dito, tanto il cuore le dolorava, tanto il cuore aveva preso a sanguinarle, dopo una simile lettera?...

«...Mi convinco sempre più che il nostro matrimonio sarebbe una pazzia. Non che io non ti ami. Ti amo tanto quanto è possibile per me amare una donna, ma, per esser sincero, debbo dirti che il matrimonio non è fatto per me e che l'idea di rinunciare alla mia libertà mi...» e la parola «ripugna» cancellata appena, era stata sostituita con la parola «addolora».

Basilio! Miss Meadows avanzò a grandi passi verso il pianoforte. E Mary Beazley, che attendeva questo momento, si chinò in avanti e i riccioli le caddero sulle gote, mentre mormorava: «Buon giorno, Miss Meadows» e porgeva, molto impacciata, alla maestra un magnifico crisantemo giallo. Questo piccolo rito del fiore si protraeva da molto tempo. Faceva parte, ormai, della lezione, come l'apertura del piano. Ma quella mattina, invece di prenderlo e di infilarselo nella cintura, mentre, chinata verso Mary, diceva: «Oh, grazie, Mary. Che meraviglia! Aprite a pagina trentadue», Miss Meadows, con grande sorpresa della ragazza, non badò affatto al crisantemo, né rispose al suo saluto, ma disse con voce glaciale: «Pagina quattordici, per favore, e badate a marcar bene gli accenti».

Che momento d'apprensione! Mary arrossì così intensamente che le vennero le lacrime agli occhi; ma Miss Meadows era ritornata al leggio; la sua voce squillò nell'aula.

«Pagina quattordici! Cominceremo dalla pagina quattordici. *Lamento*. A quest'ora, ragazze, dovreste saperlo. Lo ripeteremo insieme; non a parti staccate ma insieme. E senza espressione. Cantatelo dunque con semplicità, battendo il tempo con la mano sinistra.»

Alzò la bacchetta e picchiò due volte sul leggio. Mary intonò il primo accordo; e tutte le mani sinistre delle ragazze si sollevarono nell'aria, battendo il tempo, mentre le voci, giovani e desolate, cominciavano a gemere in coro:

> Troppo caduche, ahimè, sono le rose
> del piacere, con troppa arida fretta
> ci raggiunge l'inverno.
> Troppo fugace, ahimè, dilegua il ritmo
> della musica dolce e nell'orecchio
> non rimane che pianto...

Santo cielo, si poteva pensare a qualcosa di più tragico di questo lamento? Ogni nota era un sospiro, un singhiozzo, un gemito di atroce tristezza. Miss Meadows sollevò le braccia nelle larghe maniche della toga e cominciò a dirigere con ambo le mani. «...Mi convinco sempre più che il nostro matrimonio sarebbe una pazzia...» batteva il tempo. E le voci gridavano: «*Troppo fugace, ahimè!*». Quale demone gli aveva guidata la mano nello scrivere una simile lettera? Quale ne era stata la causa? La cosa era nata dal nulla. L'ultima lettera di lui si dilungava a descrivere uno scaffale di quercia che aveva acquistato per i «nostri libri», e un «grazioso mobile d'anticamera» che aveva visto, «un bellissimo mobile, con un gufo intagliato su una mensola, che reggeva tre spazzole da capelli negli artigli». Come s'era divertita all'idea! Che un uomo pensasse alla necessità di avere tre spazzole da capelli. «*Non rimane che pianto...*» cantavano le voci.

«Ancora una volta» disse Miss Meadows. «Ma questa volta a parti staccate. E sempre senza espressione.» *Troppo caduche, ahimè!* Via via che la malinconia dei contralti aumentava, si riusciva a stento a non rabbrividire. *Sono le rose...* L'ultima volta che era venuto a trovarla, Basilio portava una rosa all'occhiello. Come le era sembrato bello con quell'abito blu vivo e quella rosa rossa scura! E anche lui lo sapeva. Non poteva nasconders#elo. Dapprima si era passato una mano sui capelli e poi sui baffi; i denti gli sfolgoravano quando sorrideva.

«La moglie del direttore continua a insistere perché vada a pranzo da lei. È una bella seccatura. Non riesco mai ad avere una serata tranquilla, in quel luogo.»

«Ma non puoi rifiutare?»

«Che vuoi, un uomo nella mia posizione non può permettersi di vivere come un orso.»

Dilegua il ritmo / della musica dolce gemevano le voci. Fuori, oltre le finestre alte e strette, i salici fluttuavano al vento. Avevano perso metà delle foglie e quelle, piccolissime, che erano rimaste sui rami si dibattevano come pesci presi alla lenza. «...Il matrimonio non è fatto per me...» Le voci erano cessate; il pianoforte attendeva.

«Benissimo» disse Miss Meadows, ma sempre in un tono di voce così strano e duro che le fanciulle più giovani cominciarono a essere veramente impaurite. «Ma ora che lo abbiamo imparato, dobbiamo ripeterlo con espressione. Con quanta più espressione potete. Riflettete alle parole, ragazze. E usate un po' di fantasia. *Troppo caduche, ahimè.:.*» gridò Miss Meadows. «Queste parole devono erompere in un lamento grave e solenne. E poi, nel secondo verso si deve aver l'impressione che soffi un vento gelido. *Troppa arida fretta!*» disse con voce così orribile che Mary Beazley, sul suo sgabello, sentì un brivido nella schiena. «Il quarto verso dovrebbe essere un crescendo. *Troppo fugace, ahimè, dilegua il ritmo*, fermandosi sulla frase del penultimo verso e *nell'orecchio*. E poi sulle parole *non rimane* dovete cominciare a smorzare... a svanire... in modo che il *pianto* non sia che un vago sospiro. Potete diminuire quanto volete sull'ultimo verso. A voi, ora.»

Di nuovo i due piccoli colpi; sollevò di nuovo le braccia. *Troppo caduche, ahimè...* «...e l'idea di rinunciare alla mia libertà mi ripugna...» Ripugna era la parola che egli aveva scritto. Come dire che il loro fidanzamento era andato a monte per sempre. Andato a monte! Il loro fidanzamento! La gente era rimasta sorpresa che ella si fosse fidanzata. L'insegnante di storia naturale in principio non voleva credervi. Ma nessuno certo era stato più sorpreso di lei. Aveva trent'anni. Basilio venticinque. Era stato un miracolo, un vero miracolo sentirgli dire, mentre ritornavano a casa dalla chiesa in quella notte scura: «Sapete... non so neppur io come sia, ma sono innamorato di voi». E aveva preso in mano l'estremità del suo boa di struzzo. *Non rimane che pianto.*

«Ancora una volta, ancora una volta» gridò Miss Meadows. «E con più espressione, ragazze! Da capo!»

Troppo caduche... Le fanciulle più anziane avevano il viso paonazzo; alcune delle più giovani cominciavano a piagnucolare. Grosse gocce di pioggia vennero a battere contro i vetri delle finestre e si udivano i salici gemere sotto il vento. «...Non che io non ti ami...»

«Mio caro, ma se tu mi ami» pensava Miss Meadows «a me non importa sapere quanto sia grande il tuo amore. Amami pure anche pochissimo. Quanto vuoi tu.» Ma sapeva che egli non l'amava. Non essersi nemmeno curato di cancellare completamente la parola «ripugna» perché ella non potesse leggerla!... *Ci raggiunge l'inverno.* Avrebbe dovuto lasciar la scuola, per giunta. Non avrebbe più avuto il coraggio di farsi vedere dall'insegnante di storia naturale e tanto meno dalle sue allieve, quando si fosse risaputa la cosa. Avrebbe dovuto scomparire. *Non rimane...* Le voci cominciarono a diminuire, a smorzarsi, a sussurrare... a svanire...

Improvvisamente la porta si aprì. Una ragazzina, vestita di blu, attraversò rumorosamente il passaggio tra le file dei banchi, con la testa bassa, mordendosi le labbra e facendo girare il braccialetto d'argento che portava a uno dei suoi polsi piccoli e rossi. Salì i gradini e si fermò davanti a Miss Meadows.

«Che c'è, Monica?»

«Oh, scusate, Miss Meadows» disse la piccola, ansando. «La signorina Wyatt vi desidera un momento in direzione.»

«Va bene» disse la Meadows... E, rivolgendosi alle sue ragazze: «Promettetemi, durante la mia assenza, di non far chiasso». Ma erano tutte ormai troppo spaurite per comportarsi diversamente. Molte di esse stavano soffiandosi il naso.

I corridoi erano freddi e silenziosi; i passi di Miss Meadows rimbombavano. La direttrice sedeva alla sua scrivania. Per un istante rimase con gli occhi abbassati. Stava, come al solito, liberando gli occhiali che si erano impigliati nel suo collare di pizzo. «Accomodatevi, Miss Meadows» disse molto gentilmente. E poi, da sotto il tampone della carta asciugante, tolse una busta rosa. «Vi ho mandato a chiamare, perché è arrivato questo telegramma per voi.»

«Un telegramma per me, Miss Wyatt?»

Basilio! Certo si era ucciso, pensò la Meadows. Allungò la mano, ma Miss Wyatt ritrasse per un istante il telegramma. «Speriamo che non siano cattive notizie» disse, un po' freddamente. Miss Meadows si affrettò ad aprirlo.

«Non badare lettera devo esser stato pazzo acquistato oggi mobile anticamera Basilio.» Non riusciva a staccar gli occhi dal telegramma.

«Spero che non sia nulla di grave» aggiunse la direttrice, chinandosi verso di lei.

«Oh, no, grazie, Miss Wyatt» rispose la Meadows, arrossendo. «Tutt'altro. È...» e diede un risolino di scusa «è il mio fidanzato che mi dice... che mi dice...» Pausa. «Capisco» fece la Wyatt. Un'altra pausa. Poi: «Avete ancora un quarto d'ora di lezione, nevvero, Miss Meadows?».

«Sì, Miss Wyatt.» Si alzò e si diresse quasi di corsa verso la porta.

«Un minuto, signorina» disse la direttrice. «Scusate, ma io non approvo che le mie insegnanti ricevano telegrammi durante le ore di lezione, a meno che non si tratti di cose molto gravi... di una morte, a esempio,» spiegò Miss Wyatt «o di una disgrazia molto seria... o di qualcosa del genere. Per le buone notizie c'è sempre tempo, Miss Meadows.»

Fu sulle ali della speranza, dell'amore, della felicità che Miss Meadows ritornò alla sala di musica, percorse il passaggio tra i banchi, salì i gradini e arrivò al pianoforte.

«Pagina trentadue, Mary» disse «pagina trentadue.» E, raccolto il crisantemo giallo, se lo portò alle labbra, perché non la vedessero sorridere. Poi si volse alle allieve, picchiettò il leggio

con la bacchetta: «Pagina trentadue, ragazze. Pagina trentadue».

> Rallegriamoci dunque, oggi è giornata
> di festa; abbiamo sparso
> fiori e portiamo insieme alle ghirlande
> cesti di frutta...

«Fermatevi! Fermatevi!» gridò Miss Meadows. «È orribile! È
spaventoso!» E guardò le sue allieve con occhi raggianti. «Che
cosa avete tutte? Riflettete, ragazze, riflettete a quello che
cantate. Usate la vostra fantasia. *Abbiamo sparso fiori e portiamo
insieme alle ghirlande cesti di frutta.*» Miss Meadows s'interruppe.
«Non abbiate un'aria così desolata, ragazze. Bisogna cantar
questo con calore, con allegria, con entusiasmo. *Rallegriamoci
dunque...* Ricominciamo. E presto. Tutte insieme. Suvvia!»

E questa volta la voce di Miss Meadows si alzò al di sopra di
tutte le altre – piena, profonda, fervida d'espressione.

(Trad. di Emilio Ceretti)

«The Singing Lesson», da *The Garden-Party and Other Stories*, 1922;
da *La lezione di canto e altri racconti*, Mondadori 1943.

Franz Kafka
UNA DONNINA

(Metà ottobre-metà novembre 1923)

È già una donnina: benché sia slanciata per natura, eccola stringersi forte il busto; la vedo sempre andare in giro con il medesimo vestito, di una stoffa grigio-giallina, quasi color legno, adorno – ma senza esagerazioni – di nappe e di addobbi a forma di bottoni, dello stesso colore; è sempre senza cappello; i suoi capelli di un biondo opaco son lisci e abbastanza curati, anche se li tiene molto lenti. Pur essendo stretta nel suo busto, si muove con agilità e addirittura esagera la sua vivacità nei movimenti, ama stare con le mani sui fianchi e volgere il busto da un lato con una rapidità che lascia sbalorditi. L'impressione prodotta in me dalla sua mano è tale da indurmi ad affermare che non ho mai visto altre mani con le singole dita tanto divaricate le une dalle altre come le sue; e tuttavia la sua mano non presenta alcuna stranezza anatomica: è assolutamente normale.

Ebbene, questa donnina è molto scontenta di me; ha sempre qualcosa da ridire nei miei confronti, le faccio sempre questo o quel torto, si arrabbia tutti i momenti per causa mia; se la vita si potesse scindere in parti minutissime e ognuna di queste si potesse giudicare separatamente, ogni pezzetto della mia vita sarebbe sicuramente per lei motivo di indignazione. Mi son domandato spesso come mai io la irriti tanto; può darsi che in me tutto urti il suo senso estetico, il suo senso della giustizia, le sue abitudini, le sue tradizioni, le sue speranze; esistono nature come le nostre le quali si urtano a vicenda: ma perché lei ne soffre tanto? Tra di noi non esiste un rapporto che la costringa a soffrire per colpa mia. Lei non dovrebbe far altro che considerarmi quella persona assolutamente estranea che di fatto sono per lei, e io non mi opporrei a una risoluzione del genere, anzi, la accoglierei favorevolmente; lei non dovrebbe far altro che decidersi a dimenticar la mia esistenza, cosa che del resto non le ho mai imposto né le imporrei... ed è chiaro che ogni sua pena sarebbe scomparsa. In questo caso, prescindo interamente dalla mia persona e dal fatto che naturalmente il suo atteggiamento è penoso anche per me; prescindo da ciò perché mi accorgo senz'altro che tutto questo mio affliggermi non è nulla in confronto alla sua pena. Però sono ben conscio che la sua non è una pena dettata dall'amore; a lei non importa affatto di rendermi migliore sul serio, tanto più che ciò che lei critica in me non è di natura tale da turbare i miei progressi. D'altro canto, i miei progressi non le importano neanche; a lei sta a cuore soltanto il proprio interesse personale: quello di vendicarsi del tormento che io le procuro, e di impedire il tormento eventuale che potrei procurarle in futuro. Ho già tentato una volta di indicarle quale potrebbe essere il miglior modo di por fine a quella sua indignazione continua, ma proprio in questo modo l'ho messa in tale stato di agitazione che mi guarderò bene dal ripetere il tentativo.

Se si vuole, una certa responsabilità in questa faccenda ricade anche su di me: infatti, per quanto estranea mi sia questa donnina e benché l'unico rapporto esistente fra noi due sia l'indignazione che le procuro io, anzi, diciamo meglio, l'indignazione che ella si fa causare da me, non dovrei restare indifferente al vedere quanto lei soffra, anche fisicamente, a motivo di tale indignazione. Di quando in quando e sempre più di frequente in quest'ultimo periodo, mi giungono le notizie secondo cui lei è stata vista, al mattino, di nuovo pallida, stanca per aver passato la notte in bianco, afflitta dall'emicrania e quasi incapace di lavorare; per cui ella desta preoccupazioni nei suoi cari, e si fanno ipotesi sulla causa del suo stato, senza averla tuttavia ancora trovata. Io sono l'unico che la conosco: è proprio quella vecchia e sempre nuova indignazione. È chiaro che non condivido le inquietudini dei suoi familiari; lei è forte e tenace; chi è capace di indignarsi in tal modo, probabilmente è capace anche di superare le conseguenze dell'indignazione; ho addirittura il sospetto che lei finga – almeno in parte – di soffrire per deviare così su di me i sospetti della gente. È troppo superba per confessare apertamente quanto io la tormenti con la mia presenza; ricorrere, per causa mia, ad altri le parrebbe un autodeprezzamento; soltanto per disgusto ella si occupa di me, per un disgusto che non vuole cessare e che la muove perennemente; discutere di questa brutta faccenda anche in pubblico sarebbe eccessivo per la sua pudicizia. D'altra parte, però, le pesa troppo anche tacere assolutamente una cosa da cui si sente continuamente oppressa; per cui, con la sua astuzia femminile, ella tenta una via di mezzo: portare la faccenda dinanzi al giudizio dell'opinione pubblica tacendo e soltanto manifestando esteriormente una pena segreta. Forse spera addirittura che, quando il pubblico giudicherà a fondo questa faccenda, si leverà contro di me un'indignazione generale e che, grazie ai grandi mezzi di cui essa dispone, mi condannerà in maniera inappellabile molto più duramente e più in fretta di quanto non riesca alla sua indignazione privata e relativamente debole; allora però lei si tirerà indietro, tirerà il fiato e mi volterà le spalle. Ebbene, se le sue speranze dovessero essere davvero queste, allora s'inganna. L'opinione pubblica non si schiererà dalla sua parte; in me la gente non avrà mai da criticare tante cose così, anche se mi guarderà con la più potente lente d'ingrandimento. Non sono affatto un tipo poi così inutile come crede lei; non faccio per vantarmi, e meno che mai in questa circostanza: ma anche ammettendo che io non sia di particolare utilità, non vorrò distinguermi neanche per il contrario; io sono così soltanto per lei, per quei suoi occhi che quasi irradiano chiarore; lei non riuscirà a persuaderne nessun altro. Sicché, dovrei forse esser proprio tranquillo a questo riguardo? No, proprio no! perché se si dovesse veramente risapere che con la mia condotta la rendo addirittura malaticcia (e alcuni ficcanasi, i gazzettini più diligenti di tutto quel che succede, ci son già quasi arrivati, o perlomeno dànno l'idea di esserci andati vicini), e se arriva la gente per domandarmi come mai io tormenti quella povera donnina con la mia incorreggibile ostinazione, se io abbia per caso l'intenzione di tormentarla fino a farla morire, e quando finalmente mostrerò il senno o la semplice compassione umana per lasciarla in pace..., se la gente mi rivolgerà domande simili sarà difficile rispondere. Dovrò forse ammettere, allora, di non credere granché a quei sintomi di malattia, dando così l'impressione spiacevole di uno che, per liberarsi da una colpa, accusa qualcun altro, e per di più in un modo così poco fine? E potrei magari dire addirittura apertamente che, quand'anche credessi a una malattia reale, non proverei la minima compassione, dal momento che quella donna mi è completamente estranea e che le relazioni che esistono fra noi sono unicamente frutto suo, esistono solo da parte sua? Non intendo dire che non mi si crederebbe; piuttosto, non si penserebbe né a credermi né a non credermi; non si arriverebbe nemmeno al punto da discuterne; ci si accontenterebbe di registrare la risposta che io ho dato a proposito di una donna povera e malaticcia, e questo sarebbe poco vantaggioso per me. Qui, come in ogni altra risposta, mi vedrei sbarrare ostinatamente la strada dall'incapacità della gente di esimersi, in casi come questo, dal sospettare una relazione amorosa, benché sia estremamente palese che una relazione del genere non esiste fra noi e che, se esistesse, tutt'al più partirebbe da me, visto che effettivamente questa donnina io potrei anche ammirarla per la forza di penetrazione che si nota nei suoi giudizi e per la spietatezza delle sue deduzioni se non venissi continuamente avvilito proprio da questi suoi meriti. In lei però non esiste alcuna traccia di relazioni amichevoli con me, in ciò lei è assolutamente sincera; e in questo si fonda la mia ultima speranza; neanche se servisse al suo piano di guerra il far credere a una relazione del genere fra noi, lei saprebbe dimenticare se stessa per farlo. Ma l'opinione pubblica, che in questo campo è del tutto ottusa, resterà dell'idea di costei e si schiererà contro di me.

Per cui, l'unica via d'uscita che mi resti è quella di modificarmi, prima che la gente intervenga nella nostra vicenda, in modo non già da dissipare l'irritazione della donnina (a questo non si può pensare neanche!), ma almeno da smorzarla un pochino. Ed effettivamente mi son domandato tante volte se il mio stato attuale mi soddisfi talmente da non volerlo modificare per nulla, e se non mi sia possibile attuare qualche mutamento nel mio modo di essere, anche a rischio di farlo non perché sia convinto che sia necessario, ma solo per rabbonire la donnina. E ci ho anche provato, non senza fatica e affanno; anzi, a esser sinceri, la cosa mi piaceva e quasi mi divertiva; alcuni cambiamenti ci sono stati, si son visti anche di lontano; non è stato necessario che li facessi notare a quella donna, perché lei nota sempre tali cose prima di me; lei ormai nota in me perfino il manifestarsi di un'intenzione nel mio essere; in me però non si è prodotto alcun risultato positivo. D'altronde, come sarebbe possibile? La sua insoddisfazione nei miei confronti, come ormai noto chiaramente, è di fondo: non può annullarla nulla, neppure l'eliminazione di me stesso; i suoi accessi d'ira alla notizia di un mio eventuale suicidio sarebbero sconfinati. Ebbene, io non riesco a immaginare che una donna perspicace come lei non si accorga, quanto me, di tutto questo, cioè sia dell'inutilità del suo affannarsi, sia della mia innocenza, della mia incapacità di soddisfare, anche con la migliore buona volontà, le sue pretese. Certo, se ne rende conto, ma poi, con la sua indole battagliera, se ne dimentica nell'impeto della lotta; e invece la sciagurata abitudine che ho io e che non riesco a modificare perché mi è connaturata consiste nel pretendere di suggerire un placido invito alla calma a chi è uscito dai gangheri. In questo modo è chiaro che non ci intenderemo mai. Per cui, uscendo di casa nella felicità delle prime ore mattutine, io continuerò sempre a imbattermi in quella faccia afflitta per colpa mia, in quelle labbra infastidite e imbronciate, nel suo sguardo indagatore che sa già il risultato prima ancora di aver fatto domande, che mi squadra da cima a fondo e al quale, pur nella sua estrema rapidità, nulla può sfuggire; quel sorriso amaro che scava la sua guancia di ragazza; quell'alzar gli occhi al cielo per lagnarsi; quel metter le mani sui fianchi per rinforzarsi, e poi quell'impallidire e tremar nell'indignazione.

Qualche tempo fa con un amico carissimo io feci qualche allusione (assolutamente per la prima volta, come dovetti confessarmi con stupore) a questa faccenda, come per caso, appena appena, con pochissime parole, sminuendo ancora un pochino l'importanza della cosa, benché esteriormente, in fondo, essa abbia per me pochissimo rilievo. È strano che però l'amico non vi sia affatto passato sopra; anzi, di sua iniziativa le diede ancora più rilievo, non si lasciò distrarre dal discorso e vi insisté. Però fu ancor più strano il fatto che, nonostante ciò, in un punto decisivo egli abbia preso poco sul serio la cosa, dato che mi consigliò, seriamente convinto, di fare un viaggetto. Nessun consiglio poteva essere più assurdo di quello, poiché è vero che la questione è semplicissima e che chiunque vi si accosti maggiormente può penetrarla a fondo; però non è neppure così semplice che basti la mia partenza per rimettere a posto tutto quanto, o almeno i punti principali. Al contrario, devo piuttosto guardarmi molto bene dal partire. Se comunque io dovessi seguire una qualche strategia, essa non può essere altro che quella di mantenere la faccenda nei suoi stretti limiti privati che essa ha attualmente e che non implicano ancora il mondo esteriore, cioè di restarmene tranquillo dove sono; di non introdurre alcun cambiamento sensibile, il che implica di non parlarne a nessuno; ma tutto questo non perché si tratti di un segreto pericoloso, bensì perché è una piccola faccenda strettamente personale, quindi facilmente sopportabile, e che tale deve rimanere. Pertanto, in questo le osservazioni del mio amico non sono state prive di utilità: pur non avendomi insegnato nulla di nuovo mi hanno rafforzato nel mio punto di vista.

D'altro canto, riflettendoci bene, appare anche evidente che in realtà le modificazioni che questo stato di cose sembra aver subìto con il passare del tempo non sono modificazioni della cosa in sé, ma soltanto l'evoluzione del mio modo di vedere, per un verso, si fa più sereno, più virile, risultando più aderente al nucleo essenziale, e per l'altro invece, per l'influsso inevitabile delle continue, benché lievissime scosse, acquista un certo nervosismo.

Più tranquillo di fronte a tutta questa faccenda io divento quando credo di riconoscere che non c'è assolutamente da aspettarsi una decisione; per quanto talvolta possa apparire imminente, non è ancora possibile attendersela; si è facilmente inclini, specialmente da giovani, a sopravvalutare la celerità con cui gli eventi si avvicinano; se una volta il mio piccolo giudice in gonnella, turbato dalla mia vista, si lasciava cadere di fianco su una seggiola reggendosi con una mano alla spalliera, mentre con l'altra armeggiava intorno al suo corsetto e le lacrime di rabbia e di disperazione le scorrevan giù per le gote, io pensavo sempre che ormai eravamo alla decisione e che sarei stato subito chiamato ad assumermi la mia responsabilità. E invece, niente risoluzioni, niente responsabilità; le donne hanno lo svenimento facile, il mondo non ha tempo di badare a tutti i casi singoli. E poi, che cosa è accaduto in tutti questi anni? Nient'altro che il ripetersi di tali malori, quali più quali meno seri, e quindi nient'altro che il fatto che il loro numero complessivo è aumentato. E l'aggirarsi qui intorno di gente che metterebbe volentieri il naso nella faccenda se solo ne trovasse l'appiglio; però non lo trova, per cui fino a questo momento si può affidare soltanto al proprio fiuto; e il fiuto da solo serve senz'altro a tener sempre occupato chi ce l'ha, ma non è buono a nient'altro. In fondo, però, è sempre stato così: ci son sempre stati questi scioperati, queste persone con il naso per aria, le quali giustificano la loro presenza sempre con una trovata furbastra, preferibilmente ricorrendo alla scusa della parentela: han sempre badato a tutto, han sempre avuto un naso dotato di fiuto eccellente; ma l'unico risultato di tutto questo è soltanto il fatto che esse sono sempre ancora lì. Tutta la differenza consiste nel fatto che poco alla volta ho imparato a distinguerle e a distinguere le loro facce; in precedenza credevo che arrivassero pian pianino da tutte le parti, che le proporzioni della vicenda si sarebbero allargate sino a far scaturire automaticamente la decisione; oggi invece credo di sapere che tutto ciò esisteva da chissà quanto tempo e che non ha nulla a che fare con l'approssimarsi di una decisione o meno. La decisione: perché mai ricorro a una parola così solenne? E se anche dovesse accadere un giorno (certo, non domani, né dopodomani, e probabilmente mai) che l'opinione pubblica volesse occuparsi di questa faccenda la quale, come ripeto, non è di sua competenza, certo io non ne uscirò integro, ma si dovrà pur tener conto del fatto che io per la gente non sono uno sconosciuto, che ho sempre condotto un'esistenza linda e luminosa, sempre nutrendo fiducia negli altri e ispirando in loro fiducia, e che perciò questa donnina malaticcia che è spuntata in ritardo nella mia vita e che un altro al posto mio (questo sia detto per inciso) avrebbe forse già considerata chissà da quanto tempo come una piattola e l'avrebbe schiacciata sotto i piedi senza farsi accorgere da nessuno..., questa donnina – lo ripeto – nella peggiore delle ipotesi potrebbe servire soltanto a far aggiungere un piccolo e orrendo ghirigoro al diploma nel quale, da tanto tempo ormai, la società mi ha dichiarato suo rispettabile membro. È questo lo stato attuale delle cose il quale, a ben vedere, non appare poi tale da impensierirmi seriamente.

Il fatto poi che, con il passare degli anni, io mi sia lasciato un po' impensierire non ha nulla a che vedere con il significato vero della vicenda; semplicemente non si riesce a sopportare di sapersi causa di indignazione continua per qualcuno, anche se si riconosce l'inconsistenza di tale indignazione; e allora ci si agita, si comincia ad attendere con ansia (in un certo senso, a livello meramente fisico) delle decisioni, anche se, a essere ragionevoli, non si crede granché in loro. In parte, però, si tratta solo di una manifestazione senile: la gioventù sa far fronte bene a tutto con ottimismo; i particolari più brutti si perdono nella fonte perenne delle energie giovanili; anche se uno da giovane ha avuto uno sguardo sospettoso, nessuno ce l'ha con lui per quello; nessuno se ne avvede, nemmeno lui stesso; mentre invece quello che rimane nella vecchiaia sono gli avanzi: ognuno è necessario, nessuno si rinnova, ognuno viene notato, e lo sguardo sospettoso di un anziano è proprio uno sguardo sospettoso, non ci vuole molto ad appurarlo. Però neanche in questo caso si tratta di un vero e reale peggioramento.

Sicché, da qualunque parte io consideri questa vicenda, ne risulta sempre (ed è il punto su cui insisto) che se io la tengo nascosta, anche lievemente, con la mano, allora potrò continuare tranquillo ancora a lungo a vivere come prima, nonostante le furie della donna e senza che il mondo mi importuni.

(Trad. di Giulio Schiavoni)

«Ein Hungerkünstler», da *Sämtliche Erzählungen*, 1923; da *Racconti*, Rizzoli 1985.

René Crevel

LA SIGNORA DAL COLLO NUDO

Se ogni anno i miei amici acconsentissero a morire collettivamente, la mia vita sarebbe al contempo più semplice e più varia. Ma mi restano intorno, bene in cerchio, come dei pini ad ombrello. Per completare il quadro, dovrei raffigurare una casa sferica e ad eguale distanza dall'uno e dall'altro. Ahimè, rotolo e se mi fermo in un punto, posso dire che lo faccio involontariamente. Sono ancora abbastanza giovane per amare il caso, non circoscritto, però, a qualche metro.

Comunque, alla vita ci tengo. Primo, perché l'amicizia non è sempre una tenda senza fori; poi, ad ogni stagione, le donne si trasformano. I loro abiti sono i loro stati d'animo, diventano i miei, tendo a credere, allorché le misure si allungano e i sorrisi si affinano. Venga pure la stagione delle agevolazioni; nuvole di tulle, nuvole di capelli, nuvole di carne e la tenerezza aleggi pure tutt'intorno; la voluttà s'impigli pure ai rami dei miei amici, pini ad ombrello. Per afferrare al volo le carezze, le mie dita si allungano, si aprono e si chiudono a becco di cigno.

Le mie malattie, adesso. Ci tengo, come l'Adriatico deve tenere a Venezia, alle sue lagune, alla sua malaria.

Innanzitutto, ho paura di svestire una donna. Si direbbe che si tratta di depistare un camaleonte di forma e di colore al contempo.

Sono anche sprovvisto del tutto di istinto geografico e prendo la rue d'Anjou per la rue d'Artois, la rue de Ponthieu per la rue de Ponthièvre e la Transylvania per la Pennsylvania. È tale confusione che ritarda il mio viaggio in America e mi aiuta a non disperare completamente di quella parte del mondo che è, del resto, un continente e due sorelle gemelle (la prima, bionda, e l'altra, bruna), attaccate da una di quelle appendici di cui non ci si beffa impunemente[1].

Amo le persone che sulle foto da dilettante hanno due teste, dopo un pranzo a La Varenne, i notai che generano dei poeti o degli omosessuali, Ingres che accorda il suo violino e la campagna di Saint-Cloud.

Ma preferisco la signora dal collo nudo.

Io sono nato il 10 agosto 1900.

Nella mia infanzia le donne mostravano il petto soltanto per andare al ballo. Nella prima metà dell'anno 1914, un'abitante di Ginevra mi annunciò i cataclismi che avrebbero stordito la mia adolescenza a causa della scollatura delle camiciole sulla Costa Azzurra. Siccome lei portava sempre una pettorina ermetica di seta nera, il suo paese fu salvo da ogni catastrofe.

La signora dal collo nudo anticipò di parecchi anni le elegantone del 1914. Per questo ebbe cattiva reputazione, e, per non suscitare di nuovo le polemiche, è meglio tacere il suo nome.

L'accusavano di aver ucciso il marito, la madre e, per lei, noi compravamo i giornali di nascosto.

A dire il vero, agli occhi dei miei compagni che cominciavano a trascurare la collezione di francobolli per la geografia dei corpi, la cosa più interessante era il cognome del giovane cameriere. Ma quel nome stupefacente, come una parolaccia detta in pubblico, non attirava affatto la mia attenzione.[2] [Faceva l'effetto di una parolaccia detta in pubblico e col suo ostentato trionfo vendicava gli scolari delle loro ricerche clandestine e spesso infruttuose sul Larousse in sette volumi, sui settimanali licenziosi e sulle cartine delle canzonette con sopra le donnine nude, dai volti, i petti e le natiche sbavate a causa di un inchiostro tipografico mai asciutto.

[A me, quel Rémy, nonostante il suo cognome, non interessava affatto. Valeva né più né meno un qualsiasi Couillard – giovanot-

---

· Allusione all'Istmo di Panama, un'appendice che equivale a una «lingua» di terra.
[2] Le parti tra parentesi quadre corrispondono alle variazioni apportate dall'Autore nell'inserire il testo in *Mon corps et moi*.

tello dotato di cui, del resto, continuava fiero la razza sulla prima pagina dei giornali.]

Amavo la signora dal collo nudo e l'amavo perché era la signora dal collo nudo. Mi concedevo molto volentieri questa passione, la credevo assoluta e circoscritta per il solo fatto che mi faceva godere, poiché ignoravo i principi della relatività, gloria delle scienze, gioia delle riunioni mondane, supplizio dei cuori teneri.

«*La signora dal collo nudo è la signora dal collo nudo*»: sul parato della mia cameretta, scrissi questa frase con dei caratteri che solo io potevo leggere. [Così non mi annoiavo più.] Se tra la folla ci fosse stato un uomo per difendere la mia amata, avrei senz'altro acconsentito ad aggiungere la sua argomentazione.

Celebri scrittori pronunciarono delle parole che potessero essere pubblicate sulle riviste, per addolcire le commesse, o quelle degne di ornare i frontoni e altre ancora da incidere nelle carni molli dei pregiudizi e delle credenze, i giorni di dubbio (come se fosse un modo per rassodarle).

Nessuno aveva pensato alla signora dal collo nudo.

Avevo otto anni ed ero l'unico a difenderla senza esibizionismo, senza la speranza di un piccolo profitto allorché si sarebbero aperte le porte della prigione.

La vedo ancora come la mostravano i rotocalchi. Era nel box degli accusati, una cosetta fragile incartata di crespo. La raffiguravano con la testa dritta, oppure voltata a destra, a sinistra, svenuta, con il velo più rigido dei muscoli. Altre volte il dolore della fronte si tirava dietro fino alle mani i segni di quel doppio lutto.

Ma quali che fossero i suoi movimenti, tutto il loro mistero aveva un solo perno.

Davanti allo specchio, ricostruivo i fremiti che s'arrestano toccando l'immobilità delle clavicole. I giudici non poterono condannare una donna dai gesti così graziosi tra il mento e le spalle.

Rilasciata, la signora dal collo nudo pubblicò le sue memorie. Per rispetto mi astenni dal leggerle.

Sposò uno straniero di grande lignaggio. Ho avuto voglia di scrivere al marito: «Baci a lungo tutto il suo collo, il suo bel collo nudo».

Io, son diventato un uomo.

Le donne della mia generazione non portano colletti e, tuttavia, non sono felice. Dalla mattina alla sera impreco: «Caricature. Jabots di carni sciupate».

Naturalmente, nessuna si ricorda di colei che tutte copiano.

Vecchie donne simulatrici, credono di inventare i gesti e gli abiti che si vedono in sartoria. Ma è un luogo comune, vero, mia signora dal collo nudo?

«Molto notate alle corse» dice un giornale inglese «Ladies A, B, C, D, E, F, G, H. Lady B, che si veste a Parigi, portava un abito accollato. In effetti, il colletto ritorna di moda.»

«Sapete» dice uno dei miei amici pini ad ombrello: «Lady B è la famosa donna accusata d'aver ucciso il marito e la madre, ricorderete certo quel delitto in cui era compromesso un cameriere con un nome buffo.»

O mia signora dal collo nudo.

È proprio passata, la stagione del tulle. Non ci sarà sorpresa per quei pini marittimi dei miei amici e ancora meno per me. E poi, mi detestano a causa del pessimismo spicciolo.

Bisogna assassinare un altro marito e un'altra madre, o mia signora dal collo nudo; se no, come potrei seguitare ad amarla, con quel collare?

(Trad. di Paola Dècina Lombardi)

«La dame au cou nu», in «Le disque vert», n. 1, 1923; da *Mon corps et moi*, 1974.

Inedito.

Elizabeth Bowen
IL MALE CHE GLI UOMINI FANNO...

All'angolo della caserma dei pompieri, dove Theobald's road si incrocia con Southampton row, un ometto, che tornava frettolosamente in ufficio dopo l'intervallo di colazione, venne travolto da un autocarro. Stava facendo un passo indietro per evitare un taxi, quando gli capitò il peggio. Ciò che restava di lui venne trasportato all'ospedale e rimase per alcuni giorni non identificato, dato che in tasca non gli trovarono documenti di nessun genere.

Il mattino successivo a questo incidente, una signora che viveva nei sobborghi di una cittadina di provincia ricevette una lettera in una strana calligrafia. L'aspetto della busta la fece trasalire; corrispondeva esattamente a ciò che stava aspettando da quattro giorni. La rigirò tra le mani, mordicchiandosi il labbro. La sala da pranzo era più buia del solito; era una mattina cupa, immobile, e lei si era alzata e vestita con crescente inquietudine. Suo marito era partito e le finestre sembravano ancor più lontane, ora che sedeva nel posto di lui e faceva colazione da sola. Si versò una tazza di tè e sollevò la cupola in metallo argentato del piatto da portata. La vista di una solitaria salsiccia la fece decidere. Aprì la lettera.

Prima di averla letta fino in fondo inclinò il capo pensosa, le mani a pugno sotto il mento. Gli altri hanno su di noi quel sinistro vantaggio di poterci guardare alle spalle. Per la prima volta nella vita ebbe la sgradevole sensazione che qualcuno lo avesse fatto, che qualcuno non solo avesse guardato, ma stesse fissandola. Suo marito non l'aveva mai fatta sentire così.

247

«Ma guarda,» meditava «solo un'ora e dieci minuti esatti. Un tempo così breve, e in tutti questi anni non ho mai saputo. Pensa, vivere tra tutte queste persone senza sapere come ero diversa.»

Ripiegò la lettera per un momento, e cominciò a scommettere sul nome di lui. «Evelyn,» azzardò «o forse Arthur, o Philip.» In realtà era Charles.

«Io vi conosco così bene» continuava la lettera. «Ancor prima che vi toglieste i guanti, sapevo che eravate sposata. Avete vissuto sulla difensiva per anni. Conosco i libri che leggete, e so cosa vedete quando camminate per le strade di quella città con quel nome orribile. Vivete in una casa buia che guarda su uno stradone. Molto spesso rimanete in piedi nella luce delle finestre, il capo appoggiato allo stipite, e alberi dalle foglie smorte riverberano il sole e l'ombra che trema sul vostro viso. Il rumore dei passi vi fa trasalire, e rientrate nella stanza affollata. La mattina in cui riceverete questa lettera, uscite a testa scoperta nel giardino e lasciate che il vento vi soffi il sole tra i capelli. Vi penserò in quel momento.

«Vostro marito e i vostri figli vi si sono imposti. Anche i bambini vi feriscono con le loro manine delicate, e tuttavia voi siete, come sempre siete stata, intatta e solitaria. Come una ninfa che esce dal bosco, lentamente siete uscita da voi stessa durante quella lettura di poesie. Siete venuta verso di me come una bianca presenza tra gli alberi, e io vi ho afferrato mentre vi volgevate per tornare indietro...»

Le bruciavano le guance.

«Mio Dio» esclamò, rosicchiandosi l'unghia del pollice. «Ma guarda, esiste qualcuno che sa scrivere così! Pensa, vivere a Londra, al 28 di Abiram road, West Kensington. Mi domando se ha una moglie. Proprio me lo domando.» Una piacevole sensazione di calore la avvolse. «Poesie! Pensavo che scrivesse poesie. Ma guarda, ha indovinato che leggo poesie!»

«Vi invierò le mie poesie. Non sono ancora state pubblicate, ma le sto facendo dattilografare. Quando saranno pubblicate l'iniziale del vostro nome sarà sulla prima pagina l'unica dedica. Non posso sopportare il pensiero che viviate sola tra quelle persone estranee che vi feriscono – volti familiari, volti estranei e occhi freddi. Io so tutto: il torpore delle mattine, i pomeriggi febbrili; le insopportabili serate alla luce della lampada, la notte...»

«Adesso» pensò «sono sicura che ha una moglie.»

«...e il vostro pallido, attonito viso che si volge senza speranza alle prime luci della finestra.»

Ah, colpevole, colpevole a dormire così bene.

Entrò la cuoca.

Dopo che gli ordini per i pasti della giornata furono dati e la colazione mangiata quasi furtivamente con la lettera nascosta sotto il copriteiera, salì in camera sua e si provò il cappello che aveva indossato a Londra, avvicinando gli specchi laterali in modo da potersi guardare di profilo. Inclinò il capo fissando un punto nello spazio rappresentato dal tappo di cristallo sfaccettato di una bottiglia di profumo. Con un lungo, lento sospiro, lentamente intraprese l'azione di sfilarsi un guanto.

«Vivendo» ripeté ad alta voce «per anni e anni sulla difensiva.» Guardò nello specchio l'immagine della camera silenziosa e ordinata, i riflessi rosa delle tende e dei tappeti sulle pareti bianche, e i due letti in mogano con i piumini a colori screziati. C'erano fotografie delle zie, dei bambini e di sua cognata sulla mensola del camino, una stampa del Buon Pastore sopra il lavamani, e di *Amore tra le rovine* sopra i letti. Su una mensola c'erano dei vasetti molto graziosi di porcellana francese che Harold le aveva regalato a Dieppe, e una incisione dei giardini del Lussemburgo che lei aveva regalato a Harold. Nella libreria c'erano alcune raccolte di poesie lussuosamente rilegate in marocchino, e un altro libro, con la copertina bianca a rose d'oro, intitolato *La gioia di vivere*. Si alzò in piedi e fece scivolare in fondo a un cassetto un romanzo preso a prestito dalla biblioteca.

«Qual è il senso» ragionava «di uscire in giardino visto che non c'è sole né vento e praticamente nemmeno giardino?» Considerò la sua riflessione.

«Non mi pare che questo cappello vada bene per andare in centro. C'è qualcosa che non va. Le nove e mezzo; Harold sarà di ritorno per le undici e mezzo. Chissà se mi ha portato un regalo da Londra.»

Si incipriò abbondantemente il viso, cambiò cappello e orecchini, scelse un paio di guanti un po' frusti e scese le scale. Poi corse su di nuovo e si tolse tutta la cipria.

«Come una ninfa dei boschi» mormorò «che esce dal bosco.»

Era già a metà del Corso quando si accorse che aveva dimenticato la borsa della spesa e il borsellino.

Harold ritornò alle undici e mezzo e trovò che sua moglie era ancora fuori.

Fischiettò per qualche minuto nell'entrata, guardò inutilmente nella stanza da letto, in cucina, nella stanza dei bambini, poi ritornò in ufficio per sbrigare un po' di lavoro. Harold era un avvocato. Rientrando all'ora di pranzo la incrociò nell'entrata. Lei lo guardò con un'espressione assente.

«Sei ritornato presto!»

«Sono ritornato due ore fa» disse lui.

«Ti sei divertito a Londra?»

Lui spiegò, con la consueta pazienza, che non si va a Londra pensando di divertirsi quando si hanno impegni di lavoro.

«Naturalmente» aggiunse «siamo tutti lì per tirar fuori da Londra quel che possiamo. Tutti, per così dire "spigoliamo un po'". Solo che il mio scopo non è il divertimento – quello lo lascio a te, non ti pare? Io sono in cerca di altri raccolti.»

«Sì, Harold.»

«Questa carne è proprio buona.»

«Vero?» esclamò lei molto soddisfatta. «L'ho comprata nel negozio di Hoskins. Ci va anche Mrs. Peck, me l'ha detto lei. Costa molto meno che da Biddle, due centesimi in meno alla libbra. Adesso devo attraversare la strada per non passare davanti a Biddle. Sono giorni che non ci vado, e mi pare che stia cominciando a nutrire qualche sospetto...»

Sospirò all'improvviso; il suo entusiasmo si affievolì.

«Davvero?» intervenne Harold incoraggiante.

«Sono stanca di comprare la carne» disse lei con tono risentito.

«Oh andiamo, stanca di far spese sul Corso? Ma che altro vorresti...»

Pensò che Harold era odioso. Non le aveva portato nemmeno qualcosa da Londra.

«Tutta la giornata» esclamò «a occuparmi di queste cose meschine.»

Harold posò la forchetta e il coltello.

«Oh, per piacere, continua a mangiare.»

«Sì, certo» disse Harold. «Stavo solo cercando la senape. Cosa stavi dicendo?»

«Hai qualche programma per questo pomeriggio?» le chiese alla fine del pranzo, come al solito.

«Sbrigherò la corrispondenza» disse lei, urtandolo per entrare in salotto.

Si chiuse la porta dietro le spalle, lasciando Harold nell'entrata. C'era qualcosa nel suo gesto, come se vivesse... «sulla difensiva». Ma c'erano angoli, momenti nella sua vita degli ultimi otto anni che Harold non aveva invaso? E, cosa spaventosa, non solo aveva vissuto con lui, ma lui le era piaciuto. Ma quando aveva smesso di piacerle? Lo aveva mai...?

Si ficcò rapidamente le dita nelle orecchie, come se qualcuno avesse pronunciato a voce alta la parola della colpa.

Sedutasi allo scrittoio, chiuse gli occhi e meditabonda si lisciò le sopracciglia con la punta rosa di una finta penna d'oca. Lentamente seguì con la penna la linea della guancia e si solleticò sotto il mento, una sensazione deliziosa che le diede dei piccoli brividi.

«Oh!» sospirò con un fremito «come siete fantastico, fantastico.»

Il piano superiore di un autobus, che avanzava a sobbalzi e scossoni nella Londra più oscura, l'aria fresca che le soffiava sulla gola, attimi illuminati dalla luce delle finestre quando i loro volti potevano distinguersi, l'improvvisa comparsa del bigliettario che gli aveva fatto ritrarre le mani dal suo polso, la loro conversazione – che lei aveva dimenticato... «Andare, andare insieme, andare per sempre»... Quando l'autobus si era fermato erano scesi e ne avevano preso un altro. Non si ricordava dove si erano salutati. Ma guarda, e tutto era successo perché era andata a quella lettura di poesie invece che al cinema. Ma pensa! E non aveva nemmeno capito le poesie.

Aprì gli occhi e le difficoltà pratiche della corrispondenza si fecero evidenti. Non si poteva scrivere quel tipo di lettera su carta azzurrina. Il foglio che aveva usato lui era così indefinibilmente perfetto. Non sapeva come iniziare. Lui non aveva cominciato con un «Cara» qualcosa, ma così sembrava un po' brusco. Non lo si poteva chiamare «Caro Mr. Simmonds» dopo un'ora e dieci minuti di quel percorso in autobus; come si poteva chiamarlo Mr. Simmonds quando lui ti diceva che eri una ninfa? Eppure non poteva risolversi a chiamarlo «Charles». Tutti i dettagli pratici, notò, lui li aveva concentrati nel postscritto – e poi dicono che siano le donne a farlo. Diceva di pensare che sarebbe stato meglio se lei gli avesse scritto al suo ufficio in Southampton row. Si trattava di un'agenzia di assicurazioni, cosa che le diede un certo affidamento. «Caro Charles» cominciò.

Era una letterina un po' rigida.

«Lo riconosco» sospirò angosciata, rileggendola. «Si sente che non c'è abbandono, ma come può esserci in questo salotto?» Si alzò in piedi un po' imbarazzata. «La gabbia che è» disse forte «l'insopportabile gabbia!» e cominciò ad andare avanti e indietro tra la mobilia. «...Proprio carino quel chintz, ho fatto bene a sceglierlo. E quei deliziosi cuscini di satin con la ruche... Se venisse per il tè siederei qui accanto alla finestra, le tende un po' accostate – no, qui vicino al camino, sarebbe inverno e ci sarebbe solo la luce della fiamma. Ma persone così non vengono mai per il tè; verrebbe più tardi, di sera, e le tende sarebbero accostate, e io indosserei... Oh, "Come una ninfa". Come tutto sembra banale.»

E Harold si chiedeva che cosa le rimarrebbe da fare se non andasse a far spese sul Corso. Glielo avrebbe fatto vedere lei. Ma se decideva di andare fino in fondo, Harold non avrebbe mai dovuto sapere, e allora quale sarebbe la soddisfazione senza Harold a fare da spettatore?

Rilesse ancora una volta la lettera che aveva scritto:

«...Naturalmente mio marito non è mai entrato nella mia vita interiore...» e sottolineò quel «naturalmente» con brevi tratti decisi. Era verissimo; lasciava in giro libri di poesie e Harold non li degnava nemmeno di uno sguardo; stava per ore a fissare il fuoco o a guardare fuori dalla finestra (come aveva detto Charles), e Harold non le chiedeva mai che cosa pensasse; mentre giocava con i bambini, si interrompeva all'improvviso e volgeva altrove il viso e sospirava, e Harold non le chiedeva mai che cosa avesse. Stava via per giorni e la lasciava a casa sola, senza nessuno con cui parlare tranne i bambini e le domestiche e i vicini. Ma naturalmente la solitudine era il suo unico rifugio e sollievo; questo lo aggiunse nel postscritto.

Entrò Harold.

«Stamattina» disse «ho lasciato questo in ufficio per errore. Pensavo di averlo dimenticato a Londra – mi sarebbe dispiaciuto.

Ero molto preoccupato. Non ti ho detto niente perché non volevo che ci rimanessi male.» Le porse un pacchetto. «Non so se è bella, ma ho pensato che ti potesse piacere.»

Era una borsetta stupenda, grigio argento con quelle sfumature vellutate del camoscio perfetto – più scuro quando lo si liscia in un verso, più chiaro nell'altro. La fibbia era in oro vero e i manici erano esattamente della lunghezza giusta. All'interno aveva tre scomparti; liberata dall'imbottitura di carta velina, compariva una fodera in seta moiré color avorio, sulla quale la luce scorreva penetrando nelle ombre profumate dell'interno in piccoli rivoli, come d'acqua. Tra le pieghe della seta, nello scomparto centrale, c'era un borsellino con una fibbia in oro, una scatola d'oro che poteva servire sia per le sigarette sia per i biglietti da visita e un adorabile specchietto con la cornice in oro. C'era un'agendina in . una tasca esterna e un libretto di *papier poudré*.

Sedettero sul divano per esaminarla insieme, uno vicino all'altro.

«Oh,» esclamò lei «non ti dispiace vero Harold? Il *papier poudré?*»

«No,» disse Harold «se non te ne metti troppo.»

«E guarda... che amore di specchietto! Non mi fa un faccino piccino, piccino?»

Harold sospirò magnanimo in direzione dello specchietto.

«Harold,» disse lei «sei meraviglioso. Proprio ciò che volevo.»

«La puoi portare domani mattina quando vai a far spese sul Corso.»

Chiuse la borsetta con uno scatto, cancellò le impronte delle dita, e la fece dondolare con il polso infilato nei manici. La contemplava a occhi socchiusi.

«Harold» sospirò in tono ineffabile.

Si baciarono.

«Devo imbucarti le lettere?» le chiese.

Lei guardò in direzione dello scrittoio. «Ti spiace aspettare un attimo? Solo un attimo; devo scrivere un indirizzo, e un post-scritto.»

«La mia mogliettina piccina, piccina» disse Harold.

«P.P.S.» aggiunse lei. «Non dovete pensare che io non ami mio marito. Ci sono momenti in cui viene a stretto contatto con la mia *vita esteriore.*» Lei e Harold e la borsetta andarono insieme fino alla posta e lei guardò la lettera mentre veniva inghiottita nelle fauci della buca.

«Un'altra delle tue polizze assicurative?» chiese Harold.

Per un po' di tempo si chiese che cosa avrebbe pensato Charles leggendo l'ultimo postscritto, e non seppe mai che il destino glielo aveva risparmiato.

(Trad. di Patrizia Nerozzi)

«The Evil that Men Do...», da *The Collected Short Stories of Elizabeth Bowen*, 1923.

Inedito.

Colette

IL RITRATTO

Aprirono nello stesso istante le finestre delle loro camere comunicanti, fecero sbattere le persiane, socchiuse sotto il sole, e affacciate al balcone di legno si sorrisero:

«Che tempo!»

«Il mare è una tavola!»

«Questa sì che è fortuna! Hai visto com'è cresciuto il glicine in un anno?»

«E il caprifoglio! Ora i ricacci s'infilano nelle persiane.»

«Lily che fai, ti riposi?»

«No, prendo uno scialle e vado giù! non riesco a star ferma il primo giorno... E tu che fai, Alice?»

«Metto a posto la biancheria nell'armadio. Profuma ancora della lavanda dell'altr'anno. Vai pure, io mi diverto come una pazza. Fai le tue cose!»

I capelli corti, ossigenati, di Lily fecero un saluto da marionetta, e il momento dopo Alice la vide scendere, verde come una mela, nel giardino sabbioso, mal protetto dal vento di mare.

Alice rise senza cattiveria: «Com'è tonda!».

Gettò uno sguardo soddisfatto alle sue lunghe mani bianche e incrociò gli avambracci magri sulla balaustra di legno, aspirando l'aria ricca di sale e di iodio. La brezza non scompigliava nemmeno un capello della sua pettinatura «alla spagnola», lisciata all'indietro, con la fronte e le orecchie scoperte, indovinata col suo nasino perfetto, ma severa con quanto in lei andava declinando: rughe orizzontali sopra il sopracciglio, guancia rilasciata, orbite illividite dall'insonnia. La sua amica Lily biasimava quella pettinatura spietata:

«Sai che penso? Secondo me un frutto un po' secco ha bisogno di foglie!»

Allora Alice rispondeva:

«A quarant'anni, mica tutti si possono pettinare come una ragazzina delle Folies Bergère!»

Andavano perfettamente d'accordo, e qualche dispettuccio attizzava un po', ogni giorno, il fuoco della loro amicizia.

Elegante, ossuta, Alice constatava volentieri:

«Dall'anno della morte di mio marito, non sono aumentata di peso quasi per niente. D'altronde, ho conservato una delle mie bluse da ragazza, come una curiosità: sembra fatta ieri, su misura!»

Lily non ricordava, e a ragione, alcun matrimonio. Dopo una giovinezza dissennata, la quarantina l'aveva dotata di un'irriducibile pinguedine.

«È vero che sono grassotta, diceva. Ma guardate la faccia: non una ruga! E il resto idem! È già qualcosa, lo ammetterete!»

E faceva scivolare uno sguardo malizioso sulla guancia rugosa di Alice, sulla sciarpa o sulla volpe destinate a celare i tendini del collo, le clavicole come una barra di T...

Ma un amore, più che una rivalità, legava le due amiche l'una all'altra: lo stesso uomo, bello, celebre molto prima d'invecchiare, le disdegnava. Per Alice, alcune lettere del grand'uomo testimoniavano che per qualche settimana aveva preso gusto ai suoi occhi gelosi e alla sua eleganza fatale di bruna magra, abilmente velata. Lily non serbava nulla di lui, se non un espresso, ma stranamente laconico e frettoloso. Poco dopo egli le dimenticava entrambe, e il: «Come l'hai conosciuto?» delle due amiche precedeva delle confidenze pressoché sincere che riprendevano senza stancarsi.

«Quel suo silenzio all'improvviso, non l'ho proprio capito» ammetteva Alice. «Però c'è stato un momento della nostra vita in cui son sicura che sarei potuta essere l'amica, la guida spirituale di quell'uomo sfuggente che nessuna ha saputo trattenere...»

«Be', tesoro, non dico di no» replicava Lily. «L'amica, la guida... questi paroloni non li capisco proprio. Quello che so è che tra lui e me... ah! caspita! che fuoco! Non pensavamo mica al pathos, te l'assicuro! Ho sentito, ma sì, con la stessa lucidità con cui ti parlo, che quell'uomo avrei potuto dominarlo con i sensi. E poi è finita... Finisce sempre...»

Insomma, contente di eguali insuccessi, arrivate all'età di far tappezzeria avevano appeso nel salotto della villa di Lily che abitavano dividendo per due mesi le spese comuni, un ritratto dell'ingrato, il ritratto più bello, quello che utilizzavano tutte le riviste illustrate e i quotidiani. Un ingrandimento fotografico, ritoccato, contrastato con neri pastosi come una focosa acquaforte, schiarito di rosa sulla bocca e d'azzurro sulle pupille, come un acquerello...

«Non è quel che si dice un'opera d'arte» faceva Alice «ma per chi come me, come noi, Lily, l'ha conosciuto, è vivo!»

Da due anni, si rassegnavano allegramente a una specie di sommessa solitudine, ricevevano delle amiche inoffensive, e dei vecchi amici abituali.

Invecchiare? ah! Dio mio, sì, invecchiare, occorre abituarcisi... Invecchiare, sotto gli occhi di quel ritratto giovanile, alla luce di un bel ricordo... Invecchiare in buona salute, facendo viaggetti riposanti, consumando pasti misurati...

«Non credi che sia molto meglio delle scorribande nei nights, delle massaggiatrici e delle sale da gioco?» diceva Lily.

Alice assentiva col capo e aggiungeva:

«È tutto talmente squallido, dopo un ricordo simile...»

Messo in ordine l'armadio, Alice si cambiò d'abito, strinse in vita una cintura di pelle bianca con un sorriso: «Stesso buco dell'altr'anno! È proprio divertente!».

Ma si rimproverò d'aver tardato a salutare il «loro» ritratto nel salone a pianterreno.

«Alice! Alice! scendi?»

La voce di Lily la chiamava da giù: lei s'affacciò, appoggiandosi alla balaustra di legno:

«Un minuto! dài...»

«Scendi... Una cosa curiosa... Vieni!»

Un po' emozionata, sempre pronta all'incontro romanzesco, corse e trovò Lily davanti al loro ritratto, staccato, poggiato in piena luce su una poltrona.

Un'eccezionale umidità, una qualche combinazione del sale e del colore avevano elaborato in dieci mesi, nell'ombra della villa chiusa, un disastro intelligente, un'opera di distruzione in cui il caso era l'arma di una malevolenza quasi miracolosa. Sul mento romano del grand'uomo, la muffa disegnava una barba biancastra da vegliardo trasandato. Delle bolle gonfiavano la carta sulla sommità delle guance come due borse linfatiche. Un po' di carboncino nero, scivolando dai capelli su tutto il ritratto, appesantiva d'anni e di rughe un viso da conquistatore... Alice si coprì gli occhi con le mani bianche:

«È... è un vandalismo!»

Lily, prosaica, sospirò un: «Be'!...» che era eloquente.

E aggiunse, eccitata: «Mica lo lasceremo qua?».

«Oddio, no! Mi farebbe star male!»

Si scambiarono uno sguardo. Lily trovò giovane Alice per la sua linea, e Alice non riuscì a nascondere un moto d'invidia: «Che colorito, Lily! Una pesca!».

Il loro pranzo risuonò di chiacchiere insolite, in cui si discusse di massaggi, di diete, di vestiti e del vicino casinò. Quasi incidentalmente parlarono della gioventù prolungata di certi artisti, dei loro amori ostentati. Senza apparente motivo, Lily esclamò: «Flauto? corto e buono? Preferisco lungo e gioioso![1]» e Alice pronunciò distrattamente quattro o cinque volte lo stesso nome di uomo, quello di un loro amico che doveva trascorrer l'estate – «o mi sbaglio di grosso» – nella regione. Una febbre d'evasione, un calore da brutte intenzioni le rese golose, bevitrici, fumatrici e sboccate. Ma Alice, in salotto, voltò pietosamente la testa nel passare davanti al ritratto e fu la triviale Lily, rubiconda, un po' sbronza, che soffiò con disprezzo in faccia al grand'uomo una boccata di fumo:

«Povero vecchio!...»

(Trad. di Paola Dècina Lombardi)

«Le portrait», da *La femme cachée*, 1924.
© Flammarion, Paris 1924.

Inedito.

---

[1] Nel testo *flûte* che equivale a flauto e a calice, coppa. L'evidente allusione erotica è data anche dall'aggettivo *joyeuse* in cui è evidente il riferimento ai termini *jouir* (godere) e *jouissance* (orgasmo).

Thomas Mann
DISORDINE E DOLORE PRECOCE

Oggi, come piatto forte, non vi era che verdura; costolette di cavoli; per questo è stato aggiunto un dolce, preparato con una di quelle polveri che si comprano ora e che han sapore di mandorle e di sapone, e mentre la crema è servita dal giovane domestico Saverio, che indossa la giacca a righe divenuta troppo stretta e porta guanti bianchi e sandali gialli, i «grandi» rammentano discretamente al padre che è giunta la gran giornata del loro ricevimento.

I «grandi» sono: Ingrid, occhi castani, diciott'anni, una ragazza graziosa, che è alla vigilia della licenza liceale e forse la otterrà davvero, proprio soltanto perché è stata capace di menar per il naso i maestri e specialmente il preside, inducendoli alla più assoluta indulgenza, ma che non pensa poi affatto a valersi della maturità, aspirando invece al teatro in grazia del suo dolce sorriso, della sua voce gradevole e del suo spiccato talento comico-parodistico; e Berto, biondo e diciassettenne, il quale non vuole a nessun costo finir la scuola, ma gettarsi appena possibile nella vita e diventare ballerino o *conférencier* in un teatro di varietà o cameriere: in questo caso immancabilmente al Cairo, per il qual fine ha già osato una volta, un mattino alle cinque, un tentativo di fuga a malapena sventato. Berto è decisamente somigliante a Saverio Kleinsgütl, il domestico suo coetaneo: non già perché sia di aspetto volgare – nei lineamenti ha anzi una spiccata somiglianza con suo padre, il professor Cornelius – ma piuttosto per effetto di un ravvicinamento dall'altra parte, o quanto meno di una reciproca assimilazione dei tipi, favorita soprattutto dal quasi completo livellamento nelle vesti e nel modo di fare; ambedue portano i capelli piuttosto lunghi, con una scriminatura appena accennata, e hanno quindi ambedue lo stesso movimento del capo gettandoli indietro per liberar la fronte. Quando uno dei due esce di casa per la porticina del giardino, a capo scoperto con ogni tempo, indossando il giacchettone impermeabile, che è stretto alla vita solo per civetteria da una cinghia di cuoio, col busto un po' proteso e la testa piegata sulla spalla, oppure sale in bicicletta – Saverio adopera a suo piacere le biciclette padronali anche femminili, e se è in vena di impertinenza persino quella del professore – allora il dottor Cornelius guardando dalla finestra della camera da letto non riesce mai a distinguere di chi si tratti, se del servitore o del proprio figliolo. Hanno l'aspetto, egli trova, di giovani *mugik*, uno eguale all'altro, e ambedue sono appassionati fumatori di sigarette, benché Berto non disponga di mezzi tali da poterne fumare quante Saverio, il quale è arrivato alle trenta in un giorno solo, e proprio della marca battezzata col nome di una diva del cinematografo.

I «grandi» chiamano i genitori i «vegliardi» non dietro le loro spalle, ma nel rivolger loro la parola, con tutta devozione, benché Cornelius abbia appena quarantasette anni e sua moglie sia più giovane di lui di otto. «Egregio vegliardo!» soglion dire, «Benigna vegliarda!»; e i genitori del professore, i quali vivono la vita appartata e intimorita dei vecchi nella loro patria lontana, son detti dai nipoti «primigeni»! I piccini poi, Norina e Bibi, i quali insieme ad Anna-Viola (così chiamata per il colore violaceo delle sue guance) pranzano nel vestibolo superiore, seguono invece l'esempio della mamma e chiamano il babbo per nome, dicono cioè «Abele». Suona stranamente comico questo vezzo confidenziale, specialmente quando lo chiama così la dolce vocina di Leonora, cinquenne, la bimba che ha l'identico aspetto della moglie del professore nelle sue fotografie infantili e che il professore adora sopra ogni cosa.

«Mio buon vegliardo,» dice Ingrid con grazia, appoggiando la sua mano grande ma ben fatta su quella del padre (egli, seguendo una tradizione borghese, ma non illogica, sta a capotavola, avendo alla sinistra Ingrid, seduta di fronte alla madre), «mio buon antenato, permetti un mio dolce richiamo, giacché hai certo represso e respinto quel pensiero. Era dunque oggi nel pomeriggio che doveva aver luogo la nostra piccola festa, il nostro ballonzolo con insalata d'aringhe. Da parte tua si tratta di serbarti impavido senza perderti d'animo, giacché alle nove tutto è finito.»

«Ah?» dice Cornelius facendo il viso lungo. «Bene bene» aggiunge scuotendo il capo, per mostrarsi in buona armonia con la necessità. «Mi pareva soltanto... è già arrivato il gran giorno? Giovedì, già. Come passa il tempo! Quando vengono?»

Alle quattro e mezzo, risponde Ingrid, cui il fratello dà sempre la precedenza nei rapporti col padre, avrebbero cominciato ad approdare gli ospiti. Al piano superiore, durante la siesta, non avrebbe udito quasi nulla, e dalle sette alle otto soleva fare la sua passeggiata. Se voleva, poteva persino svignarsela non visto per la terrazza.

«Ah!» fa Cornelius quasi volesse dire: «Tu esageri!». Berto ora interviene: «È la sola sera della settimana nella quale Vania non recita. Ogni altro giorno dovrebbe andarsene alle sei e mezzo. Sarebbe un peccato per tutti».

Vania è Ivan Herzl, il primo amoroso del Teatro di Stato, molto amico di Berto e Ingrid, che vanno spesso da lui a prendere il tè o a visitarlo nel suo camerino. È un artista della nuova scuola, e, a quel che sembra al professore, suole star sulla scena gridando penosamente in atteggiamenti strani e contorti da ballerino. Un professore di storia non può ammirare tutto questo, ma Berto subisce vivamente l'influsso dell'attore, sottolinea in nero l'orlo delle proprie ciglia, provocando alcune gravi e inutili scene col padre, e, spietatamente indifferente alle pene dei vecchi, dichiara con giovanile entusiasmo non soltanto di prendere Vania a modello nel caso scelga la carriera di ballerino, ma di volerlo imitare in tutti gli atteggiamenti anche se diventerà invece cameriere al Cairo.

Cornelius fa un lieve inchino verso il figlio, con le sopracciglia un poco inarcate, cercando di mostrare quel riservato e pur gioviale dominio di sé che ben si conviene alla sua generazione. La sua mimica è priva d'ironia dimostrabile e vale per tutti. Berto può riferirla tanto a se stesso come al talento espressivo dell'amico.

«Chi sono gli altri ospiti?» s'informa il padrone di casa. Gli fanno alcuni nomi, a lui più o meno conosciuti, nomi della colonia di villini, nomi di famiglie della città o di compagne del liceo femminile... Bisogna ancora telefonare a qualcuno, dicono. Bisogna per esempio telefonare a Max, a Max Hergesell, studente del Politecnico, e Ingrid ne ripete subito il nome con la voce strascicata e nasale che, a sentir lei, è particolar modo di parlare di tutti gli Hergesell, e che essa continua a parodiare con tanta perfezione, da mettere i genitori in pericolo di mandare per traverso la cattiva crema che stanno mangiando. Giacché, anche in tempi simili, bisogna pur ridere, se vi è qualcosa di comico.

Di tanto in tanto suona il telefono nello studio del professore, e i grandi accorrono subito, poiché sanno che son loro a essere chiamati. Molti, dopo l'ultimo aumento delle tariffe, hanno dovuto rinunciare al telefono, ma i Cornelius sono riusciti ancora a tenerlo, come ancora sono riusciti a tenere la villa costruita prima della guerra, in grazia dello stipendio in milioni, appena graduato alle circostanze, di cui fruisce il professore, ordinario di storia presso l'Università. La casa, posta alla periferia, è comoda ed elegante, benché sia ora molto trascurata, essendo impossibili le riparazioni per mancanza di materiale, e sia deturpata dalle stufe di ghisa coi lunghi tubi. Ma si continua a vivere nella cornice del medio stato benestante di un tempo; ci si vive in un modo non più conforme, cioè miseramente e difficilmente, con le vesti sdrucite e rivoltate. I figli non conoscono altra forma di vita; per loro questa è norma e ordine: loro sono per nascita proletari delle ville. Il problema del vestiario non li preoccupa gran che. Questa generazione si è creata un abbigliamento conforme ai tempi, un risultato della miseria e del gusto da giovane esploratore, ridotto in estate quasi soltanto a una blusa di tela stretta alla cintola e a un paio di sandali. I vecchi dagli usi borghesi sono più a disagio.

I «grandi» stanno conversando coi loro amici, mentre i tovaglioli penzolano alle spalliere delle sedie. Sono gli invitati che telefonano. Vogliono confermare la visita o avvertire che non vengono o discutere di qualcosa, e i «grandi» s'intrattengono con loro nel gergo specifico del gruppo, un singolare linguaggio pieno di modi di dire e di scherzi, ben di rado accessibile alla comprensione dei «vegliardi». Anche questi stanno intanto tenendo consiglio intorno a quel che bisognerà offrire per cena agli ospiti. Il professore manifesta un certo punto d'onore borghese. Vorrebbe che, dopo l'insalata russa e dopo le tartine di pan nero, vi fosse una torta, qualche cosa di analogo a una torta; ma la signora Cornelius dichiara che questo condurrebbe troppo lontano – i giovani non ci contano nemmeno, ritiene lei – e infatti i figlioli lo confermano, mentre tornano a sedere per finire il loro budino.

La povera massaia, alla quale somiglia Ingrid, pur essendo più alta, è avvilita per le inaudite difficoltà della vita domestica. Dovrebbe fare una cura di acque, ma sin che il terreno sotto i piedi è così mal sicuro e tutte le cose vanno alla rinfusa, non è possibile decidersi. Essa ora pensa alle uova, che bisogna assolutamente assicurarsi per oggi, e si mette a parlarne; delle uova da seimila marchi, che vengono distribuite soltanto in questo giorno della settimana in un dato negozio, a un quarto d'ora di distanza, in numero limitato, e alla cui conquista bisogna che i figlioli partano immediatamente dopo tavola. Danny, il figlio dei vicini, verrà a prenderli, e Saverio, vestito in borghese, si unirà ai padroni. Giacché quel negozio non concede che cinque uova ogni settimana a ciascuna famiglia, i giovanotti dovranno comparire successivamente nel negozio, dando nomi diversi, posticci, per ottenere ben venti uova per la villa Cornelius: è un gran divertimento settimanale per tutti i partecipanti, non escluso il *mugik* Kleinsgütl, ma soprattutto per Ingrid e Berto, i quali hanno una straordinaria tendenza alla mistificazione del prossimo e sogliono dedicarvisi ogni momento disinteressatamente, anche quando non vi è da cavarne delle uova. Si divertono, per esempio, quando sono in tram, a farsi passare, attraverso una indiretta rappresentazione del proprio io, per individui ben diversi da quel che sono, parlando fra loro il dialetto locale e prolungando in pubblico delle false conversazioni, proprio dei discorsi volgari quali si sentono ovunque: le più sciocche banalità sulla politica o i prezzi dei viveri o su persone inesistenti, finché tutti i compagni di viaggio stanno ad ascoltare la loro vacua verbosità con simpatia, ma anche con l'oscuro sospetto che qualcosa non torni. Allora si fanno anche più sfacciati e cominciano a raccontarsi su quelle persone inesistenti le storielle più inaudite. Ingrid è capace di dire con voce stridula e plebea che lei è una commessa di negozio con un figlio illegittimo, un bambino il quale ha tendenze sadiche, e recentemente in campagna ha torturato una mucca, in modo così irripetibile, che un cristiano non poteva guardare. Il tono con cui essa dice «torturato» è tale, che Berto sta per scoppiare dal ridere, ma ostenta invece grande interessamento e s'ingolfa con l'infelice commessa in una discussione a un tempo perversa e sciocca sulla natura della crudeltà morbosa finché un vecchio signore seduto di fronte, il quale tiene il biglietto infilato nell'anello stemmato dell'indice, non trova che la misura è colma e protesta ad alta voce contro il fatto che persone così giovani si occupino con tanti particolari di temi siffatti. (Egli mette un accento speciale sull'elegante vocabolo «siffatti».) Ingrid allora finge di sciogliersi in lacrime, e Berto si dà l'aria di essere invaso da una collera mortale, che domina con estremi sforzi, ma per poco tempo ancora: se ne sta coi pugni serrati, stringendo i denti, tremando tutto, tanto che il vecchio signore «il quale non aveva l'intenzione di offendere nessuno», alla prossima fermata scende in fretta dal tram.

Questi sono i passatempi dei «grandi». Il telefono vi ha spesso una parte decisiva: si divertono a chiamare la gente più disparata, cantanti di teatro, personaggi politici e principi della Chiesa: si presentano come commessi di negozio oppure come conte o contessa Cadiavoli, e solo con gran pena si adattano ad ammettere un falso contatto. Una volta hanno vuotato la coppa dove i genitori lasciavano i biglietti da visita e li hanno poi distribuiti a casaccio, ma non senza un certo senso per una semiverosimiglianza sconcertante, entro tutte le cassette del quartiere, facendo nascere grande inquietudine, giacché il signor Vattel'a-pesca-chi sembra sia andato a far visita alla casa Vattel'a-pesca-quale.

Saverio, che ora non ha più i guanti di servizio, così che gli si può veder l'anello giallo a catena alla mano sinistra, entra in salotto rigettando il ciuffo all'indietro per sparecchiare la tavola e mentre il professore finisce di bere la sua debole birra da ottomila marchi e accende una sigaretta, si sentono i «piccini» scendere precipitosamente la scala. Vengono al solito a salutare babbo e mamma dopo colazione: danno l'assalto alla sala da pranzo lottando con la porta, alla cui maniglia si sono appesi tutt'e due insieme con le manine, e procedono con le gambette frettolose e maldestre e le scarpine rosse di lana verso cui scivolano le calze, incespicando sul tappeto mentre gridano, raccontano e chiacchierano. Ognuno dirige la rotta verso la propria meta: Bibi va dalla mamma, sul cui grembo s'inerpica con le ginocchia, per dirle subito tutto quello che ha mangiato e mostrarle per prova la sua pancetta ben tesa. Norina invece va dal suo «Abele» – che è tanto suo, appunto perché lei è tanto sua, perché essa intuisce la tenerezza intima e, come ogni profondo sentimento, un pochino malinconica del babbo, e gusta sorridendo l'affetto di cui egli circonda la sua personcina di bimba, l'amore con cui la sta a guardare o bacia la manina ben modellata o la tempia dove si intrecciano con commovente leggiadria sottilissime vene.

I due bambini rivelano la somiglianza a un tempo forte e imprecisa di una coppia fraterna, somiglianza sottolineata dalla identità dell'abbigliamento e dei capelli, ma si distinguono pure l'un dall'altra in modo impressionante, l'uno con la sua caratteristica da uomo, l'altra per la sua femminilità. L'uno è un piccolo Adamo, l'altra una piccola Eva, con chiara determinazione; da parte di Bibi vi è anche il cosciente orgoglio del proprio sesso: già è più robusto, più corpulento, più forte di figura, ma poi concentra la propria quattrenne dignità virile nell'atteggiamento, nel volto e nel modo di parlare: lascia pendere le braccia un po' discoste dalle spalle rialzate, come un piccolo atleta o un giovane americano: parlando cerca di dare alla sua voce un'intonazione profonda e bonariamente energica.

Peraltro tutta questa dignità e virilità è piuttosto meta delle sue aspirazioni che àncora sicura della sua indole: al bambino nato e cresciuto negli anni desolati e caotici è toccato un sistema nervoso molto labile ed eccitabile; soffre immensamente delle vicissitudini della vita, è incline agli scoppi d'ira, alle crisi recalcitranti, ai lunghi pianti disperati per ogni inezia, ed è appunto anche per questo il beniamino viziato della mamma. Ha gli occhi castani un po' sporgenti, lievemente strabici, tanto che presto dovrà portare gli occhiali correttivi, il nasino allungato e la boccuccia molto piccola. Il naso e la bocca sono quelli di papà, come si è veduto chiaramente da quando il professore ha abolita la barbetta a punta ed è rasato all'americana. (La barba era proprio insostenibile: anche l'individuo storico finisce per adattarsi a simili concessioni verso i costumi del proprio tempo.) Ma Cornelius tiene la piccolina sulle ginocchia, la sua Eleonora, la sua Norina, la piccola Eva, tanto più delicata e più dolce del maschietto nell'espressione del volto, e le permette, mentre scosta la sigaretta che stava fumando, di giocherellare con le manine intorno agli occhiali, le cui lenti divise per veder da lontano e da vicino suscitano ogni giorno la sua rinnovata curiosità.

In fondo, egli ha bene il senso che la predilezione di sua moglie è stata più generosa della sua, e che forse la virilità complessa di Bibì ha maggior valore che non la grazia armoniosa della sua piccola. Ma al cuore, si va dicendo, non si può comandare, e il suo cuore appartiene ormai alla bambina, da quando essa è venuta, da quando l'ha veduta per la prima volta. Quasi sempre, tenendola fra le braccia, deve ritornare col ricordo a quella prima volta: era la camera luminosa di una clinica, dove Norina era venuta al mondo a dodici anni d'intervallo dai suoi fratelli maggiori. Egli si era avvicinato e quasi nel momento stesso in cui, mentre la mamma sorrideva, aveva scostato la cortina della culla posta a lato del letto grande, in cui aveva scorto la piccola meraviglia giacente fra i cuscini come circonfusa dalla luminosa dolcezza della propria grazia, con delle manine che già allora, tanto più minuscole, erano di mirabile forma, con gli occhietti spalancati che allora erano azzurri di cielo e rispecchiavano la chiarità del giorno – quasi nell'attimo stesso egli si era sentito commosso e prigioniero: era stato un amore immediato ed eterno, un sentimento che lo aveva colto fuori di ogni attesa e di ogni speranza e di ogni volontà, sin dove giungeva la sua autocoscienza – un sentimento che gli si era subito rivelato, con stupore e con gioia, definitivo e vitale.

Pure il dottor Cornelius sa che, se va indagando a fondo, non si tratta proprio di un sentimento affatto estraneo a ogni attesa e a ogni speranza e a ogni volontà. Comprende che è stato colto alla sprovvista da quel nuovo elemento di vita, ma che qualcosa in lui lo ha preparato, o più precisamente reso pronto a farlo generare da se stesso nel momento dato, e intuisce che tale *quid* è stata la sua qualità – stranissimo a dirsi – di professore di storia. Il professor Cornelius infatti non lo dice, ma talvolta ne ha la coscienza tra sé e ne sorride. Egli sa che i professori di storia non amano gli eventi in quanto essi avvengano, ma in quanto siano avvenuti, sa che odiano l'attuale sconvolgimento perché lo sentono come qualcosa di estraneo a ogni legge, d'impudente e di sconnesso, in una parola, come qualcosa di antistorico, mentre il cuor loro rimane devoto alla pia, coerente storicità del passato. Il passato – ammette fra sé il professore universitario mentre va passeggiando prima della cena lungo il fiume – è immerso nell'atmosfera dell'eterno, sottratto alle leggi del tempo, ed è questa un'atmosfera che ben più si addice alla mentalità di un professore di storia che non le impudenze del presente. Il passato si è eternato, ciò significa: è morto, e la morte è la sorgente di ogni religiosità e di ogni spirito di conservazione. Il dottore lo ammette quando passeggia nel buio. È stato il suo istinto conservatore, il suo senso per l'«eterno» che lo ha indotto a sfuggire agli sfacciati ardimenti dell'oggi per rifugiarsi nell'amore verso questa sua bambina. Amore paterno e un bimbo al seno della mamma: ecco ciò che supera il tempo caduco ed è pertanto sacro e bello. Tuttavia Cornelius, all'oscuro, comprende che in tale suo affetto vi è qualcosa di non perfettamente buono e giusto; se lo confessa teoricamente in nome della scienza. Questo amore, per la sua origine, ha qualcosa di tendenzioso; vi è in esso una certa ostilità, una opposizione contro gli eventi futuri, a favore di quelli trascorsi, cioè della morte. Sì, strana verità, ma pur vera, vera sino a un certo punto. Il suo fervore per questo dolce pezzetto di vita e di continuità avvenire ha qualche rapporto con la morte, è alleato della morte contro la vita, e questo non è perfettamente buono e giusto, benché sarebbe naturalmente folle ascetismo strapparsi dal cuore il sentimento più caro e più puro in grazia di una occasionale intuizione scientifica.

Tiene in grembo la piccina che lascia pendere le belle gambucce rosee e snelle; le parla, corrugando le ciglia, in tono di devoto e scherzoso rispetto, e ascolta rapito la dolce e acuta vocina che gli risponde chiamandolo «Abele». Intanto scambia sguardi eloquenti con la mamma, la quale si occupa del suo Bibi esortandolo con mite rimprovero alla ragionevolezza e al dominio di sé, visto che anche oggi Bibi, irritato della vita, si è lasciato andare a una crisi di rabbia e si è comportato come un fachiro urlante. Cornelius manda anche di tanto in tanto uno sguardo sospettoso verso i «grandi» poiché non ritiene impossibile che essi abbiano qualche intuizione di certe idee scientifiche che occupano le sue passeggiate vespertine. Però, se anche fosse vero, non lo lasciano scorgere. In piedi, dietro le loro sedie, con le mani appoggiate alle spalliere, stanno a guardare la felicità dei genitori con benevolenza non spoglia di qualche ironia.

I bambini indossano abitini pesanti, rosso mattone, di foggia artistica, con strani ricami, abitini che sono già appartenuti a Berto e a Ingrid e sono identici fra loro, con la sola differenza che sotto la blusa di Bibi fan capolino i calzoncini corti. Hanno anche tutti e due la stessa acconciatura dei capelli, la testina da paggetto. I capelli di Bibi sono di un biondo non uniforme, stanno diventando scuri irregolarmente, crescono disordinati un po' dappertutto, così che sembra porti una piccola parrucca ridicola e mal messa. I capelli di Norina invece sono castani scuri, fini come la seta, lucidi e graziosi come tutta la personcina. Ricoprono le orecchie, che, è un fatto noto, sono disuguali: l'una ha le proporzioni giuste, l'altra è un poco anormale, è decisamente troppo grande. Il papà qualche volta va a scovar fuori le due orecchie per esprimere la sua meraviglia con gran vivacità, come se non avesse ancor mai scoperto lo strano difetto, il che confonde e diverte insieme la piccola Norina. I suoi occhi sono molto distanti fra loro e hanno un dolce riflesso bruno-dorato e uno sguardo infinitamente limpido e mite. Le sopracciglia sono bionde, il naso non è ancora ben formato; ha le narici piuttosto grosse, così che si scorgono due buchetti rotondi; la bocca è grande ed espressiva, col labbro superiore mobile e bene arcuato. Quando ride mostrando le file rare dei dentini di perla (ne ha perduto ora il primo, si è fatta staccare col fazzoletto, dal babbo, quel cosino ballonzolante, diventando molto pallida e tremando tutta), compaiono sulle guance delle fossette che, malgrado la delicatezza infantile del volto, sono singolarmente incavate perché la mandibola è un poco sporgente. Su una guancia, dove giungono i capelli lisci, ha un neo ombreggiato di peluria.

In complesso Norina è malcontenta del suo aspetto esteriore. Segno che se ne preoccupa. La sua faccia, dice malinconicamente, è proprio brutta, la «figurina» invece davvero graziosa. Le piacciono le parole un po' scelte e ricercate e si diverte a metterle in fila, come «forse mai», «s'intende», «infine». Le preoccupazioni autocritiche di Bibi riguardano piuttosto il suo io morale. Tende alla contrizione, crede di essere un gran peccatore a cagione dei suoi accessi d'ira; è persuaso che non andrà in cielo, ma all'«inverno». Non vale rassicurarlo, dirgli che il buon Dio è molto indulgente e non prende mai le cose pel sottile! Scuote con ostinata tristezza la parrucca in disordine e dichiara impossibile il suo ingresso nella beatitudine eterna. Quando è infreddato sembra che diventi tutto catarro; è tutto un rimbombo cavernoso da capo a piedi appena a toccarlo, ha la febbre altissima ed è subito in ebollizione. Anna-Viola ha una certa tendenza al pessimismo circa la costituzione di Bibi ed è di parere che un bambino con un «sangue così grosso» possa esser colto ogni momento da un colpo apoplettico. Una volta ha già creduto giunto il terribile istante: avevano messo Bibi, per punizione dopo un violentissimo attacco di ira, nel cantuccio, con la faccia rivolta verso la parete; e la faccia era diventata, come ci si avvide casualmente, tutta viola, molto più violacea che non il volto della brava Anna. Questa mise in moto la casa intera, annunziando che il sangue troppo grosso del bambino aveva ormai fatta giungere l'ultima sua ora, e il cattivo Bibi, con suo giustificato stupore, si trovò d'un tratto sommerso fra le spaventose tenerezze generali, finché si venne a scoprire che il fosco colore del suo visetto non proveniva dalla apoplessia, ma dalla parete colorata della stanza dei bambini, la quale aveva donato un poco del suo bell'indaco alla faccina inondata di lacrime.

Anna-Viola ha accompagnato i piccini in sala, ma si è trattenuta sulla porta, con le mani incrociate. Porta il grembiule bianco, ha la pettinatura liscia e oleosa, gli occhi da oca, e una fisionomia in cui si rispecchia l'austera dignità di un cervello ottuso. «I bambini» suole spiegare con l'orgoglio delle sue cure e dei suoi insegnamenti «*si decifrano* splendidamente.» Recentemente si è fatta cavare diciassette radici di denti cariati, facendosi applicare un bell'apparecchio di denti gialli con palato di gomma rosso scuro, il quale forma ora l'ornamento del suo volto da contadina. La sua mente però è dominata dalla strana idea fissa che quella dentiera formi materia di discorso di larga cerchia, e che ne parlino persino i gatti su per i tetti. Va dicendo, severa e mistica: «Molti sono stati gli inutili discorsi, quand'io, come è ben noto, mi son fatta mettere i denti». In generale ha una certa simpatia per le allusioni oscure e indistinte, non accessibili alla comprensione altrui, come quando a esempio va parlando di «un dottor Piè-di-Piombo che tutti i bimbi conoscono» e aggiunge che «ne abitano parecchi in quella casa e che si fanno passare per costui».

Non si può far altro che fingere di ignorare tutto questo con indulgenza. Ai bambini insegna delle belle poesie, come a esempio:

> Ferrovia, ferrovia,
> Con la gran locomotiva,
> Questa viene, l'altra è via,
> Fa sonare la sua piva...

Oppure la poesia altamente attuale e rinunciataria, con l'allegra lista dei cibi per tutta la settimana:

> Si comincia il lunedì,
> Si sta male il martedì,
> Per il mercole ci siamo,
> E con giobbia digiuniamo.
> Pesce fritto il venerdì,
> Poi si balla tutto un dì,
> Per la festa arrosto al forno
> E insalata di contorno.

O ancora le due quartine ricche di incomprensibile e misterioso romanticismo:

> Spalanca la porta!
> Spalanca la porta!
> È giunto un gran cocchio.
> Chi siede nel cocchio?

> Vi siede un bel sire –
> Suo nome non dire –
> Che bionde ha le chiome,
> Non dire il suo nome.

Oppure infine la macabra ballata di una «Mariettina che sedeva su di un sasso, su di un sasso, su di un sasso, pettinando i suoi capelli d'oro, capelli d'oro, capelli d'oro» e di Rodolfo «che snudava, snudava, snudava uno stilo», ma faceva poi anche lui una brutta fine.

Norina ripete e canta tutti questi componimenti quanto mai graziosamente, con la boccuccia sinuosa, e la vocina dolce, molto meglio di Bibì. Ogni cosa la fa meglio di Bibì lei, e il fratellino l'ammira talmente, e, a prescindere dai fugaci accessi di ribellione o di impetuosa litigiosità, a lei si subordina in ogni circostanza.

Spesso la piccola lo erudisce scientificamente, gli illustra gli uccelli nel libro figurato, inventandogli dei bei nomi: il mangianubi, il mangiagrandine, il mangiacorvi, e a lui tocca poi di ripetere i vocaboli. Anche nelle dottrine mediche lo va ammaestrando e gl'insegna le malattie, come la polmonite, la pleurite e la «sanguinite». Quando Bibi non sta attento e non è poi in grado di ripetere, lo mette nel cantuccio. Una volta gli ha anche dato uno schiaffo, ma ne ha poi provata tanta vergogna che è andata sola a mettersi in cantuccio per un bel po' di tempo. Sì, vanno proprio d'accordo: sono un cuore e un'anima sola. Tutte le esperienze e tutte le avventure della vita le hanno in comune. Arrivano a casa e raccontano ancora eccitati, interrompendosi l'un l'altro, di aver veduto sullo stradone due mucche e una «carne di vitello». Con le persone di servizio, con Saverio e con le damigelle Hinterhöfer, due sorelle del ceto medio che ora attendono *au pair*, cioè in cambio di vitto e alloggio, alle funzioni di cuoca e di cameriera, vivono in cordiale intimità, o per lo meno intuiscono di tanto in tanto che i loro rapporti coi genitori hanno qualche affinità con quelli di codesti abitatori dei regni inferi. Quando hanno avuto una sgridata si rifugiano giù in cucina dicendo: «I nostri signori son proprio cattivi!». Però è ancora più bello giocare con le alte gerarchie, e specialmente con «Abele», quando non ha da leggere o da scrivere. Quello ha delle trovate molto più interessanti che non Saverio e le due signorine. I bambini fanno un gioco per cui loro due sono «quattro signori» che vanno a spasso. Abele piega le ginocchia abbassandosi fino a esser quasi piccino come loro e passeggia così tenendoli per mano, una delizia di cui non si sazierebbero mai. Sarebbero capaci di girare tutta la giornata attorno alla sala da pranzo, cinque signori in tutto, compreso Abele diventato piccolo.

Vi è inoltre il gioco sensazionale dei cuscini, il quale consiste in ciò, che uno dei piccoli, ma per lo più è Norina, mentre Abele deve fingere di non vederla, va ad accoccolarsi sulla sua sedia presso la tavola da pranzo, aspettandolo poi quatta quatta. Il professore si fa avanti guardando per aria e tenendo dei discorsi che rivelano la sua salda fiducia nella comodità di quella poltrona, e va poi a sedersi proprio addosso a Norina. «Come?» esclama. «Cosa c'è?» e si dimena un poco, senza udire il riso soffocato che va scoppiettando alle sue spalle. «Chi ha messo un cuscino sulla mia sedia? Ma che cuscino duro, male imbottito, su cui si siede tanto malcomodi!» E continua a palpare il cuscino misterioso, stuzzicandone i gridetti e le risa entusiastiche, sinché alla fine si volta; e il dramma si chiude con una graziosa scena di sorpresa e di riconoscimento. Anche questo gioco, pur ripetuto centinaia di volte, non vede diminuita mai la propria tensione drammatica.

Ma oggi non vi è tempo per simili spassi. Vi è nell'aria l'inquietudine per la festa imminente dei «grandi», che dev'essere preceduta da una spedizione di conquista, con varia assegnazione delle parti: Norina ha appena finito di recitare «Ferrovia, ferrovia», e il dottor Cornelius sta appunto scoprendo, a sua confusione, che le due orecchie sono proprio disuguali, quando arriva Danny, figlio dei vicini, per prender Berto e Ingrid: anche Saverio ha sostituito la livrea a righe con la giacchetta borghese, la quale gli dà un aspetto un po' equivoco, ma simpatico e disinvolto. I bambini, insieme ad Anna, salgono nel loro regno supremo, e il professore si ritira nello studio a leggere, come suol fare sempre dopo tavola, mentre sua moglie rivolge pensieri e attività ai panini imbottiti e all'insalata russa che bisognerà ammannire per il ballo. La povera signora deve anche fare a tempo, prima che arrivino gli ospiti, a fare una corsa in città in bicicletta, con la borsa delle provviste: ha in mano una certa somma di banconote che non possono venire abbandonate alla svalutazione e che è urgente tramutare in viveri.

Cornelius legge, semisdraiato nella poltrona. Col sigaro tenuto fra l'indice e il medio, va leggendo qualche cosa di Macaulay intorno al formarsi del debito statale in Inghilterra all'inizio del Seicento e poi qualche pagina di un autore francese sul crescente indebitamento della Spagna verso la fine del Cinquecento, sempre per la sua lezione dell'indomani. Egli infatti intende confrontare la sorprendente prosperità economica dell'Inghilterra d'allora con gli effetti disastrosi provocati cento anni prima in Ispagna dall'indebitamento statale, analizzando le cause etiche e psicologiche di tale antitesi. Questo gli darà occasione di passare dall'Inghilterra di Guglielmo III, di cui in realtà si tratta, all'epoca di Filippo II e della Controriforma, argomento che è il suo cavallo di battaglia, e intorno a cui ha già scritto un notevole volume, un'opera spesso citata alla quale deve il proprio ordinariato. Intanto che il sigaro si avvia verso la fine, facendosi un poco troppo forte, il professore prepara tra sé un paio di frasi lievemente atteggiate a malinconia da dire l'indomani ai suoi studenti intorno alla vana lotta che il lento Filippo combatte contro ciò che è nuovo, contro il procedere della storia, contro le forze dissolutrici dell'individualismo e della libertà germanica; intorno a quella lotta, che la vita e quindi anche Iddio condanna, della aristocrazia conservatrice contro le forze del progresso e del rinnovamento. Quelle frasi gli paiono belle e le va ancora limando, mentre rimette sugli scaffali i libri adoperati e sale in camera da letto per dare alla sua giornata la consueta cesura, un'ora passata con le imposte serrate e con gli occhi chiusi, di cui egli sente il bisogno e che oggi, come all'improvviso ricorda dopo l'intermezzo scientifico, sarà turbata dall'inquietudine della festa imminente. Sorride del lieve batticuore che tale attesa gli provoca; nella sua testa si confondono gli abbozzati periodi sul sovrano di Spagna dalla serica veste nera col pensiero della festicciola casalinga e a questo modo si addormenta per cinque minuti.

Ripetutamente, durante la siesta, sente squillare il campanello di casa e richiudersi il cancelletto del giardino, e sempre ha un lieve senso di eccitazione, d'impazienza e di oppressione, al pensiero che sono già gli ospiti che arrivano e cominciano ad affollarsi nell'atrio. Ogni volta sorride di quel suo sussulto, ma anche il sorriso rivela una certa nervosità non priva del resto di un po' di gioia; chi infatti non avrebbe gioia da una festa? Alle quattro e mezzo (è già scuro), si alza e si lava alla toeletta. La catinella è rotta da un anno. È una catinella da svuotarsi rovesciandola, guasta ora proprio nell'attacco e che non si può far aggiustare perché mancano gli operai, né sostituire, perché nessun negozio la fornisce. Ora per svuotarla bisogna sollevarla in alto con le due braccia e riversarne il contenuto nella vaschetta. Cornelius, prendendo la catinella, scrolla tristemente il capo, come suol fare ogni giorno, poi si mette in ordine – non senza accuratezza ripulisce al lume della lampada le lenti a stanghetta – e si dispone infine a scendere nella sala da pranzo.

Quando sulle scale gli perviene il brusio delle voci diverse e il suono del grammofono già entrato in azione, il suo volto assume l'aria affabile e contegnosa di società. «Prego, prego, stiano comodi!» si propone di dire passando direttamente nella stanza da pranzo a prendere il tè. Gli pare che quello sia l'atteggiamento adatto: riguardoso, cordiale e allo stesso tempo di lieve autodifesa.

L'atrio è illuminato a giorno; sono accese le candele del lampadario, tranne una, che ha la lampadina bruciata. Giunto all'ultimo gradino della scala, Cornelius si ferma dominando la scena con lo sguardo. Quell'atrio è davvero simpatico, con la copia dell'affresco di Marées al di sopra della caminiera di terracotta, con le pareti rivestite di legno (legno dolce soltanto) e il tappeto rosso sul quale spiccano gli ospiti, che chiacchierano tenendo fra le mani la tazza del tè e le fette di pane spalmate di pasta d'acciuga. Atmosfera festiva, lieve sentore di vesti, di capelli e di aliti che si diffonde nell'aria, caratteristico e suscitatore di ricordi. La porta che conduce allo spogliatoio è aperta, giacché continuano a sopraggiungere invitati.

La folla festosa a primo acchito acceca; il professore vede soltanto il quadro d'insieme. Non si è accorto che Ingrid, vestita di un abito di seta scura con una larga guarnizione bianca pieghettata allo scollo e con le braccia nude, gli è proprio lì accanto, sugli ultimi gradini, insieme ad alcuni amici. Essa ammicca e gli sorride coi suoi bei denti.

«Hai riposato?» chiede piano piano, a quattr'occhi. Quando il padre, con ingiustificata sorpresa, la riconosce, gli presenta gli amici: «Permetti che ti faccia conoscere il signor Zuber? Ecco la signorina Plaichinger». Il signor Zuber è piuttosto scarso all'aspetto, l'altra invece è una vera Germania, bionda, prosperosa e un po' traboccante, col naso all'insù e la voce acuta delle donne corpulente, come si può constatare appena essa risponde ai cortesi saluti del professore.

«Benvenuta» dice il dottor Cornelius. «Siamo lieti che Lei ci abbia fatto questo onore. Compagna di liceo probabilmente?»

Il signor Zuber è compagno d'Ingrid come socio del Golf Club. Appartiene del resto alla vita degli affari, lavora nella fabbrica di birra di suo zio e il professore scherza per un minuto con lui sulla birra allungata, fingendo di supervalutare sino all'assurdo l'influenza del giovane Zuber sulla qualità della birra. «Ma prego, stiano comodi, stiano comodi!» dice, e vuol passare nella camera da pranzo.

«Ecco che arriva Max» esclama Ingrid. «O Max, o fumaiolo, perché t'avanzi sol ora coi passi spietati?»

Si danno tutti del tu e si trattano in un modo che i vecchi non arrivano a capire: di riserbo, galanteria e tono da salotto non vi è traccia alcuna.

Un giovanotto in sparato bianco con la cravattina da smoking si avvicina alla scala salutando – bruno di capelli, ma rosso in volto, naturalmente sbarbato, ma con una sfumatura di basette, proprio un bel giovanotto – non di una bellezza ridicola o appassionante come quella di un violinista tzigano, ma bellino in modo discreto e simpatico, con occhi neri e sereni, con ancora una certa goffaggine nel portare lo smoking. «Via, via, non brontolare, o Cornelia! Quella zuppa di una lezione!» risponde, e Ingrid lo presenta al padre come signor Hergesell.

«Ah, ecco il signor Hergesell!» Questi ringrazia educatamente il suo ospite per il cortese invito, mentre ne accetta la stretta di mano. «Faccio un po' da retroguardia» continua in tono scherzoso. «Proprio oggi doveva capitarmi di aver lezione sino alle quattro; e poi son dovuto andare a casa a mutarmi d'abito.» Qui comincia a parlare delle sue scarpette da ballo, che a quanto pare gli hanno procurato grandi impicci in guardaroba. Racconta: «Le ho portate con me nella borsa. Non è lecito che noi le veniamo qui a guastare i tappeti con gli stivali. Ma non avevo sciaguratamente preso con me un corno per calzarle e non mi riusciva affatto di entrarvi; oh cielo! pensi che scena, mi ero cacciato in un bel pasticcio. Non ho mai avuto in vita mia scarpe così strette. I numeri non corrispondono più. Non ci si può più fidare, e poi questa robaccia d'oggigiorno è dura – guardi qui, questo non è cuoio, questo è ghisa colata! Mi sono schiacciato tutto l'indice». Mostra infatti in aria confidenziale il suo dito arrossato, ripetendo ancora una volta che sono «ghisa colata» e che fanno schifo. Parla proprio come Ingrid suole parodiarlo: con voce nasale e strascicata in un modo strano, ma si vede che non lo fa per affettazione, ma soltanto perché tale è la natura di tutti gli Hergesell.

Il dottor Cornelius deplora l'assenza di un corno nello spogliatoio ed esprime il suo interessamento per il dito schiacciato. «Ma prego, ora stiano comodi tra loro» soggiunge. «Arrivederci.» E passa nella camera da pranzo.

Anche là vi sono già degli ospiti; la tavola è stata allargata per il tè. Ma il professore si dirige dritto verso un angolo ornato di arazzi e illuminato da un rosone del soffitto, dove è la piccola tavola rotonda alla quale è solito prendere il tè. Trova lì accanto sua moglie che discorre con Berto e con due altri giovanotti. L'uno è Herzl; Cornelius lo riconosce e lo saluta. L'altro ha nome Möller – un tipo singolare di giovane esploratore, il quale evidentemente né possiede né vorrebbe possedere abbigliamenti borghesi da cerimonia (in fondo son tutte cose che non esiston più), un giovanotto, che è ben lontano dal voler fare il «signore» (anche questa è una cosa che in fondo non esiste più), che è vestito con una blusa alla russa e calzoni corti, e sfoggia un gran ciuffo di capelli e dei grossi occhiali di tartaruga. Lavora nel ramo bancario, a quanto apprende il professore, ma è inoltre una specie di folklorista, un raccoglitore e cantore di canzoni popolari di ogni paese e di ogni lingua. Anche oggi è stato pregato di portare la chitarra, che infatti aspetta in guardaroba nella sua fodera di tela cerata.

L'attore drammatico Herzl è magro e piccolino, ma avrebbe una terribile barba nera, come ben si vede sulla pelle rasata e troppo incipriata. Gli occhi sono molto grandi, pieni di ardore e di malinconia; e, oltre all'eccesso di cipria, sul suo volto si scorge anche un po' di rossetto – quel color carnicino in alto delle guance è evidentemente di origine cosmetica.

Che stranezza, pensa il professore. Si direbbe a tutta prima, o la malinconia o il belletto. Uniti insieme formano un contrasto psicologico. Come può aver voglia un ipocondriaco d'imbellettarsi? Ma qui sta forse appunto la strana e singolare natura psichica dell'artista, che tale contraddizione rende possibile, anzi in essa proprio consiste. Fenomeno interessante, e non sarà per questo il professore a mancargli di riguardo. Anche codesto è un modo di essere legittimo, originale persino... «Prenda una fettina di limone, signor attore di Corte!»

Il titolo di attore di Corte non esiste più, ma Herzl lo sente con piacere, pur essendo un artista rivoluzionario. Ecco un'altra contraddizione inerente alla sua indole psichica. Con ragione il professore ne presuppone l'esistenza e lo lusinga con quell'epiteto, quasi per scusarsi dell'istintiva antipatia provata scorgendo il lieve velo di rossetto sulle guance. «I miei più devoti e sentiti ringraziamenti, esimio signor professore!» dice Herzl con tale velocità, che soltanto una lingua come la sua, avvezza alla tecnica della recitazione, evita ogni intoppo. In genere il suo atteggiamento verso gli ospiti, e in particolare verso il padrone di casa, è del maggior rispetto, ed è anzi forse ispirato a una cortesia troppo esageratamente devota. Si direbbe abbia la coscienza inquieta per il belletto, che un'intima voce lo ha costretto a mettersi sul volto, ma che egli stesso, dal punto di vista del professore, disapprova, e ora cerchi di riconciliarsi col mondo non imbellettato esagerando in estrema modestia.

Mentre si beve il tè, ci si intrattiene dei canti popolari di Möller, di quelli spagnoli e baschi, e di qui il discorso passa alla ripresa del *Don Carlos* schilleriano nel Teatro Nazionale, dove Herzl ha la parte del protagonista. Egli parla della sua interpretazione e dice: «Spero che il mio Carlos sia tutto d'un getto». Si fa anche la critica degli attori, si discorre della messa in scena, dell'ambiente, e già il professore s'accorge di esser giunto al suo porto sicuro, alla Spagna della Controriforma, il che lo mette quasi in imbarazzo. Si sente del tutto innocente, non ha fatto proprio nulla per dare tale svolta alla conversazione. Temendo si possa credere egli cerchi l'occasione di spacciare dottrina, rimane interdetto e si chiude nel silenzio. Gli fa piacere di scorgere Bibi e Norina diretti verso di lui. Indossano gli abitini di velluto azzurro, l'abito di gala, e vogliono anch'essi, sino al momento di andare a letto, partecipare a modo loro alla festa dei grandi. Intimiditi e con gli occhi spalancati debbono dar la buona sera a quei signori ripetendo come si chiamano e quanti anni hanno. Il signor Möller li guarda soltanto con aria grave, ma l'artista drammatico Herzl si mostra assolutamente affascinato, ammaliato ed estasiato alla loro vista. Li benedice addirittura, alza gli occhi al cielo e giunge le mani davanti alla bocca. Sarà sincero, ma la consuetudine di obbedire alle necessità d'effetto teatrale dà un tono terribilmente falso alle sue parole e ai suoi atti, non solo, ma pare che anche la sua devozione di fronte ai pargoli debba servire a riconciliare col rossetto delle sue guance.

Gli ospiti hanno già lasciato la tavola del tè, ora nell'atrio si balla, i bambini vi accorrono, mentre il professore si dispone a ritirarsi. «Buon divertimento!» mormora stringendo la mano ai signori Möller ed Herzl che sono balzati in piedi e s'inchinano. Passa nel suo studio, nel suo regno inaccessibile, dove si mette al lavoro.

È un genere di lavoro che, se necessario, può essere sbrigato anche in mezzo al disordine: qualche lettera, qualche appunto. Si capisce che Cornelius è distratto stasera. Gli sono rimaste in mente varie piccole impressioni: le poco cedevoli scarpette del signor Hergesell, la voce acuta nella figura corpulenta della Plaichinger. Anche ai canti popolari baschi di Möller ritornano i suoi pensieri, intanto che scrive o fissa lo sguardo nel vuoto, oppure ripensa alla esagerata umiltà di Herzl, al «suo» *Don Carlos* e alla corte di Filippo. Le conversazioni, medita tra sé, hanno qualcosa di misterioso. Sono docili e s'informano senza bisogno di guida a un dato interesse che predomina segretamente in noi. Gli pare di averne fatto spesso la constatazione. Di tanto in tanto presta orecchio ai rumori, del resto non affatto eccessivi, della piccola festa. Gli giungono soltanto qua e là delle parole, non si sente lo strisciare del ballo. Ma già, non si striscia, non si gira più: passeggiano stranamente sul tappeto che non li disturba, tenendosi l'un l'altro in un modo affatto diverso da quello che usava ai tempi suoi, seguendo i suoni del grammofono ai quali appunto egli ora tende l'orecchio, a queste strane melodie del nuovo mondo, istrumentate come un *jazz*, a base di timpani svariati ben riprodotti dall'apparecchio, e di schioccare delle castagnette, le quali però hanno un tono di *jazz* per nulla spagnolo. No, spagnolo no certo. Ed ecco che è ritornato al pensiero della sua lezione.

Dopo una mezz'ora gli viene in mente che sarebbe suo dovere di cortesia contribuire al trattenimento con una scatola di sigarette. È davvero sconveniente, trova, che i giovanotti debban fumarsi le proprie sigarette – per quanto loro non ci baderebbero più che tanto. Se ne va nella camera da pranzo deserta e prende fra le sue riserve nell'armadietto una scatola non precisamente delle migliori, o almeno non di quelle che preferisce fumar lui, un formato un po' troppo lungo e sottile, che non è malcontento di veder consumare; in fondo si tratta di ragazzi! Passa poi nell'atrio, mostra la grossa scatola alzandola con un sorriso, e la depone aperta sulla caminiera, e fa per avviarsi verso la propria camera dopo un'occhiata alla situazione.

È appunto una pausa fra un ballo e l'altro; il grammofono tace. Gli ospiti sono disposti in piedi o seduti lungo le pareti o chiacchierano vicino alla tavola a leggìo presso la finestra, oppure fan cerchio al camino. Anche sui gradini della scaletta interna di legno, dal tappeto piuttosto sdrucito, è andata a sedersi come in un anfiteatro quella gioventù: per esempio lassù vi è l'opulenta Plaichinger dall'alta voce che fissa in volto Max Hergesell, mentre questi, mezzo sdraiato, con un gomito appoggiato al gradino superiore e gesticolando col braccio libero le tiene gran discorsi. Tutto lo spazio centrale è rimasto vuoto; ma proprio nel mezzo, sotto i lampadari, vi sono i due piccini dalle vesti azzurre che, tenendosi abbracciati in modo maldestro, in silenzio, lentamente e con compunzione girano su se stessi. Cornelius nel passare accanto a loro si china e li accarezza sui capelli con una buona parola, senza che essi si lascino affatto distrarre nella austerità del loro assunto. Giunto sulla porta è in tempo a vedere lo studente di ingegneria Hergesell, il quale, certo avendo scorto il professore, fa leva col gomito sul gradino, si alza e va a strappare Norina dalle braccia del fratello, per mettersi a ballare comicamente con lei senza musica. Assomiglia quasi al professor Cornelius quando va a passeggiare coi «quattro signori»! Piega le ginocchia e cerca di prenderla tra le braccia come una signorina, abbozzando qualche passo di *shimmy* con la bimba tutta contegnosa. Chi li osserva si diverte non poco. È il segnale di mettere ancora in moto il grammofono e riprendere la danza. Il professore, con la maniglia della porta in mano, sta a vedere per qualche momento approvando con la testa e con le spalle, e torna in camera. Per alcuni minuti sul suo volto rimane quasi inconsciamente il sorriso.

Torna a sfogliare carte e a scrivere alla luce della lampada verde, sbrigando ancora qualcosa di poco conto. Più tardi si accorge che la compagnia è passata nel salotto della sua signora, il quale è in comunicazione così con l'atrio come con lo studio. Si sente parlare e alle voci si frammischiano i primi accordi incerti di una chitarra. Il signor Möller si è indotto dunque a cantare, ecco che canta già. Il giovane impiegato, accompagnandosi con accordi sonori sullo strumento, attacca con la sua energica voce di basso una canzone in lingua straniera – può darsi che sia svedese; il professore non riesce a distinguerla con precisione sino alla chiusa accolta da grandi applausi, poiché dietro la porta del salotto scende una portiera che smorza il suono. Quando riprende una nuova canzone, Cornelius passa pian piano di là.

Il salotto è quasi buio. È accesa soltanto una lampada velata su una tavola, e lì vicino Möller siede sui cuscini della cassapanca, con le gambe accavallate, e va pizzicando il suo strumento. La disposizione del pubblico è molto libera, reca l'impronta di una fortuita trascuratezza, visto che non vi sono posti a sedere per così numeroso uditorio. Alcuni son rimasti in piedi, ma molti, anche delle signorine, si sono semplicemente accomodati a terra, sul tappeto, tenendo le ginocchia raccolte fra le mani oppure stendendo le gambe. Hergesell per esempio, per quanto in smoking, è disteso a quel modo, accanto al pianoforte, e gli sta vicino la Plaichinger. Anche i piccini ci sono: la signora Cornelius, seduta nella poltrona di fronte al cantore, li tiene in grembo, e Bibi, quel selvaggio, proprio nel mezzo della canzone, si mette a parlar forte, tanto che bisogna spaventarlo, minacciandolo con zittii e con l'indice alzato. Mai Norina si macchierebbe di simile colpa: essa se ne sta lì quieta e tenera, in braccio alla mamma. Il professore ne cerca lo sguardo per fare un piccolo cenno amoroso alla sua prediletta, ma questa non lo vede per quanto pare non guardi neppure il cantante. I suoi occhi son rivolti più in basso.

Möller canta il *Joli tambour*:

Sire, mon roi, donnez-moi votre fille.

Entusiasmo generale. «Benissimo!» dice Hergesell con la specifica voce nasale, un poco annoiata, di tutti gli Hergesell. Vien poi qualche cosa di tedesco, di cui Möller stesso ha composto la melodia e che suscita rumorosi applausi fra i compagni: è una canzone da mendicanti.

Dopo l'allegra canzone degli straccioni scoppia l'entusiasmo. «Proprio benissimo!» torna a dire con la solita aria Hergesell. Segue un canto ungherese, anch'esso un celebre ritornello caratteristico, cantato nella incomprensibile lingua originale, e Möller ottiene un gran successo. Anche il professore si unisce in forma ostentativa ai battimani. Simile intermezzo di cultura e di arte storico-retrospettiva in piena allegria di *shimmy* gli torna gradito. Si avvicina a Möller, si congratula con lui intrattenendolo sulle canzoni udite, sulle loro fonti, un libro di canti con l'accompagnamento che il giovanotto gli promette in prestito perché ne prenda visione. Cornelius è tanto più cortese verso di lui, in quanto, confrontando immediatamente, come fanno tutti i padri, le attitudini e i valori di quel giovanotto estraneo con quelle di suo figlio, si sente preso da inquietudine, invidia e mortificazione.

Ecco qui questo Möller, va pensando. Ottimo impiegato di banca (non sa affatto se davvero in banca sia ottimo), e inoltre ha al suo attivo questo specifico talento, che non ha certo potuto perfezionare senza studio ed energia. Il mio povero Berto invece non sa combinare nulla e pensa soltanto a fare il buffone, quantunque certo non abbia neppur l'ingegno sufficiente per quello! Vorrebbe essere equo, prova a dire a se stesso che infine Berto è un ragazzo eccellente, forse con basi più solide che non l'applaudito Möller; che potrebbe darsi si celasse in lui un poeta o qualche cosa di simile e che i suoi sogni di camerierato e di coreografia fossero soltanto i fuochi fatui di un'adolescenza disorientata. Ma il suo invidioso pessimismo paterno prende il sopravvento. Quando Möller ricomincia a cantare, il dottor Cornelius si ritira di nuovo nel suo studio.

Mentre attende mezzo distratto alle piccole occupazioni di prima, suonano le sette; e, poiché gli viene in mente ancora una breve lettera indifferente, che può benissimo scrivere ora, giacché lo scrivere è un potente passatempo, si arriva fino alle sette e mezzo. Alle otto e mezzo si mangerà l'insalata russa; è dunque tempo che il professore esca, imposti le sue lettere e si provveda nell'oscurità invernale della sua solita dose giornaliera d'aria e di moto. Il ballo nell'atrio ha ripreso da un pezzo; a lui tocca ripetere la traversata, per raggiungere il pastrano e le soprascarpe, ma la cosa non è più sensazionale: ormai è un membro estraneo, ma già ripetutamente ospite nella società di quei giovanotti, e non teme di recar disturbo. Esce dallo studio dopo aver riposte le carte e prese le sue lettere, e si trattiene perfino un poco nell'atrio quando trova sua moglie seduta in una poltrona accanto alla porta.

Essa se ne sta lì a guardare, ricevendo di tanto in tanto una visita dai figli o da qualche ospite, e Cornelius le si pone accanto e guarda anche lui sorridendo quella confusione che ha ora evidentemente raggiunto il colmo della intensità. Vi sono anche altri spettatori: Anna-Viola, con la solita austera dignità, è ritta accanto alla scalinata, perché i piccini non ne hanno ancora abbastanza della festa e a lei tocca di badare che Bibi non faccia troppo la trottola eccitando pericolosamente il suo sangue grosso.

Ma anche nel regno degli inferi si è voluto partecipare alla festa dei «grandi». Tanto le damigelle Hinterhöfer come Saverio si divertono a guardare, aggruppati sulla porta del tinello. Damigella Valburga, la maggiore delle due donzelle decadute, diremo così la parte cucinatrice della coppia (non vogliamo definirla proprio cuoca, sapendo che questo le spiace), rimira lo spettacolo attraverso i grossi occhiali a stanghetta, di cui per non graffiarsi il naso ha fasciato di nero la selletta centrale; ha un aspetto umoristico e bonario, mentre damigella Cecilia, la parte più giovane, se non proprio giovane, ostenta come al solito un tono di sazia superiorità – per salvare la propria dignità di appartenente al terzo stato. La signorina Cecilia soffre molto amaramente della sua caduta dalla sfera della piccola borghesia nel mondo del servidorame. Rifiuta nettamente di portare una cuffietta o un qualunque altro emblema della sua professione di cameriera, e la sua ora più terribile giunge implacabile il mercoledì sera, quando Saverio è in permesso e tocca a lei servir tavola. Lo fa torcendo il viso e arricciando il naso, come una regina detronizzata. È un tormento e una oppressione essere spettatori del suo avvilimento, tanto che una volta che i piccini per caso erano a tavola il mercoledì sera, alla sua vista sono scoppiati a piangere rumorosamente tutt'e due all'unisono. Il bel Saverio non conosce quelle torture. Serve a tavola anzi con piacere, lo fa con una certa maestria istintiva e acquisita, essendo anche stato da ragazzo «piccolo» in un caffè. Del resto però Saverio è proprio un vero fannullone e fanfarone – con delle doti positive, come ammettono a ogni occasione i suoi accontentabili padroni – ma pur sempre un inaudito fanfarone. Bisogna prenderlo come è, ed è inutile voler cavar sangue dalle rape. Egli è figlio e prodotto del suo tempo caotico, è un autentico esponente della sua generazione, è un servitore della rivoluzione, un simpatico bolscevico. Il professore si compiace di chiamarlo il «gran cerimoniere», perché, appena sopravvengono occasioni straordinarie e divertenti, fa ottimamente la sua parte e si dimostra abile e servizievole. Ma, non avendo la minima concezione del dovere, è impossibile indurlo alla monotonia delle faccende quotidiane, così come non si riuscirebbe mai ad ammaestrare certi cagnolini ai salti acrobatici. Si vede troppo bene che sarebbe un violentare la sua natura e questo disarma e induce alla rinuncia. Per una cagione speciale, insolita e divertente, Saverio sarebbe pronto a balzar giù dal letto in ogni ora della notte. Ma normalmente non si alza prima delle otto: non lo fa, non si adatta a quel salto ammaestrato. Per tutta la giornata echeggiano le manifestazioni della sua disfrenata esistenza: il suono dell'ocarina, il canto della sua voce aspra ma spontanea, l'allegro fischiettare che dalle profondità della cucina salgono alle camere padronali, mentre il fumo delle sue sigarette riempie il tinello. Non fa che guardare le due donzelle decadute mentre lavorano. La mattina, mentre il professore fa colazione, strappa dal calendario del suo scrittoio il foglietto della giornata, ma per il resto a quella camera non pone mano. Lasci in pace il foglietto del calendario, gli ha già spesso raccomandato il dottor Cornelius, visto che egli ha la tendenza a strappare per suo conto un altro foglietto, correndo così il pericolo di perdere del tutto la bussola. Ma quest'occupazione del calendario è molto gustata dal giovanotto, il quale non si induce certo a farne a meno.

D'altra parte gli piacciono i bambini, e questa è una delle sue doti cattivanti. Sa giocare in giardino coi piccini nel modo più simpatico, ha grande abilità nel fabbricare, intagliare o combinar per loro gli oggetti più disparati, è persino capace di fare ai piccini con le sue labbra grosse la lettura paziente dei loro libri, il che è davvero strano a sentirsi. Adora con tutta l'anima il cinematografo, e quando ne ritorna rivela tendenze alla malinconia nostalgica e ai monologhi. Indeterminate speranze di potere un giorno appartenere personalmente a quel mondo e trovarvi fortuna turbano l'animo suo. Esse si affidano alla chioma fluente, all'agilità fisica e alla sua temerarietà. Sovente si arrampica sul frassino che sta davanti alla casa, un albero alto ma ondeggiante, passa di ramo in ramo sino alla estrema corona, tanto da far spaventare chiunque lo stia a guardare. Quando è su, accende una sigaretta, fa oscillare il tronco sin dalle radici e si guarda attorno sperando passi per la strada un impresario cinematografico che gli proponga una scrittura.

Se ora si togliesse la giacca a righe e si vestisse da borghese potrebbe senz'altro prender parte al ballo, senza stonare nell'ambiente. Gli amici dei signorini hanno un aspetto esteriore variegato: l'abito da società della borghesia si presenta in parecchi esemplari ma non è predominante: vi si frammischiano ripetutamente dei tipi sul genere del rapsodo Möller, tanto fra le dame come fra i cavalieri. Il professore che, ritto in piedi accanto alla poltrona della sua signora, osserva il quadro d'insieme, conosce press'a poco per sentito dire la condizione sociale di quei giovani rampolli. Sono scolare di liceo, studentesse di università o di scuole d'arte; nella sezione maschile vi sono esistenze avventurose, foggiate e determinate soltanto dal momento attuale. Quel giovanotto lungo lungo e pallido, con le perle vere allo sparato, figlio di un dentista, non è altro che speculatore in borsa e, a quel che il professore ha sentito raccontare, vive in tale qualità come Aladino con la sua lampada magica. Ha un'automobile, offre agli amici cene allo champagne e si compiace di distribuire fra loro, a ogni occasione, piccoli ninnoli preziosi d'oro o di madreperla. Anche oggi ha portato dei regali ai suoi giovani ospiti: una matita d'oro per Berto e dei giganteschi orecchini per Ingrid, veri anelli di barbarica grandezza, che però per fortuna non debbono attraversare il lobo dell'orecchio, ma stringerlo con una molla. I «grandi» vengono a mostrare ridendo i loro doni a babbo e a mamma, che li ammirano ma scuotono il capo, mentre Aladino da lontano ripetutamente si inchina.

Questa gioventù balla con zelo, se si può chiamare ballare quel che essa fa con tranquillo abbandono. In realtà scivolano stranamente abbracciati in atteggiamenti insoliti, mandando avanti il ventre, alzando le spalle, con un certo ondeggiar delle anche, seguendo un'incomprensibile legge, aggirandosi lenti sul tappeto, senza stancarsi mai, giacché ballando a questo modo non è possibile stancarsi. Petti ansimanti o anche soltanto guance accaldate non se ne notano affatto. Di tanto in tanto ballano insieme due ragazze, talvolta persino due giovanotti; non ci fan caso. Continuano a camminare così, seguendo gli esotici suoni del grammofono, caricato con puntine robuste perché dia un suono forte e faccia ben sentire i suoi *shimmy, foxtrots*, i suoi *one-steps*, le danze di Giava, le polche creole, gli *shimmy* africani; roba selvaggia e lambiccata, ora languida, ora militaresca, dal ritmo esotico: un divertimento da negri messi in fronzoli con ornamenti orchestrali, con colpi e strimpellamenti, schiocchi e scoppi.

«Come si chiama questo disco?» chiede Cornelius alla figlia che passa ballando col pallido giocatore di borsa, dopo un pezzo abilmente commisto di languore e di violenza, che a titolo di paragone lo interessa per alcuni particolari inventivi.

«È la romanza "Consolati o mia bella", del *Principe di Pappen-heim*» risponde Ingrid sorridendo graziosamente coi bianchi dentini.

Sotto il lampadario si addensa il fumo delle sigarette. Si è fatto più forte anche lo specifico odore di festa da ballo, quella atmosfera dolciastra e arida, eccitante e spessa, ricca d'ingredienti disparati, che in ognuno, ma soprattutto in colui che ha superato una giovinezza ipersensibile, suscita tanti ricordi di precoci dispiaceri amorosi... I piccini sono ancora nell'atrio; hanno avuto il permesso di rimanere fino alle otto, poiché la festa sembra tanto divertirli. Gli ospiti si sono ormai avvezzati alla loro presenza e i bambini si sentono in certo modo a loro agio. Si sono peraltro separati: Bibi nella sua blusa di velluto azzurro gira su se stesso al centro del tappeto, mentre Norina si è unita in un modo un po' comico a una delle coppie danzanti appendendosi allo smoking del cavaliere. È Max Hergesell con la sua dama, la signorina Plaichinger. Essi strascicano con arte, fa piacere il vederli. Bisogna ammettere che anche da queste danze della selvaggia età nostra si può cavare qualcosa di buono, quando vi si dedichino persone adatte. Il giovane Max guida impeccabilmente, libero pur entro i confini della legge, a quel che pare. Con quanta eleganza sa retrocedere ballando, se appena vi è spazio! Ma anche quando è stretto fra gli altri serba lo stile e il gusto, aiutato dall'agile pieghevolezza di una compagna, la quale rivela nel ballo la grazia sorprendente che sovente posseggono le donne corpulente. I due chiacchierano coi volti vicini e pare non si accorgano di Norina che li insegue. Altri sorridono della ostinazione della piccola, e il dottor Cornelius, quando il gruppo gli passa dinanzi, cerca di acchiappare la sua bambina attirandola a sé. Ma Norina gli sfugge divincolandosi insofferente e in quel momento non vuole affatto saperne del suo Abele. Non lo conosce, gli punta il braccino contro il petto e, torcendo la dolce faccina nervosa e rabbuiata, cerca di liberarsi, d'inseguire ancora il proprio capriccio.

Il professore non può fare a meno di sentirsi dolorosamente ferito. In quell'istante odia la festa che ha turbato coi suoi eccitanti il cuore della sua prediletta, straniandola a lui. Il suo amore, questo amore non assolutamente imparziale, non del tutto irreprensibile nella sua radice, è molto suscettibile. Sorride ancora meccanicamente, ma gli occhi si sono oscurati e si sono impigliati a guardar fisso un qualunque disegno del tappeto, fra i piedi dei ballerini.

«Bisogna che i piccini vadano a letto» dice a sua moglie. Ma questa chiede un quarto d'ora di più per loro: così era stato promesso. Il professore torna a sorridere scuotendo il capo, si trattiene ancora un momento dov'è, poi passa nella guardaroba, stipata di mantelli, scialli, cappelli e soprascarpe.

Riesce a stento a ritrovare la propria roba fra quel disordine, e intanto sopraggiunge Max Hergesell asciugandosi la fronte col fazzoletto.

«Signor professore» dice con la cantilena di tutti gli Hergesell mentre gli si dà attorno servizievole, «...vuole uscire? Le mie scarpette sono proprio un affare idiota: premono ed opprimono come Carlo Magno. Sono veri strumenti di tortura, ora me ne accorgo, sono non soltanto troppo dure, ma anche troppo strette. Mi fa un male qui sull'unghia del pollice...», così dicendo ballonzola su di un piede e si tien l'altro stretto fra le mani, «"che intender non lo può chi non lo prova". Bisogna proprio che mi decida a cambiarle, e ora è d'uopo ricorrere agli stivali... Oh, permette che l'aiuti?»

«Ma grazie!» dice Cornelius. «No, lasci stare! Si liberi piuttosto Lei del supplizio! Troppo gentile.» Hergesell si è infatti inginocchiato e sta affibbiandogli le soprascarpe.

Il professore ringrazia, simpaticamente impressionato dei modi cordialmente servizievoli e rispettosi. «E buon divertimento per la continuazione» gli augura «dopo che avrà fatto il cambio! Naturalmente non è possibile che Lei continui a ballare con le scarpe strette. Bisogna che le muti senz'altro. Arrivederci, io vado a prendere un po' d'aria.»

«Tornerò subito a ballare con Norina» gli grida dietro il giovanotto. «Quella diventerà una prima ballerina, quando verrà il suo tempo. Garantisco!»

«Lo crede davvero?» risponde Cornelius già sulla porta. «Già, Lei è specialista e campione. Badi soltanto di non rovinarsi la spina dorsale con il curvarsi troppo!»

Fa un cenno e se ne va. Bravo ragazzo, pensa tra sé mentre si allontana da casa. Studente d'ingegneria, carriera ben chiara, tutto in ordine. E poi, cordiale e piacevole all'aspetto. Ed ecco che già è di nuovo colto dall'invidia paterna a cagione del suo «povero Berto», dall'inquietudine che gli fa apparire l'esistenza del giovanotto straniero nella luce più rosea e quella del figlio invece nella luce più triste. Con questi pensieri inizia la sua passeggiata vespertina.

Risale il viale, supera il ponte e segue per un poco il fiume, lungo la passeggiata della riva sino al ponte successivo. È un tempo umido e freddo e scende un po' di nevischio. Ha rialzato il bavero del pastrano, tiene la canna sul dorso, col manico agganciato al braccio e di tanto in tanto aspira profondamente la fresca aria invernale. Come al solito durante la passeggiata ripensa alla sua attività scientifica, alla sua lezione universitaria, alle frasi che pronuncerà domani intorno alla lotta di Filippo contro la ribellione germanica e che dovranno essere impregnate di malinconia e di giustizia. Soprattutto di giustizia! pensa. Essa è lo spirito della scienza, il principio della conoscenza e la luce nella quale convien mostrare le cose ai giovani, tanto per disciplina mentale quanto per ragioni umane e personali: per non urtarli e offenderli indirettamente nelle loro opinioni politiche, le quali oggigiorno sono, come è naturale, straordinariamente scisse e contrastanti, così che vi è sempre materia infiammabile e che a voler prendere un partito deciso di fronte ai fatti storici, si può subito provocare nell'aula lo scalpiccio della disapprovazione e forse anche un vero scandalo accademico. Ma il prender partito, pensa, è appunto antistorico; soltanto la giustizia è storica. Però in fondo già, ponderando bene... la giustizia non è ardore giovanile e decisione impetuosa ed energica: giustizia è malinconia. Ma appunto perché essa è tale per natura, la giustizia istintivamente simpatizza in segreto col malinconico partito e potere storico dell'insuccesso piuttosto che con quello dell'impetuosa e gioiosa energia. Forse che la giustizia consiste proprio in tale simpatia e senza di essa verrebbe a mancare? Forse che non esiste affatto giustizia? si chiede il professore, ed è tanto immerso nei suoi pensieri che, raggiunto un altro ponte, getta senza rendersene conto le sue lettere in una buca e si volge alla via del ritorno. Il pensiero che egli va ora analizzando è un pensiero turbatore per la sua scienza, ma è scienza esso stesso, è problema di coscienza, è psicologia e deve essere doverosamente e spregiudicatamente accolto, anche se dà turbamento... Con questi vaghi ragionamenti il dottor Cornelius è giunto di nuovo a casa. Sotto la porta vi è Saverio che sembra stia ad attenderlo.

«Signor professore,» dice Saverio dalle grosse labbra, rigettando all'indietro il ciuffo «vada su subito da Norina: se l'è proprio presa.»

«Cosa succede?» domanda il professore spaventato: «È malata?»

«Ma no, mica proprio malata» risponde Saverio. «Ma se l'è presa, e piange e non smette, e proprio tanto. È per via del signore, di quello che ha ballato con lei, di quello con la giacchetta del frac, del signor Hergesell. Non voleva a tutti i costi venire su, e piange come un vitellino. Se l'è proprio presa, e coi fiocchi.»

«Sciocchezze» dice il professore, che è entrato e ha gettato la sua roba in fretta nello spogliatoio. Non dice altro, apre la porta dell'atrio e si dirige verso la scala, senza degnare di uno sguardo la società dei ballerini. Sale i gradini a due a due e, attraversando il vestibolo, entra subito nella camera dei bimbi, seguito da Saverio, il quale però si ferma sulla porta.

La camera dei piccini è ancora tutta illuminata. Lungo le pareti si snoda una fascia a vivaci colori, su un grande scaffale sono accatastati i giocattoli, in un angolo un cavallo a dondolo dalle nari dipinte in rosso punta gli zoccoli sulle assi arcuate ad altalena e altri giocattoli ancora – una trombetta, pezzi da costruzioni, carrozze di un treno – giacciono sparsi sul linoleum del pavimento. I due lettini a sponda mobile non sono molto discosti: quello di Norina è nell'angolo presso la finestra, quello di Bibi un passo più in qua, non appoggiato al muro.

Bibi dorme. Come al solito, sotto la sorveglianza di Anna-Viola, ha recitato le sue preghiere con voce stentorea ed è poi piombato subito nel sonno, nel suo sonno impetuoso, rovente, di inaudita resistenza, da cui non lo desterebbe neppure un colpo di cannone sparato accanto al letto. I due pugni stretti, gettati all'indietro sul cuscino, stanno ai due lati della testolina, di quella piccola parrucca disordinata e sudante, scompigliata dalla veemenza del sonno.

Il letto di Norina è attorniato di donne: oltre ad Anna-Viola s'appoggiano alla sponda anche le damigelle Hinterhöfer, scambiando consigli e conversari. Quando si avvicina il professore, esse si fanno da parte ed ecco che appare la piccola Norina, seduta sul letto, pallida e così amaramente scossa dal pianto e dai singhiozzi, che il dottor Cornelius non ricorda di averla mai veduta in simile stato. Le sue belle manine sono abbandonate sulla coperta, la camiciola da notte orlata di un lieve merletto le è scivolata giù dalla esile spalluccia da uccellino e la testa, la dolce testolina che Cornelius tanto adora per la rara grazia floreale con cui il volto proteso si erge sullo stelo sottile del collo, ecco che l'ha rigettata all'indietro, fissando gli occhi inondati di lacrime lassù nell'angolo tra soffitto e parete, quasi annuendo di continuo al suo gran tormento. Poiché, sia che lo faccia volutamente per esprimersi, sia che derivi dalla crisi dei singhiozzi – la testolina continua a far cenno di sì, mentre la sua bocca mobilissima, dal labbro superiore così bene arcuato, è semiaperta e ferma, come in una piccola *mater dolorosa*; e intanto che dagli occhi prorompono le lacrime, lascia sfuggire monotoni lamenti che non hanno nulla a che fare col piagnucolio irritante e superfluo dei bambini male avvezzi, ma sgorgano da una vera sofferenza del cuore e suscitano un intollerabile senso di pietà nel professore, il quale non resiste mai a veder piangere Norina, e che non l'ha mai vista piangere così. Questa pietà si rivela anzitutto nel tono eccessivamente nervoso con cui dice alle damigelle convenute:

«Certamente vi saranno mille cose da fare per il pranzo. A quanto pare, si lascia che la signora debba prendersi cura di tutto?»

Questo è più che sufficiente per le orecchie sensibili di coloro che appartennero un tempo alla classe media. Si allontanano veramente offese, accompagnate alla porta da un gesto di scherno di Saverio Kleinsgütl, il quale, nato addirittura in basso, ci prende sempre gusto ad assistere al decadimento delle due dame.

«Piccola, piccina mia» dice Cornelius a fatica, stringendo la povera Norina tra le braccia, mentre si mette a sedere su d'una sedia presso il lettino. «Ma che succede alla mia piccina?»

Essa bagna delle sue lacrime la faccia del babbo.

«Abele... Abele...» balbetta tra i singhiozzi. «Perché... Max... non è mio fratello? Bisogna... che Max... sia mio fratello...»

Ma che disgrazia, che penosa disgrazia! Che cosa ha mai combinato la festa da ballo con le sue droghe eccitanti! pensa Cornelius, alzando lo sguardo sconcertato e disperato verso la brava Anna-Viola che se ne sta ai piedi del letto in atteggiamento di austera e dignitosa idiozia, con le mani incrociate sul grembiule. Ma questa dice con aria di rigida saggezza, tirando indietro il labbro inferiore: «Ciò si determina per ciò che nella bambina gli istinti femminili vengono a manifestarsi con proprio inaudita vivezza».

«Ma taccia una buona volta» risponde Cornelius tormentato. Deve ancora consolarsi che almeno Norina non si sottrae a lui, non lo scaccia, come prima giù quando ballava, ma anzi gli si stringe vicina bisognosa d'aiuto, mentre va ripetendo il suo povero folle desiderio che Max sia suo fratello e, con più intenso pianto pretende di ritornar giù da lui, di ballare ancora con lui. Max, invece, giù nell'atrio sta ballando con la signorina Plaichinger, che è un colosso di donna e vanta su di lui ogni diritto – mentre Norina non è mai apparsa al professore straziato di compassione tanto piccolina, tanto uccellino come ora che si stringe a lui squassata dai singhiozzi, senza capire quel che accade nella sua povera piccola anima. Essa non capisce. Non sa di soffrire per la grassa, grande Plaichinger dai pieni diritti, la quale può ballare nell'atrio con Max Hergesell sin che vuole, mentre a Norina fu lecito farlo una volta sola per ischerzo, pur essendo lei senza confronto la più graziosa. Farne però un rimprovero al giovane signore sarebbe impossibile, giacché ciò implicherebbe una pretesa davvero inaudita. Il dolore di Norina non ha diritti e non ha speranze e dovrebbe quindi celarsi. Ma esso è irragionevole, e quindi anche senza freno, e da ciò deriva la pena e l'imbarazzo. Anna-Viola e Saverio non avvertono affatto questo imbarazzo, forse per rozzezza, forse per ottusità, forse per un sano senso popolaresco delle leggi naturali. Ma il cuore paterno del professore ne è assolutamente straziato, e sente il terrore e il pudore di quella passione senza diritti e senza speranze.

Non serve a nulla che egli faccia rilevare alla povera Norina come essa possegga un eccellente fratellino nella persona del signor Bibi lì accanto. Norina getta tra le lacrime uno sguardo di doloroso dispregio verso l'altro lettuccio e torna a domandare il suo Max. Non serve a nulla che le vada promettendo per l'indomani una passeggiata dei cinque signori intorno alla camera da pranzo con nuove variazioni o che tenti di descriverle con quanta raffinatezza vorranno domani, prima di cena, fare il gioco dei cuscini. Non vuole saperne di tutto questo, e neppure di coricarsi e di dormire. Non vuole dormire, vuole star su seduta, vuol soffrire... Ma ecco che tutt'e due, Abele e Norina, tendono l'orecchio a qualcosa di meraviglioso che sta per sopraggiungere, che si avvicina passo passo alla camera dei bambini, per rivelarsi grandiosamente d'un tratto.

È opera di Saverio, subito risulta chiaro. Saverio non è rimasto sempre sulla porta, di dove ha schernito le damigelle respinte. Si è mosso, ha preso una iniziativa ed è subito passato all'attuazione. È sceso nell'atrio, ha tirato il signor Hergesell per la manica, gli ha mormorato qualche cosa fra le grosse labbra e gli ha rivolto una preghiera. Eccoli qui tutti e due. Saverio, fatta la sua parte, rimane sulla porta; ma Max Hergesell attraversa la camera dirigendosi verso il letto di Norina. Si avanza con lo smoking, con le basette accennate sotto le orecchie e i begli occhi neri, visibilmente orgoglioso della sua parte di salvatore, di principe gentile, di cavaliere del cigno; si avanza come uno che voglia dire: ebbene, eccomi qui, ormai è passata ogni disgrazia! Cornelius è poco meno estasiato e oppresso di gioia che non Norina.

«Guarda un po'» dice piano «chi viene mai. Ma questo è proprio un gran regalo del signor Hergesell.»

«Ma questo non è affatto uno special regalo!» dice Hergesell. «È naturalissimo venire dalla propria ballerina e darle la buona notte.»

E si avvicina alla sponda del lettino, dietro cui Norina siede ammutolita. Sorride beata tra le lacrime. Dalla bocca le esce ancora un piccolo grido, quasi un sospiro di felicità, e poi guarda in silenzio il suo cavaliere del cigno, lo guarda con occhietti d'oro, che, per quanto ora sian gonfi e arrossati, rimangon pur sempre tanto più graziosi di quelli della giunonica Plaichinger. Non alza le braccine per abbracciarlo. La sua felicità, come il suo dolore, non ragiona, eppure non lo fa. Le sue belle manine rimangono ferme sulla coperta, mentre Max si appoggia con le braccia alla sponda come a un balcone:

«Son venuto» dice «perché non passi le notti dolorose in pianto»: e accenna con gli occhi al professore, aspettando una lode per la sua citazione goethiana. «Ah, ah! alla tua età! Consolati o mia bella! sei proprio brava. Tu andrai lontano. Basta che tu rimanga così. Ah, ah, ah, alla tua età! E ora dormirai e non piangerai più, Nora, Norina, Noretta, ora che sono venuto io?»

Norina lo guarda trasfigurata. L'esile spalla da uccellino è ancora scoperta; il professore rialza la camicina col merletto. Deve pensare alla storia sentimentale del bimbo moribondo al cui capezzale è chiamato un clown da lui tanto ammirato al circo. Il clown viene al fanciullo nella sua ultima ora, indossando il costume costellato di farfalle d'argento, e il bimbo è morto beato. Max Hergesell non è costellato di farfalle, e Norina, Dio sia ringraziato, non dovrà affatto morire, «se l'è soltanto presa, proprio coi fiocchi», ma la storiella per il resto corrisponde davvero, e i sentimenti da cui è animato il professore verso il giovanotto che se ne sta lì continuando maledettamente a chiacchierare – più per il padre che per la bimba, ma Norina non se ne accorge – sono una strana miscela di gratitudine, d'imbarazzo, d'odio e di ammirazione.

«Buona notte, Eleonorina!» dice Hergesell, e le porge la mano di sopra il letto. La sua manina bella, candida e minuscola sparisce nella mano di lui grande, robusta e arrossata. «Dormi bene» le dice ancora. «Dolci sogni! Ma non sognare di me! per l'amor di Dio, alla tua età! Ah, ah, ah!» e chiude così la sua visita fiabesca da clown salvatore, accompagnato alla porta dal professor Cornelius. «Ma niente ringraziamenti! Ma non è il caso di sciupare una parola!» protesta con affabile cortesia mentre s'avviano a uscire, e Saverio gli tiene dietro, per andare dabbasso a servire l'insalata russa.

Il dottor Cornelius ritorna alla sua Norina, che intanto si è coricata e ha appoggiato la guancia al piccolo guanciale. «Ma com'è stato bello» le dice, mentre delicatamente ricompone le coperte, ed essa accenna di sì con un'ultima scia di singhiozzo nel respiro. Si trattiene ancora un quarto d'ora accanto al lettino e la vede assopirsi, seguire il fratellino che ha saputo trovare ben più presto la giusta via. I suoi capelli morbidi come seta prendono la dolce mollezza ondata che sogliono avere nel sonno; sugli occhi da cui tanto dolore si è riversato calano ora le lunghe ciglia; la bocca da angioletto, col labbro superiore armoniosamente arcuato, è dischiusa con pacifica dolcezza e solo a lunghi tratti trema ancora nel respiro tranquillo l'ultima eco del singhiozzo.

E le sue manine, le manine bianco-rosate simili a petali di fiori, come lievi riposano, l'una sull'azzurro della coperta, l'altra presso il volto, sul cuscino! Il cuore del dottor Cornelius si colma di tenerezza come la coppa si colma di un vino.

Quale fortuna, egli pensa, che a ogni respiro del suo sonno Lete si riversi nella piccola anima; quale fortuna che la notte di un bimbo scavi così profondo e largo abisso fra giorno e giorno! Domani, è certo, il giovane Hergesell non sarà più che un'ombra smorta, incapace di turbare il suo cuore, ed essa, con voluttà dismemorata, potrà accingersi insieme ad Abele e a Bibi alle emozioni della passeggiata dei cinque signori e del gioco dei cuscini.

Il cielo ne sia ringraziato!

(Trad. di Lavinia Mazzucchetti)

«Unordnung und frües Leid», 1925; da *Romanzi brevi*, Mondadori 1955.

Isaak Babel'

IL BACIO

Al principio di agosto il Comando d'armata ci spedì a Budjatiči per riordinare il nostro organico. La località era stata occupata dai polacchi al principio delle ostilità e poi ripresa dalle nostre forze. La nostra brigata entrò nel villaggio all'alba, e quando arrivai io, a mezzogiorno, i migliori alloggi erano già stati assegnati: non era rimasta che la casa del maestro di scuola. Là, in una stanza dal soffitto basso, un vecchio paralitico sedeva in poltrona tra alberelli di limone, con i loro frutti, piantati in piccoli mastelli. Il vecchio aveva in testa un cappello tirolese, e una gran barba bianca gli scendeva sul petto cosparso di cenere. Sbattendo le palpebre, chiese qualcosa che non riuscii a capire. Io mi lavai, poi andai al quartier generale e non tornai che la sera tardi. Miška Surovcev, un cosacco di Orenburg che era con me come attendente, m'informò che in casa, col vecchio maestro paralitico, c'era sua figlia Elizaveta Alekseevna Tomilina e il figlio di lei, un bambino di cinque anni che si chiamava Miška anche lui. La Tomilina era vedova di un ufficiale ucciso durante la guerra con la Germania. Si trattava, sempre secondo Surovcev, d'una giovane rispettabile, ma non aliena dal mettersi a disposizione d'una brava persona.

«Vedremo che cosa si può fare» concluse, e se ne andò in cucina, di dove mi giunse un rumore di stoviglie. Mentre la figlia del maestro l'aiutava a preparare la nostra cena, lui le raccontava del mio valore, di come avevo ucciso in battaglia due ufficiali polacchi, buttandoli da cavallo, e della grande considerazione in cui mi teneva l'autorità sovietica. Lei gli rispondeva con voce sommessa e riservata.

«Tu dove dormi?» le chiese Surovcev uscendo. «Vieni a dormire vicino a noi: siamo gente viva, sai...»

Portò nella nostra stanza un gran tegame di uova fritte e lo mise sulla tavola.

«Ci sta,» disse cominciando a mangiare «solo che non vuole parlarne...»

Nello stesso istante si udirono dei mormorii soffocati, uno strusciare di passi, un cauto tramestio; e prima che avessimo finito la nostra cena di guerra, la casa era invasa da vecchi con le stampelle e vecchie dalle teste avvolte negli scialli. Il letto del piccolo Miška fu trasportato in mezzo al boschetto di limoni della stanza da pranzo, accanto alla poltrona del nonno, e tutti quegli infermi si raccolsero in gruppo, come pecore sotto un temporale, per difendere l'onore di Elizaveta Alekseevna. Barricarono la porta e giocarono a carte tutta la notte, badando a non farsi sentire, annunciando le poste in un sussurro, trasalendo al minimo rumore. Io, dall'altra parte di quella porta, non riuscivo ad addormentarmi, per il disappunto e la confusione. Aspettai con impazienza che facesse giorno, e m'alzai.

«Per vostra informazione,» dissi incontrando la Tomilina nel corridoio «per vostra informazione, sappiate che ho una laurea in legge e appartengo alla cosiddetta intellighenzia...»

Restò a guardarmi sbigottita, con le braccia abbandonate, con l'esile corpo fasciato in un vestitino di foggia antiquata. I suoi occhi azzurri, lucidi di pianto, mi guardavano fissi e attenti.

Due giorni dopo eravamo amici.

La famiglia del maestro, gente buona e debole, viveva in una paura e un'ignoranza senza limiti. I polacchi li avevano persuasi che la Russia era finita nel fumo e nella barbarie, come un tempo era finita Roma. Una gioia puerile e timorosa li invase quando gli raccontai di Lenin, di Mosca, dell'avvenire che a Mosca si preparava, e perfino del Teatro d'arte. La sera venivano a trovarci generali bolscevichi ventiduenni, con arruffate barbe rossicce. Fumavamo sigarette moscovite, cenavamo con razioni dell'esercito cucinate da Elizaveta, cantavamo canzoni studentesche. Il paralitico ci ascoltava avidamente, piegato in avanti nella sua poltrona, e il suo cappello tirolese oscillava al tempo della nostra canzone. Viveva quelle giornate in una speranza tempestosa e confusa, del tutto nuova per lui; e, per non guastare la propria felicità, cercava di non far caso a certi nostri atteggiamenti da bravacci sanguinari, alle semplicistiche vociferazioni con cui risolvevamo a quei tempi tutti i problemi del mondo.

Dopo la vittoria sui polacchi – così decise il consiglio di famiglia – i Tomilin si sarebbero trasferiti a Mosca. Avremmo fatto curare il vecchio da un celebre professore, Elizaveta avrebbe studiato all'università e Miška sarebbe andato a scuola, ai *Patrašye Prudi*, la stessa scuola frequentata un tempo da sua madre. L'avvenire ci sembrava nostra proprietà incontestabile, la guerra un tempestoso prologo alla felicità, e la felicità un tratto incancellabile del nostro carattere. Quel che restava da definire non erano che i particolari, e li discutevamo per notti intere a lume di candela, d'una candela che si rifletteva nel vetro opaco della bottiglia di samogon. Elizaveta, rifiorita, era il nostro silenzioso pubblico. Non aveva mai visto una persona così entusiasta, così libera, e così timorosa nello stesso tempo.

Qualche volta, la sera, il furbo Surovcev ci portava in un calesse di vimini, requisito nel Kuban, sulla vicina collina, dove brillava nel fuoco del tramonto il castello abbandonato dei principi Gonsiorovski. I cavalli – magri, ma slanciati e di razza – andavano di buon trotto nei loro finimenti rossi, l'orecchino cosacco ballonzolava allegramente all'orecchio di Surovcev, una gialla tovaglia di fiori ci accoglieva ai piedi dei torrioni del castello. I muri diroccati si stagliavano rossastri contro il cielo, cespugli di rose selvatiche crescevano negli anfratti, e un gradino di marmo azzurro – unico resto dello scalone che salivano un tempo i re polacchi – brillava nell'erba. Sedendo su quel gradino, una sera, attirai a me Elizaveta Alekseevna e la baciai. Ella si staccò lentamente da me e s'alzò in piedi, indietreggiò. Restò un poco immobile, come in ascolto di qualcosa, con la testa bionda circonfusa dai raggi del tramonto. Poi fuggì. La chiamai, ma non ebbi risposta. Ai piedi della collina, sdraiato nel calesse di vimini, dormiva paonazzo Surovcev.

Quella notte, quando tutti furono addormentati, scivolai nella stanza di Elizaveta. Stava leggendo, a tavolino. Udendomi entrare s'alzò.

«No,» disse fissandomi negli occhi «no, mio caro.» E cingendomi il collo con le braccia nude mi baciò d'un bacio sempre più forte, interminabile, silenzioso. Il telefono squillò nella stanza vicina, separandoci. Mi chiamavano dal quartier generale:

«Partiamo. Ordine di presentarsi subito al comandante di brigata.»

Radunai in fretta e furia le mie carte, uscii di corsa, senza berretto. I cavalli venivano fatti uscire dalle stalle, i cavalieri galoppavano via nell'oscurità, urlando. Il comandante di brigata, avvolgendosi nel mantello, ci spiegò che i polacchi avevano sfondato le nostre linee a sud di Lublino, e che a noi era stata affidata un'azione di disturbo sui fianchi del nemico. I due reggimenti dovevano partire insieme un'ora dopo.

In casa il vecchio s'era svegliato e mi guardava inquieto attraverso il fogliame degli alberelli di limone.

«Promettetemi che tornerete» continuava a ripetere, scuotendo la testa.

Elizaveta, con una corta pelliccia buttata sulla camicia da notte, ci accompagnò fuori, mentre uno squadrone, invisibile nell'oscurità, ci passava davanti in folle corsa. Arrivato alla svolta della strada, verso i campi, mi voltai indietro a guardarla: era china sul bambino e gli abbottonava il cappotto; una lampada tremolante, posta sul davanzale, le illuminava la nuca gracile e scarna.

Dopo aver cavalcato ininterrottamente per cento chilometri, ci congiungemmo con la XIV Divisione di cavalleria e cominciammo a ritirarci combattendo. Dormivamo in sella. Ai posti di tappa crollavamo a terra morti di sonno, con le redini ancora in pugno, e i cavalli ci trascinavano intorno così addormentati. S'era al principio dell'autunno, e le lunghe piogge della Galizia accompagnavano silenziose il nostro viaggio. A ridosso gli uni degli altri, erravamo a caso: descrivendo cerchi, affondando nella sacca tenuta dai polacchi e riuscendone fuori. Avevamo perduto ogni nozione del tempo. Un giorno facemmo tappa a Tolščensk, e ci preparavamo a passare la notte in una chiesa; ma a me non venne neppure in mente che Tolščensk era a nove verste da Budjatiči. Fu Surovcev a ricordarmelo.

«Se i cavalli non fossero stanchi,» disse allegramente «avremmo potuto andarci.»

«Impossibile» dissi. «Questa notte, poi, potrebbero accorgersi che manchiamo...»

E ci andammo. Prima di partire, legammo alle nostre selle un paio di regali: una pelliccia, un sacchetto di zucchero, un capretto vivo di due settimane. La strada traversava una foresta umida, tra le cime ondeggianti degli alberi vagava una stella d'acciaio. Raggiungemmo il villaggio in meno di un'ora: era mezzo bruciato, ingombro di autocarri bianchi di polvere, di traini d'artiglieria, di carri sconquassati. Senza scendere da cavallo bussai alla nota finestra, e vidi una bianca nuvola traversare la stanza. Elizaveta corse fuori nella sua camicia da notte a merletti. La sua mano bruciante prese la mia, e mi condusse in casa. Nella stanza grande, biancheria maschile era stesa ad asciugare sugli alberelli di limone, ridotti in uno stato miserando. Uomini sconosciuti dormivano in brande disposte in stretta fila contro il muro, come in un ospedale. Piedi sporchi uscivano di sotto le coperte. Bocche contratte in una smorfia russavano avide, con un fracasso che riempiva la stanza. La casa era stata requisita dalla nostra «Commissione dei trofei» e i Tomilin costretti in una sola stanza.

«Quando ci porterete via di qui?» chiese Elizaveta Alekseevna stringendomi forte la mano.

Il vecchio s'era svegliato e dondolava la testa. Miška stringeva il capretto e rideva d'un riso felice e silenzioso. Surovcev, gigantesco davanti a lui, si frugava nelle tasche dei larghi calzoni cosacchi cavandone fuori speroni, monete bucate, un fischietto attaccato a un cordoncino giallo.

Con la «Commissione dei trofei» in casa, non c'era modo di appartarsi. Così uscimmo, Elizaveta e io, per rifugiarci in una baracchetta di legno dietro la casa, dove d'inverno tenevano le patate e le cassette degli alveari. E lì, in quel ripostiglio, scoprii dove conducesse quel pericoloso cammino cominciato con un bacio ai piedi del castello dei principi Gonsiorovski.

Poco prima dell'alba Surovcev venne a bussare alla porta.

«Quando ci porterete via?» chiese Elizaveta Alekseevna guardando da una parte.

Non risposi. Mi diressi verso casa per salutare il vecchio. Surovcev mi sbarrò il passo.

«Non c'è tempo» disse. «Su, a cavallo...»

Mi spinse sulla strada e portò fuori il mio cavallo. Elizaveta, a testa alta come sempre, mi porse una mano improvvisamente gelida. I cavalli, riposati, partirono al trotto. Oltre la foresta, dietro il nero intrico dei tronchi, si levava il sole. Traversando una radura mi voltai a Surovcev.

«Saremmo potuti restare ancora» dissi. «M'hai chiamato troppo presto...»

«Ah, vi sembra presto?» rispose. «Sarei venuto anche prima, se non fosse stato per il vecchio. Tutt'a un tratto ha cominciato a parlare, a smaniare, a gridare, e poi eccolo che cade da una parte: vado a vedere, è morto...»

La foresta finì. Uscimmo su un campo arato, senza sentieri. Surovcev si sollevò sulle staffe, guardò a destra e a sinistra, fischiò, e fiutata la direzione giusta partì al galopppo.

Arrivammo giusto in tempo, gli uomini dello squadrone si stavano radunando. Il sole brillava, la giornata s'annunciava calda. Poche ore dopo la nostra brigata attraversava l'antica frontiera del Regno di Polonia.

(Trad. di Gianlorenzo Pacini)

«Konarnija» 1926;
da *L'armata a cavallo*, Mondadori 1986.

Luigi Pirandello

IL VIAGGIO

Da tredici anni Adriana Braggi non usciva più dalla casa antica, silenziosa come una badìa, dove giovinetta era entrata sposa. Non la vedevano più nemmeno dietro le vetrate delle finestre i pochi passanti che di tanto in tanto salivano quell'erta via a sdrucciolo e mezza dirupata, così solitaria che l'erba vi cresceva tra i ciottoli a cespugli.

A ventidue anni, dopo quattro appena di matrimonio, con la morte del marito era quasi morta anche lei per il mondo. Ne aveva ora trentacinque, e vestiva ancora di nero, come il primo giorno della disgrazia; un fazzoletto nero, di seta, le nascondeva i bei capelli castani, non più curati, appena ravviati in due bande e annodati alla nuca. Tuttavia, una serenità mesta e dolce le sorrideva nel volto pallido e delicato.

Di questa clausura nessuno si maravigliava in quell'alta cittaduzza dell'interno della Sicilia, ove i rigidi costumi per poco non imponevano alla moglie di seguire nella tomba il marito. Dovevano le vedove starsene chiuse così in perpetuo lutto, fino alla morte.

Del resto, le donne delle poche famiglie signorili, da fanciulle e da maritate, non si vedevano quasi mai per via: uscivano solamente le domeniche, per andare a messa; qualche rara volta per le visite che di tempo in tempo si scambiavano tra loro. Sfoggiavano allora a gara ricchissimi abiti d'ultima moda, fatti venire dalle primarie sartorie di Palermo o di Catania, e gemme e ori preziosi; non per civetteria: andavano serie e invermigliate in volto, con gli occhi a terra, impacciate, strette accanto al marito o al padre o al fratello maggiore. Quello sfoggio era quasi d'obbligo; quelle visite o quei due passi fino alla chiesa erano per loro vere e proprie spedizioni da preparare fin dal giorno avanti. Il decoro del casato poteva scapitarne; e gli uomini se ne impacciavano; anzi, i più puntigliosi erano loro, perché volevano dimostrare così di sapere e potere spendere per le loro donne.

Sempre sottomesse e obbedienti, queste si paravano com'essi volevano, per non farli sfigurare; dopo quelle brevi comparse, ritornavano tranquille alle cure casalinghe; e, se spose, attendevano a far figliuoli, tutti quelli che Dio mandava (era questa la loro croce); se fanciulle, aspettavano di sentirsi dire un bel giorno dai parenti: eccoti, sposa questo; lo sposavano; quieti e paghi gli uomini di quella supina fedeltà senza amore.

Soltanto la fede cieca in un compenso oltre la vita poteva far sopportare senza disperazione il lento e greve squallore in cui volgevano le giornate, una dopo l'altra tutte uguali, in quella cittaduzza montana, così silenziosa che pareva quasi deserta, sotto l'azzurro intenso e ardente del cielo, con le straducole anguste, male acciottolate, tra le grezze casette di pietra e calce, coi doccioni di creta e i tubi di latta scoperti.

A inoltrarsi fin dove quelle straducole terminavano, la vista della distesa ondeggiante delle terre arse dalle zolfare, accorava. Alido il cielo, alida la terra, da cui nel silenzio immobile, addormentato dal ronzio degli insetti, dal fritinnio di qualche grillo, dal canto lontano d'un gallo o dall'abbaiare d'un cane, vaporava denso nell'abbagliamento meridiano l'odore di tante erbe appassite, del grassume delle stalle sparso.

In tutte le case, anche nelle poche signorili, mancava l'acqua; nei vasti cortili, come in capo alle vie, c'erano vecchie cisterne alla mercé del cielo; ma anche d'inverno pioveva poco; quando pioveva era una festa: tutte le donne mettevan fuori conche e buglioli, vaschette e botticine, e stavano poi su gli usci con le vesti di baracane raccolte tra le gambe a vedere l'acqua piovana scorrere a torrenti per i ripidi viottoli, a sentirla gorgogliare nelle grondaie e. per entro ai doccioni e ai cannoni delle cisterne. Si lavavano i ciottoli, si lavavano i muri delle case, e tutto pareva respirasse più lieve nella freschezza fragrante della terra bagnata.

Gli uomini, tanto o quanto, trovavano nella varia vicenda degli affari, nella lotta dei partiti comunali, nel Caffè o nel Casino di compagnia, la sera, da distrarsi in qualche modo; ma le donne, in cui fin dall'infanzia s'era costretto a isterilire ogni istinto di vanità, sposate senz'amore, dopo avere atteso come serve alle faccende domestiche sempre le stesse, languivano miseramente con un bambino in grembo o col rosario in mano, in attesa che l'uomo, il padrone, rincasasse.

Adriana Braggi non aveva amato affatto il marito.

Debolissimo di complessione e in continuo orgasmo per la cagionevole salute, quel marito l'aveva oppressa e torturata quattr'anni, geloso fin anche del fratello maggiore, a cui sapeva d'aver fatto, sposando, un grave torto, anzi un vero tradimento. Ancora là, di tutti i figli maschi d'ogni famiglia ricca uno solo, il maggiore, doveva prendere moglie, perché le sostanze del casato non andassero sparpagliate tra molti eredi.

Cesare Braggi, il fratello maggiore, non aveva mai dato a vedere d'essersi avuto a male di quel tradimento; forse perché il padre, morendo poco prima di quelle nozze, aveva disposto che il capo della famiglia rimanesse lui e che il secondogenito ammogliato gli dovesse obbedienza intera.

Entrando nella casa antica dei Braggi, Adriana aveva provato una certa umiliazione nel sapersi così soggetta al cognato. La sua condizione era diventata doppiamente penosa e irritante, allorché il marito stesso, nella furia della gelosia, le aveva lasciato intendere che Cesare aveva già avuto in animo di sposar lei. Non aveva saputo più come contenersi di fronte al cognato; e tanto più il suo imbarazzo era cresciuto, quanto meno il cognato aveva fatto pesare la sua podestà su lei, accolta fin dal primo giorno con cordiale franchezza di simpatia e trattata come una vera sorella.

Era di modi gentili, e nel parlare e nel vestire e in tutti i tratti, d'una squisita signorilità naturale, che né il contatto della ruvida gente del paese, né le faccende a cui attendeva, né le abitudini di rilassata pigrizia, a cui quella vuota e misera vita di provincia induceva per tanti mesi dell'anno, avevano potuto mai, non che arrozzire, ma neppure alterare d'un poco.

Ogni anno, del resto, per parecchi giorni, spesso anche per più d'un mese, s'allontanava dalla cittaduzza e dagli affari. Andava a

Palermo, a Napoli, a Roma, a Firenze, a Milano, a tuffarsi nella vita, a prendere – com'egli diceva – un bagno di civiltà. Ritornava da quei viaggi ringiovanito nell'anima e nel corpo.

Adriana, che non aveva mai dato un passo fuori del paese natale, nel vederlo rientrare così nella vasta casa antica, ove il tempo pareva stagnasse in un silenzio di morte, provava ogni volta un segreto turbamento indefinibile.

Il cognato recava con sé l'aria d'un mondo, che lei non riusciva nemmeno a immaginare.

E il turbamento le cresceva, udendo le stridule risate del marito che di là ascoltava il racconto delle saporite avventure occorse al fratello; diventava sdegno, ribrezzo poi, la sera, allorché il marito, dopo quei racconti del fratello, veniva a trovarla in camera, acceso, sovreccitato, smanioso. Lo sdegno, il ribrezzo erano per il marito, e tanto più forti quanto più ella vedeva invece il cognato pieno di rispetto, anzi di riverenza per lei.

Morto il marito, Adriana aveva provato un'angoscia piena di sgomento al pensiero di restar sola con lui in quella casa. Aveva, sì, i due piccini che in quei quattro anni le erano nati; ma, benché madre, non era riuscita a superare, di fronte al cognato, la sua nativa timidezza di fanciulla. Questa timidezza, veramente, non era stata mai in lei ritrosia; ma ora sì; e ne incolpava il marito geloso, che l'aveva oppressa con la più sospettosa e obliqua sorveglianza.

Cesare Braggi, con squisita premura, aveva allora invitato la madre di lei a venirsene a stare con la figliuola vedova. E a poco a poco Adriana, liberata dall'esosa tirannia del marito, con la compagnia della madre, aveva potuto, se non acquistare al tutto la pace, tranquillare alquanto lo spirito. S'era dedicata con intero abbandono alla cura dei figliuoli, prodigando loro quell'amore e quelle tenerezze che non avevano potuto trovare uno sfogo nel matrimonio disgraziato.

Ogni anno Cesare aveva seguitato a fare il suo viaggio d'un mese nel Continente, recando doni al ritorno così a lei, come alla nonna e ai nipotini, per i quali aveva sempre avuto le più delicate premure paterne.

La casa, senza il presidio d'un uomo, faceva paura alle donne, segnatamente la notte. Nei giorni ch'egli era assente, pareva ad Adriana che il silenzio, divenuto più profondo, più cupo, tenesse come sospesa sulla casa una grande ignota sciagura; e con infinito sbigottimento udiva stridere la carrucola dell'antica cisterna in capo all'erta via solitaria, se un soffio di vento veniva a scuoterne la fune. Ma poteva egli, per riguardo a due donne e a due piccini che in fondo non gli appartenevano, privarsi di quell'unico svago dopo un anno di lavoro e di noia? Avrebbe potuto non curarsi né tanto né poco di loro, vivere per sé, libero, poiché il fratello gli aveva impedito di formarsi una famiglia sua; e invece – come non riconoscerlo? – tolte quelle brevi vacanze, era tutto dedito alla casa e ai nipotini orfani.

Col tempo, s'era addormentato ogni rammarico nel cuore di Adriana. I figliuoli crescevano, e lei godeva che crescessero con la guida di quello zio. La sua dedizione era divenuta ormai totale, cosicché si maravigliava se il cognato o i figliuoli si opponevano a qualche cura soverchia che si dava di loro. Le pareva di non far mai abbastanza. E a che avrebbe dovuto pensare, se non a loro?

Era stato per lei un gran dolore la morte della madre: era venuta a mancarle l'unica compagnia. Da un pezzo parlava con lei come con una sorella; tuttavia, con la madre accanto, lei poteva pensarsi ancora giovane, qual era difatti. Sparita la madre, con quei due figliuoli ormai giovinetti, uno di sedici, l'altro di quattordici anni, già alti quasi quanto lo zio, cominciò a sentirsi e a considerarsi vecchia.

Era in quest'animo, allorché per la prima volta le avvenne di avvertire un vago malessere, una stanchezza, un'oppressione un po' a una spalla, un po' al petto; un certo dolor sordo che le prendeva talvolta anche tutto il braccio sinistro e che di tratto in tratto diventava lancinante e le toglieva il respiro.

Non ne mosse lamento; e forse nessuno lo avrebbe mai saputo, se un giorno a tavola ella non avesse avuto l'assalto d'uno di quei fitti spasimi improvvisi.

Fu chiamato il vecchio medico di casa, il quale fin da principio restò costernato dal ragguaglio di quei sintomi. La costernazione crebbe dopo un lungo e attento esame dell'inferma.

Il male era alla pleura. Ma di che natura? Il vecchio medico, con l'aiuto d'un collega, tentò una puntura esplorativa, senza alcun esito. Poi, notando un certo indurimento nelle glandule sopra e sottoscapolari, consigliò al Braggi di condurre subito la cognata a Palermo, lasciando intendere chiaramente che temeva fosse un tumore interno, forse irrimediabile.

Partire subito non fu possibile. Adriana, dopo tredici anni di clausura, era affatto sprovvista d'abiti per comparire in pubblico e per viaggiare. Bisognò scrivere a Palermo per provvederla con la massima sollecitudine.

Cercò d'opporsi in tutti i modi, assicurando il cognato e i figliuoli che non si sentiva poi così male. Un viaggio? Solo a pensarci, le venivano i brividi. Era poi giusto il tempo che Cesare soleva prendersi le sue vacanze d'un mese. Partendo con lui, gli avrebbe tolto la libertà, ogni piacere. No, no, non voleva a nessun patto! E poi, come, a chi avrebbe lasciato i figliuoli? a chi affidato la casa? Metteva avanti tutte queste difficoltà; ma il cognato e i figliuoli gliele abbattevano con una risata. Si ostinava a dire che il viaggio le avrebbe fatto certo più male. Oh, buon Dio, se non sapeva più neppure come fossero fatte le strade! Non avrebbe saputo muovervi un passo! Per carità, per carità, la lasciassero in pace!

Quando da Palermo arrivarono gli abiti e i cappelli, fu per i due figliuoli un tripudio.

Entrarono esultanti con le grosse scatole avvolte nella tela cerata, in camera della madre, gridando, strepitando, ch'ella dovesse subito subito provarseli. Volevano veder bella la loro mammina, come non la avevano veduta mai. E tanto dissero, tanto fecero, che dovette arrendersi e contentarli.

Erano abiti neri, da lutto anche quelli, ma ricchissimi e lavorati con maravigliosa maestria. Ormai ignara affatto di mode, inesperta, non sapeva da che parte prenderli per vestirsene. Dove e come agganciare i tanti uncinelli che trovava qua e là? Quel colletto, oh Dio, così alto? E quelle maniche, con tanti sbuffi... Usavano adesso così?

Dietro l'uscio, intanto, tempestavano i figliuoli, impazienti:

«Mamma, fatto? Ancora?»

Come se la mamma di là stesse ad abbigliarsi per una festa! Non pensavano più alla ragione per cui quegli abiti erano arrivati; non ci pensava più, veramente, nemmeno lei, in quel momento.

Quando, tutta confusa, accaldata, levò gli occhi e si vide nello specchio dell'armadio, provò un'impressione violentissima, quasi di vergogna. Quell'abito, disegnandole con procacissima eleganza i fianchi e il seno, le dava la sveltezza e l'aria d'una fanciulla. Si sentiva già vecchia: si ritrovò d'un tratto in quello specchio, giovane, bella; un'altra!

«Ma che! ma che! Impossibile!» gridò, storcendo il collo e levando una mano per sottrarsi a quella vista.

I figliuoli, udendo l'esclamazione, cominciarono a picchiare più forte all'uscio con le mani, coi piedi, a sospingerlo, gridandole che aprisse, che si facesse vedere.

Ma che! no! Si vergognava. Era una caricatura! No, no.

Ma quelli minacciarono di buttar l'uscio a terra. Dovette aprire.

Restarono anch'essi, i figliuoli, abbagliati dapprima da quella trasformazione improvvisa. La mamma cercava di schermirsi, ripetendo: «Ma no, lasciatemi! ma che! impossibile! siete matti?» quando sopravvenne il cognato. Oh, per pietà! Tentò di scappare, di nascondersi, come se egli l'avesse sorpresa nuda. Ma i figliuoli la tenevano; la mostrarono allo zio che rideva di quella vergogna.

«Ma se ti sta proprio bene!» disse egli, alla fine, ritornando serio. «Su, lasciati vedere.»

Si provò ad alzare il capo.

«Mi pare d'essere mascherata...»

«Ma no! Perché? Ti sta invece benissimo. Voltati un poco... così, di fianco...»

Obbedì, sforzandosi di parer calma; ma il seno, ben disegnato dall'abito, le si sollevava al frequente respiro che tradiva l'interna agitazione cagionata da quell'esame attento e tranquillo di lui, espertissimo conoscitore.

«Va proprio bene. E i cappelli?»

«Certe ceste!» esclamò Adriana, quasi sgomenta.

«Eh sì, usano grandissimi.»

«Come farò a mettermeli in capo? bisognerà che mi pettini in qualche altro modo.»

Cesare tornò a guardarla, calmo, sorridente; disse:

«Ma sì, hai tanti capelli...»

«Sì, sì, brava mammina! Pettinati subito!» approvarono i figliuoli.

Adriana sorrise mestamente.

«Vedete che mi fate fare?» disse, rivolgendosi anche al cognato.

La partenza fu stabilita per la mattina appresso.

Sola con lui!

Lo seguiva in uno di quei viaggi, a cui un tempo pensava con tanto turbamento. E un solo timore aveva adesso: quello di apparire turbata a lui che le stava davanti, tutto intento a lei, ma tranquillo come sempre.

Questa tranquillità di lui, naturalissima, avrebbe fatto stimare a lei indegno il suo turbamento e tale da doverne arrossire, ove ella, con una finzione quasi cosciente, appunto per non doverne aver vergogna e raffidarsi di se medesima, non gli avesse dato un'altra cagione: la novità stessa del viaggio, l'assalto di tante impressioni strane alla sua anima chiusa e schiva. E attribuiva lo sforzo che faceva su se stessa per dominare quel turbamento (il quale tuttavia, così interpretato, non avrebbe avuto nulla di riprovevole) alla convenienza di non darsi a vedere tanto nuova delle cose e maravigliata, di fronte a uno che, per esser da tanti anni esperto di tutto e padrone sempre di sé, avrebbe potuto provarne fastidio e dispiacere. Anche ridicola, infatti, avrebbe potuto apparire, alla sua età, per quella maraviglia quasi infantile che le ferveva negli occhi.

Si costringeva pertanto a frenare l'ilare ansia febbrile dello sguardo e a non voltare continuamente il capo da un finestrino all'altro, come aveva la tentazione di fare per non perdere nulla delle tante cose, su cui i suoi occhi, così in fuga, si posavano un attimo per la prima volta. Si costringeva a nascondere la maraviglia, a dominare quella curiosità, che pure le avrebbe giovato tener desta e accesa, per vincere con essa lo stordimento e la vertigine che il rombar cadenzato delle ruote e quella fuga illusoria di siepi e d'alberi e di colli le cagionavano.

Andava in treno per la prima volta. A ogni tratto, a ogni giro di ruota, aveva l'impressione di penetrare, d'avanzarsi in un mondo ignoto, che d'improvviso le si creava nello spirito con apparenze che, per quanto le fossero vicine, pur le sembravano come lontane e le davano, insieme col piacere della loro vista, anche un senso di pena sottilissima e indefinibile: la pena ch'esse fossero sempre esistite oltre e fuori dell'esistenza e anche dell'immaginazione di lei; la pena d'essere tra loro estranea e di passaggio, e ch'esse senza di lei avrebbero seguitato a vivere per sé con le loro proprie vicende.

Ecco lì le umili case di un villaggio: tetti e finestre e porte e scale e strade: la gente che vi dimorava era, come per tanti anni era stata lei nella sua cittaduzza, chiusa lì in quel punto di terra, con le sue abitudini e le sue occupazioni: oltre a quello che gli occhi arrivavano a vedere, non esisteva più nulla per quella gente; il mondo era un sogno: tanti e tanti lì nascevano e lì crescevano e morivano, senza aver visto nulla di quel che ora andava a veder lei in quel suo viaggio, che era così poco a petto della grandezza del mondo, e che tuttavia a lei sembrava già tanto.

Nel volgere gli occhi, incontrava a quando a quando lo sguardo e il sorriso del cognato, che le domandava:

«Come ti senti?»

Gli rispondeva con un cenno del capo:

«Bene.»

Più d'una volta il cognato venne a sederlesi accanto per mostrarle e nominarle un paese lontano, ov'era stato, e quel monte là dal profilo minaccioso, tutti gli aspetti di maggior rilievo che si figurava dovessero più vivamente richiamare l'attenzione di lei. Non intendeva che tutte le cose, anche le minime, quelle che per lui erano le più comuni, destavano intanto in lei un tumulto di sensazioni nuove; e che le indicazioni, le notizie ch'egli le dava, anziché accrescere, diminuivano e raffreddavano quella fervida, fluttuante immagine di grandezza, ch'ella, smarrita, con quel sentimento di pena indefinibile, si creava alla vista di tanto mondo ignoto.

Nel tumulto interno delle sensazioni, inoltre, la voce di lui, anziché far luce, le cagionava quasi un arresto buio e violento, pieno di fremiti pungenti; e allora quel sentimento di pena si faceva più acuto in lei, più distinto. Si vedeva meschina nella sua ignoranza; e avvertiva un oscuro e quasi ostile rincrescimento della vista di tutte quelle cose che ora, troppo tardi per lei, all'improvviso, le riempivano gli occhi e le entravano nell'anima.

A Palermo, scendendo il giorno dopo dalla casa del clinico primario dopo la lunghissima visita, comprese bene dallo sforzo che faceva il cognato per nascondere la profonda costernazione, dalla premura affettata con cui ancora una volta aveva voluto farsi insegnare il modo di usare la medicina prescritta e dall'aria con cui il medico gli aveva risposto; comprese bene che questi aveva dato su lei sentenza di morte, e che quella mistura di veleni da prendere a gocce con molta precauzione, due volte al giorno prima dei pasti, non era altro che un inganno pietoso o il viatico di una lenta agonia.

Eppure, appena, ancora un po' stordita e disgustata dal diffuso odore dell'etere nella casa del medico, uscì dall'ombra della scala sulla via, nell'abbagliamento del sole al tramonto, sotto un cielo tutto di fiamma che dalla parte della marina lanciava come un immenso nembo sfolgorante sul Corso lunghissimo; e vide tra le vetture entro quel baglior d'oro il brulichio della folla rumorosa, dai volti e dagli abiti accesi da riflessi purpurei, i guizzi di luce, gli sprazzi colorati, quasi di pietre preziose, delle vetrine, delle insegne, degli specchi delle botteghe; la vita, la vita, la vita soltanto si sentì irrompere in subbuglio nell'anima per tutti i sensi commossi ed esaltati quasi per un'ebbrezza divina; né poté avere alcuna angustia, neppure un fuggevole pensiero per la morte prossima e inevitabile, per la morte ch'era pure già dentro di lei, appiattata là, sotto la scapola sinistra, dove più acute a tratti sentiva le punture. No, no, la vita, la vita! E quel subbuglio interno che le sconvolgeva lo spirito, le faceva impeto intanto alla gola, ove non sapeva che cosa, quasi un'antica pena sommossa dal fondo del suo essere le si era a un tratto ingorgata, ed ecco la forzava alle lacrime, pur fra tanta gioia.

«Niente... niente...» disse al cognato, con un sorriso che le s'illuminò vividissimo negli occhi attraverso le lacrime. «Mi par d'essere... non so... Andiamo, andiamo...»

«All'albergo?»

«No... no...»

«Andiamo allora a cenare allo Chalet a mare, al Foro Italico; ti piace?»

«Sì, dove vuoi.»

«Benissimo. Andiamo! Poi vedremo il passeggio al Foro; sentiremo la musica...»

Montarono in vettura e andarono incontro a quel nembo sfolgorante, che accecava.

Ah, che serata fu quella per lei, nello Chalet a mare, sotto la luna, alla vista di quel Foro illuminato, corso da un continuo fragore di vetture scintillanti, tra l'odore delle alghe che veniva dal mare, il profumo delle zagare che veniva dai giardini! Smarrita come in un incanto sovrumano, a cui una certa angoscia le impediva di abbandonarsi interamente, l'angoscia destata dal dubbio che non fosse vero quanto vedeva, si sentiva lontana, lontana anche da se stessa, senza memoria né coscienza né pensiero, in una infinita lontananza di sogno.

L'impressione di questa lontananza infinita la riebbe più intensa la mattina seguente, percorrendo in vettura gli sterminati viali deserti del parco della Favorita, perché, a un certo punto, con un lunghissimo sospiro poté quasi rivenire a sé da quella lontananza e misurarla, pur senza rompere l'incanto né turbare l'ebbrezza di quel sogno nel sole, tra quelle piante che parevano assorte anch'esse in un sogno senza fine.

E, senza volerlo, si voltò a guardare il cognato, e gli sorrise, per gratitudine.

Subito però quel sorriso le destò una viva e profonda tenerezza per sé condannata a morire, ora, ora che le si schiudevano davanti agli occhi stupiti tante bellezze maravigliose, una vita, quale anche per lei avrebbe potuto essere, qual era per tante creature che lì vivevano. E sentì che forse era stata una crudeltà farla viaggiare.

Ma poco dopo, quando la vettura finalmente si fermò in fondo a un viale remoto, ed ella, sorretta da lui, ne scese per vedere da vicino la fontana d'Ercole; lì, davanti a quella fontana, sotto il cobalto del cielo così intenso che quasi pareva nero attorno alla fulgida statua marmorea del semidio su l'alta colonna sorgente in mezzo all'ampia conca, chinandosi a guardare l'acqua vitrea, su cui natava qualche foglia, qualche cuora verdastra che riflettevano l'ombra sul fondo; e poi, a ogni lieve ondulio di quell'acqua, vedendo vaporare come una nebbiolina sul volto impassibile delle sfingi che guardano la conca, quasi un'ombra di pensiero si sentì anche lei passare sul volto che come un alito fresco veniva da quell'acqua; e subito a quel soffio un gran silenzio di stupore le allargò smisuratamente lo spirito; e, come se un lume d'altri cieli le si accendesse improvviso in quel vuoto incommensurabile, ella sentì d'attingere in quel punto quasi l'eternità, d'acquistare una lucida, sconfinata coscienza di tutto, dell'infinito che si nasconde nella profondità dell'anima misteriosa, e d'aver vissuto, e che le poteva bastare, perché era stata in un attimo, in quell'attimo, eterna.

Propose al cognato di ripartire quello stesso giorno. Voleva ritornarsene a casa, per lasciarlo libero, dopo quei quattro giorni sottratti alle sue vacanze. Un altro giorno egli avrebbe perduto per riaccompagnarla; poi poteva riprendere la via, la sua corsa annuale per paesi più lontani, oltre quell'infinito mare turchino. Senza timore poteva, ché di sicuro lei non sarebbe morta così presto, in quel mese delle sue vacanze.

Non gli disse tutto questo; lo pensò soltanto; e lo pregò che fosse contento di ricondurla al paese.

«Ma no, perché?» le rispose egli. «Ormai ci siamo; tu verrai con me a Napoli. Consulteremo là, per maggior sicurezza, qualche altro medico.»

«No, no, per carità, Cesare! Lasciami ritornare a casa. È inutile!»

«Perché? Nient'affatto. Sarà meglio. Per maggior sicurezza.»

«Non basta quello che abbiamo saputo qua? Non ho nulla; mi sento bene, vedi? Farò la cura. Basterà.»

Egli la guardò serio e disse:

«Adriana, desidero così.»

E allora ella non poté più replicare: vide in sé la donna del suo paese che non deve mai replicare a ciò che l'uomo stima giusto e conveniente; pensò che egli volesse per sé la soddisfazione di non essersi contentato d'un solo consulto, la soddisfazione che gli altri, là in paese, domani, alla morte di lei, potessero dire: «Egli fece di tutto per salvarla; la portò a Palermo, anche a Napoli...». O forse era in lui veramente la speranza che un altro medico di più lontano, più bravo, riconoscesse curabile il male, scoprisse un rimedio per salvarla? O forse... ma sì, questo era da credere piuttosto: sapendola irremissibilmente perduta, egli voleva, poiché si trovava in viaggio con lei, procurarle quell'ultimo e straordinario svago, come un tenue compenso alla crudeltà della sorte.

Ma ella aveva orrore, ecco, orrore di tutto quel mare da attraversare. Solo a guardarlo, con questo pensiero, si sentiva mozzare il fiato, quasi avesse dovuto attraversarlo a nuoto.

«Ma no, vedrai» la rassicurò egli, sorridendo. «Non avvertirai neppure d'esserci, di questa stagione. Vedi com'è tranquillo? E poi vedrai il piroscafo... Non sentirai nulla.»

Poteva ella confessargli l'oscuro presentimento che la angosciava alla vista di quel mare, che cioè, se fosse partita, se si fosse staccata dalle sponde dell'isola che già le parevano tanto lontane dal suo paesello e così nuove; in cui già tanta agitazione, e così strana, aveva provato; se con lui si fosse avventurata ancor più lontano, con lui sperduta nella tremenda, misteriosa lontananza di quel mare, non sarebbe più ritornata alla sua casa, non avrebbe più rivalicato quelle acque, se non forse morta? No, neanche a se stessa poteva confessarlo questo presentimento; e credeva anche lei a quell'orrore del mare, per il solo fatto che prima non lo aveva mai neppur veduto da lontano; e, doverci ora andar sopra...

S'imbarcarono quella sera stessa per Napoli.

Di nuovo, appena il piroscafo si mosse dalla rada e uscì dal porto, passato lo stordimento per il trambusto e il rimescolio di tanta gente che saliva e scendeva per il pontile, vociando, e lo stridore delle grue su le stive; vedendo a grado a grado allontanarsi e rimpiccriolirsi ogni cosa, la gente su lo scalo, che seguitava ad agitare in saluto i fazzoletti, la rada, le case, finché tutta la città non si confuse in una striscia bianca, vaporosa, qua e là trapunta da pallidi lumi sotto la chiostra ampia dei monti grigi rossigni; di nuovo si sentì smarrire nel sogno, in un altro sogno maraviglioso, che le faceva però sgranare gli occhi di sgomento, quanto più, su quel piroscafo, pur grande, sì, ma forse fragile se vibrava tutto così ai cupi tonfi cadenzati delle eliche, entrava nelle due immensità sterminate del mare e del cielo.

Egli sorrise di quello sgomento e, invitandola ad alzarsi e passandole con una intimità che finora non s'era mai permessa un braccio sotto il braccio, per sorreggerla, la condusse a vedere di là, su la coperta stessa, i lucidi possenti stantuffi d'acciaio che movevano quelle eliche. Ma ella, già turbata di quel contatto insolito, non poté resistere a quella vista e più al fiato caldo, al tanfo grasso che vaporavano di là, e fu per mancare e reclinò e quasi appoggiò il capo su la spalla di lui. Si contenne subito, quasi atterrita di quella voglia istintiva d'abbandono a cui stava per cedere.

E di nuovo egli, con maggior premura, le chiese:

«Ti senti male?»

Col capo, non trovando la voce, gli rispose di no. E andarono tutti e due, così a braccio, verso la poppa, a guardar la lunga scia fervida fosforescente sul mare già divenuto nero sotto il cielo polverato di stelle, in cui il tubo enorme della ciminiera esalava con continuo sbocco il fumo denso e lento, quasi arroventato dal calore della macchina. Finché, a compir l'incanto, non sorse dal mare la luna; dapprima tra i vapori dell'orizzonte come una lugubre maschera di fuoco che spuntasse minacciosa a spiare in silenzio spaventevole quei suoi dominii d'acqua; poi a mano a mano schiarendosi, restringendosi precisa nel suo niveo fulgore che allargò il mare in un argenteo palpito senza fine. E allora più che mai Adriana sentì crescersi dentro l'angoscia e lo sgomento di quella delizia che la rapiva e la traeva irresistibilmente a nascondere, esausta, la faccia sul petto di lui.

Fu a Napoli, in un attimo, nell'uscire da un caffè-concerto, ove avevano cenato e passato la sera. Solito egli, nei suoi viaggi annuali, a uscire di notte da quei ritrovi con una donna sotto il braccio, nel porgerlo ora a lei, colse all'improvviso sotto il gran cappello nero piumato il guizzo d'uno sguardo acceso, e subito, quasi senza volerlo, diede col braccio al braccio di lei una stretta rapida e forte contro il suo petto. Fu tutto. L'incendio divampò.

Là, al buio, nella vettura che li riconduceva all'albergo, allacciati, con la bocca su la bocca insaziabilmente, si dissero tutto, in pochi momenti, tutto quello che egli or ora, in un attimo, in un lampo, al guizzo di quello sguardo aveva indovinato: tutta la vita di lei in tanti anni di silenzio e di martirio. Ella gli disse come sempre, sempre, senza volerlo, senza saperlo, lo avesse amato; e lui quanto da giovinetta la aveva desiderata, nel sogno di farla sua, così, sua! sua!

Fu un delirio, una frenesia, a cui diedero una violenta lena instancabile la brama di ricompensarsi in quei pochi giorni sotto la condanna mortale di lei, di tutti quegli anni perduti, di soffocato ardore e di nascosta febbre; il bisogno d'accecarsi, di perdersi, di non vedersi quali finora l'uno per l'altra erano stati per tanti anni, nelle composte apparenze oneste, laggiù, nella cittaduzza dai rigidi costumi, per cui quel loro amore, le loro nozze domani sarebbero apparse come un inaudito sacrilegio.

Che nozze? No! Perché lo avrebbe costretto a quell'atto quasi sacrilego per tutti? perché lo avrebbe legato a sé che aveva ormai tanto poco da vivere? No, no: l'amore, quell'amore frenetico e travolgente, in quel viaggio di pochi giorni; viaggio d'amore, senza ritorno; viaggio d'amore verso la morte.

Non poteva più ritornare laggiù, davanti ai figliuoli. Lo aveva ben presentito, partendo; lo sapeva che, passando il mare, sarebbe finita per lei. E ora, via, via, voleva andar via, più su, più lontano, così in braccio a lui, cieca, fino alla morte.

E così passarono per Roma, poi per Firenze, poi per Milano, quasi senza veder nulla. La morte, annidata in lei, con le sue trafitture, li fustigava, e fomentava l'ardore.

«Niente!» diceva a ogni assalto, a ogni morso. «Niente...»

E porgeva la bocca, col pallore della morte sul volto.

«Adriana, tu soffri...»

«No, niente! Che m'importa?»

L'ultimo giorno, a Milano, poco prima di partire per Venezia, si vide nello specchio, disfatta. E quando, dopo il viaggio notturno, le si aprì nel silenzio dell'alba la visione di sogno, superba e malinconica, della città emergente dalle acque, comprese che era giunta al suo destino; che lì il suo viaggio doveva aver fine.

Volle tuttavia avere il suo giorno di Venezia. Fino alla sera, fino alla notte, per i canali silenziosi, in gondola. E tutta la notte rimase sveglia, con una strana impressione di quel giorno: un giorno di velluto.

Il velluto della gondola? il velluto dell'ombra di certi canali? Chi sa! Il velluto della bara.

Com'egli, la mattina seguente, scese dall'albergo per andare a impostare alcune lettere per la Sicilia, ella entrò nella camera di lui: scorse sul tavolino una busta lacerata; riconobbe i caratteri del maggiore dei suoi figliuoli: si portò quella busta alle labbra e la baciò disperatamente; poi entrò nella sua camera; trasse dalla borsa di cuoio la boccetta con la mistura dei veleni intatta; si buttò sul letto disfatto e la bevve d'un sorso.

(1928)

da *Novelle per un anno*, vol. II, Mondadori 1986.

Massimo Bontempelli
LA SPIAGGIA MIRACOLOSA
ovvero
PREMIO DELLA MODESTIA
(Aminta)

Le strade di Roma alla prima minaccia avevano cominciato a spopolarsi, poi in pochi giorni la paura s'era fatta generale e la città rapidamente s'andava vuotando. Invasi da quello spavento i cittadini d'ora in ora avevan preso d'assalto le stazioni ferroviarie, e impadronitisi violentemente dei treni erano fuggiti lontano. I più ricchi avevan rimpinzato d'olio e benzina le loro macchine e per tutte le tredici porte dell'urbe se n'erano volati via tra la polvere verso i punti cardinali più remoti.

Così per dieci giorni. Poi d'un tratto si videro le stazioni deserte, e le strade intorno a Roma non impolverarono che i carretti, i quali non hanno paura di niente. Ormai non c'era più nessuno entro la città.

A custodirla erano rimasti pochi eroi e poche eroine. Gli eroi verso mezzogiorno giravano con padronanza le vie, senza giacca, lasciando che il sole frustasse a sangue le loro camicie di seta e si specchiasse vanitosamente nelle fibbie delle loro cinture. Incontrandosi si guardavano da un marciapiede all'altro, anche senza conoscersi, con un sorriso d'orgoglio. Sapevano che il loro dominio dal Laterano a Monte Mario e da Valle Giulia a San Paolo sarebbe durato indisturbato e indiscusso almeno due mesi.

Ma le eroine non uscivano sotto il sole. Aspettavano nelle case ciascuna il suo eroe per asciugargli il sudore e stirare le sue camicie di seta. Uscivano soltanto la notte, e dietro le spalle del compagno amoreggiavano a sguardi, per tenersi in esercizio, con gli occhi dei gatti errabondi.

Io ero nel numero di quegli eroi che non avevano fuggito la città all'assalto dell'estate; perché io seguo le leggi della natura, e amo il caldo del sole l'estate e quello della stufa l'inverno. L'eroina eletta ad asciugare i miei sudori si chiamava Aminta. Questo una volta era nome di maschio; ma il padre della mia donna non conosceva la storia letteraria, e diciotto anni prima, fidandosi all'orecchio, aveva imposto quel nome alla sua figliola neonata. Il prete che l'aveva battezzata non osò avvertire il padre dell'errore innocente.

Aminta, ai primi calori di quell'estate, subito s'era arresa alle eccellenti ragioni che le avevo esposte per convincerla che dovevamo rimanercene a Roma invece di andare ai monti o al mare.

Così trascorsero dolcemente i primi otto giorni della canicola.

Non avevo mai sorpreso sulla bianca fronte di Aminta il menomo segno di pentimento, rimpianto, dispetto, o desiderio.

Perciò fui molto maravigliato al mezzodì del nono giorno quando, rientrando io dalla ronda sui lastrici infocati, Aminta dopo una festosa accoglienza, accostandosi a me nel profondo divano dello studio, con una mano sulla mia spalla disse tutt'a un tratto:

«Caro, dovresti farmi un piccolo regalo, dovresti farmi fare un bel costumino da bagno.»

Mi sentii aggrottarsi le ciglia.

Il mio calunnioso animo maschile s'intorbidò di sospetto.

La guardai scuro:

«Perché, Aminta? Che ti piglia? Non stiamo divinamente bene a Roma? Non ti verrà l'idea che ce ne andiamo? che andiamo ai bagni? Oh ti avevo tanto bene spiegato che...»

«No, no» m'interruppe sorridendo con gli occhi, la fronte, la bocca e tutta la persona «nemmeno per idea. Stiamo tanto bene a Roma, sì. Chi si sogna di andarsene? Vorrei un bel costumino da bagno così, per avere un bel costumino da bagno.»

«E poi che lo avrai?»

«Me lo metterò.»

«Quando?»

«Ogni tanto. Un po' tutti i giorni.»

«E poi?»

«E poi dopo un po' me lo leverò.»

«È tutto?»

«È tutto. Te lo giuro.»

Era tanto limpida che il sospetto s'era dileguato dal mio animo.

Tacqui ancora un minuto per dare maggiore importanza alle parole che stavo per pronunciare, poi decretai:

«E allora sta bene. Sì, cara. Fatti un bel costumino da bagno.»

Batté le mani e fece un gran salto per allegrezza, baciò teneramente tutto il sudore della mia faccia per gratitudine.

I giorni appresso ella era molto occupata. Non fui ammesso a conoscere i segreti delle sue ricerche, studi, tentativi, dubbi e risoluzioni, riguardo la costruzione del costume da bagno. Uscì qualche volta da sola, di giorno; e lunghe ore rimase chiusa nella sua camera con una sarta. Non permise che mai ne sapessi nulla; volle prepararmi la sorpresa davanti al capolavoro inaspettato. Il suo volto, a tutte le ore del giorno e della notte, era pieno di felicità.

Dopo qualche giorno, preso dai miei pensieri virili avevo quasi dimenticato quel giuoco della donna. Ma la mattina del mercoledì, quando mi fui levato la giacca per uscire, Aminta salutandomi disse:

«Tra un'ora, quando torni, è pronto.»

«Che cosa?»

«Oh il costume da bagno.»

«Davvero?»

«Sì, fa' presto a tornare, vedrai, è riuscito una maraviglia.»

Rincasando, dopo meno d'un'ora, un'ombra di sospetto ancora cercava insinuarsi in me: «Davvero questa storiella del costume non preluderà a una campagna per farsi condurre al mare?».

Entrato nello studio, la voce sua di là dall'uscio della camera mi gridò:

«Non entrare qua. Sono pronta. Mettiti a sedere sul divano.»

«Ecco, non entro. Ecco, sono seduto sul divano.»

Fissavo l'uscio della camera.

L'uscio della camera si aperse, nello studio entrò una gran luce, in mezzo alla luce era Aminta, Aminta vestita del suo costume da bagno. Il cuore mi impallidì.

Aminta si avanzò. Quella luce veniva da lei. Era tutta la luce dei cieli, e si avanzava con lei. Io non mi mossi. Tremavo in una estasi. Aminta si fermò in mezzo alla stanza.

Era davvero maraviglioso. Giù dalla gola la seta colore di rosa pallida si tendeva a modellare il seno, si stringeva intorno ai fianchi in una cintura di minutissime pieghe, sbocciava in un gonnellino breve, che non osava più toccare la carne, e all'orlo increspato tremava di suggezione. Sul roseo di quel gonnellino un gran fregio girava, di triangoli acuti colore dello smeraldo. Aminta era in piedi in mezzo alla stanza; il roseo, nella luce che pioveva giù dagli occhi di Aminta, cangiava di minuto in minuto in mille riflessi di madreperla; il verde del fregio pareva un volo di cetonie dorate traverso un tramonto.

Il candore delle braccia e delle gambe in mezzo a quell'effluvio di colori teneri impallidiva. I piedi scomparivano in due scarpette di raso verde. Ora Aminta rideva di allegrezza con tutte le carni morbide, con tutto il costume verde e rosato; rideva e si scrollava come una pianta nel giardino: e la stanza era piena di profumo di paradiso.

Io non avevo il coraggio di muovermi. Aminta era felice d'essere viva. Con un riso di campanelli d'argento che uscì dalla finestra e andò a correre via per il cielo, Aminta si buttò a sedere sul tappeto in mezzo alla stanza, con le braccia indietro e le gambe bianche ripiegate, il torso riverso e teso come offrendosi a Dio.

Riabbassò lo sguardo su me, che non m'ero più mosso e mi tenevo con le mani il cuore; allo spettacolo della mia commozione ella s'intenerì di gratitudine.

Me le accostai con tremore. Sedei sul tappeto quasi al suo fianco, e piano le presi una mano. La accarezzai tutta con uno sguardo, poi timidamente toccai con la fronte il rosa pallido della sua seta. Aminta aveva gli occhi pieni di sorrisi, ora quasi lacrimava per la tenerezza. Cercava con gli occhi qualche cosa da dirmi. E la voce le tremava dicendo:

«Vedi che è bello, senza bisogno di andare al mare?»

Sentii tutta la sua anima ingenua appoggiarsi a me. Fui pieno d'amore. Anch'io ora cercavo qualche cosa di semplice da dirle. Con una guancia adagiata sul suo braccio fresco, bisbigliai:

«La modestia dei tuoi desideri merita un premio.»

Allora lei si sciolse e di nuovo rise allegramente. Ma poiché non la seguivo in quel riso, lo interruppe e mi guardò come aspettando. Qualche cosa fremé nell'aria e venne a toccarmi. Vidi anche lei sentire qualche cosa nell'aria. E subito rabbrividì nelle spalle, e diceva:

«Che cos'è? Com'è bello!»

Tutta l'aria della stanza fu corsa da una specie d'alito leggero, che subito scomparve. Poi per tutt'intorno vidi un tremolio di luce; anch'esso passò davanti ai miei occhi, poi davanti agli occhi di Aminta, e fuggì via.

«Come si sta bene!» mormorava Aminta.

Era seduta presso l'orlo del tappeto, e io un poco indietro, quasi alle sue spalle. Un rumore dolce e strano arrivò fino a noi, si spense ai piedi di lei. Vidi che ella tendeva l'orecchio.

Il suolo mormorò ancora, mentre tutte le cose della stanza sfumavano ai nostri occhi in una nebbia chiara, corsa d'ombre azzurre e di luci d'argento.

Frattanto i mormorii del suolo s'erano fatti regolari e frequenti, venivano di lontano, frusciavano appressando, morivano tutti ai suoi piedi. Poi divennero più lunghi: uno, così accostando, parve stendersi; tutt'a un tratto lei dette un grido acuto e ritirò il piede di scatto:

«Guarda guarda» gridò.

Guardai. La scarpetta verde era bagnata, e il piede anche, fino alla caviglia.

«E ancora, ancora...»

Il fiotto cresceva: ora continuo il rumore delle piccole onde arrivava a battere il margine del tappeto, e tutte si spingevano contro i suoi piedi, lungo le sue gambe. Ella senza paura si piegò in avanti, tuffò le mani in quei flutti, le rialzò stillanti acqua:

«Il mare, il mare.»

La nebbia argentea e azzurra tutt'intorno s'era riempita di luce, il tappeto ardeva come le sabbie; Aminta si buttò stesa col seno giù fuori del margine, si rialzò, la seta bagnata si modellava sul suo petto, vi sollevava le piccole punte. Io estatico guardavo lei, ascoltavo il mare che era venuto a trovarci.

Improvvisa un'onda più lunga mi raggiunse, sentii salirmi l'acqua su per i polpacci.

Saltai in piedi spaventato: «Aminta, è meglio che vada anch'io a mettermi un costume». «Sì» grida lei «ce n'è uno nel tuo cassettone, in basso; ma fa' presto.» Ed eravamo tutti e due molto felici.

(1928)

da *Donna nel sole e altri idilli*, Mondadori 1978.

Robert Desnos
LA PARTE DELLA LEONESSA

...La même que sous toutes les formes tu as toujours aimée. A chacune de tes épreuves j'ai quitté l'un des masques dont je voile mes traits, et bientôt tu me verras telle que je suis.

Gérard de Nerval[1]

Fabrice

1

Seguito a stupirmi tentando di descrivere Fabrice. Ma allora interviene il sogno e, ricordo, amore, tutto s'imbroglia; a malapena sono capace di dire il colore dei suoi capelli e dei suoi occhi.

E perfino il mio amore...

Allorché la passione raggiunge le regioni più estreme lascia nell'anima un'impronta così profonda che, una volta scomparsa, ci resta il suo posto. Per la stessa ragione per cui è possibile ricalcare i grandi, fragili fiori fossili nella traccia (che hanno lasciato) nell'antracite e ricostruirli.

Per la stessa ragione per cui, chi con mano febbrile ha tenuto a lungo un'arma, dopo averla posata si stupisce di sentire ancora nella mano un calcio o un'impugnatura fantasma.

Non esistono ricordi d'amore.

C'è l'amore e quello che definiamo il suo ricordo seguita a essere lui. L'amore è morto solo quando è totalmente dimenticato. Chi mai dimentica? Dite se esiste un balsamo per guarire' le ferite d'amore, per cancellarne perfino la traccia.

---

[1] ... Quella stessa che hai sempre amato sotto tutte le forme. A ognuno dei tuoi tentativi ho abbandonato una delle maschere con cui velo i miei tratti, e tra poco mi vedrai come sono.

Le ferite d'amore sono infatti delle autentiche ferite. Talvolta ci si muore ma, se si sopravvive, se ne mostrano le cicatrici con orgoglio.

Rivedo la sera del nostro primo incontro.

Non ne avrei conservato alcun ricordo. Il suo viso, il suo nome, ogni cosa sprofonda nelle tenebre. Ma il suo sguardo, lo sguardo di Fabrice, come mi perseguitò, come mi ossessionò. Come quei sogni di cui nulla si conosce se non che ci hanno visitato e che nel ricordo ci hanno tuttavia lasciato un'atmosfera netta. Lo sguardo di Fabrice! quante volte ho creduto di sentirlo posato su di me. Il tempo di sollevare le palpebre e l'incanto era rotto.

È senza dubbio lei che una sera scivolò nella stanza in cui dormivo accanto a un'altra. È, indubbiamente, la sua presenza che sentii nel corso di una notte densa e fertile di incubi, una presenza così certa che l'altra si svegliò e, tremante, si rannicchiò addosso a me.

Non la rividi che un anno dopo questo primo incontro e solo quel giorno seppi che lo sguardo misterioso era il suo.

L'amai come già l'amavo ma lei non mi amò. E dalla costanza stessa del mio amore nacque il suo atroce doppio che, con passo determinato, con passo fermissimo, mi trascinò nel campo maledetto dei fantasmi e spalancò al sogno le porte segrete della mia vita.

Per me fu dolce e buona ma non mi amò. E a me importava molto che mi amasse o no dato che il suo doppio mi si era concesso e io non facevo più differenza tra la creatura della mia immaginazione e quella della vita concreta.

Come tutto è calmo ora. Splendida notte stesa sui prati tranquilli e solitari e sui fiumi subdoli, ecco che posso immergere queste mani madide nelle tue tenebre deliziose...

Non parlo di un fantasma.

No, «lei non morì e io, con le mie mani, non l'ho avvolta nel sudario e deposta nella tomba»

Io non parlo di un'infedele

no, lei non mi ha abbandonato, no, lei non mi ha tradito.

Io non parlo di una sdegnosa.

Infatti, più che a ogni altro, lei mi accordò la conoscenza della sua anima e del suo cuore ardenti.

Io non parlo nemmeno del passato ma del presente. È tutta una vita, la mia, di cui conosco la chiave e di cui lei è il segreto e so che verrà il giorno in cui nessuna attesa sarà stata inutile, nessuna speranza vana.

Com'è calma questa notte.

Dov'è lei, con chi, a che pensa? a che serve. Non è ancora compiuto il giorno che, tra le congiunzioni di astri e le stanche ore, nascerà per la prima volta da questa notte calma e riposante.

Ho sofferto? o l'ho creduto? a che serve. Gli amanti passeranno attraverso il brusio dei baci frettolosi, degli addii e dei passi che si smorzano per le scale. Come mai non ho riconosciuto prima l'insolita calma della notte in cui mi compiaccio e di cui forse non varcherò mai le soglie.

Da tempo non sono invecchiato.

Sono l'adolescente di molti anni fa. E non invecchierò così presto. Non così presto.

E il giorno in cui la notte finirà col mio sogno sarà il giorno previsto in cui lei e io o piuttosto la sua immagine e io siamo in cammino come due astri che debbono congiungersi.

2

Dopo lunghi mesi passati lontano dalla Francia ero tornato a Parigi con l'anima e il cuore vuoti. Avevo abbandonato tutto ciò che aveva costituito i miei pensieri, i miei desideri, il mio credo. Sperimentai via via le mie sensazioni e le mie idee e rifiutai spietatamente tutto ciò che non poteva corrispondere a un ideale assai vano che m'ero prefisso.

Una sera d'estate passavo davanti a un caffè quando, tra la folla, riconobbi un amico che mi è caro. Era in compagnia di una donna il cui volto mi parve sciupato ma il cui sguardo mi stupì per un singolare fuoco che non tanto mi sorprese per il suo ardore quanto perché la sua fiamma era familiare ai miei sogni. Udii appena il nome che il mio amico pronunciò.

L'avrei perfino dimenticato.

Era una bella sera d'estate con tutto il suo banale arredo di stelle che brillavano attraverso gli alberi, il vento tiepido, il languore nel sentire l'anno al suo apice.

E quella donna di cui ignoravo la vita, il cui viso, a parte gli occhi, non m'avrebbe lasciato alcun ricordo, giocò immediatamente un ruolo nel sogno che inseguo dalla mia giovinezza attraverso molteplici peripezie.

3

E il posto che prese nel mio sogno fu predominante al punto che ogni cosa, paesaggio, astri, personaggi le gravitavano intorno.

Perse la sua sostanza umana e mentre con la mente penetravo più addentro agli arcani del suo cuore e della sua anima, le mie mani sentivano sotto le loro carezze la carne diventar fantasma, il fantasma ricordo, e il ricordo insufficiente immaginazione.

In lei c'era tutto quel che può sedurre e asservire un uomo.

I suoi occhi esprimevano incessantemente un mistero la cui stessa persistenza provava la realtà. La sua voce che aveva unicamente valore per le intonazioni, era la più emozionante e il suo corpo di cui ho soltanto conosciuto le mani espressive, la linea graziosa delle gambe e di cui ho indovinato solamente la curvatura posteriore, il suo corpo era indubbiamente degno dell'anima cui dava riparo più per la sua carica d'emozione che per la bellezza.

Ma lei era di quelle donne per cui la vita col suo bel corteo di *chances* e di seduzioni è rischiarata solo dai fuochi cupi di un astro interiore.

L'astro di Fabrice avrebbe viaggiato nel cielo non lontano dal mio perché dava a ogni cosa un colore d'angoscia. E indubbiamente l'astro di Fabrice rischiarava il mio perché per averla incontrata[1]

Ricordo di una notte di Sainte-Fabrice

Una notte... in casa di amici.

---

[1] Nel testo resta in sospeso la frase: *car de l'avoir rencontrée mes...* Trattandosi di un testo incompiuto pubblicato postumo, nella traduzione è stato omesso *mes*.

Il pomeriggio, nella vetrina di una fioraia, una scritta col gesso su una lavagna m'aveva informato che era la festa di Fabrice.

La festa! ce l'avevo ogni giorno nel cuore dove, in suo onore, m'abbandonavo al gioco rischioso e fatale di costruire nuovi paradisi.

Era scesa la notte. Ma già da un mese uno strano turbamento s'era impadronito di me. Avrei lottato contro le stesse creature del mio sogno? no. Ma era come se il prisma trasformato avesse cambiato l'ordine tradizionale dei colori. Una nuova allegria, da quanto non ero allegro?, una nuova allegria mi guidava. Le donne sembravano di nuovo attratte da me, sentivo finalmente rinascere l'atmosfera che rende così attraente l'innamorato felice che esce dall'abbraccio della sua amante. Perfino la faccia di Fabrice nel sogno non assumeva più l'aspetto tragico e implacabile che mi aveva reso familiari le tenebre e i pensieri funerei. Il mio amore per lei non profumava più i miei giorni con i seducenti profumi della solitudine. Anzi era le erbe odorose, il timo dei pendii di montagna, la salvia e il serpillo delle radure, l'estragone selvatico e anche la rosa più rossa e più sensuale.

E in ogni minuto del giorno assistevo a quella trasfigurazione nei cerchi concentrici del mio sogno.

E, dolcissima, umida per un recente rovescio, la notte era scesa. Ero in casa d'amici. Ero gioioso come un bimbo.

Come un bimbo. Me lo dissero e ne fui ancora più contento.

Come un bimbo. Più tardi queste parole avrebbero risuonato al mio orecchio con un senso tanto doloroso.

Ma che importa.

Ero gioioso. Delle donne carine ridevano e cantavano nella stanza.

All'improvviso mentre stavo per accendere una sigaretta le mie mani s'aprirono da sole e sparsi sul pavimento il contenuto della scatola di fiammiferi.

Nello stesso istante, e per farmi piacere, insisto, per farmi piacere, una donna ch'era al corrente del mio amore per Fabrice mise sul fonografo il disco di una canzone che a lei piaceva in modo particolare.

Stavo in ginocchio sul tappeto, raccogliendo i fiammiferi e d'un tratto restai istupidito.

Nella mia anima e nel mio cuore s'andava facendo un gran

vuoto. Mi sembrò che dei giorni trascorsi, dei mesi trascorsi, degli anni trascorsi tutto svanisse all'improvviso. Era come il crollo di un solido monumento, così solido, così vecchio che il cielo ci aveva fatto l'abitudine e che il suo fantasma traslucido restava eretto su inutili e profonde fondamenta.

Era anche la scoperta d'un paese meraviglioso che si è traversato e da cui si è usciti scalando una montagna scoscesa ricoperta di inestricabili foreste che celavano i panorami.

Rapido come la morte, bruscamente, senza transizione, m'ero reso conto che IO NON L'AMAVO PIÙ. Era stata come una breve illuminazione. E restavo in ginocchio davanti ai fiammiferi con la punta rossa, senza osare muovermi, come un malato i cui lancinanti dolori si siano appena calmati all'improvviso e che resta a lungo immobile, per timore che un gesto li risvegli mentre intorno al suo letto i raggi di un astro benaugurante fanno descrivere all'ombra delle sbarre della finestra un cerchio regolare.

Non l'amavo più! Era proprio sicuro... e, stupidamente, superstiziosamente, continuai a raccogliere lentamente i fiammiferi come si sfoglia una margherita o piuttosto come se avessi voluto ricostituire una margherita sfogliata ripetendo dentro di me: l'amo, non l'amo più, l'amo, non l'amo più, sì, no, sì, no.

No! Era no. Non l'amavo più.

Ma allora fui preso da un'enorme tenerezza, da un'immensa pena per Fabrice. Avevo avuto la tutela del suo più meraviglioso tesoro, della sua ricchezza spirituale, del suo riscatto di fronte al destino. Ed ecco che l'inestimabile tesoro era sparito dalle mie mani, e che non le dovevo niente, e che non le restava niente.

Senza orgoglio, senza vanità, feci il calcolo della perdita che lei faceva e la mia tenerezza ne fu accresciuta. Avevo giurato di conservarle per sempre quel puro diamante, quelle perle dall'oriente perfetto. E purtroppo, per lei, per averle prese le perle erano morte e il diamante s'era consumato.

E io solo potevo valutare la sua disfatta e il prezzo schiacciante di una vittoria che solo il destino m'aveva accordata.

Ma non l'amavo più.

Per me il mondo prendeva un aspetto nuovo e scoprivo che il mio cuore era ancora capace d'amore con, se ciò era possibile, più costanza ancora e più follia.

Ma il sogno non era terminato. L'eroina che presiedeva alle mie peregrinazioni immaginarie restava indubbiamente la stessa ma cambiava maschera.

Un altro amore potente aveva preso il posto di quello ch'era appena sparito. Col suo corteo di gioia e di speranza un'altra donna avanzava sul mio cammino. Ma neppure lei mi amò e la strada sulla quale mi trascinava al suo seguito era solo un nuovo cerchio del mio destino.

Amanti! non sognate, il sogno uccide il desiderio e riduce la potenza. Popola l'amore di simulacri e di fantasmi. Non sognate. Vi perderete in una folla dai volti identici e dai sentimenti contraddittori.

Il sogno non è un maestro indulgente. Le sue ancelle truccate come la vostra amante vi trascineranno in luoghi ignoti e deserti dove si dissiperanno come un vapore trasparente e, mai, a dispetto delle vostre grida, dei vostri richiami, consentiranno a elargire l'amplesso che v'ingannò. Vi lasceranno solo e disarmato di fronte a colei che amate e di cui non riconoscerete più il linguaggio.

Colei che amate la riconoscerete, penetrerete nei suoi pensieri ma sarete incapaci di imporle la vostra volontà.

Amanti! non sognate, non sognate mai.

Io so chi amo e ho decifrato non il suo mistero che resta intatto e per il quale l'amo, ma la parola, la parola segreta che mi darebbe l'accesso ai corridoi della sua anima. E tale parola non posso più pronunciarla se non a rischio di infrangere il sogno e risvegliarmi.

Infatti tutto è infranto tra la realtà e il sogno benché essa ne sia comunque permeata.

Io sono uno che dorme in piedi, un sognatore sveglio, legato da tutti i vincoli del sogno e che non può più agire nella vita se non a rischio, una volta sveglio, di trovarsi accanto unicamente dei sonnambuli, dei ciechi e dei muti.

Conosco il nome, il viso e l'anima della maga che potrebbe rompere l'incantesimo e che indubbiamente non lo romperà.

E altre maghe dai begli occhi che conoscono la parola magica «ti amo» e che me l'hanno pronunciata all'orecchio non hanno potuto rompere l'incantesimo. Non basta infatti che la parola sia

pronunciata da una bocca sincera, occorre anche che a pronunciarla sia una delle cento bocche della dea dai cento volti, che sia
la bocca di una delle incarnazioni terrestri della Donna, la sola
amata.

Non sognate, non sognate.

(Trad. di Paola Dècina Lombardi)

«La part de la lionne», 1929 circa, da *Nouvelles Hébrides et autres textes*,
1978.
© Editions Gallimard, Paris 1978.

Inedito.

Jurij Oleša

AMORE

Šuvalov aspettava Lelja nel parco. Era un torrido mezzogiorno. Sopra un sasso comparve una lucertola. Šuvalov pensò: «Su un sasso come questo una lucertola è completamente inerme; basta un attimo per sorprenderla. "Mimetismo"» rifletté. Pensando al mimetismo gli venne in mente il camaleonte.

«Salve» disse Šuvalov. Non ci voleva altro che il camaleonte! La lucertola scappò via.

Šuvalov balzò dalla panchina con rabbia e si avviò di buon passo per il viottolo. Lo afferrò un senso di dispetto e la voglia improvvisa di prendersela con qualcuno. Si fermò, esclamando alterato:

«Accidenti! Che diavolo c'entrano adesso il mimetismo e il camaleonte? Certi pensieri non fanno per me.»

Arrivò in uno spiazzo e sedette su un ceppo. Volavano gli insetti. Gli steli sussultavano. Nell'impercettibile architettura disegnata dal volo di uccelli, mosche e calabroni si riusciva a cogliere un preciso tracciato di punti, il profilo di arcate, ponti, torri, terrazze, quasi una città che rapidamente si rimescolava e si deformava a ogni istante.

«Mi stanno usando» pensò Šuvalov. «Il mio campo d'osservazione è contaminato. Sto diventando un eclettico. Ma chi si serve di me? Comincio a vedere quello che non c'è.»

Lelja non arrivava. Era costretto a rimanere nel parco. Si mise a passeggiare. Arrivò a convincersi dell'esistenza di molte specie di insetti. Su uno stelo vede strisciare un maggiolino. Lo stacca, poggiandolo sul palmo della mano. Il piccolo ventre rimanda un bagliore. Ormai è infuriato.

«Al diavolo! Un'altra mezz'ora e diventerò un naturalista.» Gli steli, le foglie, i tronchi, diversi uno dall'altro; nei fuscelli d'erba scopre snodi di articolazioni come nel bambù; la ricca gamma di colori di quello che chiamano «il manto erboso» lo riempie di stupore; la varietà cromatica del terreno gli appare una rivelazione del tutto inattesa.

«Non voglio essere un naturalista!» implora «queste osservazioni casuali non fanno per me.»

Ma Lelja ancora non arrivava. Intanto lui aveva già formulato delle conclusioni statistiche e stabilito una certa classificazione. Ormai era pienamente in grado di affermare che in quel parco c'era una prevalenza di alberi a largo fusto e a foglia palmata.

Sapeva riconoscere il ronzio degli uccelli. Tutta la sua attenzione, a dispetto della volontà, era dominata da una materia assolutamente lontana dai suoi interessi.

Ma Lelja non si vedeva. Era triste e indispettito. Al posto di Lelja arrivò un tale, con un cappello nero. Lo sconosciuto s'accomodò accanto a Šuvalov su una panchina verde. Se ne stava lì, con aria abbattuta, le pallide mani poggiate sulle ginocchia. Giovane e silenzioso. Dopo poco risultò che il giovanotto soffriva di daltonismo. Cominciarono a chiacchierare.

«La invidio» fa il giovane. «Dicono che le foglie siano verdi. Io non ho mai visto foglie verdi. E sono costretto a mangiare pere azzurre.»

«L'azzurro non è commestibile» risponde Šuvalov. «A me verrebbe il vomito se mangiassi una pera azzurra.»

«Io invece mangio pere azzurre» ribadisce sconsolato il daltonico. Šuvalov ha un sussulto.

«Mi dica» chiede «quando gli uccelli le volano intorno, non le è mai sembrato d'intravedere una città, delle linee immaginarie?...»

Il daltonico: «Non l'ho mai notato».

«Dunque lei pensa di percepire tutto il mondo nel modo giusto?»

«Tutto, tranne certi dettagli cromatici.»

Il daltonico, con il pallido viso rivolto a Šuvalov:

«Lei è innamorato?»

«Sì, innamorato» risponde sincero Šuvalov.

«Faccio solo un po' di confusione nei colori, ma per il resto, è tutto come al naturale!» continua allegro il daltonico con un gesto di concessione nei confronti del suo interlocutore.

«Eppure non sono uno scherzo le pere azzurre!» insiste sornione Šuvalov.

In lontananza appare Lelja. Šuvalov scatta in piedi. Il daltonico si alza e, avviandosi, saluta con il nero cappello.

«Non è un violinista, per caso?» gli urla dietro Šuvalov. E il giovanotto:

«Lei vede quello che non c'è!»

Irritato, Šuvalov esclama:

«Però assomiglia a un violinista!»

Mentre s'allontana il daltonico pronuncia ancora qualche parola che a Šuvalov suona come:

«Lei sta su una brutta strada...»

Lelja cammina svelta. Lui si alza per andarle incontro, fa pochi passi. I rami, coperti di foglie palmate, ondeggiano. Šuvalov è immobile in mezzo al sentiero. Frusciano i rami. Lei avanza tra le ovazioni delle fronde. Il daltonico svolta a destra, pensando: «Tempo ventoso, si direbbe» e solleva lo sguardo verso il fogliame. Le foglie si muovono proprio come si muove ogni foglia quando è scossa dal vento. Il daltonico vede ondeggiare chiome azzurre, Šuvalov, invece, vede chiome verdi. Ma sbagliava Šuvalov, pensando: «Gli alberi accolgono Lelja con un'ovazione». Il daltonico s'ingannava, ma Šuvalov s'ingannava ancora di più.

«Io vedo quello che non c'è» ripeté Šuvalov.

Lelja s'avvicina. In una mano stringe un cartoccio d'albicocche. A lui porge l'altra mano. Di punto in bianco il mondo cambia aspetto.

«Perché strizzi gli occhi?» gli chiede.

«È per gli occhiali, credo.» Lelja tira fuori un'albicocca dal cartoccio, separa le due piccole metà del frutto e getta via il nocciolo. Il nocciolo cade nell'erba. Lui si volta spaventato. Si volta e vede che nel punto in cui è caduto il nocciolo cresce un albero sottile, raggiante, uno splendido ombrello. Allora Šuvalov a Lelja:

«Stanno accadendo delle cose strane. Comincio a pensare per immagini. Non esistono più leggi per me. Fra cinque anni, qui, proprio in questo punto crescerà un albero di albicocche. È assolutamente possibile. E tutto questo avverrà in totale accordo con la scienza. Eppure, a dispetto di tutte le leggi naturali, io ho già visto quest'albero con cinque anni d'anticipo. Che assurdità. Sto diventando un idealista.»

E lei, mentre le cola dalle labbra succo d'albicocca:

«È colpa dell'amore!»

Lo aspettava seduta tra i cuscini. Il letto era accostato all'angolo. Le ghirlande della tappezzeria mandavano bagliori dorati. Si avvicinò e lei lo strinse in un abbraccio. Era così giovane ed esile che spogliata, con la sola camiciola addosso, mostrava una nudità quasi innaturale. Il primo abbraccio fu tempestoso. La mediaglietta di bambina le balza dal petto e s'impiglia nei capelli, come una mandorla d'oro. Šuvalov si china sul viso di lei che a poco a poco, come il volto di una morente, dissolve nel cuscino.

La luce è accesa.

«Spengo» fa Lelja.

Šuvalov era sdraiato accanto alla parete. L'angolo s'era fatto più vicino. Šuvalov seguiva con un dito il disegno della carta da parati. All'improvviso capì: quel piccolo frammento, nel disegno complessivo della tappezzeria, quella porzioncina di muro, accanto al quale stava per addormentarsi, celava una doppia esistenza: una diurna, assolutamente normale, senza pregi rilevanti; piccole ghirlande, niente di più, e una notturna, che si manifestava cinque minuti prima del sonno profondo. In quella repentina e incombente contiguità i dettagli dei fregi s'erano ingranditi, facendosi più nitidi, ed erano mutati. Nel sopore, più favorevole a sensazioni infantili, non protestava per quella trasfigurazione di forme ormai consuete e legittime, tanto meno per una trasfigurazione così commovente: anziché volute e anelli, vedeva davanti a sé una capra, un cuoco...

«Ed ecco la chiave di violino» dice Lelja che ormai lo ha capito.

«E il camaleonte...» balbetta lui nel dormiveglia.

Il mattino dopo si sveglia presto. Prestissimo. Si sveglia, si guarda intorno e lancia un'esclamazione. Un gemito di beatitudine gli sale dalla gola. Durante quella notte la metamorfosi del mondo, iniziata il primo giorno del loro incontro, s'era compiuta. Apriva gli occhi su una nuova terra. Il bagliore del mattino invade la stanza. Vede il davanzale e sul davanzale i vasi, e i fiori di mille colori. Lelja dorme volgendogli le spalle. Dorme tutta raccolta, la schiena curva, simile a un cerchio; sotto la pelle s'indovina il giunco flessuoso della spina dorsale.

«Una canna da pesca» pensa Šuvalov «un bambù.»

Su questa nuova terra tutto era buffo e commovente. Dalla finestra aperta entravano delle voci. La gente parlava dei vasi fioriti sul davanzale della ragazza.

Si alza, si veste, rimanendo in piedi a fatica. La forza di gravità non esisteva più. Ancora ignaro delle leggi di quel nuovo mondo, si muoveva cautamente, con circospezione, per timore di scatenare una reazione di stordimento con un gesto imprudente. La sola riflessione o la semplice percezione degli oggetti potevano diventare rischiose. E se durante la notte fosse nata in lui la capacità di materializzare il pensiero? C'erano ragioni più che buone per supporlo. I bottoni, a esempio, s'erano allacciati da soli. E non era tutto: aveva appena pensato d'inumidire la spazzola per ravviarsi i capelli, quando sentì il rumore di uno sgocciolio. Si volta. Sulla parete, sotto i riflessi dei raggi del sole, il fascio dei vestiti di Lelja risplende dei colori delle mongolfiere.

«Sono qui» risuona dal mucchio la voce del rubinetto.

Sotto il cumulo scopre un rubinetto e un lavandino. E il resto di una saponetta rosa. Il terrore che gli possa venire in mente un'idea pericolosa s'impadronisce di Šuvalov. «Nella stanza è entrata una tigre» è pronto a immaginare suo malgrado, evitando appena in tempo un simile pensiero... Tuttavia guarda terrorizzato verso la porta. E la materializzazione avviene, ma, di fronte al pensiero incompiuto, anche l'effetto della sua materializzazione risulta vago e approssimativo: dalla finestra, infatti, entra una vespa... il corpo tigrato, assetata di sangue.

«Lelja, una tigre!» comincia a urlare Šuvalov. Lelja si sveglia. La vespa s'era posata su un piatto e ronzava come un giroscopio.

Lelja balza dal letto. La vespa le vola addosso. Lelja dimena le mani per scacciarla: la vespa, assieme alla medaglietta, le svolazza intorno. Šuvalov schiaccia la medaglietta con il palmo della mano. Insieme tramano un agguato. Lelja intrappola la vespa con il suo cappellino di paglia frusciante.

Šuvalov se ne va. Si congedano in mezzo a una corrente d'aria che, in quel nuovo mondo, rivela un impeto e una sonorità fuori del comune. La corrente spalanca le porte dabbasso. Gorgheggiando come una lavandaia rovescia i fiori sul davanzale, risucchia in aria il cappello di Lelja, libera la vespa e la scaraventa nell'insalata. Drizza i capelli sulla testa di Lelja. Sibila. Solleva la camiciola di Lelja. Si lasciano e, al colmo della felicità, come se i gradini nemmeno esistessero, Šuvalov scende le scale ed esce per la strada... Proprio così, non s'era accorto dei gradini e non s'accorge neanche del porticato, della pietra; in quel momento capisce che tutto ciò non è un miraggio, ma realtà, che i piedi sono sospesi nell'aria, che sta volando.

«Vola sulle ali dell'amore» commentano dalla finestra accanto.

Prende lo slancio, la ruvida tela della casacca diventa sottile crinolina, sulle labbra si forma una febbre ed egli vola via, schioccando le dita. Arriva nel parco alle due. Fiaccato dall'amore e dalla felicità, s'addormenta su una panchina verde. Dorme. Le clavicole sporgono dalla casacca slacciata.

Lentamente, le mani dietro la schiena, il portamento austero di uno *ksiądz,*[1] con una specie di sottana addosso, un cappello nero in testa e spessi occhiali azzurri, ora abbassando ora volgendo in alto la testa, uno sconosciuto avanza lungo il viottolo.

S'avvicina e si siede accanto a Šuvalov.

«Sono Isaac Newton» dice lo sconosciuto sollevando il nero cappello. Attraverso gli occhiali rimirava il proprio mondo, azzurro come una fotografia.

«Salve» balbettò Šuvalov.

Il grande scienziato sedeva eretto, guardingo, sul chi vive. Era teso ad ascoltare, le orecchie vibravano, l'indice della mano sinistra volteggiava nell'aria come per sollecitare l'attenzione di un coro invisibile pronto, da un momento all'altro, a scatenare la melodia, al cenno di quel dito. La natura tutta era in agguato. Šuvalov si nasconde dietro la panchina. D'un tratto sposta la ghiaia con il tallone. Il celebre fisico ascoltava il silenzio grandio-

---

[1] *Ksiądz*: prete cattolico in Polonia. (*N.d.T.*)

so della natura. In lontananza, sopra la macchia verde, come in un'eclisse, si delinea una stella e l'aria diventa fredda.

«Ecco!» esclama all'improvviso Newton. «Sente?...» Senza nemmeno voltarsi, allunga il braccio, afferra Šuvalov per la falda e, alzandosi in piedi, lo tira fuori dal nascondiglio. Camminano sul prato.

Le enormi scarpe dello scienziato si posavano dolcemente lasciando bianche tracce sull'erba. Davanti a loro, voltandosi spesso indietro, correva una lucertola. Attraversano tutta la macchia che riveste gli occhiali di metallo dello scienziato con soffice peluria e coccinelle. Ma ecco che si spalanca una radura: Šuvalov riconosce l'alberello che gli era apparso il giorno prima.

«Albicocche?» domanda.

«No» ribatte irritato lo scienziato «è un melo.»

Lo scheletro del melo, il nudo scheletro della sua chioma, a guisa di gabbia, leggero ed esile come quello di una mongolfiera, traspariva dal rado manto di foglie.

Immobilità e silenzio.

«Ecco qua» dice lo scienziato chinandosi. Nel piegarsi la sua voce somiglia a un ringhio.

«Ecco qua!» Tra le mani stringe una mela. «E questo, come lo spiega?»

Era evidente che non gli capitava spesso di piegarsi: una volta dritto, infatti, si stiracchia diverse volte per dar sollievo alla spina dorsale, al vecchio bambù della colonna vertebrale. La mela era adagiata nel trespolo delle tre dita.

«E questo, come lo spiega?» ripete di nuovo, incrinando con un gorgoglio il suono della frase. «Saprebbe dirmi perché è caduta quella mela?»

Šuvalov guarda la mela, come un tempo Guglielmo Tell.

«È la forza di gravità» balbetta.

Allora, dopo una pausa, il grande fisico riprende: «E così, a quanto pare, lo studentello oggi ha volato!». Così esclama il maestro. Le sopracciglia gli sporgono al di sopra degli occhiali.

«E così, a quanto pare, il nostro giovane marxista oggi ha volato!»

Una coccinella striscia dal dito sulla mela. Newton strabuzza gli occhi. La coccinella gli sembra di un azzurro accecante. Strizza gli occhi. La coccinella si stacca dal punto più alto della mela e prende il volo con l'ausilio di un paio d'ali estratte dal dorso, come si estrae un fazzoletto dal frac.

«Dunque, a quanto sembra, lei oggi ha volato!»

Šuvalov taceva.

«Porco» dice Isaac Newton.

Šuvalov si sveglia.

«Porco» dice Lelja, in piedi accanto a lui. «Mi aspetti e intanto dormi. Sei un maiale!»

Gli toglie dalla fronte una coccinella, sorridendo per il piccolo ventre di ferro dell'insetto.

«Accidenti!» impreca lui. «Quanto ti odio. Una volta mi bastava sapere che questa era una coccinella e oltre al fatto che si trattasse di una *madonnella*, di lei non sapevo altro. Be', forse sarei anche arrivato a convincermi che il suo nome, in un certo senso, suona un po' blasfemo. Ma poi, da quando ci siamo incontrati, m'è capitato qualcosa agli occhi. Vedo pere azzurre e scambio il boleto *Satanas* per una coccinella.»

Lei voleva abbracciarlo.

«Lasciami stare! Lasciami!» comincia a urlare lui.

«Non ce la faccio più! È una vergogna!»

Fugge come un daino, continuando a urlare. Corre via sbuffando, a balzi felini, evitando la propria ombra, gli occhi stralunati. Si ferma ansante.

Lelja non c'era più. Era pronto a dimenticare tutto.

Dovevano rendergli il mondo perduto.

«Arrivederci» sospira «noi due non ci vedremo mai più.»

Si accomoda su un punto scosceso, su un crinale dal quale la vista si apre su un'immensa distesa, disseminata di dacie. Era seduto sul vertice di un prisma, le gambe ciondoloni sul pendio. Sotto di lui mulinava il parasole di un gelataio, l'intero equipaggio di un gelataio che curiosamente ricordava un villaggio negro.

Il giovane marxista, con voce rotta: «Sto vivendo in paradiso!».

E poco distante: «Lei è marxista?».

Il giovanotto dal nero cappello, il famoso daltonico, sedeva a due passi da Šuvalov.

«Sì, sono marxista» risponde Šuvalov.

«Allora lei non può vivere in paradiso.»

Il daltonico giocherellava con una piccola verga. Šuvalov sospirava.

«Che posso farci? La terra è diventata un paradiso.»

Il daltonico fischiettava. Si grattava l'orecchio con la verghetta.

«Lo sa,» prosegue Šuvalov con voce stucchevole «lo sa lei fin dove mi sono spinto? Oggi ho volato!»

Nel cielo, come un francobollo, un aquilone volava di sbieco.

«Le do una dimostrazione, se vuole... volerò da quella parte.» (Allunga un braccio.)

«No, grazie. Non voglio essere testimone del suo disonore.»

«Già, è orribile» proferisce Šuvalov dopo un breve silenzio. «Lo so che è orribile.»

«Io la invidio» prosegue.

«È mai possibile?»

«Sul mio onore. Dev'essere così bello percepire il mondo nel modo giusto e travisare solo qualche minimo dettaglio cromatico, come accade a lei. Di certo non le toccherà vivere in paradiso. E il mondo, per lei, non scomparirà mai. Ogni cosa resta al suo posto. Io invece? Provi a pensarci: un uomo sano, robusto come me, un materialista... poi, di punto in bianco, comincia a verificarsi sotto gli occhi un'infame deformazione antiscientifica delle sostanze naturali, della materia...»

«Già, è orribile» il daltonico condiscende. «E tutto questo per colpa dell'amore.»

Con improvvisa veemenza Šuvalov afferra il vicino per un braccio.

«Mi ascolti!» esclama. «Io sono pronto. Dia a me la sua iride e prenda il mio amore.»

Il daltonico scivola giù, lungo il pendio.

«Mi perdoni, ma non ho tempo. Arrivederci. Viva pure nel suo paradiso.»

Si muoveva con difficoltà lungo la discesa. Scivolando a gambe divaricate perdeva ogni sembianza umana per diventare sempre più simile all'immagine di un uomo riflessa nell'acqua. Finalmente, raggiunto il piano, prosegue esultante. Poi getta via la piccola verga e con un grido manda un bacio a Šuvalov:

«I miei rispetti a Eva!»

Ma Lelja dormiva... Un'ora dopo l'incontro con il daltonico

Šuvalov l'aveva scovata nel folto del bosco, nei recessi più profondi. No, non era un naturalista se non riusciva nemmeno a distinguere un nocciolo da un biancospino, un sambuco da una rosa selvatica. I rami, gli arbusti, incombevano da tutti i lati; procedeva come un venditore ambulante sotto il lieve peso dell'intrico dei rami che, avanzando nel cuore del bosco, si facevano sempre più fitti. Si scrolla di dosso quei piccoli cestelli che lo inondano di foglie, petali, spine, bacche e uccelli.

Lelja giaceva supina, vestita di rosa, il seno scoperto. Dormiva, e lui sentiva quasi vibrare le piccole membrane del naso, dilatato dal sonno.

Siede accanto a lei.

Le appoggia la testa sul petto, le dita sfiorano la cotonina dell'abito, il capo riverso sul seno madido di sudore, lo sguardo sul piccolo capezzolo rosa, dalle increspature morbide, come schiuma di latte.

Non s'accorgeva del fruscio, del sospiro, dello scricchiolio dei rami. Dal folto di un cespuglio s'affaccia il daltonico. L'intrico dei rami gli impedisce il passaggio.

«Mi ascolti!»

Šuvalov allora solleva il viso addolcito dalla tenerezza. «Non mi stia dietro come un cane.»

«Ascolti, mi sono convinto. Prenda la mia iride e lasci a me il suo amore...»

«Continui, continui pure a mangiare le sue pere azzurre!» gli risponde Šuvalov.

(Trad. di Cristina Di Pietro)

«Ljubov'», 1929, da *Izbrannye Sočinenija*, Mosca 1956.

Inedito.

Shen Congwen
IL MARITO

Wusong, aprile 1930

La pioggia di primavera continuò a cadere ininterrottamente per sette giorni e gonfiò il fiume.

Con il fiume in piena le barche che servivano da fumerie d'oppio o da bordelli, ormeggiate di solito presso la riva, vennero spinte ancor più vicino all'argine, tanto che fu necessario fissarle alle palafitte delle case che sporgevano sull'acqua.

Dalle finestre di una di queste case, un locale che si chiamava i Quattro Mari in Primavera, mentre bevevano tè gli avventori potevano scorgere nella nebbia l'altra riva del fiume, dove s'alzava una pagoda «fra una pioggia fumosa e dei fiori di pesco color rosso intenso». Vedevano anche le donne che sulle barche intrattenevano i clienti e accendevano loro la pipa per l'oppio.

La strada che separava la casa da tè dalle barche era breve e da un luogo all'altro correvano richiami e saluti amichevoli, ma anche insulti e invettive. Pagata la consumazione, i clienti della casa da tè spesso attraversavano dei corridoi umidi e maleodoranti e si dirigevano verso le barche. Una volta là bastava pagare da cinquanta centesimi a cinque yuan per fumare oppio a volontà o avere una donna con la quale divertirsi a proprio piacere.

Queste donne, tutte giovani provenienti dalla campagna, si occupavano con premura ed efficienza dei clienti e sapevano offrire loro quanto di meglio un uomo potesse desiderare. Poiché la loro vita si svolgeva quasi sempre e solo sulle barche, avevano il sedere grosso e la vita larga per la mancanza di movimento.

Le loro prestazioni venivano comunemente definite «servizi» e apparentemente si trattava di un lavoro come un altro, non in conflitto con i buoni princìpi né dannoso alla salute.

Così queste donne lasciavano il villaggio, la famiglia, la macina e il bufalo, salutavano il marito giovane e robusto e seguivano un conoscente o un compaesano e venivano a «servizio» in una barca. Dopo essersi dedicate per un certo tempo a questo «servizio», divenivano a poco a poco cittadine, si allontanavano sempre più dalla mentalità contadina, apprendendo uno dopo l'altro tutti i vizi di cui poi non potevano più fare a meno se volevano vivere in città e, naturalmente, finivano per rovinarsi. Ma si trattava di una rovina lenta che arrivava senza che nessuno se ne accorgesse. Nonostante questo, non mancavano mai ragazze che aspiravano a un posto di lavoro su una barca-bordello ormeggiata sulle rive del grande fiume e, una volta sistemate, mantenevano per un po' di tempo la genuinità e la naturalezza delle loro origini.

Tutto si svolgeva con facilità. Se una contadina non voleva avere subito dei figli poteva venire in città a fare questo «servizio». Le bastava mandare il guadagno di due notti all'onesto e laborioso marito rimasto in campagna a zappare la terra, perché lui potesse vivere agiatamente per un mese intero godendosi i vantaggi della situazione e senza perdere la faccia. Per questo motivo era normale che molti mariti giovani, poco dopo il matrimonio, mandassero la moglie in città a fare questo lavoro. E loro, i mariti, rimanevano in campagna a curare la famiglia, ad arare i campi e coltivare le risaie.

Quando venivano presi da grande nostalgia per la giovane moglie, oppure in occasione della Festa di Primavera o di qualche altra ricorrenza, per vederle dovevano seguire delle regole precise. Cambiavano vestito, indossavano biancheria fresca di bucato, camicie inamidate, attaccavano alla cintura la pipa che tenevano sempre tra i denti quando lavoravano, si caricavano di cesti di patate dolci e tortine di riso e si recavano in città. Fingendo di arrivare da lontano chiedevano informazioni all'imbarcadero finché non riuscivano a farsi indicare la barca sulla quale lavorava la moglie. Appena saliti toglievano le scarpe di stoffa e le mettevano sul ripiano fuori dalla cabina. Mentre consegnavano alla moglie ciò che avevano portato, la scrutavano da capo a piedi, e lei appariva totalmente diversa ai loro occhi stupiti.

Le lunghe chiome luccicanti di crema, le sopracciglia assottigliate con la pinzetta, lo spesso strato di cipria sulle guance, il vivace rossetto che tingeva le labbra, i vestiti e l'aria insolente che era tipica delle donne di città: tutto ciò doveva suscitare una grande meraviglia nel cuore dei mariti provenienti dalla campagna, e metterli anche in grande imbarazzo. Le donne capivano molto bene il motivo che trasformava il proprio marito in una specie di babbeo. Alla fine chi iniziava per primo a parlare era sempre la donna che chiedeva: «Hai ricevuto i cinque yuan che ti ho mandato?» oppure: «Ha partorito la nostra scrofa?». Naturalmente anche la voce della donna era cambiata: era diventata più disinvolta e aveva totalmente perso quell'aria timida e vergognosa che aveva quando era sposa novella in campagna.

Sentendo la donna informarsi dei soldi e dei maiali, l'uomo si rendeva conto di non aver perso il suo ruolo di marito e che la donna, ormai diventata una signora di città, non aveva dimenticato del tutto la campagna. Ripreso coraggio traeva dalla tasca la pipa e la pietra focaia per accenderla. Ma l'aspettava una nuova sorpresa: la donna gli strappava di mano la pipa e gli metteva nel palmo ruvido, grosso e carnoso, una sigaretta di marca Hademan; ma lo stupore era transitorio e il marito si metteva a fumare la sigaretta e a chiacchierare con lei...

La sera, dopo cena, continuava a fumare quelle sigarette curiose mai fumate prima. Veniva un cliente, proprietario di barca o commerciante. Di solito calzava stivali di pelle non conciata e portava una catenina d'argento luccicante attaccata al taschino del gilè. Ubriaco saliva sulla barca vacillando e, appena messo piede a prua, gridava di volere una donna per divertirsi e fare all'amore. Quella voce ambigua e al tempo stesso forte e sonora, quell'atteggiamento insolente, ricordavano al marito il capo del villaggio e gli altri signorotti che in campagna la facevano da padroni. Quindi, senza aspettare che qualcuno glielo dicesse, si nascose nella cabina di poppa. Senza quasi osare respirare, si tolse la sigaretta di bocca e incominciò a guardare distrattamente il paesaggio crepuscolare che gli stava davanti. La notte aveva trasfigurato l'immagine del fiume. C'erano luci dappertutto, sulle rive e sull'acqua. In quel momento al marito venne da pensare che i suoi veri amici erano i polli, i maiali e tutti gli altri piccoli animali che teneva in casa: erano i suoi veri parenti. Ora che si trovava vicino alla moglie sentiva la casa troppo lontana. Lo aggrediva un vago senso di solitudine. Voleva tornare a casa.

Mettersi in cammino subito? No. La distanza era almeno di quindici chilometri. Avrebbe potuto incontrare sciacalli, lupi, gatti selvatici e anche le guardie della ronda notturna. No, non era possibile ritornare a casa subito.

Se avesse avuto pazienza, la «signora»[1] lo avrebbe invitato al teatro Sanyuangong per assistere a uno spettacolo notturno, o alla casa da tè Quattro Mari in Primavera a prendere una tazza di tè profumato. E poi, visto che era arrivato in città, non poteva non vedere le luci, l'animazione delle strade e la gente che viveva lì. Perciò decise di non partire, rimase seduto nella cabina posteriore a guardare lo scenario notturno sul fiume e ad aspettare che la moglie finisse il suo lavoro. D'improvviso decise di salire a riva. Con la massima prudenza, attraversata in punta di piedi la passerella posta su un lato della barca e appoggiandosi con le mani all'arco della tenda, raggiunse la prua. Dopo essersi divertito in città, ritornò sulla barca attraverso il solito percorso cercando di non far rumore, per evitare che il cliente sdraiato sul letto nella cabina principale a fumare oppio se la prendesse con lui.

Era ora di coricarsi. In lontananza si sentiva il rintocco del gong che annunciava il primo «geng».[2] Proveniva dalla montagna di Xiliang e durava alcuni istanti. Quindi da una fessura guardò all'interno della cabina grande e si rese conto che il cliente non aveva alcuna intenzione di andarsene. Si avvolse allora in una trapunta di cotone e si rassegnò a dormire solo.

A mezzanotte ancora non dormiva, ma rimaneva in un confuso dormiveglia, il pensiero rivolto ai fatti della vita. Approfittando di un intervallo la moglie entrò nella sua cabina e gli chiese se voleva delle caramelle. Ricordava infatti molto bene la sua abitudine di tenere in bocca una caramella mentre dormiva, perciò, anche se lui protestò di avere sonno e di averne già presa una, lei gliene mise ugualmente un'altra fra i denti, poi se ne andò brontolando fra sé. Il marito, con quella caramella in bocca,

---

[1] La «signora» è la mezzana, la tenutaria della barca. (*N.d.T.*)
[2] Corrispondente alle nove di sera. (*N.d.T.*)

sapeva di dover perdonare la moglie per il tipo di lavoro che faceva, anche solo per questo gesto gentile. Cercò quindi di riaddormentarsi con l'animo rassegnato.

Di mariti così ce n'erano tanti a Huangzhuang. In questo villaggio, veramente povero, le donne erano sane e robuste e gli uomini onesti e bravi. Il raccolto non era mai abbondante e per giunta era regola generale che la maggior parte finisse nei magazzini dei padroni. I contadini, quindi, sebbene lavorassero senza sosta e sopportassero i sacrifici e le fatiche di un duro lavoro, erano costretti per ben tre mesi all'anno a sfamarsi con foglie di patate dolci e pula di riso. Era difficile tirare avanti in questo modo. Per fortuna il villaggio si trovava a soli quindici chilometri dall'imbarcadero del grande fiume. Le donne potevano così andare in città a fare quel tipo di lavoro e gli uomini capivano molto bene quali benefici potevano trarre da questa situazione. Erano comprensivi perché le donne rimanevano mogli, almeno in apparenza, i figli avrebbero portato il loro cognome, e una parte del guadagno finiva puntuale nelle loro tasche.

Le barche allineate lungo le rive erano numerose. Uno straniero che veniva da fuori difficilmente riusciva a contarle. Il vecchio «guardiano del fiume» che abitava nella zona 5, al contrario, sapeva il numero, la posizione precisa e l'aspetto esterno di ogni barca e chi ci viveva sopra. Il guardiano del fiume era cieco da un occhio. Si diceva che da giovane fosse stato coinvolto in una rissa finita con l'uccisione di un furfante, vero capoccia del fiume. L'occhio l'aveva perduto in seguito a un regolamento di conti per quell'omicidio. Tuttavia, con un solo occhio vedeva chiaramente quello che gli altri con tutt'e due non riuscivano a vedere. Controllava l'intero fiume ed esercitava un incontrastato potere su tutte le barche, un potere più grande di quello che una volta aveva un imperatore o un presidente di repubblica sulla terraferma.

Quando il fiume era in piena, il guardiano era più impegnato del solito. Si sentiva responsabilizzato al massimo e controllava la situazione su ogni barca. Poteva infatti succedere che un bambino piangesse perché aveva fame e doveva essere allattato, ma i genitori erano scesi a terra; oppure doveva intervenire per conciliare un litigio scoppiato su una barca, o assicurare un ormeggio che rischiava di sganciarsi. Quel giorno invece il guardiano doveva indagare su alcuni fatti successi a terra, ma che con tutta probabilità interessavano anche le barche. Erano avvenute di recente delle piccole rapine e le guardie affermavano di non aver trovato traccia dei colpevoli, benché avessero setacciato ogni angolo a terra. Toccava ora al guardiano del fiume fare le sue indagini sull'acqua. Gli era giunta infatti una comunicazione da quei funzionari imbroglioni del Dipartimento Affari Generali della Pubblica Sicurezza con cui gli si ordinava di collaborare con la polizia fluviale, a mezzanotte, per ricercare i colpevoli sulle barche.

La circolare arrivò prima di mezzogiorno e lui si mise subito all'opera, perché sapeva che era suo dovere ricambiare i favori che quasi ogni giorno riceveva dalle autorità sotto forma di liquori di marca e carne di ottima qualità. Raggiunse quindi la riva e incominciò a interrogare la gente delle barche, iniziando dalla prima, per sapere se qualche estraneo sospetto si trovasse tra loro.

Il guardiano del fiume, come tutti i suoi colleghi, era quasi un despota. Era al corrente di tutto quanto accadeva sul fiume. Era sempre vissuto alle spalle dei barcaioli e gestiva l'attività fluviale infischiandosene della legge e del governo locale. Era però a sua volta sfruttato dai funzionari del posto. Ma col passare degli anni, come ogni cosa a questo mondo, anche lui era cambiato: ricco, sposato, leggermente alcolizzato, circondato dai figli e dagli agi della vita familiare, si era trasformato in un uomo pacifico e onesto. Professionalmente collaborava con il governo, umanamente era più vicino alla gente del fiume per la quale rappresentava, in un certo senso, un esempio. Era rispettato non meno dei funzionari pubblici, ma non suscitava paura o avversione. Era «padrino» di molte prostitute che vivevano sulle barche e, per via di questi intricati rapporti e intrallazzi, era sempre dalla parte dei barcaioli.

Per iniziare la sua indagine saltò da un piccolo pontile sulla prua di una «barca floreale»,[1] riverniciata di fresco, ormeggiata sotto la bottega pensile che vendeva fiori di loto. Riconobbe subito la barca, ben sapendo di chi era. Appena salito a bordo chiamò: «Settimogenita!».

---

[1] Così venivano chiamate le barche delle prostitute. (*N.d.T.*)

Nessuno rispose, né la giovane donna né la vecchia mezzana. Pensando che ci fosse un cliente in cabina, occupatissimo a spassarsela in pieno giorno con la Settimogenita, si decise ad aspettare in piedi a prua, guardando lontano.

Dopo un po' chiamò ancora; chiamò anche la «signora» e Wu Duo. Quest'ultima era una ragazzina che viveva sulla barca. Aveva dodici anni, era molto magra e aveva la voce stridula. Di solito rimaneva a guardia della barca quando gli adulti scendevano a terra. Suo compito era quello di fare la spesa e cucinare. Veniva spesso picchiata e piangeva per un nonnulla, ma poi, con gli occhi ancora bagnati di lacrime, si metteva subito a canticchiare spensierata. Il guardiano chiamò di nuovo Wu Duo senza ancora ottenere risposta. Eppure gli era sembrato di sentire un rumore provenire da sotto, quasi un respiro umano. Ciò significava che non tutte erano scese a terra. Si chinò e gettò un'occhiata nella cabina immersa nell'oscurità e chiese:

«Chi è là?»

Nessuna risposta.

Un po' arrabbiato gridò di nuovo:

«Chi sei?»

Una voce maschile sconosciuta, debole e timida, rispose da dentro:

«Sono io.»

Poi aggiunse:

«Sono scese tutte a terra.»

«Proprio tutte?»

«Tutte. Loro...»

Forse perché riteneva insufficienti le sue risposte e aveva paura che il guardiano s'arrabbiasse con lui, il giovane sentì di dover fare qualcosa. Uscì dall'oscurità e apparve all'ingresso della cabina appoggiando le mani sull'arco della tenda e guardando il guardiano con occhi imbarazzati.

Vide dapprima un paio di stivali di pelle di porco, robusti, che sembravano verniciati con olio di cachi. Alzando lo sguardo vide un gilè morbido di camoscio marrone, poi più su due braccia incrociate, pelose, con le vene bluastre in rilievo. A un dito della mano luccicava un enorme anello d'oro zecchino. Finalmente osò guardare la faccia: era quadrata con la pelle bucherellata come la scorza di un mandarino. Il giovane capì subito che si trattava di una persona importante e, cercando di usare un linguaggio cittadino, gli disse:

«Signore, entri per favore, s'accomodi. Torneranno da un momento all'altro.»

Dal tono di voce e dal taglio dei vestiti che indossava, il guardiano capì subito che si trattava di un contadino appena arrivato dalla campagna. E se poco prima, non avendo trovato le donne, aveva avuto l'intenzione di andarsene, improvvisamente si incuriosì e decise di rimanere.

«Da dove vieni?» gli chiese. Per non metterlo in imbarazzo lo guardava con aria bonaria, come un padre guarda un figlio.

«Non ti conosco.»

Dopo aver riflettuto un attimo e rendendosi conto che nemmeno lui conosceva l'interlocutore, il giovane si limitò a dire:

«Sono arrivato ieri.»

«Il frumento ha incominciato a germogliare?»

«Il frumento? Eh, i nostri campi di grano vicino al mulino ad acqua. Eh, i nostri maiali. Eh, la nostra...»

A un tratto sembrò accorgersi che non stava rispondendo in modo giusto alla domanda e che a un importante uomo di città non doveva dire «noi», né «il mulino ad acqua», né «i maiali». E una volta accortosi dell'errore, non riuscì a continuare il discorso.

Non parlava più e si limitava a guardare timidamente il guardiano, abbozzando un sorriso. Avrebbe voluto essere capito, perdonato – era un uomo perbene – e non aveva fatto apposta a tergiversare nel rispondere.

Il guardiano lo capì benissimo. Dal dialogo comprese anche che il giovane era parente di qualcuno della barca, e gli chiese:

«La Settimogenita dov'è andata? Quando ritorna?»

Il giovane si dimostrò molto prudente nelle risposte. Continuò a ripetere di essere arrivato «ieri sera». Solo alla fine spiegò che la Settimogenita era scesa a terra con la «signora» e Wu Duo. Erano andate al tempio a bruciare bastoncini d'incenso e gli avevano detto di rimanere di guardia alla barca.

Di regola chi era di guardia su una barca doveva dichiarare la propria identità e quindi il giovane disse al guardiano che lui era «l'uomo» della Settimogenita.

Fu così che il guardiano, che la Settimogenita chiamava

«padrino», conobbe il marito della sua figlioccia e senza farsi pregare entrò con lui nella cabina.

C'era un piccolo letto con sopra alcune coperte di broccato e di stoffa rossa stampata a motivi floreali accuratamente piegate. L'ospite seguì la regola e si sedette sull'orlo del letto. La luce, che entrava dalla cabina attraverso l'ingresso, illuminava tutto l'ambiente ma, guardando dall'esterno, si aveva la sensazione che dentro regnasse il buio assoluto.

Il giovane cercò sigarette e fiammiferi da offrire all'ospite, ma, impacciato com'era, rovesciò una piccola giara piena di castagne che si sparpagliarono dappertutto, ricoprendo il pavimento di palline nere e luccicanti. Si mise subito a raccoglierle e a rimetterle a posto, e intanto si domandava se dovesse offrire all'ospite qualcosa da mangiare. Ma il guardiano, senza fare tanti complimenti, aveva già raccolto una castagna, l'aveva rotta con i denti e se la mangiava con gusto, trovandola stagionata al punto giusto.

«È molto buona. A te non piacciono?» disse al giovane quando vide che esitava a sgusciarne una e a mangiarla.

«Mi piacciono sì. Sono castagne raccolte dall'albero che cresce dietro la mia casa. L'anno scorso abbiamo avuto un raccolto abbondante. Uscivano sane dal riccio che si apriva spontaneamente cadendo. Mi piacciono sì.»

L'uomo sorrise. Parlava volentieri di questo, con lo stesso piacere col quale avrebbe parlato di suo figlio.

«Non è facile trovare castagne così grosse.»

«Le ho scelte io, una per una.»

«Sei stato tu a sceglierle, dunque?»

«Certo. Poi le ho messe da parte perché piacciono molto alla Settimogenita.»

«Lassù, da voi, ci sono castagne di scimmia?»

«Castagne di scimmia? Cosa sono?»

E il guardiano raccontò al giovane questa storia:

«C'era una volta una scimmia che viveva sul fianco di una grande montagna. Se veniva molestata, lanciava addosso alla gente delle castagne grosse come il pugno di una mano. Per avere queste castagne straordinarie, le persone venivano apposta ai piedi della grande montagna e incominciavano a insultare la scimmia, pronte poi a raccoglierle.»

Il giovane, che all'inizio non aveva saputo cosa dire, grazie alle castagne trovò un argomento di conversazione e arrivò a considerare il guardiano un uomo simpatico. Sapeva molte cose sulla campagna e raccontò tutte le notizie appena pubblicate sulla rivista «Valle delle Castagne». Disse che l'aratro costruito con il legno di castagno era particolarmente pratico e robusto. Aveva un gran bisogno di parlare di cose che riguardavano la vita quotidiana. La notte precedente sua moglie l'aveva passata con quel cliente che fumava oppio e beveva. Lui si era chiuso nella cabina posteriore e avrebbe voluto chiacchierare almeno con Wu Duo, ma lei dormiva sodo come un sasso. La mattina aveva sperato di poter parlare con la moglie delle cose di casa, ma lei gli aveva detto di dover scendere a terra per andare a Qiliqiao per bruciare bastoncini d'incenso, e lo aveva pregato di rimanere sulla barca di guardia. Aveva aspettato più di mezza giornata. Era andato a poppa a vedere lo scenario del fiume che cambiava sempre, ma che lo lasciava comunque annoiato. Poco prima, mentre era disteso in cabina, aveva pensato che se il fiume del villaggio fosse stato così ricco di acqua, chissà quante carpe sarebbero saltate sulla diga di sbarramento! E lui avrebbe potuto prendere tanti pesci, unirli per le branchie con un ramoscello di salice e metterli a essiccare al sole. Proprio mentre si sforzava con la fantasia di contare quanti pesci avrebbe potuto prendere, aveva visto arrivare il guardiano sulla barca e gli era sembrato che tutti i pesci si fossero ributtati in acqua.

Osservandolo, si era fatto l'idea che l'uomo non si sarebbe rifiutato di parlare di queste cose e gli sembrò che fosse arrivata per lui l'occasione di dire a un altro quello che avrebbe desiderato raccontare alla moglie, sdraiato vicino a lei.

Raccontò al guardiano molte delle cose successe al villaggio: che il maialino era molto vivace, ma che in fin dei conti era un «cucciolo obbediente». Gli parlò della macina recentemente rimessa in ordine dal tagliapietra. E ricordò un aneddoto che lo riguardava. Accennò infatti a un falcetto che aveva perso tempo prima, così bello che il guardiano neanche poteva immaginarsi. Disse:

«Pensa che cosa strana. Te lo giuro, l'ho cercato in ogni angolo, sotto il nostro letto, sopra gli infissi delle porte, nel granaio, non c'è posto dove io non abbia guardato. Evidentemente si era nascosto molto bene, come un bimbo che gioca a nascondino, ed era sparito senza lasciare traccia. Me la sono presa con la Settimogenita e l'ho fatta persino piangere, ma non sono riuscito a trovarlo. Come se avessi gli occhi velati dalla polvere sollevata da un diavolo che sta trivellando una roccia. Ma sai dove si era nascosto? In un contenitore per il riso cotto che era stato messo su una trave! Era rimasto nascosto lì per ben sei mesi! Era tanto arrugginito da assomigliare alla pelle umana quando è piena di verruche. Era ben stato cattivo e furbo! Quando ti dico tutto questo, tu mi capisci? Com'è che se n'era rimasto nascosto nel contenitore per tutto quel tempo? È un contenitore che si usa per bellezza e viene appeso al lucernario. Poi mi sono ricordato: una volta, mentre stavo preparando un cuneo di legno, mi ero ferito di striscio a una mano ed era uscito un po' di sangue, mi ero arrabbiato e l'avevo gettato in aria... Dopo averlo ritrovato l'ho affilato e ripulito ben bene. Di nuovo faceva il suo lavoro in modo perfetto, ma occorre fare attenzione perché basta distrarsi un attimo e ti puoi ferire. Non ho ancora detto alla Settimogenita che l'ho ritrovato; mi ricordo ancora quanto ha pianto quella volta. Ma ora l'ho ritrovato. Ah, finalmente l'ho ritrovato.»

«È stata una bella cosa averlo ritrovato.»

«Giusto, è stato proprio bello, perché avevo sempre avuto il dubbio che fosse stata la Settimogenita a farlo cadere nel fiume e che non avesse poi avuto il coraggio di confessarmelo. Adesso ho capito che non mi ha detto delle bugie. Ho capito. Mi sono reso conto di averla accusata a torto. Le avevo detto: "Non riesci a ritrovarlo? Allora ti picchio!". Naturalmente non l'avevo picchiata, ma aveva un'aria terrorizzata quando me l'ero presa con lei. Aveva pianto quasi tutta la notte!»

«Lo usi per tagliare l'erba?»

«Eh no. Mi serve per fare altre cose. È un falcetto piccolo piccolo, minuscolo quasi. Come ti viene in mente che mi serva per tagliare l'erba? Lo uso per sbucciare le patate dolci, per fare un flauto di bambù e altre cose del genere. È molto piccolo ma costa trecento monete. È di acciaio di ottima qualità, perfetto. Noi uomini dobbiamo sempre portare con noi un falcetto così, non ti pare?»

Il guardiano disse:

«Mi pare, mi pare. Dobbiamo averne sempre uno. Ti capisco.»

Il giovane pensò che il guardiano era proprio un uomo comprensivo e perciò continuò a parlare. Parlò di tutto. Gli confidò anche la speranza di avere un figlio l'anno prossimo. Gli disse cioè quelle cose che avrebbe potuto dire solo alla moglie, steso accanto a lei la notte. Il suo discorso divenne sempre più aperto e anche il suo linguaggio si fece più spontaneo, inframmezzato a volte da parolacce. Dopo un po' il guardiano si alzò e si dispose per andarsene. Solo allora il giovane si ricordò di dovergli chiedere il nome.

«Signore, lei come si chiama? Lasci un messaggio, così che io possa riferire.»

«Non c'è bisogno. Non c'è bisogno. Di' solo che è stato qui un uomo alto e robusto, con un paio di stivali come i miei. E di' alla Settimogenita di non ricevere clienti stasera perché io ritornerò.»

«Che non riceva clienti? Che ritornerà lei, signore?»

«Sì. Dille tutto questo. Verrò senz'altro e ti inviterò a bere. Siamo amici ormai, no?»

«Ha ragione. Siamo amici.»

Con la mano grossa e carnosa il guardiano batté sulla spalla del giovane. Saltò dalla prua sulla riva e da lì salì a bordo di un'altra barca.

Dopo che se ne fu andato, il giovane continuò a pensare a chi potesse essere quell'omone. Era la prima volta che lui parlava con un personaggio così importante. Non l'avrebbe mai dimenticato. Non solo questo signore aveva accettato di parlare con lui, ma lo aveva chiamato amico e gli aveva promesso di invitarlo a bere! Era convinto che si trattasse di un vecchio cliente della Settimogenita e chissà quanti soldi le aveva già dato. Si sentì a un tratto molto contento. Gli venne voglia di cantare e intonò una canzone di montagna, cantandola come facevano gli abitanti di Sixi. La canzone diceva:

> Il fiume è in piena e carpe
> grandi e piccole saltano sulla diga.
> Le grandi sono simili a grossi sandali di paglia
> e le piccole a minuscoli sandali di paglia.

Rimase ancora un po' in attesa ma non vide rientrare né la Settimogenita né le altre. Allora cominciò a pensare alle belle parole che aveva detto l'omone. Si ricordò dei suoi stivali luccicanti, indubbiamente verniciati con olio di cachi di montagna, altrimenti non sarebbero stati così belli ed eleganti. Si ricordò dell'anello d'oro che aveva al dito e che doveva essere molto pesante. Chissà quanto doveva costare, ma non gli era chiaro perché gli sembrasse così prezioso. Si ricordò del modo che quell'uomo aveva di chinare di tanto in tanto la testa, delle sue parole e della sua aria tipiche di un messo imperiale o di un governatore di provincia: era l'incarnazione del Dio della Ricchezza a cui piaceva la Settimogenita! Intonò un'altra canzone di montagna, questa volta però la cantò come facevano gli abitanti di Yangcun, in modo cioè più brillante. Le parole erano:

Il maresciallo brucia carbone nella valle
l'agente cerca nella cenere ai piedi della montagna:
chi cerca nella cenere trova una grande patata dolce
chi brucia carbone ha la faccia annerita.

Verso mezzogiorno su ogni barca c'era qualcuno che cucinava. Poiché la legna era umida, il fumo si spargeva dappertutto facendo starnutire la gente e lacrimare gli occhi. Un sottile strato di fumo simile a un velo di seta fine copriva tutta la superficie dell'acqua. Si sentiva il rumore che faceva il fuoco del ristorante sul lungofiume mentre batteva l'olio di un tegame con un arnese da cucina. Si sentiva l'odore dei cavoli che venivano cotti nella pentola della barca vicina, ma non si vedeva la Settimogenita tornare. Il giovane cercò di accendere la legna umida, ma non sapeva farlo e il focolare rimase freddo e silenzioso. Dopo aver tentato ancora senza risultato, ci rinunciò.

Era ora di pranzo e lui non aveva niente da mangiare. Preso dalla fame si sedette su uno sgabello e cominciò a battere col piede sulle tavole della cabina. Cercò di concentrarsi. Gli venne in mente un pensiero strano. Si rivide davanti il gilè vistoso con le tasche piene di denaro e questa visione gli tolse la pace. Continuò a rivedere la faccia quadrata, color scorza di mandarino, atticciata, e a un tratto gli parve estremamente disgustosa. Ma perché gli tornava alla mente tutto questo? Si ricordò le parole che l'uomo grosso gli aveva detto, a lui, il marito: «Che stasera non riceva nessun cliente, perché io ritornerò». Maledette parole uscite da quella boccaccia insolente, che mangiava patate dolci! Perché aveva detto questo, con quale diritto?...

Questi pensieri gli facevano salire la rabbia. La fame tormentava il suo cuore già indignato. Impulsi irrazionali, degni di un uomo delle caverne, gli accendevano l'anima senza dargli tregua.

Non riuscì più a cantare. Dalla gola chiusa per la gelosia non uscirono canzoni. Non si sentì contento, assolutamente. Ritornò a essere un contadino con la sua tipica mentalità: decise di tornare a casa il giorno dopo.

Arrabbiato com'era, non riprovò neppure ad accendere il fuoco. Anzi gettò tutta la legna nel fiume.

«Che ti venga un fulmine, maledetta legna. Va', va' nel mare, nell'oceano!»

La legna da lui buttata fu raccolta da un'altra barca ormeggiata poco più in là. Sembrò che avessero già tutto previsto e stessero aspettando proprio un po' di legna da raccogliere nel fiume. Accesero un pezzo di corda e in un attimo si levò un gran fumo, comunque il fuoco era pronto per cucinare e scoppiettava allegramente. Vedendo ciò, una nuova ondata di rabbia, mista a un certo senso di vergogna, prese il giovane. Decise di partire senza più aspettare che loro ritornassero.

Era già arrivato in fondo a una strada quando si imbatté nella moglie che camminava chiacchierando e ridendo con Wu Duo. Si tenevano per mano. Nell'altra mano Wu Duo portava un violino a due corde, nuovo. Gli sembrò di sognare.

«Dove vai?»

«Voglio... voglio tornare a casa.»

«Ti avevo detto di rimanere di guardia alla barca. Non mi dai retta e vuoi tornare a casa. Con chi ce l'hai? Qualcuno ti ha fatto del male?»

«Voglio tornare a casa. Per piacere lasciami andare.»

«Torna subito sulla barca!»

Guardò la moglie: non gli aveva mai parlato con tanta durezza. Guardò il violino. Capì che l'aveva comprato proprio per lui. Non riuscì a insistere. Toccandosi la fronte quasi febbricitante, disse con un filo di voce:

«Va bene, torno sulla barca. Va bene.»

Seguì la moglie e salì sulla barca.

Li raggiunse la «signora». Aveva corso per tutta la strada con in mano un polmone di maiale. Sembrava l'avesse rubato e avesse paura di essere acchiappata dagli agenti e portata in tribunale. Quando salì a bordo della barca, aveva le guance arrossate e il fiato grosso. Appena la vide, la Settimogenita le gridò dall'interno della cabina:

«Signora, guarda un po', il mio uomo vuol partire!»

«Com'è possibile! Vuole andarsene senza vedere nemmeno uno spettacolo!»

«L'abbiamo incontrato all'incrocio. Era molto arrabbiato. Ce l'aveva con noi perché non siamo ritornate prima.»

«Su, dai, è colpa mia, è colpa del Budda, del macellaio. Non dovevo litigare tanto con il macellaio per la differenza di un soldo. Ma il macellaio non doveva iniettare tanta acqua nei polmoni del maiale.»

«No, è colpa mia.»

Dopo aver detto questo, la moglie, che era in cabina vicino al marito, si mise a sedere di fronte a lui. Si tolse la camicetta e mostrò di proposito un provocantissimo reggiseno di seta rossa sul quale erano ricamate «due anitre mandarine che si corteggiano nell'acqua».[1]

L'uomo taceva limitandosi a guardarla. Qualcosa gli rimescolava il sangue nelle vene. Non capiva di che cosa si trattasse.

Sentì che la «signora» e Wu Duo parlavano a poppa.

«Come mai? Chi ha rubato la legna?»

«Chi ha lavato il riso?»

«Forse non è riuscito ad accendere il fuoco... È un contadino. Sa solo accendere i ramoscelli di pino con la resina.»

«Abbiamo aperto una fascina ieri. Non è così?»

«Forse l'abbiamo finita.»

«Va' a prendere un'altra fascina a prua. Senza tante storie.»

«Sa solo lavare il riso!» disse Wu Duo ridendo.

Pur ascoltandole, il giovane continuò a tacere. Rimase seduto in cabina fissando il violino appena comprato.

---

[1] Specie di uccelli acquatici, maschio e femmina, simbolo di fedeltà coniugale. (*N.d.T.*)

La donna disse:

«Le corde sono già a posto. Prova a suonarlo.»

Dapprima non rispose. Poi si mise il violino sulle ginocchia e incominciò a esaminare la superficie spalmata di resina. Prese ad accordare le due corde. Delle note insolite uscirono dalle sue dita e soddisfatto abbozzò un sorriso.

Poco dopo la barca fu inondata di fumo. La moglie lo consigliò di uscire dalla cabina e di continuare ad accordare il violino in piedi a prua.

All'ora di pranzo Wu Duo gli disse:

«Amico, fra un po' se tu suoni il violino io canto la canzone *Meng Jiangnu piange ai piedi della Grande Muraglia*.»

«Non so suonare!»

«Ho sentito dire che suoni molto bene. Non dire bugie.»

«Non ti ho detto una bugia.»

La «signora» intervenne:

«La Settimogenita mi ha detto che tu suoni molto bene. Perciò quando ha visto questo violino nel tempio mi sono subito ricordata di te e ho detto: compriamolo e portiamolo a lui. Siamo state fortunate, l'abbiamo comprato con pochi soldi. In campagna sarebbe costato di più di uno yuan, vero?»

«È vero. E voi quanto lo avete pagato?»

«Sedici centesimi. Tutti dicono che abbiamo fatto un ottimo affare!»

Wu Duo la interruppe:

«Chi ha detto che abbiamo fatto un ottimo affare?»

La «signora» molto arrabbiata fu pronta a ribattere:

«Figlia di una scrofa, chi ha detto che non vale? Che cosa ne sai tu? Ti strappo la lingua.»

Wu Duo gliela mostrò in segno di scusa per non aver saputo mantenere il segreto.

La verità è che il violino era un regalo di un loro conoscente, un venditore di violini. Non avevano speso un soldo. Per questo Wu Duo, sentendo la bugia della «signora», si era affrettata a smentirla. Mentre la «signora» se la prendeva ancora con Wu Duo, la Settimogenita si mise a ridere. L'uomo credette che stesse ridendo per l'ingenuità della «signora», perciò si mise a ridere anche lui.

Poi ingoiò in fretta e furia la sua scodella di riso e si mise a suonare. Dato che era nuovo, il violino emetteva delle note nitide, piacevoli. Wu Duo, pazza di gioia, mise da parte la ciotola e i bastoncini e si mise a cantare. Soltanto dopo una sonora bacchettata sferratale dalla «signora» Wu Duo smise di cantare e riprese a mangiare. Poi sparecchiò e lavò le ciotole.

Venne la sera. Avevano improvvisato una specie di fondale nella cabina di prua. L'uomo suonava il violino. Wu Duo cantava. Cantava anche la Settimogenita. La cabina era immersa nella luce proveniente da una lampada a kerosene della Standard Oil Co. con un paralume di carta rossa. Per via della luce, si aveva l'impressione di essere a una festa di Capodanno o a un matrimonio. In quell'atmosfera gaia, il giovane si sentì anche lui allegro. Purtroppo, poco dopo, alcuni soldati ubriachi fradici, passando per il lungofiume, sentirono la musica.

Due di loro, completamente brilli, si avvicinarono barcollando alla barca e, con le mani sporche di fango appoggiate al bordo, emisero suoni confusi come se avessero in bocca una noce.

«Ehi, tu che canti, chi sei? Come ti chiami? Se riesci a cantare bene ti regaliamo cinquecento soldi. Hai sentito? Ehi, cantante, ti regaliamo cinquecento soldi!»

La musica in cabina cessò all'improvviso. Seguì un silenzio assoluto.

I due ubriachi iniziarono a prendere a calci la barca con colpi pesanti, sinistri: bum, bum, bum. Cercarono di buttar giù la tenda, ma non riuscirono a trovare i pezzi di giuntura. Allora uno dei due ricominciò a urlare:

«Non vuoi soldi? Figlia di puttana! Canaglia! Fai finta di non sentire? Fingi di essere muta? Chi si permette di divertirsi qui? Forse che ho paura di qualcuno io? Non ho paura nemmeno dell'imperatore. Compari, non sarei un vero uomo se avessi paura dell'imperatore! Il nostro comandante d'armata e il nostro comandante di divisione sono tutt'e due figli di puttana! Sono uova di tartaruga! Sono uova marce, uova nere, uova di gallina andate a male! Non ne ho paura, assolutamente.»

L'altro con la voce rauca gli fece coro:

«Puttana, vieni fuori e portami a bordo!»

Seguirono alcune sassate contro la tenda e una serie di invettive. Sulla barca tutti si erano spaventati. La «signora» si affrettò a ridurre la fiamma della lampada a kerosene e uscì a spostare la tenda. Il giovane, dopo aver sentito la voce minacciosa, si nascose con il suo violino nella cabina posteriore. Un attimo dopo i due ubriachi entrarono nella cabina di prua continuando a bestemmiare e cercando di baciare la Settimogenita, la «signora» e Wu Duo. Di nuovo la voce rauca gridò:

«Chi è la cantante? Chi è che si diverte qui? Portatemi il suonatore di violino. Voglio sentire un'altra canzone.»

La «signora» non osò aprire bocca. La Settimogenita non seppe cosa fare. I due ubriachi continuarono a bestemmiare. Uno di loro riprese a dire:

«Puttana, porta il cornuto fuori. Che suoni per me. Gli do mille soldi! Non sarebbe così generoso nemmeno il più grande eroe di questo mondo! Gli regalo mille soldi, più mille patate dolci. Ma venga fuori subito, altrimenti brucerò la vostra barca! Hai sentito, vecchia puttana? Dai, forza, non farci arrabbiare. Il fuoco non distingue i buoni dai cattivi!»

«Signori, noi siamo una famiglia, ci siamo riuniti per divertirci. Non c'è nessun estraneo...»

«No, no, no! Vecchia puttana, tu non susciti appetiti. Sei troppo vecchia. Sei come un mandarino con la scorza piena di rughe! Va' subito e porta fuori il suonatore! Bastardo! Io voglio suonare! Voglio anche cantare!»

Così dicendo si alzò e si diresse verso la cabina posteriore in cerca del suonatore. La «signora», spaventata, rimase a bocca aperta. Nella confusione la Settimogenita pensò a uno stratagemma e, acchiappata una mano dell'ubriaco, se la mise sul seno prosperoso. L'ubriaco capì il significato del gesto. Si sedette tranquillo:

«Bene, ottimo. Sono in grado di pagare. Stasera dormo qui!... Il re ubriaco dorme nel palazzo del Fiore di Pesco, accarezzato da una vera bellezza...»

Si sdraiò subito al fianco sinistro della Settimogenita. L'altro soldato, senza proferire parola, si coricò a sua volta sul lato destro.

Dato che dalla cabina di prua non proveniva più nessun rumore, il giovane chiamò a bassa voce la «signora» che si trovava fuori e che gli venne incontro a tentoni; si sentiva ancora un po' umiliata. Il giovane le chiese:

«Cos'è successo?» Non si era reso conto di cosa stesse accadendo sulla barca.

«Sono due soldati del battaglione di stanza nella zona. Sono ubriachi fradici come gatti. Se ne andranno tra poco.»

«Occorre mandarli via assolutamente. Perché ho dimenticato di dirvi che è stato qui oggi un uomo dalla faccia grossa e quadrata. Pare sia un funzionario molto importante. Mi ha detto che sarebbe tornato stasera e che non dovevate ricevere nessun cliente.»

«È uno che porta gli stivali di pelle e che ha una voce forte, simile al suono di un gong?»

«Esatto, proprio lui. Porta al dito un grande anello d'oro.»

«È il padrino della Settimogenita. È stato qui stamattina?»

«Sì, esatto. E se n'è andato dopo aver parlato un po' e mangiato qualche castagna secca.»

«Cosa ha detto?»

«Ha detto che verrà senz'altro, che non vuole assolutamente trovare clienti sulla barca... Ha detto anche che mi inviterà a bere qualche bicchiere.»

La «signora» pensò: «Cosa verrà a fare? Vorrà pernottare qui? Forse gli uomini di una certa età s'interessano alle loro coetanee e forse il guardiano ha adocchiato...». Non riuscì a trovare una spiegazione convincente. Una mezzana come lei, abituata a fare le cose più brutte, non arrossiva mai; però, quando aveva sentito quel commento sul proprio conto: «Tu non susciti appetiti», aveva provato un senso di umiliazione. Ritornò a passi felpati nella cabina di prua. Vide cose indicibili. Storse la bocca e bestemmiò:

«Due cani e una scrofa.»

Ritornò nella cabina di poppa.

«Com'è la situazione?»

«Niente.»

«Cosa vuol dire "niente"? Se ne sono andati?»

«No, si sono addormentati.»

«Addormentati?»

Benché non riuscisse a scorgere l'espressione del volto del giovane, la signora capì cosa significava il suo tono di voce. Perciò gli propose:

«Compare, dato che vieni di rado in città, andiamo a terra a divertirci un po'. Stasera c'è uno spettacolo notturno a Sanyuan-gong. Ti offro un biglietto di loggione. Lo spettacolo è: *Qiu Hu fa tre scherzi alla moglie.*»

Invece di rispondere, il giovane scosse la testa.

Dopo essersi sollazzati un po', i due soldati lasciarono la barca. Nella cabina di prua, alla luce di una lampada, Wu Duo, la «signora» e la Settimogenita chiacchieravano e ridevano parlando del comportamento dei due soldati ubriachi. Il giovane rimase nella sua cabina. La signora lo chiamò due volte, avvicinandosi alla porta, senza ottenere risposta. «Chissà perché si è arrabbiato» pensò. Ritornata al suo posto cominciò a esaminare i motivi floreali stampati su quattro banconote. Aveva imparato a riconoscere quelle vere da quelle false. Quelle erano vere. Alla luce della lampada mostrò alla Settimogenita come distinguerle. Avvicinò le banconote al naso e le annusò. Disse che senz'altro facevano parte di un resto che i soldati avevano avuto in un ristorante musulmano dove servivano solo piatti di manzo, perché ne conservavano l'odore.

Wu Duo andò a chiamare il giovane:

«Compare, compare, se ne sono andati. Continuiamo quella canzone. Dobbiamo ancora...»

La Settimogenita la fermò. Forse aveva capito qualcosa. Disse a Wu Duo di stare zitta.

Regnava un silenzio assoluto. Sempre rimanendo nella sua cabina, il giovane prima aveva pizzicato un po' le corde del violino, traendone delle note brevi, bassissime; adesso non si sentiva più niente.

Poi alle orecchie dei quattro giunse il rumore di gong, di tamburi e di *suona*[1] provenienti dal lungofiume. In un locale si celebrava un matrimonio. Era stato organizzato uno spettacolo e quelli pensavano di divertirsi tutta la notte.

Passò qualche tempo. La Settimogenita, da sola, senza far rumore, entrò nella cabina di poppa. Ma ritornò poco dopo.

La «signora» le chiese:

«Cosa è successo?»

La Settimogenita scosse la testa, con un sospiro.

---

[1] Strumento a fiato della tradizione cinese. (*N.d.T.*)

Pensando che il guardiano non sarebbe venuto, tutti si coricarono: la «signora», la Settimogenita e Wu Duo nella cabina a prua, il giovane in quella di poppa.

Verso mezzanotte il guardiano salì a bordo della barca seguito da una squadra di guardie fluviali. All'intorno si fece silenzio. Quattro poliziotti armati di tutto punto rimasero a prua. Il guardiano e il commissario con una lampada tascabile in mano entrarono nella cabina anteriore. Nel frattempo la «signora» aveva già acceso la lampada a kerosene. Ormai era esperta di queste cose e sapeva che non c'era motivo di preoccuparsi. La Settimogenita, buttatasi una giacca sulle spalle, si alzò a sedere sul letto e chiamò:

«Padrino?»

E subito dopo:

«Signor commissario?»

Disse a Wu Duo di preparare del tè. La ragazzina stava ancora sognando ch'era marzo e di raccogliere lamponi in campagna!

Svegliato dalla «signora» e portato fuori, il giovane cadde in preda al panico vedendo il guardiano e un importante ufficiale in uniforme nera. Non riuscì a proferire parola e non capiva cosa fosse accaduto di grave. Con aria molto prepotente il commissario chiese:

«Chi è costui?»

Fu il guardiano a rispondere:

«L'uomo della Settimogenita. È appena arrivato dalla campagna a trovare la moglie.»

La Settimogenita precisò:

«Signor commissario, è arrivato ieri.»

Il commissario gettò prima uno sguardo al giovane, poi spostò gli occhi sulla donna. Forse si convinse che il guardiano non aveva mentito. Perciò non fece più domande ma controllò qui e là nella cabina di prua. Quando il guardiano notò che l'attenzione del commissario si era rivolta alla piccola giara piena di castagne secche, ne prese subito una grossa manciata e la mise nella tasca dell'elegante uniforme del funzionario, che gli sorrise e non disse nulla.

Poco dopo la squadra si spostò su un'altra barca. Mentre la «signora» stava per abbassare la tenda, un poliziotto ritornò con un messaggio:

«Signora, signora, di' alla Settimogenita che il commissario tornerà per fare un controllo più dettagliato su di lei. Hai capito?»

La «signora» gli chiese:

«Viene subito?»

«Dopo aver compiuto la ronda notturna.»

«Non mi prendi in giro?»

«Quando mai ti ho detto bugie, vecchia puttana?»

La «signora» si mostrò molto contenta. Ciò stupì il giovane: non capiva perché il commissario dovesse tornare a fare un controllo più dettagliato sulla Settimogenita. Tuttavia, vedendo la moglie distesa sul letto, non si arrabbiò più per quanto era successo nella prima parte della notte. Volle fare pace con lei, parlare con lei in intimità, discutere un po' su tutto. Si sedette sull'orlo del letto e rimase lì immobile.

Forse la «signora» aveva capito l'intenzione del giovane e il suo desiderio. Si era resa conto che lui non poteva comprendere certe cose, perciò avvertì la Settimogenita:

«Fra poco ritornerà il commissario!»

La Settimogenita, mordendosi le labbra, tacque e rimase lì sul letto per un bel pezzo, perplessa.

Il giovane si alzò all'alba e voleva partire. Era taciturno e non aveva voglia di parlare. Sistemò i sandali di paglia ai piedi, ritrovò la pipa. Tutto fu pronto. Tornò a sedere sull'orlo del letto basso. Desiderava dire qualcosa, ma non riusciva ad aprire bocca.

La Settimogenita gli chiese:

«Non hai forse promesso al padrino ieri sera di andare da lui a pranzo a mezzogiorno?»

Il giovane non le rispose e scosse la testa.

«Ha preparato da mangiare solo per te. Resterà male.»

«...»

«Non vuoi neanche vedere lo spettacolo?»

«...»

«Ci sono panini ripieni di carne, preparati proprio bene. Hanno un colore dorato. Ti piaceranno.»

Il giovane insistette per partire. Non potendo dissuaderlo, la Settimogenita uscì a prua e lì rimase per un attimo. Si voltò e trasse dal borsellino attaccato alla camicetta le banconote avute la notte prima dai due soldati. Le contò. Erano quattro. Le strinse in pugno e le mise nel palmo sinistro del marito. Seguì il silenzio. La Settimogenita credette di capire la sua muta reazione.

«Signora, dammi anche quelle tre banconote.»

La «signora» le diede il denaro richiesto. La Settimogenita lo contò e lo mise nel palmo destro del marito.

Scuotendo la testa, il giovane gettò a terra le banconote e, coprendosi la faccia con le mani grosse e ruvide, si mise a piangere come un bambino, senza sapere il motivo preciso.

Vedendo questa situazione imbarazzante, Wu Duo e la «signora» si ritirarono nella cabina di poppa. Wu Duo pensò: «Com'è strano, piange come un adulto. È ridicolo!». Ma lei non rise. Stando in piedi a poppa e guardando il violino appeso a un'asse, voleva mettersi a cantare. Ma, chissà perché, le note non le uscivano dalla gola.

Quando il guardiano venne alla barca per invitare l'ospite venuto da lontano, trovò a bordo soltanto la «signora» e Wu Duo. Chiese e seppe che la Settimogenita e il marito erano ritornati al villaggio di prima mattina.

(Trad. di Rosanna Pilone e Yuan Huaqing)

«Zhangfu», da *Fenghuang*, 1930;
da *Racconti della Cina*, Mondadori 1989.

Francis Scott Fitzgerald
LA FESTA NUZIALE

1

V'era il solito biglietto insincero: «Volevo che tu fossi il primo a saperlo». Un duplice colpo, per Michael, in quanto gli annunciava il fidanzamento e, insieme, l'imminente matrimonio; matrimonio che, per di più, doveva essere celebrato non già a New York, vale a dire decentemente lontano, ma proprio lì a Parigi, sotto il suo naso, ammesso che il suo naso arrivasse fino alla chiesa protestante episcopale della Santa Trinità, in avenue George-Cinq. Le nozze dovevano aver luogo di lì a due settimane, ai primi di giugno.

A tutta prima Michael si spaventò e sentì un vuoto allo stomaco. Quando uscì dall'albergo, quel mattino, la *femme de chambre*, ch'era innamorata del suo bel profilo ben disegnato e della sua piacevole allegria, intuì ch'egli era spiritualmente molto lontano, distratto. Michael si recò come in sogno alla banca, acquistò un romanzo giallo da Smith, in rue de Rivoli, contemplò per qualche tempo con comprensione uno sbiadito panorama dei campi di battaglia nella vetrina di un'agenzia turistica e imprecò contro un greco rompiscatole che lo seguiva mostrando solo in parte una serie di innocue cartoline postali garantite in realtà di una pornografia molto spinta.

Ma la paura rimase in lui e dopo qualche tempo la riconobbe: era la paura di non poter essere più felice, ormai. Aveva conosciuto Caroline Dandy quando lei era appena diciassettenne, era riuscito a possederne il giovane cuore per tutta la prima stagione dopo il suo debutto in società a New York, e poi l'aveva perduta, lentamente, tragicamente, ineluttabilmente, perché non possedeva denaro e non poteva guadagnarne; perché, nonostante tutta l'energia e la buona volontà di questo mondo, non riusciva a trovare se stesso; perché, pur continuando ad amarlo, Caroline aveva incominciato a essere sfiduciata e a giudicarlo un che di patetico, di futile, di disprezzabile, escluso dal grande, splendido torrente di vita verso il quale era inevitabilmente attratta.

Poiché il suo solo sostegno consisteva nel fatto ch'ella lo amava, si era appoggiato mollemente a esso; il sostegno si era spezzato, ma lui aveva continuato ad avvinghiarsi a esso e ne era stato portato alla deriva sul mare e spinto infine dalla risacca sulla costa francese, sempre stringendo nelle mani i pezzi di quel sostegno. Li portava con sé sotto forma di fotografie, di pacchetti di lettere e di una preferenza per una sentimentaleggiante canzonetta popolare intitolata *Tra i miei ricordi*. Si teneva alla larga dalle altre donne, come se Caroline avesse potuto saperlo, in qualche modo, e come se fosse disposta a ricambiarlo con la propria fedeltà. Ma ora il biglietto gli faceva sapere che l'aveva perduta per sempre.

Era una bella mattinata. Davanti ai negozi in rue de Castiglione, proprietari e clienti stavano sul marciapiede guardando in alto poiché il Graf Zeppelin, lucente e glorioso, simbolo di fuga e di distruzione – di fuga, se necessario, per mezzo della distruzione – scivolava via nel cielo di Parigi. Udì una donna dire in francese che non si sarebbe stupita se il dirigibile avesse incominciato a lasciar cadere bombe. Poi udì un'altra voce, colma di rauca ilarità, e il vuoto nello stomaco gli si raggelò. Voltandosi di scatto, si trovò a faccia a faccia con Caroline Dandy e con il suo fidanzato.

«Oh, Michael! Ma guarda, ci stavamo per l'appunto domandando dove tu fossi. Mi sono informata alla Guaranty Trust e alla Morgan e Compagni e infine ho spedito un biglietto alla National City...»

Perché non indietreggiavano? Perché non indietreggiavano subito, camminando a ritroso in rue de Castiglione, attraverso la rue de Rivoli, attraverso i giardini delle Tuileries, e continuando a retrocedere il più rapidamente possibile, fino a divenire vaghi e sbiaditi al di là del fiume?

«Ti presento Hamilton Rutherford, il mio fidanzato.»

«Ci siamo già conosciuti.»

«Da Pat, vero?»

«E la primavera scorsa, al bar del Ritz.»

«Michael, dove ti eri nascosto?»

«Da queste parti.» Quale tortura. Particolari a lui noti da tempo su Hamilton Rutherford gli lampeggiarono dinanzi agli occhi... una rapida successione di immagini, di frasi. Ricordò di aver sentito dire ch'egli aveva rilevato nel 1920 un'agenzia di cambio per centoventicinquemila dollari ottenuti in prestito, e che poco prima della crisi l'aveva rivenduta per più di mezzo milione di dollari. Non bello come Michael, ma ricco d'una simpatica vitalità, pieno di fiducia in se stesso, autoritario, proprio della statura giusta per Caroline... Michael era sempre stato troppo basso per Caroline, ballando.

Rutherford stava dicendo: «No, sarei lietissimo se veniste alla mia ultima cena di scapolo. Il bar Ritz è riservato a me dalle nove in poi. Quindi, subito dopo le nozze, seguiranno un ricevimento, e una colazione all'Hôtel George-Cinq».

«Oh, Michael, George Packman offre un trattenimento dopodomani al Chez Victor, ed io voglio che tu venga senz'altro. Ci sarà anche un tè venerdì in casa di Jebby West; se sapesse che sei qui, Jebby ti vorrebbe senz'altro. Dimmi qual è il tuo albergo, in modo che si possa farti avere l'invito. Sai, abbiamo deciso di sposarci qui perché la mamma si è ammalata e ha dovuto essere ricoverata in una clinica di Parigi, e poi c'è tutto il clan, in città. Infine, dato che anche la madre di Hamilton si trova a Parigi...»

L'intero clan... Lo avevano sempre odiato, eccettuata la madre di Caroline; avevano sempre ostacolato in ogni modo il suo corteggiamento. Che pedina insignificante era mai lui, in quel gioco di famiglie e di denaro! L'umiliazione per il fatto che nonostante la sua miseria egli valeva un ben determinato numero di inviti gli fece imperlare la fronte di sudore sotto il cappello. Quasi con frenesia prese a bofonchiare qualcosa dicendo che doveva partire.

Poi la cosa accadde... Caroline vide profondamente dentro di lui e Michael seppe che aveva capito. Era penetrata nella sua segreta mortificazione e qualcosa vibrò in lei morendole sulla curva della bocca e negli occhi. L'aveva commossa. Tutti gli impulsi indimenticabili del primo amore erano scaturiti una volta di più; i loro cuori avevano potuto toccarsi, in qualche modo, attraverso sessanta centimetri di sole parigino. Ella prese a un tratto sottobraccio il fidanzato, come se il contatto avesse potuto incoraggiarla.

Si salutarono. Michael camminò in fretta per un minuto; poi si fermò fingendo di guardare una vetrina, e li vide, più avanti nella strada, intenti a dirigersi rapidamente verso place Vendôme, una coppia con molte cose da sbrigare.

Aveva anche lui qualcosa da fare; doveva andare a ritirare la biancheria stirata.

«Nulla potrà più essere come un tempo» si disse. «Il matrimonio non le darà la felicità e io non sarò felice mai più.»

I due anni radiosi del suo amore per Caroline gli si muovevano intorno circolarmente come gli anni nella fisica di Einstein. Affiorarono fino a lui reminiscenze intollerabili... di passeggiate nel chiaro di luna di Long Island; di un'ora felice sul lago Placid, con le gote di lei fredde eppure ardenti subito sotto la pelle; di un disperato pomeriggio in un caffeuccio della Quarantottesima Strada, negli ultimi tristi mesi in cui il loro matrimonio aveva finito con l'essere considerato impossibile.

«Avanti» disse a voce alta.

La *concierge* con un telegramma. Asciutta perché i vestiti del signor Curly erano un po' lisi. Il signor Curly dava poche mance; il signor Curly era ovviamente un *petit client*.

Michael lesse il telegramma.

«C'è risposta?» domandò la *concierge*.

«No» disse Michael, e poi, impulsivamente: «Leggete».

«Che guaio... che guaio» disse la *concierge*. «Vostro nonno è morto.»

«Non è un gran guaio» disse Michael. «Significa che eredito un quarto di milione di dollari.»

Troppo tardi di un solo mese; dopo il primo sollievo datogli dalla notizia, l'infelicità di lui si intensificò più che mai. Giacendo desto sul letto, quella notte ascoltò, per un periodo di tempo che gli parve interminabile, la lunga carovana di un circo passare nella strada, diretta dall'uno all'altro parco di divertimenti parigino.

Quando anche lo strepito dell'ultimo carrozzone si fu allontanato e l'alba colorò di celeste pastello gli spigoli dei mobili, egli pensava ancora all'espressione degli occhi di Caroline quel mattino... un'espressione ch'era parsa voler dire: «Oh, perché non hai saputo fare qualcosa? Perché non hai saputo essere più forte, costringendomi a sposarti? Non vedi quanto sono triste?».

Michael strinse i pugni.

«Bene, non mi arrenderò fino all'ultimo istante» bisbigliò. «Fino a ora la fortuna mi è sempre stata avversa, ma può darsi che cominci finalmente ad arridermi. Ci si impadronisce di quel che si può, sfruttando al massimo le proprie forze, e se anche non potrò averla, per lo meno si sposerà con una parte di me nel cuore.»

2

Andò di conseguenza, due giorni dopo, al trattenimento nel Chez Victor, salendo di sopra ed entrando nel piccolo salone del bar dove gli invitati dovevano riunirsi per i cocktails. Giunse in anticipo; la sola altra persona presente era un uomo alto, magro, sulla cinquantina. Si rivolsero la parola.

«Siete qui per il trattenimento di George Packman?»

«Sì. Permettete? Michael Curly.»

«Piacere...»

Michael non ne afferrò il nome. Ordinarono un liquore e Michael osservò che i due fidanzati dovevano divertirsi molto.

«Troppo» ammise l'altro, accigliandosi. «Davvero non capisco come riescano a resistere. Abbiamo fatto la traversata insieme: cinque giorni di quella vita pazzesca e poi due settimane a Parigi. Voi...» esitò, con un vago sorriso «voi mi scuserete, ma io dico che la vostra generazione beve troppo.»

«Caroline no.»

«No, lei no. A quanto pare, un cocktail e un bicchiere di champagne le bastano, grazie a Dio. Ma Hamilton esagera, come esagerano tutti quei suoi giovani amici. Abitate a Parigi?»

«Per il momento» rispose Michael.

«Parigi non mi piace. Mia moglie... o meglio, la mia ex moglie, la madre di Hamilton... abita a Parigi.»

«Siete il padre di Hamilton Rutherford?»

«Ho questo onore. E non nego di essere fiero di quel che ha fatto; dicevo così, solo per dire.»

«Naturale.»

Michael alzò gli occhi innervosito mentre quattro persone entravano. Ricordò a un tratto che indossava un vestito da sera vecchio e lucido; ne aveva ordinato un altro quel mattino. I nuovi venuti erano ricchi e disinvolti in compagnia l'uno dell'altro con la loro ricchezza... una bella ragazza bruna, dalle risatine brevi e isteriche, ch'egli aveva già conosciuto; due uomini molto sicuri di sé, le cui spiritosaggini si riferivano invariabilmente allo scandalo della notte prima e ai possibili scandali della notte imminente, come se avessero avuto parti importantissime da interpretare in una commedia che si estendeva all'infinito nel passato e nel futuro. Quando Caroline arrivò, Michael poté parlarle solo per un attimo, ma gli bastò per constatare che, come tutti gli altri, aveva un'espressione tirata e stanca. Era pallida sotto il trucco, aveva ombre sotto gli occhi. Con un misto di sollievo e di vanità offesa, vide che gli era stato assegnato un posto lontano da lei, a un'altra tavola; gli occorse qualche momento per adattarsi a coloro che lo circondavano. Erano diversi dalla cerchia immatura che aveva circondato lui e Caroline; gli uomini, più che trentenni, avevano l'aria di godersi il meglio della vita. Accanto a lui si trovava Jebby West, ch'egli conosceva; e di fronte aveva un uomo gioviale che subito prese a parlare a Michael di una burla per la cena da scapolo. Intendevano pagare una ragazza francese la quale sarebbe apparsa con un vero bambino tra le braccia e avrebbe gridato: «Hamilton, non puoi più abbandonarmi!». L'idea parve a Michael stantia e poco divertente, ma il suo autore ne pregustava già il successo sussultando per il gran ridere.

Altri commensali parlavano della Borsa... vi era stato un nuovo crollo, quel giorno, il più rilevante dopo la crisi. Gli invitati scherzarono con Rutherford al riguardo: «È un vero guaio, vecchio mio. Tutto sommato, faresti meglio a non ammogliarti».

Michael domandò all'uomo alla sua sinistra: «Ha perduto molto?».

«Nessuno lo sa. Si trova in una situazione molto pesante, ma è uno dei giovani più abili di Wall Street. In ogni modo, nessuno dice mai la verità.»

Fu una cena annaffiata sin dall'inizio con champagne e verso la fine venne a determinarsi una piacevole atmosfera conviviale, ma Michael notò che tutte quelle persone erano troppo logore per poter essere rallegrate dagli stimolanti consueti; per settimane avevano bevuto cocktails prima dei pasti, all'americana, vini e cognac, alla francese, birra, alla tedesca, whisky con seltz, all'inglese, e poiché non avevano più vent'anni, quell'assurdo *mélange*, simile al cocktail gigantesco di un incubo, serviva soltanto a renderli temporaneamente meno consapevoli degli errori commessi la notte prima. E ciò equivale a dire che quella non era una riunione realmente gaia; se esisteva un po' di gaiezza, la si doveva ai pochi che non bevevano affatto.

Ma Michael non era stanco e lo champagne lo stimolò e rese meno acuta la sua infelicità. Da più di otto mesi ormai mancava da New York e non conosceva quasi nessuno dei ballabili, ma alle prime note di *La bambola dipinta*, un motivo che, l'estate precedente, si era accompagnato a tanta felicità e a tanta disperazione sua e di Caroline, si avvicinò al tavolo della fidanzata e la invitò a ballare.

Era adorabile nel vestito di un azzurro tenue, etereo, e la vicinanza di quei suoi fruscianti capelli biondi, di quei suoi occhi grigi freddi e teneri insieme, lo rese rigido e goffo; incespicò al primo passo sulla pista. Per un attimo parve che non vi fosse nulla da dire; voleva parlarle del patrimonio che aveva ereditato, ma la cosa gli sembrò antipatica, intempestiva.

«Michael, è così piacevole ballare di nuovo con te.»

Egli fece un sorriso malinconico.

«Sono così felice che tu sia venuto» continuò lei. «Temevo che avresti potuto fare lo sciocco e non farti vedere. Possiamo invece essere buoni amici, spontanei l'uno con l'altro. Michael, desidero che tu e Hamilton vi vogliate bene.»

Il fidanzamento la stava rendendo stupida; prima di allora non l'aveva mai sentita dire una sequela di cose tanto ovvie.

«Potrei ucciderlo senza scrupoli» rispose in tono scherzoso «ma sembra un brav'uomo. È in gamba. Ma vorrei sapere una cosa, piuttosto: che cosa accade alle persone come me che non riescono a dimenticare?»

Così dicendo non poté impedire alla propria bocca di assumere a un tratto una piega amara; alzando gli occhi Caroline se ne accorse e il cuore le palpitò con violenza, com'era accaduto alcuni giorni prima.

«Soffri fino a questo punto, Michael?»

«Sì.»

Per un secondo, mentre le rispondeva, con una voce che parve salirgli dalla suola delle scarpe, non danzarono; non fecero che rimanere abbracciati. Poi Caroline si staccò da lui e incurvò la bocca in un bel sorriso.

«A tutta prima non sapevo come comportarmi, Michael. Parlai di te ad Hamilton... gli dissi che ti volevo un gran bene... ma non se ne preoccupò, ed ebbe ragione. Perché ormai io ti ho superato... sì, è così. E un giorno, in una bella mattinata di sole, ti desterai e avrai superato me, proprio nello stesso modo.»

Michael crollò il capo con cocciutaggine.

«Oh, sì» ella disse. «Non eravamo fatti l'uno per l'altra. Io sono molto frivola e mi occorre un uomo come Hamilton capace di prendere ferme decisioni. Fu per questo, più che per una questione di...»

«Di denaro.» Una volta di più fu sul punto di dirle quel ch'era accaduto e una volta di più un sesto senso gli suggerì che non era quello il momento opportuno.

«Allora, come spieghi quel che è successo quando ci siamo incontrati l'altro giorno» le domandò «quel che si è ripetuto un attimo fa? I momenti in cui sembriamo fonderci l'uno nell'altro come un tempo... quasi fossimo una persona sola, quasi che in entrambi scorresse lo stesso sangue?»

«Oh, no» ella lo supplicò. «Non devi parlare così; ogni cosa è decisa, ormai. Amo Hamilton con tutto il cuore. È solo che ricordo certe cose del passato e mi dispiace per te... per noi... per come eravamo.»

Al di sopra della spalla di lei, Michael vide un tale avvicinarsi per invitarla a ballare. In preda al panico tentò di allontanarla danzando, ma l'uomo si fece avanti inevitabilmente.

«Devo vederti da sola, anche se per un minuto soltanto» disse Michael rapidamente. «Quando?»

«Domani sarò al tè di Jebby West» ella gli bisbigliò, mentre una mano si posava cortesemente sulla spalla di Michael.

Ma Michael non riuscì a parlare al tè di Jebby West. Rutherford le rimase accanto e ognuno dei due fece partecipare l'altro a tutte le sue conversazioni. Inoltre se ne andarono presto. La mattina dopo, con la prima distribuzione della posta arrivò la partecipazione di matrimonio.

Michael allora, giunto all'esasperazione a furia di andirivieni nella sua stanza, decise di tentare un colpo audace; scrisse a Hamilton Rutherford chiedendogli un appuntamento per il pomeriggio del giorno dopo. In un breve colloquio telefonico Rutherford accettò ma rimandò di un giorno. E mancavano soltanto sei giorni alle nozze.

Dovevano trovarsi nel bar dell'Hôtel Jena. Michael sapeva quel che voleva dire: «Sentite un po', Rutherford, vi rendete conto della responsabilità che vi state assumendo con questo matrimonio? Vi rendete conto della messe di complicazioni e di pentimenti che state seminando convincendo una giovane donna a fare l'opposto di ciò che le detta il cuore?». Gli avrebbe spiegato che l'ostacolo tra Caroline e lui era stato artificioso e non esisteva ormai più, gli avrebbe chiesto di esporre con sincerità la situazione a Caroline prima che fosse troppo tardi.

Rutherford si sarebbe infuriato, con ogni probabilità vi sarebbe stata una scenata, ma Michael sapeva ormai di lottare per la propria vita.

Trovò Rutherford intento a conversare con un uomo più anziano che aveva incontrato a parecchi ricevimenti.

«Ho visto quel ch'è accaduto a quasi tutti i miei amici» stava dicendo Rutherford «e ho deciso che la stessa cosa non sarebbe capitata me. Non è poi tanto difficile; se si sceglie una donna che abbia del buon senso e le si parla chiaro e ci si comporta come si deve e si è leali con lei, allora il matrimonio può considerarsi riuscito. Ma se si indulge sin dall'inizio a mille assurdità, si ha una delle solite unioni... dopo cinque anni lui taglia la corda, oppure lei lo inganna, ed ecco il consueto disastro.»

«Giusto!» riconobbe l'altro con entusiasmo. «Hamilton, ragazzo mio, hai proprio ragione!»

Il sangue di Michael incominciò a bollire adagio.

«Non vi sembra» domandò freddo «che il vostro atteggiamento sia divenuto antiquato circa cent'anni fa?»

«No, non è vero» disse Rutherford con gentilezza, ma spazientito. «Sono moderno quanto chiunque. Sabato prossimo mi sposerei anche in aeroplano se questo potesse far piacere alla mia fidanzata.»

«Non mi riferisco a questo modo di essere moderno. Non potete prendere una donna sensibile...»

«Sensibile? Le donne non sono poi così maledettamente sensibili. Sono gli uomini come voi a essere sensibili; e le donne sfruttano i tipi come voi... tutta la vostra devozione, la vostra bontà e così via. Leggono un paio di libri, vanno a vedere alcuni film perché non hanno altro da fare e poi affermano di avere una sensibilità maggiore della vostra e per dimostrarvelo prendono il morso tra i denti e se la squagliano per sempre... sensibili press'a poco quanto un cavallo di pompieri.»

«Caroline, guarda caso, è sensibile» disse Michael con voce tagliente.

A questo punto, l'altro si alzò per andarsene; quando fu risolta la questione su chi doveva pagare il conto e rimasero soli, Rutherford si voltò verso Michael come se gli fosse stata posta una domanda.

«Caroline è più che sensibile» disse. «È intelligente.»

I suoi occhi combattivi, fissando quelli di Michael, balenarono con una luce grigia. «Voi giudicate tutto ciò molto rozzo, signor Curly, ma a me sembra che al giorno d'oggi gli uomini, in media, non desiderino altro che essere presi in giro da una donna la quale non si diverte neppure a farli cadere così in basso. Sono maledettamente pochi gli uomini che continuano a essere padroni della propria moglie, ma io intendo far parte dei pochi.»

A Michael parve giunto il momento di riportare il discorso sulla situazione reale. «Vi rendete conto della responsabilità che vi assumete?»

«Sicuro» lo interruppe Rutherford. «Non temo le responsabilità. Sarò io a prendere le decisioni... con equità, spero, ma in ogni caso nulla potrà mutarle.»

«E se non incominciaste bene?» disse Michael, con impeto. «Se il vostro matrimonio non fosse basato sul reciproco affetto?»

«Credo di capire dove volete arrivare» disse Rutherford, sempre molto corretto. «E poiché avete affrontato voi l'argomento, permettetemi di dirvi che se Caroline e voi vi foste sposati, il matrimonio non sarebbe durato tre anni. Lo sapete su che cosa si basavano i vostri rapporti? Sulla malinconia. Vi compativate a vicenda. La malinconia è divertentissima per la maggior parte delle donne e per alcuni uomini, ma a me sembra che il matrimonio dovrebbe essere fondato sulla speranza.» Guardò l'orologio e si alzò.

«Ho un appuntamento con Caroline. Ricordate, dovete venire alla mia ultima cena di scapolo, dopodomani.»

Michael sentì scivolar via il momento propizio: «Allora i sentimenti personali di Caroline non contano per voi?» domandò con ira.

«Caroline è stanca e turbata. Ma ha quello che vuole e questo è l'essenziale.»

«Vi riferite a voi stesso?» domandò Michael, incredulo.

«Sì.»

«Posso domandarvi da quanto tempo vi desidera?»

«Da circa due anni.» Prima che Michael avesse avuto il tempo di replicare, se n'era andato.

Nei due giorni che seguirono, Michael si sentì precipitare in un abisso di incapacità. Lo assillava l'idea di non aver fatto qualcosa che avrebbe tagliato il nodo, sempre più stretto sotto i suoi occhi. Telefonò a Caroline ma ella sostenne che le era materialmente impossibile riceverlo fino al giorno prima delle nozze e per quel giorno gli concesse esitando un appuntamento. Michael andò allora alla cena offerta da Rutherford, in parte per la paura di dover trascorrere solo una serata in albergo, in parte ritenendo che, accettando l'invito sarebbe stato in qualche modo più vicino a Caroline, l'avrebbe avuta più presente nei propri pensieri.

Il bar Ritz era stato addobbato per l'occasione con bandiere francesi e americane; un vasto telo rivestiva una parete sulla quale gli ospiti erano invitati a concentrare la loro tendenza a spezzare bicchieri.

Durante il primo cocktail bevuto al bar molte mani tremanti versarono lievemente il contenuto dei bicchieri, ma più tardi, con lo champagne, le risa echeggiarono sempre più frequenti e di tanto in tanto i commensali intonarono una canzone.

Michael si stupì nel constatare fino a qual punto il nuovo abito da sera, il nuovo cappello di seta, la nuova finissima biancheria modificavano il suo concetto di sé; la ricchezza e la sicurezza di tutte quelle persone destavano in lui minori risentimenti. Per la prima volta da quando aveva terminato gli studi, si sentiva egli stesso ricco e sicuro di sé; sentiva di far parte di quell'ambiente e accettò addirittura di aiutare a mettere in scena lo scherzo di Johnson, il burlone, vale a dire la comparsa della donna tradita, che in quel momento aspettava placida nel vestibolo.

«Non vogliamo calcare troppo la mano» disse Johnson «perché immagino che Ham abbia già avuto una giornata piena di preoccupazioni. Avete letto che stamane le azioni della Fullman Oil sono scese di sedici punti?»

«Questo lo danneggerà?» domandò Michael, sforzandosi di parlare in un tono di voce indifferente.

«Naturale. Ha investito molto in quelle azioni; investe sempre molto in ogni cosa. Fino a oggi ha avuto fortuna; o, almeno, fino a un mese fa.»

I bicchieri venivano colmati e vuotati più rapidamente, ormai, e i commensali alzavano la voce discorrendo tra loro da un lato all'altro della stretta tavola. Un gruppo di intimi amici dello sposo si stava facendo fotografare contro il banco del bar e il lampo al magnesio colmò la sala di una nube soffocante.

«Questo è il momento giusto» disse Johnson. «Ricordate: dovete rimanere accanto alla porta; tenteremo insieme di impedirle di entrare... solo fino a quando non avremo richiamato l'attenzione generale.»

Uscì nel corridoio e Michael, eseguendo le istruzioni, rimase in piedi accanto alla porta. Passarono vari minuti. Poi Johnson riapparve con una strana espressione.

«Sta succedendo qualcosa di imprevisto.»

«La ragazza non c'è?»

«È qui, sì, ma c'è anche un'altra donna; e non è stata assunta da noi. Vuole parlare con Hamilton Rutherford; ha un'aria molto decisa.»

Uscirono nel vestibolo. Fermamente piazzata su una sedia accanto alla porta si trovava una giovane donna americana; aveva bevuto un po' troppo, ma l'espressione del suo viso era decisa. Alzò gli occhi su di loro muovendo di scatto la testa.

«Ebbene, glielo avete ·detto?» domandò. «Il mio nome è Marjorie Collins e lui se ne ricorderà. Sono venuta da lontano e voglio parlargli, subito, altrimenti scoppierà un putiferio come non ne avete mai visti.» Si alzò in piedi barcollando.

«Andate voi ad avvertire Ham» bisbigliò Johnson a Michael. «Forse farà meglio a venire. Io la tratterrò qui.»

Tornato nella sala, Michael si chinò e, con una certa severità, bisbigliò all'orecchio di Rutherford:

«C'è una ragazza, qui fuori, una certa Marjorie Collins; dice che vuole parlarvi. Ha tutta l'aria di voler fare uno scandalo.»

Hamilton batté le palpebre e aprì la bocca; poi, adagio, le sue labbra tornarono a chiudersi in una linea diritta ed egli disse in tono deciso:

«Vi prego, trattenetela dove si trova. E mandatemi subito il barista.»

Michael parlò al barista. Poi, senza tornare a tavola, chiese con voce sommessa cappotto e cappello. Fuori nel vestibolo passò accanto a Johnson e alla donna senza pronunciare parola e uscì in rue Cambon. Chiamato un tassì, si fece portare all'albergo di Caroline.

Il suo posto era accanto a lei, ormai. Non per darle la cattiva notizia, ma soltanto per esserle vicino quando il castello di carte le sarebbe caduto addosso.

Rutherford aveva lasciato capire ch'egli era un debole... bene, era invece così deciso da non rinunciare alla donna che amava senza approfittare di ogni occasione che gli si presentasse, entro i limiti dell'onore. Se ella avesse voluto rinunciare a Rutherford, lo avrebbe trovato accanto a sé.

Era in albergo; si stupì quando le telefonò, ma era ancora vestita e disse che sarebbe scesa subito. Apparve di lì a poco in vestito da sera, con due telegrammi azzurri in mano. Si misero su due poltrone nel vestibolo deserto.

«Ma, Michael, la cena è già finita?»

«Volevo vederti, e così sono venuto via.»

«Mi fa piacere.» Si esprimeva in tono amichevole, ma placido. «Perché avevo appena telefonato al tuo albergo dicendo di avvertirti che domani sarò impegnata tutto il giorno per le prove del vestito e della cerimonia. Ora possiamo parlare ugualmente.»

«Sarai stanca» suppose lui. «Forse non sarei dovuto venire.»

«No. Aspettavo Hamilton. Telegrammi che possono essere importanti. Ha detto che sarebbe passato di qui, ma potrebbe venire a qualunque ora e così sono lieta di poter parlare con qualcuno.»

L'impersonalità di quest'ultima frase fece trasalire Michael.

«Non ti importa di sapere a che ora tornerà in albergo?»

«Sicuro,» disse lei, ridendo «ma non posso farci nulla, ti pare?»

«Perché no?»

«Non posso certo incominciare sin d'ora a dirgli quello che deve e quello che non deve fare.»

«Perché no?»

«Non lo sopporterebbe.»

«Sembra che voglia soltanto una massaia» osservò Michael, in tono ironico.

«Parlami dei tuoi progetti, Michael» si affrettò a dire lei.

«Dei miei progetti? Non riesco a immaginare alcun avvenire incominciando da dopodomani. Il solo vero progetto ch'io abbia mai avuto è stato quello di amarti.»

I loro sguardi si incrociarono fuggevolmente e negli occhi di lei egli vide affiorare l'espressione che conosceva così bene. Le parole gli sgorgarono rapide dal cuore:

«Lascia ch'io ti dica ancora una volta soltanto quanto ti ho amato, senza mai esitare neppure un attimo, senza mai pensare a un'altra donna. E ora, quando immagino tutti gli anni che mi aspettano senza di te, senza alcuna speranza, non voglio più vivere, Caroline, tesoro. Non facevo che sognare la nostra casa, i nostri figli, non facevo che sognare di tenerti tra le braccia e di accarezzarti il viso, le mani e i capelli che un tempo mi appartenevano; e ora non riesco più a svegliarmi.»

Caroline stava piangendo piano. «Povero Michael... povero Michael.» Allungò la mano e gli sfiorò con le dita il risvolto della giacca da sera. «Mi hai fatto tanta pena, l'altra sera. Sembravi così magro e si sarebbe detto che avessi bisogno di un vestito nuovo e di qualcuno che si prendesse cura di te.» Tirò su con il naso e guardò più da vicino la giacca. «Ah, ma questo è un vestito nuovo! E hai anche un nuovo cappello di seta! Oh, Michael, come sei elegante!» Rise, improvvisamente allegra, attraverso le lacrime. «Devi essere arricchito, Michael; non ti avevo mai visto così ben rimpannucciato.»

Per un attimo, allo stupore di lei, egli odiò i vestiti nuovi.

«Sono arricchito, infatti» disse. «Mio nonno mi ha lasciato circa un quarto di milione di dollari.»

«Oh, Michael» esclamò lei «che cosa meravigliosa! Non so dirti quanto ne sono felice. Ti ho sempre pensato come il tipo di uomo che dovrebbe avere denaro.»

«Sì, ma il denaro è venuto con quel tanto di ritardo sufficiente per non servire più a nulla.»

La porta girevole dell'ingresso cigolò e Hamilton Rutherford entrò nel vestibolo. Era acceso in viso e aveva gli occhi irrequieti colmi d'impazienza.

«Ciao, cara. Salve signor Curly.» Si chinò a baciare Caroline. «Sono venuto via per qualche minuto a vedere se c'era qualche telegramma. Vedo che li hai ritirati tu.» Avutili, si rivolse a Curly: «Strana faccenda, quella del bar, vero? Tanto più che, come mi è stato detto, avevate preparato una burla dello stesso genere». Aprì uno dei telegrammi, lo chiuse e si voltò verso Caroline con l'espressione incerta di un uomo che pensa a due cose contemporaneamente.

«Si è presentata una donna che non vedevo da due anni» disse. «Sembrava trattarsi di un ricatto molto grossolano, poiché io non ho mai avuto assolutamente nessun obbligo nei suoi riguardi.»

«Come è finita?»

«Il barista ha telefonato alla Sûreté Générale, un ispettore è arrivato dopo dieci minuti e tutto è stato sistemato nel vestibolo. Le leggi francesi contro i ricatti fanno sembrare rose e fiori le nostre e credo che quella donna non dimenticherà tanto facilmente la paura provata. In ogni modo ho ritenuto opportuno dirtelo.»

«Vorreste forse insinuare che io avrei parlato della cosa?» domandò Michael, gelido.

«No» rispose Rutherford, adagio. «No, volevate semplicemente trovarvi a portata di mano. E giacché siete qui, vi darò una notizia che vi interesserà ancor di più.»

Porse a Michael uno dei telegrammi e aprì l'altro.

«Questo è in codice» osservò Michael.

«Infatti. Ma questa settimana ho dovuto imparare alla perfezione tutte le parole. I due telegrammi dicono in sostanza che dovrò ricominciare tutto daccapo.»

Michael vide Caroline farsi lievemente più pallida in viso; tuttavia ella rimase silenziosa come un topolino.

«Ho commesso un errore e mi sono ostinato a commetterlo per troppo tempo» continuò Rutherford. «E così, come vedete, io non sono sempre fortunato, signor Curly. A proposito, mi dicono che siete arricchito.»

«Sì» mormorò Michael.

«La situazione, quindi, è chiara.» Rutherford si rivolse a Caroline. «Tu capisci, tesoro, che non sto né scherzando, né esagerando. Ho perduto tutto ciò che possedevo, quasi fino all'ultimo centesimo, e dovrò ricominciare daccapo.»

Due paia d'occhi la stavano fissando... quelli di Rutherford freddi e inespressivi, quelli di Michael ansiosi, tragici, supplichevoli. Un attimo dopo ella balzò in piedi e, con un grido soffocato, si gettò nelle braccia di Hamilton.

«Oh, tesoro» esclamò «che cosa importa! È meglio così, preferisco così, te lo assicuro! Voglio incominciare così, lo desidero con tutto il cuore! Oh, ti prego, non crucciarti e non essere triste neppure per un momento!»

«Sta bene, bambina» disse Rutherford. Le accarezzò i capelli con dolcezza per un attimo, poi tolse il braccio con il quale la cingeva alla vita.

«Ho promesso di tornare per un'ora con i miei amici» disse. «Pertanto ti auguro la buonanotte e voglio che tu te ne vada subito a letto e ti faccia un buon sonno. Buonanotte, signor Curly. Sono spiacente di avervi tediato con tutte queste complicazioni finanziarie.»

Ma Michael aveva già preso il cappello e il bastone. «Vengo con voi» disse.

3

Era una mattinata splendida. Il sarto non aveva consegnato a Michael il vestito da cerimonia, per cui egli si sentì piuttosto a disagio passando dinanzi alle macchine fotografiche e alle macchine da presa di fronte alla chiesetta in avenue George-Cinq.

La chiesa era così pulita e nuova che sembrava imperdonabile non indossare il vestito adatto, e Michael, pallido e fiacco dopo una notte insonne, decise di rimanere dietro agli altri. Stando lì, contemplò le spalle di Hamilton Rutherford, le spalle esili, coperte di pizzo, di Caroline, e le grasse spalle di George Packman, che sembrava malfermo sulle gambe e desideroso di appoggiarsi allo sposo e alla sposa.

La cerimonia continuò a lungo sotto le allegre bandiere e i festoni, sotto le grosse travi formate dai raggi del sole di giugno che scendevano obliqui dalle alte finestre sulla gente ben vestita.

Mentre il corteo, preceduto dagli sposi, si incamminava nella navata, Michael si accorse con una sensazione d'allarme di trovarsi proprio là dove tutti avrebbero rinunciato agli atteggiamenti rigidi del cerimoniale, all'etichetta, e gli avrebbero rivolto la parola.

Così, infatti, accadde. Rutherford e Caroline furono i primi a parlargli. Rutherford serio dopo la tensione della cerimonia, e Caroline adorabile come non l'aveva mai veduta, Caroline che scivolò via leggera tra i parenti e gli amici della sua gioventù, attraverso il passato e verso l'avvenire passando per la porta abbagliante di sole.

Michael riuscì a mormorare: «Meravigliosa, semplicemente meravigliosa» e poi altre persone gli passarono accanto e gli parlarono... l'anziana signora Dandy, appena rimessasi da una malattia e con l'aria di stare benissimo o di sopportare il male da quell'autentica gentildonna che era; e il padre di Rutherford e sua madre, divorziati da dieci anni, ma l'uno al fianco dell'altro e con l'aspetto di essere fatti l'uno per l'altro e di andarne orgogliosi. Poi tutte le sorelle di Caroline e i loro mariti e i nipotini nella tenuta di Eton, e infine una sfilata interminabile di gente, e tutti rivolgevano la parola a Michael perché egli continuava a rimanere come paralizzato proprio nel punto in cui il corteo si era sciolto.

Si domandò che cosa sarebbe accaduto a questo punto. Erano stati diramati gli inviti per un ricevimento al George-Cinq; e tutti sapevano quanto fossero salati i conti di quell'albergo. Rutherford aveva forse l'intenzione di rispettare il programma nonostante i disastrosi telegrammi? Evidentemente sì, poiché gli invitati là fuori si stavano incolonnando in quella direzione nella mattinata di giugno, per tre e per quattro. All'angolo della strada, lunghe vesti di fanciulle, cinque fanciulle una accanto all'altra, si agitavano multicolori nel vento. Le fanciulle erano tornate a essere un che di leggero e di luminoso, fiori in movimento; quelle vesti adorabili smosse dalla brezza luminosa di mezzogiorno.

Michael sentì il bisogno di bere qualcosa; non poteva affrontare la prova del ricevimento senza aver bevuto qualcosa di forte. Si precipitò in un ingresso laterale dell'albergo, domandò dove si trovasse il bar e uno *chasseur* gli fece da guida per un mezzo chilometro di corridoi nuovissimi dall'aspetto americano.

Ma – come poteva essere? – il bar era gremito. Vi si trovavano dieci... quindici signori e due... quattro signore, tutti invitati alla cerimonia nuziale, tutti bisognosi di bere qualcosa. Al bar distribuivano cocktails e champagne; cocktails e champagne offerti da Rutherford, come risultò poi, ché egli aveva riservato l'intero bar e il salone da ballo e le due grandi sale di ricevimento, e tutti gli scaloni, e le finestre che consentivano di contemplare Parigi da tutti i lati del palazzo. Di lì a poco Michael andò a unirsi alla lunga, lenta sfilata degli invitati. Tra una confusa nebbia di complimenti come «Che splendide nozze!», «Mia cara, siete semplicemente adorabile», «Siete un uomo fortunato, Rutherford», si fece avanti. Quando giunse accanto a Caroline, ella fece un passo avanti e lo baciò sulle labbra, ma il bacio gli parve immateriale; era stato una cosa irreale, e Michael proseguì come in sogno, allontanandosi da esso. L'anziana signora Dandy, che lo aveva sempre avuto in simpatia, gli tenne a lungo la mano e lo ringraziò dei fiori ch'egli si era affrettato a mandarle sapendola malata.

«Sono così spiacente di non avervi scritto; sapete, noi vecchie signore siamo grate dei...» I fiori, il fatto che non gli aveva scritto, il matrimonio... Michael capì che tutte quelle cose avevano ormai per lei la stessa relativa importanza; cinque altri suoi figli si erano sposati ed ella aveva veduto naufragare due di quei matrimoni, e la scena delle nozze, così commovente, così sconcertante per Michael, sembrava a lei semplicemente una pantomima familiare alla quale aveva preso parte altre volte.

Una colazione fredda con champagne veniva già servita a piccoli tavoli e un'orchestra sonava nel deserto salone da ballo. Michael sedette accanto a Jebby West; si vergognava ancora un poco di non indossare l'abito da cerimonia, ma si rese conto a questo punto di non essere il solo colpevole dell'omissione e si sentì più tranquillo. «Non è stata divina, Caroline?» disse Jebby West. «Così completamente padrona di sé. Le ho domandato stamane se l'improvvisa povertà non la innervosiva un poco. E mi ha risposto: "Perché dovrei essere nervosa? Gli sono stata dietro per due anni e ora sono semplicemente felice, ecco tutto".»

«Deve essere vero» osservò Michael con aria cupa.

«Che cosa?»

«Quello che avete appena detto.»

Era stata come una pugnalata per lui, ma, e con dispiacere in un certo qual modo, non sentiva la ferita.

Invitò Jebby a ballare. Sulla pista, il padre e la madre di Rutherford stavano ballando insieme.

«Ecco una cosa che mi rattrista un pochino» disse Jebby. «Quei due non si erano più visti da anni; si erano risposati entrambi e lei aveva divorziato una seconda volta. Gli è andata incontro alla stazione quando lui è arrivato per le nozze di Caroline, e lo ha invitato a casa sua, in avenue du Bois, dove aveva già moltissimi altri ospiti; un invito correttissimo, quindi, ma lui temeva che sua moglie potesse venire a saperlo e non esserne contenta, e così ha preferito andare in albergo. Non vi sembra che sia piuttosto triste?»

Circa un'ora dopo, Michael si rese conto a un tratto ch'era ormai il pomeriggio. In un angolo del salone da ballo era stata collocata una serie di fondali, come in un teatro di posa e i fotografi stavano scattando fotografie ufficiali delle nozze e degli intimi alle nozze. E gli intimi alle nozze, immobili come la morte e pallidi come cera sotto i vividi riflettori, sembrarono a coloro che danzavano nella morbida penombra del salone da ballo, uno di quei gruppi gioviali o sinistri che ti appaiono improvvisamente dinanzi agli occhi nel baraccone degli orrori di un parco di divertimenti.

Dopo che erano stati fotografati gli intimi alle nozze, seguì il gruppo degli amici dello sposo; quindi le damigelle d'onore della sposa, la famiglia, i bambini. In seguito Caroline, dinamica ed eccitata, abbandonata da tempo la serena dignità implicita nell'abito nuziale e nel grande bouquet, si avvicinò a Michael e lo strappò alla pista da ballo.

«Ora ne faremo fare una soltanto con i vecchi amici.» Il suo tono di voce lasciò capire che sarebbe stata la fotografia più bella, più intima. «Vieni qui, Jebby, e anche tu, George... no, tu no, Hamilton; questa è riservata ai miei amici. Sally...»

Poco tempo dopo, quel che rimaneva di formalistico si dileguò e le ore incominciarono a scorrere via facilmente nell'abbondante fiume di champagne. Secondo lo stile moderno, Hamilton Rutherford sedette a tavola con il braccio intorno a una sua antica fiamma e assicurò agli ospiti, tra i quali non pochi esterrefatti ma entusiastici europei, che la festa non stava affatto per concludersi; sarebbe ricominciata allo Zelli dopo mezzanotte. Michael scorse la signora Dandy, non ancora ristabilita del tutto, alzarsi per andare, e rimanere impigliata nei convenevoli di un gruppo dopo l'altro; ne parlò allora a una delle sue figliole che subito rapì con la forza la madre e ne fece venire l'automobile. Michael si sentì molto riguardoso e molto fiero di sé per aver fatto questo, e bevve molto altro champagne.

«È stupefacente» gli stava dicendo con entusiasmo George Packman. «Questo spettacolo costerà ad Ham circa cinquemila dollari e a quanto mi risulta sono press'a poco gli ultimi che gli rimangono. Ma ha forse disdetto l'ordinazione di una bottiglia di champagne o di un fiore? No di certo. Però ha la fortuna dalla sua, ecco tutto... quel giovanotto. Sapete che T. G. Vance gli ha offerto uno stipendio di cinquantamila dollari all'anno, stamane, dieci minuti prima delle nozze? Tra un anno, farà nuovamente parte dei milionari.»

La conversazione fu interrotta dal progetto di portare Rutherford a spalla... progetto che attuarono in sei, rimanendo poi nel sole delle quattro pomeridiane a salutare con la mano la sposa e lo sposo. Ma doveva esserci stato in qualche modo un errore, poiché cinque minuti dopo Michael vide gli sposi scendere lo scalone, entrambi con un bicchiere di champagne tenuto alto, quasi in gesto di sfida.

«Ecco il nostro stile di fare le cose» pensò. «Generoso, spontaneo e aperto; una sorta di ospitalità da piantagione della Virginia, ma con un ritmo ormai diverso, nervoso come quello del nastro del telegrafo.»

Stando disinvolto nel centro del salone per vedere qual era l'ambasciatore americano, si rese conto con un sussulto di non avere realmente pensato a Caroline da ore. Si guardò intorno con una sorta di allarme, poi la vide al lato opposto della sala, splendida, giovane e radiosamente felice. Vide Rutherford accanto a lei, intento a contemplarla come se non potesse mai saziarsene, e, mentre li guardava, parvero retrocedere entrambi, come aveva desiderato che facessero quel giorno in rue de Castiglione... indietreggiare e svanire a poco a poco in gioie e sofferenze tutte loro, negli anni che avrebbero imposto il pedaggio al bell'orgoglio di Rutherford e alla fresca, commovente bellezza di Caroline; svanire a poco a poco in lontananza, per cui, a questo punto, quasi non riuscì più a scorgerli, come se fossero avvolti da qualcosa di nebuloso quanto il bianco, scampanato abito nuziale della sposa.

Michael era guarito. La cerimonia nuziale, con la sua pompa e la sua allegra festosità, aveva rappresentato per lui una sorta di iniziazione a una vita in cui neppure il suo rimpianto poteva seguirli. Ogni amarezza si dissipò in lui, di colpo, e il mondo si riformò con la gioventù e la felicità che lo circondavano dovunque, prodighe come il sole primaverile. Stava tentando di ricordare quale delle damigelle d'onore avesse invitato a cena quella sera, quando si fece avanti per salutare Hamilton e Caroline Rutherford.

(Trad. di Bruno Oddera)

«The Wedding-Party», da *The Stories*, 1930;
da *28 Racconti*, vol. II, Mondadori 1981.

Cesare Pavese
VIAGGIO DI NOZZE

1

Ora che, a suon di lividi e di rimorsi, ho compreso quanto sia stolto rifiutare la realtà per le fantasticherie e pretendere di ricevere quando non si ha nulla da offrire; ora, Cilia è morta. Penso talvolta che, rassegnato alla fatica e all'umiltà come adesso vivo, saprei con gioia adattarmi a quel tempo, se tornasse. O forse questa è un'altra delle mie fantasie: ho maltrattato Cilia, quand'ero giovane e nulla doveva inasprirmi, la maltratterei ora per l'amarezza e il disagio della triste coscienza. Per esempio, non mi sono ancora chiarito in tutti questi anni, se le volessi davvero bene. Ora certamente la rimpiango e ritrovo in fondo ai miei più raccolti pensieri; non passa giorno che non rifrughi dolorosamente nei miei ricordi di quei due anni; e mi disprezzo di averla lasciata morire, soffrendo più sulla mia solitudine che sulla sua giovinezza; ma – quello che conta – le ho voluto davvero bene, allora? Non certo quel bene sereno e cosciente, che si deve a una moglie.

In verità, le dovevo troppe cose, e non sapevo ricambiarla che con un cieco sospettare i suoi motivi. Ed è fortuna che la mia innata leggerezza non sapesse sprofondarsi nemmeno in quest'acquaccia, contentandomi io allora di un'istintiva diffidenza e rifiutando corpo e peso a certi pensieri sordidi, che, accolti in fondo all'anima, me l'avrebbero avvelenata del tutto. Comunque, mi chiedevo qualche volta: «E perché Cilia mi ha sposato?». Non so se fosse la coscienza di un mio valore riposto, o di una profonda inettitudine, a propormi la domanda: fatto sta che almanaccavo.

Che Cilia mi avesse sposato, e non io lei, non c'era dubbio. Quelle sere di abbattimento trascorse in sua compagnia a passeggiare senza pace per ogni strada, stringendola al braccio, fingendo disinvoltura, proponendo per scherzo di saltare insieme nel fiume – io non davo a questi pensieri molto peso, perché c'ero abituato – la stravolsero e la intenerirono, tanto che mi volle offrire, dal suo stipendio di commessa, una sommetta per sostenermi nella ricerca di un miglior lavoro. Io non volli i denari, ma le dissi che trovarmi con lei alla sera, se anche non si andava in nessun posto, mi bastava. Fu così che scivolammo. Cominciò a dirmi con molta dolcezza che a me mancava una compagnia degna, con cui vivere. E che giravo troppo per le strade e che una moglie innamorata avrebbe saputo aggiustarmi una casetta tale che, solo a entrarci, sarei tornato gaio, non importa quanto stanco o disgustato mi avesse ridotto la giornata. Tentai di rispondere che nemmeno da solo riuscivo troppo a tirare avanti; ma sentivo io stesso che non era questo un argomento. «In due ci si aiuta» disse Cilia «e si risparmia. Basta volersi un po' di bene, Giorgio.» Io ero stanco e avvilito, in quelle sere, Cilia era cara e seria, col bel soprabito fatto dalle sue mani e la borsetta screpolata: perché non darle quella gioia? Quale donna più adatta per me? Conosceva il lavoro, conosceva le privazioni, era orfana d'operai; non le mancava uno spirito pronto e grave – più del mio, ne ero certo.

Le dissi divertito che se mi accettava così brusco e scioperato com'ero, la sposavo. Ero contento, sollevato dal calore della buona azione e dal coraggio che mi scoprivo. Dissi a Cilia: «T'insegnerò il francese». Lei mi rispose ridendo negli occhi umili e aggrappandosi al mio braccio.

2

A quei tempi mi credevo sincero e misi ancora in guardia Cilia dalla mia povertà. L'avvertii che guadagnavo appena da finire le giornate e non sapevo ciò che fosse uno stipendio. Quel collegio dove insegnavo il francese mi pagava a ore. Un giorno le dissi che, se intendeva farsi una posizione, doveva cercare un altro. Cilia imbronciata mi offrì di continuare a far la commessa. «Sai bene che non voglio» borbottai. Così disposti, ci sposammo.

La mia vita non mutò sensibilmente. Già nel passato Cilia era venuta certe sere a star con me nella mia stanza. L'amore non fu una novità. Prendemmo due camere ingombre di mobilio; quella da letto aveva una chiara finestra, dove accostammo il tavolino coi miei libri.

Cilia sì, divenne un'altra. Avevo temuto, per mio conto, che una volta sposata le desse fuori una volgare sciatteria che immaginavo essere stata di sua madre, e invece la trovai più attenta e fine anche di me. Sempre ravviata, sempre in ordine; persino la povera tavola, che mi preparava in cucina, aveva la cordialità e la cura di quelle mani e di quel sorriso. Il suo sorriso, appunto, s'era trasfigurato. Non era più quello, fra timido e malizioso, della commessa che fa una scappata, ma il trepidante affiorare di un'intima contentezza, pacato e sollecito insieme, serio sulla magra giovinezza del viso. Io provavo un'ombra di risentimento a quel segno di una gioia che non sempre dividevo. «Lei mi ha sposato e se la gode» pensavo.

Solo al mattino risvegliandomi, il mio cuore era sereno. Volgevo il capo accanto al suo, nel tepore, e mi accostavo a lei distesa, che dormiva o fingeva, e le soffiavo nei capelli. Cilia, ridendo insonnolita, mi abbracciava. Un tempo invece i miei risvegli solitari mi gelavano e lasciavano avvilito a fissare il barlume dell'alba.

Cilia mi amava. Una volta in piedi, per lei cominciava un'altra gioia: muoversi, apparecchiare, spalancare finestre, guardarmi di sottecchi. Se mi mettevo al tavolino, mi girava intorno cauta per non disturbare; se stavo per uscire, mi seguiva con lo sguardo fino all'uscio. Ai miei ritorni, saltava in piedi pronta.

C'eran giorni che non tornavo a casa volentieri. Mi urtava pensare che l'avrei inevitabilmente trovata in attesa, – benché sapesse magari fingere disinteresse, – che mi sarei seduto accanto a lei, che le avrei detto su per giù le stesse cose, o magari nulla, e ci saremmo guardati a disagio, e sorriso, e così l'indomani, e così sempre. Bastava un po' di nebbia o un sole grigio per piegarmi a quei pensieri. O invece era una limpida giornata d'aria chiara o un incendio di sole sui tetti o un profumo nel vento, che mi avvolgeva e mi rapiva, e indugiavo per strada, riluttante all'idea di non essere più solo e non potere gironzolare fino a notte e mangiucchiare all'osteria in fondo a un corso. Solitario com'ero sempre stato, mi pareva di far molto a non tradire.

Cilia, attendendomi in casa, s'era messa a rammendare e guadagnava qualcosa. Il lavoro glielo dava una vicina, certa Amalia trentenne, che c'invitò una volta a pranzo. Costei viveva sola, sotto di noi; prese a poco a poco l'abitudine di salire da Cilia col lavoro, e passavano insieme il pomeriggio. Aveva il viso devastato da una scottatura orribile, che s'era fatta da bambina, tirandosi in testa una pentola bollente; e due occhi tristi e timidi, pieni di voglie, che si torcevano sotto gli sguardi, come a scusare con la loro umiltà la distorsione dei lineamenti. Era una buona ragazza; dissi a Cilia che mi pareva la sua sorella maggiore e scherzai e le chiesi se, abbandonandola io un bel giorno, sarebbe andata a star con lei. Cilia mi concesse di tradirla, se volevo, con Amalia, diversamente guai al mondo. Amalia mi chiamava signore e intimidiva in mia presenza, cosa che dava un'allegrezza folle a Cilia e lusingava me un tantino.

3

Quello scarso bagaglio di studi, che ha in me malamente sostituito la pratica di un mestiere e sta alla radice di tante mie storture e male azioni, poteva riuscire un buon mezzo di comunione con Cilia, se soltanto non fosse stata la mia inconsistenza. Cilia era molto sveglia e desiderava di sapere tutto quanto io sapevo, perché volendomi bene, si faceva una colpa di non essere degna di me e nulla che io pensassi si rassegnava a ignorare. E chi sa, se io fossi riuscito a darle questa povera gioia, avrei forse nella tranquilla intimità dell'occupazione comune compreso allora quanto degna fosse lei, e bella e reale la nostra vita, e forse Cilia vivrebbe ancora al mio fianco, con quel sorriso che in due anni le gelai sulle labbra.

Cominciai con entusiasmo, come so fare sempre. La cultura di Cilia eran pochi romanzi a dispense, la cronaca del quotidiano e una dura, precoce esperienza della vita. Che cosa dovevo insegnarle? Lei avrebbe voluto intanto imparare il francese di cui, chi sa come, qualcosa aveva già messo insieme e che, sola in casa, andava rintracciando sui miei dizionari; ma io aspirai più in alto e pretesi di insegnarle addirittura a leggere, a capire i più bei libri, di cui – mio tesoro – un certo numero avevo sul tavolino. Mi gettai a spiegarle romanzi e poesie, e Cilia fece del suo meglio per seguirmi. Nessuno mi supera nel riconoscere quel che è bello e giusto in una favola, in un pensiero; e nel dirlo con accese parole. Mi sforzavo di farle sentire la freschezza di pagine antiche; la verità di tutti quei sentimenti, sperimentati quando né io né lei eravamo nemmeno al mondo; e quanto la vita sia stata bella e diversa per tanti uomini e tanti tempi. Cilia mi ascoltava attenta e mi faceva domande e sovente m'imbarazzava. Qualche volta, che camminavamo per strada o cenavamo in silenzio, lei usciva con una voce candida a chiedermi conto di certi suoi dubbi; e un giorno che le risposi senza convinzione o con impazienza – non rammento – le scappò da ridere.

Ricordo che il mio primo regalo di marito fu un libro, *La figlia del mare*. Glielo feci un mese dopo il matrimonio, quando appunto cominciammo le letture. Fino allora né stoviglie né indumenti le avevo comperato, perché eravamo troppo poveri. Cilia fu molto contenta e foderò il volume, ma non lo lesse mai.

Con le scarse economie andavamo qualche volta al cinematografo e qui davvero Cilia si divertiva. Le piaceva anche perché poteva stringersi al mio fianco e chiedermi ogni tanto spiegazioni, che sapeva capire. Al cinema non volle mai che con noi venisse Amalia, benché questa una sera gliene avesse chiesto il permesso. C'eravamo conosciuti in un cinema, mi spiegava, e in quella beata oscurità noi dovevamo essere soli.

La crescente frequenza di Amalia in casa, e le mie meritate delusioni, mi fecero presto trascurare, e poi smettere, le letture educative. Mi accontentavo ora, quand'ero in vena di cordialità, di scherzare con le due ragazze. Amalia perse un po' della sua soggezione e una sera, che tornai dal collegio molto tardi e nervoso, giunse a piantarmi in faccia il suo timido sguardo con un lampo di rimprovero sospettoso. Io fui anche più disgustato all'orrenda cicatrice di quel volto; cercai malignamente di rintracciarne i lineamenti distrutti; e dissi a Cilia, quando fummo soli, che magari Amalia da bambina le era somigliata.

«Poveretta,» fece Cilia «spende tutti i soldi che guadagna per farsi guarire. Spera poi di trovare marito.»

«Ma non sanno che cercare un marito, le donne?»

«Io l'ho già trovato» sorrise Cilia.

«E se ti fosse capitato come ad Amalia?» sogghignai.

Cilia mi venne vicino. «Non mi vorresti più?» chiese balbettando.

«No.»

«Ma che cos'hai questa sera? Ti dispiace se Amalia viene in casa? Mi dà lavoro e mi aiuta.»

Avevo che quella sera non potevo liberarmi dall'idea che anche Cilia era un'Amalia e tutte e due mi disgustavano e io mi facevo rabbia. Fissavo Cilia con occhi duri e la sua tenerezza offesa m'impietosiva e m'irritava. Avevo visto per la via un marito con due bambini sudici al collo, e dietro una donnetta patita, la moglie. Immaginai Cilia invecchiata, deturpata, e mi sentii serrare in gola.

Fuori c'erano le stelle. Cilia mi guardava silenziosa.

«Vado a spasso» le dissi, con un brutto sorriso; e me ne uscii.

4

Non avevo amici e capivo qualche volta che Cilia era tutta la mia vita. Traversando le strade, ci pensavo e mi dolevo di non guadagnar tanto da pagarle ogni mio debito con gli agi e non più avere a vergognarmi rientrando. Nulla dei nostri guadagni sprecavo – non fumavo neppure – e, orgoglioso di ciò, consideravo almeno i miei pensieri cosa mia. Ma che fare di questi pensieri? Passeggiavo andando a casa, guardavo la gente, mi chiedevo come tanti conquistassero fortuna, e anelavo mutamenti e casi strani.

Mi soffermavo alla stazione studiando il fumo e il trambusto. Per me la fortuna era sempre l'avventura lontana, la partenza, il piroscafo sul mare, l'entrata nel porto esotico col fragore di metalli e di grida, l'eterna fantasticheria. Una sera mi fermai atterrito, comprendendo a un tratto che, se non mi affrettavo a fare un viaggio con Cilia giovane e innamorata, una moglie sfiorita e un bambino strillante me l'avrebbero poi per sempre impedito. «E se venissero davvero i soldi» ripensai. «Si fa tutto coi soldi.»

Bisogna meritarla la fortuna, mi dicevo, accettare ogni peso dalla vita. Io mi sono sposato, ma non desidero un figlio. Per questo sono meschino. Che davvero con un figlio debba venire la fortuna?

Vivere sempre assorto in sé è cosa deprimente, perché il cervello abituato al segreto non si perita di uscire in sciocchezze inconfessabili, che mortificano chi le pensa. La mia attitudine agli ombrosi sospetti non aveva altra origine.

Qualche volta fantasticavo i miei sogni anche in letto. Mi coglieva d'improvviso in certe notti senza vento, immobili, il fischio remoto e selvaggio di un treno, e mi faceva trasalire accanto a Cilia, risvegliandomi le smanie.

Un pomeriggio, che passavo avanti alla stazione senza nemmeno fermarmi, mi sbuca innanzi un viso noto e mi grida un saluto. Malagigi: dieci anni che non lo vedevo. Mano in mano, ci fermammo a festeggiarci. Non più laido e maligno, demonio di chiazze d'inchiostro e complotti al cesso. Lo riconobbi in quel suo ghigno.

«Malagigi, ancora vivo?»

«Vivo e ragioniere.» La voce non era più quella. Mi parlava un uomo.

«Parti anche tu?» mi fece subito. «Indovina dove vado.»

Raccolse intanto da terra una valigia di pelle, intonata al chiaro impermeabile e all'eleganza della cravatta, e mi prese a braccetto.

«Accompagnami al treno. Vado a Genova.»

«Ho fretta.»

«Poi parto per la Cina.»

«No?»

«Tutti così. Non si può andare in Cina. Che cos'avete con la Cina? Invece di farmi gli auguri. Potrei non tornare. Sei anche tu una donna?»

«Ma che mestiere fai?»

«Vado in Cina. Vieni dentro.»

«No, che non posso. Ho fretta.»

«Allora vieni a prendere il caffè. Sei l'ultimo che saluto.»

Prendemmo il caffè lì alla stazione, al banco, e Malagigi

irrequieto m'informava a scatti dei suoi destini. Lui non era sposato. Lui aveva avuto un bambino bell'e morto. Lui la scuola l'aveva lasciata dopo di me, senza finirla. Aveva pensato a me una volta rifacendo un esame. La sua scuola era stata la lotta per la vita. Tutte le ditte se lo contendevano. E parlava quattro lingue. E lo mandavano in Cina.

Ribattendo sulla fretta che non avevo, urtato e scombattuto, me ne liberai. Giunsi a casa ancor agitato dall'incontro, balzandomi i pensieri in convulsione dall'inaspettato ritorno dell'adolescenza scolorita, all'esaltante impertinenza di quel destino. Non che invidiassi Malagigi o mi piacesse; ma l'improvvisa sovrapposizione a un ricordo grigio, ch'era stato anche il mio, di quella vivida e assurda realtà, da me malamente intravista, mi tormentava.

La stanza era vuota, perché adesso Cilia scendeva sovente a lavorare dalla vicina. Rimasi un po' a meditare nel buio velato appena dal barlume azzurrino del fornello a gas, su cui sobbolliva quieta la pentola.

5

Molte sere trascorsi così, solo nella stanza, in attesa, dando volte o buttato sul letto, assorto in quell'altissimo silenzio del vuoto, che la foschia del crepuscolo attutiva a poco a poco e riempiva. I brusii sottostanti o lontani – vocio di ragazzi, fragori, strilli d'uccelli e qualche voce – mi giungevano appena. Cilia s'accorse presto che di lei non mi occupavo rientrando e tendeva il capo, cucendo, dall'alloggetto di Amalia, per sentirmi passare e chiamarmi. Io entravo con indifferenza – se mi sentiva – e dicevo qualcosa e chiesi una volta sul serio ad Amalia perché non saliva più da noi, dove c'era molta luce, e ci obbligava a sloggiare ogni sera. Amalia non disse nulla e Cilia, distogliendo gli occhi, arrossì.

Una notte, per contarle qualcosa, le accennai di Malagigi e la feci ridere beata di quello strambo figuro. Mi lagnai però che lui facesse fortuna e andasse in Cina. «Piacerebbe anche a me,» sospirò Cilia «andassimo in Cina.» Io feci una smorfia. «In fotografia forse, se la mandiamo a Malagigi.»

«E non per noi?» disse. «Giorgio, non abbiamo ancora una fotografia insieme.»

«Soldi sprecati.»

«Facciamoci la fotografia.»

«Ma non dobbiamo mica lasciarci. Stiamo già insieme giorno e notte. A me non piacciono.»

«Siamo sposati e non abbiamo un ricordo. Facciamocene una.»

Non risposi.

«Spenderemo poco. La terrò io.»

«Fattela fare con Amalia.»

L'indomani Cilia, rivolta alla parete, con i capelli sugli occhi, non voleva saperne di guardarmi. Dopo qualche moina mi accorsi che resisteva e saltai dal letto infastidito. Anche Cilia si alzò e, lavatasi la faccia, mi diede il caffè con una calma guardinga, abbassando gli occhi. Me ne andai senza parlare.

Ritornai dopo un'ora. «Quanto c'è sul libretto?» vociai. Cilia mi guardò sorpresa. Era seduta al tavolino con un'aria smarrita. «Non so. L'hai tu. Trecento lire, credo.» «Trecento e quindici e sessanta. Eccole qua.» E piantai sul tavolo il rotolo. «Spendile come vuoi. Facciamo baldoria. È roba tua.»

Cilia si alzò e mi venne incontro.

«Perché fai questo, Giorgio?»

«Perché sono uno stupido. Senti, non ho voglia di parlare. I denari, quando ce n'è pochi, non contano più. Vuoi ancora la fotografia?»

«Ma, Giorgio, voglio che tu sia contento.»

«Io sono contento.»

«Ti voglio bene, io.»

«Anch'io.» Le presi un braccio, mi sedetti, e me la tirai sulle ginocchia. «Qui la testa, su.» E feci la voce viziata, dell'intimità. Cilia non disse nulla e appoggiava la guancia alla mia. «Quando andiamo?»

«Non importa» bisbigliò.

«Allora senti.» Le presi la nuca e le sorrisi. Cilia, ancor palpitante, mi stringeva alla spalla e volle baciarmi. «Cara. Ragioniamo. Abbiamo trecento lire. Diamo un calcio a ogni cosa e facciamo un viaggetto. Ma subito. Adesso. Se ci pensiamo sopra, ci pentiamo. Non dirlo a nessuno, nemmeno ad Amalia. Stiamo via solo un giorno. Sarà il viaggio di nozze che non abbiamo fatto.»

«Giorgio, perché non l'hai voluto fare allora? Dicevi che era una sciocchezza, allora.»

«Sì, ma questo non è un viaggio di nozze. Vedi, adesso ci conosciamo. Siamo come amici. Nessuno ne sa niente. E poi, ne abbiamo bisogno. Tu, no?»

«Certo, Giorgio, sono contenta. Dove andiamo?»

«Non so, ma si fa presto. Vuoi che andiamo al mare? a Genova?»

6

Ancora sul treno, mostrai una certa preoccupazione, e Cilia, che alla partenza cercava di farmi parlare e mi prendeva la mano e non stava più in sé, trovandomi così ombroso ben presto comprese e si mise a fissare con una smorfia il finestrino. Io guardavo in silenzio nel vuoto e ascoltavo nel corpo il sussulto, in cadenza, di ruote e rotaie. C'era gente nel vagone, cui badavo appena; al mio fianco scappavano prati e colline; dirimpetto anche Cilia, piegata sul vetro, pareva ascoltasse qualcosa, ma a tratti con occhi fugaci tentava un sorriso. Mi spiò così a lungo.

Arrivati ch'era notte, trovammo riparo in un grosso albergo silenzioso, nascosto tra gli alberi di un viale deserto. Ma prima salimmo e scendemmo in un'eternità di ricerche tortuose. Faceva un tempo grigio e fresco, che invogliava a passeggiare naso all'aria. Mi stava invece appesa al braccio Cilia stanca morta e fui ben sollevato di trovare da sederci. Tante strade abbaglianti avevamo girato, tanti vicoli bui, col cuore in gola, senza mai giungere al mare, e la gente non badava a noi. Sembravamo una coppia a passeggio, non fosse stata la tendenza a uscir dal marciapiedi e gli sguardi affannati di Cilia ai passanti e alle case.

Quell'albergo faceva per noi: nessuna eleganza, un giovanotto ossuto mangiava a maniche rimboccate a un tavolino bianco. Ci accolse una donna alta e fiera, con un vezzo di coralli sul seno. Fui lieto di sedermi perché, comunque, girare con Cilia non mi lasciava assorbirmi in ciò che vedevo e in me stesso. Preoccupato

392

e impacciato, dovevo pure tenerla al fianco e risponderle almeno coi gesti. Ora, io volevo – volevo – contemplare, conoscere in me solo, la città sconosciuta; c'ero venuto apposta.

Attesi sotto, trepidante, a ordinare la cena, senza salire nemmeno a vedere la camera e discutere anch'io. Quel giovanotto mi attirava, baffi rossicci, sguardo annebbiato e solitario. Sull'avambraccio doveva avere, scolorito, un tatuaggio. Se ne andò raccogliendo una rattoppata giacchetta turchina.

Cenammo ch'era mezzanotte. Cilia al tavolinetto rise molto dell'aria sdegnosa della padrona. «Ci crede appena sposati» balbettò. Poi, con gli occhi stanchi e inteneriti: «Lo siamo vero?» mi chiese, carezzandomi la mano.

C'informammo dei luoghi. Avevamo il porto a cento passi in fondo al viale. «Guarda un po'» disse Cilia. Era assonnata, ma quella passeggiata volle farla con me.

Giungemmo alla ringhiera d'una terrazza col fiato sospeso. Era una notte serena ma buia, e i lampioni sprofondavano ancora quel fresco abisso nero che ci stava dinanzi. Non dissi nulla, e aspirai trasalendo il sentore selvaggio.

Cilia guardava intorno e m'indicò una fila di luci, tremolanti nel vuoto. Una nave, il molo? Giungevano dal buio aliti labili, brusii, tonfi leggeri. «Domani,» disse estasiata «domani, lo vedremo.»

Ritornando all'albergo, Cilia mi stringeva al fianco tenace. «Come sono stanca. Giorgio, che bello. Domani. Sono contenta. Sei contento?» e mi strisciava la guancia sulla spalla.

Io non sentivo quasi. Camminavo a mascelle serrate, respiravo, mi carezzava il vento. Ero irrequieto, lontano da Cilia, solo al mondo. A metà scala le dissi: «Non ho ancora voglia di dormire. Tu va' su. Faccio due passi per il corso e ritorno».

7

E anche quella volta fu la stessa cosa. Tutto il male che ho fatto a Cilia e di cui mi coglie ancor adesso un desolato rimorso, nel letto, sull'alba, quando non posso farci nulla e fuggire; tutto questo male io non sapevo più evitarlo.

Feci ogni cosa sempre come uno stolto, un trasognato, e non mi accorsi di me stesso che alla fine, quand'era inutile anche il rimorso. Ora intravedo la verità: mi sono tanto compiaciuto in solitudine, da atrofizzare ogni mio senso di umana relazione e incapacitarmi a tollerare e corrispondere qualunque tenerezza. Cilia per me non era un ostacolo; semplicemente non esisteva. Se avessi soltanto compreso questo e sospettato quanto male facevo a me stesso così mutilandomi, l'avrei potuta risarcire con un'immensa gratitudine, tenendo la sua presenza come la mia sola salvezza.

Ma è mai bastato uno spettacolo di angoscia altrui, per aprir gli occhi a un uomo? O non occorrono invece sudori d'agonia e la pena vivace, che si leva con noi, ci accompagna per strada, ci si corica accanto e ci sveglia la notte sempre spietata, sempre fresca e vergognosa?

Sotto un'alba nebbiosa e umidiccia, quando il viale era ancora deserto, rientrai indolenzito nell'albergo. Scorsi Cilia e la padrona sulla scala, che discinte altercavano, e Cilia piangeva. Alla mia entrata la padrona in vestaglia cacciò uno strillo. Cilia rimase immobile, appoggiata alla ringhiera; aveva un volto spaventoso, disfatto, e tutti i capelli e le vesti in disordine.

«Eccolo.»

«Che c'è, a quest'ora?» feci severo.

La padrona, stringendosi il seno, si mise a vociferare. L'avevano svegliata a metà notte, mancava un marito: pianti, fazzoletti strappati, telefono, questura. Ma era il modo? Di dove venivo?

Io non stavo più dritto e la guardai assente e disgustato. Cilia non s'era mossa: soltanto, con la bocca dischiusa respirava profondo e il suo viso stirato avvampava.

«Cilia, non hai dormito?»

Ancora non rispose. Lacrimava immobile, senza battere gli occhi, e teneva le mani congiunte sul ventre, tormentando il fazzoletto.

«Sono andato a spasso» feci cupo. «Mi son fermato al porto.» La padrona fu per ribattere, alzando le spalle. «Insomma, sono vivo. E casco dal sonno. Lasciatemi buttare sul letto.»

Dormii fino alle due, sodo come un ubriaco. Mi svegliai di botto. La stanza era in penombra; giungevano frastuoni dalla strada. Istintivamente non mi mossi; c'era Cilia seduta in un angolo, che mi guardava, e guardava la parete, si scrutava le mani, a scatti trasalendo.

Dopo un po' bisbigliai cauto: «Cilia, mi fai la guardia?».

Cilia levò vivamente gli occhi. Quello sguardo sconvolto di prima le si era come raggelato sulla faccia. Mosse le labbra per parlare; e non disse nulla.

«Cilia, non va bene far la guardia al marito» ripresi con la vocetta scherzosa da bimbo. «Hai mangiato, piuttosto?»

La poveretta scosse il capo. Saltai dal letto allora e guardai l'orologio. «Alle tre e mezzo parte il treno, Cilia, facciamo presto, mostriamoci allegri alla padrona.» Poi, siccome non si muoveva, le venni vicino e la tirai su per le guance.

«Senti,» le dissi mentre i suoi occhi si riempivano di lacrime «è per stanotte? Avrei potuto mentire, raccontarti che mi sono perduto, darti dell'olio. Se non l'ho fatto, è perché non mi piacciono le smorfie. Mettiti in pace, sono sempre stato solo. Neanch'io» e la sentii sussultare «neanch'io mi sono troppo divertito a Genova. Pure non piango.»

(1936)

Pubblicato postumo in *Notte di festa*, Einaudi 1953.

Marguerite Yourcenar
L'ULTIMO AMORE DEL PRINCIPE GENJI

Quando Genji il Rifulgente, il più grande seduttore che mai abbia stupito l'Asia, ebbe raggiunto il suo cinquantesimo anno, si accorse che bisognava cominciare a morire. La sua seconda moglie, Murasaki, la principessa Violetta, che egli aveva tanto amata attraverso tante infedeltà contraddittorie, l'aveva preceduto in uno di quei Paradisi dove vanno i morti che hanno acquisito qualche merito nel corso di questa vita mutevole e difficile, e Genji si tormentava di non poterne ricordare esattamente il sorriso, o meglio la smorfietta che lei faceva prima di piangere. La sua terza sposa, la Principessa-del-Palazzo-dell'Ovest, l'aveva ingannato con un giovane parente, come lui stesso, al tempo della sua giovinezza, aveva ingannato suo padre, con un'imperatrice adolescente. La stessa commedia ricominciava sul teatro del mondo, ma questa volta lui sapeva che non gli sarebbe toccata che la parte del vecchio, e a questa preferiva la parte del fantasma. E così distribuì i suoi beni, congedò i suoi servitori e si accinse ad andare a finire i suoi giorni in un eremitaggio che aveva avuto cura di far costruire sul fianco della montagna. Attraversò un'ultima volta la città, seguito soltanto da due o tre compagni devoti che in lui non si rassegnavano a prendere congedo dalla loro giovinezza. Nonostante l'ora mattutina, alcune donne puntavano il viso contro i sottili listelli delle persiane. Bisbigliavano ad alta voce che Genji era ancora bellissimo, e questo provava una volta di più al principe che era proprio tempo di andarsene.

Misero tre giorni a raggiungere l'eremitaggio situato in lande assai selvatiche. La casetta sorgeva ai piedi di un acero centenario; poiché era autunno, le foglie di questo bell'albero ne ricoprivano il tetto di paglia con uno strato d'oro. In quella solitudine la vita si rivelò più semplice e più rude ancora di quanto non fosse stata nel corso del lungo esilio, in una remota provincia giapponese, subìto da Genji al tempo della sua tempestosa giovinezza, e quell'uomo raffinato poté finalmente gustare, fino a saziarsene, il lusso supremo che consiste nel fare a meno di tutto. Presto si annunciarono i primi freddi, le pendici della montagna si ricoprirono di neve come le larghe pieghe di quei vestiti ovattati che si portano in inverno, e la nebbia soffocò il sole. Dall'alba al crepuscolo, al baluginio di un avaro braciere, Genji leggeva le Scritture, e trovava in quei versetti austeri un sapere ormai impossibile per lui nei più patetici versi d'amore. Ma ben presto si accorse che la sua vista scemava, come se tutte le lacrime che aveva versate sulle sue fragili amanti gli avessero bruciato gli occhi e dovette rendersi conto che per lui le tenebre sarebbero cominciate prima della morte. Di tanto in tanto un corriere intirizzito arrivava dalla capitale, zoppicando sui piedi gonfi di stanchezza e di geloni, e gli presentava rispettosamente certi messaggi di parenti o di amici che desideravano fargli ancora una visita in questo mondo, prima degli incontri infiniti e incerti dell'altra vita. Ma Genji temeva di ispirare ai suoi ospiti soltanto compassione o rispetto, due sentimenti di cui aveva orrore, e ai quali preferiva l'oblìo. Scuoteva tristemente il capo, e quel principe rinomato un tempo per il suo talento di poeta e di calligrafo rimandava il messaggero con in mano un foglio bianco. A poco a poco le comunicazioni con la capitale rallentarono; il ciclo delle feste stagionali continuava a ruotare lontano dal principe che una volta le dirigeva con un colpo di ventaglio, e Genji abbandonato senza ritegno alle tristezze della solitudine, aggravava sempre più il suo male agli occhi perché non si vergognava più di piangere.

Due o tre delle sue antiche amanti gli avevano proposto di venire a condividere il suo isolamento pieno di ricordi. Le lettere più tenere provenivano dalla Signora-del-villaggio-dei-fiori-che-cadono: era un'antica concubina di nascita non illustre e di mediocre bellezza; aveva fedelmente servito come dama d'onore presso le altre spose di Genji, e per diciott'anni aveva amato il principe senza stancarsi mai di soffrire. Lui le faceva ogni tanto qualche visita notturna, e questi incontri, benché rari come le stelle in una notte piovosa, erano bastati a illuminare la povera vita della Signora-del-villaggio-dei-fiori-che-cadono. Non facendosi illusioni né sulla propria bellezza, né sul proprio spirito, né sulla propria nascita, la Signora, la sola fra tante amanti, conservava per Genji una dolce riconoscenza poiché non trovava del tutto naturale che egli l'avesse amata.

Restando senza risposta le sue lettere, affittò una modesta carrozza e si fece portare alla capanna del principe solitario. Spinse timidamente la porta di rami intrecciati, si inginocchiò, con un'umile risatina che la scusasse di essere lì. In quel tempo Genji riconosceva ancora il viso dei suoi visitatori se si avvicinavano molto. Una rabbia amara lo colse davanti a quella donna che risvegliava in lui i più stillanti ricordi dei giorni morti, non tanto per via della sua presenza quanto perché le sue maniche erano ancora impregnate del profumo che usavano le sue mogli defunte. Lei lo supplicava tristemente di tenerla almeno come serva. Spietato per la prima volta, Genji la cacciò, ma lei aveva conservato qualche amico fra i vecchi che si occupavano del servizio del principe, e talvolta costoro le facevano avere notizie. Crudele a sua volta come non lo era mai stata in vita sua, lei sorvegliava di lontano il procedere della cecità di Genji, come una donna impaziente di raggiungere il suo amante aspetta che la sera sia del tutto scesa.

Quando lo seppe quasi del tutto cieco, si spogliò dei suoi vestiti di città e indossò una casacca corta e rozza secondo l'uso delle giovani contadine; si intrecciò i capelli alla maniera delle ragazze dei campi; e si mise sulle spalle un fagotto di stoffe e di terraglie del genere che si vende nelle fiere paesane. Conciata così, si fece condurre nel luogo dove l'esule volontario abitava in compagnia dei cerbiatti e dei pavoni della foresta; fece a piedi l'ultima parte della strada perché il fango e la stanchezza l'aiutassero a rappresentare bene la sua parte. Le piogge tenere della primavera cadevano dal cielo sulla terra molle, e sommergevano gli ultimi lucori del crepuscolo: era l'ora in cui Genji, ravvolto nel suo stretto abito da monaco, passeggiava lentamente lungo il sentiero da cui i suoi vecchi servitori avevano accuratamente scostato ogni sassolino per impedirgli di inciampare. Il suo viso vacuo, spassionato, offuscato dalla cecità e dalle avvisaglie della vecchiaia, sembrava uno specchio brunito che avesse un tempo riflesso la bellezza, e la Signora-del-villaggio-dei-fiori-che-cadono non ebbe bisogno di fingere per mettersi a piangere.

Questo rumore di singhiozzi femminili fece sussultare Genji. Si orientò lentamente dal lato di dove provenivano quelle lacrime.

«Chi sei, donna?» disse con inquietudine.

«Sono Ukifune, la figlia del fattore So-Hei» disse la Signora non dimenticando di adottare l'accento del villaggio. «Sono andata in città con mia madre per comperare stoffe e marmitte perché mi sposano alla prossima luna. Ma ecco che mi sono smarrita nei sentieri della montagna, e piango perché ho paura dei cinghiali, dei demoni, del desiderio degli uomini e dei fantasmi dei morti.»

«Tu sei tutta bagnata, fanciulla» disse il principe posandole una mano sulla spalla.

Infatti era fradicia fino alle ossa. Il contatto di quella mano così nota la fece vibrare dalla punta dei capelli all'alluce del piede nudo, ma forse Genji credette che tremasse per il freddo.

«Vieni nella mia capanna» riprese il principe con voce invitante. «Potrai scaldarti al mio fuoco, anche se ci sono più ceneri che carbone.»

La Signora lo seguì, preoccupandosi di imitare l'andatura goffa di una contadina. Si accovacciarono davanti al fuoco morente. Genji tendeva le mani verso il calore, ma la Signora dissimulava le dita, troppo delicate per una ragazza dei campi.

«Sono cieco» sospirò Genji un momento dopo. «Non farti scrupoli e togliti i vestiti bagnati, ragazza. Scaldati nuda davanti al mio fuoco.»

La Signora si tolse docilmente l'abito da contadina. Il fuoco coloriva il suo corpo esile che sembrava intagliato nella più pallida delle ambre.

All'improvviso Genji mormorò:

«Ti ho ingannata, fanciulla, perché non sono ancora del tutto cieco. Ti intuisco attraverso una nebbia che forse non è che l'alone della tua bellezza. Lascia che posi la mano sul tuo braccio che trema ancora.»

È così che la Signora-del-villaggio-dei-fiori-che-cadono ridivenne l'amante del principe Genji che per più di diciott'anni aveva umilmente amato. Non dimenticò di imitare le lacrime e le timidezze di una fanciulla al suo primo amore. Il suo corpo era rimasto mirabilmente giovane, e la vista del principe era troppo debole per permettergli di distinguere qualche capello grigio.

Quando le loro carezze furono finite, la Signora si inginocchiò davanti al principe e gli disse:

«Ti ho ingannato, Principe. Sono Ukifune, sì, la figlia del fattore So-Hei, ma non mi sono affatto smarrita nella montagna. La gloria del principe Genji è giunta fino al villaggio, ed è di mia spontanea volontà che sono venuta, per scoprire l'amore fra le tue braccia.»

Genji si alzò barcollando, come un pino che vacilli sotto l'urto dell'inverno e del vento. Gridò con voce sibilante:

«Disgrazia a te, che sei venuta a riportarmi il ricordo del mio peggiore nemico, il bel principe dagli occhi vivi che con la sua immagine mi tiene sveglio ogni notte... Vattene...»

E la Signora-del-villaggio-dei-fiori-che-cadono si allontanò, rimpiangendo l'errore che aveva appena commesso.

Durante le settimane che seguirono, Genji restò solo. Soffriva. Si accorgeva, scoraggiato, di essere ancora avvolto nelle illusioni di questo mondo, e pochissimo preparato agli scorticamenti e alle epifanie dell'altra vita. La visita della figlia del fattore So-Hei aveva risvegliato in lui il gusto delle creature dai polsi stretti, dai lunghi seni conici, dal riso patetico e docile. Da quanto stava diventando cieco, il senso del tatto restava il suo solo modo di aderire alla bellezza del mondo, e i paesaggi in cui era venuto a rifugiarsi non gli dispensavano più alcuna consolazione. Il fruscio di un ruscello, infatti, è più monotono della voce di una donna, e i pendii delle colline o le striature delle nuvole sono fatti per chi può vedere, e planano troppo lontano da noi per lasciarsi accarezzare.

Due mesi più tardi la Signora-del-villaggio-dei-fiori-che-cadono fece un secondo tentativo. Questa volta si vestì e si profumò con cura, ma badò bene che il taglio delle stoffe avesse qualcosa di meschino e di timido nella sua stessa eleganza, e che quel profumo discreto, ma banale, suggerisse la mancanza di immaginazione di una giovane proveniente da un onorevole strato della provincia, e che non ha mai visto la corte.

Per l'occasione ingaggiò dei portatori e una portantina ragguardevole che tuttavia mancava delle ultime raffinatezze cittadine.

Fece in modo di arrivare nei dintorni della capanna di Genji soltanto in piena notte. L'estate l'aveva preceduta nella montagna. Genji, seduto ai piedi dell'acero, ascoltava il canto dei grilli. La Signora si avvicinò a lui nascondendo a metà il viso dietro il ventaglio e mormorò tutta confusa:

«Sono Sciujo, la moglie di Sukazu, un nobile di settimo rango della provincia di Yamato. Sono partita per il pellegrinaggio al tempio di Ise, ma uno dei miei portatori si è storto un piede, e io non posso continuare la strada prima dell'aurora. Indicami una capanna dove io possa passare la notte senza temere calunnie, e far riposare i miei servi.»

«Dove, se non nella casa di un vecchio cieco, può essere meglio al riparo delle calunnie una giovane donna?» disse amaramente il principe. «La mia capanna è troppo piccola per i tuoi servi, che dormiranno sotto quest'albero, ma a te io cederò l'unico materasso del mio eremo.»

Si alzò e camminando a tastoni le indicò la strada. Nemmeno una volta aveva alzato gli occhi su di lei, e da questo segno ella riconobbe che era completamente cieco.

Quando si fu distesa sul materasso di foglie secche, Genji andò malinconicamente a sedersi sulla soglia della capanna. Era triste, e non sapeva nemmeno se quella giovane fosse bella.

La notte era calda e chiara. La luna stendeva un chiarore sul viso alzato del cielo, che sembrava scolpito in una candida giada. Dopo un po' la signora lasciò il suo giaciglio forestiero e a sua volta venne a sedersi sulla soglia. Disse con un sospiro:

«La notte è bella, e io non ho sonno. Permettimi di cantare una delle canzoni di cui trabocca il mio cuore.»

E senza aspettare risposta cantò una romanza che il principe aveva cara per averla tante volte sentita dalle labbra della sua moglie preferita, la principessa Violetta. Genji, turbato, si avvicinò insensibilmente alla sconosciuta:

«Di dove vieni, giovane donna che conosci le canzoni care alla mia giovinezza? Arpa in cui vibrano arie di un altro tempo, lasciami passare la mano sulle tue corde.»

E le carezzò i capelli. Dopo un po' le domandò:

«Ahimè, certo tuo marito sarà più bello e più giovane di me, giovane donna del paese di Yamato.»

«Mio marito è meno bello e sembra meno giovane» rispose

semplicemente la Signora-del-villaggio-dei-fiori-che-cadono.

E così, sotto un nuovo travestimento, la Signora divenne l'amante del principe Genji, al quale un tempo era appartenuta. Al mattino lo aiutò a preparare una pappa calda, e il principe Genji le disse:

«Sei abile e tenera, giovane donna, e credo che nemmeno il principe Genji, che è stato tanto felice in amore, abbia avuto un'amante più dolce di te.»

«Non ho mai sentito parlare del principe Genji» disse la Signora scuotendo la testa.

«Come!» esclamò amaramente Genji. «È stato dimenticato così presto?»

E restò cupo per l'intera giornata. La Signora capì allora di aver fatto un secondo passo falso, ma Genji non accennava a mandarla via, e sembrava felice di ascoltare il fruscio del suo vestito di seta nell'erba.

Arrivò l'autunno e trasformò gli alberi della montagna in altrettante fate vestite di porpora e d'oro, ma destinate a morire con i primi freddi. La Signora descriveva a Genji quei bruni grigi, quei bruni dorati, quei bruni lilla, badando a non alludervi che per caso, e ogni volta evitava di ostentare l'aiuto che gli recava. Deliziava ogni giorno Genji inventando complicate collane di fiori, pietanze raffinate per troppa semplicità, nuove parole che si adattavano a vecchie arie struggenti e sofferte. Aveva già dispiegato gli stessi fascini nel suo padiglione di quinta concubina, dove Genji talvolta le faceva visita. Ma lui, distratto da altri amori, non se n'era accorto.

Alla fine dell'autunno le febbri salirono dalle paludi. Gli insetti pullulavano nell'aria ammorbata, e ogni respiro pareva una sorsata presa a una sorgente avvelenata. Genji si ammalò e si distese sul suo letto di foglie morte, convinto ormai di non rialzarsi più. Davanti alla Signora si vergognava della propria debolezza e delle cure umilianti a cui lo costringeva la malattia, ma quell'uomo che per tutta la sua vita aveva cercato ciò che c'è insieme di più unico e di più straziante in ogni esperienza, non poteva che apprezzare quanto una simile intimità nuova e miseranda poteva aggiungere fra due esseri alle intime dolcezze dell'amore.

Un mattino in cui la Signora gli massaggiava le gambe, Genji si sollevò sul gomito, e cercando a tastoni le mani della Signora, mormorò:

«Giovane donna che curi chi sta per morire, io ti ho ingannata. Io sono il principe Genji.»

«Quando sono venuta da te, non ero che una provinciale ignorante» disse la Signora «e non sapevo chi fosse il principe Genji. Ora so che è stato il più bello e il più desiderato degli uomini, ma tu non hai bisogno di essere il principe Genji per essere amato.»

Genji la ringraziò con un sorriso. Da quando i suoi occhi tacevano, sembrava che lo sguardo gli vagasse sulle labbra.

«Sto per morire» disse con fatica. «Non mi lamento di un destino che condivido con i fiori, con gli insetti, con gli astri. In un universo dove tutto passa come un sogno, non ci perdoneremmo di durare sempre. Non mi addolora che le cose, gli esseri e i cuori siano perituri, dal momento che una parte della loro bellezza è fatta di questa sciagura. Ciò che mi affligge è che siano unici. Un tempo, la certezza di ottenere in ogni istante della mia vita una rivelazione non destinata a rinnovarsi, rappresentava il fiore dei miei segreti piaceri. Ora io muoio pieno di vergogna, come un privilegiato che abbia assistito da solo a una festa sublime data una volta sola. Cari oggetti, voi non avete più per testimone se non un cieco che muore... Saranno in fiore altre donne, sorridenti come quelle che io ho amato, ma il loro sorriso sarà diverso, e il neo che mi ispirava tanti slanci si sarà spostato per lo spessore di un atomo sulla loro guancia d'ambra. Altri cuori si spezzeranno sotto il peso di un amore insopportabile, ma le loro lacrime non saranno le nostre lacrime. Mani umide di desiderio continueranno a intrecciarsi sotto i mandorli in fiore, ma la stessa pioggia di petali non si sfoglia mai due volte sulla stessa felicità umana. Ah, mi sento simile a un uomo trascinato da un'inondazione, che voglia almeno trovare un angolino di terra asciutta per affidargli qualche lettera ingiallita e qualche ventaglio dalle sfumature sbiadite... Che ne sarà di te, quando non sarò più qui a intenerirmi sul tuo ricordo, Principessa Azzurra, mia prima moglie, al cui amore non ho creduto che il giorno dopo la tua morte? E tu, ricordo desolato della Signora-del-Padiglione-delle-Campanule, che sei morta nelle mie braccia perché una rivale gelosa pretendeva di essere sola ad amarmi? E voi, ricordi insidiosi della mia troppo bella matrigna e della mia troppo giovane sposa, occupate volta a volta a insegnarmi quanto si soffra a essere il complice o la vittima di un'infedeltà? E tu, ricordo sottile della Signora Cicala-del-Giardino che si eclissò per pudore, tanto che io dovetti consolarmi con il suo giovane fratello, il cui viso infantile rifletteva ogni tratto di quel timido sorriso di donna? E tu, caro ricordo della Signora-della-Lunga Notte, che sei stata tanto dolce, e che consentisti a essere soltanto la terza nella mia casa e nel mio cuore? E tu, povero piccolo ricordo pastorale della figlia del fattore So-Hei, che in me non amava che il mio passato? E tu soprattutto, tu, ricordo delizioso della piccola Sciujo che in questo momento mi massaggi i piedi e che non avrai il tempo di essere un ricordo? Sciujo, che avrei voluto incontrare più presto nella mia vita, ma è anche giusto che all'estremo autunno sia riservato un frutto...»

Ebbro di tristezza, lasciò ricadere la testa sul duro cuscino. La Signora-del-villaggio-dei-fiori-che-càdono si curvò su di lui e tremando tutta mormorò:

«Non c'era un'altra donna nel tuo palazzo, una di cui non hai pronunciato il nome? Non era dolce? Non si chiamava per caso la Signora-del-villaggio-dei-fiori-che-cadono? Ah, cerca di ricordare...»

Ma già i tratti del principe Genji avevano assunto quella serenità che soltanto ai morti è riservata. La fine di ogni dolore aveva cancellato dal suo viso ogni traccia di sazietà o di amarezza, come se l'avesse convinto di avere ancora diciott'anni. La Signora-del-villaggio-dei-fiori-che-cadono si buttò a terra urlando contro ogni ritegno: le sue lacrime salate le devastarono le guance come una pioggia tempestosa, e i suoi capelli strappati a manciate volavano via come borra di seta. Il solo nome che Genji avesse dimenticato, era precisamente il suo.

(Trad. di Maria Luisa Spaziani)

«Le dernier amour du prince Genghi», 1938, da *Nouvelles Orientales*, 1968.
© Editions Gallimard, Paris 1968;
da *Novelle Orientali*, RCS Libri, Milano 1983.

Ernest Hemingway
MR. E MRS. ELLIOT

Mr. e Mrs. Elliot tentarono con molto impegno d'avere un bambino. Tentarono tante volte quante poteva sopportarne Mrs. Elliot. Tentarono a Boston appena sposati e tentarono sul piroscafo durante la traversata. Sul piroscafo non tentavano spesso, perché la signora aveva il mal di mare. Stava male e quando stava male stava male come stanno male le donne del Sud. Cioè le donne degli stati del Sud degli Stati Uniti. Come tutte le donne del Sud soffriva fortemente il mal di mare, il viaggiare di notte e l'alzarsi troppo presto la mattina. Molti sul piroscafo la prendevano per la madre di Elliot. Altri che sapevano che erano sposati credevano che lei aspettasse un bambino. In realtà lei aveva quarant'anni. Gli anni avevano fatto una caduta improvvisa quando lei aveva cominciato a viaggiare.

Molto più giovane sembrava, anzi sembrava non aver addirittura età, quando Elliot l'aveva sposata dopo aver fatto all'amore per diverse settimane con lei che per molto tempo aveva visto in una sala da tè prima di baciarla una sera.

Hubert Elliot quando si sposò stava facendo pratica d'avvocato a Harvard. Era poeta e aveva una rendita di circa diecimila dollari l'anno. Scriveva poesie lunghissime con grande rapidità. Quando sposò Mrs. Elliot aveva venticinque anni e non era mai stato a letto con una donna. Voleva mantenersi puro in modo da poter offrire a sua moglie la stessa purezza di mente e di corpo che desiderava in lei. Chiamava questo tra sé vivere rettamente. Prima di baciare Mrs. Elliot era stato innamorato di diverse ragazze e sempre, prima o poi, aveva detto loro che egli aveva fatto una vita pulita. Quasi tutte le ragazze si erano allora disinteressate di lui. Egli era scandalizzato e sinceramente inorridito al pensiero che delle ragazze potessero fidanzarsi e sposarsi con uomini dei quali sapevano benissimo che s'erano trascinati nel fango. Egli aveva una volta tentato di mettere in guardia una ragazza da un uomo del quale egli aveva quasi le prove che in collegio era stato un donnaiolo; ma ne era derivato uno spiacevole incidente.

Mrs. Elliot aveva nome Cornelia. Da lui si faceva chiamare Calutina, vezzeggiativo che le davano in famiglia, nel Sud. La madre di Elliot pianse quando egli portò a casa Cornelia, dopo il matrimonio; ma si rassegnò molto quando seppe che avevano intenzione di andare all'estero.

Cornelia aveva detto: «Caro, caro ragazzo» e l'aveva stretto ancor più a sé quand'egli le aveva detto di essersi mantenuto puro per lei. Anche Cornelia era pura. «Baciami di nuovo così» disse.

Hubert le spiegò che aveva imparato quel modo di baciare sentendo una volta un amico raccontare una storia. Era entusiasta dell'esperimento ed essi lo perfezionarono il più possibile. Qualche volta, quando avevano trascorso a baciarsi molto tempo, Cornelia gli chiedeva di raccontare di nuovo che egli si era mantenuto puro proprio per lei. La dichiarazione l'emozionava di nuovo ogni volta.

Dapprima Hubert non aveva nessuna idea di sposare Cornelia. Non ci aveva pensato mai. Lei era una buona amica per lui, e poi, un giorno che avevano ballato in una saletta retrostante mentre l'amica di lei aspettava nella sala grande, lei l'aveva guardato negli occhi ed egli l'aveva baciata. Non riusciva a ricordare quando avessero deciso di sposarsi. Ma s'erano sposati.

Passarono la prima notte di matrimonio in un albergo di Boston. Rimasero delusi tutti e due ma infine Cornelia si addormentò. Hubert non poteva dormire e diverse volte uscì a passeggiare nel corridoio indossando la veste da camera nuova che aveva comperato apposta per il viaggio di nozze. Passeggiando vide tutte le paia di scarpe, scarpe piccole e scarpe grandi, davanti alle porte delle stanze. Questo gli fece battere il cuore ed egli tornò in camera sua ma Cornelia dormiva. Non voleva svegliarla e presto tutto fu tranquillo di nuovo ed egli si addormentò pacificamente.

Il giorno dopo andarono a salutare la madre di lui, e il giorno seguente s'imbarcarono per l'Europa. Potevano cercare di avere un bambino ma Cornelia non poteva provarcisi troppo spesso, per quanto un bambino fosse quello che tutti e due più d'ogni altra cosa al mondo desiderassero avere.

Sbarcarono a Cherbourg e vennero a Parigi. Cercarono, a Parigi, di avere un bambino. Poi decisero di andare a Digione dov'era una scuola estiva e dov'erano andati parecchi di quelli che avevano fatto la traversata con loro. Si accorsero che a Digione non c'era niente da fare. Tuttavia Hubert scriveva un gran numero di poesie e Cornelia gliele batteva a macchina. Erano tutte poesie molto lunghe. Egli era molto severo in fatto di errori ed era capace di farle ricopiare una pagina intera per un solo errore. Lei piangeva spesso. Prima di partire da Digione cercarono parecchie volte di avere un bambino.

Giunsero a Parigi, dov'erano tornati anche molti dei loro amici del piroscafo. Si erano stancati di Digione e a ogni modo ora avrebbero potuto dire di aver frequentato l'Università di Digione dopo aver lasciato Harvard, Columbia o Wabash. Molti avrebbero preferito andare a Languedoc, Montpellier o Perpignano, posto che ci siano delle università in quei luoghi. Ma erano luoghi troppo lontani. Digione è soltanto a quattro ore e mezzo da Parigi e sul treno c'è una vettura ristorante.

Così sedevano tutti in circolo al Café du Dôme, evitando il Rotonde sull'altro lato della strada, sempre così pieno di forestieri. Questo fu per alcuni giorni. Poi gli Elliot, per mezzo di un annuncio sul «New York Herald» affittarono un castello in Turenna. Elliot aveva ora un certo numero di amici che ammiravano tutti le sue poesie e Mrs. Elliot l'aveva finalmente convinto a far venire da Boston la sua amica, quella che quel giorno s'era trovata nella sala grande. Con l'arrivo dell'amica, Mrs. Elliot si rassegnò molto e insieme piansero di gusto e a lungo. L'amica aveva alcuni anni più di Cornelia e la chiamava Cocca. Anche lei era di una famiglia molto antica del Sud.

Tutti e tre, insieme ad alcuni amici di Hubert che lo chiamavano Hubie, se ne andarono nel castello in Turenna. Trovarono che la Turenna era un paese pianeggiante che assomigliava abbastanza al Kansas. Elliot ormai aveva poesie in numero quasi sufficiente per un libro. L'avrebbe portato a Boston e già aveva fatto un contratto con un editore.

In breve gli amici cominciarono a tornarsene a Parigi. La Turenna s'era rivelata diversa da quel che pareva in principio. Ben presto tutti gli amici se n'erano andati in una località estiva presso Trouville con un giovane poeta ricco e scapolo. Là si trovavano bene.

Elliot rimase al castello in Turenna perché l'aveva affittato per tutta l'estate. Lui e Mrs. Elliot tentarono con molto impegno, nella grande calda stanza da letto sul grande letto duro, di avere un bambino. Mrs. Elliot stava imparando un nuovo metodo per scrivere a macchina ma si accorse che con questo aumentava la velocità ma anche il numero degli errori. Praticamente ormai era l'amica che batteva a macchina tutti i manoscritti. Era molto precisa e diligente, e sembrava contenta di farlo.

Elliot aveva preso l'abitudine di bere vino bianco e viveva appartato nella sua stanza. Di notte scriveva una gran quantità di poesie, e la mattina era sfinito. Mrs. Elliot e la ragazza ora dormivano insieme nel grande letto medievale. Facevano tanti bei pianti insieme. La sera pranzavano tutti in giardino sotto un platano, soffiava il vento caldo della sera, Elliot beveva vino bianco e Mrs. Elliot e l'amica conversavano tra loro ed erano tutti completamente felici.

(Trad. di Giuseppe Trevisani)

«Mr. and Mrs. Elliot», da *The First Forty-Nine Stories*, 1938; da *I quarantanove racconti*, Mondadori 1959.

Dorothy Parker
L'ULTIMO TÈ

Il giovane vestito color cioccolato sedette alla tavola dov'era già seduta da quaranta minuti la ragazza dalla camelia finta.

«Credo di essere in ritardo» disse. «Mi spiace di averti fatto aspettare.»

«Oh» disse lei. «Caro, che bellezza udirti. Sono appena arrivata anch'io. Proprio da un secondo. Ma non ho aspettato a ordinare perché morivo dalla voglia di un tè. Ero in ritardo anch'io. Son qui da un minuto.»

«Bene» disse lui. «Ehi, ehi, con questo zucchero, un pezzetto basta. E metti via questi pasticcini. La va male! Mi sento orrendamente.»

«Ah» fece lei. «Ah sì? E perché?»

«Son rovinato» disse lui. «Sono in pessime acque.»

«Uh, povero ragazzo» ella disse. «Aveva le lune ed è venuto a trovarmi! Non avresti dovuto venire. Avrei capito. Pensate un po', venir qui quando stai male?»

«Oh, se è per questo,» egli disse «posso star qui come in qualunque altro luogo. Un luogo vale l'altro per me, oggi. Ma son finito.»

«Che disastro» ella disse. «Povero malatino. Dio buono, spero che non sia influenza. Dicono che ce n'è tanta in giro.»

«Influenza!» disse lui. «Magari lo fosse. Sono avvelenato. Spacciato! Giù di corda per tutta la vita. Sai a che ora sono andato a letto? Alle cinque e venti, stamattina. Che notte! E che serata!»

«Credevo» disse lei «che fossi rimasto in ufficio, a lavorare fino a tardi. M'hai detto che avresti lavorato anche la notte, questa settimana.»

«Già» disse lui. «Ma poi mi sono scocciato e ho pensato di andar giù e di mettermi a quel tavolo. Sono andato da May, stava intrattenendo certi invitati. E, figurati, là c'era qualcuno che diceva di conoscerti.»

«Davvero?» disse lei. «Uomo o donna?»

«Dama» disse lui. «Carol McCall. Perché non mi hai detto nulla prima? Quella è una ragazza. Una vera bellezza!»

«Davvero?» disse lei. «È buffo, non ho mai trovato nessuno che la pensi così. Ho sentito dire che sarebbe discreta, se non si truccasse troppo. Ma non ho mai supposto che qualcuno possa trovarla bella.»

«Bella sì,» disse lui «con quel paio d'occhi che ha!»

«Davvero?» disse lei. «Non ci ho mai visto nulla di speciale. Ma non la vedo da un pezzo, a volte la gente cambia. O forse è per altro.»

«Dice che andava a scuola con te» fece lui.

«Sicuro, siamo andate alla stessa scuola» disse lei. «M'è successo di frequentare la scuola pubblica perché era a un passo, e la mamma non voleva che traversassi le strade. Ma lei era tre o quattro classi avanti. Ha un secolo più di me.»

«Infatti è tre o quattro classi sopra tutte!» disse lui. «Come balla! Che passo! "Brucia il tuo vestito, bebè" continuavo a dirle. Ero fritto.»

«Ho ballato anch'io iersera» disse lei. «Ero con Wally Dillon. M'aveva tanto seccato perché uscissi con lui. È un ballerino straordinario. Dio mio! Son tornata a casa non so più a che ora. Devo sembrare un cadavere, no?»

«Stai benissimo» disse lui.

«È matto quel Wally» disse lei. «Lo sentissi! Non so per quale grullaggine s'è messo in testa che ho degli occhi bellissimi e ha continuato a dirlo tanto che non sapevo più dove guardare, dall'imbarazzo. Son diventata così rossa che credevo se ne accorgessero tutti. Rossa come un mattone. Occhi meravigliosi! Non è una cosa buffa?»

«Benone» disse lui. «Senti un po', quella piccola McCall ha un sacco di offerte per entrare nel cinema. "Perché non ti decidi a entrarci?" le ho detto. Ma lei non la pensa così.»

«C'era un uomo, là sui laghi, due estati fa» disse lei. «Era direttore o qualcosa di simile in una grossa azienda cinematografica – un uomo influentissimo! – e non faceva che insistere e insistere perché anch'io entrassi nei film. Diceva che avrei fatto parti alla Garbo. E io ci ridevo su. Figurati!»

«Ha avuto un milione di offerte» disse lui. «Le ho detto di decidersi. Ma lei non ne fa mai nulla.»

«Davvero?» disse lei. «Oh, senti: ho qualcosa da dirti. M'hai telefonato tu, per caso, ieri sera?»

«Io?» disse lui. «Io no.»

«Ero fuori e la mamma m'ha detto che una voce d'uomo m'ha chiamato e chiamato» disse lei. «Pensavo che fossi tu, per caso. Chissà chi era... Oh, forse credo di saperlo. Oh sì, era lui!»

«No, io non t'ho chiamato» disse lui. «Non avrei neppur visto il telefono, iersera. Che testa avevo stamane! Ho telefonato a Carol verso le dieci e m'ha detto che stava benone. Come regge ai liquori!»

«È strano da parte mia,» disse lei «ma mi fa star male vedere una ragazza che beve. È qualcosa dentro di me, credo. Per gli uomini è diverso, non ci faccio caso, ma mi fa un pessimo effetto vedere una ragazza ridursi a quel modo. Sarò fatta così, si vede.»

«Ne regge dell'alcool!» disse lui. «E sta benissimo il giorno dopo. Quella è una ragazza! Ehi, che stai facendo lì? Non voglio altro tè, grazie. Non sono uomo da tè. E queste sale da tè mi dànno ai nervi. Guarda quelle vecchie signore. Bastan quelle a seccarti.»

«Capisco che ti piacerebbe essere in qualche altro posto, a bere, e con persone diverse» disse lei. «Ma non posso farci nulla, questo è sicuro. Dio buono, c'è tanta gente che è contenta di portarmi a un tè. Non so quanti mi telefonano e mi seccano. Un sacco di gente.»

«Va bene, va bene,» disse lui «ma io sono qui, no? Calmati una buona volta.»

«Potrei anche nominarli» disse lei.

«Be',» disse lui «perché farmi una testa così, ora?»

«Dio buono, non m'importa nulla di quello che fai» disse lei. «Ma non posso vederti perdere il tempo con gente che non ti va giù. Ecco tutto.»

411

«Non ti preoccupare» disse lui. «Tutto va benissimo. Non devi preoccuparti.»

«E non mi piace vederti perdere il tempo,» disse lei «star su tutta la notte e poi sentirti così il giorno dopo. Ah, dimenticavo che lui sta malissimo. Bella figura, no?, di sgridarlo mentre è così sconquassato. Povero ragazzo. Come va ora?»

«Benissimo» disse lui. «Sto bene. Vuoi qualcos'altro? Sarà meglio pagare, qui. Devo fare una telefonata prima delle sei.»

«Davvero?» disse lei. «Con Carol?»

«M'ha detto che sarebbe stata a casa verso quest'ora» disse lui.

«La vedi stasera?» disse lei.

«Me lo dirà ora, al telefono» disse lui. «Avrà un milione d'impegni, m'immagino. Perché me lo chiedi?»

«Così, per curiosità» disse lei. «Oh, Dio, devo scappare. Pranzo con Wally e quel matto è già là, probabilmente. M'avrà chiamato cento volte oggi.»

«Aspetta che pago e ti metto sull'omnibus» disse lui.

«Non ti disturbare» disse lei. «È qui proprio all'angolo. Io scappo. Puoi restare e chiamar di qui la tua amica.»

«È un'idea» disse lui. «Siamo a posto allora.»

«E come» disse lei. Raccolse in fretta i guanti e la borsa e si alzò. Egli si alzò a metà mentre lei gli si fermava accanto.

«Quando ci si rivede?» chiese lei.

«Ti chiamerò io» disse lui. «Sono pieno d'impegni, in ufficio e dappertutto. Te lo saprò dire. Ti chiamerò io.»

«In parola ho un sacco d'impegni» disse lei. «È terribile. Non so quando troverò un minuto. Mi chiamerai, non è vero?»

«Va bene» disse lui. «Abbiti cura.»

«E anche tu abbiti riguardo» disse lei. «Spero che starai bene.»

«Oh, benone» disse lui. «Mi par di ritornare in vita.»

«Stai tranquillo e fammi sapere come ti senti» disse lei. «Va bene? E ora arrivederci. Divertiti, stasera.»

«Grazie» disse lui. «Spero che ti diverta anche tu.»

«Oh, certo» disse lei. «È quel che desidero. Ah, mi dimenticavo. Grazie del tè. È stato delizioso.»

«Stai in gamba» disse lui.

«Sicuro» disse lei. «E non dimenticarti di chiamarmi. Va bene? E ora arrivederci.»

«Arrivederci» disse lui.

La ragazza s'incamminò nel piccolo passaggio tra i tavolini azzurri.

(Trad. di Eugenio Montale)

«The Last Tea», da *Here Lies*, 1939; da *Il mio mondo è qui*, Bompiani 1941.

Anaïs Nin

LILITH

Lilith era sessualmente fredda e il marito lo sospettava, a dispetto di tutte le sue finzioni. Questo fatto portò al seguente episodio.

Lilith non usava mai lo zucchero perché non voleva ingrassare, lo sostituiva quindi con un succedaneo: pastigliette bianche che portava sempre con sé nella borsetta. Un giorno le finì e chiese al marito di comprargliene delle altre tornando a casa dall'ufficio. Così lui le portò una boccetta come quella che aveva chiesto, e Lilith mise le sue due pillole nel caffè.

Dopo cena, sedettero uno accanto all'altra e il marito prese a guardarla con quell'espressione di dolce tolleranza che sfoderava spesso di fronte alle sue esplosioni nervose, alle sue crisi di egoismo, di autocondanna, di panico. A ogni suo comportamento drammatico egli reagiva con un buon umore e una pazienza imperturbabili. Lilith era sempre sola nelle sue tempeste, nelle sue furie, nei suoi sconvolgimenti emotivi, ai quali lui non partecipava.

Probabilmente questi sfoghi simboleggiavano la tensione che non si scaricava tra loro sessualmente. Il marito rifiutava le sue sfide violente, le sue ostilità primitive. Si rifiutava di scendere con lei in questa arena emotiva e di accontentare il suo bisogno di gelosia, di paure, di battaglie.

Forse, se avesse accettato le sue sfide e si fosse prestato di più ai suoi giochi, la moglie avrebbe sentito la sua presenza con un maggior impatto fisico. Ma il marito di Lilith non conosceva i preludi al desiderio sessuale, non conosceva nessuno degli stimolanti che certe nature selvagge richiedono, e così, invece di assecondarla, non appena la vedeva con i capelli elettrici, il viso più vivace, gli occhi come fulmini, il corpo inquieto e scattante come quello di un cavallo da corsa, si ritirava dietro a una parte di comprensione oggettiva, a una gentile accettazione ironica di lei, come uno che guarda un animale allo zoo, e sorride dei suoi giochi, ma non riesce a condividerne l'umore. E questo lasciava Lilith in uno stato di isolamento; davvero come un animale selvaggio in un deserto.

Quando infuriava e quando le si alzava la temperatura, il marito era irreperibile. Era come un cielo mite che guardava in giù verso lei, in attesa che il temporale si placasse. Se anche lui, come un animale egualmente primitivo, fosse apparso all'altra estremità di questo deserto, affrontandola con la stessa tensione elettrica di capelli, occhi, pelle, se fosse apparso con lo stesso corpo da giungla, muovendosi pesantemente, aspettando solo un pretesto per balzare, abbracciare con furia, sentire il calore del suo avversario, allora avrebbero potuto rotolarsi insieme, e i morsi sarebbero diventati d'altro genere, e lo scontro avrebbe potuto trasformarsi in un abbraccio, e gli strattoni ai capelli avrebbero potuto avvicinare le bocche, i denti, le lingue. E nella furia i genitali avrebbero potuto sfregare gli uni contro gli altri, liberando scintille, e i due corpi avrebbero dovuto compenetrarsi per por fine alla tensione estrema.

E così, anche quella sera, lui sedeva con la solita espressione negli occhi, mentre lei stava sotto una lampada a dipingere furiosamente un oggetto come se, dopo averlo dipinto, fosse pronta a mangiarselo in un boccone. Il marito le disse: «Non era saccarina quella che ti ho portato e che hai messo nel caffè. Era cantaride, un afrodisiaco».

Lilith era sconcertata. «E tu mi hai fatto prendere una cosa del genere?»

«Sì, volevo vedere che effetto ti faceva. Pensavo potesse essere piacevole per tutti e due.»

«Oh, Billy,» disse Lilith «che razza di scherzo! E ho promesso a Mabel che saremmo andate al cinema insieme. Non posso deluderla, è stata chiusa in casa per una settimana. Pensa se incomincia a farmi effetto al cinema!»

«Be', se gliel'hai promesso devi andare. Vuol dire che starò sveglio ad aspettarti.»

Così, in uno stato di alta tensione febbrile, Lilith andò a prendere Mabel. Non osò confessarle lo scherzo del marito. Le vennero in mente tutte le storie che aveva sentito sulla cantaride. Nel diciottesimo secolo, in Francia gli uomini l'avevano usata senza parsimonia. Le venne in mente la storia di un aristocratico che, all'età di quarant'anni, quando incominciava a risentire delle assidue attenzioni amorose prestate a tutte le belle donne del suo tempo, si innamorò così appassionatamente di una ballerina di soli vent'anni, che passò tre giorni e tre notti intere a far l'amore con lei, con l'aiuto della cantaride. Lilith cercò di immaginarsi come poteva essere un'esperienza del genere, e incominciò a temere che l'effetto della droga si scatenasse in un momento inaspettato, costringendola a correre a casa e confessare al marito il proprio desiderio.

Seduta al cinema al buio, non riuscì a seguire la pellicola. Aveva un caos in testa. Era seduta rigidamente sull'orlo della poltrona, e cercava di individuare gli effetti della droga. Si tirò su con uno strattone quando si accorse che era rimasta seduta a gambe aperte con la sottana fin sopra le ginocchia.

Pensò che fosse una manifestazione della sua già crescente febbre sessuale. Cercò di ricordare se si era mai seduta al cinema in quella posizione, prima d'allora. Considerava lo stare a gambe aperte come una delle posizioni più oscene che si potessero immaginare, e per di più si rese conto che le persone sedute nella fila di fronte, molto più in basso, avrebbero potuto guardarle sotto la sottana e regalarsi la bella vista delle sue mutandine e delle giarrettiere nuove che aveva comprato proprio nel pomeriggio. Sembrava che tutto cospirasse per una notte di orgia. Intuitivamente doveva aver previsto tutto quando era andata a comprarsi le mutandine con le gale di pizzo e le giarrettiere di un corallo intenso che si addicevano a meraviglia alle sue gambe lisce da ballerina.

Ricompose le gambe con rabbia. Pensò che se questa violenta disposizione sessuale si fosse impadronita di lei in quel momento, non avrebbe saputo cosa fare. Doveva alzarsi di scatto e andarsene, adducendo a un mal di testa? Oppure poteva rivolgersi a Mabel? Mabel l'aveva sempre adorata. Avrebbe osato rivolgersi a Mabel e accarezzarla? Aveva sentito parlare di donne che si accarezzavano a vicenda al cinema. Una sua amica, una volta, si era seduta nel buio di un cinema, e molto lentamente la mano della compagna le aveva slacciato l'apertura della gonna, si era abbassata sul suo sesso e l'aveva accarezzata a lungo, fino a farla venire. Quante volte questa amica aveva ripetuto la deliziosa esperienza di sedere immobile, controllando la metà superiore del corpo, seduta eretta e ferma, mentre una mano la accarezzava nel buio, segretamente, lentamente, misteriosamente? Era questo che sarebbe successo ora a Lilith? Non aveva mai accarezzato una donna. A volte aveva pensato tra sé come doveva esser bello accarezzare una donna, la rotondità del culo, la morbidezza del ventre, quella pelle così morbida tra le gambe, e aveva cercato di accarezzarsi, nel suo letto, al buio, proprio per figurarsi cosa doveva essere toccare una donna. Si era spesso accarezzata i seni, immaginando che fossero di un'altra.

Ora, a occhi chiusi, ricostruì l'immagine del corpo di Mabel in costume da bagno, Mabel con i seni rotondi che quasi sprizzavano dal reggiseno, con la bocca ridente, piena e morbida. Come sarebbe stato bello! Ma tuttavia tra le sue gambe non c'era ancora un calore tale da farle perdere il controllo e spingerla ad allungare la mano verso Mabel. Le pillole non avevano ancora fatto effetto. Era ancora indifferente, persino repressa, tra le gambe; c'era una rigidezza lì, una tensione. Non riusciva a rilassarsi. Se toccava Mabel ora, non avrebbe saputo far seguire un gesto più audace. Chissà se Mabel indossava una gonna che si apriva di lato, chissà se le sarebbe piaciuto essere accarezzata? Lilith diventava sempre più inquieta. Ogni volta che dimenticava se stessa, le gambe le si spalancavano in quella posizione che le sembrava tanto oscena e invitante, come quei movimenti che aveva visto nelle danze balinesi, in cui le gambe si aprivano e si allontanavano dal sesso, lasciandolo senza protezione.

Il film terminò e Lilith guidò silenziosamente la macchina lungo le strade buie. I fari colpirono un'automobile parcheggiata sul bordo della strada e illuminarono all'improvviso una coppia che non si stava accarezzando nel solito modo sentimentale. La donna era seduta sulle ginocchia dell'uomo, di schiena, l'uomo si stava sollevando tutto teso verso di lei, con tutto il corpo nella posa di chi sta raggiungendo un orgasmo. Era in uno stato tale, che non riuscì a interrompersi quando i fari lo illuminarono. Si allungò tutto, in modo da sentire meglio la donna seduta sopra di lui, e questa ondeggiò quasi priva di coscienza per il piacere.

Lilith rimase senza fiato a quella vista e Mabel disse: «Li abbiamo sorpresi proprio nel momento migliore». E rise. Dunque Mabel conosceva questo apice di piacere che a Lilith era ancora ignoto, e che avrebbe tanto voluto sperimentare. Le venne voglia di chiedere all'amica: «Com'è?». Ma l'avrebbe saputo presto. Sarebbe stata costretta a dar libero corso a tutti quei desideri che di solito sperimentava solo nelle sue fantasie, nei sogni a occhi aperti che riempivano le sue ore quando era sola in casa. Seduta a dipingere pensava: Ora entra un uomo di cui sono molto innamorata. Entra nella stanza e mi dice: «Lascia che ti spogli». Mio marito non mi spoglia mai – si sveste da solo e si mette a letto, poi, se mi vuole spegne la luce. Ma quest'uomo entrerà e mi svestirà lentamente, pezzo per pezzo, e questo mi darà modo di sentirlo, di sentire le sue mani su di me. Prima di tutto mi toglierà la cintura, mi prenderà la vita tra le mani e dirà: «Che bella vita hai, come è sinuosa, com'è snella!». Poi mi sbottonerà la camicetta molto lentamente, e io sentirò le sue mani che slacciano ogni bottone e che mi toccano i seni a poco a poco, finché emergeranno dalla camicetta, e allora lui li amerà e mi succhierà i capezzoli come un bambino, facendomi un po' male coi denti, mi riempirà di sensazioni per tutto il corpo, sciogliendo ogni nodo di tensione, dissolvendomi. Con la sottana sarà più impaziente, e la strapperà un po': sarà in uno stato tale di desiderio! Non spegnerà la luce, e continuerà a guardarmi bruciante di desiderio, ammirandomi, adorandomi, scaldandomi il corpo con le mani, e aspetterà finché non sarò completamente eccitata, in ogni particella della pelle.

Stava forse facendole effetto la cantaride? No, era illanguidita, e le sue fantasie si riaffacciavano, per l'ennesima volta, tutto lì. Eppure, la vista della coppia nella macchina, il loro stato di estasi, era qualcosa che voleva conoscere.

Quando arrivò a casa, suo marito stava leggendo. La guardò e le sorrise maliziosamente. Lilith non voleva confessargli che le pillole non le avevano fatto effetto: era una delusione tremenda per lei. Che donna fredda era, non c'era niente che riuscisse ad alterarla, neanche la droga che aveva permesso a un nobiluomo del diciottesimo secolo di fare l'amore per tre giorni e tre notti di fila, ininterrottamente. Si sentiva un mostro. Persino suo marito doveva rimanerne all'oscuro. Avrebbe riso di lei. Avrebbe finito per cercarsi una donna più sensuale.

Allora incominciò a spogliarsi davanti a lui, camminando avanti e indietro nuda, spazzolandosi i capelli davanti allo specchio. Di solito non lo faceva mai perché non voleva che lui la desiderasse. Non le piaceva. Era qualcosa da consumare in fretta, a beneficio di lui soltanto. Per lei era un sacrificio. La sua eccitazione e il suo piacere, che lei non condivideva, le risultavano piuttosto ripugnanti. Si sentiva come una puttana che prende dei soldi per cose del genere. Era una puttana priva di sentimenti che, in cambio dell'amore e della devozione del marito, gli buttava in faccia questo suo corpo vuoto e insensibile. Si vergognò di essere così morta, in fondo al corpo.

Ma quando finalmente si infilò a letto, lui le disse: «Non credo che la cantaride ti abbia fatto abbastanza effetto. Ho sonno, svegliami se...».

Lilith cercò di dormire, ma non ci riuscì, aspettandosi di impazzire di desiderio da un momento all'altro. Dopo un'ora si alzò e andò in bagno. Trovò la boccetta e prese dieci pillole in un colpo solo, pensando: «Adesso dovrebbe funzionare». E incominciò ad aspettare. Durante la notte, il marito scivolò nel suo letto, ma Lilith era così chiusa tra le gambe che non riuscì a bagnarsi, e dovette umettare con la saliva il pene del marito.

Il mattino dopo si svegliò piangendo. Il marito le chiese come mai, e lei gli disse la verità. Allora lui disse: «Ma Lilith, era solo uno scherzo. Non c'era nessuna cantaride. Ti ho solo fatto uno scherzo».

Ma da quel momento Lilith rimase ossessionata dall'idea che potessero esserci dei modi per eccitarsi artificialmente. Provò tutte le formule delle quali aveva sentito parlare. Provò a bere grandi tazze di cioccolata con dentro un sacco di vaniglia. Provò a mangiare cipolle. L'alcool non le faceva l'effetto che faceva ad altri, perché fin dall'inizio era in guardia contro i suoi effetti. Non riusciva a dimenticare se stessa.

Aveva sentito parlare di palline speciali che venivano usate in India come afrodisiaci. Ma come procurarsele? A chi rivolgersi? Le donne indiane le inserivano nella vagina. Erano fatte di una gomma speciale, molto soffice, con una superficie morbida, simile alla pelle. Quando venivano introdotte nel sesso, si modellavano secondo la sua forma e si muovevano quando si muoveva la donna, adattandosi con sensibilità a ogni movimento dei muscoli, provocando una titillazione molto più eccitante di quella del pene o di un dito. A Lilith sarebbe piaciuto trovarne una, e tenersela dentro giorno e notte.

(Trad. di Delfina Vezzoli)

«Lilith» 1941, da *Delta of Venus*, 1969;
da *Il delta di Venere*, Bompiani 1978.

Natalia Ginzburg
MIO MARITO

Uxori vir debitum reddat:
Similiter autem et uxor viro.
San Paolo, I *Cor.*, 7,3

Quando io mi sposai avevo venticinque anni. Avevo lungamente desiderato di sposarmi e avevo spesso pensato, con un senso di avvilita malinconia, che non ne avevo molte probabilità. Orfana di padre e di madre, abitavo con una zia anziana e con mia sorella in provincia. La nostra esistenza era monotona e all'infuori del tener pulita la casa e del ricamare certe grandi tovaglie, di cui non sapevamo poi cosa fare, non avevamo occupazioni precise. Ci venivano anche a far visita delle signore, con le quali parlavamo a lungo di quelle tovaglie.

L'uomo che mi volle sposare venne da noi per caso. Era sua intenzione comprare un podere che mia zia possedeva. Non so come aveva saputo di questo podere. Era medico condotto di un piccolo paese, in campagna. Ma era abbastanza ricco del suo. Arrivò in automobile, e siccome pioveva, mia zia gli disse di fermarsi a pranzo. Venne alcune altre volte, e alla fine mi domandò in moglie. Gli fu fatto osservare che io non ero ricca. Ma disse che questo non aveva importanza per lui.

Mio marito aveva trentasette anni. Era alto, abbastanza elegante, coi capelli un poco brizzolati e gli occhiali d'oro. Aveva un fare serio, contenuto e rapido, nel quale si riconosceva l'uomo avvezzo a ordinare delle cure ai pazienti. Era straordinariamente sicuro di sé. Gli piaceva piantarsi in una stanza in piedi, con la mano sotto il bavero della giacca, e scrutare in silenzio.

Quando lo sposai non avevo scambiato con lui che ben poche parole. Egli non mi aveva baciata, né mi aveva portato dei fiori, né aveva fatto nulla di quello che un fidanzato usa fare. Io sapevo soltanto che abitava in campagna, in una casa grande e molto vecchia, circondata da un ampio giardino, con un servo giovane e rozzo e una serva attempata di nome Felicetta. Se qualcosa l'avesse interessato o colpito nella mia persona, se fosse stato colto da un amore subitaneo per me, o se avesse voluto semplicemente sposarsi, non sapevo. Dopo che ci fummo congedati dalla zia, egli mi fece salire nella sua macchina, chiazzata di fango, e si mise a guidare. La strada uguale, costeggiata di alberi, ci avrebbe portati a casa. Allora lo guardai. Lo guardai a lungo e curiosamente, forse con una certa insolenza, con gli occhi ben aperti sotto il mio cappello di feltro. Si volse verso di me e mi sorrise, e strinse la mia mano nuda e fredda. «Occorrerà conoscersi un poco» egli disse.

Passammo la nostra prima notte coniugale in un albergo di un paese non molto lontano dal nostro. Avremmo proseguito l'indomani mattina. Salii in camera mentre mio marito provvedeva per la benzina. Mi tolsi il cappello e mi osservai nel grande specchio che mi rifletteva tutta. Sapevo di non essere bella, ma avevo un viso acceso e animato, e il mio corpo era alto e piacevole, nel nuovo abito grigio di taglio maschile. Mi sentivo pronta ad amare quell'uomo, se egli mi avesse aiutato. Doveva aiutarmi. Dovevo costringerlo a questo.

L'indomani quando ripartimmo non c'era ancora mutamento alcuno. Non avevamo scambiato che poche parole, e nessuna luce era sorta fra noi. Avevo sempre pensato, nella mia adolescenza, che un atto come quello che avevamo compiuto dovesse trasformare due persone, allontanarle o avvincerle per sempre l'una all'altra. Sapevo ora che poteva anche non esser così. Mi strinsi infreddolita nel soprabito. Non ero un'altra persona.

Arrivammo a casa a mezzogiorno, e Felicetta ci aspettava al cancello. Era una donnettina gobba e canuta, con modi furbi e servili. La casa, il giardino e Felicetta erano come avevo immaginato. Ma nella casa non c'era niente di tetro, come c'è spesso nelle case vecchie. Era spaziosa e chiara, con tende bianche e poltrone di paglia. Sui muri e lungo la cancellata si arrampicava l'edera e delle piante di rose.

Quando Felicetta mi ebbe consegnato le chiavi, sgattaiolando dietro a me per le stanze e mostrando ogni cosa, mi sentii lieta e pronta a dar prova a mio marito e a tutti della mia competenza.

Non ero una donna istruita, non ero forse molto intelligente, ma sapevo dirigere bene una casa, con ordine e con metodo. La zia m'aveva insegnato. Mi sarei messa d'impegno al mio compito, e mio marito avrebbe veduto quello che sapevo fare.

Così ebbe inizio la mia nuova esistenza. Mio marito era fuori tutto il giorno. Io mi affaccendavo per la casa, sorvegliavo il pranzo, facevo i dolci e preparavo le marmellate, e mi piaceva anche lavorare nell'orto in compagnia del servo. Bisticciavo con Felicetta, ma col servo andavo d'accordo. Quando ammiccava gettando il ciuffo all'indietro, c'era qualcosa nella sua sana faccia che mi dava allegria. Passeggiavo a lungo per il paese e discorrevo coi contadini. Li interrogavo, e loro m'interrogavano. Ma quando rientravo la sera, e sedevo accanto alla stufa di maiolica, mi sentivo sola, provavo nostalgia della zia e di mia sorella, e avrei voluto essere di nuovo con loro. Ripensavo al tempo in cui mi spogliavo con mia sorella nella nostra camera, ai nostri letti di ferro, al balcone che dava sulla strada e al quale stavamo tranquillamente affacciate nei giorni di domenica. Una sera mi venne da piangere. All'improvviso mio marito entrò. Era pallido e molto stanco. Vide i miei capelli scomposti, le mie guance bagnate di lagrime. «Che c'è?» mi disse. Tacqui, chinando il capo. Sedette accanto a me carezzandomi un poco. «Triste?» mi chiese. Feci segno di sì. Allora egli mi strinse contro la sua spalla. Poi a un tratto si alzò e andò a chiudere a chiave la porta. «Da molto tempo volevo parlarti» disse. «Mi riesce difficile, e perciò non l'ho fatto finora. Ogni giorno pensavo "sarà oggi", e ogni giorno rimandavo, mi pareva di non poter trovare le parole, avevo paura di te. Una donna che si sposa ha paura dell'uomo, ma non sa che l'uomo ha paura a sua volta, non sa fino a che punto anche l'uomo ha paura. Ci sono molte cose di cui ti voglio parlare. Se sarà possibile parlarsi, e conoscersi a poco a poco, allora forse ci vorremo bene, e la malinconia passerà. Quando ti ho veduta per la prima volta, ho pensato: "Questa donna mi piace, voglio amarla, voglio che mi ami e mi aiuti, e voglio essere felice con lei". Forse ti sembra strano che io abbia bisogno d'aiuto, ma pure è così.» Sgualciva con le dita le pieghe della mia sottana. «C'è qui nel paese una donna che ho amato molto. È sciocco dire una donna, non si tratta di una donna ma di una bambina, di una sudicia bestiolina. È la figlia di un contadino di qui. Due anni fa la curai d'una pleurite grave. Aveva allora quindici anni. I suoi sono poveri, ma più ancora che poveri, avari, hanno una dozzina di figli e non volevano saperne di comprarle le medicine. Provvidi per le medicine, e quando fu guarita, la cercavo nei boschi dove andava a far legna e le davo un po' di denaro, perché si comperasse da mangiare. A casa sua non aveva che del pane e delle patate col sale; del resto non ci vedeva niente di strano: così si nutrivano i suoi fratelli e così si nutrivano il padre e la madre, e gran parte dei loro vicini. Se avessi dato del denaro alla madre, si sarebbe affrettata a nasconderlo nel materasso e non avrebbe comprato nulla. Ma vidi poi che la ragazza si vergognava di entrare a comprare, temendo che la cosa fosse risaputa dalla madre, e che anche lei aveva la tentazione di cucire il denaro nel materasso come sempre aveva· visto fare a sua madre, sebbene io le dicessi che se non si nutriva, poteva ammalarsi di nuovo e morire. Allora le portai ogni giorno del cibo. Sul principio aveva vergogna di mangiare davanti a me, ma poi s'era avvezzata e mangiava mangiava, e quando era sazia si stendeva al sole, e passavamo delle ore così, lei e io. Mi piaceva straordinariamente vederla mangiare, era quello il momento migliore della mia giornata, e quando mi trovavo solo, pensavo a quello che aveva mangiato e a quello che le avrei portato l'indomani. E così presi a far l'amore con lei. Ogni volta che mi era possibile salivo nei boschi, l'aspettavo e veniva, e io non sapevo neppure perché veniva, se per sfamarsi o per fare all'amore, o per timore che io m'inquietassi con lei. Ma io come l'aspettavo! Quando a un sentimento si unisce la pietà e il rimorso, ti rende schiavo, non ti dà più pace. Mi svegliavo la notte e pensavo a quello che sarebbe avvenuto se l'avessi resa incinta e avessi dovuto sposarla, e l'idea di dividere l'esistenza con lei mi riempiva d'orrore, ma nello stesso tempo soffrivo a immaginarla sposata a un altro, nella casa di un altro, e l'amore che provavo per lei mi era insopportabile, mi toglieva ogni forza. Nel vederti ho pensato che unendomi a te mi sarei liberato di lei, l'avrei forse dimenticata, perché non volevo lei, non volevo Mariuccia, era una donna come te che io volevo, una donna simile a me, adulta e cosciente. C'era qualcosa in te che mi diceva che mi avresti forse perdonato, che avresti acconsentito ad aiutarmi, e così mi pareva che se agivo male con te, non aveva importanza, perché avremmo imparato ad amarci, e tutto questo sarebbe scomparso.» Dissi: «Ma potrà scomparire?». «Non so,» egli disse «non so. Da quando ti ho sposato non penso più a lei come prima, e se la incontro la saluto calmo, e lei ride e si fa tutta rossa, e io mi dico allora che fra alcuni anni la vedrò sposata a qualche contadino, carica di figli e disfatta dalla fatica. Pure qualcosa si sconvolge in me se la incontro, e vorrei seguirla nei boschi e sentirla ridere e parlare in dialetto, e guardarla mentre raccoglie le frasche per il fuoco.» «Vorrei conoscerla,» dissi «me la devi mostrare. Domani usciremo a passeggio e me la mostrerai quando passa.» Era il mio primo atto di volontà, e mi diede un senso di piacere. «Non mi serbi rancore?» egli mi chiese. Scossi il capo. Non provavo rancore, non sapevo io stessa quello che provavo, mi sentivo triste e contenta nel medesimo tempo. S'era fatto tardi, e quando andammo a cena, trovammo tutto freddo: ma non avevamo voglia di mangiare. Scendemmo in giardino, e passeggiammo a lungo per il prato buio. Egli mi teneva il braccio e mi diceva: «Sapevo che avresti capito». Si svegliò più volte nella notte, e ripeteva stringendomi a sé: «Come hai capito tutto!».

Quando vidi Mariuccia per la prima volta, tornava dalla fontana, reggendo la conca dell'acqua. Portava un abito azzurro sbiadito e delle calze nere, e trascinava ai piedi un paio di grosse scarpe da uomo. Il rossore si sparse sul suo viso bruno, al vedermi, e rovesciò un po' d'acqua sulle scale di casa, mentre si voltava a guardare. Questo incontro mi diede un'emozione così forte, che chiesi a mio marito di fermarci, e sedemmo sulla panca di pietra davanti alla chiesa. Ma in quel momento vennero a chiamarlo e io rimasi sola. E mi prese un profondo sconforto, al pensiero che forse ogni giorno avrei veduto Mariuccia, che mai più avrei potuto camminare spensieratamente per quelle strade. Avevo creduto che il paese dove ero venuta a vivere mi sarebbe divenuto caro, che mi sarebbe appartenuto in ogni sua parte, ma ora questo mi era negato per sempre. E difatti ogni volta che uscivo m'incontravo con lei, la vedevo risciacquare i panni alla fontana o reggere le conche o portare in braccio uno dei suoi fratellini sporchi, e un giorno sua madre, una contadina grassa, m'invitò a entrare nella loro cucina, mentre Mariuccia stava là sulla porta con le mani sotto il grembiule, gettandomi ogni tanto uno sguardo curioso e malizioso, e alfine scappò via. Rientrando io dicevo a mio marito: «Oggi ho visto Mariuccia» ma egli non rispondeva e distoglieva gli occhi, finché un giorno mi disse irritato: «Che importa se l'hai vista? È una storia passata, non occorre parlarne più».

Finii col non allontanarmi più dal giardino. Ero incinta, e mi ero fatta grossa e pesante. Sedevo nel giardino a cucire, tutto intorno a me era tranquillo, le piante frusciavano e diffondevano ombra, il servo zappava nell'orto e Felicetta andava e veniva per la cucina lucidando il rame. Pensavo qualche volta al bambino che doveva nascere, con meraviglia. Egli apparteneva a due persone che non avevano nulla di comune fra loro, che non avevano nulla da dirsi, che sedevano a lungo l'una accanto all'altra in silenzio. Dopo quella sera in cui mio marito mi aveva parlato di Mariuccia, non aveva più cercato di avvicinarsi a me, si era richiuso nel silenzio, e a volte quando io gli parlavo levava su di me uno sguardo vuoto, offeso, come se io l'avessi distolto da qualche riflessione grave con le mie incaute parole. E allora io mi dicevo che occorreva che i nostri rapporti mutassero prima della venuta del bambino. Perché cosa avrebbe pensato il bambino di noi? Ma poi mi veniva quasi da ridere: come se un bambino piccolo avesse potuto pensare.

Il bambino nacque d'agosto. Arrivarono mia sorella e la zia, venne organizzata una festa per il battesimo, e vi fu un grande andirivieni in casa. Il bambino dormiva nella sua culla accanto al mio letto. Giaceva rosso, coi pugni chiusi, con un ciuffo scuro di capelli che spuntava sotto la cuffia. Mio marito veniva continuamente a vederlo, era allegro e rideva, e parlava a tutti di lui. Un pomeriggio ci trovammo soli. Io m'ero abbandonata sul cuscino, fiacca e indebolita dal caldo. Egli guardava il bambino, sorrideva toccandogli i capelli e i nastri. «Non sapevo che ti piacessero i bambini» dissi a un tratto. Sussultò e si rivolse. «Non mi piacciono i bambini» rispose «mi piace solo questo, perché è nostro.» «Nostro?» gli dissi «ha importanza per te che sia *nostro*, cioè mio e tuo? Rappresento qualcosa io per te?» «Sì» egli disse come soprapensiero, e si venne a sedere sul mio letto. «Quando ritorno a casa, e penso che ti troverò, ne ho un senso di piacere e di calore.» «E poi?» domandai quietamente, fissandolo. «Poi, quando sono davanti a te, e vorrei raccontarti quello che ho fatto nella giornata, quello che ho pensato, mi riesce impossibile, non so perché. O forse so il perché. È perché c'è qualcosa nella mia giornata, nei miei pensieri, che io ti devo nascondere, e così non posso più dirti nulla.» «Che cosa?» «Questo,» egli disse «che di nuovo m'incontro con Mariuccia nel bosco.» «Lo sapevo,» io gli dissi «lo sentivo da molto tempo.» Si chinò su di me baciando le mie braccia nude. «Aiutami, te ne prego,» diceva «come faccio se tu non mi aiuti?» «Ma che cosa posso fare per aiutarti?» gridai, respingendolo e scoppiando a piangere. Allora mio marito andò a prendere Giorgio, lo baciò e me lo porse, e mi disse: «Vedrai che ora tutto ci sarà più facile».

Poiché io non avevo latte, venne fatta arrivare una balia da un paese vicino. E la nostra esistenza riprese il suo corso, mia sorella e la zia ripartirono, io mi alzai e scesi in giardino, ritrovando a poco a poco le mie abitudini. Ma la casa era trasformata dalla presenza del bambino, in giardino e sulle terrazze erano appesi i pannolini bianchi, la gonna di velluto della balia frusciava nei corridoi, e le stanze risuonavano delle sue canzoni. Era una donna non più molto giovane, grassa e vanitosa, che amava molto parlare delle case nobili dov'era stata. Occorreva comprarle ogni mese qualche nuovo grambiule ricamato, qualche spillone per il fazzoletto. Quando mio marito rientrava, io gli andavo incontro al cancello, salivamo insieme nella camera di Giorgio e lo guardavamo dormire, poi andavamo a cena e io gli raccontavo come la balia s'era bisticciata con Felicetta, parlavamo a lungo del bambino, dell'inverno che si avvicinava, delle provviste di legna, e io gli dicevo di un romanzo che avevo letto e gli esponevo le mie impressioni. Egli mi circondava col braccio la vita, mi accarezzava, io appoggiavo il viso contro la sua spalla. Veramente la nascita del bambino aveva mutato i nostri rapporti. Eppure ancora a volte io sentivo che c'era qualcosa di forzato nei nostri discorsi, nella sua bontà e tenerezza, non avrei saputo dire perché. Il bambino cresceva, sgambettava e si faceva grasso, e mi piaceva guardarlo, ma a volte mi domandavo se lo amavo davvero. A volte non avevo voglia di salire le scale per andare da lui. Mi pareva che appartenesse ad altri, a Felicetta o alla balia, ma non a me.

Un giorno seppi che il padre di Mariuccia era morto. Mio marito non me ne aveva detto nulla. Presi il cappotto e uscii. Nevicava. Il morto era stato portato via dal mattino. Nella cucina buia, Mariuccia e la madre, circondate dalle vicine, si tenevano il capo fra le mani dondolandosi ritmicamente e gettando acute grida, come usa fare in campagna se è morto qualcuno di casa, mentre i fratelli, vestiti dei loro abiti migliori, si scaldavano al fuoco le mani violette dal freddo. Quando entrai, Mariuccia mi fissò per un attimo col suo sguardo stupito, acceso di una subitanea allegria. Ma non tardò a riprendersi e ricominciò a lamentarsi.

Ella ora camminava nel paese avvolta in uno scialle nero. E sempre mi turbavo all'incontrarla. Rientravo triste: vedevo ancora davanti a me quei suoi occhi neri, quei denti grossi e bianchi che sporgevano sulle labbra. Ma di rado pensavo a lei se non la incontravo.

Nell'anno seguente diedi alla luce un altro bambino. Era di nuovo un maschio, e lo chiamammo Luigi. Mia sorella s'era sposata ed era andata a vivere in una città lontana, la zia non si mosse, e nessuno m'assistette nel parto all'infuori di mio marito. La balia che aveva allattato il primo bambino partì e venne una nuova balia, una ragazza alta e timida, che si affezionò a noi e rimase anche dopo che Luigi fu svezzato. Mio marito era molto contento di avere i bambini. Quando tornava a casa domandava subito di loro, correva a vederli, li trastullava finché non andavano a letto. Li amava, e senza dubbio pensava che io pure li amassi. E io li amavo, ma non come un tempo credevo si dovessero amare i propri figli. Qualcosa dentro di me taceva, mentre li tenevo in grembo. Essi mi tiravano i capelli, si aggrappavano al filo della mia collana, volevano frugare dentro il mio cestello da lavoro, e io ne ero infastidita e chiamavo la balia. Qualche volta pensavo che forse ero troppo triste per stare coi bambini. «Ma perché sono triste?» mi chiedevo. «Che c'è? Non ho ragione d'essere così triste.»

In un pomeriggio soleggiato d'autunno, mio marito e io sedevamo sul divano di cuoio dello studio. «Siamo sposati già da tre anni» io gli dissi. «È vero,» egli disse «e vedi che è stato come io pensavo, vedi che abbiamo imparato a vivere insieme.» Tacevo, e accarezzavo la sua mano abbandonata. Poi egli mi baciò e mi lasciò. Dopo alcune ore io pure uscii, attraversai le strade del paese e presi il sentiero lungo il fiume. Volevo passeggiare un poco, in compagnia dell'acqua. Appoggiata al parapetto di legno del ponte, guardai l'acqua scorrere tranquilla e oscura, fra l'erba e le pietre, con la mente un poco addormentata da quell'uguale rumore. Mi venne freddo e stavo per andarmene, quando a un tratto vidi mio marito salire rapidamente per il dorso erboso del pendio, in direzione del bosco. M'accorsi che lui pure mi aveva veduta. Si fermò per un attimo, incerto, e riprese a salire, afferrandosi ai rami dei cespugli, finché scomparve fra gli alberi. Io tornai a casa, ed entrai nello studio. Sedetti sul divano dove poco prima egli mi aveva detto che avevamo imparato a vivere insieme. Capivo adesso quello che intendeva dire. Egli aveva imparato a mentirmi, non ne soffriva più. La mia presenza nella sua casa l'aveva reso peggiore. E anch'io ero divenuta peggiore stando con lui. M'ero inaridita, spenta. Non soffrivo, non provavo alcun dolore. Anch'io gli mentivo: vivevo accanto a lui come se l'avessi amato, mentre non lo amavo, non sentivo nulla per lui.

A un tratto risonò per le scale il suo passo pesante. Entrò nello studio, senza guardarmi si tolse la giacca infilando la vecchia giubba di fustagno che portava in casa. Dissi: «Vorrei che lasciassimo questo paese». «Farò richiesta per un'altra condotta, se tu lo desideri» mi rispose. «Ma sei tu che devi desiderarlo» gridai. E mi accorsi allora che non era vero che non soffrivo, soffrivo invece in modo intollerabile, e tremavo per tutto il corpo. «Una volta dicevi che dovevo aiutarti, che è per questo che mi hai sposata. Ah, perché mi hai sposata?» dissi con un gemito. «Ah, davvero, perché? Che errore è stato!» disse, e sedette, e si coprì la faccia con le mani. «Non voglio più che tu vada da lei. Non voglio più che tu la veda» dissi, e mi chinai su di lui. Ma egli mi respinse con un gesto. «Che m'importa di te?» disse. «Tu non rappresenti nulla di nuovo per me, non hai nulla che possa interessarmi. Rassomigli a mia madre e alla madre di mia madre, e a tutte le donne che hanno abitato in questa casa. Te, non ti hanno picchiata quando eri piccola. Non ti hanno fatto soffrire la fame. Non ti hanno costretta a lavorare nei campi dal mattino alla sera, sotto il sole che spacca la schiena. La tua presenza, sì, mi dà riposo e pace, ma nient'altro. Non so che farci, ma non posso amarti.» Prese la pipa e la riempì accuratamente e l'accese, con una subitanea calma. «Del resto questi sono tutti discorsi inutili, chiacchiere senza importanza. Mariuccia è incinta» egli disse.

Alcuni giorni dopo io partii coi bambini e la balia per il mare. Da lungo tempo avevamo deciso questo viaggio, perché i bambini erano stati malati e avevano bisogno entrambi di aria marina: mio marito sarebbe venuto ad accompagnarci e si sarebbe trattenuto là con noi per un mese. Ma senza che ci dicessimo più nulla, era inteso ora che non sarebbe venuto. Ci fermammo al mare tutto l'inverno. Scrivevo a mio marito una volta alla settimana, ricevendo la sua puntuale risposta. Le nostre lettere non contenevano che poche frasi, brevi e assai fredde.

All'inizio della primavera tornammo. Mio marito ci aspettava alla stazione. Mentre percorrevamo in automobile il paese, vidi passare Mariuccia col ventre deformato. Camminava leggera, nonostante il peso del suo ventre, e la gravidanza non aveva mutato il suo aspetto infantile. Ma il suo viso aveva ora un'espressione nuova, di sottomissione e di vergogna, ed ella arrossì nel vedermi, ma non più come arrossiva una volta, con quella lieta insolenza. E io pensavo che presto l'avrei veduta reggere fra le braccia un bambino sporco, con la veste lunga che hanno tutti i bambini dei contadini, e che quel bambino sarebbe stato il figlio di mio marito, il fratello di Luigi e di Giorgio. Pensavo che non avrei sopportato la vista di quel bambino con la veste lunga. Non avrei potuto allora continuare l'esistenza con mio marito, restare ad abitare nel paese. Sarei andata via.

Mio marito era estremamente abbattuto. Passavano giorni e giorni senza che pronunciasse una parola. Neppure coi bambini si divertiva più. Lo vedevo invecchiato, trasandato negli abiti: le sue mascelle erano ricoperte di un'ispida barba. Rientrava molto tardi la sera e a volte si coricava senza cenare. A volte non si coricava affatto e passava l'intera notte nello studio.

Trovai la casa nel più grande disordine dopo la nostra assenza. Felicetta s'era fatta vecchia, si scordava di tutto, litigava col servo e lo accusava di bere troppo. Si scambiavano violenti insulti e spesso io dovevo intervenire a placarli.

Per alcuni giorni ebbi molto da fare. C'era da ordinare la casa, prepararla per l'estate vicina. Occorreva riporre negli armadi le coperte di lana, i mantelli, ricoprire le poltrone con le usse di tela bianca, metter le tende in terrazza e seminare nell'orto, potare i rosai nel giardino. Ricordavo con quanta animazione e orgoglio mi ero data a tutte queste cose, nei primi tempi che ero sposata.

Immaginavo che ogni mio semplice atto dovesse avere la più grande importanza. Non erano passati da allora neppur quattro anni, ma come mi vedevo cambiata! Anche il mio aspetto oggi era quello d'una donna matura. Mi pettinavo senza scriminatura, con la crocchia bassa sul collo. A volte specchiandomi pensavo che così pettinata non stavo bene e apparivo più vecchia. Ma non desideravo più d'esser bella. Non desideravo niente.

Una sera sedevo in sala da pranzo con la balia che mi stava insegnando un punto a maglia. I bambini dormivano e mio marito era partito per un paese lontano alcuni chilometri, dove c'era un ammalato grave. All'improvviso suonò il campanello e il servo andò scalzo ad aprire. Anch'io scesi: era un ragazzo sui quattordici anni, e riconobbi uno dei fratelli di Mariuccia. «M'hanno mandato a chiamare il dottore, che mia sorella sta male» disse. «Ma il dottore non c'è.» Si strinse nelle spalle e andò via. Ricomparve di lì a poco. «Non è tornato il dottore?» chiese. «No,» gli dissi «ma lo farò avvertire.» Il servo s'era già coricato: gli dissi di vestirsi e di andare a chiamare il dottore in bicicletta. Salii nella mia camera e feci per spogliarmi: ma ero troppo inquieta, eccitata, sentivo che anch'io dovevo fare qualcosa. Mi copersi il capo con uno scialle e uscii. Camminai nel paese buio, deserto. In cucina, i fratelli di Mariuccia sonnecchiavano col capo sulla tavola. Le vicine parlavano tra loro aggruppate davanti alla porta. Nella camera accanto, Mariuccia camminava nello stretto spazio tra il letto e la porta, camminava e gridava, sostenendosi alla parete. Mi fissò senza riconoscermi, seguitando a camminare e a gridare. Ma la madre mi gettò uno sguardo astioso, cattivo. Sedetti sul letto. «Non tarderà il dottore, signora?» mi chiese la levatrice. «Sono diverse ore che la ragazza ha i dolori. Ha perso già molto sangue. È un parto che non si presenta bene.» «L'ho mandato a chiamare. Dovrebbe essere qui tra poco» risposi.

Poi Mariuccia cadde svenuta e la portammo sul letto. Occorreva qualcosa in farmacia e mi offrii di andarvi io stessa. Al mio ritorno s'era riavuta e aveva ricominciato a gridare. Aveva le guance accese, sussultava buttando via le coperte. Si aggrappava alla spalliera del letto e gridava. La levatrice andava e veniva con le bottiglie dell'acqua. «È una brutta storia» mi disse ad alta voce, tranquillamente. «Ma bisogna fare qualcosa» le dissi. «Se mio marito tarda, bisogna avvertire un altro medico.» «I medici sanno dire molte belle parole, e nient'altro» disse la madre, e di nuovo mi gettò il suo sguardo amaro, riponendosi in seno la corona. «Gridan tutte quando si sgravano» disse una donna.

Mariuccia si dibatteva sul letto coi capelli in disordine. A un tratto s'aggrappò a me, mi strinse con le scarne braccia brune. «Madonna, Madonna» diceva. Le lenzuola erano macchiate di sangue, c'era del sangue perfino in terra. La levatrice non s'allontanava più da lei. «Coraggio» le diceva di quando in quando. Ora ella aveva come dei singhiozzi rauchi. Aveva un cerchio sotto gli occhi, la faccia scura e sudata. «Va male, va male» ripeteva la levatrice. Ricevette nelle sue mani il bambino, lo sollevò, lo scosse. «È morto» e lo buttò in un angolo del letto. Vidi una faccia vizza di piccolo cinese. Le donne lo portarono via, ravvolto in uno straccio di lana.

Ora Mariuccia non gridava più, giaceva pallida pallida, e il sangue non cessava di scorrere dal suo corpo. Vidi che c'era una chiazza di sangue sulla mia camicetta. «Va via con un po' d'acqua» mi disse la levatrice. «Non fa nulla» risposi. «Mi è stata molto d'aiuto stanotte,» ella disse «è una signora molto coraggiosa. Proprio la moglie di un dottore.»

Una delle vicine volle a ogni costo farmi prendere un po' di caffè. La dovetti seguire in cucina, bere del caffè chiaro e tiepido dentro un bicchiere. Quando tornai, Mariuccia era morta. Mi dissero che era morta così, senza più riaversi dal suo sopore.

Le pettinarono le trecce, le ricomposero le coltri intorno. Alfine mio marito entrò. Teneva in mano la sua valigetta di cuoio: era pallido e trafelato, col soprabito aperto. Sedevo accanto al letto, ma egli non mi guardò. Si fermò nel mezzo della camera. La madre gli venne davanti, gli strappò dalle mani la valigetta buttandola a terra. «Non sei neppure venuto a vederla morire» gli disse.

Allora io raccolsi la valigetta e presi mio marito per la mano. «Andiamo via» gli dissi. Egli si lasciò condurre da me attraverso la cucina, fra le donne che mormoravano, e mi seguì fuori. A un tratto io mi fermai: mi sembrava che avrei dovuto mostrargli il piccolo cinese. Ma dov'era? Chissà dove l'avevano portato.

Camminando mi stringevo a lui, ma egli non rispondeva in alcun modo alla mia stretta, e il suo braccio pendeva immobile lungo il mio corpo. Capivo che non poteva accorgersi di me, capivo che non dovevo parlargli, che dovevo usare la più grande prudenza. Venne con me fino alla porta della nostra camera, mi lasciò e ridiscese nello studio, come spesso faceva negli ultimi tempi.

Era già quasi giorno, sentivo gli uccelli cantare forte sugli alberi. Mi coricai. E a un tratto mi accorsi che ero in preda a una felicità immensa. Ignoravo che si potesse essere così felici della morte di una persona. Ma non ne provavo alcun rimorso. Da molto tempo non ero felice, e questa era ormai una cosa tutta nuova per me, che mi stupiva e mi trasformava. Ed ero piena di uno sciocco orgoglio, per il mio contegno di quella notte. Comprendevo che mio marito non poteva pensarci ora, ma più tardi, quando si fosse ripreso un poco, ci avrebbe ripensato e si sarebbe forse reso conto che avevo agito bene.

All'improvviso un colpo risuonò nel silenzio della casa. Mi alzai dal letto gridando, gridando uscii per le scale, mi gettai nello studio e scossi quel suo grande corpo immobile nella poltrona, le braccia abbandonate e riverse. Un po' di sangue bagnava le sue guance e le sue labbra, quel volto che io conoscevo così bene.

Poi la casa si riempì di gente. Dovetti parlare, rispondere a ogni domanda. I bambini furono portati via. Due giorni dopo, accompagnai mio marito al cimitero. Quando ritornai a casa, mi aggirai assorta per le stanze. Quella casa mi era divenuta cara, ma mi pareva di non avere il diritto di abitarvi, perché non mi apparteneva, perché l'avevo divisa con un uomo che era morto senza una parola per me. Eppure non avrei saputo dove andare. Non c'era luogo al mondo in cui desiderassi andare.

(1941)

da *Opere*, vol. I, Einaudi 1986.

Julien Gracq
LA BARRIERA DI ROSS[1]

Bisogna alzarsi di buon'ora per veder salire il giorno all'orizzonte della banchisa, nell'ora in cui il sole delle latitudini australi s'espande sul mare in strade a perdita d'occhio. Miss Jane portava il suo ombrello e io un elegante fucile a due colpi. A ogni gola di ghiacciaio, ci abbracciavamo tra i cespugli di menta, e ritardavamo volentieri il momento di vedere il sole aprirsi a ogni costo una strada in una *chantilly* di ghiaccio pagliuzzato. Di preferenza costeggiavamo la riva del mare là dove la falèsia, respirando all'unisono con la marea, il suo dolce rollio di pachiderma ci predisponeva all'amore. Le onde sbattevano nevi azzurre e verdi sui muri di ghiaccio, e nelle insenature sotto di noi lanciavano dei giganteschi fiori di cristalli, ma l'approssimarsi del giorno era sensibile soprattutto al leggero orlo di fosforo che bordava gli smerli della loro cresta, come quando le capitali notturne cominciano a navigare sull'acqua ferma dell'alta marea. A Capo della Devastazione, nelle fessure del ghiaccio, spuntavano degli edelweiss color blu notte ed eravamo ogni volta sicuri di vedere rinnovarsi di giorno in giorno una nuova provvista di quelle uova di uccelli di mare che secondo Jane hanno il potere di schiarire il colorito. Questo adagio puerile sulla bocca di Jane era per me un rito da rinnovare ogni giorno cogliendovelo con le mie labbra. Talvolta le nuvole che ci nascondevano lo zoccolo della scogliera annunciavano un cielo coperto per il pomeriggio, e Jane con una voce dolce s'informava se avevo incartato bene i sandwich al

---

[1] La Barriera di Ross, scogliera di ghiaccio sul Mare di Ross nell'Antartide.

formaggio. Infine la falèsia diventava più alta e, tutta gessosa di sole, appariva la Punta della Desolazione, allora a un segno di Jane stendevo la coperta sulla neve fresca. Distesi restavamo là a lungo, ad ascoltare i cavalli selvaggi del mare che col pettorale sbattevano contro le caverne di ghiaccio. Al largo, l'orizzonte era un semicerchio d'un azzurro diamantato che sottendeva il muro di ghiaccio da cui talvolta nasceva una falda di vapore, staccata dal mare come una vela bianca – e Jane mi citava i versi di Lermontov.[1] Avrei passato là dei pomeriggi interi, la mano nella mano, a sentir gracchiare gli uccelli di mare, e a lanciare dei pezzi di ghiaccio che udivamo cadere nell'abisso, mentre Jane contava i secondi, come una scolara che applicandosi tira un po' fuori la lingua. Allora ci abbracciavamo così a lungo e così stretti che nella neve sciolta si scavava un solco più stretto d'una culla di bimbo, e, quando ci rialzavamo, la coperta tra due mammelle bianche faceva pensare a quei muli che in Asia scendono dalle montagne col basto innevato.

Poi l'azzurro del mare s'incupiva e la scogliera diventava violetta; era l'ora in cui il freddo brusco della sera stacca dalla banchisa quelle scaglie di cristallo che precipitano in una polvere di ghiaccio col fragore di un'esplosione, e sotto la volta ciclopica di un'onda rovesciano un ventre di piroscafo incrostato di alghe scure, o col tuffo pesante di plesiosauri che si bagnano. Solo per noi, s'accendeva progressivamente, fino all'ultimo orizzonte, quel cannoneggiamento da fine del mondo come una Waterloo delle solitudini – e ancora a lungo, scesa la notte assai fredda, era squarciata nel profondo silenzio dal getto lontano di fantasmi dagli alti geysers di piume bianche – ma io avevo già stretto tra le mie mani la mano gelata di Jane, e ritornavamo alla luce delle limpide stelle antartiche.

(Trad. di Paola Dècina Lombardi)

«La Barrière de Ross», 1941-1943, da *Liberté Grande*, 1958.
© José Corti, Paris 1958.
Inedito.

[1] Michail J. Lermontov (1814-1841), scrittore russo. La poesia cui si allude è *La vela*, che Gracq aveva tradotto dal russo.

Samuel Beckett
PRIMO AMORE

Associo, a torto o a ragione, il mio matrimonio con la morte di mio padre, nel tempo. Che esistano altri legami, su altri piani, tra queste due faccende, è possibile. Mi è già difficile dire quel che credo di sapere.

Non molto tempo fa, sono andato alla tomba di mio padre, questo lo so, e ho trascritto la data del suo decesso, soltanto del suo decesso, perché quella della nascita quel giorno mi era indifferente. Sono partito al mattino e tornato la sera, avendo messo qualcosa sotto i denti al cimitero. Ma qualche giorno più tardi, desiderando sapere a quale età era morto, son dovuto ritornare alla sua tomba, per riprendere la sua data di nascita. Queste due date limite le ho annotate su un pezzetto di carta, che serbo da parte. È così che sono in grado di affermare che dovevo avere pressappoco venticinque anni al tempo del mio matrimonio. Perché la data della mia propria nascita, dico bene, della mia propria nascita, non l'ho mai dimenticata, non sono mai stato costretto a metterla per iscritto, resta scolpita nella mia memoria, perlomeno il millesimo, in cifre che la vita faticherà a cancellare. Anche il giorno, quando faccio uno sforzo lo ritrovo, e spesso lo festeggio a modo mio, non dirò tutte le volte che ritorna, no, perché ritorna troppo spesso, ma spesso.

Personalmente non ho niente contro i cimiteri, ci passeggio molto volentieri, più volentieri che altrove, credo, quando sono obbligato a uscire. L'odore dei cadaveri, che percepisco nettamente sotto quello dell'erba e dell'humus, non lo trovo spiacevole. Un po' troppo zuccherato forse, un po' inebriante, ma quanto preferibile a quello dei vivi, delle ascelle, dei piedi, dei culi, dei prepuzi cerosi e degli ovuli delusi. E quando vi collaborano i resti di mio padre, per modestamente che sia, poco ci manca che mi vengano le lacrime agli occhi. Hanno un bel lavarsi, i vivi, un bel profumarsi, puzzano. Sì, come luogo di passeggiata, quando sono obbligato a uscire, lasciatemi i cimiteri e andateci voi a passeggiare nei giardini pubblici, o in campagna. Il mio sandwich, la mia banana, io li mangio con più appetito seduto su una tomba, e se mi vien voglia di pisciare, e mi viene spesso, non ho che da scegliere. Oppure vago, le mani dietro la schiena, tra le pietre, quelle diritte, quelle piatte, quelle curve, a caccia di iscrizioni. Non mi hanno mai deluso, le iscrizioni, ce n'è sempre tre o quattro di una tale comicità che mi devo aggrappare alla croce, o alla stele, o all'angelo, per non cadere. La mia, l'ho composta da un pezzo e ne sono sempre contento, abbastanza contento. Gli altri miei scritti non hanno il tempo di asciugare che già mi disgustano, ma il mio epitaffio mi piace sempre. È l'illustrazione di un punto grammaticale. Disgraziatamente ci sono poche possibilità che si elevi mai al di sopra del cranio che l'ha concepito, a meno che non se ne incarichi lo stato. Ma per potermi esumare bisognerà prima trovarmi, e temo proprio che lo stato farà altrettanta fatica a trovarmi da morto che da vivo. È per questo che mi affretto a consegnarlo a questo spazio, prima che sia troppo tardi:

Qui giace chi sfuggì tanto
Che egli ne sfugge ora soltanto

C'è una sillaba di troppo nel secondo e ultimo verso, ma a mio avviso non ha molta importanza. Mi si perdonerà ben altro che questo, quando non sarò più. Poi con un po' di fortuna ci si imbatte in una autentica sepoltura, con dei vivi in lutto e a volte una vedova che vuol gettarsi nella fossa, e quasi sempre quella simpatica storia della polvere, per quanto abbia notato che non c'è niente di meno polveroso di quelle buche là, quasi sempre è terra molto grassa, e neppure il defunto non ha ancora niente di particolarmente polverulento, a meno che non sia morto carbonizzato. Comunque è curiosa, questa commediola con la polvere. Ma al cimitero di mio padre, non ci tenevo particolarmente. Era troppo lontano, in pieno contado, sul fianco di una collina, e anche troppo piccolo, veramente troppo piccolo. D'altra parte era per così dire pieno, ancora qualche vedova e sarebbe stato completo. Io preferivo di molto Ohlsdorf, soprattutto il lato Linne, in terra prussiana, con i suoi quattrocento ettari di cadaveri ben pigiati per quanto non ne conoscessi nessuno, salvo, di fama, il domatore Hagenbeck. Sul suo monumento c'è inciso un leone, credo. Per Hagenbeck la morte doveva avere il viso di un leone. Vanno e vengono dei camion, stipati di vedovi, di vedove e di orfani. Dei boschetti, delle grotte, dei laghetti con dei cigni, erogano consolazione agli afflitti. Era il mese di dicembre, non ho mai avuto così freddo, la zuppa di anguille non andava giù, avevo paura di morire, mi sono fermato per vomitare, li invidiavo.

Ma, per passare ora a un soggetto meno triste, alla morte di mio padre dovetti lasciare la casa. Era lui che mi voleva a casa. Era un uomo strano. Un giorno disse, Lasciatelo stare, non disturba nessuno. Non sapeva che io sentivo. Questo pensiero doveva esprimerlo spesso, ma le altre volte io non c'ero. Non hanno mai voluto mostrarmi il suo testamento, mi hanno detto solo che mi aveva lasciato tanto denaro. Allora credevo, e lo credo ancora oggi, che nel suo testamento avesse chiesto che mi lasciassero la camera che occupavo mentre era in vita, e che mi portassero da mangiare là, come in passato. Forse era la condizione stessa da cui faceva dipendere tutto il resto. Perché doveva piacergli sentirmi a casa, altrimenti non si sarebbe opposto a che mi mettessero fuori. Forse aveva solo pietà di me. Ma non credo. Avrebbe dovuto lasciarmi tutta la casa, così sarei stato tranquillo, anche gli altri del resto, perché gli avrei detto, Ma restate dunque, siete a casa vostra! Era una casa enorme. Sì, è stato proprio coglionato, povero padre mio, se veramente aveva intenzione di continuare a proteggermi d'aldilà della tomba. Quanto al denaro, siamo giusti, me lo consegnarono immediatamente, all'indomani stesso dell'inumazione. Forse gli era materialmente impossibile fare altrimenti. Io gli dissi, Tenete voi questo denaro e lasciatemi continuare a vivere qui, in questa mia camera, come quando papà era in vita. Aggiunsi, Che Dio abbia la sua anima, nella speranza di far loro piacere. Ma loro non hanno voluto. Ho proposto di mettermi a loro disposizione, qualche ora al giorno, per i minuti lavori di manutenzione di cui ha bisogno ogni casa se non si vuole che cada in polvere. Fare qualche lavoretto è ancora una cosa possibile, non so perché. Gli proposi segnatamente di occuparmi della serra calda. Avrei passato volentieri tre o quattro ore al giorno, là al caldo, a curare i pomodori, i garofani, i giacinti, i seminati. Non c'eravamo che io e mio padre per capire i pomodori in quella casa. Ma loro non hanno voluto. Un giorno, ritornando dal W.C., trovai la porta della mia camera chiusa a chiave, e le mie cose ammucchiate davanti alla porta. Questo vi dice quanto ero stitico a quell'epoca. È l'ansietà che mi rendeva stitico, credo. Ma ero davvero stitico? Non credo. Calma, calma. Eppure lo dovevo essere, perché altrimenti come spiegare quelle lunghe, quelle atroci sedute al gabinetto, al water? Non leggevo mai, là non più che altrove, non fantasticavo né riflettevo, guardavo vagamente l'almanacco appeso a un chiodo davanti ai miei occhi, ci si vedeva l'immagine a colori di un giovane barbuto circondato di pecore, doveva essere Gesù, mi aprivo le natiche con le mani e spingevo, uno! ah! due! ah!, con dei movimenti da vogatore, e non avevo che una preoccupazione, rientrare in camera mia e sdraiarmi. Era proprio stitichezza, vero? O forse confondo con la diarrea? Mi s'imbroglia tutto nella testa, cimiteri e nozze, e le diverse specie di scariche. Le mie cose erano poco numerose, le avevano ammucchiate a terra, contro la porta, vedo ancora il mucchietto che facevano, nelle specie di incavo pieno d'ombra che separava il corridoio dalla mia camera. È in questo piccolo spazio chiuso su tre lati che dovetti cambiarmi, voglio dire scambiare la mia vestaglia e la mia camicia da notte coi miei abiti da viaggio, voglio dire calze, scarpe, pantaloni, camicia, giacca, cappotto e cappello, spero di non dimenticare niente. Cercai altre porte, girando la maniglia e spingendo, prima di lasciare la casa, ma nessuna cedette. Se avessi trovato una camera aperta, credo che mi sarei barricato dentro, mi avrebbero fatto uscire solo coi gas. Sentivo la casa piena di gente, come al solito, ma non vedevo nessuno. Credo che si fossero rinchiusi ciascuno nella sua camera, l'orecchio teso. Poi subito tutti alle finestre, un po' indietro, ben nascosti dalle tende, al rumore della porta di strada che si richiudeva dietro di me, avrei dovuto lasciarla aperta. Ed ecco le porte che si aprono e tutti che escono, uomini, donne, bambini, ciascuno dalla sua camera, e le voci, i sospiri, i sorrisi, le mani, le chiavi nelle mani, un grande uff, e poi richiamo alle parole d'ordine, se questo allora quello, ma se quello allora questo, una vera atmosfera di festa, hanno capito tutti, a tavola, a tavola, la camera può attendere. Naturalmente tutto questo è immaginazione, perché io non c'ero più. Forse le cose si svolsero in tutt'altro modo, ma che importa, la maniera in cui si svolgono le cose, dal momento che si svolgono? E tutte quelle labbra che mi avevano baciato, quei cuori che mi avevano amato (è col cuore che si ama, vero, o mi confondo con un'altra cosa?), quelle mani che avevano giocato con le mie e quegli spiriti che erano stati sul punto di possedermi! La gente è davvero strana. Povero papà, doveva essere ben scocciato quel giorno, se poteva vedermi, vederci, scocciato per me voglio dire. A meno che, nella sua grande saggezza di disincarnato, non vedesse più lontano di suo figlio, il cui cadavere non era ancora del tutto a punto.

Ma per passare ora a un soggetto più lieto, il nome della donna con cui mi unii, di lì a poco tempo, era Lulu. Almeno così affermava lei, e non vedo che interesse potesse avere a mentirmi, a questo proposito. Evidentemente, non si sa mai. Non essendo francese lei pronunciava Loulou. Non essendo francese neanch'io, pronunciavo pure Loulou come lei. Tutti e due pronunciavamo Loulou. Mi insegnò pure il suo cognome, ma l'ho dimenticato. Avrei dovuto annotarlo, su un pezzo di carta, non mi piace dimenticare i nomi propri. Feci la sua conoscenza su una panchina ai bordi di un canale, di uno dei canali, perché la nostra città ne ha due, ma io non ho mai saputo distinguerli. Era una panchina in ottima posizione, addossata a un cumulo di terra e di detriti induriti, cosicché alle spalle ero coperto. Anche sui fianchi, in parte, grazie a due alberi venerabili, anzi morti, che fiancheggiavano la panchina dalle due parti. Erano stati senza dubbio quegli alberi che avevano suggerito a qualcuno l'idea della panchina, un giorno che ondeggiavano con tutte le loro foglie. Davanti, a qualche metro, scorreva il canale, se i canali scorrono, io non ne so niente, e così neanche da quel lato rischiavo di essere sorpreso. E tuttavia lei mi sorprese. Mi ero sdraiato, il tempo era dolce, e attraverso i rami nudi, con cui i due alberi si sostenevano al di sopra della mia testa, e attraverso le nubi, che non erano continue, guardavo andare e venire un angolo di cielo stellato. Mi faccia posto, disse lei. Il mio primo impulso fu di andarmene, ma la stanchezza e il fatto che non sapevo dove andare, m'impedirono di seguirlo. Riportai dunque i miei piedi un po' sotto a me e lei si sedette. Non accadde nulla tra noi, quella sera, e lei se n'andò presto, senza avermi rivolto la parola. Aveva solamente cantato come per sé, e per fortuna senza le parole, certe vecchie canzoni del paese, in modo curiosamente frammentario, saltando da una all'altra, e ritornando a quella che aveva interrotta, prima d'aver finito quella che lei stessa le aveva preferita. Aveva una voce stonata ma piacevole. Sentivo l'anima che s'annoia presto e non conclude mai niente, che di tutte è forse la meno scocciatrice. Anche dalla panchina, presto ne aveva avuto abbastanza, e quanto a me le era stato sufficiente uno sguardo. In realtà era una donna estremamente tenace. Ritornò l'indomani e il doman l'altro e le cose si svolsero pressappoco allo stesso modo. Furono forse scambiate alcune parole. Il giorno seguente pioveva e io mi credevo tranquillo, ma mi sbagliavo. Le domandai se rientrava nei suoi progetti venire a disturbarmi tutte le sere. La disturbo? disse lei. Mi guardava senza incertezza. Non doveva vederci granché. Due palpebre forse, e un po' di naso e di fronte, oscuramente, a causa dell'oscurità. Credevo che stessimo bene, disse. Lei mi disturba, dissi, quando c'è lei non posso allungarmi. Parlavo nel bavero del mio cappotto e lei mi sentiva lo stesso. Ci tiene così tanto ad allungarsi? disse. Il torto che abbiamo è di rivolgere la parola alle persone. Non ha che da appoggiarmi i piedi sulle ginocchia, disse. Io non mi feci pregare. Sentivo le sue cosce paffute sotto i miei poveri polpacci. Si mise a carezzarmi le caviglie. Se le tirassi un colpo di talloni nella fica, mi dissi. Uno parla di allungarsi e loro vedono subito un corpo disteso. La cosa che interessava a me, re senza sudditi, quella di cui la disposizione della mia carcassa non era che il più lontano e futile dei riflessi, era la supinazione cerebrale, l'assopimento dell'idea di me e dell'idea di quel piccolo residuo di quisquilie velenose che chiamano il non-io, o anche il mondo, per pigrizia. Ma a venticinque anni si rizza ancora, all'uomo moderno, anche fisicamente, di tanto in tanto, è il destino di ognuno, io stesso non facevo eccezione, se quello si può chiamare rizzarsi. Naturalmente lei se ne accorse, le donne fiutano un fallo nell'aria a più di dieci chilometri e si chiedono, Come ha fatto a vedermi, quello là? In queste condizioni, non si è più se stessi, ed è penoso non essere più se stesso, ancor più penoso che esserlo, checché se ne

dica. Perché quando lo si è si sa quel che c'è da fare per esserlo di
meno, mentre quando non lo si è più si è uno qualsiasi, non c'è
verso di sfumarsi. Quel che si chiama amore è l'esilio, con una
cartolina da casa di tanto in tanto, ecco il mio punto di vista quella
sera. Quando ebbe finito e il mio proprio io, quello addomesti-
cato, si fu ricostituito con l'aiuto di una breve incoscienza, mi
trovai solo. Mi domando se tutto questo non sia un'invenzione, se
in realtà le cose non si siano svolte in tutt'altro modo, secondo
uno schema che devo aver dimenticato. Eppure l'immagine di lei
resta legata a quella della panchina, per me, non della panchina
della notte, ma della panchina della sera, dimodoché parlare della
panchina, come mi appariva la sera, è parlare di lei, per me.
Questo non prova niente, ma io non voglio provare niente. Per
quanto riguarda la panchina del giorno, non vale la pena di
parlarne, io non c'ero, la lasciavo di buon'ora e ci ritornavo al
finire del pomeriggio. Sì, di giorno mi procuravo da mangiare, e
individuavo gli ospizi. Se mi domandaste, e certo ne avete voglia,
che cosa avessi fatto del denaro che mi aveva lasciato mio padre,
vi direi che non ne avevo fatto niente, ma lo tenevo in tasca.
Perché sapevo che io non sarei stato sempre giovane, e che
l'estate non dura in eterno, nemmeno l'autunno, me lo diceva la
mia anima borghese. Finalmente le dissi che ne avevo abbastanza. Mi disturbava profondamente, anche quando non c'era.
D'altronde mi disturba ancora, ma solo allo stesso titolo del resto.
Del resto non mi fa più niente adesso, venir disturbato, o così
poco, che cosa vuol dire questo, essere disturbato, bisogna pur
che succeda, ho cambiato sistema, io tengo la martingala, è la
nona o la decima, e poi è subito finito, gli incomodi, gli ac-
comodamenti, presto non se ne parlerà più, né di lei né di altri, né
della merda né del cielo. Allora non vuole più che venga? disse
lei. È incredibile come la gente ripeta quel che le si è appena
detto, come se rischiassero il rogo a credere alle loro orecchie. Le
dissi di venire di tanto in tanto. Conoscevo male le donne, a
quell'epoca. Le conosco sempre male del resto. Anche gli
uomini. Anche gli animali. Quel che conosco meno peggio, sono i
miei dolori. Li penso tutti, tutti i giorni, è presto fatta, il pensiero
va così veloce, ma non vengono tutti dal pensiero. Sì, ci sono delle
ore, soprattutto il pomeriggio, in cui mi sento sincretista, stile
Reinhold. Che equilibrio. Del resto li conosco male anche quelli,

i miei dolori. Deve derivare dal fatto che io non sono soltanto dolore. Ecco l'astuzia. Allora me ne allontano, fino allo stupore, fino all'ammirazione, da un altro pianeta. Raramente, ma questo basta. Mica stupida, la vita. Non essere che dolore, quanto semplificherebbe le cose! Essere tutto dolente! Ma sarebbe concorrenza, e sleale. Ve li dirò comunque, un giorno, se ci penso, e se ce la faccio, i miei strani dolori, nei particolari, e distinguendoli bene per maggior chiarezza. Vi dirò quelli dell'intelletto, quelli del cuore o affettivi, quelli dell'anima (molto carini, quelli dell'anima), e poi quelli del corpo, quelli interni o nascosti prima, poi quelli superficiali, cominciando dai capelli e scendendo metodicamente e senza fretta fino ai piedi, sede di calli, crampi, duroni, unghie incarnite, geloni, trenchfoot e altre bizzarrie. E a quelli che saranno abbastanza gentili da ascoltarmi nella stessa occasione, conforme a un sistema di cui dimentico l'autore, dirò gli istanti in cui, senza essere né drogato, né ubriaco, né in estasi, non si sente niente. Così naturalmente lei voleva sapere che cosa intendevo con di tanto in tanto, ecco a cosa ci si espone, aprendo la bocca. Ogni otto giorni? Ogni dieci giorni? Ogni quindici giorni? Le dissi di venire meno spesso, molto meno spesso, di non venire più del tutto se possibile, e se no di venire il meno spesso possibile. Del resto l'indomani abbandonai la panchina, non tanto a causa di lei devo dire quanto a causa della panchina, la cui situazione non rispondeva più ai miei bisogni, peraltro modesti, perché i primi freddi cominciavano a farsi sentire, e poi per altre ragioni di cui sarebbe ozioso parlare, a dei coglioni come voi, e mi rifugiai in una stalla per le vacche abbandonata, scovata nel corso delle mie commissioni. Era situata in un angolo di un campo che esibiva alla superficie più ortiche che erba e più fango che ortiche, ma il cui sottosuolo era forse dotato di proprietà notevoli. È in quella stalla, piena di cacche di bue secche e vuote che si accasciavano con un sospiro quando ci appuntavo il dito, che per la prima volta in vita mia, direi volentieri per l'ultima se avessi un po' di morfina sottomano, ebbi a difendermi da un sentimento che si arrogava a poco a poco, nella mia mente di ghiaccio, l'orrendo nome d'amore. Ciò che fa il fascino del nostro paese, a parte beninteso il fatto che è poco popolato, malgrado l'impossibilità di procurarsi il minimo preservativo, è che qui tutto è in abbandono salvo i vecchi escrementi della storia. Quelli li raccolgono con accanimento, li impagliano e li portano in giro in processione. Ovunque il tempo abbia deposto una schifiltosa colombina, voi vedrete i nostri patrioti, ginocchioni, fiutare, col viso in fiamme. È il paradiso dei senzatetto. Questo spiega insomma la mia fortuna. Tutto invita alla prosternazione. Non scorgo alcun nesso tra queste osservazioni. Ma che ce ne sia uno, o anche più d'uno, per me è fuori dubbio. Ma quale? Sì, io l'amavo, è il nome che davo, che do sempre ahimè, a quel che facevo, a quell'epoca. Non avevo dati in proposito, non avendo mai amato prima, ma avevo sentito parlare della cosa, naturalmente, in casa, a scuola, al bordello, in chiesa, e avevo letto dei romanzi, in prosa e in versi, sotto la direzione del mio tutore, in inglese, in francese, in italiano, in tedesco, dove se ne parlava parecchio. Ero dunque in grado dopo tutto di dare un nome a quel che facevo, quando mi vedevo tutt'a un tratto scrivere la parola Lulu su una vecchia cacca di giovenca, o quando sdraiato nel fango sotto la luna cercavo di strappare le ortiche senza romperne lo stelo. Erano delle ortiche giganti, ce n'erano di un metro di altezza, io le strappavo, questo mi dava sollievo, eppure non è nella mia natura strappare le erbe cattive, anzi semmai le rimpinzerei di letame, potendo. I fiori, è un'altra faccenda. L'amore rende cattivi, questo è un fatto. Ma di quale amore si trattava, precisamente? Dell'amore-passione? Non credo. Perché è proprio l'amore-passione quello satiriaco, non è vero? O confondo forse con un'altra varietà? Ce n'è talmente tante, non è vero? Tutte una più bella dell'altra, non è vero? L'amore platonico, per esempio, eccone un altro che mi viene in mente all'istante. È disinteressato. Forse l'amavo di amore platonico? Stento a crederlo. Avrei forse tracciato il suo nome su delle vecchie merde di vacca se l'avessi amata di un amore puro e disinteressato? E perdipiù col dito, e succhiandolo subito dopo? Via, via. Pensavo a Lulu, e se non è dir tutto è dire abbastanza, secondo me. D'altronde sono stufo di quel nome Lulu e voglio dargliene un altro, di una sillaba questa volta, Anne, per esempio, non è una sillaba ma fa niente. Allora io pensavo ad Anne, io che avevo imparato a non pensare a niente, se non ai miei dolori, rapidissimamente, poi alle misure da prendere per non morire di fame, o di freddo, o di vergogna, ma mai e sotto alcun pretesto agli esseri viventi in quanto tali (mi domando che cosa voglia dire questo), qualsiasi cosa abbia potuto dire, o possa essermi capitato di dire a questo proposito. Perché ho sempre parlato, parlerò sempre di cose che non sono mai esistite, o che sono esistite se volete, e che probabilmente esisteranno sempre, ma non dell'esistenza che gli presto io. I cheppì, per esempio, esistono eccome, e c'è poco da sperare che spariscano mai, ma io non ho mai portato un cheppì. Da qualche parte ho scritto, Essi mi diedero... un cappello. Ora «essi» non mi diedero mai un cappello, ho sempre conservato il mio di cappello, quello che mi aveva dato mio padre, e non ho mai avuto altro cappello che quello. Mi ha seguito nella morte, del resto. Così pensavo a Anne, molto, molto, venti minuti, venticinque minuti e perfino una mezz'ora al giorno. Arrivo a queste cifre addizionando altre cifre più piccole. Questo doveva essere il mio modo di amare. Ne devo concludere che l'amavo di quell'amore intellettuale che mi ha già strappato tante stupidaggini, in un'altra occasione? Non posso crederci. Perché, se l'avessi amata in questa maniera, mi sarei forse divertito a tracciare la parola Anne su degli immemorabili escrementi di bovino? A strappare le ortiche a piene mani? E mi sarei sentito le sue cosce palpitare sotto al cranio, come due cuscini indemoniati? Per metter fine, per cercar di metter fine, a questa situazione, una sera mi recai nel posto dove si trovava la panchina, nell'ora in cui un tempo lei veniva a raggiungermi. Non c'era e io l'attesi invano. Era già il mese di dicembre, se non quello di gennaio, e il freddo era di stagione, cioè benissimo, giustissimo, perfetto, come tutto quel che è di stagione. Ma rientrato nella stalla, non tardai ad architettare un'argomentazione, che mi assicurò una notte eccellente e che si basava sul fatto che l'ora ufficiale ha altrettanti modi di iscriversi, nell'aria e nel cielo, anche nel cuore, quanti sono i giorni dell'anno. L'indomani dunque raggiunsi la panchina più presto, molto più presto, proprio all'inizio della notte propriamente detta, ma comunque troppo tardi, perché lei c'era già, sulla panchina, sotto i rami che scricchiolavano di gelo, davanti all'acqua glaciale. Vi ho detto che era una donna incredibilmente tenace. Il tumulo era bianco di brina. Io non sentivo niente. Che interesse poteva avere a inseguirmi così? Glielo domandai, senza sedermi, camminando avanti e indietro e battendo i piedi. Il freddo aveva ammaccato la strada. Mi rispose che non lo sapeva. Che poteva vedere in me?

La pregai di dirmelo, se poteva. Mi rispose che non poteva. Sembrava caldamente vestita. Teneva le mani affondate in un manicotto. Mi ricordo che guardando quel manicotto mi misi a piangere. Eppure ne ho dimenticato il colore. Così non poteva andare. Ho sempre pianto facilmente, senza mai ritrarne il minimo vantaggio, fino a poco tempo fa. Avessi da piangere adesso, sarei incapace di spremere la minima goccia, lo credo sinceramente. Così non va. Erano le cose che mi facevano piangere. Eppure non ne provavo dispiacere. E quando mi sorprendevo a piangere senza causa apparente, è che avevo visto qualcosa, senza saperlo. Dimodoché mi domando se fosse veramente il manicotto a farmi piangere, quella sera, e se non fosse piuttosto il sentiero, che con la sua durezza e le sue gobbe mi aveva ricordato il pavé, o qualcos'altro ancora, una cosa qualsiasi che potevo aver visto, senza saperlo. La vedevo per così dire per la prima volta. Era tutta accartocciata e imbacuccata, la testa curva, il manicotto con le mani sul grembo, le gambe serrate una contro l'altra, i talloni per aria. Era senza forma, senza età, senza vita quasi, poteva essere una vecchia o una ragazzina. E quel modo di rispondere, Non so, Non posso. Io solo non sapevo né potevo. È per me che è venuta? dissi. Sì, disse. Ebbene, eccomi qua, dissi. E io, non era per lei che ero venuto? Eccomi, eccomi, mi dissi. Mi sedetti al suo fianco, ma mi rialzai subito, d'un balzo, come sotto l'effetto di un ferro caldo. Avevo voglia di andarmene, per sapere se era finita. Ma per maggior sicurezza, prima di andarmene, le chiesi di cantarmi una canzone. Dapprima credetti che stesse per rifiutare, voglio dire semplicemente per non cantare, ma no, di lì a un momento si mise a cantare, e cantò per un pezzo, sempre la stessa canzone credo, senza cambiare posizione. Io non conoscevo la canzone, non l'avevo mai sentita e non la sentirò mai più. Mi ricordo soltanto che si parlava di limoni, o di aranci, non so quali, ma per me è un successo, aver ricordato che si parlava di limoni, o di aranci, perché delle altre canzoni che ho sentito nella mia vita, e ne ho sentite, perché è materialmente impossibile vivere si direbbe, anche come vivevo io, senza sentir cantare a meno di essere sordo, non ho ricordato niente, non una parola, non una nota, o così poche parole, così poche note, che, che cosa, che niente, questa frase è durata abbastanza. Poi mi allontanai e mentre mi allontanavo la sentivo cantare un'altra canzone, o forse la continuazione della stessa, con una voce fievole e che andava affievolendosi sempre di più a mano a mano che mi allontanavo, e che finalmente tacque, sia che lei avesse finito di cantare, sia che io fossi troppo lontano per poterla sentire. Non gradivo di rimanere in una simile incertezza, a quell'epoca, vivevo nell'incertezza naturalmente, dell'incertezza, ma di queste incertezze spicciole, d'ordine fisico come si dice, preferivo liberarmene subito, potevano tormentarmi come dei tafani, per settimane intere. Feci dunque qualche passo indietro e mi fermai. Dapprima non sentivo niente, poi sentivo la voce, ma appena, tanto debolmente mi arrivava. Non la sentivo, poi la sentivo, dunque dovetti cominciare a sentirla, a un dato momento, eppure no, non ci fu inizio, tanto piano era uscita dal silenzio e tanto gli assomigliava. Quando finalmente la voce si fermò, feci ancora qualche passo verso di essa, per essere sicuro che si era fermata e non abbassata soltanto. Poi disperandomi, dicendomi, Come sapere, a meno di non essere al suo fianco, piegato su di lei, feci mezzo giro e me ne andai, per davvero, pieno d'incertezza. Ma poche settimane più tardi, più morto che vivo, ritornai ancora alla panchina, era la quarta o la quinta volta da quando me ne ero allontanato, pressappoco alla stessa ora, voglio dire pressappoco sotto lo stesso cielo, no, non è neppure questo, perché è sempre lo stesso cielo e non è mai lo stesso cielo, come esprimere questo, non lo esprimerò, ecco. Lei non c'era. Ma tutt'a un tratto c'era, non so come, non l'avevo vista venire, né sentita venire, eppure stavo all'erta. Diciamo che pioveva, tanto per introdurre un piccolo cambiamento. Si riparava sotto un ombrello, naturalmente, doveva avere un guardaroba formidabile. Le domandai se veniva tutte le sere. No, disse, solo di tanto in tanto. La panchina era troppo umida per osare sedercisi. Camminavamo in lungo e in largo, io le presi il braccio, per curiosità, per vedere se questo mi avrebbe fatto piacere, ma non mi fece alcun piacere, allora lo mollai. Ma perché questi particolari? Per ritardare la scadenza. Vedevo un po' meglio il suo viso. Lo trovavo normale il suo viso, un viso come ce n'è milioni. Era strabica, ma questo lo seppi solo più tardi. Non sembrava né giovane né vecchio, il suo viso, era come sospeso tra la freschezza e l'avvizzimento. Non sopportavo, a quell'epoca, questo genere di ambiguità. Quanto a sapere se era bello, il suo viso, o se era stato bello, o se aveva qualche possibilità di diventare bello, confesso che ne ero assolutamente incapace. Ho visto dei visi in fotografia che avrei forse potuto chiamare belli, se avessi avuto qualche dato sulla bellezza. E il viso di mio padre sul suo letto di morte mi aveva fatto intravedere la possibilità di un'estetica dell'umano. Ma i visi dei vivi, sempre in atto di far smorfie, con il sangue a fior di pelle, che razza di oggetti sono? Ammiravo, malgrado l'oscurità, malgrado il mio turbamento, il modo in cui l'acqua immobile, o che scorre lentamente, si solleva verso quella che cade, come assetata. Mi domandò se volevo che mi cantasse qualcosa. Risposi di no, che volevo che mi dicesse qualcosa. Credevo che stesse per dirmi che non aveva niente da dirmi, sarebbe stato proprio nel suo carattere. Fui quindi piacevolmente sorpreso di sentirle dire che aveva una camera, molto piacevolmente sorpreso. Lo sospettavo del resto. Chi non ha la sua camera? Ah, sento il clamore. Ho due camere, disse. Quante camere ha, esattamente? dissi. Rispose che aveva due camere e una cucina. Ogni volta aumentava. Avrebbe finito per ricordarsi un bagno. Sono proprio due camere, dice? dissi. Sì, disse. Una accanto all'altra? dissi. Finalmente un soggetto di conversazione degno di questo nome. La cucina è in mezzo, disse. Le domandai perché non me l'aveva detto prima. Bisogna credere che fossi fuori di me, a quell'epoca. Non mi sentivo bene al suo fianco, salvo che mi sentivo libero di pensare ad altro che a lei, ed era già moltissimo, alle vecchie cose provate, una dopo l'altra, e così a poco a poco a niente, come per dei gradini discendenti verso un'acqua profonda. E sapevo che lasciandola avrei perso questa libertà.

Erano infatti due camere, separate da una cucina, non mi aveva mentito. Mi disse che sarei dovuto andare a prendere la mia roba. Le spiegai che non avevo roba. Eravamo in cima a una vecchia casa e dalle finestre si poteva vedere la montagna, chi lo voleva. Accese una lampada a petrolio. Non ha l'elettricità? dissi. No, disse, ma ho l'acqua corrente e il gas. Ma senti, dissi, ha il gas. Si mise a spogliarsi. Quando non sanno più che fare, si spogliano, e senza dubbio è quanto di meglio hanno da fare. Si tolse tutto, con una lentezza da stuzzicare un elefante, salvo le calze, destinate senza dubbio a portare al colmo la mia eccitazione. Fu allora che mi accorsi del suo strabismo. Fortunatamente non era la prima volta che vedevo una donna nuda, potei dunque restare, sapevo che non sarebbe esplosa. Le dissi che avevo voglia di vedere l'altra camera, perché non l'avevo ancora vista. Se l'avessi già vista le avrei detto che avevo voglia di rivederla. Lei non si spoglia? disse. Oh, sa, dissi, io non mi spoglio spesso. Era vero, non sono mai stato il tipo che si spoglia a ogni piè sospinto. Mi toglievo spesso le scarpe quando mi coricavo, voglio dire quando mi componevo (componevo!) a dormire, e poi qualche indumento esterno a seconda della temperatura. Fu dunque obbligata, per non mostrarsi scortese, a coprirsi con una vestaglia e ad accompagnarmi, lampada alla mano. Passammo per la cucina. Saremmo potuti passare anche per il corridoio, me ne resi conto in seguito, ma passammo per la cucina, non so perché. Forse era la strada più diretta. Guardai la camera con orrore. Una tale densità di mobili supera le forze dell'immaginazione. Ma poi l'ho già vista da qualche parte, quella camera. Che camera è questa? esclamai. È il salotto, disse. Il salotto. Cominciai a portar fuori i mobili dalla porta che dava sul corridoio. Lei stette a guardare. Era triste, almeno suppongo, perché in fondo non ne so niente. Mi domandò che cosa facevo, ma credo senza aspettarsi una risposta. Li portai fuori uno dopo l'altro, e anche due alla volta, e li ammucchiai nel corridoio, contro la parete di fondo. Ce n'erano centinaia, grandi e piccoli. Alla fine arrivavano fin davanti alla porta, tanto che non si poteva più uscire dalla camera, né a maggior ragione entrarci, da quella parte. Si poteva aprire la porta e richiuderla, dal momento che si apriva verso l'interno, ma era diventata invalicabile. Una grande parola, invalicabile. Si tolga almeno il cappello, disse. Un'altra volta forse vi parlerò del mio cappello. Alla fine nella camera non restava più che una specie di sofà e degli scaffali fissati al muro. Il sofà, lo trascinai fino in fondo alla stanza, vicino alla porta, e gli scaffali li tolsi all'indomani e li misi fuori, nel corridoio, col resto. Togliendoli, strano ricordo, udii la parola fibroma o fibrona, non so bene, non l'ho mai saputo, non sapevo che cosa volesse dire e non ho mai avuto la curiosità di cercare. Le cose che si ricordano! E che si riportano! Quando fu tutto in ordine mi lasciai cadere sul sofà. Lei non aveva alzato un dito per aiutarmi. Le porto lenzuola e coperte, disse. Ma le lenzuola, non le volli proprio. Non vuole chiudere la tenda? dissi. La finestra era coperta di brina. Faceva non proprio un bianco, dato che era notte, ma pur sempre un vago chiarore. Benché mi fossi coricato coi piedi verso la porta, mi dava fastidio, quel chiarore tenue e freddo. D'un tratto mi alzai e cambiai la disposizione del sofà, voglio dire che lo schienale lungo, che prima avevo messo contro il muro, lo misi verso l'esterno. Era il lato aperto, l'imbarcadero, che ora stava contro il muro. Poi mi arrampicai dentro, come un cane nella sua cesta. Le lascio la lampada, disse, ma io la pregai di portarla via. E se ha bisogno di qualcosa durante la notte? disse. Ora si sarebbe messa a discutere, lo sentivo. Lo sa dov'è il gabinetto? Aveva ragione, non ci pensavo più. Alleggerirsi nel proprio letto, fa piacere sul momento, ma dopo un po' dà fastidio. Mi dia un vaso da notte, dissi. Mi piacevano molto, o insomma mi sono piaciute, per un certo tempo, le parole vaso da notte, mi facevano pensare a Racine, o a Baudelaire, non so più quale dei due, entrambi forse, sì, ero uno che leggeva, e attraverso di loro arrivavo là dove s'arresta il verbo, si direbbe Dante. Ma lei non aveva un vaso da notte. Ho una specie di seggetta, disse. Vedevo la nonna seduta sopra, rigida come un piolo e fiera, l'aveva appena comperata, pardon, acquistata, a una fiera di beneficenza, forse a una tombola, era un pezzo d'antiquariato, lei era la prima che la usava, o meglio che ci provava, quasi avrebbe voluto che la vedessero. Ritardiamo, ritardiamo. Ma mi dia un recipiente qualsiasi, dissi, non ho mica la dissenteria. Ritornò con una specie di casseruola, non era una vera casseruola perché non aveva manico, era ovale e aveva due anse e un coperchio. È la pentola tuttofare, fece. Non mi serve il coperchio, dissi. Non le serve il coperchio? disse. Se avessi detto che mi serviva il coperchio avrebbe detto, Le serve il coperchio? Misi l'utensile sotto le coperte, amo tenere qualcosa in mano quando dormo, ho meno paura così, il mio cappello era ancora tutto bagnato. Mi girai verso il muro. Prese la lampada sulla mensola del camino dove l'aveva appoggiata, precisiamo, precisiamo, sopra di me la sua ombra gesticolava, credetti che stesse per andarsene, ma no, venne a chinarsi su di me, da sopra lo schienale. Questi qua, sono tutti oggetti di famiglia, disse. Al suo posto sarei uscito, in punta di piedi. Ma lei non si mosse. L'essenziale era che cominciavo già a non amarla più. Sì, mi sentivo già meglio, quasi pronto per le lente discese verso le lunghe immersioni di cui già da tanto tempo ero privo, per colpa sua. Ed ero appena arrivato. Ma dormire prima. Si provi ora a mettermi alla porta, dissi. Del senso di queste parole, e anche del piccolo rumore che fecero, mi pare che ne presi coscienza solo qualche secondo dopo averle pronunciate. Avevo così poco l'abitudine di parlare che mi accadeva di tanto in tanto di lasciar sfuggire, dalla bocca, delle frasi impeccabili dal punto di vista grammaticale, ma interamente prive, non dirò di significato, perché a esaminarle bene ne avevano uno, e a volte più d'uno, ma di fondamento. Ma il rumore lo sentivo sempre, a mano a mano che lo facevo. Fu quella la prima volta che la mia voce mi arrivò con una tale lentezza. Mi rivoltai sulla schiena, per vedere che cosa succedeva. Lei sorrideva. Poco tempo dopo se ne andò, portando con sé la lampada. La udii attraversare la cucina e richiudere dietro di sé la porta della sua camera. Ero solo finalmente, nel buio finalmente. Non dirò di più. Mi credevo partito per una buona notte, malgrado l'estraneità del luogo, ma no, la mia notte fu estremamente agitata. L'indomani mattina mi svegliai a pezzi, coi vestiti in disordine, le coperte anche, e Anne al mio fianco, nuda naturalmente. Quanto doveva essersi prodigata! Tenevo sempre in mano la pentola tuttofare. Ci guardai dentro. Non me n'ero servito. Mi guardai il sesso. Se solo avesse saputo parlare. Non dirò di più. Fu la mia notte d'amore.

A poco a poco la mia vita si organizzò, in quella casa. Lei mi portava i pasti alle ore che le avevo indicato, di tanto in tanto veniva a vedere se stavo bene e non avevo bisogno di niente, vuotava il tuttofare una volta al giorno e faceva la camera una volta al mese. Non sempre resisteva alla tentazione di parlarmi, ma su un piano generale non avevo da lamentarmi di lei. Di tanto in tanto la sentivo cantare nella sua camera, la sua canzone traversava la porta della sua camera, poi la cucina, poi la porta della mia camera e arrivava così fino a me fievole ma indiscutibile. A meno che non passasse per il corridoio. Non mi disturbava troppo; sentire cantare di tanto in tanto. Un giorno le chiesi di portarmi un giacinto, vivo, in un vaso. Me lo portò e lo mise sulla mensola del camino. Nella mia camera non era rimasta che la mensola del camino su cui si potessero posare degli oggetti, a meno di posarli per terra. Lo guardavo tutti i giorni, il mio giacinto. Era rosa. Avrei preferito uno blu. In principio andava bene, aveva perfino qualche fiore, poi capitolò, presto non fu più che uno stelo floscio con delle foglie piangenti. Il bulbo, mezzo uscito dalla terra, come alla ricerca di ossigeno, puzzava. Anne voleva portarlo via ma le dissi di lasciarlo. Voleva comprarmene un altro, ma le dissi che non ne volevo altri. Quel che mi disturbava di più, erano degli altri rumori, risatine e gemiti, di cui l'appartamento si riempiva sordamente a certe ore, di giorno come di notte. Non pensavo più a Anne, proprio più, ma avevo pur sempre bisogno di silenzio per poter vivere la mia vita. Cercavo di farmi una ragione, mi dicevo che l'aria è fatta per convogliare i rumori del mondo, e che risate e gemiti ne sono forzatamente gran parte, ma mi turbavano ugualmente. Non arrivavo a decidere se l'uomo fosse sempre lo stesso o se fossero più d'uno. Le risatine e i gemiti si assomigliano talmente, tra loro! Avevo un tale orrore, a quell'epoca, di queste miserabili perplessità che ogni volta cadevo nella trappola, voglio dire che cercavo di venirne a capo. Ci ho messo molto tempo, tutta la vita per così dire, a capire che il colore di un occhio intravisto, o la provenienza di un piccolo rumore lontano, sono più vicini a Giudecca, nell'inferno dell'ignoranza, che l'esistenza di Dio, o la genesi del protoplasma, o l'esistenza di sé, ed esigono ancora di più, della saggezza, che se ne tenga a distanza. È un po' tanto, tutta una vita, per arrivare a questa consolante conclusione, non ve ne resta quasi il tempo di profittarne. Non sapevo di più, avendola interrogata, quando lei mi disse che si trattava di clienti che riceveva a rotazione. Avrei naturalmente potuto alzarmi e andar a guardare dal buco della serratura, supposto che non fosse otturato, ma che cosa si può mai vedere da quei buchi? Allora lei vive di prostituzione? dissi. Noi viviamo di prostituzione, rispose. Non potrebbe chiedere che facciano un po' meno rumore? dissi, come se credessi a quello che mi aveva detto. Aggiunsi, O un altro genere di rumore? Devono pur mugolare, disse lei. Sarò costretto ad andarmene, dissi. Prese dei tendaggi dentro il cassone di famiglia e li appese davanti alle nostre porte, la mia e la sua. Le domandai se non ci fosse modo, di tanto in tanto, di mangiare una pastinaca. Una pastinaca! esclamò lei, come se le avessi espresso il desiderio di assaggiare un bambino ebreo. Le feci notare che la stagione delle pastinache volgeva al termine e che se, fino allora, avesse potuto darmi da mangiare solo pastinache gliene sarei stato riconoscente. Solo pastinache! esclamò. Le pastinache hanno un sapore di violette, per me. Mi piacciono le pastinache perché hanno un sapore di violette e le violette perché hanno il profumo delle pastinache. Se non ci fossero pastinache sulla terra non mi piacerebbero le violette e se non esistessero le violette le pastinache mi sarebbero indifferenti quanto le rape, o i ravanelli. E anche nello stato attuale della loro flora, voglio dire in questo mondo in cui pastinache e violette trovano il modo di coesistere, io ne farei a meno facilmente, molto facilmente, e delle une e delle altre. Un giorno lei ebbe la faccia tosta di annunciarmi che era incinta, e di quattro o cinque mesi, a opera mia. Si mise di profilo e mi invitò a guardarle la pancia. Si spogliò perfino, certo per provarmi che non nascondeva un cuscino sotto la gonna, e poi evidentemente per il puro piacere di spogliarsi. Forse è soltanto un gonfiore, dissi, per confortarla. Mi guardava coi suoi grandi occhi di cui dimentico il colore, col suo grande occhio anzi, perché l'altro era apparentemente puntato sui resti del giacinto. Più era nuda, più era strabica. Guardi, disse, piegandosi sui seni, l'areola è già scurita. Raccolsi le mie ultime energie e le dissi, Abortisca, abortisca, così non scurirà più. Aveva aperto le tende per non lasciare perdere nulla delle sue diverse rotondità. Vidi la montagna, impassibile, cavernosa, segreta, dove dal mattino alla sera non avrei sentito che il vento, i chiurli e i piccoli colpi di martello lontani e argentini dei tagliatori di granito. Di giorno sarei uscito nella calda erica, tra le ginestre profumate e selvatiche, e di notte avrei visto le luci lontane della città, se avessi voluto, e le altre luci, quelle dei fari e delle navi-faro, che mio padre mi aveva nominato, quando ero piccolo, e di cui avrei ritrovato i nomi, nella memoria, se avessi voluto, lo sapevo. A partire da quel giorno le cose andarono male, in quella casa, per me, sempre peggio, non che lei mi trascurasse, non avrebbe mai potuto trascurarmi abbastanza, ma nel senso che veniva continuamente ad assassinarmi con il *nostro* bambino, mostrandomi la sua pancia e i suoi seni e dicendomi che stava per nascere da un momento all'altro, lo sentiva già che saltava. Se salta, dissi, non è mio. Non ero stato troppo male in quella casa, era certo, evidentemente non era l'ideale, ma non ne sottovalutavo i vantaggi. Esitavo ad andarmene, le foglie cadevano già, avevo paura dell'inverno. Non bisogna aver paura dell'inverno, anch'esso ha le sue qualità, la sua neve tiene caldo e attutisce il tumulto, e le sue giornate smorte sono presto finite. Ma io non sapevo ancora, a quell'epoca, quanto può essere gentile la terra con quelli che non hanno che lei, e quante sepolture vi si possono trovare, da vivi. Quello che mi stese, fu la nascita. Ne fui svegliato. Che cosa doveva mai prendere, il bambino. Credo che avesse una donna con lei, mi pareva di udire dei passi nella cucina di tanto in tanto. Mi faceva male, lasciare una casa senza che mi sbattessero fuori. Mi lasciai scivolare dal di sopra dello schienale del sofà, mi misi la giacca, il cappotto e il cappello, non dimenticai niente, allacciai le stringhe e aprii la porta che dava sul corridoio. Un cumulo di cianfrusaglie mi sbarrava il passaggio, ma io passai lo stesso, per scalata, per effrazione, con fracasso. Ho parlato di matrimonio, fu comunque una specie di unione. Non c'era da avere scrupoli, le urla sfidavano ogni concorrenza. Doveva essere il primo che aveva. Mi inseguirono fino in strada. Mi fermai davanti alla porta di casa e tesi l'orecchio. Le sentivo sempre. Se non avessi saputo che in casa si cacciavano delle urla, forse non le avrei sentite. Ma sapendolo le sentivo bene. Non sapevo bene dov'ero. Cercai i carri, tra le stelle e le costellazioni, ma non riuscii a trovarli. Eppure dovevano esserci. Era stato mio padre a mostrarmeli per primo. Me ne aveva mostrati altri, ma da solo e senza di lui non ho mai saputo ritrovare che i carri. Mi misi a giocare con le urla un po' come avevo giocato con la canzone, avanzando, fermandomi, avanzando, fermandomi, se questo si può chiamare un gioco. Finché camminavo non le sentivo, grazie al rumore dei miei passi. Ma appena fermo le sentivo di nuovo, certo ogni volta più deboli, ma che cosa conta che un urlo sia debole o forte? Quel che è necessario, è che smetta. Per anni ho creduto che stessero per smettere. Ora non lo credo più. Mi ci si sarebbero voluti degli altri amori, forse. Ma all'amore, non si comanda.

(Trad. di Franco Quadri)

«Premier amour», 1945;
da *Novelle. Testi per nulla*, Einaudi 1972.

Heinrich Böll
DISTACCO

Eravamo nella tremenda situazione di chi si è già detto addio da un pezzo, ma non può ancora separarsi perché il treno non è ancora partito. La tettoia della stazione era come tutte le tettoie delle stazioni, sudicia e piena di correnti d'aria, soffocata dal vapore delle locomotive e dal frastuono: frastuono di macchine e di voci.

Charlotte stava al finestrino del lungo corridoio, e veniva continuamente urtata di dietro e spinta in disparte, e molti imprecavano contro di lei, ma non potevamo mica sprecare questi ultimi minuti, questi preziosissimi ultimi minuti in comune della nostra vita a farci dei segnuzzi con le mani dall'interno di uno scompartimento affollato.

«Sei stata proprio gentile,» dissi per la terza volta «proprio gentile a venirmi a trovare.»

«Ma via, con tutti gli anni che ci conosciamo! Quindici anni.»

«Già, è vero, adesso ne abbiamo trenta... Comunque resta il fatto...»

«Ma smettila, ti prego. Sì, adesso ne abbiamo trenta. Abbiamo la stessa età della rivoluzione russa.»

«La stessa età della sporcizia e della fame...»

«La stessa età... la stessa età della guerra...»

«Un po' più giovani...»

«Hai ragione, siamo terribilmente giovani.» E rise.

«Dicevi qualcosa?» mi chiese con un certo nervosismo, perché intanto l'avevano urtata di dietro con una valigia pesante.

«No, era la mia gamba.»

«Devi curarti, sai.»

«Sì, sì, mi curo. Adesso parla proprio troppo, la mia gamba.»

«Riesci ancora a stare in piedi?»

«Sì...» e avrei voluto dirle che l'amavo, ma erano quindici anni che non ne trovavo il coraggio.

«Che cosa?»

«Niente... la Svezia, dunque... te ne vai in Svezia...»

«Sì, e me ne vergogno un poco. In fondo la sporcizia e gli stracci e le macerie fanno ormai parte della nostra vita, e io mi vergogno un poco. Mi par d'essere un mostro...»

«Sciocchezze, la Svezia è il paese che fa per te, sii contenta di andarci.»

«Alle volte sono davvero contenta, sai. Pare che si mangi d'incanto, e poi non c'è niente di distrutto. Lui mi scrive delle lettere entusiastiche...»

La voce che suole annunciare la partenza dei treni echeggiò di colpo dal marciapiede accanto: ebbi un sussulto, ma non era ancora il nostro binario. La voce annunciava solo un treno internazionale da Rotterdam a Basilea, e mentre osservavo il volto piccolo e delicato di Charlotte mi venne in mente l'odore del caffè e del buon sapone, e mi sentii terribilmente miserabile.

Per un istante sentii il disperato coraggio di tirar fuori dal finestrino, senza tante storie, quella piccola donna e di tenerla qui con me: essa mi apparteneva, io l'amavo...

«Che cosa?»

«Niente» risposi. «Sii contenta di andare in Svezia.»

«Sì. Ha un'energia formidabile, lui, non ti pare? Tre anni prigioniero in Russia, una fuga rocambolesca, e adesso tiene già un corso su Rubens.»

«Formidabile, davvero formidabile...»

«Devi far qualcosa anche tu, prendi almeno la laurea.»

«Chiudi il becco!»

«Che cosa?» fece lei, allibita. «Che hai detto?» Era impallidita di colpo.

«Scusami,» sussurrai «ce l'avevo con la mia gamba, qualche volta le parlo...»

Charlotte non aveva minimamente un aspetto rubensiano, piuttosto faceva pensare a Picasso, e io continuavo a chiedermi come mai lui l'avesse sposata: non era nemmeno bella, e io l'amavo.

Sul marciapiede l'agitazione s'era calmata, ora tutti erano in carrozza e in giro non si vedevano che poche persone intente a dirsi addio. Da un momento all'altro la solita voce avrebbe annunciato la partenza del treno. Ogni istante poteva essere l'ultimo...

«Ma bisogna che tu faccia qualcosa, non importa che cosa: così non puoi andare avanti...»

«No» dissi.

Era proprio l'opposto del tipo rubensiano: snella, con le gambe lunghe, nervosa, e aveva l'età della rivoluzione russa, l'età della fame e della sporcizia in Europa e della guerra...

«Non riesco a crederci... la Svezia... è come un sogno...»

«Tutto è come un sogno.»

«Credi?»

«Certo. Quindici anni. Trent'anni... Ancora trent'anni. Perché prendere la laurea? Non ne val la pena. Sta' zitta, maledetta!»

«Parli con la tua gamba?»

«Sì.»

«E lei che dice?»

«Ascolta!»

Tacemmo entrambi, ci guardammo in faccia sorridendo, e ci dicemmo tutto senza dire una parola.

Lei mi sorrise: «Capisci, adesso? Faccio bene?».

«Sì... sì...»

«Davvero?»

«Sì... sì...»

«Vedi» continuò lei sottovoce «quello che importa non è lo stare insieme e tutto il resto. Non è quello che importa, vero?»

La voce che annuncia la partenza dei treni si trovava ora proprio sopra la mia testa, linda e ufficiale, e io sobbalzai, come se una grande, grigia frusta ufficiale schioccasse sotto la tettoia.

«Arrivederci!»

«Arrivederci!»

Il treno si mise in movimento, pian piano, e si allontanò nel buio della grande tettoia grigia...

(Trad. di Italo Alighiero Chiusano)

«Abschied», da *Wanderer, Kommst du nach Spa...*, 1950; da *Viandante, se giungi a Spa...*, Mondadori 1988.

Alberto Moravia

LA VITA LEGGERA

Verso settembre, forse per l'influenza dello scirocco ostinato e maligno, tutti i miei nodi vennero al pettine. Fui licenziato dall'officina di vulcanizzazione; Olga, mia moglie, scoprì che mi intendevo con Fulvia, sua cugina, e così perdetti Fulvia, per non parlare di quello che passai con Olga; un garage di prossima apertura che aveva promesso di assumermi come meccanico, si inaugurò senza di me, mancandomi di parola; nello stesso tempo, come se si fossero passata la parola, il tabaccaio, il pizzicarolo, il panettiere e, insomma, tutti i negozianti del quartiere mi annunziarono che non potevano più farmi credito; all'ultimo momento, poi, mi arrivò lo sfratto, per morosità. Vi basta? Se non vi basta, ecco la giunta: soffro del raffreddore del fieno e, proprio in quei giorni, cominciai a starnutare, attaccando la mattina presto e non smettendo fino alla notte. Intanto, lo scirocco romano, settembrino, continuava: ora pioveva dalle nuvole nere che, però, non si sfogavano mai, ora veniva fuori un sole sfarzoso, crudo, bruciante, falso come un soldo di ottone. E il caldo c'era sempre, che piovesse o ci fosse il sole; un caldo appiccicoso di lavanderia, come se tutta Roma fosse stata un solo bucato di panni sporchi. Questo caldo mi pareva che facesse tutt'uno con la sfortuna, rendendomi la vita sempre più pesante.

Il ritornello di coloro che ce l'avevano con me dentro il quartiere era che ormai io ero conosciuto: tutti ce lo sapevano che ero un fannullone, un buono a nulla, nessuno più si fidava di me. C'è la storiella proprio romanesca del contadino furbo che ha venduto il somaro con il difetto; e poi questo stesso somaro gli viene offerto al mercato, e allora lui accosta la bocca all'orecchio del somaro e gli sussurra: «Ti può comprare chi non ti conosce». Storia di altri tempi, quando Roma era un paese e i contadini ci venivano a contrattare le loro bestie; ma storia, per quanto mi riguardava, sempre buona. Io ero quel somaro col difetto e tutti mi conoscevano e nessuno più mi voleva comperare. Come mi disse Giovacchino, il solo amico che mi era restato: «Tu, Attilio, qui a Trastevere, sei bruciato. Ti conviene cambiar aria». Io domandai: «E dove vado?». Lui rispose: «Dove ti pare. Perché non vai a Milano? Lì nessuno ti conosce: gente nuova, aria nuova». Io dissi: «Ma che ci fa un romano a Milano? Un corno». E lui: «Be', se proprio vuoi restare a Roma, almeno cambia quartiere».

Ora, tra tante sfortune, mi era capitata, proprio in quei giorni, una fortuna. Olga, improvvisamente, fu chiamata al suo paese, dove ci aveva il nonno. Questo nonno era morto, lasciando un pezzo di terra e la terra l'avevano venduta per dividerla tra gli eredi e a Olga erano toccate circa quarantamila lire. Olga, poveretta, me le diede, dicendo, anche lei: «Attilio, qui non è più aria per te. Io ci ho il lavoro di infermiera, ma tu non hai niente. Perché non provi ad andare a Milano?». Dagli con questa Milano. Però finsi di approvarla e dissi che sarei partito. Giovacchino mi aveva dato l'idea: invece che a Milano, sarei andato alla Storta, sulla via Cassia, al ventesimo chilometro da Roma.

Per una combinazione, il giorno stesso che mi trasportai in autobus alla Storta, il tempo cambiò. Dai monti venne giù la tramontana, spazzò via le nubi e pulì il cielo, riportando il sole e il fresco. Subito, come d'incanto, il raffreddore del fieno mi passò e così, quando sbarcai alla Storta, mi sentivo un altro. Anzi, ero un altro. Tanto è vero che scendendo all'Osteria di Nerone, poco più giù della Storta, lì per lì cominciai col darmi un nome diverso dal mio: Luigi. Dissi all'osteria che ero stato poco bene e che avevo bisogno di aria buona; e quella brava gente mi diede una camera da letto matrimoniale che sembrava la cappella della Madonna tanto era ornata e piena di roba. Così cominciò il mio soggiorno alla Storta.

A Trastevere la vita mi era sembrata pesante, ma qui alla Storta, dove nessuno mi conosceva e io non conoscevo nessuno, mi sembrò fin da principio persino troppo leggera. Mi sentivo slegato, distaccato; mi pareva di non avere più nome, né cognome, né mestiere. Non che stessi solo: ben presto, frequentando il bar e gli altri locali della Storta, conobbi tutti e tutti mi conobbero. Ma mi conoscevano, per così dire, fisicamente; di me non sapevano nulla e io non volevo che sapessero nulla, sempre per timore che la vita mi diventasse pesante, come a Trastevere. Però, si sa, la gente vuol sapere, non si accontenta di vedere che un uomo è un uomo, con due braccia, due gambe e una testa. E allora, per non scontentare tutti quei miei nuovi amici, camionisti, giovanotti addetti alle pompe della benzina, cacciatori, contadini, cominciai a dire bugie. Subito mi accorsi che a ogni bugia, la vita che già era leggera, diventava sempre più leggera, addirittura leggerissima. Che cosa non dissi, ubbriacato di leggerezza, come di un vino forte? Che ero scapolo; che possedevo un bel garage a Roma; che ero stato in America a lavorare, in Africa a far la guerra, in Francia a divertirmi; che sapevo l'inglese e il francese; che ero nuotatore, pugilista, giocatore del calcio; e così via. Che bellezza le bugie. Era la prima volta che ne dicevo in vita mia e mi pareva che non fossero proprio bugie, ossia falsità, ma tante spinte verso la leggerezza, verso la libertà. Infatti, le bugie sono bugie soltanto rispetto alla verità, ma io la mia verità l'avevo lasciata a Roma, a marcire sui selci di Trastevere, e qui alla Storta ero un altro, anzi non ero niente, e rispetto a niente le bugie non sono più bugie ma niente anch'esse, ossia fumo, nebbia, aria che si muove e se ne va. Così sempre dicendo bugie e spendendo le mie quarantamila lire senza far nulla, godendomi il sole d'ottobre, giocando a carte, bevendo il vino e osservando il passaggio delle macchine sulla Cassia, la vita mi diventò proprio leggera, come una nuvola che il vento si porta via.

Ho detto che le bugie non sono veramente bugie finché non si trovano di fronte qualche verità. Ora se mi fossi limitato a dir bugie senza far niente, proprio niente, la mia vita alla Storta avrebbe continuato a essere leggera; e chissà dove sarei andato a finire su questa strada della leggerezza. Purtroppo sbagliai: invece di contentarmi di raccontare frottole, feci qualche cosa, ossia m'impegnai. Nel momento preciso che la feci, io stesso fui qualche cosa e le mie bugie diventarono bugie sul serio. E la vita che non era mai stata così leggera, tutto a un tratto diventò pesante, peggio che a Trastevere.

La cosa che feci fu la solita cosa che fanno tutti: m'innamorai di Maria, la figlia del padrone dell'osteria. Maria non era tanto giovane, avrà avuto più di trent'anni. E non era neppure ragazza: a sedici anni si era sposata con un contadino di quelle parti e aveva avuto da lui una bambina che ormai era grandicella. Poi il marito era partito per la guerra, e lo avevano mandato in Russia, e non era più tornato. Tutti questi anni lei aveva sempre aspettato che il marito tornasse perché nessuno le aveva mai detto di preciso che era morto: ma lui non era tornato e così Maria era al tempo stesso vedova e non lo era. Maria era grande, bruna, pallida, molto forte e di poche parole. Vestiva sempre di nero, anche quando andava a lavorare il podere del marito, anche quando rigovernava le bestie. Lei cucinava per me, lei mi serviva a tavola, lei mi spazzava la stanza, lei mi rifaceva il letto, così che, praticamente, tutto il giorno non vedevo che lei. Si sa come vanno queste cose: un uomo e una donna, stando sempre insieme, finiscono per forza per appiccicarsi. Ma quello che mi fece decidere fu una frase che lei, un giorno, buttò lì: «Io sono troppo vecchia, ormai; e poi mio marito può ancora tornare. Ma tu Luigi sei l'uomo che mi piace. Se torni qui tra quattro anni, ti do Agnese per sposa». Agnese era la figlia e aveva dodici anni; così lei mi faceva capire che se io avessi tentato, lei ci stava. Che avreste fatto voi? Le dissi che non era vecchia, che il marito ormai non sarebbe più tornato, che preferivo lei adesso alla figlia domani; e così cominciò il nostro amore.

Per darvi un'idea del carattere di Maria, premeditato e deciso, dirò solo una cosa. La notte che avemmo il primo appuntamento, al podere del marito, dove lei ci aveva la casetta e il pagliaio, passando per la cucina vidi che lei faceva bollire un grande paiolo pieno d'acqua. Mi sorprese, lì per lì, ma poi capii. Nell'osteria non c'era il bagno e lei faceva bollire tutta quell'acqua a causa mia, per lavarsi e farsi trovare fresca e pulita all'appuntamento d'amore. Poi me lo disse, più tardi: «Ho fatto il bagno perché dovevo venire a trovare te».

Altro che vita leggera; questa era la passione, pesante, pesantissima, e io capivo che questa passione avrebbe reso pesante anche la mia vita. Ma non potevo farci nulla: come suonavano le dieci, mi venivano le smanie; scappavo dall'osteria, correvo attraverso i campi fino al podere e lì la trovavo, muta e appassionata, che, subito, come mi vedeva, senza dire una sola parola, mi gettava le braccia al collo. Intanto, sempre più di frequente, parlava di sposarmi. E alla fine, un giorno, disse che voleva far pubblicare una dichiarazione di morte presunta per il marito e poi noi ci saremmo sposati e lei sarebbe venuta a Roma con me oppure io mi sarei sistemato con lei alla Storta.

Io che le avevo fatto credere d'essere scapolo, benestante e libero, non dicevo né sì né no: l'amavo e al tempo stesso sentivo che non avrei dovuto amarla. Agli appuntamenti cercavo di parlare il meno possibile, perché sapevo che, parlando, non avrei potuto fare a meno di aggiungere altre bugie alle tante che avevo già detto. Purtroppo, però, le prime bugie mi erano sfuggite e lei se le era chiuse nel cuore, e adesso, di fronte a queste bugie, c'era la verità del suo amore per me. Tante volte sentivo che avrei dovuto dirle la mia verità: che ero sposato, che ero disoccupato, che non ero libero. Ma sempre mi fermavo perché questa verità non andava d'accordo con la verità del suo amore, la quale, invece, andava d'accordo con le bugie.

Così andammo avanti quasi un mese, incontrandoci di notte al podere e di giorno per le stanze dell'osteria. I soldi, intanto, finivano; e io vedevo venire il momento che avrei dovuto scappare come un ladro oppure farmi mantenere dai genitori di Maria. Dico la verità, non mi dispiaceva che i soldi finissero: era una buona ragione per troncare la relazione e andarmene senza dover confessare che ero già sposato. Maria non si sarebbe offesa, forse avrebbe capito. Ma sì, le donne, certe cose le indovinano a volo. Una di quelle sere, al podere, al buio, tra tutta quella paglia, lei mi sussurrò all'orecchio: «Lo so che non ci hai soldi, ti ho guardato nel portafogli. Ma non temere. Resterai qui. Abbiamo giusto bisogno di qualcuno che ci aiuti. Resterai e ci sposeremo».

Partendo da Roma, io avevo dato il mio nuovo indirizzo a Giovacchino, tanto per mostrargli che seguivo il suo consiglio. Questa fu la buccia sulla quale scivolai; lo spillo che bucò il pallone della mia vita, gonfio di bugie. Tornavo uno di quei giorni all'osteria, dopo aver giocato a carte con gli amici della Storta, quando, passando dietro lo steccatello di cannucce della pergola, udii chiaramente la voce di Giovacchino, che parlava. Mi avvicinai pian piano allo steccato e guardai. Giovacchino stava seduto davanti un tavolo e discorreva con Maria che gli aveva portato or ora la birra sul vassoio. Afferrai soltanto questa frase: «Sua moglie crede che lui sia a Milano a lavorare. Se viene a sapere che è stato tutto il tempo qui alla Storta, povero lui».

Senza esitare, tornai indietro, sulla Cassia, fermai il primo camion che passava e pregai l'autista di portarmi a Roma. Salii nel camion che portava un carico di laterizi e sedetti su un sacco di cemento. Mi sentivo strano, con un prurito al naso, come se avessi avuto voglia di piangere. Poi levai gli occhi verso il cielo, mentre il camion correva verso Roma, e vidi che, per la prima volta dopo un mese di bel tempo, era tutto coperto di nuvole nere che ribollivano e si gonfiavano come il fumo di un incendio. Anche l'aria era cambiata, si era fatta calda e appiccicosa. Insomma, lo scirocco; e non passò un momento che quel prurito al naso si precisò e scatenò il primo starnuto. Così non ebbi il tempo di rimpiangere Maria, di aver rimorso, di sentirmi colpevole e disgraziato. Gli starnuti si seguivano, fitti, uno più forte dell'altro, e la testa mi doleva e gli occhi mi piangevano e mi pareva che, a ogni starnuto, una delle tante bugie che avevo detto, mi uscisse dal naso e se ne andasse via. A Roma, sempre starnutando, discesi dal camion e mi avviai, sotto la pioggia, verso casa mia.

da *Racconti romani*, Bompiani 1954.

Julio Cortázar
FINE DEL GIOCO

Con Leticia e Holanda andavamo a giocare sui binari del Central Argentino nelle giornate calde, aspettando che mamma e zia Ruth cominciassero la loro siesta per scapparcene via dalla porta bianca. Mamma e zia Ruth erano sempre stanche dopo aver lavato i piatti, soprattutto quando Holanda e io li asciugavamo perché allora c'erano discussioni, cucchiaini per terra, frasi che solo noi capivamo, e in generale un ambiente in cui l'odore del grasso, i miagolii di José e il buio della cucina finivano in un violentissimo bisticcio e relativo bailamme. Holanda si era specializzata nel metter su questo genere di guai, per esempio facendo cadere un bicchiere già lavato nel secchio dell'acqua sporca, o ricordando di sfuggita che nella casa delle Loza c'erano due serve per tutti i servizi. Io usavo altri sistemi, preferivo insinuare a zia Ruth che le si sarebbero screpolate le mani se continuava a strofinare casseruole invece di dedicarsi ai bicchieri e ai piatti, che era precisamente quello che piaceva lavare alla mamma, per cui le mettevo sordamente l'una contro l'altra in una lotta per la cosa più facile. Il rimedio eroico, se i consigli e le lunghe rimembranze familiari cominciavano a saturarci, era rovesciare acqua bollente sulla schiena del gatto. È una enorme bugia quella del gatto scottato, a meno che si prenda alla lettera il riferimento all'acqua fredda; perché da quella calda José non si allontanava mai, anzi sembrava che si offrisse, povera bestiola, affinché gli rovesciassimo addosso mezza tazza di acqua a cento gradi o poco meno, probabilmente meno perché non gli cadeva mai il pelo. Fatto sta che Troia ardeva, e nella confusione

465

coronata dallo splendido si bemolle di zia Ruth e dalla corsa di mamma alla ricerca del bastone dei castighi, Holanda e io ce la squagliavamo nella veranda, verso le stanze vuote in fondo alla casa, dove Leticia ci aspettava leggendo Ponson du Terrail, lettura inesplicabile.

Generalmente mamma c'inseguiva per un buon tratto, ma la voglia di spaccarci la testa le passava più che in fretta e alla fine (avevamo sbarrato la porta e le chiedevamo perdono con commoventi scene teatrali) si stancava e se ne andava, ripetendo sempre la stessa frase:

«Finiranno in strada, queste malnate.»

Dove finivamo era ai binari del Central Argentino, quando la casa era finalmente silenziosa e vedevamo il gatto distendersi sotto il limone per fare anche lui la sua siesta profumata e ronzante di vespe. Aprivamo lentamente la porta bianca, e nel richiuderla era come un vento, una libertà che ci prendeva per mano, per tutto il corpo, e ci lanciava in avanti. Allora correvamo dandoci la spinta per arrampicarci con un balzo sulla breve scarpata della ferrovia, e appollaiate sul mondo contemplavamo silenziose il nostro regno.

Il nostro regno era così: una grande curva dei binari finiva proprio di fronte al cortile di servizio della nostra casa. Non c'era che il tratto a ghiaia, le traversine e il doppio binario; erba rada e stupida fra i pezzi di selce dove la mica il quarzo e il feldspato – che sono i componenti del granito – brillavano come diamanti veri sotto il sole delle due del pomeriggio. Quando ci chinavamo a toccare le rotaie (senza perdere tempo perché sarebbe stato pericoloso rimanere molto là, non tanto per i treni quanto per quelli di casa nel caso ci avessero viste) ci saliva fino in faccia il fuoco delle pietre, e quando ci fermavamo contro il vento del fiume era un caldo bagnato che ci colpiva le gote e le orecchie. Ci piaceva flettere le gambe e abbassarci, alzarci, abbassarci di nuovo, entrando in una zona di calore e nell'altra, osservando le nostre facce per studiarne la traspirazione, per cui in poco tempo eravamo tutte inzuppate. E sempre zitte, guardando in fondo ai binari o il fiume dall'altra parte, il pezzetto di fiume color caffelatte.

Dopo quella prima ispezione al nostro regno scendevamo la scarpata e ci ficcavamo sotto la brutta ombra dei salici accanto al muretto di casa nostra, dove si apriva la porta bianca. Là c'era la capitale del regno, la città silvestre e il centro del nostro gioco. La prima a iniziare il gioco era Leticia, la più felice delle tre e la più privilegiata. Leticia non doveva asciugare i piatti né fare i letti, poteva stare tutto il giorno a leggere o a incollare figurine, e di sera la lasciavano stare alzata fino a tardi se voleva, a parte la stanza tutta per lei, il brodo d'osso e ogni genere di vantaggi. A poco a poco aveva cominciato ad approfittare dei privilegi, e dall'estate precedente dirigeva il gioco, io credo che in realtà dirigesse il regno; per lo meno si affrettava a dire le cose e Holanda e io accettavamo senza protestare, quasi contente. È probabile che le lunghe prediche di mamma su come dovevamo comportarci con Leticia avessero fatto il loro effetto, o che semplicemente le volevamo bene e non ci dava noia che fosse il capo. Peccato che non avesse l'aspetto di un capo, era la più piccola delle tre, e così magra. Holanda era magra, e io non pesai mai più di cinquanta chili, ma Leticia era la più magra delle tre, e quel che è peggio di una di quelle magrezze che si vedono subito, nel collo e nelle orecchie. Forse l'indurimento della schiena la faceva sembrare più magra, siccome quasi non poteva muovere la testa lateralmente dava l'impressione di un'asse da stiro chiusa, di quelle foderate con tessuto bianco come ce n'erano dalle Loza. Un'asse per stirare con la parte più larga in alto, fissata al muro. E ci dirigeva.

La più grande soddisfazione mia era immaginare che mamma e Ruth venissero a sapere un giorno del gioco. Se fossero venute a saperlo apriti cielo. Il si bemolle e gli svenimenti, le interminabili proteste di devozione e sacrificio così mal ricompensate, il cumulo di invocazioni ai castighi più celebri, per poi finire con il pronostico sul nostro destino, che consisteva nel fatto che tutte e tre saremmo finite in strada. Quest'ultima cosa ci aveva lasciate sempre perplesse, perché finire in strada ci sembrava abbastanza normale.

Per prima cosa Leticia ci tirava a sorte. Usavamo sassolini nascosti nella mano, contare fino a ventuno, qualsiasi sistema. Se usavamo quello di contare fino a ventuno, immaginavamo due o tre bambine in più e le includevamo nel conto per evitare imbrogli. Se a una di loro toccava il ventuno, la toglievamo dal gruppo e tiravamo di nuovo a sorte, finché toccava a una di noi.

Allora Holanda e io alzavamo la pietra e aprivamo la scatola degli ornamenti. Supponendo che Holanda avesse vinto, Leticia e io sceglievamo gli ornamenti. Il gioco si faceva in due modi: statuine e pose. Le pose non richiedevano ornamenti ma molta espressività, per l'invidia mostrare i denti, contrarre le mani e far di tutto per farsi venire un'aria gialla. Per la carità, l'ideale era una faccia angelica, con gli occhi rivolti al cielo, mentre le mani offrivano qualcosa – uno straccio, una palla, un ramo di salice – a un povero orfanello invisibile. La vergogna e la paura erano facili da fare; il rancore e la gelosia esigevano studi più lunghi. Gli ornamenti erano destinati quasi tutti alle belle statuine, per le quali vigeva una libertà assoluta. Perché una statua riuscisse occorreva pensare bene a ogni particolare dell'abbigliamento. La regola del gioco era che la sorteggiata non potesse prendere parte alla scelta; le due che erano rimaste fuori discutevano il soggetto e poi mettevano addosso all'altra gli ornamenti. La sorteggiata doveva inventare la sua statua servendosi di quello che le avevano messo addosso, e così il gioco era molto più complicato ed eccitante perché qualche volta ci si alleava contro, e la vittima si trovava abbigliata con ornamenti che non andavano affatto; dalla sua intelligenza dipendeva allora inventare una bella statua. Generalmente quando si giocava alle pose la sorteggiata se la cavava bene ma le statue certe volte furono un fallimento completo.

Ciò che sto raccontando cominciò va' a sapere quando, ma le cose cambiarono il giorno in cui il primo foglietto cadde dal treno. È evidente che le pose e le belle statuine non erano per noi sole, perché ci saremmo stancate subito. La regola del gioco era che la sorteggiata doveva mettersi ai piedi della scarpata, uscendo all'ombra dei salici, e aspettare il treno delle due e otto che arrivava dal Tigre. In quel punto di Palermo i treni passano piuttosto veloci, e non ci vergognavamo di fare la bella statuina o la posa. Non vedevamo quasi la gente ai finestrini, ma con il passar del tempo finimmo con l'avere una certa pratica e sapevamo che alcuni passeggeri aspettavano di vederci. Un signore dai capelli bianchi e occhiali di tartaruga tirava fuori la testa dal finestrino e salutava la bella statuina o la posa con il fazzoletto. I ragazzi che tornavano dal collegio seduti sugli scalini gridavano frasi passando, ma alcuni restavano seri e ci guardavano. In realtà la statuina o la posa non vedeva niente, per lo sforzo di mantenersi immobile, ma le altre due sotto i salici analizzavano in tutti i particolari il successo o l'indifferenza prodotti. Fu un martedì quando cadde il foglietto, mentre passava la seconda vettura. Cadde vicinissimo a Holanda, che quel giorno era la maldicenza, e rimbalzò fino a me. Era un foglietto ripiegato più volte e legato a un dado di vite. Con una calligrafia maschile e abbastanza brutta, diceva: «Molto carine le statue. Viaggio al terzo finestrino della seconda vettura. Ariel B.». Ci sembrò un po' asciutto, con tutta quella fatica di legarlo al dado e gettarlo, ma ci fece tanto piacere. Tirammo a sorte per sapere chi poteva tenerselo, e vinsi io. Il giorno dopo nessuna voleva giocare per potere vedere com'era Ariel B., ma tememmo che interpretasse male la nostra interruzione, per cui tirammo a sorte e vinse Leticia. Ne fummo tanto contente Holanda e io perché Leticia era molto brava come bella statuina, poveretta. La paralisi non si notava se stava ferma, e lei era capace di atteggiamenti di enorme nobiltà. Come pose sceglieva sempre la generosità, la pietà, il sacrificio e la rinuncia. Come statue cercava lo stile della Venere del salotto che zia Ruth chiamava la Venere del Nilo. Per questo le scegliemmo ornamenti speciali affinché Ariel ne ricevesse una buona impressione. Le mettemmo un pezzo di velluto verde a mo' di tunica, e una corona di salici sui capelli. Siccome avevamo le maniche corte, l'effetto greco era grande. Leticia fece qualche prova all'ombra, e decidemmo che anche noi ci saremmo affacciate e avremmo salutato Ariel con discrezione ma molto cortesi.

Leticia fu splendida, non le si muoveva neppure un dito quando arrivò il treno. Siccome non poteva girare la testa, la gettava indietro, unendo le braccia al corpo quasi come se le mancassero; a parte il verde della tunica, era come guardare la Venere del Nilo. Al terzo finestrino vedemmo un ragazzo dai riccioli biondi e gli occhi chiari fare un gran sorriso nello scoprire che Holanda e io lo salutavamo. Il treno se lo portò via in un secondo, ma erano le quattro e mezzo e discutevamo ancora se era vestito di scuro, se portava una cravatta rossa e se era odioso o simpatico. Il giovedì io feci la posa dello scoraggiamento, e ricevemmo un altro foglietto che diceva: «Mi piacete tutte e tre. Ariel». Adesso lui metteva fuori la testa e un braccio dal finestrino e ci salutava ridendo. Calcolammo che avesse diciotto anni (sicurissime che non ne avesse più di sedici) e fummo d'accordo che tornava ogni giorno da qualche collegio inglese. La cosa più certa era il collegio inglese, non potevamo accettare un allievo qualsiasi. Si vedeva che Ariel era molto per bene.

Capitò poi che Holanda ebbe la fortuna fantastica di vincere tre giorni di seguito. Superando se stessa, fece le pose del disinganno e del ladrocinio, e una statua difficilissima di ballerina, sostenendosi su un piede solo fin dal momento in cui il treno entrò nella curva. Il giorno dopo vinsi io, e poi di nuovo; mentre stavo facendo la posa dell'orrore, ricevetti quasi sul naso un foglietto di Ariel che in principio non capimmo: «La più carina è la più pigra». Leticia fu l'ultima a capire, la vedemmo diventare rossa e andare in un angolo, e Holanda e io ci guardammo con un po' di rabbia. Per prima cosa proclamammo che Ariel era uno stupido, ma non potevamo dire questo a Leticia, povero angelo, con la sensibilità che aveva e quella croce addosso. Lei non disse niente, ma parve intendere che il foglietto era suo e lo conservò. Quel giorno tornammo a casa piuttosto silenziose, e la sera non giocammo insieme. A tavola Leticia fu molto allegra, le brillavano gli occhi, e mamma guardò due o tre volte zia Ruth come se volesse chiamarla a testimone di quella allegria. In quei giorni stavano provando una nuova cura ricostituente per Leticia, ed era evidente il bene che le faceva.

Prima di addormentarci, Holanda e io parlammo del fatto. Non ci seccava il foglietto di Ariel, da un treno in corsa le cose si vedono come si può, però ci sembrava che Leticia profittasse un po' troppo della sua superiorità. Sapeva che non le avremmo detto niente, e che in una casa dove c'è qualcuno con un difetto fisico e molto orgoglio, tutti giocano a ignorarlo cominciando dal malato, o piuttosto ci si comporta come se non si sapesse che l'altro sa. Ma non si doveva neppure esagerare e il modo in cui Leticia si era comportata a tavola, o la maniera con cui aveva tenuto il foglietto erano troppo. Quella notte io sognai di nuovo i miei incubi dei treni, camminai all'alba per enormi spianate ferroviarie coperte di binari pieni di raccordi, vedevo lontano le luci rosse delle locomotrici che arrivavano, calcolavo con angoscia se il treno sarebbe passato alla mia sinistra, contemporaneamente minacciata dal possibile arrivo di un rapido alle mie spalle o – ciò che era ben peggio – che all'ultimo momento uno dei treni entrasse in uno degli scambi e mi venisse addosso. Ma l'indomani me ne dimenticai perché Leticia si svegliò molto sofferente e dovemmo aiutarla a vestirsi. Ci sembrò che fosse un po' pentita di quel che aveva fatto il giorno prima e fummo molto buone con lei, dicendole che le capitavano queste cose perché camminava troppo, e che forse era meglio che rimanesse in camera a leggere. Lei non disse niente però venne a tavola a far colazione, e alle domande della mamma rispose che si sentiva molto meglio e che la schiena quasi non le faceva male. Glielo diceva e ci guardava.

Quel pomeriggio vinsi io, ma in quel momento sentii una cosa qui e dissi a Leticia che le lasciavo il mio posto, naturalmente senza farle capire perché. Dal momento che l'altro la preferiva, che la guardasse pure fino a stancarsene. Siccome il gioco segnava belle statuine, le scegliemmo cose semplici per non renderle la vita complicata, e lei inventò una specie di principessa cinese, con aspetto pudico, che guardava per terra e univa le mani come fanno le principesse cinesi. Quando passò il treno, Holanda voltò le spalle sotto i salici ma io guardai e vidi che Ariel non aveva occhi che per Leticia. Continuò a guardarla fino a quando il treno non si perdette nella curva e Leticia stava immobile e non sapeva che lui la guardava così. Quando venne a riposare sotto i salici capimmo che sapeva perfettamente, e che le sarebbe piaciuto stare con gli ornamenti tutto il pomeriggio, tutta la sera.

Il mercoledì tirammo a sorte fra Holanda e me perché Leticia ci disse che era giusto che lei stesse fuori. Vinse Holanda con una fortuna sfacciata, ma la lettera di Ariel cadde dalla mia parte. Quando la raccolsi ebbi l'impulso di darla a Leticia che non diceva niente, però pensai che non era neppure il caso di accontentarla in tutto, e l'aprii lentamente. Ariel annunciava che il giorno seguente sarebbe sceso alla stazione vicina e che sarebbe venuto per il terrapieno a chiacchierare con noi. Tutto era scritto in modo orribile, ma l'ultima frase era bellissima: «Molti ossequi alle tre belle statuine». La firma pareva uno scarabocchio sebbene si notasse che c'era della personalità.

Mentre toglievamo gli ornamenti a Holanda, Leticia mi guardò una o due volte. Io avevo letto loro il messaggio e nessuno fece alcun commento, cosa in fin dei conti seccante perché in definitiva Ariel sarebbe venuto e dovevamo pensare a questa novità e decidere qualcosa. Se a casa fossero venuti a saperlo o se per disgrazia a una delle Loza fosse saltato in testa di spiarci, invidiose com'erano quelle nanerottole, altro che apriti cielo. Inoltre era troppo strano star zitte con una notizia del genere, quasi senza guardarci, mentre riponevamo gli ornamenti e rientravamo dalla porta bianca.

Zia Ruth chiese a Holanda e a me di lavare José, portò via Leticia per farle la cura, e finalmente potemmo sfogarci tranquille. Ci sembrava meraviglioso che venisse Ariel, mai avevamo avuto un amico come lui, nostro cugino Tito non contava, uno scemino che faceva raccolta di figurine e credeva a Babbo Natale. Eravamo nervosissime in quell'attesa e José ne pagò le conseguenze, povero angelo. Holanda fu più coraggiosa e affrontò il tema di Leticia. Io non sapevo cosa pensare, da una parte mi sembrava orribile che Ariel venisse a sapere, d'altra parte era anche giusto che le cose si chiarissero, perché nessuno deve essere danneggiato a causa di altri. Quel che io avrei voluto era che Leticia non soffrisse, con quella croce che doveva portare e adesso la cura e tante altre cose.

La sera mamma si meravigliò di vederci tanto silenziose e si domandò per quale miracolo, se ci avevano mangiato la lingua i topi, poi guardò zia Ruth ed entrambe pensarono che certamente ne avevamo fatta una grossa e che ci rimordeva la coscienza. Leticia mangiò pochissimo e disse che aveva i dolori, che le permettessero di andare in camera a leggere Rocambole. Holanda la prese sottobraccio anche se a lei non piaceva molto, e io mi misi a ricamare, una cosa che faccio quando sono nervosa. Ben due volte pensai di andare in camera di Leticia, non riuscivo a spiegarmi cosa stessero facendo quelle due là sole, ma Holanda tornò molto seria e rimase accanto a me senza parlare finché mamma e zia Ruth non sparecchiarono la tavola. «Domani lei non verrà. Ha scritto una lettera e ha detto che se lui fa molte domande di dargliela.» Aprendo appena la tasca della camicetta mi mostrò una busta viola. Poi ci chiamarono per asciugare i piatti, e quella sera ci addormentammo quasi subito a causa di tutte quelle emozioni e per la stanchezza di aver fatto il bagno a José.

Il giorno dopo toccò a me andare al mercato e tutta la mattina non vidi Leticia che era rimasta in camera sua. Prima che chiamassero a tavola entrai un momento e la trovai vicino alla finestra, con molti cuscini e il nono volume di Rocambole. Si vedeva che stava male, ma si mise a ridere e mi raccontò di un'ape che non trovava l'uscita e di un sogno comico che aveva fatto. Io le dissi che era un peccato che non venisse ai salici, ma mi sembrava così difficile dirglielo bene. «Se vuoi possiamo spiegare ad Ariel che non stavi bene» le proposi, ma lei diceva di no e stava zitta. Io insistetti un po' che venisse, e alla fine mi feci coraggio e le dissi di non avere paura, facendole l'esempio che il vero affetto non conosce ostacoli e altre bellissime idee che avevo imparato nel *Tesoro della Gioventù*, ma diventava sempre più difficile dirle qualcosa perché lei guardava la finestra e si sarebbe detto che si mettesse a piangere. Infine me ne andai dicendo che mamma aveva bisogno di me. La colazione durò giorni, e Holanda si prese uno scappellotto da zia Ruth per avere cosparso la tovaglia di briciole. Non ricordo neppure come asciugammo i piatti, all'improvviso eravamo sotto i salici e ci abbracciavamo di felicità e per niente gelose l'una dell'altra. Holanda mi spiegò tutto quel che dovevamo dire sui nostri studi affinché Ariel ne ricevesse una buona impressione, perché quelli delle medie disprezzano le bambine che non hanno fatto che le elementari e studiano solo taglio e cucito. Quando passò il treno delle due e otto Ariel tirò fuori le braccia con entusiasmo, e con i nostri fazzoletti stampati gli facemmo segni di benvenuto. Circa venti minuti dopo lo vedemmo arrivare lungo il terrapieno, ed era più alto di quanto avessimo immaginato e tutto in grigio.

Non ricordo bene ciò di cui parlammo in principio, lui era abbastanza timido nonostante fosse venuto e i bigliettini, e diceva cose pensate per bene prima. Quasi subito ci fece i complimenti per le belle statuine e le pose e ci domandò come ci chiamavamo e perché mancava la terza. Holanda spiegò che Leticia non era potuta venire, e lui disse che era un peccato e che Leticia era un nome bellissimo. Dopo ci raccontò un mucchio di cose dell'Istituto Industriale, che sfortunatamente non era un collegio inglese, e volle sapere se gli avremmo mostrato gli ornamenti. Holanda alzò la pietra e glieli mostrammo. Sembrava che gli interessassero molto e più di una volta prese uno degli ornamenti e disse: «Questo un giorno lo ha messo Leticia», o: «Questo è servito per la statua orientale», voleva dire cioè la principessa cinese. Sedemmo all'ombra di un salice e lui era contento ma distratto, si vedeva che rimaneva per educazione. Holanda mi guardò due o tre volte nei momenti in cui la conversazione languiva, e questo ci addolorò molto, ci fece venire il desiderio di andarcene o che Ariel non fosse mai venuto. Lui domandò di nuovo se Leticia era malata, e Holanda mi guardò e io credetti che avrebbe finito col dirglielo, invece rispose che Leticia non era potuta venire. Con un ramoscello Ariel disegnava figure geometriche per terra e di tanto in tanto guardava la porta bianca e noi sapevamo quello che stava pensando, per questo Holanda fece bene a tirar fuori la busta viola e a dargliela, e lui ne fu sorpreso e poi diventò molto rosso mentre gli spiegavamo che gliela mandava Leticia, e mise la lettera nella tasca interna della giacca senza volerla leggere davanti a noi. Quasi subito disse che era stato tanto contento di essere venuto, però la sua mano era molle e antipatica cosicché fu un bene che la visita finisse, anche se dopo non facemmo che pensare ai suoi occhi grigi e a quel suo modo triste di sorridere. Ci ricordammo anche del modo con cui si era congedato: «A sempre», una espressione che non avevamo mai udito in casa e che ci sembrò divinamente poetica. Raccontammo tutto a Leticia che ci stava aspettando sotto il limone del patio, e io avrei voluto domandarle cosa diceva la lettera ma mi aveva dato un non so che, che lei avesse chiuso la busta prima di affidarla a Holanda, così non le dissi niente e soltanto le raccontammo come era Ariel e quante volte aveva chiesto di lei. Non era facile dirglielo perché era una cosa bella e nello stesso tempo brutta, ci accorgevamo che Leticia si sentiva molto felice e nello stesso tempo quasi piangeva, allora ce ne andammo dicendo che zia Ruth aveva bisogno di noi e la lasciammo a guardare le vespe del limone.

Mentre stavamo andando a dormire quella sera, Holanda mi disse: «Sta' a vedere che da domani il gioco finirà». Ma si sbagliava anche se di poco, e il giorno dopo Leticia ci fece il segno convenuto al momento della frutta. Andammo a lavare i piatti piuttosto stupite e con un po' di rabbia, perché era una sfacciataggine di Leticia e non stava bene. Lei ci aspettava sulla porta e quasi morimmo di paura quando, arrivando sotto i salici, vedemmo che tirava fuori dalla tasca la collana di perle della mamma e tutti gli anelli, persino il grande rubino di zia Ruth. Se le Loza spiavano e ci vedevano con i gioielli, certamente mamma lo avrebbe saputo subito e ci avrebbe ammazzate, nanerottole schifose. Ma Leticia non era spaventata e disse che se succedeva qualcosa l'unica responsabile era lei. «Vorrei che lasciaste me, oggi» aggiunse senza guardarci. Noi prendemmo subito gli ornamenti, improvvisamente volevamo essere veramente buone con Leticia, darle tutte le soddisfazioni e dire che in fondo sentivamo un po' di rancore. Siccome il gioco segnava statuina, scegliemmo cose bellissime che andassero bene con i gioielli, molte penne di pavone per fermare i capelli, una pelle che da lontano sembrava una volpe argentata, e un velo rosa che lei si mise come un turbante. Vedemmo che pensava, provando la statua ma senza muoversi, e quando il treno apparve in curva andò a mettersi ai piedi della scarpata con tutti i gioielli che brillavano al sole. Alzò le braccia come se invece di una bella statuina volesse fare una posa, e con le mani indicò il cielo mentre gettava la testa indietro (che era l'unica cosa che poteva fare, poverina) e piegava il corpo da far paura. Ci sembrò meravigliosa, la statua più regale che mai avessi visto, e allora vedemmo Ariel che la guardava, affacciato al finestrino guardava solo lei, girando la testa e guardandola senza vedere noi finché il treno se lo portò via di colpo. Non so perché entrambe corremmo contemporaneamente a sostenere Leticia che stava a occhi chiusi e con grossi lacrimoni su tutta la faccia. Ci respinse, senza stizza, ma la aiutammo a nascondere i gioielli nella tasca, e rientrò sola mentre noi mettevamo via per l'ultima volta gli ornamenti nella scatola. Quasi sapevamo quel che sarebbe successo, però il giorno dopo andammo ugualmente ai salici, noi due sole, dopo che zia Ruth aveva imposto silenzio assoluto per non dare noia a Leticia che era sofferente e che voleva dormire. Quando arrivò il treno vedemmo senza sorprendercene il terzo finestrino vuoto, e mentre ridevamo sollevate e furenti, immaginammo Ariel viaggiare dall'altra parte della vettura, tranquillo nel suo sedile, mentre guardava il fiume con i suoi occhi grigi.

(Trad. di Flaviarosa Nicoletti Rossini)

«Final del juego», da *Final del juego*, 1964; da *Fine del gioco*, Einaudi 1965.

Goffredo Parise
CUORE

Un giorno molto azzurro un uomo arrivò in una città di montagna
nera di fumo e sepolta nella neve tra alti picchi: camminando
sotto i portici bassi si fermò davanti a un negozio di souvenirs,
vide una coppia di sposini tirolesi con su scritto *Zwei Herzen* e di
colpo ricordò una bambina bionda e rosea sempre vestita da
tirolese che incontrava per la strada quando andava a scuola. Si
vedevano e arrossivano, una sera la incontrò in una stradina
semideserta vestita di un mantello di panno Lenci rosso con un
cappuccio (nevicava), la prese per una mano e dopo un poco la
baciò prima su una guancia molto fredda, poi sulla bocca rossa
mentre lei lo guardava con gli occhi celesti aperti e immobili.

«Come ti chiami?» domandò il ragazzo e lei, sempre con occhi
spalancati, con voce lentissima rispose: «Cu-o-re». Poi non si
videro più e passarono gli anni.

Guardando le due bambole l'uomo si chiese dove avrebbe
potuto essere in quel momento, se era viva o magari no, continuò
a pensare a lei il pomeriggio e anche la sera e gli venne una grande
curiosità di rivederla. Con un certo imbarazzo telefonò ad amici
d'infanzia dimenticati, spiegò quello che voleva ma poiché non
sapeva nulla di lei, solo il nome ma non il cognome, nessuno
riusciva a ricordare nulla. Finalmente ne trovò uno con più
memoria degli altri, un botanico con una barbetta riccia che
sprofondò nel passato, gli disse che era sposata con due bambini
in una città poco lontana da quella in cui si trovava lui in quel
momento e scovò anche un numero di telefono.

L'uomo chiamò quel numero e udì in risposta una voce di

bambola meccanica; era lei, disse che ricordava tutto e desiderava rivederlo.

«Hai ancora le trecce?» domandò l'uomo.

«No, ho i capelli corti.»

«Corti come?» insistette l'uomo senza capire perché insisteva e lei rispose: «Corti normali».

L'uomo disse che la ricordava vestita da tirolese, lei gli ricordò che erano passati tanti anni, che adesso era «una signora di mezza età», che forse per lui sarebbe stata una delusione e che, forse, era «cosa saggia» non vedersi affatto. Poi aggiunse una frase che all'uomo parve molto bella:

«A ogni modo, anche se tu non hai voglia di rivedermi io invece ho molta voglia di rivederti.»

L'uomo le chiese il suo nome da sposata, la donna rise e disse: «È il nome di uno dei sette nani: indovina».

L'uomo si schermì (chi ricordava più i nomi dei sette nani?) ma fu costretto, con lei che suggeriva, a dirli tutti finché arrivò al nome: Dotto. La donna fece un piccolo strillo al telefono.

«E che lavoro fa il signor Dotto?»

«È rappresentante di generi alimentari.»

Ci fu una lunga pausa, poi, con l'impressione di avere molte cose da dirsi, si salutarono. «Forse è un po' pazza, o soltanto stupida» si disse l'uomo ma senza volerlo continuò a pensare a lei, quella notte la sognò come la ricordava, vestita da tirolese, con occhi di porcellana tra le lunghe ciglia nere coperte di neve, completamente immobile e sorridente.

Il giorno dopo le telefonò ancora ma non la trovò in casa, parlò con un ragazzo con una voce severa, che aveva intuito qualcosa girare nell'aria di quell'inverno. Alle cinque del pomeriggio (le aveva detto che lo avrebbe sempre trovato a quell'ora), puntualissima, egli udì la lenta voce di lei: stettero al telefono per un po', lei disse che era stata molto innamorata di lui (allora aveva dodici anni), lui si convinse e la convinse della stessa cosa.

«Lo sei ancora?» domandò l'uomo arrossendo (non era tipo da avventure del genere) e la voce di lei, dopo una lunga pausa, disse: «Sono sposata, come potrei amare due uomini allo stesso tempo?». Nella sua voce c'era grande stupore ma nessun giudizio ed egli non seppe cosa rispondere. Le disse che sarebbe passato per la città dove lei abitava il giorno dopo, per qualche ora. Fissarono un appuntamento davanti al Duomo ed egli le chiese le sue misure perché voleva portarle un regalo. «Quarantadue, quarantaquattro,» rispose lei con felicità «ma non ti devi disturbare.»

L'uomo uscì tra la neve stupido e leggero, andò al negozio di souvenirs, comprò un vestito tirolese (la misura non era proprio certa) e si mise in viaggio. Durante il viaggio ricordò quasi tutto il film *Biancaneve e i sette nani* aiutato anche dalle foreste ai lati della strada e precipitò senza accorgersene in quello stato di irrealtà che precede e accompagna sempre i grandi avvenimenti della vita. Giunto davanti al Duomo la vide subito tra i passanti: gli parve uguale, la stessa bambina lenta e attonita di trent'anni prima.

«Ciao Cuore,» disse col cuore in gola «sei identica» e la donna salendo in automobile, con un sorriso e quella sua voce lentissima e dolce, disse: «Ciao, anche tu sei uguale».

Girarono nella campagna e lungo un fiume tra la boscaglia, per due ore. Parlarono, soprattutto lei, con molta intelligenza e candore, come nelle favole, e con un linguaggio elementare e purissimo. Quando si addentrarono nella boscaglia dove lei volle provare l'abito tirolese, così vestita disse: «Oh, che bosco nero» e lo prese per mano; quando uscirono indicò il frumento basso nei campi e disse: «L'erba è già verde». Anche il suo volto rotondo e roseo, con i grandi occhi celesti spalancati e la bocca rotonda e rosa erano elementari e purissimi e l'uomo la baciò: come allora lei stette immobile con gli occhi aperti a guardarlo.

Durante il viaggio di ritorno l'uomo le chiese:

«Ieri, quando parlavi con me al telefono, i tuoi figli sentivano quello che dicevo?»

Lei si fece seria: «Sì, c'è anche stata una discussione con mio marito. Mio marito è un orso. Mi ha detto: "Che cosa vuole?"».

L'uomo notò che il volto di lei era un poco imbronciato e distratto come quello dei bambini quando non vogliono parlare di una cosa o stanno per dire una bugia.

«E tu cosa gli hai risposto?»

«Niente, ho detto che non volevi niente.»

L'uomo insistette per sapere qualcosa di più ma lei era distratta e guardava davanti a sé, allora cambiò discorso. Le chiese se aveva un'automobile. La donna rise e disse: «Mio marito non vuole che impari a guidare, dice che sono svanita».

«E cosa fai tutto il giorno?»

«Sto in casa, mio marito non vuole che esca perché dice che non so nemmeno attraversare le strade, figurati. Esco solo al mattino per fare la spesa, ma mi accompagna il fattorino.»

«Non hai una donna?»

«No.»

L'uomo aveva tenuto per tutto il viaggio la mano di lei nella sua, una volta la baciò e sentì il profumo di un sapone modesto e molto diffuso; poi la baciò su una guancia e sentì profumo di un talco per bambini anche quello molto noto.

«Sono stata molto felice di rivederti,» disse lei prendendo con cura il pacchetto del vestito tirolese «e vorrei vederti sempre.» Dopo questa frase che aveva pronunciata con voce tranquilla e felice, aggiunse: «Anche tu?».

L'uomo fece cenno di sì col capo e mentre la donna uscì dall'automobile udì che diceva: «Ti telefonerò sempre io alle cinque».

Da quel giorno si videro sempre più spesso nei modi e nelle ore in cui si vedono gli amanti, l'uomo non chiedeva mai nulla del marito e della famiglia, lei ne parlava raramente: quando ne parlava il suo volto si faceva imbronciato e distratto. La loro conoscenza non andò avanti gran che: durante i loro incontri l'uomo parlava poco, immerso nella stupefazione in cui lei lo avvolgeva con le sue parole e le sue esclamazioni, ma anche con le sue carezze e i suoi occhi celesti aperti nei baci e chiusi dalle lunghe ciglia nere nel sonno.

Qualche volta l'uomo era inquieto ma non esprimeva a lei la sua inquietudine perché non avrebbe saputo come. Allora diceva, come tra sé: «Sei uguale, identica»; e lei rispondeva: «Anche tu». Ma l'uomo invece sapeva molto bene che tutto ciò che è umano passa e scompare e forse era questa la ragione della sua inquietudine. Si videro per quattro anni durante i quali sembrò loro di rimanere giovani e felici, poi, un bel giorno, lei non venne più ed egli non riuscì a sapere più nulla di lei.

(1972)

da *Sillabario n. 1*, Mondadori 1984.

Jorge Luis Borges
ULRICA

Hann tekr sverthit Gram ok leggr i methal
theira bert
                              Vöslunga Saga, 27

Il mio racconto sarà fedele alla realtà, o almeno al mio ricordo personale della realtà, che è poi la stessa cosa. I fatti accaddero pochissimo tempo fa, ma so che la consuetudine letteraria è appunto la consuetudine a intercalare tratti circostanziali e ad accentuare l'enfasi. Voglio raccontare il mio incontro con Ulrica (non ho saputo il suo cognome e forse non lo saprò mai) nella città di York. La cronaca abbraccerà una notte e una mattina.

Non mi costerebbe nulla dire che la incontrai per la prima volta accanto alle Cinque Sorelle di York, quelle vetrate pure d'ogni immagine, che gli iconoclasti di Cromwell rispettarono, ma la verità è che ci conoscemmo nella saletta della Northern Inn, che sta dall'altro lato delle mura. Eravamo in pochi e lei mi voltava le spalle. Qualcuno le offrì un bicchiere e lei rifiutò.

«Sono femminista» disse. «Non voglio imitare gli uomini. Alcool e tabacco mi disgustano.»

La frase voleva essere intelligente e capii che non doveva essere la prima volta che la pronunciava. Seppi poi che non era una sua frase tipica, ma non sempre quello che diciamo ci assomiglia.

Disse che era arrivata in ritardo al museo, ma che l'avevano fatta entrare lo stesso quando avevano saputo che era norvegese.

Uno dei presenti osservò:

«Non è la prima volta che i norvegesi entrano a York.»

«È vero» fece lei. «L'Inghilterra un tempo era nostra e l'abbiamo perduta, ammesso che si possa avere qualcosa o che si possa perdere qualcosa.»

Fu allora che la guardai. Un verso di William Blake parla di fanciulle di dolce argento o di furioso oro; ma in Ulrica c'erano insieme l'oro e la dolcezza. Era alta e sottile, coi tratti affilati e gli occhi grigi. A impressionarmi non fu tanto il suo viso, quanto quella sua tranquilla aria di mistero. Sorrideva facilmente e il suo sorriso sembrava allontanarla. Vestiva di nero, cosa rara nei paesi del Nord, dove in genere si cerca di ravvivare coi colori il tono spento dell'ambiente. Parlava un inglese nitido e preciso, accentuando appena le erre. Non sono un buon osservatore; tutte queste cose le scoprii a poco a poco.

Ci presentarono. Le dissi che ero professore all'Università delle Ande, a Bogotà. Le precisai che ero colombiano.

Con aria pensosa mi chiese:

«Che cos'è essere colombiani?»

«Non so» le risposi. «Un atto di fede.»

«Come essere norvegesi» assentì.

Non riesco a ricordare nient'altro di quanto si disse quella sera. Il giorno dopo scesi di buon'ora in sala da pranzo. Dai vetri vidi che aveva nevicato: le brulle distese si perdevano nel mattino. Non c'era nessun altro. Ulrica mi invitò al suo tavolo. Mi disse che le piaceva uscire a passeggiare da sola.

Ricordai una battuta di Schopenhauer e le dissi:

«Anche a me. Possiamo uscire insieme.»

Ci allontanammo dalla casa, sulla neve fresca. Nei campi non c'era anima viva. Le proposi di andare a Thorgate, che resta qualche miglio più a valle. So che ero già innamorato di Ulrica. Non avrei voluto nessun altro accanto a me.

A un tratto udii l'ululato lontano del lupo. Non ho mai sentito ululare un lupo, ma so che era un lupo. Ulrica non si alterò. A un tratto, come se stesse riflettendo ad alta voce, disse:

«Le poche e povere spade che ho visto ieri a York Minster mi hanno commosso più delle grandi navi del museo di Oslo.»

Le nostre strade s'incrociavano. Quel pomeriggio Ulrica doveva proseguire il viaggio verso Londra, io verso Edimburgo.

«In Oxford Street» mi disse «ricalcherò le orme di De Quincey, che cercava la sua Anna perduta in mezzo alla folla di Londra.»

«De Quincey» le risposi «smise di cercarla. Io, col passar del tempo, continuo a cercarla.»

«Forse» fece lei a bassa voce «l'hai già trovata.»

Capii che una cosa insperata non mi era proibita e la baciai sulla bocca e sugli occhi. Mi staccò da sé con dolce fermezza e disse: «Sarò tua nella locanda di Thorgate. Nel frattempo, ti chiedo di non toccarmi. È meglio così.»

Per uno scapolo un po' in là con gli anni, l'offerta d'amore è un dono che non si aspetta più. Il miracolo ha diritto di imporre delle condizioni. Pensai alle mie scappatelle di Popayán, e a una ragazza del Texas, bionda e sottile come Ulrica, la quale mi aveva negato il suo amore. Non feci l'errore di chiederle se mi amava. Capii che non ero il primo e non sarei stato nemmeno l'ultimo. Quell'avventura, forse l'ultima per me, sarebbe stata solo una delle tante per quella splendida e risoluta discepola di Ibsen.

Tenendoci per mano, proseguimmo.

«Tutto questo è come un sogno,» dissi «e io non sogno mai.»

«Come quel re» ribatté Ulrica «che non sognò finché un mago non lo fece dormire in un porcile.»

E aggiunse:

«Ascolta. Un uccello sta per cantare.»

Poco dopo si udì il canto.

«In queste terre» dissi «pensano che chi sta per morire sappia prevedere il futuro.»

«E io sto per morire» disse lei.

La guardai attonito.

«Tagliamo per il bosco» la incitai. «Arriveremo più in fretta a Thorgate.»

«Il bosco è pericoloso» rispose.

Proseguimmo per le lande.

«Vorrei che questo momento durasse per sempre» mormorai.

«*Sempre* è una parola che non è permessa agli uomini» ribatté Ulrica, e per attenuare l'enfasi mi chiese di ripeterle il mio nome, perché non lo aveva sentito bene.

«Javier Otárola» dissi.

Volle ripeterlo, ma non ci riuscì. Anch'io del resto feci altrettanto fiasco col nome di Ulrikke.

«Ti chiamerò Sigurd» affermò con un sorriso.

«Se io sono Sigurd,» ribattei «allora tu sei Brynhild.»

Avevo rallentato il passo.

«Conosci la saga?» le chiesi.

«Certamente» disse lei. «La tragica storia che i tedeschi hanno sciupato coi loro tardivi Nibelunghi.»

Non volli discutere e dissi:

«Brynhild, cammini come se volessi che fra noi due ci fosse una spada nel letto.»

Di colpo ci trovammo davanti alla locanda. Non mi stupì che si chiamasse come l'altra, Northern Inn.

Dall'alto della scala, Ulrica mi gridò:

«Hai sentito il lupo? In Inghilterra ci sono ancora i lupi. Spicciati.»

Mentre salivo al piano superiore, notai che le pareti erano tappezzate in stile William Morris, d'un rosso molto profondo, con frutti e uccelli intrecciati. Ulrica entrò per prima. La stanza era bassa e buia, col soffitto a due spioventi. L'agognato letto si duplicava in un vetro impreciso e il mogano brunito mi fece pensare allo specchio delle Scritture. Ulrica s'era già spogliata. Mi chiamò col mio vero nome, Javier. Sentii che s'era messo a nevicare più forte. Non c'erano più né mobili né specchi. Non c'era una spada fra noi due. Come sabbia scorreva il tempo. Secolare, nel buio, fluì l'amore e possedetti per la prima e unica volta l'immagine di Ulrica.

(Trad. di Tilde Riva)

«Ulrika», da *Libro de sueños*, 1976;
da *Libro di sogni*, Biblioteca di Babele, Franco M. Ricci 1985.

Malcolm Bradbury
CHI PENSATE DI ESSERE?

Edgar Loach era uno psicosociologo di punta, sempre in movimento, sua moglie Rita era una fisioterapista molto attiva, ed entrambi vivevano insieme in quella che era chiamata una casa di città in un quartiere residenziale nel centro della Birmingham nuova. Erano persone responsabili, di ampie vedute, il che voleva dire che quando si guardavano intorno, provavano un certo senso di colpa considerando i privilegi della loro sistemazione; ma erano costretti ad ammettere che la casa si addiceva perfettamente ai ruoli che occupavano nella società. Era minuscola e molto razionale, con la cucina perfettamente attrezzata, il riscaldamento centrale a pannelli, e un custode che si occupava di tutto tranne che di un fazzoletto di giardino dietro la casa, il giardino di loro proprietà, che avevano fatto pavimentare quasi per intero. C'era un'antenna televisiva centralizzata, e la casa veniva dipinta ogni tre anni nei colori standard del complesso. Come spiegava la pubblicità che li aveva indotti all'acquisto, era un ambiente studiato per una vita moderna ricca di emozioni; e il piccolo complesso, per la progettazione d'avanguardia degli esterni e il compatto intersecarsi di blocchi modulari, per l'alta densità abitativa e tuttavia la tangibile illusione di spazi aperti, compariva di frequente nelle fotografie patinate delle riviste di architettura. Naturalmente, come nella maggior parte delle abitazioni moderne, c'erano degli inconvenienti; come qualche volta Rita diceva ai cocktail lamentandosi, l'unico luogo dove si aveva realmente il diritto di stendere il bucato era l'automobile. Ma era la sistemazione ideale per una giovane coppia, molto impegnata, fuori a tutte le ore; e i Loach, essendo professionisti responsabili, lo erano. Un altro elemento importante della casa era la sua collocazione ideale per il genere di problematiche sociali che negli ultimi anni erano divenute i ferri del mestiere di Edgar. A due traverse di distanza c'erano case occupate da abusivi, e ancor più vicina una comune di hippy; c'era una clinica per aborti a portata di mano, un'area di degrado con un grave problema di sovraffollamento di immigrati abbastanza vicina da poterci andare a piedi, e una sezione molto attiva dello Sinn Fein facilmente raggiungibile. Birmingham seguiva una tendenza progressista nel campo del comportamento sessuale e della relativa assistenza, e i Loach se ne occupavano in funzione di consulenti; Rita era abbastanza attiva nel movimento per la liberazione della donna, che procedeva molto bene. Impegnati com'erano, non stavano molto in casa; Edgar era coinvolto in tante cause, tanti tipi di iniziative sociali, che stava fuori fino a ore molto tarde, correndo avanti e indietro con la sua Mini da una parte all'altra della città. Anche Rita spesso faceva turni straordinari all'ospedale, e inoltre teneva il corso di parto naturale nelle sere libere.

Così sembravano ritrovarsi insieme in casa, e utilizzarla adeguatamente, solo durante il fine settimana, quando vestivano casual e sedevano nel soggiorno o, nei giorni di sole, nel patio, facevano colazione tardi, leggevano i supplementi settimanali dei quotidiani e i nuovi tascabili, bevendo Campari e ascoltando le cassette di musica sperimentale di Edgar – canti di protesta del Sud America, effetti sonori con grida orgasmiche in francese – con un impianto hi-fi per il quale l'amministrazione della casa installava il diffusore adatto. Ma era bello essere vicino al centro della città, vedere i nuovi grattacieli sorgere, le insegne al neon lampeggiare, udire le sirene delle ambulanze, il boato delle bombe dei terroristi, sentire il polso e i battiti della vita moderna della città. Si spostavano lungo il nuovo raccordo anulare, sotto i nuovi sottopassaggi, nei parcheggi multipiani, attraverso i meandri di cemento della stazione ferroviaria; Edgar si trovava spesso alla stazione di New Street perché prendeva abitualmente l'intercity per Londra per partecipare alle commissioni, vedere il suo editore, presiedere i comitati per le riforme, aderire a una dimostrazione, intervenire a un programma televisivo. Non era un accademico dalle idee ristrette; e aveva organizzato il suo orario di lezioni all'università in modo da avere un giorno libero alla settimana per non perdere contatto con il mondo. Oggi era previsto uno di questi viaggi a Londra, un'occasione piuttosto importante; doveva prendere il treno del mattino. Era una fortuna che Rita facesse il secondo turno, perché così lei poteva accompagnarlo nell'atrio, risparmiandogli il problema del parcheggio. Rita guidava in modo molto efficiente; si districò rapidamente negli ingorghi e quando Edgar arrivò nell'atrio della stazione era in anticipo. Comprò il biglietto, e poi prese la scala mobile che portava al binario sotterraneo, canticchiando la musica trasmessa dagli altoparlanti. Prima di scendere comprò la «New Society» e un pacchetto di mentine per la gola al chiosco dei giornali, e così era attrezzato per il viaggio. Sul marciapiede sapeva, da viaggiatore esperto, dove piazzarsi per le vetture di prima classe: gli rimborsavano il viaggio. I cavi elettrici scricchiolarono, gli altoparlanti tuonarono, arrivò il treno; Edgar fu il primo a salire e a procurarsi un buon posto vicino al finestrino nella carrozza con l'aria condizionata. Il treno partì, si infilò nelle gallerie, e poi riemerse e oltrepassò i sobborghi di Birmingham, gli scali merci, i canali, i piloni dell'autostrada; si intravide la Rotonda.

Ma era uno spettacolo familiare; Edgar era già immerso nel giornale. Dopo un po', come ogni sociologo che si rispetti, cominciò a sentirsi irrequieto e ad avere bisogno di far qualcosa. Così si alzò dal posto lasciando la «New Society» a indicarne il possesso, e si mise a passeggiare lungo il treno contando le persone di colore. Ce n'erano in tutto quarantatré, due in prima classe, tra cui un indiano che fumava un sigaro. Era un esercizio poco impegnativo, dato che non stava scrivendo nulla sulla questione; ma dopo tutto un sociologo è come un poliziotto, sempre in servizio, e il suo servizio richiede un'attenzione globale ai modelli e ai dettagli della vita quotidiana. Terminata questa breve indagine, ritornò al suo posto, riprese il giornale e lo lesse tutto comprese le interminabili pagine degli annunci economici, attraversando l'unico tratto di campagna, anonime distese di campi e boschi. Poco dopo l'addetto della carrozza ristorante, in giacca rossa, si presentò per annunciare che il primo turno era servito; così Edgar ripiegò il giornale, lo rimise sul suo posto e si diresse verso la carrozza ristorante; passando notò che l'indiano in prima classe aveva terminato il sigaro, e stava ora leggendo le pagine economiche del «Times». Mangiò il pasticcio di carne e rognone, e aveva appena finito quando il treno raggiunse la periferia più esterna della megalopoli; il servizio era diventato straordinariamente efficiente. Ai lati della ferrovia cominciavano a comparire unità abitative a bassa densità costruite nel dopoguerra per redditi medi e si intravedevano segnali di tensione sociale: qualcuno aveva dipinto sul muro della ferrovia L'ABORTO È ASSASSINIO, e si distinguevano gli slogan scritti con lo spray dalle bande di adolescenti sui muri e le recinzioni dei quartieri più vecchi. C'erano i manifesti che reclamizzavano la riservatezza di test di gravidanza sui tabelloni delle stazioni che ora il treno attraversava in un lampo. Edgar fece ritorno al suo scompartimento e da quel momento fino a Euston osservò attentamente i vari stadi dell'espansione e dei mutamenti urbani, gli indizi di cambiamenti e turbative che il suo sguardo esperto sapeva individuare, interrompendo solo per chinarsi a pulire le scarpe con l'ultima pagina della «New Society», mentre il treno rallentava nelle gallerie poco prima della destinazione.

La nuova stazione di Euston provocava ancora un certo disorientamento ad alcuni dei passeggeri che scendevano dal treno, ma non a Edgar. Fu il primo del nuovo flusso in arrivo a mettersi in coda per i taxi e dopo poco ne trovò uno. Disse all'autista di portarlo alla BBC; l'autista lo guardò e disse: «Ma non l'ho già vista in televisione? È Mr. Day lei?», ma probabilmente lo diceva a chiunque gli chiedeva quella destinazione. Tuttavia la *Gesellschaft* senza volto della grande città, la sua rete di rapporti impersonali, il ben noto flusso di identità non era inevitabilmente, considerò Edgar, distruttore della personalità; le persone potevano ancora distinguersi dalla folla. Edgar guardò fuori dai finestrini di vetro affumicato del taxi e osservò lo scenario urbano, il ritmo, le mode, i visi stravolti, le luci, i boati che uscivano dalle jeanserie e dai negozi di dischi. Il tassista, evidentemente consapevole che la gente della televisione deve essere puntuale, affrontò il traffico con decisione e non molto dopo frenava davanti all'antenna del Centro Televisivo. La guardia controllò la sua identità; dovevano stare molto attenti a causa delle minacce di bombe. Ma quando disse che lavorava in un programma di Dennis Proddoe, lo lasciarono passare immediatamente e in un attimo, superata la curva, si trovò sotto il portico. «Quello che mi piace di lei, Mr. Day, è che parla chiaro» disse il tassista, mentre Edgar lo pagava e poi, cercando di fare quello che Robin Day avrebbe fatto, gli dava una generosa mancia. Con la cartella sotto il braccio si presentò all'accettazione; la ragazza al banco disse: «Mr. Loach?» e Edgar, mentre si rendeva conto che doveva avere sotto gli occhi un elenco degli ospiti attesi, provò un altro attimo di oscuro piacere.

La ragazza si mise subito in contatto con lo studio, ed egli dovette rimanere solo un minuto seduto in una delle lussuose sedie della sala d'attesa, lanciando rapide occhiate agli altri ospiti e leggendo una parte di un opuscolo che elencava i programmi radiofonici trasmessi in Bulgaria, quando comparve l'assistente ai programmi, una ragazza magra in minigonna e occhiali rotondi con la montatura in metallo. «Sono spiacente ma deve depositare la sua cartella» disse e lo guidò dietro l'angolo, dove un usciere gli chiese di scrivere su un blocchetto una descrizione della sua cartella e degli oggetti contenuti, che esaminò prima di consegnargli una contromarca con un numero. «Le nostre misure di sicurezza sono molto severe» disse la ragazza facendogli strada verso l'ascensore. Nell'ascensore gli disse: «Mr. Proddoe la sta aspettando» mentre Edgar notava con piacere che il suo fondoschiena premeva contro quello di Shirley Bassey. Uscirono, e la ragazza lo guidò lungo i corridoi stile transatlantico che tagliavano la costruzione circolare fino al bar nella Red Assembly. Qui, tra tecnici che mangiavano panini intorno a tavoli senza sedie, lo aspettava Dennis Proddoe, il regista; indossava una camicia a fiori e un paio di jeans bianchi con una banda viola lungo la gamba. Reggeva una cartellina bianca e un grande fiore azzurro di carta. Sembrò molto contento di vedere Edgar, con cui aveva già lavorato in precedenza. «Grazie a Dio sei arrivato, carissimo» disse. «Mi preoccupo sempre quando la gente viene da fuori. Presumo sia una sciocchezza.» Edgar gli strinse la mano, e Dennis disse: «Bene, dobbiamo fare la faccia intelligente, siamo tutti pronti». Si girò e si diresse lungo il corridoio verso lo studio, mentre l'assistente ai programmi camminava silenziosamente dietro. Andando annunciò in modo solenne: «Credo, sai Edgar, che questo sfonderà sul serio. Per anni mi sono rotto la testa pensando a un gioco a quiz con esperti che avesse un reale impatto. Qualcosa che avesse componenti di intrattenimento ma li superasse. Uno spettacolo di orientamento psico-sociologico, con in più senso e interesse. Le notti insonni che ho passato con questo pensiero, Edgar, non so neanche contarle. Ma penso davvero, vero Sharon, che questa sia la formula giusta». «Lo pensa veramente» disse l'assistente ai programmi. «Bene» disse Edgar. Quasi per alleggerire la solennità, Dennis fece tre salti velocissimi da un lato all'altro del corridoio, e furono tutti davanti all'entrata dello studio.

Un usciere in uniforme si avvicinò a Edgar, come se avesse intenzione d'interrogarlo ancora sulle bombe, ma tutto ciò che disse fu: «Sono spiacente ma deve spegnere la sigaretta, signore». «Non sto fumando» disse Edgar. «Non fumo.» «Allora non importa» disse l'usciere. Entrarono nello studio. Dapprima sembrò buio, immenso e spettrale, con cavi e congegni dappertutto, e c'era un numero incredibile di persone piccolissime intorno al set. Nella semioscurità un uomo magro ed elegante con un abito sobriamente alla moda e basette dalla punta sottile si avvicinò a Dennis e disse: «Oh, Dennis, ma che pantaloni da sogno!». «Li ho presi a Roma» disse Dennis. «Non credi che siano uno schianto?» L'uomo diede un rapido bacio all'assistente ai programmi, guardò Edgar e disse: «E lui chi è, Den?». «È Edgar Loach uno degli esperti del tuo quiz, e lui è Jojo Brautigan, il moderatore. In realtà non c'è bisogno di dare molte istruzioni a Edgar. Ha tenuto banco un sacco di volte. Era mio professore all'Università.» «Ah, così la colpa è sua» disse il moderatore. «La testa gliel'ha sistemata per tutta la vita.» Tutto il gruppo si avvicinò al set camminando sopra i cavi. Le luci si accesero all'improvviso, e Edgar, che aveva un lieve difetto di vista, per un attimo si sentì smarrito. Un tizio si precipitò verso di lui e gli tenne un oggetto attaccato al naso, e qualcun altro gli tirò via un cavo da sotto i piedi. Dennis lo prese per un braccio per guidarlo verso il lungo tavolo a ferro di cavallo dove dovevano sedere gli esperti. C'erano le targhette con i nomi di fronte a ogni posto, blocchi per appunti e pulsanti sul tavolo, e sedie girevoli per incoraggiare il movimento. «Che cosa pensi del fotomontaggio?» chiese Dennis. Edgar guardò in su e vide dietro al tavolo un'enorme e imponente gigantografia composta dalle foto di un poliziotto, un quartiere di baracche, Centre Point, un bambino denutrito, una giovane coppia ben calzata, presa probabilmente da un annuncio pubblicitario, bevande in bicchieri ghiacciati sul ponte di uno yacht, un cromosoma, la parrucca di un giudice, la pubblicità di un deodorante, e su tutto le sbarre di ferro di una cella. «Meraviglioso» disse Edgar. «Sono contento che ti piaccia» disse Dennis.

Poi qualcosa apparve sopra il tavolo e a Edgar venne chiesto di sedere. Venne presentato agli altri due esperti che erano già lì. C'era un antropologo, certo Giles Fussey, un giovanotto con occhiali scuri e un taglio di capelli all'africana; e una psicologa d'avanguardia che aveva studiato con Laing, Flora Beniform, una ragazza dall'aspetto sano ed energico. Avevano tutti e due quell'aria da prima del programma, l'espressione un po' tesa dei lineamenti che i capelli e gli occhiali non nascondevano. Edgar sentì lo stomaco contrarsi, ma dopo tutto non ce n'era bisogno. Era un professionista, e un esperto; disse alcune rapide parole ai suoi colleghi, specialmente alla dottoressa Beniform, il cui lavoro conosceva e stimava, e quindi velocemente dispose gli oggetti sul tavolo davanti a lui secondo un ordine che gli fosse congeniale. «Adesso ascoltate» disse Dennis, in piedi di fronte a loro con le braccia alzate. «Io sparirò nell'antro delle macchine e faremo una rapida prova. Spero che abbiate afferrato i principi del progetto.» Ci furono mormorii da parte dei colleghi di Edgar e Dennis disse: «Bene, in caso contrario, questo in certo senso ve li mostrerà. Ma non importa se fate una figura da cretini o dite delle scemenze; in effetti si prova più per le telecamere e per il trucco che per voi. Non mettetevi le dita nel naso, e fate del vostro meglio, come dicevamo sempre negli scout, d'accordo?». Dennis ascoltò qualcosa dal microfono che aveva nell'orecchio e disse: «Sì, bene. Dopo andremo a bere qualcosa di forte, e discuteremo la presentazione e la registrazione sarà alle cinque, o fünf per quelli che parlano tedesco».

Una telecamera si avvicinò al viso del moderatore ed egli le sorrise. Poi ci fu una lunga pausa, e diversi sconosciuti attraversarono il set, ignorando gli esperti e spruzzando in giro con delle bombolette spray. Il moderatore disse: «Allora mi pare che Edgar si concentrerà sui ruoli e le tensioni sociali, Flora sugli aspetti psicologici, e Giles sui referenti culturali. Io mi limiterò ad agitare la mistura e ad aggiungere un pizzico di malizia. Penso che

Edgar debba partire per primo, dato che è quello che ha fatto più trasmissioni, poi Flora, seguita da, indovinate chi, Giles. Dennis mi ha lasciato qui un appunto che dice: "Ricordatevi di alleggerire la competenza professionale con la valenza del divertimento"». «Vuol dire raccontare qualche barzelletta» affermò Giles Fussey. «Proprio così» disse Brautigan. «Benissimo, tesori miei» disse la voce di Dennis amplificata, da qualche punto lontano. «Titoli in venti secondi.» Cambiarono le luci. Edgar si vide sul monitor. Poi sullo schermo cominciarono a scorrere i titoli di coda – *Chi pensate di essere?* – e il moderatore iniziò a spiegare il gioco alla telecamera. Una ragazza emergendo da un angolo condusse la prima vittima a una sedia posta nel centro, tra il moderatore e il tavolo degli esperti. Queste erano false vittime, non quelle da usarsi nella vera registrazione, ed erano per lo più segretarie di Wood Lane o persone che avevano appena finito altri programmi o che aspettavano di far parte del pubblico in sala. Con la coda dell'occhio Edgar riuscì ancora una volta a vedere la sua immagine guizzare sui monitor: un personaggio imponente, rappresentativo, dalla parola facile, che pone domande efficaci sulla classe, il reddito e il ruolo. Le vittime potevano mentire, cosa che non sarebbe stata loro permessa nel vero spettacolo, e ciò produsse qualche confusione con effetti comici; ma tutto funzionò in modo scorrevole ed Edgar pensò di aver stabilito il ritmo giusto. Poi fu la volta di Flora che ebbe qualche difficoltà perché esagerò un po' troppo con i complessi, ma Giles alla fine andò forte con le domande sulle reazioni ai mutamenti culturali. La mezz'ora passò in un attimo, riapparvero i titoli di coda e la prova era finita.

Il moderatore li guidò con decisione nella sala riservata agli ospiti, dove c'era Dennis che spingeva il carrello bar. Dovettero aspettare qualche minuto che venisse un usciere con la relativa chiave, e poi Dennis si preoccupò che tutti avessero un bicchiere pieno di qualcosa di forte e si mise a discutere i suoi appunti. «Bene, siete stati semplicemente meravigliosi,» disse «ma qualche piccolo avvertimento, più dal punto di vista della presentazione che del contenuto. Edgar, il naso a guardarlo va benissimo, ma tu sembri usarlo come una sonda, come se cercassi di annusare la risposta. È come se scattasse in avanti, così, e non riesco a spiegarlo bene ma riempie troppo lo schermo. Non puoi, come dire, tirarlo indietro, dolcezza?» «Tenterò» disse Edgar, ridendo insieme agli altri. «Flora, bene, se hai intenzione di fare tutte quelle domande sul sesso dovresti abbassare un po' la scollatura e mostrarci un po' più di tette. Lo so che è una bassezza, ma rende più familiare ciò di cui stiamo parlando, così ci guadagnano tutti e non ci smena nessuno, ti pare?» Flora abbassò un po' l'arricciatura e disse: «Così va meglio?». «Per me potresti non smettere mai» disse Dennis. «Ma così è già meglio. E Giles. Ebbene, per farla breve, Giles, tu sei troppo sporco. Voglio che tu vada a lavarti. Non sapevo che lo sporco si vedesse tanto ma si vede. Sharon, ti spiace accompagnare Giles e mostrargli dove?» Dennis si alzò e riempì i bicchieri, e poi si sedettero ancora e discussero alcune modifiche nella presentazione dello spettacolo. «La cosa fondamentale è che voi avete afferrato lo spirito, avete creato lo spirito dello spettacolo» disse Dennis, con aria compiaciuta, e riempì di nuovo i bicchieri.

Quando ritornarono nello studio, poco prima delle cinque, avevano tutti l'aria un po' sbronza e una sensazione di allegria goliardica. Ma, sembrò a Edgar, questo fece andare benissimo lo spettacolo. Si presentò la prima vittima, con l'uniforme blu da seguace di Mao che dovevano indossare tutti, e Edgar in pochi secondi definì la sua classe, strato inferiore della borghesia medio-alta e il raggruppamento socio-economico, e non ci impiegò molto a scoprire, attraverso una serie di domande interagenti, il suo ruolo professionale. Spiegò con chiarezza e concisione al pubblico i segnali che aveva esaminato – l'accento, la gestualità, le risposte verbali, e così via. Continuò, e fu perspicace anche nel definire i modelli comportamentali del suo ruolo sociale, e ricevette qualche rapido cenno di assenso sulle abitudini e il modo del suo consumo di alcolici, su come trattava i superiori e gli inferiori, su quanto spendeva per vestirsi e sulla frequenza dei suoi rapporti sessuali (FRS). Flora rapidamente tracciò la mappa della sua psiche e con tre domande sull'educazione all'uso del vasino, l'atteggiamento nei confronti dei genitori, e la data del suo matrimonio ebbe le basi per definire un tipo di personalità essenzialmente anale su cui si diffuse brillantemente; l'uomo sulla sedia annuiva estasiato. Giles, con una domanda fulminante su coloro che chiamò Nazareni dai capelli lunghi come nessuno, colpì subito al centro dei suoi riferimenti culturali e ben presto scoprì tensioni totalizzanti che lasciarono l'uomo visibilmente esterrefatto di fronte alle sue stesse contraddizioni. La seconda vittima causò qualche problema perché non ce la fece e scoppiò a piangere sotto l'incalzare delle domande di Flora sulle sue inclinazioni omosessuali; ma Dennis aveva previsto con sufficiente precisione che un caso simile potesse verificarsi e disse di considerarlo un ottimo effetto televisivo. L'uomo continuò a piangere a dirotto durante l'interrogatorio di Giles, con il quale peraltro era in sintonia, e quando Giles gli spiegò che i problemi non erano mai nella mente dell'uomo ma nella perversa repressione esercitata dalla cultura, disse: «Grazie a Dio qualcuno ha avuto il fegato di dirlo, nell'interesse mio e di quelli come me». Questo ricordò a tutti loro che era più di un gioco; era in realtà un'estensione del loro umanesimo professionale. Per ultima si presentò una ragazza; Edgar, invadendo in effetti il territorio di Flora, entro i primi due minuti scoprì un suo aborto e in altri due l'intera struttura delle sue abitudini. Fussey fu bravissimo sul coinvolgimento della ragazza nel pop e su come questo l'avesse liberata; e poi fu tutto finito e i titoli di coda apparvero sui monitor quasi prima che Edgar se ne rendesse conto. Si ricordò che alla fine dovevano continuare a parlare, e dovette dare un colpetto sotto il tavolo alla gamba di Flora; lei pensava che tutto fosse finito e si era girata verso il monitor, e lo guardava tutta eccitata, fissando l'immagine dei suoi stessi occhi. «Oh, tesori miei,» disse Dennis, dall'altoparlante della cabina di controllo «è stata una cosa splendida e una gioia perenne. Sono soddisfatto, sono deliziato, sono in estasi. Edgar fa ancora il birbante con il naso, e glielo ricorderemo per la prossima settimana. Niente da rifare, un ottimo lavoro, allora ci vediamo tutti nella Red Assembly.»

Ritornarono tutti nella Red Assembly e Sharon, che li aveva incontrati nel corridoio, andò a prendere una tazza di tè per tutti. «Non è solo divertimento, è un lavoro utile» disse Edgar. «Lo ritengo una prova dell'opera morale che possiamo fornire con la nostra competenza.» «Oh, eccolo» disse il moderatore e comparve Dennis con un'idea luminosa: voleva invitarli tutti a cena. Ahimè, il moderatore doveva andare perché era impegnato anche in una tavola rotonda radiofonica che avrebbero registrato tra un'ora alla Aeolian Hall – una cosa più tradizionale, spiegò, con le registrazioni e una voce misteriosa. «Nulla di simile a quest'esperienza dirompente» disse. Dennis prese tutti gli altri sotto l'ala della sua protezione. Chiese all'assistente ai programmi, la ragazza con gli occhiali dalla montatura di metallo, di andare a chiamare un taxi. Poi uscirono tutti e firmarono per ritirare gli oggetti personali lasciati al guardaroba e quando furono pronti nell'atrio, Flora con un'enorme pelliccia e Giles con una giacca afgana con ricami splendidi, c'era un taxi che li aspettava sotto il portico. Edgar si sedette tra Flora e l'assistente ai programmi e Giles e Dennis si sedettero di fronte su due traballanti sedili pieghevoli. «Che cosa pensavi, dottoressa Beniform?» chiese Dennis. «All'inizio eri un po' sospettosa, vero amore?» «In effetti» disse Flora. «Ma penso che tu mi abbia convinto che valeva la pena di lavorarci su.» L'assistente ai programmi disse: «Ho prenotato dal greco. Ho fatto bene?». «Gli piacerà moltissimo.» Poco dopo il taxi si fermò davanti a un ristorante greco in una zona che a Edgar sembrò con qualche approssimazione knightsbridge; conosceva la sua Londra, ma era una conoscenza da turista, non da residente. I proprietari del ristorante conoscevano Dennis e si profusero a esprimere la felicità di vederlo. Il ristorante aveva una rete da pescatori appesa al soffitto e i camerieri, per qualche misterioso motivo, indossavano calzoncini corti, maglioni da pescatori e dei grembiuli di cotone a quadretti della stessa stoffa delle tovaglie. Sedettero al bar e ordinarono un aperitivo e Edgar chiese a Flora notizie sui suoi studi sulla famiglia. «È un campo affascinante» disse Flora. «Naturalmente la vita e Laing fra tutti e due, l'hanno trasformato.»

Ebbero un tavolo senza aspettare, ovviamente perché si trattava di Dennis e venne il cameriere a prendere le ordinazioni. «Penso che abbiano un aspetto straordinario, vero?» disse Dennis e suggerì alcuni piatti. Edgar decise di provare gli involtini di foglie di vite. Quando il cameriere si fu allontanato, Dennis disse: «Non ho bisogno di aspettare le recensioni domenica. Ho la precisa sensazione che potrebbe andare avanti per sempre». «Pensavo che ne avreste fatti sei» disse Giles. «Oh, tanto per cominciare» disse Dennis. «Naturalmente, non devo suscitare troppe speranze. Innanzitutto può causare dei problemi di gusto.» «Oh, non di questi tempi» disse Giles. «Scommetto che Maurice Wiggin o qualcun altro lo attaccherà dicendo che è un'intrusione nella vita privata» disse Dennis con aria cupa. «Ma io penso che la vita privata sia morta e sepolta, non ti pare, Edgar?» «Penso di sì» disse Edgar. «È sparita, trascinata lontano dal mondo moderno di oggi» disse Dennis. «Voglio dire, ora non c'è più nulla dell'uomo che possa essere ritenuto segreto o non definibile. Lo possiamo scandagliare in tutti i modi.» «Oh, questo è vero» disse Flora. «Voglio dire, Edgar, l'uomo, sociologicamente parlando, è qualcosa di più della somma dei suoi ruoli?» «Ecco una domanda interessante» disse Edgar, cominciando a mangiare la sua tarama-salata. «Se si definisce il ruolo con attenzione e in modo abbastanza completo, allora sembra certamente che non lo sia. Il ruolo in questo caso è da intendersi naturalmente come ogni forma di comportamento sociale appreso. C'è il fattore genetico, naturalmente, il che costituisce un problema.» «Ebbene sì» disse Flora. «Ma sempre di più tendiamo a vedere anche qui il fattore di derivazione sociale. No, Dennis ha fondamentalmente ragione. Naturalmente questo non vuol dire che la privacy non conti nulla.» «Oh, no» disse Dennis. «Volete dire che in realtà non esiste un io?» disse l'assistente ai programmi, una ragazza seria. «Naturalmente c'è un io» disse Dennis. «Ma non c'è nulla di lui che si possa nascondere.» Edgar sollevò un po' la tovaglia per scoprire la vista della minigonna, e disse: «È sintomatico che tu lo abbia in pratica confessato con il tipo di abiti che indossi». «Vanno anche le gonne lunghe» disse la ragazza. «Oh, dai,» disse Flora ridendo «sono culturalmente comprensibili solo come un'alternativa alla minigonna. Quello che voglio dire è che nascondono ciò che è ben conosciuto, non ciò che è misterioso.»

Ora erano arrivati tutti al piatto forte; gli involtini di foglie di vite fecero emettere a Edgar una serie di rutti, ma gli altri non se ne accorsero. «Io non sono così sicuro di questo» disse Giles fissandoli attraverso gli occhiali scuri. «E la reazione puritana?» «Credete nella reazione puritana?» esclamò Dennis. «Suvvia,» disse Flora spazientita «la reazione puritana non è che la trovata di radicali affetti da paranoia. Non ha senso sul piano dell'evoluzione. Non si può rimettere nella bottiglia ciò che è già stato versato.» Dennis disse: «Non è facile convincere la gente con le metafore giuste, ma naturalmente tu lo sai fare, Flora tesoro». Edgar rise e indicò le tre bottiglie di retsina vuote in mezzo alla tavola. «Provate a riempirle di nuovo» disse soffocando un rutto. «Bene,» ammise Dennis «un punto a vostro favore. Non ci riuscite se avete già bevuto.» «Presumo che tutto dimostri la verità di ciò che Freud ci ha insegnato» disse Giles. «Il problema è, naturalmente,» disse Flora «non che quello che diceva Freud è vero, mi riferisco alla preminenza dell'istinto sessuale, ma che noi abbiamo scelto di agire come se fosse vero. Un bel giorno possiamo scegliere di agire come se qualcos'altro fosse vero. Ma penso che ci vorrà molto tempo per raggiungere una nuova sintesi.» «E nel frattempo le persone chiedono di più e ottengono di più, possono divertire e gratificare di più il proprio io» disse Giles. «Ma quale io gratificano?» chiese l'assistente ai programmi. «Oh, oh acque profonde, troppo profonde per me,» disse Dennis «ordiniamo dell'altro retsina.»

Terminato il pranzo, dopo aver bevuto alcuni liquori greci, Dennis, che sembrava aver apprezzato moltissimo la serata, suggerì che tutti andassero a casa sua. Edgar continuò a ruttare per tutto il tragitto in taxi, e a un certo punto pensò di consultare l'orario dei treni per Birmingham che teneva in tasca, ma naturalmente poteva rimanere ancora per qualche ora. La ragazza seria disse: «Io penso che la minigonna in realtà non sia per nulla oscena. Pensate a come sono stati svelti a inventare i collant». «Sappiamo tutti che cosa c'è sotto, cara» disse Dennis. «Naturalmente a qualcuno interessa più che ad altri.» Il taxi si fermò in una zona che Edgar identificò grosso modo come vicina a Sloane Square, e Dennis fece strada su per le scale fino al suo appartamento, che era all'ultimo piano di un bel palazzo del Settecento. Sulle scale si misero tutti dietro la ragazza in minigonna e risero moltissimo; la ragazza si voltò e disse: «Siete cattivi come quelli con cui lavoravo alla Esso». «Parole come buono e cattivo hanno perduto il loro potere» disse Flora, che aveva riso anche lei. Dennis aprì la porta del suo appartamento ed entrarono. Era di un'eleganza considerevole, arredato con un accostamento di molto antico e molto moderno e Giles prese in mano alcuni pezzi, sculture e oggetti vari, fece alcune domande, e all'improvviso chiese a Dennis se aveva una rendita personale. «Non siamo in televisione adesso, tesoro mio» disse Dennis e aprì una piccola credenza piena di bottiglie. «Sei peggio di Arthur Negus. Il che mi ricorda che volevo chiedervi se quel lavoretto lo fate anche su voi stessi, o se invece pensate di essere superiori a queste cose e di vivere in un luogo al di sopra della storia.» «Che tipo di lavoretto?» disse Giles. «Quella roba da clinica psichiatrica che avete fatto per me in televisione» disse Dennis.

Flora si era tolta la pelliccia e si era seduta in poltrona. «Io sono stata in analisi,» disse «fa parte del nostro tirocinio.» «E tu sei stato in... sociologia, Edgar tesoro» chiese Dennis, servendo da bere a tutti. «Penso di poter rispondere di sì» disse Edgar. «Il sociologo deve vedere anche se stesso solo come un altro animale sociale.» «Bene, allora perché non ci mettiamo a lavorarci tra di noi?» chiese Dennis. «In che senso?» chiese Giles ridendo. «Non sono sicuro che sarebbe professionale» disse Edgar. «Chi pensate di essere?» disse Dennis. Giles scoppiò a ridere e cadde all'indietro su una poltrona già occupata dall'assistente ai programmi che con uno spintone lo mandò a finire sul pavimento. Rimase lì e rise ancor di più. «Dopo tutto voi lo fate alle vittime» disse l'assistente ai programmi. Edgar disse: «Benissimo allora. Ma non dimentichiamo che noi siamo esperti che trattano con esperti». «È proprio quello che vogliamo vedere» disse Dennis. Così Edgar cominciò ad aggredire con le sue domande Flora, che sedeva in poltrona con un grande bicchiere di whisky, tutta rossa, molto attraente nella penombra del grande salotto di Dennis. Edgar si sentiva completamente ubriaco e completamente felice, ora, e si stava divertendo, proprio come si era divertito durante la registrazione, e così diede una dimostrazione di abilità. Flora cercò di scansare e di colpire, ma egli alla fine riuscì a dimostrarle – o comunque a farle confessare – che aveva radici molto più profonde nelle concezioni, negli atteggiamenti e nello stile di vita delle sue origini altoborghesi di quanto volesse in effetti credere. «Ipocrita!» esclamò Dennis. «Una contraddizione perfettamente accettabile» disse Flora. «È attraverso la reazione psichica alle proprie origini che ha luogo la maggior parte delle scoperte.» «Bene, adesso tocca a te,» disse Dennis «ma aspetta un momento. Voglio vedere la scollatura un po' più bassa, come era nella trasmissione.» «Ho pensato che è stato magnifico quando ti ha mandato a lavarti» disse l'assistente ai programmi a Giles. «Avrei dovuto protestare» disse Giles. «Era sporco radicale.»

Adesso Flora era su di giri; andava a ruota libera, ed Edgar si rese conto all'improvviso che doveva aver tenuto gli occhi ben aperti tutta la sera alla ricerca delle deficienze del suo ego. In un balzo fu sulle sue insicurezze nel ruolo pubblico, e pochi istanti dopo era sul suo matrimonio. «Il primo?» chiese, come se questo fatto mostrasse mancanza di ambizione. Continuò sulla sua aggressività e sulla resistenza di Rita; sulla sua fragilità, e sulla competenza di Rita. «Le parli?» gli chiese. «Ma con quanta sincerità sai parlare?» Sembrava un cuoco esperto che tagliasse un tacchino, e ben presto arrivò alla carcassa. L'interminabile ciclo di lavoro che era divenuto il loro modo di vita, il lavoro a tutte le ore, i silenzi della domenica mattina trascorsa sui supplementi a colori dei quotidiani, la scarsa frequenza dei loro rapporti sessuali: voleva dire una cosa sola. «Sai descrivermi la natura di questo sentimento di amore che provi per lei?» chiese Flora. «No» disse Edgar. «No, non so.» «Perché tu Edgar Loach sei inarticolato; o perché tutto questo attivismo nasconde il fatto che è un ricordo svanito – in realtà semplicemente non c'è?» «Non so» disse Edgar. «Ora concentrati, riposa, scava alla ricerca dell'emozione» disse Flora. «È importante, noi sappiamo che è importante. Ricorda che cosa sentivi per i tuoi genitori, per tua madre. Fai questa prova. L'hai trovato, vero?» «No» disse Edgar. «No, Flora, non c'è.» La rivelazione sembrava così profondamente vera che Edgar cominciò a piangere. «Penso sia meglio che si stenda» disse Dennis, ed essi lo sollevarono e lo distesero sul copriletto dello splendido letto matrimoniale di Dennis. Dopo che i singhiozzi si furono calmati, ripresero i rutti, e poi la porta si aprì ed entrò Flora. «Mi dispiace» disse Flora. «Penso che l'unico modo per uscire da questa impasse è che facciamo l'amore.» «Sono nudo spirito» disse Edgar.

Flora si tolse l'abito rosso e lo ripiegò con cura su una sedia a lato del letto. «Non lo faccio per un complesso borghese,» disse «ma lo indosserò ancora in qualche altra trasmissione della serie.»

Si tolse i minuscoli articoli di biancheria intima e ben presto il suo grande io essenziale era su quello di lui in un'unione psico-sociologica. Ma in quel momento Edgar provò, all'improvviso, una sorta di terrore; lo colpì all'improvviso il pensiero che far l'amore con una freudiana d'avanguardia fosse la prova più difficile della sua carriera. L'assoluta franchezza delle rivelazioni che stava per farle sulla sua sovrastruttura lo atterrirono; con un gemito nascose la testa sotto il copriletto. Ma lei sapeva che cosa significava anche questo. «Rilassati,» disse «dimentica il mio orientamento reichiano. Pensa a me in termini di pura anatomia. Limitati ad agire con naturalezza.» «Che cosa a tuo giudizio è naturale?» chiese Edgar. «Ciò che ti senti spinto a fare, se naturalmente riesci a distinguere gli impulsi della routine coniugale» disse Flora. «Tu capisci tutto» disse Edgar. «È ciò che capita sempre» disse Flora. «All'inizio lo attribuivo a me stessa come persona, poi mi resi conto che la dimensione del mio ruolo era cruciale.» Edgar cercò di raccogliere le sue energie, ma non riusciva a superare la dimensione analitica che sapeva avevano in comune; alla fine fu costretto a dire: «Sono spiacente ma come sociologo ritengo impossibile operare la distinzione». «Il ruolo dalla persona?» chiese Flora. «Il ruolo è la persona» disse Edgar. «Ma tu stai ipostatizzando il mio ruolo solo in un senso» disse Flora. «Vuoi dire quello della donna come primario e quella della psicologa come secondario?» disse Edgar speranzoso. «Bene, ciò implica che il ruolo della donna non è culturalmente condizionato, il che, invece, è sostanzialmente vero, ma per il momento accettiamo la risposta sì» disse Flora.

L'ipotesi si rivelò per l'occasione notevolmente soddisfacente, sebbene quando a Edgar capitò di ripensarci, qualche giorno dopo, riconobbe che sul piano razionale non era una posizione sostenibile. «Sai, è meraviglioso, ti sono passati anche i rutti» disse Flora. «Ora se ne comprende l'origine.» Un attimo dopo Edgar dormiva, Flora lo guardò, si rivestì e fece ritorno in salotto. Dennis le preparò un nuovo drink, e si misero a parlare. Un'ora dopo venne in mente a tutti che dovevano dare un'occhiata a Edgar e, portandosi dietro i bicchieri, entrarono nella stanza da letto per vedere come stava. Era steso sulla schiena, con la bocca spalancata, immerso in un sonno profondissimo. «Doveva prendere un treno della notte per ritornare a Birmingham» disse Dennis. «Penso che sarebbe sciocco disturbarlo» disse Flora. «È chiarissimo che il sonno sta compiendo la sua funzione terapeutica.» «È sul mio letto, tesoro mio» disse Dennis. «Chi pensa di essere?» Scoppiarono tutti a ridere e poi Flora disse: «Sst!» e ritornarono in salotto dove Giles si offrì di preparare qualcosa da mangiare. «Telefoniamo a sua moglie?» chiese Dennis. «Ebbene, data la situazione di base in quel ménage, non mi pare che faccia alcuna differenza» disse Flora. «Naturalmente c'è una cosa: magari ha lezione domani mattina.» Alla fine la ragazza con gli occhiali dalla montatura di metallo fece il numero di casa di Edgar, ma non rispose nessuno. Rita era fuori a un incontro del gruppo femminista, e non fece ritorno in Mini alla loro moderna casa di città che nelle prime ore del mattino.

(Trad. di Patrizia Nerozzi)

«Who Do You Think You Are?», da *Who Do You Think You Are?*, 1976.
Inedito.

Valerij Popov
DUE VIAGGI A MOSCA

Davanti agli occhi il piccolo cortile moscovita: panchine di legno, l'erba alta, rigogliosa; i tubicini dei soffioni che si spezzano spargendo un succo biancastro e amaro. Sto seduto e ancora una volta le telefono, anche se ieri pensavo: «Basta, se Dio vuole, è tutto finito». E invece eccomi qua, di nuovo.

Telefono, pronto ad abbassare, a interrompere la comunicazione nel caso risponda suo marito. Niente... Non c'è nessuno... Uno squillo... un altro squillo...

Lontano, a settecento chilometri di distanza, in una casa vuota il telefono continua a suonare. Abbasso il ricevitore e mi alzo. Fa caldo. L'unica consolazione è il rubinetto dell'acqua. Mi avvicino, lo apro. All'inizio comincia a scorrere tiepida, poi sempre più fredda, fresca. Metto la testa nel lavandino, ma a un tratto il rubinetto si mette a vibrare, a sussultare come una mitragliatrice e l'acqua esce a scatti.

Accidenti! Richiudo e comincio a girare per la stanza ravviando le ciocche dei capelli bagnati e scuriti sulla fronte... La mano scorre sulla nuca dal basso in alto; i capelli, corti e umidi, sfiorati dalle dita si raddrizzano e lanciano benefiche sferzate d'acqua fredda sul collo. Ma dopo un attimo sono di nuovo asciutto.

Sbatto la porta ed esco di corsa. Sudati, sfiniti, i passanti si muovono a fatica. Quest'afa dura già da una settimana, dal giorno in cui sono arrivato a Mosca. O meglio, da quando sono scappato approfittando di un viaggio di lavoro. Mio fratello m'ha ceduto il suo appartamento di cooperativa, vuoto, in periferia. Strane queste case di cooperativa, sono tutte uguali. Quasi non si direbbe che qui dentro siano vissute e vivranno ancora per lungo tempo delle persone.

L'istituto, in realtà, stava poco distante e così ho finito per girare sempre da queste parti, per orti e viuzze, senza mai mettere piede in città. Sono arrivato persino a convincermi che tutta la vita si svolgesse qui, su quest'erba calpestata, tra questi stagni bassi, polverosi e caldi... Fu il mio amico Jura a presentarmela e capì subito che aveva sbagliato. Fra di noi, infatti, si stabilì un campo magnetico così forte che il povero Jura cominciò a dimenarsi, ad agitarsi tutto e ancora mi chiedo come abbia fatto a non sciogliersi completamente.

Che cosa attrae di più in una donna? Sempre lo stesso fatto: la certezza di piacerle, l'attimo in cui senti che lentamente, impercettibilmente ti sta trascinando a sé. A un tratto cogli il suo sguardo e ti chiedi incredulo: «È mai possibile?».

Il mattino dopo arrivai da lei con un finto pretesto, escogitato insieme il giorno prima. Ed eccomi seduto su uno sgabello, mentre lei cammina per la stanza con un morbido accappatoio addosso, spettinata, a parlare di certi biglietti. Ma è tutto così evidente, ormai... In seguito mi raccontò d'aver provato le stesse sensazioni e una profonda paura al pensiero che fino al mattino precedente io fossi ancora un perfetto sconosciuto per lei. Tutto prese una piega piuttosto diversa dal solito schema: suo marito ci sorprese insieme fin dal primo giorno, quando ancora non c'era stato niente ed eravamo seduti a tre metri di distanza l'uno dall'altra, parlando di quei biglietti immaginari.

Più tardi venni a sapere che suo marito era un jazzista di prima classe, niente a che vedere con quei musicisti da strapazzo che suonano alle feste da ballo o nei ristoranti. Niente del genere; lui s'occupava di jazz impegnato intellettuale, non sempre di facile ascolto. Li conoscevo bene quei tipi: assolutamente astemi, seri, anche troppo, dei veri professori.

Una volta, a una delle loro *jam-session*, ascoltai il suo famoso vibrafono... All'inizio segue tutti gli altri, poi, all'improvviso, si stacca, va per la sua strada, cambia accordo, ritmo ed ecco il diciannovesimo secolo... il diciottesimo... il diciassettesimo! Poi torna indietro e riprende il passo.

Poco dopo attaccarono un pezzo *hot*. Veloce, sempre più veloce, l'armonia si spezza, assume tonalità diverse, l'accordo sembra ormai irrecuperabile!... Ma alla fine tutto si ricompone. Fantastico.

Ripensando a tutto questo lo guardo mentre si sfila l'impermeabile nero e rimane con una straordinaria giacca blu dai bottoni dorati, si slaccia le scarpe, si spazzola i folti baffi... M'era piaciuto fin dal primo momento e mi piace ancora adesso, nonostante tutto quello che è successo.

Si mette a camminare per la stanza e a un tratto mi vede dietro l'armadio.

«Ma bene!» dice «proprio come da copione: "Stessa scena, entra il conte".» Accogliemmo con una certa riconoscenza quel tono disinvolto.

«Visto che si trova qui» aggiunge «le toccherà lucidare il pavimento. Era già un pezzo che pensavo di farlo...»

Ci sediamo tutti e tre, prendiamo il tè in silenzio.

«Forse sembrerò sfacciato,» azzardo con voce roca «ma non ci sarebbe un po' di burro?»

Lui scoppia a ridere e torna dalla cucina con il burro.

Fu solo quando mi ritrovai per la strada che provai un terrore agghiacciante, e non tanto per il presente, quanto per il futuro: già sentivo che le cose sarebbero finite male.

Camminai tutto il giorno come in preda a un malessere, poi, la mattina dopo, mi ripresentai da lei. E scoppiò la passione. Da quel momento cominciammo a telefonarci senza tregua, ogni giorno; all'inizio con i pretesti più vari, poi senza più nessuna scusa e camminavamo, parlavamo...

«Io credo che siano in molti a invidiarla» diceva voltandosi indietro. «Lei è come Mozart, le riesce tutto bene.»

Non m'ero mai accorto d'essere come Mozart, ma provai subito una sensazione piacevole.

Sapevo bene che il mio era un ruolo vincente, che apparivo subito uno spirito romantico e un temerario, mentre suo marito, fatalmente, finiva per essere un impiastro e un bigotto. Eppure non posso nascondere che quel vantaggio mi metteva una certa inquietudine addosso.

«Volodja è in gamba, ha talento,» diceva con un sorriso distratto «ma a parte quei suoi maledetti sincopati, non gliene frega niente di tutto il resto. Ieri è tornato a casa abbattuto; allora ho pensato che finalmente qualcosa fosse riuscito a turbarlo. Era ora!» mi sono detta. «Invece si mette a letto e mi fa: "Stavamo suonando un be-bop con Klejnot, ma sono uscito dalla formazione. Non ce l'ho fatta a tenere il tempo".»

Che razza di mascalzone! La cosa più triste oggi è che l'uomo ha perso di vista il ruolo primordiale del maschio, del capofamiglia e fa solo quello che l'attira di più.

«E fa benissimo!» dicevo fra me e me.

Continuammo a vederci, a passeggiare, a parlare, a scoprire ogni volta con stupore che già s'era fatta sera. Andavamo nei caffè frequentati dalla gioventù, ce ne stavamo seduti fra quei giovani capelloni e le loro ragazze minorenni, a bere caffè ristretto...

Un giorno attaccano a suonare una musica assordante, un crescendo sempre più forte e uno spilungone con la voce roca si sgola al microfono dietro al ritmo. S'alzano tutti in piedi, anche noi: lei inclina la spalla sinistra, poi la destra, comincia a scuotersi, a ballare. Rimbocca veloce le maniche del pullover, una dopo l'altra, eccitata, e poi s'abbandona all'euforia generale.

La mattina dopo camminavamo di nuovo insieme per una strada sconosciuta e io continuavo a borbottare fra i denti: «Che disastro!», ma lo ripetevo quasi con un senso d'eccitazione.

Un giorno, seduti in una trattoria con piccole, scomode sedie; sui tavoli caraffette ingiallite piene d'aceto, un menu di pergamena rinsecchita dai caratteri illeggibili, eravamo tutti immersi in una conversazione letteraria assolutamente astratta. Di punto in bianco, sebbene non intendessi nulla di preciso, le chiesi:

«In questo momento tu che vorresti più di tutto?»

E lei, con una calma improvvisa e un tono di voce sommesso, pronunciò una parola che alcuni potrebbero giudicare sfrontata, altri troppo intima, ma certamente l'unica capace di trasmettere un senso di profondo turbamento.

«Te» mi disse.

Rimasi di stucco. In un primo tempo pensai d'aver capito male, ma lei mi fissava senza staccarmi gli occhi di dosso, come volesse ripetere: «Sì, ho detto proprio così». Rimasi muto, come un cretino. Mi rendevo conto che era assurdo continuare quella conversazione mondana, eppure non sapevo che altro dire. Allora fu lei a trarmi d'impaccio, cambiando discorso, come se avessi davvero frainteso.

Ma io sentivo il suo rimprovero. In un certo senso avevo fatto la figura dell'idiota per il quale la soddisfazione più grande è prestare orecchio solo alle proprie, interminabili elucubrazioni.

Fu per questo che alla fine della settimana, tornando dal concerto in un autobus gremito di gente assiepata da ogni lato, tirai fuori dalla tasca il foglio bianco e patinato del programma, la penna, e scrissi con l'inchiostro verde: «Quando?». Lei mi guardò, sorrise, prese la penna e aggiunse: «Dove?». Quello che più mi attraeva in lei era quella sua demoniaca malizia, quell'aria di provocazione schietta e imprevedibile. Ma allora, se devo essere sincero, ne ebbi paura. Immaginavo tutti i disagi, le angosce, le preoccupazioni. Mi spaventò la vita. Non so bene perché, ma cominciai a pensare che avrei perso la fiducia del prossimo, mi convinsi che per certe cose si perda la propria credibilità.

Così, alla prima occasione, me la svignai a Mosca. E adesso mi ritrovo a vivere in un soffocante, polveroso appartamento di periferia, stanco; in bocca il disgustoso sapore di piombo dell'acqua moscovita.

Ho ricevuto una sua lettera, sono riuscito solo a capire che andrà in vacanza a Gurzuf.

Lungo il percorso l'autobus stride, si squassa. È una tortura viaggiare sugli autobus! Appena riconosco in un altro qualcosa di lei, mi vengono i brividi, come se questo fosse addirittura inconcepibile.

Una donna, seduta davanti a me, distende nel corridoio le gambe pesanti, non ancora abbronzate, qualche livido scuro qua e là, a guisa di piccole stelle. Le gambe, durante il tragitto, si scuotono con lievi sussulti. E come sono eccitanti il dorso del piede e quelle fessure tra le dita nascoste nella scarpa! Talvolta, quando entrano a stento, le dita contratte, ora arrossate, ora esangui, s'incagliano nella scollatura. Di colpo il piede è pronto allo sforzo e là, dove si dividono le dita, guizza il ventaglio dei minuscoli ossicini.

Si alza.

La caviglia è stretta, tesa, segnata da pieghe rossastre e regolari. Mentre s'avvia risuona il calpestio dei sandali. Il bianco tallone, sotto il peso dei passi, si schiaccia, scurisce e una dura crosticina giallastra racchiude il bordo affilato in un semicerchio.

Mentre andavo in giro per la città il ricordo di lei mi seguiva dovunque, ma in che modo atroce mi seguiva!

Quando tornai Irina e io non ci lasciammo più. Superate tutte le remore, c'incontravamo nelle stanze più diverse, dagli amici, ogni giorno. Ormai capivo che non si trattava più di un semplice flirt. Un giorno arriviamo a casa di Petja, un amico. Ci accoglie con mille smancerie, ammicca, mi fa di nascosto un gesto di complicità, poi si mette a lavorare nella stanza accanto, ma appena lei s'allontana per un istante, eccolo comparire sulla porta.

«Senti... di là, oltre la parete tu... sì, insomma, tu parlavi con un tono di voce tale che... Non le avevo mai sentite prima certe cose. Perciò forse è meglio che me ne vada.»

Lei rientrò quasi subito e io ero così allegro che cominciai a parlare senza fermarmi più.

«Lo sai,... all'inizio m'aspettavo che le cose cambiassero da un momento all'altro... Mi dicevo che non sarebbero continuate così. Pensavo: "O mi sposa o mi manda al diavolo". E invece m'accorgo che non è cambiato niente. In fondo non glielo stiamo facendo apposta, non ti pare? Non c'è cosa peggiore che fare un dispetto per il gusto di farlo. Se accade è solo perché ti travolge la vita... La cosa più semplice sarebbe dire "no" e basta. Ma non sta qui il punto. Prendi il padrone di questa camera, a esempio. Di cose buone ne ha fatte tante, proprio perché ha sempre rinunciato a tutto, non s'è mai concesso niente. Una volontà troppo forte... Ecco, ridi. Noi invece stiamo bene, meglio di lui. Quando si sta bene vuol dire che è giusto così. È quando si sta male che c'è depravazione. Ecco come la penso. E se mi levassi anch'io qualche vestito?»

«Sarebbe ora» risponde.

Un giorno stavamo camminando per la strada. A un tratto lei solleva la testa e comincia: «Ieri Volodja m'ha detto: basta, ho deciso... Passo al jazz commerciale. Mi cercherò un lavoro extra per guadagnare qualche soldo. Compreremo finalmente quel divano letto e vivremo come tanti altri. Né meglio, né peggio...».

«Spero che non lo faccia» pensai.

«Stavo venendo da te in autobus e all'improvviso ha cominciato a girarmi la testa. Per poco non sono caduta per terra! Basta, è inutile aspettare ancora... A proposito, devo telefonargli... non si sa mai...»

Entrò in una cabina, era inquieta, ma quando uscì stava già sorridendo:

«Roba da matti! Alza il ricevitore e con una voce roca, da basso, risponde: "prooon-tooo?".»

Camminavamo ridendo e chissà, magari stava ridendo anche lui, così eravamo in tre a essere allegri, anche se, a pensarci bene, era abbastanza strano nella nostra situazione. Il sole sta per tramontare. L'erba è fredda, d'un verde intenso. Nei canali l'acqua immobile si tinge di rosa. Enormi gradini bianchi. E lei. I capelli raccolti all'indietro le tendono appena il contorno del viso.

Tutto si svolge al terzo piano, nell'edificio di un certo ospedale, ma chissà per quale motivo, in un appartamento privato.

Viene ad aprire una vecchietta striminzita, dalle manine rattrappite, ruvide e forti.

«Accidenti, m'hai spaventata, Irka! Che bisogno c'era di telefonare all'una di notte! Mio figlio Len'ka ha lavorato fino a tardi sulla tesi di laurea e m'ha svegliata.»

All'improvviso si mettono a ridacchiare. Le guardo esterrefatto. La vecchia comincia a tirar fuori da una borsa degli strumenti luccicanti; mette a bollire qualcosa, indossa un camice bianco...

Vado in cucina e mi siedo su uno sgabello alto, colorato. Sento i loro discorsi, il tintinnare degli strumenti poi, a un tratto, si odono delle grida spaventose, strazianti. Non credevo che si potesse urlare a quel modo... Poco dopo la vecchia viene a sedersi in cucina, s'accende un sigaro enorme.

«Bene» bisbiglia «è tutto a posto. Ecco il mio numero di telefono. Chiama, se ce ne fosse bisogno.»

Entro nella stanza. Ira è distesa sul letto, coperta fino al mento; mi rivolge un sorriso debole, poi s'acquieta e s'addormenta.

Sto seduto in cucina. A un tratto cominciano a risuonare dei colpi, e la porta si scuote, tintinna. Ira, già vestita, cammina a piccoli passi, le mani strette sul ventre.

«È Volodja» mi dice calma «vatti a nascondere da qualche parte, hai capito?...»

Vado nell'altra stanza, spalanco la finestra e salgo sul davanzale. Non si vede nemmeno l'asfalto. Sotto di me, un metro più in basso, il tetto. Per raggiungerlo ci sono almeno tre metri. A un tratto divento euforico. Quante volte da bambino ho corso sui tetti! Prendo lo slancio, salto. Atterro, e con le dita m'aggrappo al bordo ricurvo, ancora tiepido per il calore del sole. Mentre scivolo, sporgendo pericolosamente, vedo davanti a me le lastre di zinco grigio-chiaro e penso: «L'hanno ricoperto da poco». Proprio all'estremità del tetto giace un torsolo di mela, ormai completamente marrone. Le dita sudate scivolano. Forse avrei potuto anche tenermi, se non provassi quei brividi spaventosi quando le unghie raschiano lo zinco! E così mollai la presa.

Quando c'è un caso interessante i miei allegri compagni di corsia si precipitano tutti a guardare. Fecero lo stesso anche in quell'occasione, tanto più che – a quanto pare – io penzolavo proprio sopra la loro finestra. Raccontano che ero ancora pienamente cosciente quando Volodja m'ha tirato su dall'asfalto, m'ha portato in cortile, su per le scale, e che non smettevo di parlare, di discutere. Avevo persino provato a squagliarmela, ma lui m'aveva riacchiappato al volo, e quando s'era avvicinata l'infermiera con la siringa io avrei detto qualcosa come: «Non è successo niente, signorina». E poi ho perso i sensi.

«Fantastico» pensavo mentre mi tenevano in trazione su un letto speciale «davvero fantastico! Gente nuova, simpatica, e nemmeno con lui va troppo male, anche se non c'è via d'uscita...»

Volodja veniva a trovarmi piuttosto spesso, mi mandava cetrioli, cioccolata, ma non s'avvicinava mai fino al mio letto. Di solito si fermava all'ingresso e di lì, ciondolando con fare scherzoso, raccontava delle storielle comiche. Di solito nella nostra corsia c'era sempre qualcuno che raccontava qualcosa e così non si smetteva mai di ridere. Un'allegria come quella non l'ho mai più trovata.

Dopo due mesi, quando già camminavo, incontrai Volodja nel corridoio.

«Allora, come va?»

«Benissimo!»

«La gamba?»

«S'è saldata di nuovo...»

«E il cranio?»

«Eh, il cranio! È diventato più duro di prima!»

«Fammi un po' vedere il certificato.»

Glielo mostrai e fu lì che mi conciò per le feste.

...A un tratto la immaginai la mattina presto, mentre scappa in fretta e furia, ancora insonnolita, e corre, allunga il collo, socchiude gli occhi per decifrare il numero dell'autobus...

Ha smesso di piovere. Passeggio per il cortile con un pesante pigiama imbottito, come i pantaloni e le scarpe. Ira mi sta accanto.

«Quel giorno ho provato una paura spaventosa e quando Volodja s'è messo a rincorrerti sono scesa anch'io e ho cominciato a camminare, a camminare... Ero fradicia, infreddolita, sentivo dolori dappertutto. Verso sera, quando tornai a casa, ero terrorizzata, per questo decisi di assumere un'aria di sfida:

«"Bene" gli dissi "e dopo tutto quello che è successo tu mi consideri ancora tua moglie?"

«Lui socchiuse gli occhi e mi rispose: "Certamente".»

...I passerotti ci saltellano davanti ai piedi, le sottili zampette come zolfanelli bagnati, inzuppati.

«Già» penso «ha vinto lui. Io non sarei capace di una cosa simile.» Ira scavalca una pozzanghera scura.

«Oplà! Lo sai, è da te che ho imparato a dire così.»

Quando fui dimesso dall'ospedale ci portarono da una commissione all'altra. Lei mi telefonava per dirmi: «Vogliono che ci presentiamo di nuovo».

Poi la gente ci chiedeva molto semplicemente: «Almeno siete pentiti di quanto è accaduto?».

«Eccome!» gridavamo convinti «come potremmo non esserlo!»

Ma appena voltavano le spalle lei mi guardava come a

intendere: «No, io non sono pentita. Anche se è andata così, non importa. Ringrazio il cielo per quello che è stato».

Più di ogni altra cosa mi rende felice averla raggiunta in Crimea. Per un giorno, sia pure. Giravo per la strada, di pessimo umore, quando all'improvviso un'illuminazione: «A che serve tormentarsi? Devo solo vederla, nient'altro. Che vuoi che siano un migliaio di chilometri!».
Mi sentii subito sollevato.
A Mosca faceva caldo, a Sinferopol' ancora di più; in aereo, invece, si gelava e la gente s'avvolgeva nei maglioni di lana. Ma io non m'accorsi nemmeno d'atterrare. Un urto e l'aereo si poggia, si scuote, comincia a rullare...
In autobus. Un attimo appena e tutto cambia di colpo. I bordi rossi della strada, le piccole, lucide sfere delle ciliege, fiori bianchi e rossi si rovesciano pesanti sugli steccati. E sulla strada di montagna gialli cespugli di ginestra sparsi dovunque.
Una curva, un albero con un ciuffo di foglie secche... Ah, quell'attimo in cui mi corse incontro! Se soltanto ci penso!... Pranzammo sulla veranda di un ristorante... Champagne, zuppa di pesce. E noi due insieme, inaspettatamente, anche per me. Certo non fu tutto così bello e quel piccolo sconto, che per un misterioso calcolo ci viene sempre sottratto da tutto ciò che abbiamo, non mancò neppure allora. L'aria era terribilmente secca. Scricchiolava sotto i denti. Il vento ammassava sui tavoli coperti di polvere i bicchieri di plastica rosa e i tovaglioli. Questa è la Crimea!
Sulla spiaggia i sassi piatti, asciutti, diventano umidi e luccicanti in prossimità dell'acqua. Sopra di noi, a ridosso di una grigia parete, si rovesciano arbusti grigio-verdi, simili a gigantesche piante di finocchio. Dopo il bagno restiamo abbracciati sul grande, morbido asciugamano. Lei si alza e s'arrampica in alto. Sul telo, al suo posto, rimangono impresse due macchie bagnate. Cominciava a far buio. Il suo giaciglio stava in cima alla montagna, isolato, nient'altro intorno oltre a un lenzuolo appeso su un lato, una ruvida tela in alto e sul lato opposto la riproduzione di un pittore locale, poggiata su una sottile cerata, con l'immagine di un lago blu, una casa rossa, bianchi cigni e una bellissima donna vestita di rosa.

È già buio quando Ira esce di casa con una candela. Attraversa il cortile, comincia a salire sulla montagna e il palmo della mano, come un guscio, racchiuso davanti alla fiamma, s'accende di rosso, traspare.

S'avvicina, scosta il lenzuolo, lo lascia cadere e sulla cima della montagna si profila un enorme cubo luminoso con la sua ombra. Mi alzo dalla panchina, entro e mi sdraio anch'io. Non ricordo più come mi ritrovai accanto a lei, ma so che ebbi un fremito quando me ne resi conto...

Lentamente si acquieta, rimane sdraiata immobile, estenuata, poi la sua mano si rianima e il palmo mi scivola addosso furtivamente, e comincia il gioco: il rincorrersi delle dita sulla schiena, le tirate d'orecchio, il dito puntato sulla testa...

Riprende le forze, lo slancio e dentro di sé – come è solita dire – un bianco, enorme vascello, lo stesso di sempre, comincia a riaffiorare in superficie. E io penetro, ancora una volta, e salgo... non so dove... Caldo, afa. Nella sua mano, come una forma di pane, rotola la mia testa infuocata... Poco dopo eravamo seduti sullo strapiombo. Il mare sotto di noi sembrava inghiottito dal buio, ma sentivamo i bagnanti sguazzare e sbuffare felici nell'acqua.

...Un giorno, durante una missione di lavoro, mi trovai a passare accanto alla sua casa. Ed ecco lo spiazzo di terra abbandonato. E i massicci garage coperti di ruggine. E le panchine, sulle quali tante volte ci eravamo seduti. Una rapida occhiata e voltai subito le spalle. Dio, come brillavano!

In seguito, quando tutto sembrava passato, incontrai Ira e Volodja per la strada. La folla, la stanchezza dopo il lavoro: avremmo voluto ignorarci, ma ormai gli sguardi s'erano incrociati e così, controvoglia, ci fermammo.

«Dove te ne vai?» mi chiese Volodja.

«Dal barbiere, vorrei tagliarmi i capelli.» Poi il silenzio. Un paio di minuti, forse.

«...e radermi.»

«Be', allora ti saluto.»

E di nuovo me ne andai a Mosca, per un lungo periodo, anche stavolta.

...Ogni mattina la stessa musica. Ancora addormentato, balzo dal letto di scatto, butto i piedi sul pavimento. Uno sparo: le molle del divano si raddrizzano; un'occhiata lunga, immobile, inebetita alle lancette dell'orologio. E i primi movimenti: stropiccio le labbra, trascino le pantofole con un lento fruscio. Questa frazione di tempo ovattata e alienante dopo il risveglio è il momento più odioso di tutta la giornata...

Nel bagno giallognolo, alla luce fioca di una lampadina, osservo con disgusto il mio viso abbronzato che di colpo, dopo una fredda abluzione, si fa grigio, sbiadito. Che mistero la bellezza! Con una smorfia sulle labbra allaccio il colletto della camicia troppo stretta. Ormai fin dal mattino sono in preda a una tensione spaventosa. Irascibile, cupo... Basta! È ora di mettersi all'opera. Esco dal bagno, mi siedo sul pavimento freddo con il telefono marrone sulle ginocchia. Uno sguardo alla rubrica aperta, lì accanto; poi, con un gesto brusco, compongo il numero a scatti e con l'altra mano stringo il corpo di plastica leggero, come vuoto...

Cammino sull'ampia strada d'asfalto grigio-chiaro con macchie bianche, rivoli d'acqua scura e m'infurio, perché fin dal mattino non faccio che pensare a lei.

Per un po' era scomparsa del tutto, sembrava essersi dileguata, poi, all'improvviso, eccola di nuovo.

«Sai, cammino in stato di assoluta incoscienza...»

«Bene» mi dico «ho camminato tanto anch'io in stato d'incoscienza! Provi lei adesso che vuol dire!»

«Basta» mi ripetevo ormai al colmo della disperazione. Dicono che la necessità spiani la strada alle occasioni. Dunque, cominci pure a spianarla! È ora di finirla con questi sfoghi lirici! Con me ha trovato pane per i suoi denti.

«Non importa,» pensavo in quei giorni «mi troverò una ragazza anche meglio di lei.»

Ne ho ingoiate di amarezze inseguendo questa tesi! Alla mia età, nella mia posizione professionale, andarsene a zonzo per la strada!

«Signorina, ehi, signorina, non sa dirmi l'ora per caso?» E cominci a sgambettarle accanto, ti esprimi in maniera audace, animata; lei ridacchia, fa la civetta e poi, a un tratto, coglie il tuo sguardo: serio, sfinito, perfino sinistro e allora s'affretta a dire:

«Mi scusi, mi scusi, non ho tempo!»

Ah, che roba!

Oppure inforchi un paio d'occhiali scuri per nascondere le rughe sotto gli occhi, t'aggiusti le basette come un diciassettenne pop e ti butti meglio che puoi in un *kazačok*. Poi, alla fine, t'accasci in un angolo buio della pista, strisci sotto una panchina, cerchi con le labbra la valvola della bombola d'ossigeno nascosta oltre la ringhiera, fra l'ortica, apri il rubinetto e finalmente ti godi un lungo, profondo respiro.

Neppure a tavola, durante una festa, davanti a un piattino di funghetti sott'olio, potei fare a meno di pensare a lei.

«Dunque» mi dissi ridendo «dalle otto alle nove ricordati della donna amata», e il viso si contrasse in una smorfia, come dopo un'ustione.

Me ne stavo seduto, un po' traballante, e come una preghiera continuavo a ripetere sempre la stessa, identica frase, forse all'apparenza incomprensibile: «Perché non ti fai viva, sia pure sotto forma di un fungo!».

La mia estraneità a tutto il resto balzava subito agli occhi e, ovviamente, non mi portava nessun vantaggio, così, alla fine di certe seratine rimanevo a dormire su un piccolo zerbino accanto alla porta, come un cane randagio.

Dopo aver trascorso varie notti in quelle condizioni, mi guardai allo specchio e decisi: «È ora di finirla con questa vita superficiale, spensierata. È troppo faticosa per me!».

«Che razza d'imbecille sono!» borbottò. Mi travolge una cosa straordinaria come l'amore e io la calpesto; e adesso non trovo pace, continuo a fare sciocchezze, a cercare chissà che, quando ho già l'amore! Lo stato d'animo, di colpo, migliora e m'investe un'allegria assolutamente delirante.

È mai possibile che noi, creature intelligenti, non sappiamo prendere la parte migliore delle situazioni – le gioie, i dolori – e scartare tutto ciò che è sgradevole, scialbo? Una cosa splendida come l'amore ci travolge e noi la trasformiamo in tortura! No, non dobbiamo soffocarla! Amici miei, è un bene troppo prezioso.

Arrivo alla Posta Centrale – una sala enorme, tutta marmi, sui tavoli coperti di vetro dei piccoli tubi riflettono una flebile luce azzurrina. Allo sportello mi danno una busta appiccicosa di colla e un morbido foglio di carta con un piccolo neo scuro. Devo scriverle, spiegarle tutto. È così semplice!

Ma di colpo sento riaffiorare quel sorrisetto maligno.

Strano, chissà perché proviamo tanto piacere quando telefonare e scrivere alla donna amata da un'altra città costa fatica e poi non siamo più disposti a farlo dalla città in cui viviamo? È mai possibile che amiamo a tal punto le barriere?

E a che è servito soffocare dentro di me i sentimenti? Chi esce vincitore da tutto questo?

Rimasi seduto lì, istupidito, a tormentarmi, il viso poggiato sui pugni che tendevano gli occhi, le guance.

Arrivò all'ora di pranzo e ci avviammo nel giardinetto più vicino. Niente di speciale, ma certamente più accogliente di quello in cui ci saremmo trovati di lì a poco.

Nel giardino avevano aperto un Club della Salute e le aiuole erano piene di grassoni in costume da bagno con il viso esposto al sole e gli occhi chiusi. Alcuni soci del club nuotavano pigramente nello stagno. In tutto il giardino eravamo gli unici due a essere vestiti. L'acqua brillava, brillavano i vetri, tutto brillava a tal punto che non si vedeva più niente. La pelle sulla fronte, aggrottata per il riflesso, comincia a far male. Le gambe dondolano sui rigonfiamenti, sulle gobbe dell'asfalto.

«Vedi» comincio ironico come sempre quando cambio discorso «sono i morti che tentano di uscire, ma l'asfalto non cede, resiste... Ehi, guarda, uno però ce l'ha fatta a venir fuori!»

Lei mi sta accanto, immersa nei suoi pensieri.

«Come?» sorride con le labbra serrate e poi, improvvisamente, si volta verso di me con uno sguardo interrogativo. Il viso abbronzato, gli occhi chiari.

...Come sorride sommessa, appoggiata alla parete, la mano sugli occhi... Poi si volta spossata: gli occhi risplendono, sospira felice.

Andavamo in taxi, non so bene dove, ma so che eravamo infelici. Di colpo lei s'era sollevata dalla mia spalla.

«Vedi, mia madre lavora qui. Ospedale associato numero 6. Associato, già, associato» aggiunge sorridendo appena. Si rianima e con voce malinconica comincia a dire: «A proposito, ieri, dal parrucchiere, una di quelle oche svampite e giulive mi fa: sapesse com'è geloso mio marito! Mi costringe perfino a portare questa pettinatura che non mi dona per niente! L'ho guardata bene: effettivamente non le donava...».

«Allora, verrai?» la incalzo. «Ma a parte tutto, tu ami viaggiare?»

Lei mi guarda a lungo, senza rispondere.

«Io, a parte tutto, è te che amo» mi dice d'un fiato...

Idiota, sono soltanto un povero idiota!

All'estremità del giardino c'era un chiosco dove a pranzo, di solito, andavamo a bere del Riesling. Poi tutto fra noi si confuse, gli incontri divennero sempre più tesi, sbrigativi. Era finito l'amore e il bilancio di produzione del piccolo chiosco crollò di colpo.

Fa buio.

«Un autobus... lo troverò un autobus per tornare a casa?» fa la commessa guardandosi intorno preoccupata...

Per sempre. Le dico per convincermi. Perché poi «per sempre»? È una parola troppo vetusta, terribile e, soprattutto, inutile!

Non è un comportamento virile? E allora? Pazienza, se è poco virile!

Eppure, nonostante tutti gli addii, poco tempo fa sono tornato da lei!

Una fredda mattina scendo dal treno, mi precipito lungo gli interminabili corridoi sotterranei coperti di piastrelle sperando d'incontrarla all'incrocio delle linee. Ma non faccio in tempo. Allora corro al posto telefonico; la gente guarda incuriosita il mio abbigliamento, è già un pezzo che tutti indossano il cappotto o l'impermeabile... Metto una moneta e azzecco la fessura al primo colpo. «Ciaa-oo!» mi saluta con tenerezza lei. «Sei tornato?»

«Esci» rispondo brusco, senza una ragione «e lo vedrai se sono tornato o no...»

Nel giardinetto la breve pioggia, caduta poco prima, aveva a malapena inumidito lo strato più superficiale della polvere e quella sottile pellicola, appiccicata alla suola delle scarpe, lasciava impresse sul viale buio e bagnato delle tracce asciutte luminose.

Ma ancora una volta faccio una delle mie sciocchezze. Perché dopo un viaggio di settecento chilometri sono capace di mettermi a chiacchierare del più e del meno, con assoluta noncuranza, come se fossi appena arrivato dalla casa accanto. E a lei, forse, comincia a sembrare che spostarsi da una città all'altra non costi nulla.

«Vorrei proprio sapere chi me li paga questi viaggi» pensavo sorridendo nervosamente.

«Non c'è da preoccuparsi» dico «fra noi è tutto finito! Non ci siamo lasciati per sempre forse?»

«Già,» mi fa con un sorriso «per sempre.»

Poi... eccoci seduti in un cortile, sulla panchina più bassa che esista al mondo, una semplice tavola poggiata su mattoni, a bere un vino aspro, salato.

«Io ti ho dimenticato!» esclama all'improvviso.

«È naturale» rispondo con amarezza. «L'amore eterno è una sciocchezza! Nessun amore può resistere se lo nutri soltanto d'aria. Già. Tutto s'era svolto in modo troppo perfetto. Se una cosa non c'è, non c'è. Non è mai accaduto che ci fosse qualcosa che non c'è. E perciò come potevamo sperare che il destino ci arridesse, o almeno... che ci sorridesse...»

«Parli bene tu» dicevo con rabbia pensando a me stesso...

Sapevo perfettamente che quell'antica paura non s'era spenta. E se poi lei fosse veramente d'accordo con me, che succederebbe? Prima fase del dubbio: è una donna sposata, perché dovrebbe rovinare una famiglia... Bene o male è pur sempre una famiglia. Ma bene o male, in che senso? Troppo... tranquilla? Se devo essere onesto, però, non era quello il punto. Io avevo semplicemente paura che non ce l'avremmo fatta a tenere quel ritmo così alto, non ne eravamo capaci. C'erano dei limiti.

Tutto ciò mi dava il tormento.

«E se nonostante tutto...» le dico. Lei scuote la testa, sorride. Intorpiditi, ci alziamo per sgranchirci. Gli aghi degli alberi sono aguzzi. Al di là di un muro enorme passa un tramvai. Che ci fa un tram in un quartiere come questo?

Riprendiamo a camminare.

«Riparto oggi, ho trovato un posto a sedere» le dico come estremo argomento, lasciando che i chilometri lavorino in mio favore.

«Ah!» mi risponde senza scomporsi, staccando con il dito una fogliolina di tabacco dalla punta della lingua umida.

È assolutamente tranquilla, indifferente. In fondo, a pensarci bene, come avrebbe dovuto comportarsi stavolta?

Il silenzio aumenta l'oppressione. Davanti a noi l'asfalto si snoda a scatti, da lato un'insegna accecante: FABBRICA DI MICA.

«Fabbrica di mica... fabbrica di mica...!»

Dalla tasca, dove giaceva dimenticato dopo l'uso, benché ne avessi una percezione ormai inconsapevole, afferro il rasoio e con violenza, ancora incredulo, lo passo di sbieco sul palmo della mano. La fenditura, dapprima bianca, comincia pian piano a riempirsi di sangue.

«Ecco... la fabbrica di mica!...» grido.

Con uno scatto apre la borsetta rigonfia, tira fuori un fazzoletto e me lo stringe sul palmo.

«Che cosa vuoi ancora da me?» domanda mentre m'abbraccia piangendo...

Tornare! Poter tornare almeno a quell'attimo! Esco di corsa dalla Posta, scendo i gradini a balzi, m'infilo tra le morbide labbra del filobus. Chi avrebbe mai pensato, un anno fa, che io, nemico di ogni infatuazione, sarei andato a raccontare con sincerità isterica la storia del mio amore al primo sconosciuto, incontrato per caso?

«Be', adesso devo proprio andare» mi fa quel tale, poggiandomi una mano sul ginocchio, cautamente. Poi s'alza e se ne va.

Avrei mai potuto immaginare io, ironico superman, che sarei finito a ciondolare per la strada, a vagabondare, a lamentarmi, cercando il posto più duro dove sbattere la testa?

Sono disperato, ma, in fondo, anche felice, perché la vita, finalmente, m'ha sfiorato!

E poi... eccomi inginocchiato ai piedi del capotreno, mentre gli allungo una manciata di soldi sgualciti, supplicandolo di farmi entrare nel vagone.

Di nuovo osservo la folla che esce dal lavoro sbattendo la porta. Eccola! L'amata compare e s'avvia pensierosa attraverso la piccola radura. Di colpo mi sento mancare le gambe e la voce.

Riesco solo a farle un cenno con la mano. L'omino che le cammina davanti ha una pronta, vivace reazione: si toglie il berretto, saluta, per poco non viene dalla mia parte. Ma lei, l'amata, procede pensierosa, e nemmeno s'accorge di me.

Infine un giorno ci lasciammo definitivamente, ma io, per lungo tempo, non me ne resi conto. Mi sembrava sempre che da un momento all'altro l'avrei incontrata e le avrei chiesto ridendo: «Be', allora faccio bene a non telefonarti?». E lei, nella sua maniera, scuotendo la testa m'avrebbe risposto: «No, non fai bene».

...Un giorno, in una mensa, con un certo disgusto stavo osservando da vicino un barattolino di metallo, pieno di senape gialla e densa, con una sbavatura nera e rinsecchita sul bordo e un odore lieve, ma penetrante... quando improvvisamente provai un inspiegabile turbamento. Rimasi a pensare, a riflettere, poi, finalmente, ricordai tutto.

Era già tardi quel giorno, quando la chiamai... Lei tossiva... Eravamo seduti su una panchina... A un tratto sospira e s'appoggia su di me, volgendomi la schiena. Il colletto del vestito si scosta appena e un profumo apparentemente indecifrabile, ma familiare, acre, leggero, mi solletica gli occhi, le narici. Allora non vi feci caso e solo oggi, finalmente, ho capito: la sua pelle, dopo gli impacchi di senape[1], ancora bruciava, pizzicava. Un'altra cosa che adesso sapevo di lei! E a un tratto sospirai di felicità benché tutto ciò – forse – non avesse più alcun significato.

(Trad. di Maria Cristina Di Pietro)

«Dve poezdki v Moskvu», da *Normal'nyj Chod*, Mosca 1976.
Inedito.

---

[1] Gli impacchi di senape, in Russia, vengono usati come rimedio contro la tosse e il raffreddore. *(N.d.T.)*

Piero Chiara
FIORIVA UNA ROSA

Quel giornale di provincia che è la fonte pressoché unica delle mie informazioni sull'ambiente nel quale vivo e sul mondo intero, in quanto pubblica cronache e necrologi locali ma anche notizie d'agenzia sulle guerre e sui disastri dei cinque continenti, portava l'altro giorno nell'ultima pagina un annuncio riguardante tale Livia Orlandi vedova Lo Pinto, mancata all'affetto dei suoi parenti, ormai ridotti, a quanto si leggeva, a una zia e a qualche cugina.

«Livia Orlandi vedova Lo Pinto» ripetei, e chiusi gli occhi per lasciar riemergere nella memoria l'immagine di un volto femminile, già ritornata altre volte alla mia mente, e da ultimo alcuni anni or sono, quando sullo stesso giornale era apparso l'annunzio funebre di Fortunato Lo Pinto, datato dallo stesso paese di campagna dove si è spenta quest'anno la sua vedova.

Mi era capitato di conoscere la signora Livia nella mia prima gioventù, quando non avevo più di diciott'anni, in certe particolari circostanze che col passare del tempo si erano cancellate in me, tanto che mi era riuscito di collocare l'intera storia tra le «pratiche evase», pur sapendo che per altri, e in particolare per il Lo Pinto, la pratica non si evase mai. Per lei, per la signora Livia, divenne forse, quella storia, dopo le torture morali che il Lo Pinto certamente le inflisse, un dolce ricordo e magari un'arma utile a tener legato col forte laccio della gelosia retrospettiva un marito che avrebbe potuto ricambiarla, e forse la ricambiò malamente, di un trascorso più immaginario che reale.

Correva l'anno, come dicevano con tanta forza evocativa i

narratori d'una volta, millenovecentotrentuno o trentadue, quando nell'allora piccolo e obliato borgo dove ero nato e vivevo, comparve il Lo Pinto, un giovane maestro di scuola di ventitré o ventiquattro anni, figlio di un meridionale ma nato e cresciuto in Lombardia, dalle parti di Crema o di Cremona. Per le sue attitudini e per i suoi «sentimenti fascisti» il Lo Pinto era stato tolto dall'organico e assegnato a un incarico particolare: ufficiale, come molti altri giovani insegnanti, dell'Opera Nazionale Balilla, venne mandato a dirigere, nel periodo estivo, la Colonia Elioterapica che aveva trovato sede nel fabbricato di un vecchio imbarcadero a un paio di chilometri dal paese. La Colonia, che disponeva di una delle più belle spiagge naturali del Lago Maggiore, allogata nei locali di una stazione lacuale abbandonata dalla società di navigazione, accoglieva un centinaio di bambini occupati da mattina a sera negli esercizi ginnastici agli ordini del Lo Pinto, ma sorvegliati, quando giocavano o sguazzavano in acqua, da una mezza dozzina di assistenti, per lo più maestrine o ragazze tra i diciotto e i vent'anni.

Entrato nei beati regni dell'ONB e quindi fornito d'una prebenda in aggiunta allo stipendio d'insegnante elementare, il Lo Pinto s'era sposato con una giovanissima maestra, forse una di quelle che l'anno prima erano state alle sue dipendenze nella Colonia. La moglie, di nome Livia, appena diplomata e quindi di neanche vent'anni, era figlia di un emigrante che, avendo fatto una piccola fortuna in Francia, si era ritirato al paese d'origine, in una valle tra il capoluogo della provincia e il lago. Figlia unica e ben riuscita, di un'avvenenza e d'una grazia rara, era uno di quei fiori che sbocciano imprevisti tra le erbe più comuni e stupiscono chi li trova sul suo cammino. Quale madre, se sua madre era una mezza contadina, poteva averle dato quel portamento semplice e allo stesso tempo regale che le attirava ogni sguardo? Quale padre, se suo padre era un rozzo imbianchino divenuto piccolo impresario, poteva averle trasmesso uno sguardo così profondo e una fronte così pura?

Nascono tuttavia, nelle nostre valli come altrove, simili fiori, nei quali riappaiono, per chissà quale processo biologico, le caratteristiche del prototipo femminile, quale poteva essere apparso nella mente di un Dio, prima che la sofferenza e la fatica del vivere operasse i suoi disastri nel giro delle discendenze e degli incroci. Avviene allo stesso modo che il tralcio di una nobile rosa, infilato nella terra di un orto o di un cortile abbandonato, cresca di anno in anno sbocciando in modesti e quasi inselvatichi fiori, finché una primavera o un'estate, per un risveglio della terra o delle radici, appare, protesa nel vuoto, un'incredibile rosa.

La signora Livia, a chi se la trovava di fronte improvvisamente, dava una specie di capogiro. Non che fosse appariscente o sfolgorante: era quieta, riservata, ma con uno sguardo così denso e pesante da mettere in imbarazzo chiunque incrociasse i propri occhi coi suoi. Una volta caduti nello stagno oscuro e opaco delle sue iridi color nerofumo, l'idea di darle la mano, di toccare la sua pelle e di sentire il suo calore turbava gli uomini e anche le donne, che non arrivavano neppure a invidiarla, tanto erano compiaciute d'un simile esemplare della loro specie.

Era scura di capelli, pallida e quasi livida, tanto che il suo nome mi parve contenesse un'allusione al lividore del suo volto, sul quale quel colore vagamente plumbeo appariva come una tinta naturale, migliore di qualunque incarnato. Di mezza statura, sempre ben vestita ma senza sfarzo, parlava a bassa voce, camminava raccolta in se stessa, non gesticolava minimamente. Non aveva nulla di straordinario e aveva tutto, forse solo ai miei occhi, che l'avevano vista a quel modo in casa di una famiglia di maestre mie vicine, le Soràpidi, che il Lo Pinto da scapolo frequentava abitualmente e dove aveva in un primo tempo fatto sperare, alla più giovane, d'averla in mente come probabile moglie. Era poi tornato, il Lo Pinto, in quel pollaio di tre o quattro spettinate sorelle tutte maestre nel quale aveva starnazzato per un anno, a mostrare la cattura d'eccezione che aveva fatto, sotto il loro naso, a pochi chilometri, in un qualunque paese di campagna.

Da quel giorno cominciai a incontrare la signora Livia, quasi per un destino, ogni mattina. Alle dieci, dopo che il Lo Pinto se n'era andato alla Colonia Elioterapica, la signora usciva a fare un giro. Non andava in nessun negozio, ma aveva l'aria d'essere diretta sempre in qualche posto, perché non si guardava attorno e non dava nell'occhio, dimostrando anche nell'andare a spasso una compostezza e una serietà che avrebbe scoraggiato qualunque corteggiatore e anche un semplice attaccabottoni.

Il Lo Pinto stava tutto il giorno alla Colonia e rientrava verso le otto di sera, dopo aver consegnato i ragazzi alle madri che li avevano portati al mattino a godere i benefici del sole, nonché l'elargizione della zuppa del Duce a mezzogiorno. Il Duce dominava la Colonia, dove lo si vedeva, nella sala-mensa, in una grande fotografia che lo raffigurava in divisa di caporale d'onore della milizia fascista, ritto sull'attenti e col braccio energicamente teso in alto nel saluto romano, secondo un angolo, rispetto al corpo, superiore ai quarantacinque gradi prescritti e con la palma mezzo rovesciata indietro, in segno di spavalderia.

Il maestro Lo Pinto salutava allo stesso modo in Colonia o durante le cerimonie patriottiche. Normalmente invece dava la mano e faceva dei mezzi inchini, benché le circolari della segreteria del partito avessero detto ben chiaro che il cerimoniale borghese tradizionale era abolito, come il *lei*, sostituito con il *voi*, e i *saluti cordiali* o *distinti* nella corrispondenza d'ufficio e commerciale, che dovevano essere semplicemente dei *saluti fascisti*.

Indifferente alla tirannia, la signora Livia sembrava anteriore a ogni norma. Era l'incarnazione di una bellezza non littoria, ma dei tempi in cui regnava «tutta cortesia» e le «ballatette» andavano, leggere e piane, da un luogo all'altro a portar messaggi d'amore.

Ogni volta che la incontravo la salutavo con rispetto e lei mi rispondeva dominando gli occhi e con un mezzo sorriso che subito cancellava dal volto. Ma vedendola sempre sola lungo la giornata e scorgendole o credendo di scorgerle in viso una specie di noia o di patimento, mi ero convinto che non fosse felice. Non a causa del matrimonio, ché il Lo Pinto era l'idolo di tutte le maestre, ma perché si trovava a vivere sola tutto il giorno senza poter trovare, nel nostro borgo, l'ambiente adatto alle sue qualità.

Alla sera, m'immaginavo, il Lo Pinto, tornato a casa nei due locali mobiliati che avevano in affitto per l'estate perché la loro abitazione era in altro paese e nella casa paterna di lei, le dava un bacio di fretta poi si metteva a tavola con l'appetito dei suoi venticinque anni. A cena finita la portava a letto, e dava sotto, con chissà quale impeto, a far figli per la patria, benché senza alcun risultato a quanto pareva, perché se non fosse stato per la fede che portava al dito, la signora Livia aveva l'apparenza di un fiore non ancora colto. Il pensiero che fino alla mattina il Lo Pinto la avesse nelle mani, mi disgustava e finivo col convincermi che il colore livido del suo volto fosse dovuto agli strapazzi notturni. Avrei voluto che una donna simile restasse inviolata. Non poteva diventare una fattrice di Balilla o di Piccole Italiane. Mi sembrava destinata a rappresentare la bellezza che mai non perirà, una dea della sera o della notte e non una madre di orribili Gracchi, prolifera come avrebbe voluto il Duce per aver sempre maggior gregge.

Usavo a quel tempo l'*Ibis*, la barca a vela di un mio amico, quasi sempre da solo. Un pomeriggio, mentre andavo al porto per profittare di un po' di vento che si era levato, incontrai proprio vicino alle barche la signora Livia. Mi fermai a salutarla senza riuscire ad avviare un discorso. Lei capì il mio imbarazzo e accennando all'*Ibis* che si cullava davanti a noi, mi domandò come funzionasse una barca a vela. Non mi parve vero di poterla invitare a bordo per mostrarle tutto ciò che desiderava. Sempre e spontanea come doveva essere per natura e forse anche curiosa come spesso sono gli ingenui, mise piede sulla barca. Non le avevo detto che saremmo usciti, ma quando vide che mi staccavo dal molo non disse nulla.

Appena il vento fece forza nelle vele che avevo alzato in un baleno e la barca cominciò a filare e a far schiumare le onde, fu presa da una piccola crisi di felicità. Non era mai stata su una barca a vela, ma capì subito tutto e senza alcun timore prese posto a prua per aiutarmi nella manovra del fiocco quando cambiavo rotta onde rimanere davanti al paese con piccole bordeggiate, guardandomi bene dal farne delle lunghe parallele alla costa, per non finire nei pressi della Colonia Elioterapica dove gli occhi di falco del Lo Pinto ci avrebbero di certo avvistati.

Dopo un quarto d'ora, al colmo del divertimento, mi domandò quanto tempo sarebbe occorso per traversare il lago.

«Ai castelli di Cannero potremmo arrivare in mezz'ora.»

«E cosa c'è dentro i castelli?»

«Niente: rovine, scale rotte, stanzoni dove i pescatori stendono le reti ad asciugare, archi di muro, qualche stanza vuota con dei residui di affreschi.»

«E si può visitarli?»

«Certo. In mezz'ora vedremo tutto.»

Fece i conti mentalmente e mi disse che poteva disporre di quattro ore, perché erano appena le due del pomeriggio e le sarebbe bastato essere a casa per le sei.

Non aveva finito il discorso che già puntavo verso l'altra sponda.

Vedendo che l'*Ibis* filava tranquillo, venne a sedersi nel pozzetto vicino a me, e ormai cognita della barca e del suo andare, cominciò a prendermi in considerazione. Volle sapere bene chi ero, quanti anni avevo, se fossi parente delle maestre Soràpidi in casa delle quali mi aveva conosciuto, se la barca era mia, poi chi era il mio amico padrone della barca. Rispondevo, con un occhio a lei e uno ai castelli che si avvicinavano fin troppo in fretta. Vestiva un abitino di cotone, corto e senza maniche, con una scollatura quadrata. Aveva calze sottilissime e scarpe da città, ma era senza borsetta. Le domandai se l'avesse messa in qualche posto, ma mi rispose d'essere uscita senza, per fare due passi in riva al lago dopo aver pranzato sola come al solito. Disse «come al solito» abbassando la voce. Era quello che mi aspettavo: pativa la solitudine e l'abbandono.

«Oh!» esclamò all'improvviso. «Se potessi andare tutti i giorni in barca, girare il lago, vivere in libertà.»

«Suo marito, non glielo permetterebbe...»

«Me lo permetterebbe, perché mi conosce e si fida di me, ma ha timore di quel che può dire la gente. Dice che nella sua posizione non può dar luogo a pettegolezzi. E che le maestre hanno una lingua infernale, specialmente le Soràpidi. Stasera, quando lo vedrò, sarà meglio che gli racconti tutto, prima che venga a saperlo da altri.»

All'idea che il Lo Pinto avrebbe saputo della nostra gita, mi venne freddo.

«È proprio necessario dirglielo?» domandai.

«No, ma forse è meglio, anche se poi mi costringerà a seguirlo ogni mattina alla Colonia e a stare con lui tutto il giorno.»

«E se non glielo dicesse?»

«Ci penserò» rispose.

I castelli di Cannero erano ormai vicini e la signora mi voltò le spalle per guardare le torri e i barbacani che sorgevano dalla piccola scogliera battuta dalle onde.

Puntai alla Gardanina, dove le donne dell'osteria mi porsero la chiave del castello maggiore dal pontile, senza che neppure sbarcassi. Tornai ai castelli e calate le vele, tirai mezza la barca in secco.

Dentro al castello c'era il silenzio e la solitudine dei luoghi abbandonati. Quasi tutti gli antichi saloni, le armerie e i magazzini, erano scoperchiati, le scale e i cammini di guardia impraticabili. Tra le rovine e nei cortili serpeggiavano i rovi e le edere, spuntava l'erba e si allargavano i cespugli di capelvenere. Contro il buio di un antro fiammeggiava una rosa sospesa a un ramo pendulo. Un albero troneggiava nello spiazzo dove in antico si erano incrociate le alabarde e gli archibugi.

In pochi minuti avevamo visto tutto. La signora Livia, già sazia, sedette nell'erba del grande cortile, sopra uno stipite di marmo caduto dai piani superiori e in parte infossato nella terra. Mi stesi ai suoi piedi, tra un rocchio di colonna e un arbusto di sambuco. Davanti a noi si ergeva un arco di pietra in parte rovinato, sul cui fondo d'ombra spiccava la rosa che avevo già visto.

«Prima di andar via» disse «la coglieremo.»

«Certo» risposi «mi arrampicherò sul muro e la coglierò. Voglio tenerla in suo ricordo, perché temo che non la rivedrò più, se non da lontano, qualche rara volta.»

La signora Livia ascoltava le mie parole col capo chino e gli occhi perduti nel vuoto. Forse stava considerando la sua vita e il suo avvenire di moglie d'un capomanipolo dell'ONB mentre il mondo era così vasto, anche in un paese, pieno di spazi, d'acque e di monti da correre in libertà, di persone da conoscere, da amare. Posò lo sguardo su di me e scosse la testa, come per comunicarmi la conclusione dei suoi pensieri. Non so che viso facessi, ma è certo che le ispirai fiducia o le manifestai comprensione, poiché mi passò una mano tra i capelli. Chinandosi, dalla scollatura quadrata del suo abitino mi mostrò nell'ombra quella parte animale, pendula, che è il seno, appena rilevabile in due forme coniche che si staccavano dal suo torace e ondeggiavano in breve spazio. Fu solo un attimo, perché si mise sulle ginocchia, mi prese il capo tra le mani e con un'espressione di infinita pietà per se stessa e forse anche per me, mi baciò teneramente. Perdutamente, come si sarebbe detto a quell'epoca.

Caddi riverso nell'erba, chiudendo gli occhi, per non vedere bertesche, merli e feritoie che mi giravano intorno, ma soprattutto per sottrarmi al suo sguardo che si era fatto opprimente come un incubo. Quando li riaprii mi apparve, sotto l'arco in rovina, la rosa che ondeggiava leggermente nel vuoto, rossa e quasi luminosa, come se l'accendesse un raggio di sole. Alzai lo sguardo e vidi, nel quadrato di cielo azzurro che sovrastava il cortile infuocato d'una nube nera come il carbone. In quel momento stesso un boato orrendo si propagò dal lago ai monti, riecheggiando sopra il castello. Pareva che l'universo intero, invidioso della mia fortuna, si muovesse ad annullarmi. Scoppiarono i tuoni, scesero a precipizio i fulmini e il lago s'infuriò. Dopo qualche minuto cominciarono gli scrosci d'acqua. Atterriti, salimmo sulla torre di levante dove c'era una stanza rotonda ben coperta, dalla quale attraverso una finestrella ci apparve la distesa del lago bianca di schiuma sotto l'uragano. Il vento veniva dalla riva opposta e l'*Ibis*, al riparo del castello, doveva essere al sicuro. La signora Livia diventava di ghiaccio, guardava il lago senza aprir bocca.

Alle sei di sera il temporale non dava ancora segno di voler cessare. Nubi sempre più cariche accorrevano dalla costa orientale, rotolavano sull'acqua e venivano a scaricarsi contro i monti della sponda piemontese. Il vento, dopo aver corso sulle onde, si avvolgeva ululando tra i merli dei castelli, poi scendeva nei cortili interni a sbiancare il fogliame dei cespugli. Aggirandomi come un sonnambulo per il cortile, vidi la rosa, che dopo aver resistito a lungo agli scrosci e al vento, si era spogliata di quasi tutti i suoi petali.

Solo verso le sette potei muovere l'*Ibis*, dopo averlo svuotato dell'acqua che l'aveva invaso. Ma riattraversare il lago non era possibile. Potei raggiungere a malapena la Gardanina tenendomi al riparo dei castelli.

Mentre reggevo il timone la signora Livia se ne stava appoggiata al cassero, coi capelli al vento e il vestito incollato sul petto, sotto l'acqua che scendeva di traverso. La guardavo tristemente, così devastata in breve ora dal maltempo, come la rosa del castello.

Ormeggiata la barca alla Gardanina, prendemmo la strada per Cannero dopo aver tolto il fiocco per difenderci dalla pioggia lungo la strada. Stretto al suo corpo e preso nel suo leggero profumo sotto quel lembo di tela, col mio braccio intorno alle sue spalle e gli occhi fissi a terra, camminai felice e disperato senza accorgermi che la pioggia era finita. Quando arrivammo, stava per partire l'ultimo battello diretto all'altra sponda.

A prua, affiancati come davanti a un plotone d'esecuzione, vedevamo avvicinarsi l'imbarcadero temuto. Contavo, appena sceso, di dileguarmi. Ma come mettemmo piede sul pontile, unici passeggeri di quella corsa, ci trafisse lo sguardo del Lo Pinto che era sotto la tettoia ad aspettarci. Qualcuno doveva avergli detto che eravamo usciti in barca e che forse il maltempo ci aveva gettati sull'altra sponda.

Vidi gli occhi fiammeggianti del capomanipolo solo per un istante, perché appena la moglie gli fu davanti la prese per un braccio e fece dietro-front. Arrivai a pensare che non mi avesse visto, tanto mi aveva escluso, con quella presa, da ogni rapporto tra lui e la moglie. Ma due giorni dopo venne a cercarmi al caffè.

«Voglio sapere tutto» mi disse con gli occhi fuori dalla testa quando fummo nella strada. «Se sarai sincero ti perdonerò. Mia moglie mi ha già detto ogni cosa.»

Raccontai a puntino come si erano svolti i fatti, omettendo il bacio, ma insistendo sul temporale.

Mi portò allora sotto un portone, mi prese per le spalle e ficcandomi gli occhi negli occhi mi gridò in faccia:

«L'hai capito o no che so già tutto?»

Vedendo che avevo perso la parola, cominciò a scuotermi, quasi che la verità l'avessi nascosta indosso e potesse uscirmi da sotto i panni per rotolare per terra, come una moneta rubata.

Mi domandavo se la signora Livia, forse maltrattata allo stesso modo o peggio, non gli avesse gettato in faccia una finta confessione, per dargli motivo a un ripudio che certamente agognava, specialmente dopo il bacio che mi aveva dato dentro i castelli. Mi venne voglia di gridargli: «Sì. È vero!».

Purtroppo non era vero nulla, se non quel bacio, che non mi conveniva confessare, perché il Lo Pinto certamente voleva abbindolarmi con la storia del saper tutto, mentre non sapeva niente e cercava di spremere da me qualche cosa che gli servisse a saziare la sua sete di verità, una sete che in tali casi è sempre destinata a restare tale, perché non c'è verità che basti a chi è tormentato dal dubbio. Se gli avessi detto d'aver consumato fino all'osso l'adulterio che temeva, non mi avrebbe creduto, così come non credeva alle mie negazioni. Forse capì, sotto quel portone, che non avrebbe più avuto pace, perché dopo avermi guardato a lungo quasi con passione, mi diede una spinta e se ne andò.

Tutte le mattine mi aggiravo per le strade e intorno al porto nella speranza d'incontrare la signora Livia, ma sempre invano. Andai anche un giorno al suo paese, dove la pensavo confinata, dopo essermi accertato che il Lo Pinto era alla Colonia Elioterapica. Trovai la casa sulle indicazioni di un passante, ma non ebbi il coraggio di suonare il campanello.

Un pomeriggio tornai ai castelli con l'*Ibis* per rivedere il luogo dove mi aveva sfiorato la felicità. Ritrovai il frammento di marmo dove Livia si era seduta, mi stesi sull'erba come se mi fosse vicina e stesse per piegarsi un'altra volta su di me. Sperai nel miracolo di un'apparizione, ma tutto era silenzio. Sotto l'arco, contro il buio, splendeva una rosa, nata sul tralcio dove l'altra si era disfatta. Mi alzai, deciso a coglierla. Dovetti aprirmi un varco tra i rovi e le ortiche, poi afferrarmi alle pietre smosse del rudere per giungere alla rosa, che pendeva nel vuoto senza un movimento, tanto l'aria era ferma in quell'antro. Riuscii a spezzare il gambo, pungendomi a sangue quasi con gioia.

Con la rosa in mano tornai all'*Ibis* e la deposi sotto prua, dopo averla spruzzata con un po' d'acqua del lago. Giunto in porto e ormeggiata la barca, andai a casa di corsa e misi la rosa nella mia camera, dentro un bicchiere pieno d'acqua.

Per tre o quattro giorni la rosa continuò a risplendere, aprendosi fino ai pistilli, come certo avrebbe fatto la signora Livia, senza il nefasto temporale di quel giorno. Ma una mattina, svegliandomi, trovai che aveva sparso sul tavolo tutti i suoi petali. Mi alzai, li raccolsi e li deposi, uno per pagina, dentro un libro.

Seppi intanto dalle Soràpidi che il Lo Pinto aveva chiesto, per il nuovo anno scolastico, un trasferimento a Crema o a Cremona.

Passarono gli anni tra il trentatré e il quaranta, senza che mi riuscisse mai di sapere dove il Lo Pinto fosse finito. Solo nel 1942 seppi che era in guerra e che sua moglie, sempre senza figli, viveva con la madre al suo paese. Pensai di andarla a cercare. Ma qualche cosa mi distrasse: il distacco naturale dal passato, gli incastri sempre più complicati della vita o le congiunture dell'epoca.

Finì la guerra e cominciarono i ritorni per i sopravvissuti, tra i quali per buona ventura mi trovai.

Una mattina d'autunno, prima che si alzasse il sole, ero alla stazione della tranvia, davanti al lago. Aspettavo di partire per Varese, donde avrei proseguito per Milano. Passò un amico in automobile e si fermò a raccogliermi.

«Arriverai prima» disse «e più comodo. Mi fermerò solo a Ghirla per raccogliere un altro amico.»

A Ghirla, cioè a metà strada tra il mio paese e il capoluogo, l'amico lo aspettava al bivio di Ponte Tresa, in piedi e con le mani in tasca. Era il Lo Pinto: magro, un po' curvo, malvestito e con una borsa di finta pelle ai piedi, nella quale aveva certamente il pasto di mezzogiorno. Come vide la macchina, prese la borsa e scattò verso la portiera posteriore. Non mi aveva ancora ravvisato.

«Ti presento» disse il guidatore accennando dietro «il signor Lo Pinto, che lavora a Varese come produttore di assicurazioni.»

Emisi un mormorio indistinto senza voltarmi. Il Lo Pinto invece, contorcendosi quanto occorreva, mi tese dal suo sedile la mano destra, che mi guardai bene dal toccare. Sorpreso dal mio contegno, avanzò la testa tra i sedili e mi guardò di profilo. Benché mi rannicchiassi il più possibile fingendo di far attenzione alla strada, mi riconobbe. Si lasciò andare allora sulla spalliera e non aprì più bocca. Arrivati al capoluogo, l'amico si fermò a un crocicchio. Il Lo Pinto aprì la portiera e si gettò fuori, con la borsa al vento, come un ladro in fuga.

«È un brav'uomo» disse l'amico che non si era accorto di nulla. «Era ufficiale dell'Opera Nazionale Balilla. In sostanza un maestro di educazione fisica. Non l'hanno neppure epurato. Ha solo perso il posto. Ora lavora all'Adriatica di Sicurtà. Viene tutte le mattine dal suo paese a piedi fino a Ghirla e mi aspetta al bivio per risparmiare la spesa del tram. La settimana scorsa, tornando, mi pregò di passare l'indomani mattina da casa sua perché la moglie doveva venire a Varese. Che donna! Non è più giovane, ma dev'essere stata una meraviglia. Peccato che il Lo

Pinto è geloso come un turco: l'ha fatta sedere dietro ed è venuto lui davanti, per timore che le sfiorassi una gamba nel cambiare le marce.»

Sul treno per Milano mi ritornò in mente il volto della signora Livia mentre si chinava su di me nel cortile dei castelli di Cannero. Un volto pallido, leggermente violaceo, triste e atterrito da una paura che non sapevo spiegarmi e che pensai le venisse dal temporale o dal pensiero che il marito avrebbe scoperto non tanto la sua passeggiata clandestina, quanto la sua insofferenza, il suo bisogno segreto di libertà e forse di amore. Mi domandai, mentre il treno viaggiava, cos'erano stati per lei gli anni passati da allora, quanto poteva aver pensato a me, come al segno, benché fallace come tutti i segni, d'una vita che avrebbe potuto avere e che non ebbe. Giunto a casa e sorpreso da un ricordo, cercai negli scaffali un certo libro. Lo aprii e tra le pagine trovai, stinti e disseccati, i petali della rosa che avevo colto dentro i castelli di Cannero almeno quindici anni prima.

Decisi di andare un giorno qualsiasi a cercare la signora Lo Pinto al suo paese, a un'ora in cui il marito girava per le case a proporre assicurazioni. Ma non ne feci nulla per timore di guastare l'immagine che mi era apparsa sul treno e il ricordo che i petali della rosa mi avevano suscitato. Finché la settimana scorsa, dopo altri trent'anni, sul solito giornale trovai il suo nome, confuso tra quelli dei «Cavalieri di Vittorio Veneto» e degli altri tanti che giornalmente passano all'aldilà.

da *Le corna del diavolo*, Mondadori 1977.

Giorgio Manganelli
DODICI

Un signore giovanile e d'aspetto mediamente colto, frequentatore di cinema e amatore di cineserie, aspetta, all'angolo di due strade poco frequentate, una donna che egli giudica affascinante, geniale, di delicata bellezza. È il loro primo appuntamento, ed egli gusta l'umidore dell'aria – è tardo pomeriggio – e si compiace dei rari passanti, ornamento dei suoi solitari pensieri. Il signore giovanile è giunto in anticipo, nulla lo umilierebbe di più dell'idea di fare aspettare quella donna. Nei confronti di costei, che non ha mai visto se non in compagnia di estranei, egli prova un sentimento misto, che evita di misura il desiderio e include a viva forza la venerazione, il rispetto, la speranza di fare per lei cosa grata. Da tempo non provava per una donna una mescolanza così ricca e felice di sentimenti. Si scopre lievemente orgoglioso di sé, e un brivido di vanità lo percorre. In quel momento, quando si accorge di essere avvolto da sentimenti che aveva deposto, e di cui non ha stima, si accorge di quel che sta facendo. Egli si è recato a un appuntamento. Nulla lo prova, ma questo potrebbe essere il primo d'una lunga serie di appuntamenti. Mentre un lieve sudore di angoscia e di speranza gli tocca la fronte, egli pensa che all'angolo di quelle due strade potrebbe iniziare una «storia», un inesauribile deposito di ricordi. Qualcosa gli dice, bruscamente: «Qui comincia il tuo matrimonio». Il rapido passo d'una donna lo fa trasalire. «Comincia ora?» Mancano pochi minuti, e qualcosa negli astri, nei cieli delle stelle fisse, nella contabilità degli angeli, nel Volumus degli dèi, nella matematica della genetica comincerà a ronzare. Lei appoggerà la mano al suo braccio, e inizierà un percorso che non avrà fine. Una casa vuota li attende, felicità ovvia, lento sfiorire, crescita di figli, svogliata prima, poi precipitosa. In quel momento, la sua faccia si fa furba, si incattivisce; si è ricordato di essere un vigliacco. Insieme, desidera salvezza e perdizione, e ignora quale sia l'una e l'altra. È un incendiario, e ha sonno. Il pomeriggio è diventato sera, la donna affascinante non è venuta. Sottovoce la insulta, e quando una ragazza timida gli chiede un'indicazione, finge di ritenerla una prostituta che ha sbagliato cliente.

da *Centuria*, Rizzoli 1979.

Vittorio Sermonti
EGLI CERCAVA UN DELICATO AMORE

Egli cercava un delicato amore, e quasi subito, nell'ascensore della Glassexport, trovò una fanciulla gentile e riservata, orfana; di sera prendevano un tram o un filobus qualsiasi, e andavano a casaccio per la città, leggendo libri che si erano consigliati a vicenda; di rado andavano al cinema; scomodamente, nei parchi, al buio, in silenzio, si congiungevano una volta ogni tanto, quando li assaliva il timore di non essere più capaci, di non aver più voglia di farlo. D'altro canto, non va nascosto come, nel fondo dell'anima, egli considerasse un po' indelicato, da parte di un amore, lasciarsi trovare così, senza fatica e quasi per combinazione. Un giorno lei gli infilò una lettera nella cassetta della posta: l'avevano trasferita a Liberec, era meglio così, di lui conservava per sempre un ricordo dolce, gli dava l'ultimo bacio per iscritto. Ed egli riprese a cercare un delicato amore. Ma dopo qualche mese, tornato l'autunno, lo visitò il sospetto di essere morto giusto da qualche mese; fece accertamenti affidandosi al senso comune, ma non ottenne la prova provata di esistere, che egli pretendeva; allora finse di suicidarsi con delle pastiglie di sonnifero. Non è certo delicato, da parte della morte, lasciarsi trovare così.

La Glassexport (ditta per il commercio estero di oggetti in vetro) esiste, e ha effettivamente due sedi: una a Liberec (Boemia sett.), třída 1. Máje 52, l'altra a Praga, Václavské náměstí 1.

da *Il tempo tra cane e lupo*, Rizzoli 1980.

David Leavitt
DEVOTA

Celia si teneva a galla nella tiepida acqua azzurra della piscina dei
genitori di Nathan. È una domenica senza nubi di fine giugno, il
sole è alto e caldo. Celia sta osservando le ombre proiettate sul
fondo della piscina dalle onde che lei solleva – pulsazioni di luce e
di buio la cui esistenza è frenetica, così diversa dal calmo
sciabordio delle onde che riflettono. Celia è al centro. Le onde si
irradiano da dove lei batte l'acqua, con le braccia e le gambe che
si muovono istintivamente come quelle di un bambino sospeso
nell'aria. Vicino alle porte-finestre della biblioteca, Nathan e
Andrew, i suoi migliori amici, stanno ballando un pezzo con un
ritmo da disco music e le parole in tedesco diffuse da un paio di
diffusori, alti più di mezzo metro e sistemati a ciascun capo della
biblioteca. I diffusori ricordano a Celia le basi di una grossa tela
che sua madre usava per il suo arazzo di macramé, ma sa che a
dispetto della loro semplicità, o forse proprio per questo, valgono
migliaia di dollari ciascuno, e rappresentano il massimo della
tecnologia. Nathan gliel'ha ricordato parecchie volte nel corso del
weekend; teme che lei o Andrew ribaltino uno dei diffusori, o
facciano cadere distrattamente un vaso prezioso, o rovescino del
liquore su uno dei sofà di pelle. Loro non sono ricchi, come dice
scherzosamente Nathan, non sanno niente di queste cose. (Potrebbe essere facile non accorgersi di quanto sia costata cara la
casa dei suoi genitori, ma l'occhio di Celia, addestrato a notare
ciò che lei non ha, ha già stanato le cose preziose, ha osservato
che ci sono dei vasi di rose fresche in ogni stanza e che i sofà di
stoffa da paracadute grigia in realtà sono fatti di seta.) La canzone

cambia. «Questa la adoro» dice Andrew. È un ballerino entusiasta e sfrenato. Si contorce e si dimena, e sbadatamente fa un balzo
in avanti andando a sbattere contro un diffusore. «Vuoi stare
attento?» grida Nathan, e Andrew fa un salto indietro nel patio.
«Rilassati» gli dice. «Non romperò niente.»

Celia sgambetta, getta indietro il collo, e graziosamente fa una
capriola nell'acqua; all'improvviso la musica è sparita, Nathan e
Andrew sono spariti anche se riesce a vederne le immagini distor-
te dalla superficie dell'acqua. Esala un fiume regolare di bollici-
ne, si raddrizza, e riemerge sputacchiando acqua. La musica
rimbomba. I due stanno ancora litigando. «Se non ti calmi,
Andrew» dice Nathan, «spengo la musica. Lo giuro!»

«Va' all'inferno» dice Andrew, e Celia si tuffa di nuovo, questa
volta a testa in giù, scendendo fino in fondo nella luminosità della
piscina. Non sente altro che il rumore del filtro della piscina – un
ronzio umido. Quando arriva sul fondo, si guarda intorno e alza
gli occhi verso il sole rifratto attraverso i prismi dell'acqua. I fasci
di luce le striano il corpo. Vorrebbe restare sott'acqua a lungo,
ma ben presto sente una pressione ben nota, un senso di
esplosione nei polmoni e deve dare un colpo sul fondo e nuotare
all'insù verso la membrana della superficie dell'acqua. Quando
emerge, inghiotte aria e spalanca gli occhi. La musica è stata
spenta. Andrew se n'è andato, e Nathan è seduto sulla sdraio
vicino alla piscina a guardarsi le ginocchia.

«Eri seduta in fondo alla piscina» dice a Celia.

«Cos'è successo? Dov'è Andrew?» gli chiede, asciugandosi il
cloro dalle labbra.

«È andato via come una furia» dice Nathan. «Niente di insolito.»

«Oh» commenta Celia. Si guarda le gambe, che si muovono
come due anguille sott'acqua. «Vorrei tanto sapere cosa dirti»
sussurra.

«Non c'è niente da dire.»

Celia tiene la testa china. Sembra che le sue gambe stiano
guizzando fuori dall'esistenza, stiano nuotando via insieme alle
piccole onde.

Durante questo weekend, Celia ha trascorso ogni momento
libero nell'acqua. Le piace da morire la piscina piastrellata di

Nathan, e il luminoso liquido cristallino che la abita. Nell'acqua, il corpo di Celia diventa come quello di una silfide, un'essenza galleggiante, luminosa; può muoversi con facilità, con grazia persino. Sulla terra si muove pesantemente, il suo corpo è greve e sgraziato e deve essere coperto con scampoli di tessuti scuri, con gonne ampie e sari. Celia ha ventitré anni, e occupa il posto di assistente del direttore delle vendite in una casa editrice specializzata in testi di diritto. Naturalmente, Nathan e Andrew la incoraggiano sempre a lasciare il lavoro e a cercare una posizione più creativa da qualche parte, a trasferirsi in centro e a lasciarsi alle spalle il suo appartamentino e il suo terribile vicinato, ma Andrew è fortunato e Nathan è ricco. Non capiscono che cose del genere non funzionano altrettanto bene per altra gente.

Ed eccoli qui, Andrew e Nathan, come li vedrebbe chi non li conosce da molto tempo: ragazzo biondo e ragazzo bruno, WASP e ebreo, l'esatto opposto l'uno dell'altro. Lavorano per due agenzie pubblicitarie rivali, ma sembra che il lavoro sia praticamente l'unica cosa per la quale non litigano. Nathan ha la pelle scura e butterata, capelli ricciuti e il viso sempre ombreggiato da un inizio di barba, mentre Andrew ha le ossa minute ed è di carnagione chiara, con un naso sottile e intelligente, e un corpo che in un altro secolo sarebbe stato definito «esile». Gli piace dire che appartiene a un altro secolo, il diciannovesimo, alla gente che frequentava i tè di Oscar Wilde; Nathan è invincibilmente devoto al presente. Vivono su lati opposti di Manhattan – Nathan nel Lower East Side, Andrew in una casa popolare della East Ninety-sixth Street, sul periglioso confine di Harlem. Dalla sua finestra, Andrew può vedere il punto in cui il terreno si apre e le rotaie della metropolitana che viene da Grand Central emergono all'aria aperta. Tre isolati più in là, in Park Avenue, può vedere l'elegante edificio in cui hanno l'appartamento i genitori di Nathan. Talvolta gli capita di imbattersi nella madre di Nathan da D'Agostino, e allora parlano del prezzo dei pomodori, e la madre di Nathan, che non sa nulla, dice ad Andrew che dovrebbe davvero andare a cena da lei qualche volta. In pubblico, sono ex amanti e nemici; in privato (ma tutti hanno mangiato la foglia) amanti abituali e, di quando in quando, amici. Quanto a Celia, fluttua dall'uno all'altro, sospesa nello strano liquido del suo amore per loro – un amore che, le piace pensare, non osa definirsi come tale.

È così che appaiono agli altri loro amici, compagni di lavoro, alla gente con cui mangiano o con cui dormono, a tutte quelle conoscenze che li trovano interessanti e piacevoli ma hanno altre preoccupazioni nella vita.

E adesso, si chiede Celia, galleggiando nella piscina, cosa diavolo ci sta a fare qui, questo weekend, quando ha giurato mille volte di non andare da nessuna parte da sola con loro, nemmeno al ristorante? Finisce sempre col trovarsi nel bel mezzo del loro campo di battaglia, a far la parte di colei che elargisce l'approvazione, del bottino per il quale lottano per poi dimenticarlo e abbandonarlo. Si dice che è qui perché ci sono più di quaranta gradi a Manhattan, perché il suo portinaio le ha confidato che la vecchietta che vive nell'appartamento di fronte al suo non apre la porta da giorni e incomincia a essere preoccupato. Si dice che è qui perché i genitori di Nathan sono alle Bermuda, la cameriera è in vacanza, e c'è la piscina e anche il giardino dove cresce il basilico fresco. Ed è vero, tutto sommato si sono divertiti. Venerdì, ancora appiccicosi dello smog di Penn Station, hanno passeggiato lungo la spiaggia, giocato con le onde, e lasciato che il vento asciutto e caldo soffiasse sulle loro facce. Sabato, sono andati a East Hampton, e hanno guardato tutta la bella gente sulla spiaggia, e Celia ha deciso che non era affatto sorprendente che quella gente fosse ricca e felice, mentre lei era povera e infelice. Hanno mangiato insalata e hanno guardato una replica di *Love Boat* dopodiché Nathan e Andrew le hanno rimboccato le coperte del grande letto dei genitori di Nathan e sono scomparsi insieme in un'altra parte della casa. Lei ha chiuso gli occhi e si è maledetta per sentirsi tagliata fuori, per essere sola, e soprattutto per essere venuta qui. Ha cercato, senza riuscirci, di immaginare com'erano, quando facevano all'amore. Ha cercato di sentirli. Adesso, domenica mattina, hanno cominciato a litigare, perché il fatto di dormire ancora insieme è fonte di vergogna per entrambi. E perché no? Persino Celia se ne vergogna. In teoria non dovrebbe sapere che Nathan e Andrew dormono ancora insieme, ma Andrew la chiama ogni volta che succede. «E dire che non mi piace nemmeno» dice a Celia, con la voce rauca e tesa. «Ma ha questo potere su di me e deve continuare ad affermarlo per soddisfare il suo ego. Basta, è finita. Non gli cederò più.» Ma persino mentre dice queste parole, Celia sente che la sua voce esita, carica di dubbio, di desiderio, di amore.

Celia ruota verso la scaletta della piscina ed esce sul bordo. È stata nell'acqua così a lungo che le mani e i piedi si sono raggrinziti e sbiancati. Si copre con un asciugamano, vergognandosi all'improvviso di come le sue cosce rimbalzino fuori dall'acqua, si allunga su una sdraio vuota, e prende una rivista intitolata «Schiavo dell'Esercito» dal tavolino della veranda tra lei e Nathan. Andrew l'ha portata come regalo tardivo per il compleanno di Nathan, ma nessuno dei due ha mostrato grande interesse per la rivista in questo weekend. Adesso Celia sfoglia le pagine – un uomo in abiti da fatica, seduto su un lettino da campo, con le mani strette sull'inguine; poi alcune foto dello stesso uomo che sta fornicando con un altro uomo, in divisa da ufficiale. Nelle ultime pagine, compare una terza figura, con dei gambali di pelle, che sbircia da un angolo. «Ti piace?» chiede Nathan. «Ti eccita?»

«Non riesco a capire che cosa ci sia di tanto erotico nelle caserme e negli spogliatoi» dice Celia. «Capisco che sono posti molto maschili, però sono anche posti molto anti-gay. Come fate a trovarlo erotico? Li trovavi erotici gli spogliatoi di quando eri ragazzino? E questo qui con i gambali...»

Nathan sporge i fianchi e increspa le labbra. «È vero, non parliamo di fruste di pelle. Parliamo di Joan Crawford!» E lancia dei bacetti a Celia.

«Sii serio» dice Celia. «Me lo chiedevo perché vorrei sapere, vorrei capire veramente. Dico davvero.»

«Da un punto di vista sociologico?» chiede Nathan, riassumendo una posa normale.

«Se preferisci» dice Celia.

«Ti dirò una cosa» dice Nathan. «Quando hanno reintrodotto il servizio di leva, ho visto una rivista con una fotografia in copertina di un tipo grosso e peloso in un'uniforme dell'esercito tutta strappata, che ti guardava dalla copertina con uno sguardo lascivo. E sotto di lui c'era scritto: "La comunità gay saluta il ritorno del servizio di leva". Era veramente divertente.»

Gli occhi di Celia si illuminano. «Ma è stupendo!» dice. «È una rivendicazione!»

Nathan non reagisce, per cui lei torna alla rivista. Prende una penna dal tavolo e incomincia a scarabocchiare qualcosa sul margine quando, apparentemente dal nulla, compare Andrew, davanti a lei e a Nathan. «Sono pazzo» dice. «Ma non ho intenzione di prestarmi al tuo stupido gioco e scappare semplicemente a nascondermi. Voglio affrontare le cose.»

«Andrew,» gli fa Nathan «spiega a Celia perché quella rivista è tanto eccitante. Nota bene che non uso la parola "erotica".»

«Oh Cristo, Celia,» dice Andrew «non posso parlare con te di questo.»

«Avrei dovuto immaginarmelo che eri pudibondo, quando ho scoperto che dormi col pigiama» dice Celia.

«Andrew non vuole distruggere l'integrità della sua doppia vita» dice Nathan. «Non vuole che tu sappia che, benché di giorno sia il tuo solito amichetto frocio, di notte si scatena – cuoio, cappelli da cowboy, sport acquatici. Dinne una, e lui la conosce.»

«Parla per te» dice Andrew. «Sei tu quello con la doppia vita.» E lancia un'occhiata significativa alla piscina.

«Questa non è sociologia. Non è curiosità obiettiva» dice Celia. «A questo punto dovreste saperlo.»

Entrambi la guardano sconcertati. Lei chiude gli occhi. Il sole picchia, e Celia immagina che la temperatura sia salita di dieci gradi negli ultimi dieci minuti. Riapre gli occhi. Andrew si è seduto sul bordo della sdraio di Nathan e lo sta rimproverando.

Con un unico movimento rapido, Celia si alza in piedi e si butta in acqua.

Celia, Nathan e Andrew si conoscono sin dal primo anno di college, quando frequentavano tutti lo stesso corso introduttivo di inglese. Per la maggior parte di quell'anno, comunque, Nathan e Andrew si riferirono l'uno all'altro come all'«altro amico di Celia»; tra di loro non avevano rapporti. Celia ricorda il lieve senso di nausea che provò il giorno in cui scoprì che Nathan era gay. Fino a quel momento non aveva mai conosciuto un omosessuale, e si vergognò per il fatto che le era piaciuto, anche se con la timidezza che le era propria, e che le consentiva di formulare il suo sentimento con un: «Mi piace» come aveva confidato alla sua compagna di stanza, che giocava nella squadra universitaria di hockey. Celia si vergognò anche per non aver avuto più buon senso, e temette che il suo affetto ingenuo potesse sembrare un insulto a Nathan, e allontanarlo da lei. Nathan era qualcosa di nuovo per Celia; lo idealizzava perché aveva sofferto per essere diverso, e perché la sua diversità gli dava accesso a tutta una serie di esperienze di cui lei non sapeva niente. Celia non aveva mai avuto molti amici a scuola. Non era mai stata terribilmente popolare, e questo le era sempre parso giusto. Era grassa e timida, e veniva costantemente rimproverata per essere grassa e timida. Non le venne mai in mente di poter essere «diversa» nel modo intenso e romantico di Nathan. Lei era semplicemente sola, e mentre la solitudine di Nathan era qualcosa che lo nobilitava, la sua era soltanto una cosa da compiangere.

Sulle prime Nathan accettò le manifestazioni di affetto di Celia verso di lui perché lei lo ascoltava – a quanto pareva per un tempo interminabile – gli parlava, e rispondeva anche. Era affascinata dalle storie che lui le raccontava tanto volentieri, storie sui misteriosi incontri sessuali nei gabinetti per uomini, palpeggiamenti adolescenziali negli spogliatoi. La curiosità di lei crebbe: lesse tutti i libri e gli articoli che riusciva a trovare sull'argomento dell'omosessualità, inclusi alcuni resoconti espliciti di serate passate a battere i moli e le spiagge, i bar e i bagni pubblici di New York e Los Angeles e Parigi. Lesse tutto Oscar Wilde, e quasi tutto Hart Crane. Incominciò a parlare di più in pubblico, a interrompere durante le lezioni, e nelle sue corde vocali poco sfruttate scoprì il timbro potente di sua madre e l'accento del Bronx, capace di catturare istantaneamente l'attenzione delle folle. Al loro college, era abbastanza comune che le donne orientate verso un certo tipo di studi – donne con i capelli lunghi, vestiti viola e la tendenza a parlare a voce alta, in fretta e moltissimo – passassero la maggior parte del loro tempo in compagnia di gay. Celia divenne la personificazione di questa regola sociale accettata, al punto che alcuni incominciarono a riferirsi a lei come alla «cartina di tornasole», e a dire scherzosamente che bastava presentarla a un uomo per determinare le sue preferenze sessuali. Non era un soprannome gentile, visto che implicava che in un modo o nell'altro era lei a condurli all'omosessualità, ma Celia lo sopportò stoicamente, insieme a sopran-

nomi anche peggiori. Diceva scherzosamente di essere l'antesi-
gnana di una nuova schiatta di donne che emettevano uno strano
ormone che trasformava gli uomini in omosessuali, e avrebbe
portato all'estinzione della razza umana. Comunque Celia continuava a credere di cavarsela meglio grazie alla compagnia che
frequentava. Quello che piaceva a Celia dei suoi amici gay era la
loro disponibilità a dedicarsi a interminabili chiacchierate analiti-
che. A cena, mentre bevevano il caffè, la sera tardi, parlavano e
parlavano, dei loro amici, delle loro famiglie, di libri e film, di
«implicite differenze sessuali», e della loro capacità di smasche-
rare sempre la gente. Questa disponibilità a parlare era una dote
che nessuno degli uomini che aveva conosciuto Celia sembrava
possedere, e lei le attribuiva un grandissimo valore. In realtà, lei
avrebbe potuto continuare per sempre, tutta la notte, ed era
invariabilmente Nathan che alla fine si strappava dal suo molle
divano dicendo: «Scusami, Celia, ma sono le quattro del mattino
e devo proprio andare a letto». Dopo che lui se ne era andato, lei
rimaneva sveglia per ore, incapace di troncare nella sua mente la
conversazione che aveva finito per stremare lui.

Man mano che la loro amicizia diventava più intensa, Celia
voleva andare sempre più a fondo. Saperne di più di Nathan.
Sapeva che lui (e, in seguito, Andrew) aveva una vita tutta sua
che non c'entrava niente con lei, e come avrebbe potuto? – una
vita di cui sentiva parlare soltanto occasionalmente, quando era
abbastanza coraggiosa da fare domande (l'argomento imbarazzava Nathan). Questa vita si svolgeva soprattutto nei bar –
misteriosi bastioni di mascolinità – che Celia immaginava inondati di luce gialla che si insinuava in angoli bui, di sigarette con
lunghe dita di cenere sempre sul punto di cadere, e, dietro a ogni
porta, un crescendo di libidine, di sessualità, fino ad arrivare,
nella sua immaginazione, all'ultima porta, dietro la quale... e qui
l'immaginazione le veniva meno. Non lo sapeva. Naturalmente
Nathan si prendeva gioco di lei quando lo pregava di portarla al
bar. «Sono noiosi, Celia, assolutamente banali» le diceva. «Re-
steresti delusa come lo sono stato io.» Avevano appena finito il
college e Nathan trovava noiosa la maggior parte delle cose.

Qualche settimana dopo arrivò in città Andrew. La sera in cui
arrivò, lui e Celia andarono a cena al Village, e mentre percorrevano la Greenwich Avenue lei lo vide spalancare gli occhi e

girare la testa, mentre passavano attraverso il capannello di uomini in giubbotto di pelle che facevano bella mostra di sé di fronte a Uncle Charlie's. La sera dopo Andrew chiese a Celia di accompagnarlo in un altro bar nel quale non aveva il coraggio di andare da solo (in realtà non era mai andato in un bar gay), e lei colse l'occasione al volo. Davanti alle porte d'acciaio del bar, che era situato in una stradina laterale del centro, il buttafuori la squadrò da capo a piedi e protese il braccio per bloccare l'entrata. «Spiacente,» disse «niente donne» – sillabando le parole, come se lei fosse una bambina o una straniera, una che capiva l'inglese a malapena. Niente donne. C'era il richiamo dell'ignoto, dell'inconoscibile. Da dentro le arrivavano le ondate di disco music, e zaffate di una strana fragranza, come di calzini sporchi, ma lievemente dolciastra. Ed ecco che era sulla soglia del mondo degli uomini che amava, e non le era consentito di entrare, perché quel mondo sarebbe andato in frantumi, tutta quanta la sua struttura di fantasia esclusiva sarebbe stata distrutta se lei vi fosse entrata. «Niente donne» ripeté il buttafuori, come se lei non avesse udito. «Niente di personale, è soltanto una regola.»

«Quando tutti gli uomini che ami possono amarsi soltanto tra loro» avrebbe detto in seguito Celia alla gente – a un sacco di gente – «non puoi fare a meno di incominciare a chiederti se non ci sia qualcosa di sbagliato nell'essere una donna. Anche se è contrario a tutti i tuoi principi, non puoi fare a meno di chiedertelo.» Quella sera rimase davanti a quelle porte d'acciaio e chiuse gli occhi desiderando, come avrebbe fatto una bambina piccola, di poter essere liberata dalla gonna ampia, dal trucco e dai gioielli, dal seno e dalle natiche invadenti. Se solo avesse potuto essere denudata e piallata, resa snella e scattante come Nathan e Andrew, allora le sarebbe stato possibile scivolare tra quelle porte con la stessa facilità degli uomini che le passavano velocemente accanto quella sera, con le mani in tasca, si sarebbe alleggerita dell'inconfondibile e infido bagaglio della femminilità. Ma non poté fare altro che allontanarsi. Andrew rimase vicino alla porta. «Be'» fece. «Be', cosa?» chiese Celia. «Ti spiacerebbe molto se entrassi almeno io?» le chiese. Celia vide nei suoi occhi quello sguardo disperato, ossessionato che ricordò di aver notato quando passeggiando insieme incrociavano uomini attraenti per la strada; si rese conto che con ogni probabilità anche lei quella sera aveva lo stesso sguardo. C'era qualcosa dietro a quelle porte che era più forte del suo amore per lei, molto più forte. Lei non disse niente, ma si allontanò lungo la strada, giurando di non andare mai più in centro. Sul metrò, andando a casa, guardò una mendicante che meticolosamente e interminabilmente passava in rassegna i suoi pochi averi, e decise che sarebbe divenuta acida e ironica, e avrebbe parlato di sé con un certo spirito, e avrebbe sempre vissuto da sola. «Per la maggior parte delle donne giovani,» decise che avrebbe detto «innamorarsi di un uomo gay era un rito di passaggio. Per me divenne una carriera.» Poi avrebbe tirato una boccata della sua sigaretta (naturalmente avrebbe cominciato a fumare), e avrebbe riso. E avrebbe chiuso l'argomento.

Celia ha preparato le uova per Andrew e Nathan e ha guarnito ciascun piatto con un rametto di crescione e un ciuffetto di germogli di erba medica. Adesso, tenendo in equilibrio i piatti sul braccio, si dirige verso la biblioteca, dove si sono messi al riparo dal sole del pomeriggio. Entrando in biblioteca, vede Andrew appoggiato al davanzale, e Nathan sdraiato con le gambe sul sofà di pelle, e la testa appoggiata al pavimento.

«Il pranzo» dice Celia.

«La domenica è sempre orribile» dice Andrew. «Non c'è verso. Soprattutto le domeniche d'estate.»

Nathan scende con una capriola dal sofà, e sbadiglia rumorosamente. «Che depressione!» dice. «Che fare, che fare? Potremmo andare a un tè danzante! È una deliziosa tradizione la domenica pomeriggio al River Club. Musica a tutto volume, ballerini erotici dal vivo...»

«Non ho nessuna intenzione di tornare in città un minuto prima del necessario» dice Celia.

«Sì» fa Andrew. «Celia sarebbe proprio felice se noi ce ne andassimo a un tè danzante.»

Celia gli lancia un'occhiata.

«Mi sorprendi, Andrew» dice Nathan. «Di solito ti piace un mondo ballare. E sembri davvero molto euforico tutte le volte che balli.»

«Piantala, Nathan» dice Andrew.

«Davvero, guardare Andrew che balla, è – è come – come

descriverlo? Penso che nel modo di ballare di Andrew si possa riconoscere la completa realizzazione del dualismo mente-corpo.»

Si alza in piedi, gira intorno al sofà, ne scavalca lo schienale e si rimette nella posizione di prima a testa in giù. «Il corpo in abbandono» continua Nathan. «Una totale dimenticanza di sé. Nessuna connessione col pensiero.»

Celia lancia un'occhiata di disapprovazione a Nathan. È gratuito; Andrew oggi è già sulla difensiva per conto suo. «Mi fa ridere la tua ipocrisia» ribatte. «Prima mi dici "perché non la smetti di analizzare tutto fino allo spasimo?" e poi mi accusi di non pensare. Se devi attaccarmi, vai diritto al punto, Nathan.»

«Ah» fa Nathan, sollevando la testa e girandola (per quanto gli riesce) verso Andrew. «Ma io non sto criticando il tuo modo di ballare, Andrew. Sto solo estrapolando! Te lo immagini come sarebbe non pensare mai, ma proprio mai? Penso che sarebbe meraviglioso! Uno si lascia semplicemente trasportare, senza divertirsi particolarmente ma senza neanche passare dei brutti momenti! Senza mai provar angoscia o gelosia – cose troppo complicate, troppo stancanti. Conosco della gente che è davvero così. Lo vedi, Celia, Andrew pensa che io sia disonesto. Pensa che io non abbia il coraggio di affrontare tutte le implicazioni della mia scelta sessuale. Gli piacerebbero i miei amici, i Peters. Sono amanti, Celia. Si chiamano entrambi Peter, e vivono insieme, ma sono completamente promiscui, e se uno ha una storia, all'altro non dà fastidio. Peter non ha che da raccontare tutto a Peter ed è come se anche l'altro Peter avesse vissuto la storia. Ma sono felici. Hanno integrato in pieno la loro omosessualità nelle loro vite. Non è quello che dovremmo fare anche noi, Andrew?»

Detto questo si alza, poi si ributta sul sofà, questa volta in una posizione normale.

«Non essere ridicolo» dice Andrew. «Le persone così, non sono neanche persone.»

Celia, seduta a gambe incrociate sul pavimento, ha finito le uova. Adesso allunga una mano verso il piatto di Nathan e prende il crescione. Nathan ha mangiato solo poche cucchiaiate. Al ristorante, Celia spesso si ritrova a spiluccare il cibo dal piatto degli altri, senza averne nessuna intenzione, come se avesse perso assolutamente il controllo sul cibo.

Nathan, con la testa inclinata di lato, sta canticchiando qualcosa sull'aria della canzone di Pete Seeger *Little Boxes*. Adesso lancia un'occhiata a Celia. «Cantiamo, mia cara?» le chiede. «Fallo tu, se vuoi» gli risponde. «Io quella canzone non la voglio cantare mai più.»

Nathan canta:

> I finocchi giù nel Village
> sembran tutti manichini
> ancheggianti ed azzimati
> fatti in serie e programmati.
> C'è un cowboy con un soldato,
> lottatori da tappeto
> manichini tutti quanti
> senza un volto definito.

Andrew scoppia a ridere. «È divertente» dice. «Quando l'hai inventata?»

«Veramente l'ho inventata io» dice Celia. «Una sera mentre camminavamo per strada.» Sorride di un sorriso amaro, ricordando la sera in cui camminarono a braccetto, molto ubriachi, davanti all'Uncle Charlie's giù in centro e cantarono quella canzone. Nathan all'improvviso si sentì molto imbarazzato, molto in colpa, e si allontanò da Celia. Fu preso da un improvviso orrore al pensiero di essere scambiato per la metà di una coppia eterosessuale, soprattutto qui, di fronte al suo bar favorito. «Ricordatelo bene,» aveva detto a Celia «non sono il tuo ragazzo.»

«Non so nemmeno perché ti parlo» aveva risposto Celia. Questo avveniva subito dopo che Andrew l'aveva abbandonata fuori dall'altro bar. Quell'estate Andrew e Nathan, singolarmente e collettivamente, non si erano presentati ad almeno quattordici appuntamenti. Due volte Nathan, che viveva con i genitori, le aveva chiesto di usare il suo appartamento per incontrare della gente e lei glielo aveva concesso. Celia non pensava di valere più di così. Era grassa, ed era una cartina di tornasole. Gli unici uomini che le interessavano erano gay, e a quanto pareva non conosceva molte donne. Era Celia Tifoide. Ma alla fine si arrabbiò, una domenica mentre era a Jones Beach insieme a Andrew. «Rispondi a questo» gli disse, mentre si sistemavano su una striscia di sabbia che era di dominio quasi esclusivo di famiglie portoricane. Andrew non la stava neanche guardando, non riusciva neanche a impedirsi di girare la testa verso sinistra, per dare un'occhiata alla parte gay della spiaggia, dove Celia si era rifiutata di sedersi. «Rispondi a questo» disse di nuovo Celia, costringendolo a guardarla. «Una bella domanda ipotetica del tipo, preferiresti essere cieco o sordo? Com'è che per quanto tu voglia bene ai tuoi amici, basta che si profili anche la più vaga possibilità di passare la notte con uno che probabilmente non vedrai neanche più perché tu li bidoni, li tagli fuori, e finga che non esistano quando li incontri per strada? Come mai siamo sempre così pronti ad abbandonare un amico adorato per qualsiasi amante?»

Ha ancora davanti agli occhi l'immagine di Andrew che girava lievemente la testa a sinistra. Poi la guardò, le puntò un dito in faccia e disse: «Hai una fogliolina di tè tra i denti».

Celia non si accorge, finché lo sta facendo, che sta mangiando l'ultimo germoglio di erba medica dal piatto di Andrew. Disgustata, lo ributta nel piatto. Si dà uno schiaffo sulla mano e giura che non lo farà mai più.

«Quando tornano i tuoi genitori?» chiede Andrew.

«Non prima di stasera» risponde Nathan. «Dovrebbero arrivare alle sette.»

«Ho parlato coi miei genitori la settimana scorsa. Mi hanno detto che guarderanno il servizio televisivo sulla parata di marzo la settimana prossima. Mi ha davvero commosso che me lo abbiano detto. Non ho avuto neanche bisogno di dirglielo che ci sarebbe stata una parata di marzo, lo sapevano già.»

Silenzio da parte di Nathan. Celia stringe i pugni.

«Marcerai anche tu quest'anno, Nathan?»

Nathan si alza e si dirige verso lo stereo. «No» dice e mette un disco di Ravel sul piatto.

«Peccato» dice Andrew.

Celia vorrebbe mettersi a gridare, pregarli di smetterla subito. Andrew sa che Nathan non ha mai marciato, e non marcerà mai nella Gay Pride Parade annuale, in teoria perché considera «stupide» queste esibizioni pubbliche, ma in realtà perché vive nel terrore che i suoi genitori scoprano la sua omosessualità. L'ultima volta che Celia lo venne a trovare qui, Nathan e suo padre sedettero nella biblioteca a parlare di azioni. Per tutta la sera si comportò da ragazzo modello, da figlio obbediente, ma sul treno tornando a casa, si mordeva il pollice e non voleva parlare. «Ti va di parlare?» gli aveva chiesto Celia, ma lui aveva scosso la testa. Non si sarebbe mai scoperto con loro. Il felice rapporto che Andrew ha con i suoi genitori di larghe vedute e accondiscendenti è probabilmente l'arma più potente contro Nathan, ed è anche quella che tiene in serbo per l'ultimo minuto, per l'attacco finale.

«Quest'anno porterò lo stendardo del gruppo degli ex universitari» dice Andrew.

«Bene» dice Nathan.

«Vorrei proprio che tu venissi. Ti piacerebbe. Ci saranno tutti, e ci si diverte un mondo a marciare.»

«Lascia perdere, Andrew» dice Nathan. «Lo sai come la penso. Mi sembra che questo genere di esibizioni pubbliche non faccia bene a nessuno. È solo ridicolo.»

«Fa un sacco di bene ai manifestanti. Fa un sacco di bene al mondo vedere della gente che non si vergogna di essere chi è.»

«Questo non è chi sono io» dice Nathan. «Forse è parte di quello che sono ma non è chi sono.» Si gira e guarda il roseto fuori dalla finestra. «Ma non capisci» dice «che è una questione privata?»

«In qualsiasi battaglia per la libertà di identità non ci può essere una distinzione tra il privato e il politico.»

«Fantastico, cita pure dal manuale» dice Nathan. «Bell'aiuto. Lo sai cosa c'è di sbagliato nella tua rigida idea di correttezza politica? Esattamente quello che c'è di sbagliato nella tua marcia. Rende omogenei gli omosessuali. Non ammette differenze personali. Non riconosce che ciò che è politicamente corretto per alcuni, è personalmente impossibile, emotivamente impossibile. E devo dire, per una politica che dovrebbe essere a favore della differenza, non lascia certo molto spazio alla differenza tra i "diversi".» Il modo in cui pronuncia queste parole, ricorda loro le voci degli insegnanti della scuola elementare.

«Penso che tu stia facendo della politica a buon mercato, Nathan» dice Andrew.

«Lasciami respirare, ti prego, lasciami respirare» dice Nathan. «Sai benissimo che l'unica ragione per cui hai scoperto la politica è stata che ti sei preso una cotta di come diavolo si chiama – Joel Miller – all'ultimo anno. Ti sei preso una cotta bestiale per lui ed eri spaventato, piccolo Andrew, e avevi paura a usare la parola gay. Ricordo benissimo quante ne inventavi per girare intorno alla parola. "Sto passando dalla parte dei più" fu tutto quello che riuscisti a dire a Celia, questo me lo ricordo. "Dalla parte dei più." Come diavolo ti è venuta in mente un'espressione del genere, è al di là della mia immaginazione. E poi c'è il bel Joel Miller che verrà a letto con te solo se porti al braccio una fascia color lavanda e parli di "pre-Stonewall" e "post-Stonewall" tutte le volte che ne hai l'occasione ed ecco che di punto in bianco il nostro piccolo Andrew diventa il Signor Grande Attivista Politico. Cristo. Hai ragione a proposito della tua politica: non c'è proprio nessuna separazione tra il privato e il politico.»

Si allontana da Andrew, chiaramente disgustato, prende la copertina del disco di Ravel e comincia a leggere furiosamente i titoli.

«Non vi sopporto più» dice Celia, e si siede sul sofà. Sembra che nessuno dei due l'abbia sentita. Nathan sembra sul punto di scoppiare in lacrime da un momento all'altro – piange facilmente – e sulla faccia di Andrew fa capolino un sorrisetto furbo. «Mi sbaglio» dice, «o c'è un filo di gelosia nella tua voce?»

«Va' all'inferno» dice Nathan, ed esce precipitosamente dalla stanza.

«Bene, bene, scappa, scappa pure» dice Andrew, marciandogli dietro fino alla porta della biblioteca. «Vai a piangere in braccio al papà, coraggio, perché non gli dici tutto?»

«Piantala» dice Celia. Lui si gira, e se la trova di fronte, col viso adirato. «Cristo» dice, «siete due bambini, lui esagera con te, e appena è vulnerabile, tu miri dritto alle spalle, vero? Lo colpisci proprio dove gli fa male.»

«Lasciami perdere, Celia» risponde Andrew. «L'ha voluto lui, è tutto il weekend che mi tormenta. Mi spiace, ma non ho nessuna intenzione di lasciarmi mettere sotto i piedi, non più. Sono io il più forte. E lo dimostra quello che è appena successo.»

«Tutto quello che dimostra è che puoi essere altrettanto crudele con lui» dice Celia. «Che merda!»

«Sa benissimo che sono sensibile al bello, e mi tormenta proprio su questo. Mi tratta come un idiota senza cervello il cui unico scopo nella vita è rompere tutti i preziosi averi dei suoi genitori. Be', io non sono un idiota, Celia, sono una persona infinitamente più equilibrata di lui.»

«Ragione di più per non ferirlo» dice Celia. «Sai benissimo che tutta quella faccenda della marcia e dei suoi genitori, è un tasto penoso per lui. Per non parlare di Joel Miller.»

«Ma se per tutto il tempo in cui vedevo Joel non mi ha mai detto una parola. Mi ha mai parlato? No! Quella volta, ti assicuro che mi ha ferito molto più di quanto non potessi averlo ferito io.»

Celia allora ride – una risata dura e acuta. «Be', facciamo un punteggio allora» dice. «Vediamo chi è stato ferito di più.»

Nathan e Andrew divennero amanti a Firenze, nell'estate del terzo anno di college. Successe solo pochi giorni prima del loro appuntamento con Celia a Roma. Quell'estate, come ogni estate, Nathan faceva il vagabondo, il ragazzo ricco, uno dei tanti studenti con lo zaino in spalla che cercavano di sfruttare al massimo il loro biglietto scontato per tutte le ferrovie europee. Andrew era in Europa sotto più austeri auspici; aveva vinto una borsa di studio per analizzare l'influenza del Manierismo sul Barocco, basandosi soprattutto sull'arte scultorea di numerosi giardini italiani del tardo Settecento. Il viaggio di Celia incominciò dopo e finì prima di quello dei suoi amici perché non aveva abbastanza soldi, e doveva tornare in patria a sfacchinare come segretaria per guadagnarsi i fondi per il suo prossimo anno al college. Non era mai stata in Europa prima, e quando incontrò i suoi amici a Roma, era piena di storie da raccontare sui suoi viaggi in Inghilterra e in Francia. In particolare aveva voglia di parlare di una piccola città del Galles che aveva un muro di cinta e un fossato, per raccontare loro che – grossa e scoordinata com'era – si era arrampicata fino in cima alla vecchia muraglia di pietra e ne aveva percorso il perimetro, come avevano fatto nel tredicesimo secolo i cavalieri di sentinella. In cima alla muraglia, poteva vedere la città – casette ordinate una accanto all'altra, e le rovine di un castello, e la baia dove i pescatori pescavano il salmone con l'alta marea. E là, sopra tutto quanto, c'era Celia. Provò una rara fiducia in se stessa, e per una volta le piacque il modo in cui si immaginava di apparire alla gente – brava e sicura, consapevole di come viaggiare nel modo giusto, capace di assaporare i piaceri dell'Europa senza cadere preda dei suoi trabocchetti e dei suoi inconvenienti. Infatti, arrivando in Italia, Celia era così distratta da se stessa che le ci volle qualche giorno per capire che cosa stava succedendo tra Nathan e Andrew. Parlava e parlava, e loro le sedevano di fronte con le mani incrociate, ascoltandola educatamente. Poi, il terzo giorno della loro settimana insieme, gli altri due insistettero per tenere la stanza doppia che condividevano, lasciando Celia in una costosa singola, benché si fosse liberata una camera a tre letti più a buon mercato. Celia si chiese il perché e capì. Quel pomeriggio passeggiarono fino alle Catacombe, e per strada fecero un gioco che si chiamava «nel baule di mia nonna». «Nel baule di mia nonna» incominciò Nathan, «ho trovato un alce albino.» Adesso toccava a Andrew. «Nel baule di mia nonna» declamò «ho trovato un alce albino e un bellicoso bovino.» Celia si arricciò i capelli intorno al mignolo e ci pensò. «Nel baule di mia nonna, ho trovato un alce albino, un bellicoso bovino, e un crisantemo cremisi» disse alla fine sorridendo, fiera della sua risposta. Nathan non la guardò nemmeno, benché avesse riso per la risposta di Andrew. Allora lei si rese conto che erano innamorati e ormai anche amanti – riconoscendo, così suppone adesso, una certa intimità nel modo in cui parlavano, nel modo in cui ascoltavano le risposte reciproche, come se stessero parlando in codice. Si offrivano a vicenda dei bruchi brulicanti e delle falene fatali come se fossero doni preziosi, finché nel gioco non ci fu più posto per Celia. A quell'epoca Andrew non era ancora uscito allo scoperto, e per quanto ne sapeva Celia, lui e Nathan si conoscevano solo attraverso lei. L'incontro tra loro tre era stato organizzato spontaneamente durante una delle cene che avevano fatto insieme. «Diciamo il ventiquattro luglio, di fronte al Pantheon» disse Nathan, che conosceva Roma (diceva lui) altrettanto bene di New York. Sia Andrew che Celia, che non erano mai stati prima in Europa, rimasero incantati all'idea che fosse possibile progettare fin da qui, nel Nuovo Mondo, un vero e proprio appuntamento nello strano Vecchio Mondo di Marco Aurelio, Isabella Sforza e Eleonora di Toledo. E anche Nathan si godette la sua condizione di esperto, di consumato viaggiatore. Avrebbe mostrato loro tutto quanto, disse. Sarebbe stato una guida meravigliosa. Quella sera, addormentandosi Celia aveva pensato ai libri che aveva letto da bambina in cui terzetti di bambini partivano insieme alla ventura in terre lontane e in altri mondi. Ma evidentemente, Nathan e Andrew avevano fatto degli altri piani senza dirglielo, per incontrarsi prima, e da soli; evidentemente, si erano visti senza dirglielo, e senza che lei lo sapesse; evidentemente, capì, allontanandosi da Roma, non erano più suoi, ma l'uno dell'altro.

Celia finalmente li mise con le spalle al muro in un caffè di Piazza Navona bevendo un'orzata. «Voglio che sappiate che mi rendo perfettamente conto di quello che sta succedendo» disse «e penso che dovremmo parlarne.» Di fatto, fu Nathan a parlare, mentre Andrew si agitava, imbarazzato e terrorizzato. La cosa che Celia ricorda più vivamente di quel pomeriggio è il desiderio travolgente di schizzare via come una saetta. Pensò con nostalgia alla sua cittadina del Galles, e alla vecchia muraglia cadente, e a lei in cima, e desiderò di poter essere là, ancora una volta, solo per un istante, e riacquistare – ora che ne aveva tanto bisogno – quella rara sensazione di libertà, di essersi spinta più in alto del mondo dei bisogni.

Si congratulò con loro (e pensò, che idiozia, come se fosse un'impresa riuscita); disse che era felice per loro (e pensò, perché sono così infelice di me stessa?); acconsentì di buon grado a rimanere nella sua stanza singola. Ma aveva senso che lei rimanesse? Non era meglio che se ne andasse e li lasciasse da soli? No, mai! Certo che loro la volevano, doveva rimanere. E così fece. Qualche giorno dopo, visitarono il giardino di Villa d'Este a Tivoli. Andrew stava facendo la sua ricerca, e prendeva furiosamente appunti su certi bassorilievi raffiguranti uomini trasformati in pesci. Andrew lesse i suoi appunti a Nathan:

Il muschio sta distruggendo le loro facce, l'ultimo atto della riappropriazione. Quello che viene qui rappresentato è un'interminabile battaglia tra la natura e l'arte. Da un lato, la natura soggioga gli uomini trasformandoli in forme di vita inferiori, ma in realtà è l'arte che sta soggiogando la natura. Le bocche dei pesci fanno parte del sistema di drenaggio – un miracolo della tecnica, nel sedicesimo secolo – che permette all'acqua della fontana di circolare senza interruzione, per mezzo di un certo numero di pompe. Solo ora la natura sta prendendosi la sua rivincita, distruggendo queste facce di pesci, poco per volta, anno dopo anno. Consumandole, coprendole con il muschio. Il muschio e il vento e il tempo. Quanto può durare Tivoli?

Trionfante, chiuse il quaderno azzurro, che portava sulla copertina lo stemma della loro università. «Che te ne pare?» chiese.

«Quanta poesia» disse Nathan.

Andrew lo guardò. «Che cosa vuoi dire?» gli chiese.

«Voglio dire» replicò Nathan, «che è molto bello e sensibile, ma non riesco a credere che tu faccia tutte queste affermazioni senza nessuna base storica. Come fai a dire che quello che sta succedendo era già stato programmato?»

«Il fatto storico» rispose Andrew, «è un'invenzione degli storici. Io non pretendo di conoscere le intenzioni di tutti. Sto facendo soltanto una *lettura* del giardino.»

E la cosa prese l'avvio di lì. Andrew accusò Nathan di essere pedante e Nathan accusò Andrew di non rispettare la rigorosità della borsa di studio. Celia capiva già più cose sul loro conto di quanto non ne capissero loro stessi: Andrew era impulsivo, Nathan cauto: Andrew aveva un motivo per essere in Europa, Nathan non ne aveva alcuno (ed era geloso): Celia trovò la faccenda piuttosto noiosa, per cui si allontanò da loro e si imbatté in un gruppo dell'Oklahoma. Il gruppo era di fronte alla statua di Diana di Efeso, con i suoi dolci seni che gettavano acqua in un'antica urna, e la guida stava descrivendo la dea come un simbolo di fertilità naturale. «Alcuni dicono che è imparentata con Visnù» disse solennemente «il Dio dalle tredici mani.»

«Scommetto che suo marito era quel tale con le tredici mani!» urlò una donna con una complicata acconciatura, e tutti scoppiarono a ridere, e Celia – in piedi tra loro – si rese conto all'improvviso che anche lei stava ridendo; e dovette andarsene.

Partì il mattino dopo. Alla stazione, Nathan e Andrew la pregarono e la scongiurarono di rimanere, ma lei ormai aveva deciso. Prese un treno notturno per Calais, un traghetto per l'Inghilterra, e un altro treno fino a Londra. Poi, dopo una sola notte in un ostello di Knightsbridge, con i soldi che le rimanevano comprò un biglietto di andata e ritorno per la sua adorata cittadina del Galles. Appena arrivata, fissò una stanza in una pensione, e andò immediatamente a vedere la vecchia muraglia di pietra. A visitarla c'era anche un gruppo di bambini di non più di nove o dieci anni, bambini di qualche città industriale delle Midlands, con i capelli tagliati alla moicana e giacchette di finta pelle nera. Stavano litigando tra loro per le caramelle e fingevano di spingersi a vicenda giù dalla muraglia. Poi incominciarono a gridarle delle cose – oscenità che capiva a malapena – cosicché lei si allontanò di corsa e rimase sull'erba del parco e chiuse gli occhi. L'aria era fresca e odorava della pioggia recente, e anche di biscotti che venivano cotti poco distante. Un vecchio seduto su una panchina di pietra le si fece incontro zoppicando, e incominciò a parlarle, ma il suo accento gallese era così forte che Celia pensò stesse parlando in un'altra lingua, finlandese o olandese. «Più piano, per favore, più piano» gli disse, finché finalmente si rese conto che le stava chiedendo perché piangesse. «Perché piango?» fece lei, e si portò le mani agli occhi che erano umidi di lacrime.

Al lato opposto del continente, Nathan e Andrew non stavano nemmeno pensando a lei.

Benché abbiano bussato ripetutamente alla sua porta, Nathan evidentemente ha deciso di non prendere in considerazione la presenza dei suoi amici per questo pomeriggio, così, verso le tre, Andrew e Celia fanno una passeggiata verso la spiaggia. Celia è decisissima a passare la maggior parte della giornata all'aperto, con o senza Nathan. È troppo tempo che tiene il muso, e lei sta perdendo la pazienza. Andrew, d'altra parte, non riesce a smettere di preoccuparsi per il suo amico; il suo breve trionfo gli ha lasciato un pesante senso di colpa. «Immagino di aver vinto,» dice a Celia «ed è una bella sensazione. Ma adesso vorrei aver perso. Non mi piace questa sensazione. E dire che lui ha praticamente vinto tutte le discussioni che abbiamo avuto.»

«Non prendertela troppo per lui» dice Celia. «Lo sai com'è fatto. Mette il muso. Però pensavo che tu fossi felice di averlo messo al suo posto.»

«Ma è proprio questo» risponde Andrew. «Non è quello che si aspetta da me, che io lo metta a posto. Non è proprio quello che si aspetta da me.»

«Andrew, non essere ridicolo» dice Celia. «Le cose cambiano nei rapporti, e forse questo significa che state uscendo dai vecchi schemi.»

Andrew scuote la testa violentemente, e si allontana una zanzara dal viso. «Così non funziona proprio» dice. «Per anni ho avuto un'idea chiara di chi era lui e di chi ero io. Sapevo che io avevo più coscienza politica e un atteggiamento più sano verso il sesso e il fatto di essere gay. E sapevo che lui era politicamente arretrato e che era chiuso, conservatore e lacerato perché il fatto che gli piaceva andare a letto con gli uomini contraddiceva tutto ciò che l'educazione gli aveva insegnato a essere. Ma nonostante questo, ha continuato ad avere potere su di me perché è stata la prima persona con cui io sia andato a letto. Non smetterà mai di rinfacciarmi il fatto che io ero un ragazzetto spaventato mentre lui sapeva esattamente cosa stava facendo.»

«Non sono così sicura che questo sia vero» dice Celia.

«Ma è grazie a lui se l'ho fatto, Celia. Quella prima sera che ci incontrammo a Firenze, eravamo così spaventati, sapevamo entrambi perché eravamo lì, perché eravamo venuti, ma sembravamo incapaci persino di parlarne. Ogni gesto – anche il minimo accenno al fatto di essere omosessuali – sembrava molto coraggioso, perché in un modo o nell'altro credevo ancora che sarebbe rimasto disgustato se avesse scoperto che volevo andare a letto con lui e che avrebbe detto qualcosa tipo: "Come ti è venuta in mente che volessi fare una cosa simile?". Insomma, non ero proprio sicuro di Nathan. Andavo a istinto. Poi, finalmente, ci trovammo entrambi nella stessa stanza, in una pensione, ed eravamo seduti sul suo letto, e non riuscivamo a fare niente. Restammo lì seduti, e passarono cinque minuti, senza neanche una parola. Non riuscivo a muovermi.»

«Perché?»

«Be', era sottinteso che lui aveva più esperienza e che avrebbe fatto lui la prima mossa. Non posso spiegarti perché, ma era così. Poi incominciò a tossire. Dio mio, com'ero spaventato! Allora gli diedi dei colpetti sulla schiena. E semplicemente non spostai più la mano.

«Mi disse: "Sei molto dolce", allora tirai le gambe sul letto – io ero ancora seduto mentre lui era sdraiato – ma, proprio mentre mi spostavo, mi venne un crampo terribile e incominciai a gridare e lui si mise a ridere. Mi fece stendere e riuscì a raddrizzarmi la gamba, allora – be', facemmo all'amore. Un atto pieno di voglia, senza alcuna sottigliezza, senza alcuna tecnica. Tuttavia era indubbiamente "fare l'amore", e non soltanto del sesso.» Dice ridendo: «Ricordo che c'erano questi due americani che entrarono nella stanza accanto alla nostra la notte tardi cantando *Superfreak*. Poi, verso le tre, uno di loro dovette avere un incubo perché si precipitò in corridoio e incominciò a urlare e poi a piangere. L'altro cercò di zittirlo, ma lui continuò a gemere. Ricordo esattamente che cosa gli disse l'altro. Gli disse: "Ehi, amico, calmati, non sballare". Nathan dormiva, ed eravamo aggrovigliati l'uno all'altro in un modo incredibilmente complicato. Sentivo tutti i peli del suo corpo, e il suo respiro, e il battito del suo cuore. Rimasi lì sveglio tutta la notte».

Da parecchi minuti camminano lungo l'oceano senza rendersene conto. La spiaggia è quasi vuota ad eccezione di un unico bagnante e di una donna che nuota parallelamente alla riva.

«Il giorno dopo» dice Andrew «incontrammo una ragazza che avevo conosciuto al corso di botanica il semestre prima. Charlotte Mallory, te la ricordi? Cenammo con lei. Nathan premette le gambe contro le mie sotto il tavolo per tutto il tempo. Era un meraviglioso segreto. Qualcosa in cui sperare, quello che avremmo fatto quella notte, tutto quello che dovevo imparare.»

Si interrompe, sorride e si gira per guardare Celia. «Non è carino da parte mia, vero?» le dice. «Importi tutto questo.»

«Ti prego, non ricominciare» dice Celia. «Mi chiedo solo perché tu e Nathan pensiate di dover tenere in piedi questa storia. Insomma, è stato bello, lo capisco, ma poi va sempre a finire come oggi. Voi due sapete troppo bene come ferirvi a vicenda. Il ricordo è prezioso, ma guarda a cosa vi ha portato, guarda come siete adesso.»

Stanno ancora camminando, allontanandosi dalla spiaggia in direzione della casa dei genitori di Nathan. Andrew ha le mani in tasca, e tiene gli occhi fissi davanti a sé. «Celia,» dice «c'è una cosa che devi capire di me e di Nathan. Lui mi ha insegnato delle cose.»

«Cosa t'ha insegnato?»

«Crescere da froci è una cosa strana. Non impari mai niente dei corpi dei ragazzi perché hai paura di quello che puoi provare e non impari niente dei corpi delle ragazze perché hai paura di quello che non proverai. E così, la prima volta che vai a letto con qualcuno, è come se ti accorgessi per la prima volta di un corpo.

Io osservai ogni cosa. Ricordo che rimasi sconcertato nel vedere come si alzava e si abbassava il suo diaframma mentre dormiva perché non avevo mai guardato nessuno dormire prima. E per avermi fatto vedere questo, a causa di questo, lo amerò sempre, anche se si comporta come fa. Non dimenticherò mai com'era, mentre dormiva.»

Continuano a camminare. Celia non dice niente.

«È per questo» dice Andrew, dopo pochi secondi «che avrà sempre un vantaggio su di me. Lo sai cosa mi è venuto in mente proprio adesso? Che per tutta l'estate abitammo in pensione, e di solito c'erano due lettini singoli nella stanza che ci davano e al mattino Nathan insisteva sempre perché disfacessimo il letto in cui non avevamo dormito. E io diedi sempre per scontato, come del resto lui, che il letto intatto fosse il mio.»

Adesso sono in giardino. Celia guarda la terra dissodata sotto i suoi piedi, spoglia come alla fine della stagione, quando è tutto stato raccolto. Nessun segno di Nathan.

«Oh, Celia,» dice Andrew «è crudele da parte mia.»

«Cosa?»

«È proprio crudele da parte mia. Devo darti l'impressione che tu non c'entri niente in tutto questo, ma non è vero. Sei molto cara a entrambi.»

«Lo dici come se fossi una bambina adottata» dice Celia.

«Mi spiace. Ma non ne avevo intenzione. Solo che... be', penso che dovresti saperlo. Nathan ha sempre pensato che in un modo o nell'altro tu fossi innamorata di lui, e che per questo tu ci stessi sempre attorno.»

Celia lo guarda, interdetta, e socchiude gli occhi. Si dice tra sé di sapere benissimo che cosa sta facendo Andrew. Sta cercando di farla stare dalla sua parte. Niente di insolito. Eppure, anche così, la rivelazione, che non è affatto una rivelazione, la colpisce forte allo stomaco.

Allontana gli occhi da lui. «Perché vi sto sempre appresso?» dice. «Vi sto sempre appresso perché voglio bene a entrambi. Sono affezionata a tutti e due. Ma se Nathan crede che io gli sia corsa dietro per tutti questi anni, si fa delle illusioni.»

Andrew ride e lei maledice la lieve sfumatura di risentimento nella sua voce. Non vuole dargli la soddisfazione di aver l'aria di recriminare. Eppure tra sé sta pensando, ma qual è la verità, dopotutto? E si chiede se non sia arrivato finalmente il momento di guardarsi in faccia. È stato lì per arrivare molte volte, e ci sono sempre stati dei rinvii.

«È solo un egoista, immagino» dice Andrew. «Cioè, considera se stesso alla stregua di uno di quei diffusori da mille dollari dei suoi genitori. Bisogna fare tanta attenzione con lui, anche se Dio sa quanto lui sia pronto a far del male agli altri.» Sorride con affetto. «Povero Nathan» dice. «Sai dov'è adesso? È nella camera dei suoi genitori, raggomitolato come un bambino piccolo, se ne sta lì sdraiato, su quel letto enorme. E lì che va quando si sente piccolo; in un posto dove è piccolo davvero.»

Adesso sono davanti alla porta d'ingresso. Andrew si gira, abbassa gli occhi su Celia, e all'improvviso sembra molto più alto di quanto non sembrasse un'ora fa. «Ti spiacerebbe molto se io andassi da lui per un po'?» le chiede. «Giusto per stargli un po' vicino? Puoi aspettare in biblioteca, o vicino alla piscina. Saremo pronti a partire col treno delle sei e quarantacinque.»

Celia incrocia le braccia sul petto. «Certo» dice. «Va benissimo.» Non guarda Andrew, ma gli aceri, le viti che si arrampicano sui lati della casa, i cespugli fragranti di glicine.

«Ci vediamo presto, allora» dice Andrew. Poi c'è il rumore dei suoi passi, il rumore della porta a vetri che si chiude con un colpo secco.

Ancora una volta, si rende conto Celia, è una specie di dilazione che verrà dimenticata.

Verso la tarda primavera dell'ultimo anno, una sera in cui erano particolarmente ubriachi di cocktail traditori al rum e alla frutta, Nathan raccontò a Celia la storia della prima volta in cui aveva dormito con Andrew. Gliela raccontò più allegramente, e non fece alcun accenno al letto che non veniva usato, anche se si dilungò con amorevole attenzione sulla conversazione penosa di quella sera a cena. «I nostri piedi si toccarono a un certo punto» disse Nathan. «E sobbalzammo tutti e due, come se ci fossimo dati una scossa elettrica. La seconda volta che i nostri piedi si toccarono li lasciammo semplicemente in quella posizione. Incominciai a pensare, se lui dice qualcosa, posso sempre dire che credevo di aver appoggiato il piede contro la gamba del tavolo.» E naturalmente, neanche Nathan dormì quella notte. Anche lui ricordava i ragazzi della porta accanto che cantavano *Superfreak* e le parole esatte con cui uno confortava l'altro: «Ehi, amico, calmati, non sballare».

«Il fatto è,» disse Nathan «che io convinsi Andrew che io ero il conquistatore, il più esperto. Ed è vero, ero più esperto di lui. Ma ero un fascio di nervi comunque. Insomma, essere un seduttore è molto diverso dal sapere come farsi sedurre. Comunque, quando ci trovammo da soli nella stanza, decisi di essere coraggioso. Così mi avvicinai ad Andrew – lui si stava sbottonando la camicia – e gli dissi: "Perché non lo lasci fare a me?". Lui rimase impietrito. Allora lo baciai.»

Sorrise. Celia si guardò bene dal credere alla sua versione, comprendendo, persino allora, che c'erano situazioni nelle quali Nathan doveva cambiare la verità, modellare un'immagine di sé che era un po' sbagliata, una taglia in più o una taglia in meno. Dopotutto, la storia di Andrew con Joel Miller era al suo apice. Nathan era terribilmente geloso, e per lui era importante confrontare la sua immagine con Celia, dato che lei rappresentava l'ultimo legame tra loro due. Durante tutto quell'anno Celia aveva detto ripetutamente che voleva del tempo per se stessa, per dedicarsi alla propria vita sociale, ma quasi fin dal primo giorno Andrew e Nathan non vollero saperne di lasciarla in pace. Volevano che si schierasse con uno o con l'altro nella lotta che stavano conducendo. La discussione a cui aveva assistito a Villa d'Este, a quanto pareva, era continuata e si era inasprita, dopo che lei li aveva lasciati. Tra alterchi e sferzate reciproche erano arrivati a Parigi, e alla fine, Andrew aveva riempito il suo zaino in fretta e furia e, nel cuore della notte, aveva lasciato tempestosamente la loro cameretta nel Quartiere Latino per salire su un treno per Salisburgo. Quando arrivò a destinazione la sua ira si era ormai placata, quindi riprese il treno per Parigi, ma quando arrivò al loro *auberge*, Nathan se n'era già andato senza lasciare il suo prossimo recapito.

Andrew fu preso dal panico, perché ora era solo, assolutamente solo, e non aveva alcuna possibilità di trovare Nathan, a meno di non incontrarlo per puro caso. Il loro itinerario era stato vago, ma più o meno avevano progettato di andare a Cannes, così Andrew ci andò, e per due giorni instancabilmente girò a piedi per la città, battendo le strade e le spiagge in cerca di Nathan, pensando a quello che gli avrebbe detto quando lo avesse visto, a come si sarebbe mostrato distante e schivo e a come si sarebbe fatto perdonare. Gli risultava difficile dormire da solo di nuovo, e non riusciva a togliersi dalle narici quell'odore pulito di sapone, di colonia di Nathan. Ma non trovò Nathan né a Cannes, né in nessun altro posto in Europa. Continuò a viaggiare. Quando tornò negli Stati Uniti, la sua nostalgia di Nathan si era cristallizzata in qualcosa di più simile all'odio. E anche Nathan era furioso. Dopotutto, era difficile dire chi avesse abbandonato l'altro per primo, di chi fosse la colpa per quello che era successo.

A scuola non si rivolgevano neanche la parola, e parlavano invece a Celia, fornendole ciascuno la propria versione di quanto era successo a Parigi, e cercando di farla schierare dalla sua parte. Fu l'unica volta, rifletté Celia, che due uomini avevano rivaleggiato per il suo affetto.

Celia si disse che la sua era una posizione difficile. All'inizio dovette assicurarsi che Nathan non la vedesse mai in compagnia di Andrew o viceversa; in compenso ciascuno di loro si ostinava a estorcerle delle informazioni sull'altro. Allora lei incominciò a organizzare degli incontri casuali tra di loro; così non poterono fare a meno di parlarsi, il silenzio sarebbe parso una reazione troppo pomposa, ed entrambi andavano fieri della propria originalità. Alla fine Andrew, in lacrime, chiamò Celia alle tre del mattino. Lei non riuscì a capire che cosa le stesse dicendo, ma riuscì a farsi dire dove si trovava, e, infilatasi il cappotto, seguì faticosamente le sue tracce. Fuori incominciava a farsi sentire l'inverno, e il cielo era striato d'azzurro, come se fosse l'alba o il crepuscolo e non notte fonda; e poiché era domenica mattina ed era appena finito il primo trimestre, c'erano ancora alcuni giocatori di football ubriachi che erano in giro a fare danni. Celia trovò Andrew seduto sul paletto di una vecchia staccionata, avvolto in un cappotto che aveva comprato alla Salvation Army, inerte. Lo ricondusse indietro nella sua stanza, preparò del tè, e gli sedette di fronte, appoggiandogli comodamente le mani ancora guantate sulle ginocchia.

«E allora,» gli chiese «cos'è successo?»

Lui incominciò a piangere quasi immediatamente: lei lo lasciò piangere, coccolandolo, finché lui non cominciò a rabbrividire e a battere i denti e, balbettando, disse esattamente quello che lei si aspettava di sentirgli dire: «Non mi vuole e io lo amo».

Celia il giorno dopo rintracciò Nathan in biblioteca. Non appena fece il nome di Andrew, lui la zittì e indicò il suo compagno di stanza – un giovane alto che stava fumando la pipa poco più in là – e la condusse in fretta e furia in una saletta vicina. Qui le spiegò che ne aveva fin sopra i capelli dell'impulsività e della stupidità di Andrew. Prima era scappato nel cuore della notte piantando in asso Nathan a Parigi, e adesso, dopo due mesi, gli piombava in camera all'improvviso – grazie a Dio il suo compagno di stanza non era a casa! – e si metteva a farfugliare che non ne poteva più di questa sciarada, che voleva parlare, e che si sentiva ferito e intimorito dal comportamento di Nathan nei suoi riguardi. E tutto questo, naturalmente, era troppo, visto e considerato che era stato proprio Andrew ad abbandonare Nathan; e, come se non bastasse, strillava anche. Così Nathan gli disse di andarsene, che era finita, che stava facendo una tragedia per niente. Naturalmente, anche allora, seduta nella saletta della biblioteca, Celia si guardò bene dal prendere alla lettera la versione di Nathan. Si rese conto che Nathan era arrabbiato, ma anche che era spaventato dalla propensione di Andrew a mettere in piazza questioni che Nathan preferiva riservare alla camera da letto. Se l'abilità di Nathan si manifestava in piccoli insulti privati, la grande tattica di Andrew era e sarebbe sempre stata l'ostentazione. Probabilmente Nathan si rese conto che il suo amico era, come avrebbe detto Celia, sul punto di uscire allo scoperto come una palla da cannone, e questo era più di quanto il suo radicato senso del decoro potesse sopportare. La paura era in agguato dietro quel senso del decoro. Il piccolo Andrew, nonostante tutta la sua innocenza, stava dando prova di una qualità che Nathan non avrebbe mai dimostrato: stava rivelando di avere coraggio. E così Nathan scelse di non perdonare Andrew per il suo comportamento a Parigi, e lo lasciò.

Poco dopo, la gente incominciò a vedere Andrew in compagnia del famoso attivista Joel Miller, e il resto era facilmente prevedibile. Joel Miller l'aveva fatto prima, con altri giovani apparentemente incorruttibili, i quali emergevano puntualmente dalla relazione come membri militanti della sinistra gay. In teoria, a Nathan non avrebbe dovuto importare niente, ma Celia vedeva benissimo lo sguardo che aveva negli occhi quando spiava Andrew e Joel che mangiavano insieme nella sala da pranzo. Nathan non riuscì a tacere a lungo sull'argomento. «Ma come fa a passare tanto tempo con quel Joel Miller? Chissà cosa avrà in testa!» diceva a Celia, aspettandosi che lei gli soffiasse qualche informazione, ma Celia adottò una nuova politica e decise di non parlare di Andrew con Nathan, o viceversa. Ben presto la relazione divenne un fenomeno pubblico e lo sconforto di Nathan crebbe. Sgattaiolava via ogni volta che li vedeva, e di solito lasciava le feste a cui andavano insieme. («Entrano in una stanza come se fossero il capitano della squadra di calcio e la reginetta della scuola in visita» diceva a Celia.) Quanto ad Andrew, era felice e beato. Joel era un genio, avrebbe voluto sposarlo. Celia poteva permettersi di essere felice per lui perché aveva il piacere di occuparsi di Nathan, che si presentava alla sua porta a tutte le ore. Compativa Nathan; lui non riuscì mai ad ammettere di essere terribilmente intimidito da Joel Miller, o di aver forse amato Andrew. Tuttavia era nelle sue mani. Era sempre con lei – alla sua porta, ad aspettarla in sala da pranzo, in biblioteca. Lei controllava tutto quello che lui e Andrew venivano a sapere l'uno dell'altro e, naturalmente, sapeva tutto di entrambi. Una sera ascoltava le angosce di Nathan, le sue proteste di infelicità e solitudine; la sera dopo, i panegirici di Andrew sulle meraviglie dell'amore, del superamento dei ruoli sessuali, e dei dolci capelli scuri che si arricciavano sulle scapole di Joel Miller.

Celia non si rese conto fino a molto tempo dopo – quando fu in grado di guardare a quell'anno nella giusta prospettiva, quell'anno in cui le cose erano state più intense tra di loro – che la sua felicità con Nathan e Andrew dipendeva dall'infelicità di Nathan e Andrew fra di loro.

Verso il crepuscolo, Nathan e Andrew emergono dalla casa. Sono vestiti con abiti diversi da quelli che indossavano prima e stanno parlando animatamente, con ardore, e ogni tanto ridono. Non appena li vede, Celia chiude gli occhi. È sdraiata accanto alla piscina, con la copia di «Schiavo dell'Esercito» aperta sulle ginocchia, e ovunque intorno a lei le lucciole esplodono di luce, i grilli cantano. «Dai, Celia, preparati a partire» dice Nathan. Celia apre gli occhi e lo vede piegato su di lei, sorridente. «I miei genitori potrebbero tornare da un momento all'altro, e non voglio essere qui quando arrivano.» Le dà un colpetto sul ginocchio, e torna verso il patio, dove Andrew lo sta aspettando. «A proposito» dice girandosi, «non dimenticare di portare la rivista.» Lei alza la testa, ma nella luce crepuscolare, riesce a stento a distinguere le loro facce. «Mi sembra che stiate meglio» dice.

«Sì» dice Nathan. «Molto meglio.»

Celia annuisce, e si alza per preparare le sue cose. Ci vogliono circa dieci minuti per arrivare alla stazione, e quando ci arrivano, il marciapiede è già pieno di gente in pantaloncini corti e facce stanche, tutti che sbadigliano e aprono i loro giornali. Quando arriva il treno, è già affollato; non ci sono tre posti vicini. Andrew si siede con Celia, e Nathan siede da solo due file più indietro, ma la sistemazione è unicamente a beneficio di Celia. Oggi pomeriggio è successo qualcosa tra Nathan e Andrew: hanno tutta l'aria di essersi perdonati a vicenda. Perché altrimenti si preoccuperebbero di lei?

Celia si appoggia allo schienale, osserva il gradevole viaggio dalla feccia della Penn Station alla bella Hampton scorrere a ritroso; adesso sono nella famosa periferia di Bonilandia (come la chiama Nathan), adesso nelle regioni infernali di Queens. Quando attraversano il confine esatto tra New York City e il resto del mondo, Nathan non può fare a meno di alzarsi per indicarlo a tutti e due.

Poi sono nel tunnel sotto l'East River, e sotto la famosa città dove trascorrono le loro vite.

Scendono dal treno. La Penn Station non ha aria condizionata ed è affollata. Celia si deterge il sudore dalla fronte, e posa le borse bloccandole tra le gambe. Prenderà il treno locale per l'Upper West Side, mentre Nathan e Andrew devono camminare fin dall'altra parte della città per prendere la metropolitana della East Side, e in teoria andare in direzioni opposte. Non ha alcun dubbio che passeranno questa sera, e forse anche domani sera, insieme e si chiede se ceneranno fuori, se andranno a un cinema, se parleranno di lei scuotendo la testa. Durerà qualche giorno, poi, ne è quasi certa, litigheranno. Uno di loro la chiamerà oppure la chiameranno entrambi. O forse decideranno di vivere insieme, e non la chiameranno mai più.

«Devo prendere il treno» dice Celia, quando è ormai chiaro che non hanno intenzione di invitarla a uscire con loro. Lei offre la guancia da baciare a ciascuno dei due come per una benedizione. Loro la guardano un po' impacciati, un po' colpevoli, e lei non riesce a credere che ostentino dei sensi di colpa proprio adesso, quando sono anni che le cose vanno così tra di loro. Inoltre, non c'è proprio niente di cui scusarsi. Celia incomincia ad allontanarsi, e Nathan grida il suo nome. Lei si gira, e se lo trova accanto, con un gran sorriso dipinto in faccia. «Sai,» le dice «sei meravigliosa. Quando scriverò il mio libro, lo dedicherò a te.»

Lei risponde al sorriso e ride. Le disse la stessa cosa il giorno in cui li lasciò alla stazione Termini di Roma e prese un treno per Calais. Per tutta quella notte la carrozza di cuccette in cui dormì fu agganciata e sganciata da altri convogli, venne scambiata fra i treni principali e così, come un bimbo rapito, venne condotta tutta sola verso la costa. Celia divideva lo scompartimento con due donne inglesi di ritorno dalle vacanze e uno svizzero che stava andando a Liverpool a comprare un pezzo di ricambio per la sua macchina. Come compagni di stanza in collegio, tutti e quattro parlarono, sdraiati nelle loro cuccette, fino a notte fonda. Le ruote rumoreggiavano contro le rotaie, il treno procedeva; di minuto in minuto si avvicinava l'Inghilterra. Poi s'addormentò, chiedendosi tra sé che tipo di libro avrebbe mai scritto Nathan.

(Trad. di Delfina Vezzoli)

«Dedicated», da *Family Dancing*, 1983;
da *Ballo di famiglia*, Mondadori 1986.

Antonio Tabucchi

DONNA DI PORTO PIM. UNA STORIA

Tutte le sere canto, perché mi pagano per questo, ma le canzoni che hai ascoltato erano *pesinhos* e *sapateiras* per i turisti di passaggio e per quegli americani che ridono là in fondo e che fra un po' se ne andranno barcollando. Le mie canzoni vere sono solo quattro *chamaritas*, perché il mio repertorio è poco, e poi io sono quasi vecchio, e poi fumo troppo, e la mia voce è roca. Mi tocca vestire questo *balandrau* azzorriano che si usava una volta, perché agli americani piace il pittoresco, poi tornano nel Texas e raccontano che sono stati in una bettola di un'isola sperduta dove c'era un vecchio vestito con un mantello arcaico che cantava il folclore della sua gente. Vogliono la «viola de arame», che dà questo suono di fiera malinconia, e io gli canto *modinhas* sdolcinate dove la rima è sempre la stessa, ma tanto loro non capiscono e come vedi bevono gin tonico. Ma tu, invece, cosa cerchi, che tutte le sere sei qui? Tu sei curioso e cerchi qualcos'altro, perché è la seconda volta che m'inviti a bere, ordini vino di *cheiro* come se tu fossi dei nostri, sei straniero e fai finta di parlare come noi, ma bevi poco e poi stai zitto e aspetti che parli io. Hai detto che sei scrittore, e forse il tuo mestiere ha qualcosa a che vedere col mio. Tutti i libri sono stupidi, c'è sempre poco di vero, eppure ne ho letti tanti negli ultimi trent'anni, non avevo altro da fare, ne ho letti molti anche italiani, naturalmente tutti in traduzione, quello che mi è piaciuto di più si chiamava *Canaviais no vento*, di una certa Deledda, lo conosci? E poi tu sei giovane e ti piacciono le donne, ho visto come guardavi quella donna molto bella dal collo lungo, l'hai guardata tutta la sera, non so se stai con lei, anche lei ti guardava e forse ti sembrerà strano ma tutto questo mi ha risvegliato qualcosa, dev'essere perché ho bevuto troppo. Ho sempre scelto il troppo, nella vita, e questa è una perdizione, ma non ci puoi far niente se sei nato così.

Davanti alla nostra casa c'era un'*atafona*, in quest'isola si chiamava così, era una specie di noria che girava in tondo, ora non esistono più, ti parlo di tanti anni fa, tu non eri ancora nato. Se ci penso sento ancora il cigolio, è uno dei rumori della mia infanzia che mi è restato nella memoria, mia madre mi mandava con la brocca a prendere l'acqua e io per alleviare la fatica accompagnavo il movimento con una ninna nanna, e a volte mi addormentavo davvero. Oltre la noria c'era un muro basso imbiancato a calce e poi lo strapiombo e in fondo il mare. Eravamo tre fratelli e io ero il più giovane. Mio padre era un uomo lento, misurato nei gesti e nelle parole, con gli occhi così chiari che parevano d'acqua, la sua barca si chiamava *Madruga-da*, che era anche il nome da casa di mia madre. Mio padre era baleniere, come lo era stato suo padre, ma in una certa epoca dell'anno, quando le balene non passano, praticava la pesca alle murene, e noi andavamo con lui, e anche nostra madre. Ora non si usa più così, ma quando io ero bambino si usava un rito che faceva parte della pesca. Le murene si pescano la sera, quando cresce la luna, e per chiamarle si usava una canzone che non aveva parole: era un canto, una melodia prima bassa e languida e poi acuta, non ho più sentito un canto con tanta pena, sembrava che venisse dal fondo del mare o da anime perdute nella notte, era un canto antico come le nostre isole, ora non lo conosce più nessuno, si è perduto, e forse è meglio così perché aveva con sé una maledizione o un destino, come una magia. Mio padre usciva con la barca, era notte, muoveva i remi piano, a perpendicolo, per non fare rumore, e noi altri, i miei fratelli e mia madre, ci sedevamo sulla falesia e cominciavamo il canto. C'erano volte che gli altri tacevano e volevano che chiamassi io, perché dicevano che la mia voce era melodiosa come nessun'altra e che le murene non resistevano. Non credo che la mia voce fosse migliore di quella degli altri: volevano che cantassi io solo perché ero il più giovane e si diceva che le murene amano le voci chiare. Forse era una superstizione senza fondamento, ma questo non importa.

Poi noi crescemmo e mia madre morì. Mio padre si fece più

taciturno e a volte, la notte, stava seduto sul muro della falesia e guardava il mare. Ormai uscivamo solo per le balene, noi tre eravamo grandi e forti, e mio padre ci affidò arpioni e lance, come la sua età esigeva. Poi un giorno i miei fratelli ci lasciarono. Quello di mezzo partì per l'America, lo disse solo il giorno della partenza, io andai al porto a salutarlo, mio padre non venne. L'altro andò a fare il camionista in continente, era un ragazzo ridanciano che aveva sempre amato il rumore dei motori, quando la guardia repubblicana venne a comunicarci l'incidente io ero solo in casa e a mio padre lo raccontai a cena.

Continuammo noi due ad andare a balene. Ora era più difficile, bisognava affidarsi a braccianti di giornata, perché in meno di cinque non si può uscire, e mio padre avrebbe voluto che mi sposassi, perché una casa senza una donna non è una vera casa. Ma io avevo venticinque anni e mi piaceva giocare all'amore, tutte le domeniche scendevo al porto e cambiavo innamorata, in Europa era tempo di guerra e nelle Azzorre la gente andava e veniva, ogni giorno una nave attraccava qui o altrove, e a Porto Pim si parlavano tutte le lingue.

La incontrai una domenica sul porto. Vestiva di bianco, aveva le spalle nude e portava un cappello di trina. Sembrava scesa da un quadro e non da una di quelle navi cariche di persone che fuggivano nelle Americhe. La guardai a lungo e anche lei mi guardò. È strano come l'amore può entrare dentro di noi. In me entrò col notare due piccole rughe accennate che aveva intorno agli occhi e pensai così: non è più tanto giovane. Pensai così perché forse a quel ragazzo che ero una donna matura sembrava più vecchia della sua età reale. Che aveva poco più di trent'anni lo seppi solo molto più tardi, quando sapere la sua età non serviva più a niente. Le detti il buongiorno e le chiesi se potevo esserle utile. Mi indicò la valigia che stava ai suoi piedi. Portala al *Bote*, mi disse nella mia lingua. Il *Bote* non è un luogo per signore, dissi io. Io non sono una signora, rispose, sono la nuova padrona.

La domenica seguente scesi di nuovo in città. Il *Bote* a quei tempi era un locale strano, non era esattamente una locanda per pescatori e io vi ero entrato solo una volta. Sapevo che c'erano due separé sul retro dove dicevano che si giocava di denaro, e la stanza del bar aveva una volta bassa, con una specchiera arabescata e i tavolini di legno di fico. I clienti erano tutti stranieri, pareva che fossero tutti in vacanza, in realtà passavano la giornata a spiarsi, ciascuno fingendo di essere di un paese che non era il suo, e negli intervalli giocavano a carte. Faial, in quegli anni, era un luogo incredibile. Dietro al bancone c'era un canadese basso, con le basette a punta, si chiamava Denis e parlava il portoghese come quelli di Cabo Verde, lo conoscevo perché il sabato veniva al porto a comprare il pesce, al *Bote* si poteva cenare, la domenica sera. Fu lui che poi mi insegnò l'inglese.

Vorrei parlare con la padrona, dissi. La signora viene solo dopo le otto, rispose con superiorità. Mi sedetti a un tavolo e ordinai la cena. Verso le nove lei entrò, c'erano altri avventori, mi vide e mi fece un saluto distratto, e poi si sedette a un angolo dove c'era un vecchio signore coi baffi bianchi. Solo allora sentii quanto fosse bella, di una bellezza che mi faceva bruciare le tempie, era questo che mi aveva portato lì, ma fino a quel momento non ero riuscito a capirlo con esattezza. E in quel momento ciò che capivo mi si ordinò dentro con chiarezza e mi dette quasi una vertigine. Passai la sera a fissarla, coi pugni appoggiati alle tempie, e quando uscì la seguii a distanza. Lei camminava leggera, senza voltarsi, come chi non si preoccupa di essere seguito, attraversò la porta della muraglia di Porto Pim e cominciò a discendere la baia. Dall'altra parte del golfo, dove termina il promontorio, isolata fra le rocce, fra un canneto e una palma, c'è una casa di pietra. Forse l'hai già notata, ora è una casa disabitata e le finestre sono cadenti, ha qualcosa di sinistro, un giorno o l'altro crollerà il tetto, se non è già crollato. Lei abitava là, ma allora era una casa bianca con riquadri azzurri su porte e finestre. Entrò e chiuse la porta e la luce si spense. Io mi sedetti su uno scoglio e aspettai. A metà della notte si accese una finestra, lei si affacciò e io la guardai. Le notti sono silenziose a Porto Pim, basta sussurrare nel buio per sentirsi a distanza. Lasciami entrare, la supplicai. Lei chiuse la persiana e spense la luce. La luna stava sorgendo, con un velo rosso di luna d'estate. Sentivo uno struggimento, l'acqua sciabordava attorno a me, tutto era così intenso e così irraggiungibile, e mi ricordai di quando ero bambino e la notte chiamavo le murene dalla falesia: e allora mi dette una fantasia, non seppi trattenermi, e cominciai a cantare quel canto. Lo cantai piano piano, come un lamento o una supplica, con una mano all'orecchio per guidare la voce. Poco dopo la porta si aprì e io entrai nel buio della casa e mi trovai fra le sue braccia. Mi chiamo Yeborath, disse soltanto.

Tu lo sai cos'è il tradimento? Il tradimento, quello vero, è quando senti vergogna e vorresti essere un altro. Io avrei voluto essere un altro quando andai a salutare mio padre e i suoi occhi mi seguivano mentre fasciavo l'arpione con la tela cerata e lo appendevo a un chiodo di cucina e mi mettevo a tracolla la viola che mi aveva regalato per i miei vent'anni. Ho deciso di cambiare mestiere, dissi rapidamente, vado a cantare in un locale di Porto Pim, verrò a trovarti il sabato. E invece quel sabato non andai, e nemmeno il sabato seguente, e mentendo a me stesso mi dicevo che sarei andato il sabato venturo. E così venne l'autunno, e passò l'inverno, e io cantavo. Facevo anche altri piccoli lavori, perché a volte certi avventori bevevano troppo e per sorreggerli o cacciarli era necessario un braccio robusto che Denis non possedeva. E poi ascoltavo quello che dicevano gli avventori che fingevano di stare in vacanza, è facile ascoltare le confidenze degli altri quando si è cantante di taverna, e come vedi è anche facile farne. Lei mi aspettava nella casa di Porto Pim e ormai non dovevo più bussare. Io le chiedevo: chi sei, da dove vieni?, perché non andiamo via da questi individui assurdi che fanno finta di giocare a carte, voglio stare con te per sempre. Lei rideva e mi lasciava intendere la ragione di quella sua vita, e mi diceva: aspetta ancora un po' e ce ne andremo insieme, devi fidarti di me, di più non posso dirti. Poi si metteva nuda alla finestra e guardava la luna e mi diceva: canta il tuo richiamo, ma sottovoce. E mentre io cantavo mi chiedeva che la amassi, e io la prendevo in piedi, appoggiata al davanzale, mentre lei guardava la notte come se aspettasse qualcosa.

Successe il 10 agosto. Per San Lorenzo il cielo è pieno di stelle cadenti, ne contai tredici tornando a casa. Trovai la porta chiusa, e io bussai. Poi bussai di nuovo, con più forza, perché la luce era accesa. Lei mi aprì e restò sulla porta, ma io la scostai con un braccio. Parto domani, disse, la persona che aspettavo è tornata. Sorrideva come se mi ringraziasse, e chissà perché pensai che pensava al mio canto. In fondo alla stanza una figura si mosse. Era un uomo anziano e si stava vestendo. Che cosa vuole?, le chiese in quella lingua che io ora capivo. È ubriaco, disse lei, una volta faceva il baleniere ma ha lasciato l'arpione per la viola, durante la tua assenza mi ha fatto da servo. Mandalo via, disse lui senza guardarmi.

C'era un riflesso chiaro sulla baia di Porto Pim. Percorsi il golfo come se fosse un sogno, quando ci si trova subito all'altra estremità del paesaggio. Non pensai a niente, perché non volevo pensare. La casa di mio padre era spenta, perché lui si coricava presto. Ma non dormiva, come spesso succede ai vecchi che giacciono immobili nel buio come se fosse una forma di sonno. Entrai senza accendere il lume, ma lui mi sentì. Sei tornato, mormorò. Io andai alla parete di fondo e staccai il mio arpione. Mi muovevo alla luce della luna. Non si va alle balene a quest'ora di notte, disse lui dal suo giaciglio. È una murena, dissi io. Non so se capì cosa volevo dire, ma non replicò e non si mosse. Mi parve che mi facesse un segno di saluto con la mano, ma forse fu la mia immaginazione o un gioco d'ombra della penombra. Non l'ho più rivisto, morì molto prima che scontassi la mia pena. Anche mio fratello non l'ho più rivisto. L'anno scorso mi è arrivata una sua fotografia, è un uomo grasso coi capelli bianchi circondato da un gruppo di sconosciuti che devono essere i figli e le nuore, sono seduti sulla veranda di una casa di legno e i colori sono esagerati come nelle cartoline. Mi diceva che se volevo andare da lui, là c'è lavoro per tutti e la vita è facile. Mi è parso quasi buffo. Cosa vuol dire una vita facile, quando la vita è già stata?

E se tu ti trattieni ancora un po' e la voce non si incrina, stasera ti canterò la melodia che segnò il destino di questa mia vita. Non l'ho più cantata da trent'anni e può darsi che la voce non regga. Non so perché lo faccio, la regalo a quella donna dal collo lungo e alla forza che ha un viso di affiorare in un altro, e questo forse mi ha toccato una corda. E a te, italiano, che vieni qui tutte le sere e si vede che sei avido di storie vere per farne carta, ti regalo questa storia che hai sentito. Puoi anche mettere il nome di chi te l'ha raccontata, ma non quello con cui mi conoscono in questa bettola, che è un nome per i turisti di passaggio. Scrivi che questa è la vera storia di Lucas Eduino, che uccise con l'arpione la donna che aveva creduto sua, a Porto Pim.

Ah, su una sola cosa lei non mi aveva mentito, lo scopersi al processo. Si chiamava davvero Yeborath. Se questo può contare qualcosa.

da *Donna di Porto Pim*, Sellerio 1983.

Abraham B. Yehoshua

LE NOZZE DI GALIA

Accadde che un uomo fu costretto dalla sua amata a prenderla per moglie. Questi radunò tutti gli amanti, con i quali lei era stata prima delle nozze, per ricordarle la sua vergogna, e per vendicarsi di se stesso che aveva acconsentito a sposare quella donna. Quanto fu spregevole quell'uomo, e quanto fu spregevole quell'episodio. Ma, per quanto mi riguarda, quell'uomo mi piacque, e apprezzai quell'episodio.

Sh.Y. Agnon

1

Capitò silenziosamente, mi colse impreparato. Non feci in tempo a capire cosa e come, e già ero in ginocchio. Mi dibattei convulsamente, ma era tardi. Il mio cuore pianse nelle vene scosse. Tutto era perduto.

L'annuncio sul giornale era piccolo: GALIA E DANI SI SPOSANO. UN AUTOBUS PARTIRÀ DALLA STAZIONE CENTRALE, ALLE TRE DEL POMERIGGIO, DIRETTO A SUD, AL KIBBUTZ DI SDOT OR.

Erano quelle lettere a rendere quel fatto doloroso, non gli occhi profondi di Galia. Le lettere, che si erano agglutinate in modo definitivo, decretavano il male, e la pagina bianca del giornale trasmette loro incessantemente una verità infinita.

Mi alzai, uscii di casa e andai verso i campi, passando dai cortili delle nuove costruzioni. Mi arrampicai sulla collinetta, e mi fermai nel mio posto eterno, accanto all'olivo secco e desolato. Osservai con occhi pesanti i quartieri a sud, avvolti nel vapore azzurrino del mezzogiorno. Brandelli di lontane nuvole autunnali oscuravano il disco del sole, lo indebolivano. Sulla terra che si raffreddava, si chiudevano i rimpianti, e si spezzavano, silenziosamente.

Stetti a lungo senza pensare, poi improvvisamente chiusi gli occhi, lasciai cadere disperato le braccia lungo i fianchi, mi rivolsi all'albero bruciato, emisi suoni sconnessi:

«Signore, mio Dio, questa è la fine.»

Un fremito leggero passò per la cima dell'albero. Stava

trattenendo il respiro. Avanzai debolmente verso l'olivo, e ficcai la testa sotto il tetto dei rami, pieni di olive secche.

«Sì, mio Dio, è la fine.»

Si nascondeva, davanti alla mia sofferenza.

Entrai nell'albero.

«Non c'è rabbia in me... non piango...» la voce si ruppe «solo sappi, Signore, che io sono al livello più basso di felicità, al livello più basso.»

Lui sfuggiva, si nascondeva nell'olivo scuro, contorto, e taceva.

Battei la testa sulla radice.

«Dimmi? Dimmi?»

Ma soffiò il vento, e fece scivolare via il mio grido.

Mi rialzai, appoggiandomi ai pollici, e tesi le punte delle mie dita sottili verso l'olivo. Lo toccai.

Un grido trafisse il molle cielo. Il treno di mezzogiorno tornava in città, volava come un giocattolo nella vallata gialla. Lo seguii con occhi fedeli fino a che non si fermò alla stazione.

Sdot Or è un piccolo kibbutz all'estremo Sud. Un anno fa, là avevo visto Galia, e da allora non c'ero più stato.

2

Nella sporca stazione degli autobus, nessuno sapeva dove fosse la vettura che andava a Sdot Or. Gli autisti mi mandavano uno dall'altro, apposta perché non sapessi niente. Vagai tra le ruote dei grossi autobus scalpitanti, che andavano e venivano. Tra la folla che si pigiava alle fermate, non si vedeva nessuno che volesse andare al matrimonio di Galia.

«Sto sognando,» ebbi un barlume di speranza «non è successo niente...»

Ma continuai a girare, debole e perso, tra i ferri delle fermate.

«Che cosa cerchi?» mi chiedevano, perché avevano compassione delle mie gambe, che continuavano ad andare.

«L'autobus che va a Sdot Or.»

Nessuno sapeva che cosa fosse Sdot Or.

«Non c'è un autobus del genere» sentenziavano davanti a me con competenza.

«Oggi c'è» abbassavo gli occhi a terra.

«Perché oggi?»

«In via eccezionale...»

«E perché mai?»

«C'è un matrimonio, laggiù...»

«Matrimonio? Di chi?»

«Di uno...»

«Chi?»

«Dani...»

«Con chi?»

«Galia» sussurrai.

«Quale Galia?»

L'avrebbero calpestata coi loro piedi annoiati, che aspettavano le vetture con impazienza. Tornai a vagare per la stazione.

Erano le tre.

Cominciai a camminare lungo il muretto di pietra che cingeva il parcheggio, coperto di polvere bianca. Lentamente passai davanti ai grossi autobus fermi, con le fronti addossate al muro. Un autobus azzurro e lussuoso era in fila tra gli ultimi; i suoi pneumatici splendevano alla luce del sole. Posi su di esso il mio sguardo, e cominciai ad andargli incontro, facendo scivolare le mani nervose sulle lastre di nichel brillanti.

La creatura silenziosa era alta sulle sue grandi ruote. Mi arrampicai pesantemente sul suo paraurti anteriore, attaccandomi allo specchietto laterale. Ora ero sospeso, e abbracciavo il suo frontale quadrato. Davanti ai miei occhi c'era il rilievo rosso di un leopardo ruggente. Piegai la testa, e accostai la bocca arsa all'immagine incisa del piccolo leopardo. Il fragore della città si trasformò in un fascio di rumori sordi.

Improvvisamente mi ricordai, e fui preso dal terrore.

Lei è sua! Lui bacia la sua bocca, carezza i suoi piccoli seni.

Ma chi è?

Levai la testa al cielo nuvoloso.

Buon Dio, quanto ho peccato.

Abbassando lo sguardo, vidi l'annuncio strappato dal giornale del mattino, attaccato al vetro davanti al posto di guida. Spalancai gli occhi dalla sorpresa, alla vista di quelle piccole lettere riunite al centro del vetro.

Mi inseguivano.

Feci il giro della macchina, ma non c'era nessuno. Salii esitante sui gradini di ferro, entrai nell'autobus vuoto battendo sul pavimento inchiodato, e infine mi sedetti in uno degli ultimi posti. I finestrini erano tutti chiusi. Aprii il mio, guardai stanco la stazione in subbuglio. Abbassai il capo lentamente sui braccioli.

Passò poco tempo.

Mi svegliò un bisbiglio. Un mostriciattolo era salito strisciando sull'autobus.

Una figura impolverata che era stata colta, con le sue radici svolazzanti, da un bosco pietroso. Con abiti da viaggio verdastri, pieni di tasche, bottoni, fibbie. La spaventosa grandezza di questi abiti complicati causava pieghe e grovigli tali da far intrecciare e allontanare dei lembi di stoffa dal corpo grasso, che li sosteneva come una radice tortuosa.

La testa era gigantesca, allungata in avanti, e sulla fronte, come un ramo tagliato, aveva una visiera verde da autista. Sugli occhi erano attaccati degli occhiali neri con la montatura traforata a forma di foglie strette e lunghe. Dalla spalla si trascinava una borsa da autista strapiena, rivestita essenzialmente di pelle bruciacchiata e annerita. Con le sue mani da orso, la pesante figura prendeva manciate di olive piccanti, le faceva cadere nella bocca oblunga, e sputacchiava appassionatamente i noccioli al di là del vetro luccicante.

Mi sto riprendendo dal mio caldo sonno, mi stropiccio gli occhi, e già l'essere abominevole si lascia cadere sul suo sedile; le porte dell'autobus si chiudono con uno sbuffo di aria compressa, e il motore romba con voce poderosa. La macchina comincia a ballonzolare con lentezza, poi prende ad andar diritto, sfacciatamente, tra gli autobus che girano.

«Sdot Or?» gridai dal mio posto, cercando invano di avere la meglio sul ruggito del motore. Ma l'autista non mi rispose. Con mano forte condusse la macchina fuori, nella strada principale. Gradatamente, la sua velocità cresceva.

Eccomi solo, dunque.

Appoggiai la testa assonnata sulla base del finestrino. Il vento d'autunno mi carezzava gli occhi.

Alle nozze di Galia... alle nozze del mio amore...

Le palpebre tornarono a chiudersi sul viso infiammato. La città che scorreva sprofondò nel mio sonno.

3

Viaggiammo col sole tranquillo sui monti.

Io sonnecchiavo, con la testa abbandonata sul telaio del finestrino, e con la coda dell'occhio facevo saltellare la calda luce che stava morendo, senza nome, in lontananza, mentre il piccolo mostro stava piantato in silenzio nel suo profondo sedile, tutto immerso nella luce rifratta del suo vetro risplendente.

Uscimmo dal sud della città, per la strada che si contorceva tra i monti. Accanto, nella stretta conca, la ferrovia scorreva come una linea nera, che ora si nascondeva, ora veniva verso di noi. Le ruote gigantesche ingoiavano voracemente la strada desolata che dai monti, salendo e scendendo, piegava verso la pianura meridionale.

Mi presi il volto tra le mani, e fissai la strada che correva verso di noi.

Le scarse gocce di pioggia cadute pochi giorni prima avevano già risvegliato odori deliziosi, che avvolgevano le rocce lungo la discesa. I dolci ricordi salivano nei veli di nebbiolina, aleggiavano con noi sul terreno.

Quanto tempo è passato da quando andavo nei campi? Quanto tempo è trascorso da quando tornavo al tramonto, e andavo solo su per la salita del kibbutz?

Signore Iddio!

Le nottate nel vigneto. Sognavamo, fantasticavamo insieme dopo la giornata di lavoro. Stesi sulla terra umida, ci saziavamo in silenzio – soli. E nel cuore si stringe un chiuso desiderio. È questa la casa? È questa la fine? Senza risentimento, ma senza tranquillità, seguiamo quelli che lasciano, quelli che tornano alle loro case, in città. Restiamo qui abbandonati.

Rimaniamo un pugno di persone, e al kibbutz arrivano nuove *achsharot*[1] – un circolo senza fine.

Tu conti già gli ultimi giorni, chiuso col segreto del tuo abbandono, ed ecco una nuova *achsharà*, e con essa, Galia. Magra azzurra. Abiti da lavoro azzurri, occhi brucianti, azzurri. È

---

[1] Plurale di *achsharà*. Si tratta di una specie di campo-scuola dove i giovani si esercitano al lavoro intellettuale e a quello materiale. (*N.d.T.*)

come se tutto il mondo poggiasse, tanto da preoccupare, sulle sue spalle esili. Debole, trascurata, afflitta, ma, in un altro mondo, perfetta.

Sei come fulminato. All'improvviso sei faccia a faccia con la tua metà, cresciuta oscuramente ed eccezionalmente in qualche luogo. Erano per lei le musiche che ti commuovevano, teso e attento, nelle notti chiare. C'era lei nei chicchi di grano che trituravi in bocca.

La strada in discesa gemette. Ora stavamo scivolando per l'ultima china, verso il sole che si disvelava completamente, all'estremità della pianura che si andava aprendo.

Il mostro verde quasi saltava sul volante a ogni curva, quasi lo abbracciava contento. Il disco rosso ardente del sole è davanti alla sua faccia, lui lo rincorre per fermarlo, e per tuffarcisi dentro.

Allora si risvegliò lo sgomento del cuore. La fine immagine copriva tutto il mondo. Da qualche parte – dicevano – aveva un amore lontano, ma io, con lei, non ne accennai neppure. Colsi gli ultimi giorni con mani tremanti. Lasciai le piccole case, la collina, i campi verdi. E, una volta partiti, non si torna.

Un anno di fantasticherie. Un anno di folli speranze. Legato al mio amore, e senza la forza di confessarlo pubblicamente. Per tutti gli spostamenti della sua *achsharà* la seguivo grazie a frammenti di notizie, solitario fedele alla strana immagine che aveva incrociato inavvertitamente la mia strada. Coraggioso e fiducioso ruppi d'un tratto il silenzio, e scambiai con lei delle strane lettere. Finché non andai da lei a Sdot Or, luogo del suo ultimo spostamento.

Lì, nella sua stanza piccola, e paurosamente trascurata, ascoltò, e tacque turbata.

Io non ero la sua metà.

4

Il cielo si aprì al sole che tramontava. Tra le nuvole cominciarono a modellarsi delle forme porporine, fluide. L'autobus si riempì di lunghe ombre. Ora andavamo al galoppo tra estesi pascoli, in cui erano incastonati, qua e là, campi marrone e odorosi. Era già arrivata l'aratura d'autunno. Tutti i giorni dell'inverno, della primavera e dell'estate erano sprofondati in mezzo al campo mietuto, e appassito. Spianato come un tappeto d'oro, che sussurra, sulla pianura. Un anno intero si rovescerà, e sarà inghiottito nelle profondità dei solchi. Cosa resterà del silenzioso universo spaventato?

A un ampio bivio, ombreggiato da olivi grandi e fioriti, tre figure, immerse nella debole luce del tramonto, facevano vivacemente segno all'autobus che si avvicinava. Erano tre ragazzi che volevano fermare l'autobus, gridando uno dopo l'altro eccitati:

«Per Sdot Or?»

«Per Sdot Or?»

«Per Sdot Or?»

Il grasso autista mandò la macchina al galoppo, attraversò appassionatamente le urla che lo seguivano come uno strascico. Ma dopo un pezzetto di strada mise a tacere il motore ancora in movimento, e fermò improvvisamente la macchina. Il sibilo delle ruote che scivolavano nella loro accelerazione residua si trasformò in sottile silenzio. La vettura si fermò. La testa dell'autista ricadde sul volante.

I tre, che stavano rimpicciolendo dietro di noi, corsero con tutte le loro forze verso l'autobus fermo. Si avvicinarono a noi scalpicciando, e picchiarono agitati alle porte chiuse.

«Questo autobus va a Sdot Or?» chiese il più alto di loro, con espressione afflitta, alla mia testa, che si vedeva al di là del finestrino.

«Sì» sussurrai tranquillo.

«Alle nozze di Galia?...» continuò ansimante, per maggior certezza.

«Galia?...» finsi di meravigliarmi.

Intanto gli altri due si affaticavano alla porta anteriore chiusa, tentando invano di attirare l'attenzione del mostro insensibile, piegato allucinato sul volante.

«Digli che apra!» mi urlò l'altro.

Ma io sorrisi, con un sorriso confuso e lontano.

Mentre stavano passando dall'altro lato dell'autobus per svegliare l'autista che si era pietrificato, il motore si mise in moto, si avviò e la macchina cominciò a muoversi lentamente lungo la strada. I tre corsero in questo modo per un po', urlando e protestando, finché all'improvviso, si udì il sibilo dell'aria compressa, e la porta posteriore cominciò ad aprirsi lentamente. I tre si infilarono nell'autobus uno dopo l'altro, e subito la porta tornò a chiudersi dietro di loro. Arrabbiati e confusi guardarono lo strano autista, che spingeva la macchina come preso da nuovo entusiasmo.

Vagarono un po' nell'autobus vuoto, poi sedettero accanto, lontano da me, lanciando intorno sguardi sospettosi. Loro non mi riconobbero, ma io sapevo chi erano.

Erano gli amanti di Galia. Ardon, Edò ed Eti. I suoi primi amori.

I tre si confusero, divennero un'unica, grande ombra. Strano! Tutti e tre si erano già sposati.

All'inizio, giovani nella scuola di Churshat ha-oranim, Galia e Ardon si amavano follemente. Quando lei lo abbandonò, lui si tagliò le vene dei polsi: voleva far scorrere il sangue fino alla morte. Lo trovarono che perdeva sangue, e lo fecero tornare in vita, ma Galia non tornò da lui. La cercò tra molte ragazze, finché ne prese una per moglie.

Edò era il *madrich*[1] di Galia, *chaver-mesheq* a nord. Discutendo animatamente durante le serate di attività, scendeva con lei alla spiaggia, e là si baciavano, nel loro amore innocente. Quando tornò al suo kibbutz, voleva portarla con sé, ma lei non andò.

Eti arrivò in modo burrascoso. In qualche posto si era unito alla compagnia di Galia; era bello e corteggiato. La conquistò una notte, in un campo di lavoro lontano, immaginando che si trattasse di una delle sue numerose conquiste. Ma al mattino fremeva d'amore. Come un postulante ritornò da lei notte dopo notte, e più a lui venivano meno le forze, più lei soddisfaceva la sua sete; fuggì da lui, unendosi a una achsharà che andava in un kibbutz nuovo.

Là c'ero io.

La grande sagoma mi osservava, con le sue tre teste. Sguardi bui mi cercavano per catturarmi. Mi strinsi nelle spalle, e sprofondai nella strada.

Ora l'autobus scivolava nello spazio luminoso di tranquilli

---

[1] *Madrich*, equivale a capogruppo. (*N.d.T.*)

centri abitati. Dai campi lavorati saliva il gelo della notte. Pallide macchie di brandelli azzurri di cielo si squagliavano lentamente sull'orizzonte liscio. Poche e deboli luci occhieggiavano su una collina lontana, fuori dal cerchio risplendente dei numerosi centri abitati. Era Sdot Or. L'autista, curvo, dirigeva l'autobus verso quella direzione; tutta la pianura fiammeggiante si contrasse di colpo, e incalzò l'autobus attratto dalle luci sul colle. Entrammo in strade polverose e tortuose, e già avevamo imboccato la breve salita per il kibbutz. Sulla salita, la vettura cominciò a faticare, ma l'autista non le rese il compito più facile, inserendo una marcia bassa. Il motore soffriva e gemeva, ma l'autista lo soffocò con cattiveria, versandovi altra benzina. Con sorda stupidità continuò a spingere la povera macchina, che cominciò a saltellare agonizzante, finché si spense, a metà salita, e il cadavere silenzioso per un po' si lasciò andare all'indietro.

Si sentì un bisbiglio nei pressi del volante, mentre noi rompevamo con gli occhi l'oscurità. Il piccolo autista aprì la porta accanto a sé e fu subito inghiottito sotto le ruote dell'autobus, nel motore che taceva.

Le luci grandi e chiare del kibbutz erano davanti ai nostri occhi. Mi alzai pigramente dal mio posto e feci qualche passo, che echeggiò nell'autobus vuoto. Mi avvicinai alla porta pieghevole, e con le dita la tirai e l'aprii. I tre mi vennero dietro. Cominciammo a camminare in quattro lungo la salita. Si procedeva in silenzio, quando improvvisamente mi venne accanto Ardon, e mi chiese piano guardando davanti a sé:

«Tu... da Galia?»

Il cielo nero mi cadde sulla testa. L'aria buia dei tre mi scivolò sulla bocca, che tenevo chiusa a forza.

«Sì...» riconobbi senza voce, mentre le mie scarpe battevano sulla strada. Mi misurarono con i loro sguardi, fino a farmi tremare le spalle.

Il kibbutz era silenzioso. Pareva che fosse l'ora del banchetto, e tutti fossero a festeggiare. Gli odori dei pollai e delle stalle si levavano verso di noi come ondate ubriacanti. Da lontano si sentivano delle voci; tutti insieme, dirigemmo là i nostri passi. Apparvero le luci della mensa, e affrettammo il passo. Fissammo gli sguardi nella luce allegra che usciva dalle finestre, e pian piano la raggiungemmo. Spingemmo con le gambe una larga porta, attraversammo in un lampo un corto corridoio, e irrompemmo nella mensa.

La luce ci accecava. Tutti gli sguardi si volsero verso di noi. Con abiti di tutti i giorni, tristi, ci fermammo in un angolo, mentre le ultime grida di gioia lambivano il pavimento e morivano ai nostri piedi. Si fissarono su di noi, impauriti, decine di sguardi anonimi. Nessuno sapeva chi fossi io, ma tutti sapevano chi erano gli altri tre.

Galia era in un angolo, chiacchierava con un'amica. Chiusi gli occhi con forza. Tutti i lineamenti dimenticati, tutti i pigri movimenti ben noti, ritornarono e mi travolsero fino a perdermi. Mio Dio – pianse il mio cuore – quanto amo.

I suoi occhi azzurri scivolarono con distratta meraviglia sui volti dei suoi amici, appena si rese conto che l'allegria era cessata, finché colse con stupore le nostre quattro figure. Le parole si fermarono sulle labbra, il suo sguardo si fece più profondo, si indebolì, il suo viso cominciò a impallidire. Si alzò lentamente dal suo posto, sorvolò il silenzio che si era impadronito del refettorio, e, senza far rumore, si avvicinò a noi, che stavamo ritti ognuno per conto proprio. Per un attimo stette a pensare, non sapeva a chi accostarsi. Infine alzò il suo sguardo verso di me e mi si avvicinò – a me, il più estraneo di tutti. Ero l'unico al quale non aveva concesso mai niente, che l'aveva amata senza esserne ricambiato. Tese la sua mano leggera, che io, debole e infiammato, afferrai, e disse con voce morta:

«Com'è bello che siate venuti per la mia festa.»

5

Una vite verde, ricca di foglie, che si intrecciava sul muro posteriore del refettorio, nascondeva una panchina fredda, di pietra. In questo nascondiglio bisbigliante sedemmo tutti e quattro, vedendo senza essere visti, col muro alle nostre spalle che smorzava le voci della festa.

Stava salendo la luna, piena e matura, emanando cerchi di luce in tutto il cielo, che si schiariva. Deliziati e inteneriti. Un gracidio debole e lontano permaneva nell'aria, come un gocciolio rinfrescante in un momento felice.

I tre mi si sedettero accanto, muti e abbattuti. Anche se è chiaro che non si conoscono bene tra di loro, c'è qualcosa di segreto che li eccita. Tutti e tre osservavano tesi lo stretto passaggio in discesa, del refettorio verso le case buie del kibbutz. Le ore passarono lunghe. Si era ormai stabilito un chiuso silenzio nel refettorio, e il canto tenero di un coro di ragazze saliva e ondeggiava lentamente. Ogni tanto esplodeva la buona risata di un altro gruppo, e di nuovo silenzio, e il canto ricorrente del desiderio.

Mi carezzai il viso con le mani.

Silenzio. Qualcuno lesse delle antiche poesie d'amore in onore dei due. Parole semplici, prolungate, che riempivano la voce calda del lettore, riempivano la notte. Un profumo dolce e inebriante.

Mi si annebbiò la vista. I suoni chiusi che erompevano da oltre il muro sottile cominciavano a essere pesanti per il mio orecchio. Volevo capire, ma lo sforzo disperato mi infiammava la testa. Mi scese addosso la stanchezza. Le piccole case del kibbutz mi si confusero davanti agli occhi. Il tempo strisciava nel cielo disteso sopra di me. E quelli accanto a me, estranei col loro respiro pesante, con la loro attesa silenziosa. Cominciai a essere avvolto dal sonno, e con la testa che mi cadeva sul petto, cercando di svegliarmi, fissai lo sguardo nella luna piena, che se ne navigava in un suo luogo, ma una luminescenza gialla pose fine alle peregrinazioni dei miei occhi. Mi addormentavo, trasalivo, riacquistavo lucidità, e tornavo ad addormentarmi. Le gambe, sotto di me, diventavano deboli, le braccia molli. Una grande luna entrò nei miei sogni, e non sapevo se fosse la luna che era davanti a me, o forse un'altra luna, estranea. Feci a occhi aperti sogni di cieli e di distese. Avvolto dai freddi lacci del sonno, mi svegliavo e trovavo gli occhi luccicanti dei tre. Insistendo nella loro attesa silenziosa e ostinata, guardavano al mio sonno con pietà. Un nuovo vento che si era risvegliato nel mio sonno faceva tremare il fogliame della vite che ci copriva, le foglie grandi e sparse fremevano nel buio davanti a me, come in un mondo magico. Vibrava il freddo nelle mie membra infiammate dal sonno difficile.

Il capo mi scivolò privo di forze sulla coscia di uno di quelli che sedeva. Ogni tanto mi tiravo su – cieco e assonnato – e mi abbandonavo di nuovo, con terrore, alla luna.

Quante ore sono passate? Dove sono? Dietro al muro, c'è lei. Dov'è il muro? Si sposa oggi. Che cosa faccio qui? Che cosa faccio in questa situazione? Come mi sono unito ai tre? Che cosa stanno aspettando?

Le lancette fosforescenti dell'orologio mostravano che era già passata mezzanotte. La porta del refettorio si aprì, fu lanciato uno squarcio di luce, e risate contente. Una figura cominciò a scendere velocemente per il sentiero tortuoso. I tre si alzarono dai loro posti, curvi e sospettosi, e presero a camminare con attenzione sulle tracce della figura. Li seguii.

La figura passò oltre due, tre casette, entrò in una delle stanze e vi accese la luce. Quelli seguirono la luce. Uno di loro aprì in silenzio la porta. Uno alla volta entrarono nella stanza, e io dietro a loro.

Qui stava in piedi un giovane, che si cambiava la camicia. Appena ci vide entrare, le sue mani si inchiodarono sui bottoni.

«Tu sei Dani...» stabilirono piano.

6

Lo divoravo con gli occhi. Dani ero io. Io in sogno.

Occhi franchi, lunghe ciglia. I capelli gli cadono sulla fronte bassa, e lui li scuote con grazia. I suoi lineamenti erano duri, sani, pieni di profonda tranquillità. Invano cercavo lo straordinario.

Chiusero con delicatezza la porta. Pian piano i tre gli si avvicinarono, lo circondarono da tutti i lati, gli si fecero accanto con occhi animosi.

«Siamo venuti a conoscerti...» disse lentamente Edò nel profondo silenzio che era sceso sulla stanza.

Le labbra del prigioniero si separarono in una smorfia di riso confuso, ma l'oscura serietà dei tre gli bloccò il sorriso. Il cerchio si chiuse su di lui.

«Noi tre siamo venuti da lontano, per vedere il marito di Galia... non Galia...» continuò Edò con voce cantilenante.

Dani mi lanciò uno sguardo sorpreso: perché mai mi avessero lasciato lì in un angolo della stanza, scuro e sciupato. Come tutti, sapeva chi erano i tre, ma di me non aveva mai sentito nulla. Galia si era dimenticata persino di parlargli della mia esistenza.

«Siamo venuti a vedere chi era l'ultimo» continuò Edò con ostinazione e a muso duro, mentre gli altri due, accanto a lui, non si facevano ancora avanti. «Siamo venuti a vedere chi rimarrà con lei.»

Gli occhi di Dani tremarono per un attimo, ma subito riconquistò la sua calma profonda, vidi come si distendeva nei solchi del suo viso abbronzato. Edò si mosse piano verso di lui, avvicinò il viso, e bisbigliò emozionato.

«La notte delle tue nozze starai con noi» e si fermò un attimo «staremo qui tutti insieme...»

Mi assalì un'ondata di amore per l'uomo che stava lì, grigio, e abbassava il capo timidamente. Non protestava, si limitò ad alzare gli occhi umili verso i tre che lo accerchiavano, e disse con voce piena di dolore:

«L'amate ancora...»

Edò si ritrasse con ira.

«No,» disse con decisione, e la bocca gli si piegava in un sorriso cattivo «lei, l'abbiamo dimenticata. Ci brucia solo l'offesa dell'abbandono... Le sue notti si sono già mescolate alle altre notti, ma il nostro orgoglio ferito...»

I suoi occhi colsero l'immagine della brutta cicatrice che era sul braccio di Ardon, la cicatrice del suo suicidio.

Si fece silenzio nella stanza. All'improvviso, tutti insieme, gli misero le mani addosso, lo presero per i pantaloni, lo afferrarono per la camicia e lo sollevarono un po' dal pavimento. Le sue gambe si dibatterono in aria, ma lui rimase calmo, basso e chiaro, fissando su di loro i suoi occhi spalancati. Nel silenzio di pietra che si era formato nella stanza, si sentiva solo il rumore della camicia del sospeso, strappata dalle mani dei tre. Lentamente lo sollevarono a mezz'aria e lo gettarono, in silenzio, sul letto – il letto delle sue nozze. Ora si piegavano su di lui, come su un malato grave, e gli si sedettero intorno.

Lui stava disteso senza muoversi, sottomesso alla sua strana sorte, e il suo cuore, ora largo, straripava. Il suo viso era luminoso.

Eti si curvò su di lui, esplorandogli attentamente il viso:

«Non sei bello,» dice dispiaciuto «hai i lineamenti duri...»

La lunga figura di Ardon si piegò sulla sua testa.

«Non sei un genio...»

Il piccolo Edò si stese su Dani, gli appoggiò la testa sul petto, ascoltando i battiti del cuore.

«Sei normale,» disse contenendo la sorpresa «non sei speciale...»

Intanto Ardon passava la mano con la cicatrice sui capelli di Dani, accarezzandolo pietosamente.

«Tu vedi tutto quello che lei vuole vedere?»

La bocca di Dani si serrò disperata.

«Con te lei capisce tutto?»

«Come mai non ti ha abbandonato al sorgere del sole? Come mai non è fuggita da te verso i suoi sogni strani?»

Ardon passò sulle ciglia tremanti di Dani la cicatrice rossa, piena di cuciture.

«Anche se non sei stato abbandonato è bene che tu cerchi di piacerle.» E qui aggiunse con voce tranquilla:

«E ha scelto te per essere il padre dei tuoi figli?»

Le sue lunghe dita scesero alla gola di Dani soffocandolo teneramente. Edò era già tutto sdraiato su Dani, gli aderiva col corpo.

«È possibile che abbia avuto pietà di te?» borbottò sul suo petto. «Lei non sa avere pietà...»

Gli occhi di Dani si riempirono di terrore.

Come improvvisamente accecati, i tre cominciarono ad andare a tentoni, allontanandolo con le mani. Calarono improvvisamente sul corpo steso sotto di loro, contorcendosi stancamente su di lui. Divennero un solo groviglio di membra, che strisciava e si rivoltava sul letto. E Dani, soffocato, era perso da qualche parte sotto di loro.

«Lo uccideranno...» gioii nel mio angolo,

Ma lui balzò con le forze che gli rimanevano. Si salvò dai fasci di mani che lo stringevano crudelmente e fuggì al centro della stanza – coi capelli in disordine, la camicia strappata, i vestiti scuciti, e sul collo i segni delle dita soffocatrici di Ardon. Guardò con occhi agitati i tre, che erano rimasti aggrovigliati sul letto.

«Ha avuto pietà di me...» ricordò, e scoppiò in una risata cattiva. «Io ho avuto pietà di lei...»

I tre rimasero impietriti ai loro posti. Mi si gelò il sangue.

Mentiva!

Mi feci davanti a lui. Il suo sguardo si confuse alla mia apparizione, estranea per lui. Ritraendosi, prese a balbettare:

«Chi... sei?...»

E scivolando nel suo smarrimento aggiunse con scherzo:

«Anche tu sei tra quelli buttati? Anche a te ha dato delle notti, ed è fuggita?...»

Il mio braccio si mosse per ucciderlo. Era all'improvviso forte, disperato. Lo colpii con forza sul viso finché non fu tutto in fiamme. Presi a picchiarlo con pugni pesanti. Non cercò di difendersi, aveva capito. Per la forza delle percosse si piegò, cadde in ginocchio, e mi afferrò in silenzio le gambe. Continuai a picchiare sul volto ferito davanti a me, che piangeva piano, finché cadde ai miei piedi, rimase in silenzio.

I tre mi guardavano stralunati.

Galia irruppe nella stanza. Si fermò impietrita sull'ingresso, gettando lo sguardo sul marito steso ai miei piedi, battuto e sporco di sangue. Il suo sguardo si levava a lei dal pavimento e una risata calma salì sulla bocca tagliata. Asciugò con pesantezza il sangue che gli usciva dalla bocca, tentò di alzarsi, ma le forze non lo ressero. Le sue labbra le dissero:

«Quanto ti amano...»

Si scambiarono sguardi silenziosi e pieni, i loro occhi si incontrarono con amore. In un attimo vidi nei suoi occhi lo stesso sguardo acuto di lei, la scintilla penetrante, estranea. Lui è suo, lei è sua. Erano già uniti in un altro mondo, preesistente. Loro si erano solo trovati, per tornare a unirsi.

Dov'ero io allora?

Volevo fuggire. Mi voltai con decisione verso la notte che appariva al di là della porta aperta. Mi guardarono tutti con compassione. Dani tentò di alzarsi da terra, e i tre si affrettarono ad aiutarlo.

Mentre Galia mi seguì.

7

Uscimmo noi due verso la notte che si faceva limpida. Camminammo in silenzio. Volevo parlare, ma il suo tacere mi chiudeva la bocca. Mi portò fuori dal kibbutz, corse forte e aggressiva per mettermi in mezzo ai campi, per mandarmi via.

Il vestito azzurro non le aderiva al corpo. I capelli di lino le cadevano come onde di desiderio ai lati del viso, mai preso. Le sue calze bianche risplendevano nell'oscurità, salivano e scendevano con l'avanzare dei suoi dolci piedi, che calpestavano la mia ombra. Mi portò a una strada polverosa al di là del recinto del kibbutz, si fermò, chinò il capo e mi congedò sommessamente:

«Di qua, tutto sempre diritto, si arriva alla strada principale.»

«Addio.»

Si volse per andarsene. I suoi passi pigri, lenti, meditabondi.

Io resto fermo in silenzio, fisso al mio posto. Lei si allontanò con lentezza, ma all'improvviso girò la testa per vedermi, e vedendo che stavo ancora fermo e rivolto a lei, ebbe pietà, e cominciò a tornare verso di me, mentre gli occhi mi si riempivano di lacrime. Mi si mise di fronte.

«Va'. In nome del cielo.»

«Ti amo.»

Nel suo sguardo apparve il dolore.

«Ti amo» ripetei con ostinazione. «Ti amo.»

Lei si ritrasse.

Cominciò a prendermi il terrore. Il mio sangue si gettava nei pozzi vuoti dell'anima, e là si perdeva negli abissi. Balzai come un pazzo al di là della strada, in un campo di rovi, e sussurrai:

«Qui mi costruirò una tenda...»

Con mani sconvolte le mostrai le sue dimensioni.

«Non grande, Galia, ma io ci abiterò.»

Con passi da sonnambulo corsi a prendere una grossa pietra e la misi all'ingresso della tenda.

«Siederò sulla pietra. Starò giorno e notte a braccia conserte, guardando la collina.»

Sedetti sulla pietra, incrociai le braccia, e guardai le luci che brillavano.

Dalla pietra spunterà un rampicante, e il rampicante sarà lungo e fine. Mi coprirà. Si attorciglierà su di me, da me germoglierà. Di colpo mi piegai col corpo verso di lei, e balbettai:

«Nessuno mi accuserà, nessuno accuserà il mio amore.»

La sottile immagine si piegava sotto la sua sofferenza.

Mi abbracciai con le mie stesse braccia, nascosi la testa tra le spalle:

«Lui morirà, in un incidente... di una malattia grave... non per colpa sua... e tu – resterai per me.»

Le si piegò la bocca, le venne meno lo sguardo.

«Aspetterò la notizia. Avrò pazienza, fino a che i miei occhi non diventeranno pietre bianche. Allora verranno a dirmi: "La tua Galia sta venendo da te. Suo marito è morto, l'hanno abbandonata tutti quelli che l'amano. Eccola che scende... va... arriva...".»

«Oggi è il giorno del mio matrimonio...» bisbigliarono per se stesse le sue labbra «il giorno del mio matrimonio...»

Mi alzai, mi ficcai le mani nelle tasche dei pantaloni logori, mi avvicinai a lei ondeggiando; i miei occhi divoravano il suo bel viso.

«Io... sono stato sempre buono.»

Annuì muta con la sua testa di riccioli.

«Io non ho mai preteso quello che non era mio.»

Mi avvicinai, e il respiro del mio desiderio accarezzava quell'amato splendore.

«Non ti ho mai toccata, se non per salutarti.»

La presi con le due mani, le cinsi i fianchi. Il corpo sottile si dibatteva tra le mie mani, ardente e tenero. Piegai il capo e sussurrai:

«Sei venuta alle mie labbra solo in sogno.»

Immersi la bocca nei suoi occhi profondi.

Prese a dibattersi tra le mie braccia.

«Fratello... fratello...» la sua voce era strozzata, e con le dita mi attraversava velocemente i capelli. Le lasciai le mani, baciandole una per volta, l'anello del matrimonio splendé sul suo dito. Con denti stanchi morsi il sottile cerchio d'oro. Qualcosa di più grande di me gridò con tutta la mia anima.

«Galia, bambina mia... Loro tre torneranno a consumare le loro donne, che li aspettano. Ma io tornerò a morire accanto all'olivo bruciato.»

Il suo viso era inondato di lacrime. Nel mio corpo dilagò improvvisamente una tremenda debolezza. Le tolsi le mani di dosso, e tornai a sedere in silenzio sulla grossa pietra.

«Basta...» chiusi gli occhi, e quando li riaprii vidi che era ritta accanto a me. Tornai ad abbassare la testa.

8

L'immagine piegata di Galia sparì nella salita della collina scintillante di luci, e rimasi davanti al lume delle stelle.

Un vento freddo soffiava sulla pianura. Sedetti tremante sulla pietra sotto di me. Per sempre. Fino al consumarsi della mia polvere secca. Il campo mietuto non aveva pietà di me. Solo le mie gambe frusciavano fra gli steli rinsecchiti. Volevo vagare, girare per la pianura estranea illuminata dalla cieca luna – era un mio debole sogno, perso con le sue tenere speranze.

Qualcosa annerì sulla strada davanti a me. Mi fregai gli occhi per capire e vidi l'autobus che mi aveva portato. Le mie gambe si ribellarono e tornarono a mordere rabbiosamente la polvere farinosa della strada. Affrettai confuso i passi nella sua direzione, con la testa pesante e le vertigini. Andai così per un po', ma la distanza tra di noi non diminuiva. D'improvviso capii che l'autobus procedeva, lentamente, scuro lungo la strada polverosa.

Mi misi a correre per raggiungerlo. Mi stavo ormai avvicinando ingoiato dal ruggito del motore, che gli si trascinava dietro come una strada, lacerando il silenzio della pianura. Era chiaro che anche l'autobus, lentamente, accelerava. Cominciò a calarmi il sudore sulla fronte, gocciolando sulle lacrime seccate. Le gambe ormai mi si fermavano per la stanchezza. Cominciai a gridare – e il mio grido cade dietro di me, si perde nello spazio.

«Signor autista! Signor autista!»

Ma il corpo oscuro davanti a me rispose con una raffica di fumo bianco sul mio viso bagnato.

«Ferma!» urlai al cielo, e con tutto il calore del cuore spezzato saltai e mi appesi al telaio di uno degli ultimi finestrini. L'autobus cominciò a galoppare. Il mio corpo era teso, le mie gambe ondeggiavano, battevano sullo scheletro di lamiera.

«Aspetta... aspetta...» urlai soffocato.

Cercai di sollevarmi e di entrare da un finestrino, ma avevo le braccia distrutte dalla fatica e dalla paura. Tutta la fatica del giorno mi esplodeva negli occhi. Le braccia stavano per spezzarsi. Sollevai la testa, e con il mento mi appesi a un ferro. Introdussi la mano dolorante, cercando i braccioli di un posto. Così entrai dal finestrino, con la testa dentro e le gambe distese fuori. L'autobus, barcollando, combatteva impetuoso contro di me, ma ormai col viso ero arrivato al posto, e le mie labbra umide scivolavano sulla pelle del sedile.

L'autobus aumentò di velocità.

«Signore...» sussurrai afflitto e agitato dal sedile posteriore.

Il sangue mi scendeva alla testa, le gambe erano tra i ferri del finestrino. Le liberai a fatica, caddi sulla morbida poltroncina, ansimando.

L'autobus era tutto al buio. Solo una lucina rossa brillava tra i quadranti luminosi davanti al volante. Lì stava seduta una sagoma pesante, imponente, impietosa, con un berretto di autista calato sulla testa calva. Le ombre degli alberi della strada passavano e sparivano, perdendosi lungo gli avvisi colorati dell'autobus. Mi alzai sulle gambe deboli e cominciai ad avanzare, vacillando per un bel po' lungo i posti vuoti. Giunsi in silenzio dietro la sua schiena larga e piana, ciondolante e gettata al di là del suo grosso sedile.

Lui non mostrò minimamente di accorgersi di me. I suoi occhi, negli occhiali scuri, erano fissi sulla strada buia. Solo ora vedevo che i fari dell'autobus erano spenti, e che scivolavano con velocità sempre crescente sulla strada sconnessa. Mi si soffocò un grido in gola.

Doveva conoscere bene le strade, perché l'autobus volava nel buio, pronto a ogni curva e a ogni tortuosità. Ma a poco a poco perse il suo controllo, e la memoria lo tradì. Ogni tanto curvava senza necessità. Andava sui lati della strada, e il grosso autobus saltava su canali e fossati, sul punto di sfasciarsi.

«Ci farai capovolgere» gli gridai terrorizzato da sopra la sua testa.

Ma lui non sapeva se io esistessi.

Gli misi una mano impaurita sulla schiena, ma non si accorse di niente. Era concentrato nella guida, le sue mani stringevano con forza il volante che brillava.

«Non continuare!» Gli presi sconvolto la mano grossa e liscia. Ma lui non si mosse. Grosso e insensibile, continuava a fare galoppare la macchina. Presi a graffiargli disperatamente la mano bruciante, e a pizzicargli il collo pesante, ma quello, con un movimento del braccio, mi buttò a terra.

«Autista, ci ucciderai» sussurrai amaramente.

«Picchiai con le mani sulla scatola del cambio, cercai di

afferrare la leva, ma non mi dette retta. Strisciai fino ai pedali sotto di lui, ma le sue gambe erano come sbarre di ferro, tremende sulla loro base. Le morsi coi denti, ma lui senza accorgersi di niente, continuò a far correre la macchina fragorosa che sbatteva ai lati della strada.

«Signor autista...» piansi ai suoi piedi, avvolto stanco nel buio «abbi pietà...»

Persi conoscenza.

Quando mi risvegliai, l'autobus era fermo, silenzioso, tutto inondato di luce. Con la testa attaccata al pavimento di ferro, vidi tutte le lampadine bianche accese lungo l'autobus. Mi passai una mano sugli occhi bruciati dalla luce violenta.

Il grasso autista si alzò dal sedile, in tutta la sua statura di nano, guardandomi. Lentamente stese una mano e si tolse gli occhiali scuri, mostrandomi il suo volto. Era davanti a me – un volto voluttuoso grasso e rosso, che aveva piantati occhi marrone giganteschi esorbitanti nella cornea snudata, fino alle loro radici gonfie: il volto di un dio primordiale con la fenditura di un piccolo labbro.

Il ricordo dell'olivo bruciato accanto a casa mia.

Mi misurò attentamente. Mi sezionò, mi sollevò all'abisso dei suoi occhi roteanti, finché non mi lasciò, piccolo e pietoso. Improvvisamente fui raggiunto dalla sua longanimità. Si piegò passivamente su di me, mi prese per un braccio magro e mi sollevò da terra, agitato e sporco, ora mi avvicinava a sé, accostava la sua fronte potente, scavata da migliaia di cerchietti disordinati di rughe rosse e piccole. Mi squadrò a lungo, e alla fine aprì la bocca, e scandì con voce profonda, rotta:

«Le nozze di Galia sono terminate...»

Le parole uscirono dalla sua bocca strane, inattese.

Restituii uno sguardo appiccicoso al viso che mi stava di fronte.

«Sì» bisbigliai colpito, oppresso nel mio dolore.

Nei suoi occhi potenti si accese una luce.

«Continuare il viaggio?» mi chiedeva il permesso con serietà, sottomesso.

Mi guardai intorno, sognante. L'autobus era fermo, splendente, nel cuore di una pianura scura e gigantesca. La strada, davanti, era illuminata fino in lontananza da lampioni potenti ⊥ una silenziosa strada asfaltata.

Mi rivolsi a lui, con le labbra incollate, mute davanti agli occhi che mi attendevano.

«Continuare?» ripeté, bloccando il mio singhiozzo.

Abbandonai la testa sul petto dell'autista, e l'eccitazione mi mosse le labbra.

«Te ne prego.»

(Trad. di Alessandro Guetta)

Inedito.

Michel Tournier
LO SPECCHIO MAGICO

C'era una volta un califfo di Ispahan che dopo vent'anni di felicità coniugale s'andava tristemente disamorando della regina. Col cuore in pezzi, la vedeva perdere di giorno in giorno il fascino che aveva conservato tanto a lungo. Il viso della regina stava diventando scialbo, appariva grigio, cupo e mesto. Gli angoli delle labbra mostravano una piega amara e delle rughe violacee le appesantivano lo sguardo spento. Pareva soprattutto che avesse rinunciato a sedurre e che deliberatamente venisse meno al dovere di essere bella cui ogni donna, e una regina più di ogni altra, è tenuta.

Così, il califfo si stava allontanando da lei. Tutti i pretesti erano buoni per andarsene in guerra, a caccia o in missione diplomatica. Anche il suo interesse verso le damigelle di corte appariva sempre più insistente.

Un giorno però, uscendo dalle sue stanze per recarsi nella sala del Consiglio, gli accadde di passare dietro alla regina che s'acconciava la capigliatura davanti a uno specchietto. Guardò di sfuggita nello specchio e si fermò sbalordito. Il viso che vi aveva appena scorto risplendeva di radiosa bellezza. Quegli occhi brillavano di gioia. Gli angoli delle labbra si rialzavano in un sorriso pieno di gaia ironia. Colto da stupore, il califfo restò fermo, e, poggiando le mani sulle spalle della regina, la fece voltare verso di lui. Che mistero! Il viso che adesso stava fissando era, come al solito, grigio, cupo e mesto. Gli angoli delle labbra ricadevano in una piega amara. Delle rughe violacee le appesantivano lo sguardo spento. Il califfo alzò le spalle e si recò al Consiglio.

Tuttavia la fugace illuminazione che aveva colto al mattino, seguitava a occupare la sua mente. Cosicché l'indomani fece in modo che si ripetesse la scena del giorno prima. Mentre la regina stava di fronte al suo specchietto, le passò dietro osservandone l'immagine riflessa. Il miracolo si ripeté: vi si rifletteva una donna che risplendeva di gioia. Di nuovo il Califfo la fece voltare verso di lui. Di nuovo, il volto che scoprì era solo una maschera di lutto e malinconia. S'allontanò ancora più inquieto del giorno prima.

La sera, si recò presso il saggio Ibn Al Houdaïda. Era un vecchio infarcito di filosofia che un tempo era stato suo precettore e che non dimenticava mai di consultare nei casi difficili. Gli raccontò del disamore che si stava instaurando tra lui e la regina, del velo di infelicità che abitualmente le copriva il volto, ma anche della scoperta di una donna trasfigurata nel piccolo specchio come per due volte aveva constatato, e gli raccontò pure della sua delusione quando poi l'aveva guardata dritto in volto.

Ibn Al Houdaïda meditò a lungo in seguito a questo racconto. Lui che viveva da tanto tempo senza moglie e senza specchio, cosa ne poteva capire? Interrogò il suo discepolo d'un tempo.

«Cosa vedevi esattamente, nello specchio che osservavi da sopra la spalla della regina?»

«Ve l'ho già detto» rispose il Califfo «vedevo la regina radiosa di bellezza.»

Il saggio seguitò a riflettere.

«Ricordati bene. Davvero vedevi soltanto il volto della regina?»

«Sì, insomma... credo. Forse vedevo anche il muro della stanza, o una parte del soffitto.»

«Domani mattina, riprova di nuovo e guarda meglio» gli ordinò Ibn Al Houdaïda.

L'indomani sera, il Califfo si presentava di nuovo a casa sua.

«Allora?» gli chiese il saggio. «Che hai visto nello specchio, oltre alla regina trasfigurata?»

«Ho scoperto la mia testa in secondo piano e un po' sfocata nella penombra» rispose il Califfo.

«Ebbene,» disse il saggio «ecco la chiave del mistero! Quando affronti la regina di fronte, con durezza, senza amore, come un giudice, quando la squadri come se volessi contare le sue rughe o i suoi capelli grigi, allora la getti in una solitudine che l'addolora e l'imbruttisce. Invece, quando il tuo viso è accanto al suo essa irradia bellezza e gioia. Ti ama, ecco, e si illumina solo quando le vostre due teste sono unite nella stessa cornice con lo sguardo rivolto allo stesso paesaggio, allo stesso avvenire, proprio come su un ritratto di nozze.»

(Trad. di Paola Dècina Lombardi)

«Le miroir magique», 1988.

Inedito.

Note critico-biografiche
sugli autori

Elizabeth Bowen (1899-1973)

Tra gli scrittori inglesi che iniziano a pubblicare dopo la prima guerra mondiale e sono caratterizzati da un profilo generazionale tracciato già da Virginia Woolf nell'immagine della torre d'avorio ormai pendente, Elizabeth Bowen appare la più vicina, per vicende biografiche e scelte tematiche, a un clima culturale ancora influenzato dall'esperienza del *Bloomsbury group*. Nata a Dublino il 7 giugno 1899, appartenente a un'antica famiglia di proprietari terrieri che si era insediata in Irlanda al seguito di Cromwell, visse a Londra ma continuò a trascorrere lunghi periodi nella grande casa nella contea di Cork che descrisse in *Bowen's Court* (1942). Da *Encounters* (1923), il suo primo volume di racconti, a *Eva Trout* (1969), l'ultimo romanzo, la sua narrativa, che copre un arco di tempo molto ampio, conduce un'indagine sul carattere antropologico della «britannicità» che nel Novecento attraversa esperienze nodali, la prima guerra mondiale, la crisi economica, la decadenza delle classi alte, la seconda guerra mondiale che cambia definitivamente il volto dell'Inghilterra. Nei numerosi saggi in cui discute con lucidità e grande finezza di scrittura problemi di teoria e tecnica della narrativa o analizza l'opera di singoli autori, Bowen delinea la necessità di un romanzo costruito di particolari, «illuminando volti o ritagliando gesti».

Con una decisione che, pur nel differenziarsi dei risultati stilistici e formali, è comune ai romanzieri degli anni Trenta, da C. Isherwood a E. Waugh, da A. Powell a Henry Green a G. Orwell a G. Greene, anche Bowen ritorna a una forma «classica» del romanzo entro la quale assorbire la lezione dello sperimentalismo modernista.

Il personaggio, per lo più si tratta di giovani donne, è collocato al centro di storie in cui il ritratto dell'individuo tende più a concretizzarsi negli avvenimenti, nei luoghi, nelle abitudini, negli arredi delle case, che non a dissolversi in un eccesso di coscienza.

In *The Hotel* (1928) l'albergo è emblematico dell'*ennui* del dopoguerra mentre *L'ora decisiva* (*The Heat of the Day*, 1949) è un romanzo anche sulla perdita di identità e di funzione sociale nella Londra sotto i bombardamenti, in cui si spezza quel rapporto quasi alchemico tra la casa e il suo proprietario tipico dei primi racconti. In effetti da *L'ultimo settembre* (*The Last September*, 1929) a *To the North* (1923), a *The House in Paris* (1935) a *Crepuscolo* (*The Death of the Heart*, 1938) a *A World of Love* (1955), un'atmosfera di insicurezza e precarietà incombe sullo svolgimento della trama. Il tema dominante, la rappresentazione dei rapporti amorosi, è trattato entro la consapevolezza che i sentimenti si esprimono attraverso i costumi sociali, dai quali peraltro sono soffocati e ingabbiati. Il contrasto tra la passione, indossata con eleganza e un tocco di snobismo da personaggi, come nei romanzi di Edward M. Forster, sempre ai confini con l'insondabile e il misterioso, e l'allusività contenuta dell'espressione, tipicamente britannica nell'uso dell'*understatement* e dell'ironia, sono gli elementi che connotano la sua cifra stilistica.

Il male che gli uomini fanno... (1923), uno dei primi racconti, è una breve variazione ironica sull'antichissimo tema dell'adulterio, che peraltro nella letteratura inglese occupa una posizione abbastanza marginale, nemmeno riscattata dal pur notissimo *L'amante di Lady Chatterley*, forse proprio per l'eccessiva esemplarità dei protagonisti. Nel titolo, le prime parole del proverbio evocano il discorso di Antonio nel più celebre funerale di tutta la letteratura inglese, la sepoltura di Cesare nel *Giulio Cesare* di Shakespeare, ma introducono a un fatto di cronaca contemporanea di scarsa rilevanza, la morte accidentale di un anonimo impiegato schiacciato da un autocarro in una strada del centro di Londra. A lui sopravvive una lettera d'amore inviata a una signora di provincia casualmente incontrata pochi giorni prima, a un'audizione di poesia. Ed è la lettera, e l'ormai inutile risposta di lei, a costituire il filo narrativo che segue la giornata della signora, tra il ricordo della gita a Londra e gli impegni domestici, in un alternarsi di mondi, punti di vista e registri stilistici in cui la tentazione dell'adulterio progressivamente si spegne, sopita dagli indubbi vantaggi di un'agiata sistemazione borghese. Una elegante borsetta di camoscio, che il marito le porta al ritorno da un proficuo viaggio d'affari a Londra, costituisce la prova definitiva per mostrare come una buona moglie può resistere anche alle parole di un aspirante poeta. Il ritorno all'ordine è ristabilito; il dramma come la poesia è per gli altri e l'angelo del focolare, pur annoiato dalla routine quotidiana, se non può essere Anna Karenina, è immune anche dalla «follia» di Madame Bovary.

Patrizia Nerozzi

Malcolm Bradbury

Professore di letteratura americana in un'università inglese, critico letterario con interessi nell'ambito della storia e della poetica della narrativa, Malcolm Bradbury, nato a Sheffield nel 1932, è autore di romanzi e racconti in cui la consapevolezza dello sperimentalismo modernista e postmodernista trova un'originale mediazione con la struttura classica della commedia di costume. I personaggi delle sue storie, professori universitari, conferenzieri, studenti, ruotano intorno a un tema ricorrente, lo scontro tra culture diverse inteso in senso antropologico e sociale. Ma sia che rifletta sulla palese inadeguatezza degli ideali di un socialismo umanitario, comicamente incapace di affrontare la pratica della vita concreta, come in *Non si mangiano le persone* (*Eating People is Wrong*, 1959), ambientato in un'università di provincia nell'Inghilterra degli anni Cinquanta, o metta invece alla prova i tradizionali emblemi britannici della tolleranza e della democrazia nell'America violentemente competitiva degli anni Sessanta in *Andando ad Ovest* (*Stepping Westward,* 1965), la narrativa di Bradbury contrappone i valori e i rapporti personali ai pericoli di una sempre più diffusa categorizzazione degli individui prodotta dalla aggressiva invadenza delle nuove scienze umane come la psicologia e la sociologia. D'altra parte, se l'individuo deve essere difeso dalle insidie di un'indagine che tende a dissolverne la personalità parcellizzandola in una serie di categorie astratte, anche il romanziere, ormai minacciato nel suo ruolo tradizionale di documentatore della realtà dalle nuove metodologie che impongono le loro forme di interpretazione e riferimento, rivendica il diritto di costruire trame e personaggi proprio utilizzando quei procedimenti, tipici della psicologia e della sociologia, che si diverte a criticare sul piano concettuale. Così nei romanzi di

Bradbury, mentre i «cattivi» sono coloro che usurpano il privilegio del romanziere e manipolano la realtà per i loro fini, la costruiscono e la decostruiscono, lo scontro tra lo sfruttamento delle convenzioni comunicative e la condanna della loro funzione ideologizzante ottiene effetti di *humour* ora parodico ora farsesco. In *L'uomo della storia* (*The History Man*, 1975) il bersaglio della satira è il cinismo trionfante di coloro che si impadroniscono dei meccanismi del potere intellettuale e, «con un po' di Marx, un po' di Freud, e un po' di sociologia», muovono per i propri scopi «la ruota della Storia». In *Tassi di scambio* (*Rates of Exchange*, 1983) il sistema di scambi è quello culturale, e *Mensonge* (1987) è un racconto satirico su un misconosciuto maestro del poststrutturalismo.

Chi pensate di essere?, il racconto che dà il titolo a una raccolta pubblicata nel 1976, inizia sulla nota del «e vissero felici e contenti», dopo che la storia d'amore, secondo lo schema tipico della commedia, si è conclusa felicemente con l'unione della giovane coppia sancita dal matrimonio. Ma la trama rosa non può continuare dopo il lieto fine nemmeno per Edgar Loach, sociologo rampante, e per Rita, fisioterapista molto impegnata. Lo scarto ironico tra il ritmo lento e ripetitivo della narrazione, tipico della fiaba, e l'anodino accumularsi entro coordinate di tipo sociologico di particolari relativi alle loro scelte, costumi, abitudini ne ha già segnato il destino. Edgar, perfettamente integrato nel suo ruolo, pensa di possedere tutti gli strumenti di indagine della realtà e di poter compiere indisturbato la sua scalata sociale. Ma nella Londra degli anni Settanta, dove tutti sembrano freneticamente occupati a seguire le mode e i riti contemporanei, si compie la vendetta del romanziere. Dopo aver partecipato a un quiz televisivo in cui, insieme a un antropologo e a una psicologa, ha dimostrato sul corpo vivo di alcune vittime consenzienti come l'uomo sia un animale assolutamente trasparente, anche Edgar, lungo un percorso che va dallo studio della BBC al ristorante greco molto alla moda, a un elegante appartamento in Sloane Square, viene progressivamente spogliato di tutti i suoi ruoli. Ormai anch'egli vittima patetica, sarà posseduto dalla psicologa che preferisce chiudere la questione con un, peraltro non sgradevole, corpo a corpo.

Patrizia Nerozzi

Shen Congwen: il Faulkner cinese?

La città non era suo genere, anche se solo lì poteva realizzare ciò che desiderava, e cioè scrivere. Lo capì subito, quando per la prima volta mise piede nella Pechino dell'inizio anni Venti: tutti quei gruppi letterari, quei dibattiti sulle nuove idee, essere di destra, di sinistra, e quegli intellettuali di città «laicizzati» (rispetto a Confucio) e materialisti, vogliosi solamente di staccarsi dalla tradizione e di scopiazzare l'Occidente.

Lui non era così. «Io sono un uomo di campagna» scrisse infatti nella sua autobiografia «e lo dico senza orgoglio e senza modestia. Un uomo di campagna ha per regola una certa radicata semplicità – caparbietà anche – e si attiene a degli schemi di amore, odio, dolore e gioia, che sono totalmente diversi da quelli di un uomo di città. Un uomo di campagna è un conservatore; è ostinato; ama la terra; non manca di intuito ma non è certo astuto; ha un suo atteggiamento serio di fronte a ogni cosa, forse anche troppo serio agli occhi del mondo da sembrare quasi pazzo.»

Quest'«uomo di campagna» era Shen Congwen e con queste sue parole bene descrive se stesso. Nato nel 1903 a Fenghuang, nell'Hunan occidentale, passò l'infanzia «a passeggiare tutto il giorno fra le colline e gli aranceti, osservando, ascoltando, sentendo i profumi»... e di qui sfocerà un certo suo «umanesimo pastorale» che in seguito lo farà paragonare dalla critica a Wordsworth e a Yeats. L'idillio si interruppe: i suoi di famiglia (padre, nonno) erano militari di carriera e pertanto anche lui a tredici anni fu avviato a questa professione e mandato in collegio.

Attorno ai diciotto-vent'anni, con il reggimento al quale era stato affiliato, ebbe modo di spostarsi e viaggiare nel paese, soprattutto sui grandi fiumi che attraversano la Cina, e in questi percorsi poté incontrare una miriade di personaggi che colpirono la sua immaginazione: banditi, prostitute, barcaioli, contadini. Tutto un mondo si schiudeva davanti ai suoi giovani occhi: di miseria se vogliamo, e di degradazione, ma anche di bellezza e fascino. Questo mondo costituirà il fulcro della sua opera, composta perlopiù da racconti e da un romanzo breve considerato il suo capolavoro, *Città di confine*.

Negli anni Venti Pechino viveva un grande fermento culturale. Caduta l'ultima dinastia nel 1911, nel maggio del 1919 le forze progressiste repubblicane diedero vita a un movimento che si batteva contro la tradizione e proponeva nuove vie di scrittura e di contenuti. Pullulavano negli ambienti intellettuali varie tendenze e varie riviste.

Shen Congwen si avvicinò al gruppo che pubblicava «Luna Crescente», di ispirazione liberale e anglo-americana. Lui personalmente non imitava i modelli stranieri né, tra l'altro, parlava o leggeva l'inglese – quando lo si paragona ad autori occidentali, la cosa ha solo valore di riferimento. Nell'ambito di «Luna Crescente» riuscì a mantenere comunque la sua autonomia, e la mantenne sempre anche rispetto ad altri: fu scrittore verista e realista con un austero e incrollabile amore per la Cina feudale e confuciana che, pur irta di drammi e miseria, possedeva a suo dire una bellezza profonda e un equilibrio particolare legato alla natura e alle cose.

Questa sua mentalità, però, significava che Shen Congwen non si muoveva con i tempi. Gruppi radicali e marxisti finirono infatti – in epoca in cui le etichette erano facili – per classificarlo «reazionario di destra»; quanto a lui, era convinto che tali idee materialiste avrebbero «brutalizzato» la realtà. Negli anni Trenta, comunque, veniva considerato uno dei maggiori scrittori cinesi moderni, e per una sorta di innocenza che spirava dai suoi personaggi, pur sottoposti a volte a violenze di ogni tipo, venne paragonato a Faulkner.

Se già era in contrasto con i comunisti negli anni Trenta, a maggior ragione lo fu nel 1949 quando questi presero il potere. Venne messo semplicemente in disparte, non più pubblicato o ripubblicato, e conobbe un lungo periodo di silenzio. Si dedicò allora all'insegnamento, alla ricerca storica e anche allo studio delle lacche, degli specchi in bronzo e dei disegni su stoffa di seta.

Ma alla fine fu anche fortunato. Infatti, contrariamente ad altri scrittori cinesi dello stesso periodo, quando negli anni Ottanta si allentarono le strettoie culturali del maoismo, poté vedere rifiorire il suo prestigio e la sua opera.

Il marito può essere considerato uno dei suoi più tipici racconti. Ripropone una situazione del primo Novecento, vecchia Cina ancora: c'è la vita del fiume, della gente che vive sulle imbarcazioni-casa, funzionari del dazio, oppiomani, marinai e tenutarie, e ci sono infine queste donne «venute a servizio» dalla campagna nelle barche-bordello, vittime di un'atroce situazione della quale non sempre si rendono conto.

E c'è poi la figura di questo giovane marito contadino, un po' sprovveduto e sempliciotto, dall'animo «innocente», che riesce alla fine a recuperare una sua coscienza e una sua dignità, sia pur da poveraccio.

Rosanna Pilone

René Crevel

«René Crevel aveva tutte le qualità. Anche la bellezza», ha scritto Paul Eluard all'indomani della morte dell'amico che, all'alba del 18 giugno 1935, aveva aperto il gas nel suo minuscolo appartamento parigino lasciando come unico messaggio: «Chiedo di essere cremato. Disgusto».

Era la vigilia di un Congresso Internazionale che mobilitava l'Associazione degli Artisti e Scrittori Rivoluzionari (AEAR) contro la minacciosa escalation nazista. Crevel, rientrato da pochi mesi dalla Svizzera nei cui sanatori da anni era costretto a curare periodicamente la sua tubercolosi, aveva collaborato alla realizzazione di questa iniziativa appoggiata dal PCF cui si era riavvicinato, dopo esserne uscito nel 1933, con la convinzione che «l'attualità immediata» meritasse la sua attenzione e i suoi sforzi più delle iniziative del gruppo surrealista nel quale militava da dieci anni. Ed è infatti all'impegno politico che si dedicò con passione negli ultimi mesi della sua vita. Ma il surrealismo, l'aspirazione a «cambiare il mondo, secondo la dottrina di Marx, trasformando la vita, secondo l'insegnamento poetico di Rimbaud», non lo rinnegava affatto. Lo dimostrano tutti i suoi sforzi, nei giorni che precedettero il Congresso, per ricomporre il dissenso tra comunisti e surrealisti cui fu negata la partecipazione a causa della lite tra André Breton e Il'ja Erenburg che guidava la delegazione sovietica.

Il suo suicidio, mentre gettava una triste ombra sul Congresso, suggellava un'esistenza da *enfant du siècle* sensibile a tutte le sollecitazioni e tentazioni trasgressive proposte dalla Parigi degli anni folli – dalla droga all'omosessualità – prima che il suo spirito ribelle e la sua tensione verso l'assoluto s'incanalassero nella rivoluzione surrealista.

Nato a Parigi il 10 agosto 1900, nel popolare Faubourg St. Denis, Crevel è il secondogenito di un tipografo che si uccide nel 1914 e di una madre molto cattolica e «asessuata», alla cui educazione repressiva attribuisce la propria difficoltà di definizione sessuale. Approdato nell'elegante XVI Arrondissement, dove la famiglia si trasferisce dopo la nascita di altre due figlie, adolescente taciturno – come lo ricorda Michel Leiris – è tra gli studenti migliori del liceo Janson de Sailly. Qui – scriverà nel pamphlet *Il clavicembalo di Diderot* – vede «imprigionare i [suoi] quindici anni con un "Penso dunque sono"».

Sui banchi di scuola si lega d'amicizia a Marc Allegret che lo introduce nella cerchia di Gide. Comincia intanto a frequentare sia gli ambienti artistico-letterari che i salotti mondani e i locali notturni più spregiudicati abbandonandosi a quegli eccessi che in termini ora ironici ora di lucida analisi affioreranno soprattutto nelle sue prime opere.

Non trascura comunque gli studi di filosofia alla Sorbona dove intraprende una tesi su Diderot romanziere e lavora per la rivista universitaria dove pubblica i suoi primi testi. Nel 1921 fonda con altri la rivista «Aventure» che avrà vita breve ma che servirà a introdurlo sulla scena dell'avanguardia artistico-letteraria agitata dagli ultimi sussulti di Dada che Tzara non vuole rinnegare e i primi tentativi di Breton per coagulare quegli «sforzi dello spirito moderno» che approderanno al *Primo manifesto del Surrealismo* nel 1924. Benché molto legato a Tzara, alla cui posizione «antiletteraria» si sente istintivamente più vicino, aderisce al Movimento surrealista cui resterà fedele seppure con qualche critica e «disubbidienza», e del surrealismo, delle contraddizioni che si dibattono al suo interno (razionalismo-spontaneismo; privato-pubblico; marxismo-psicanalisi; dandysmo-impegno sociale, omosessualità-eterosessualità) sarà l'interprete più tormentato e disarmato.

Nella sua opera, una decina di poesie, sei romanzi e due pamphlets oltre a numerosi saggi critici apparsi su «Les Nouvelles Littéraires», di cui fu segretario di redazione, e su altre riviste, Crevel ha tradotto il suo vissuto e ha ritratto in modo caricaturale e grottesco la società borghese del suo tempo.

Détours (*Deviazioni*, 1924), il suo primo romanzo, è un «bilancio» che senza essere strettamente autobiografico fa riferimento a tutte le idee che lo hanno «ossessionato» e a tutte le persone con cui ha condiviso le esperienze giovanili: dopo la rievocazione dei ricordi d'infanzia e la confessione dei drammi familiari che ritiene responsabili della sua crisi esistenziale, il protagonista ne racconta i tentativi vani di superamento attraverso l'amicizia e l'amore. In *Mon corps et moi* (*Il mio corpo ed io*, 1925), scritto durante un soggiorno tra le montagne della Svizzera, la solitudine e il contatto con la natura sono l'occasione di una serie di riflessioni – assoluto, verità, amore, morte, sessualità – nel tentativo di riappropriarsi della propria fisicità. Il risultato – come scrive a Tzara – è una «confessione molto commovente... ma con certe osservazioni che saranno scioccanti...», alludendo alla sua esperienza omosessuale che nel romanzo viene apertamente dichiarata. Se poi in *Babylone* (*Babilonia*, 1927) presta i suoi sogni infantili e i suoi desideri a una bambina di cui racconta l'iniziazione alla vita, in *La mort difficile* (*La morte difficile*, 1926) mette sotto accusa la morale borghese affrontando il rapporto castrante madre-figlio, e in *Etes-vous fous?* (*Siete pazzi?*, 1929) denuncia il processo di autodistruzione del protagonista che una Parigi tentacolare fa ammalare di pleurite e di un'inguaribile depressione. Per lui non valgono né la psicanalisi né la castità in un sanatorio svizzero perché «la salvezza non è e non sarà in nessun luogo, finché la si crederà per alcuni e non per tutti». Infine, in *Les pieds dans le plat* (*I piedi nel piatto*, 1933), immaginario «quattordicesimo» invitato al banchetto offerto da una *demi-mondaine*, attraverso la descrizione degli altri ospiti rappresentativi di quella borghesia sostenitrice della Terza Repubblica che, non a torto, sospetta pronta ad abbracciare il fascismo anche in Francia, Crevel denuncia l'individualismo capitalista fautore di guerre, la chiesa e il colonialismo, insomma tutto «l'immenso mosaico di putredine» della repubblica borghese cementata dal «fango insanguinato» di cui Parigi con i suoi clamorosi contrasti sociali è la degna capitale.

La signora dal collo nudo, pubblicato in «Le disque vert» (n. 1, 1923) e inserito nel romanzo *Mon corps et moi*, racconta una delle emozioni più forti e persistenti dell'infanzia di Crevel come testimoniano alcune allusioni in altre sue opere.

Il primo amore per qualcuno di cui si conosce soltanto l'immagine è tipicamente infantile ma, se molto comune è l'infatuazione per i personaggi belli e famosi baciati dalla fortuna e dal successo sui quali è possibile proiettare le proprie fantasticherie, più raro è l'innamoramento per creature disgraziate, negative o sospette criminali. Ad accendere il desiderio del narratore bambino non è la criminalità della donna, bensì la sua condizione di prigioniera, di vittima che lui suppone innocente. E in questo si identifica probabilmente con lei, sentendosi all'epoca vittima dell'educazione severa di una madre di cui ricorderà il corpo androgino infagottato in ruvide e opache stoffe. Inaccessibile in quanto immagine, la signora dal collo nudo è tanto più desiderabile perché diversa e trasgressiva col suo abbigliamento che le ha già assicurato una «cattiva reputazione». Quel lembo di carne nuda in contrasto col nero del semplice abito da lutto che le fascia l'esile corpo, e col crespo che le nasconde il volto rendendolo ancora più misterioso, non v'è dubbio che susciti un'attrazione squisitamente erotica. E il motivo della donna prigioniera e vittima innocente che il principe salva eroicamente è un topos tipico della favola, ma qui il bambino, invece di inventare fantasie erotiche o identificarsi in un ruolo maschile salvifico, si immedesima con la donna oggetto del suo amore arrivando a provare davanti allo specchio i fremiti del suo mento e i movimenti delle sue spalle, «così graziosi».

Nella trasposizione letteraria, Crevel adulto, mentre utilizza questo frammento della sua esperienza per ironizzare sulla fittizia voluttà ispirata dalla moda femminile contemporanea che ostentando nudità o celandola maliziosamente con arzigogolate agghindature toglie al corpo della donna tutto il suo mistero, rivela un episodio significativo di quella sua sofferta ricerca di identità che, in amore, lo portò a rivendicare la dignità di una libertà sessuale dettata dal desiderio per l'altro a prescindere dai suoi attributi maschili o femminili.

Paola Dècina Lombardi

Robert Desnos

Nato a Parigi il 4 luglio 1900 e morto di stenti nel campo di Terezin, l'8 giugno 1945, Robert Desnos, inquieto e ardente *enfant du siècle* come René Crevel, è l'autore di un'opera essenzialmente poetica tra le più emblematiche tra quelle legate all'esperienza del Surrealismo.

Cresciuto nel popolare quartiere delle Halles in una famiglia di modeste condizioni, scolaro indisciplinato che a sedici anni abbandona gli studi per lavorare come commesso di drogheria, nel 1917, divenuto segretario di un giornalista, lascia la famiglia per andare a vivere in una soffitta. A questo periodo risalgono le prime poesie che pubblica sulla rivista socialista «Tribune des jeunes» e le sue amicizie negli ambienti anarchici. Qualche anno dopo, entra in contatto con il gruppo di «Littérature», e nel 1922 anima insieme a Crevel, col quale il rapporto sarà però conflittuale, i «sonni ipnotici», ossia quegli stati di *trance* ottenuti a partire da una sorta di seduta spiritica, dei quali venivano trascritti quanto il «dormiente» raccontava. Tali esperienze, com'è noto, stimolarono così tanto l'aggressività dei protagonisti che Breton molto presto decise di interromperle. Desnos ne fu il più turbato perché – secondo Breton – «ci si era abbandonato perdutamente, apportandovi un gusto romantico del naufragio... scavando a testa bassa in tutte le strade del meraviglioso... col potere di sollevarsi istantaneamente dalle mediocrità della vita corrente in piena zona di illuminazione ed effusione poetica..».

Negli anni della sua militanza surrealista, Desnos pubblica su «Littérature» e su «La révolution surréaliste» alcune poesie, delle relazioni di sogni, i *calembours* che immagina dettati telepaticamente da Rose Sélavy (Rose c'est la vie – Rosa è la vita), lo pseudonimo adottato da Marcel Duchamp. Questi testi saranno raccolti in *Corps et Biens* (*Corpi e Beni*, 1930). In volume apparitanno invece *Deuil pour deuil* (*Lutto per lutto*, 1924), frammentario racconto onirico delle «rovine situate sulle sponde di un fiume sinuoso», e *La liberté ou l'amour!* (*La libertà o l'amore!*, 1927), un breve romanzo *sui generis* tutto permeato di erotismo che vede dipanarsi in una Parigi soprattutto notturna le avventure di Corsaire Sanglot e Louise Lame.

Intanto collabora a vari quotidiani e riviste e, nel 1928, partecipa a un Congresso della stampa che si svolge a Cuba. Questo gesto, e il silenzio con cui accoglie la proposta di pronunciarsi circa un'eventuale militanza comunista, provoca la rottura definitiva con Breton di cui è ben nota l'avversione per «la stampa borghese». Nel *Secondo Manifesto del Surrealismo* (1929) viene infatti denunciata l'attività giornalistica «pericolosa» e «confusionale» che avendo «divorato il poeta» avrebbe reso Desnos «un pover'uomo più solo e più povero di chiunque altro». La risposta è durissima. Desnos non si limita a intervenire nel pamphlet «Un Cadavre», firmato dai surrealisti dissidenti che Breton ha fustigato nel *Secondo Manifesto*. Redige un *Terzo Manifesto del Surrealismo* in cui, oltre a spiegare le ragioni profonde della sua rottura con Breton che accusa di ipocrisia, di letterarietà, di speculazione, e oltre a rivendicare il suo diritto di guadagnarsi da vivere onestamente, afferma che il vero surrealismo non appartiene a un gruppo ortodosso cresciuto intorno a un «papa» ma a tutti gli «eretici, scismatici e atei».

Mentre la sua attività lavorativa si intensifica nel campo radiofonico, cinematografico e pubblicitario, dove manifesta una grande carica inventiva, i suoi testi si allontanano sempre più dai temi del sogno e della notte, e dalle immagini degli abissi marini e della foresta. Parallelamente, a una maggiore attenzione verso la politica, che si manifesterà attraverso la denuncia sociale e l'adesione alla Resistenza, il suo interesse per l'uomo diventa più concreto. Alle figure di Corsaire Sanglot o di Fantomas e di Sade o di Robespierre subentrano nelle sue opere uomini reali e contemporanei, proletari, soldati, attivisti della lotta clandestina che vivono, amano, sognano e soffrono in una città e su una terra che non sono più soltanto pretesti per avventurosi percorsi cerebrali ma luoghi di appartenenza che richiamano all'azione e al presente (*Les sans-cou*, 1934; *Portes Battantes*, 1936; *Etat de veille* 1943; *Le bain avec Andromède* 1944). Accanto a queste raccolte di versi restano numerosi articoli, testi critici, scenari cinematografici e pagine di diario che sono stati pubblicati postumi (citiamo tra gli altri: *Domaine public*, 1953; *Ecrits sur la peinture*, 1984; *Cinéma*, 1966; *Nouvelles Hébrides*, 1978).

Nell'opera di Desnos l'amore, con i suoi risvolti di tenerezza, passione, sensualità, angoscia e trasgressione, ha un posto privilegiato. L'erotismo che pervade i suoi versi e le sue prose poetiche, ben diverso dal libertinaggio o dalla pornografia, vuole essere l'espressione di una sensualità in stretta connessione con i processi psichici individuali; risulta cioè il luogo di convergenza di «corporeo e cerebrale».

La parte della leonessa riecheggia nel titolo e nel nome del personaggio femminile, Fabrice, uno scenario cinematografico datato 1928, e anch'esso pubblicato postumo, in cui compare lo stesso tema del desiderio che spinge il vero amante a tentare senza sosta di catturare l'amore impossibile fino ad arrivare a convivere col fantasma da lui evocato. La stessa vicenda raccontata in *La parte della leonessa* è poi anche l'oggetto di un diario intitolato *Journal d'une apparition* che va dal 10 novembre 1926 al febbraio 1927.

Come suggerisce il titolo, la donna ideale prende il boccone migliore nella relazione amorosa di chi, innamorato dell'amore, è condannato a ripetute delusioni, sia che abbracci delle ombre o che veda cadere innumerevoli maschere. Il sentimento d'amore non corrisposto che nei due testi viene «raccontato» è un dato biografico: Desnos per molti anni nutrì una grande e sofferta passione per la cantante Yvonne George che definì «l'unica a saper esprimere l'emozione umana... la poesia eterna della passione, della rivolta e dell'avventura... la più alta espressione della donna moderna». Ma, a dispetto della frustrazione dovuta alla mancanza di un possesso reale, la presenza della donna diventa così forte nel suo desiderio che realtà e sogno si confondono aprendo la strada alla dimensione del «meraviglioso» che diventa oggetto di scrittura. Dunque, e l'allusione alla frase di Nerval lo conferma, il dato biografico si inscrive in una concezione romantica dell'erotismo secondo cui la scrittura è inscindibile dalla ricerca del meraviglioso e dell'autenticità.

Paola Dècina Lombardi

Julien Gracq

Julien Gracq è lo pseudonimo che il ventinovenne Louis Poirier adottò nel 1939 per pubblicare il suo primo romanzo *Au chateau d'Argol* (*Al castello di Argol*). Nell'avvertenza l'autore spiegava di aver scelto Julien in ricordo dell'eroe de *Il rosso e il nero* di Stendhal, un romanzo che lo aveva appassionato e Gracq soltanto per la sua sonorità. E da quel momento avrebbe condotto per quasi trent'anni una doppia vita: Louis Poirier avrebbe insegnato storia e geografia in vari licei di provincia prima di approdare a Parigi nel 1947; avrebbe militato nel PCF tra il 1934 e il 1939; avrebbe fatto la guerra cadendo prigioniero dei tedeschi. Ma queste esperienze di vita non sarebbero affatto entrate nella sua opera. Julien Gracq invece sarebbe diventato quasi in sordina l'autore molto schivo di un'opera assai varia che solo di recente si è imposta al grande pubblico francese.

Il suo nome salì clamorosamente alla ribalta della cronaca letteraria nel 1950 quando rifiutò il Premio Goncourt assegnatogli per il secondo romanzo *Le rivage des Syrtes* (*La riva delle Sirti*). Le ragioni di quel rifiuto Gracq le aveva involontariamente anticipate in un pamphlet significativamente intitolato *La littérature à l'estomac* (*La letteratura sullo stomaco*) apparso quello stesso anno, in cui denunciava i premi letterari, la stampa compiacente e la pubblicità che spostava l'interesse sul personaggio- scrittore a danno delle opere.

Forse, nel suo tono polemico c'era un pizzico di risentimento per gli aristarchi che avevano bocciato la sua prima e unica pièce teatrale *Le roi pêcheur* (*Il re pescatore* 1949), ma la sua critica colpiva più in profondità: fustigava *magisters* come Sartre e Beauvoir e l'esistenzialismo che «nonostante i suoi geroglifici» beneficiava presso critica e pubblico di «un tardivo rimorso nei confronti dell'avanguardia».

Pur non avendo militato in quel grande movimento d'avanguardia che è stato il Surrealismo, esso è stato fondamentale per Gracq come rivelano anche gli altri suoi romanzi (*Un beau ténébreaux* (*Un bel tenebroso*, 1942): *Un balcon en forêt* (*Una finestra sul bosco*, 1958), le prose poetiche di *Liberté Grande* (1958), la *Prose pour l'Etrangère* (*Prosa per la straniera*, 1952), il volume *André Breton. Quelques aspects de l'écrivain* (*André Breton. Alcuni aspetti dello scrittore*, 1948) e il saggio *Le Surréalisme et la littérature contemporaine* (*Il surrealismo e la letteratura contemporanea*, 1950 e 1972). Ma soprattutto lo testimonia la lunga amicizia con Breton che dalla lettura di *Al castello di Argol* disse di aver ricevuto «l'impressione di una comunicazione di tipo essenziale».

Nei romanzi di Gracq non c'è intrigo, o è ridotto al minimo, ma evocazione di un'atmosfera, di un clima tutto particolare in cui silenzio, solitudine, attesa creano una sorta di luogo magico, al confine tra il mondo e l'assoluto, la cui forza di evocazione è dovuta a un uso altamente musicale del linguaggio. «Gracq sa certo esplorare tutti i meandri più tardi percorsi e poeticamente inventariati dal Beckett di *En attendant Godot*» ha scritto Lionello Sozzi. «Ma ancor più dell'oscura aspettazione, col suo corteo immancabile e fluttuante di paure e speranze, la narrativa di Julien Gracq sembra cercare la letizia dell'eterno presente, il miracolo della sospensione del tempo.»

Di sapore autobiografico sono i due volumi di *Lettrines* (*Letterine*, 1967) brevi note in cui affiorano ricordi, incontri e riflessioni sulla quotidianità, e due libri dedicati a due città: Nantes e Roma (*La forme d'une ville*, 1985; *Autour des sept collines*, 1988) percorse secondo un'ottica molto personale.

Anche l'opera critica di Gracq (*Préférences*, 1961; *En lisant, en écrivant*, 1988) è impregnata di una fortissima individualità. A guidare la sua lettura non è né un criterio di obiettività, né un interesse storico-sociologico e neppure l'analisi filologica o quella psicologica. Per lui conta la «preferenza scaturita dal sentimento di intimità che è riuscito a stabilire con alcuni testi che lo hanno fatto riflettere accogliendolo in una specie di "rifugio"... dove la vita scorre più disinvolta e più fresca... dove l'amore rinasce dalle ceneri e perfino l'infelicità più totale si trasforma in rimpianto...».

In *La Barriera di Ross* si respira il clima dei romanzi di Gracq: qui è il paesaggio polare a fare da sfondo a una passeggiata amorosa compresa tra un'alba e un tramonto assai suggestivi, e la scena potrebbe apparire una visione se a renderla reale non ci fosse quel richiamo al sandwich al formaggio da parte di Miss Jane. Come indica il titolo della raccolta cui appartiene questa breve prosa, *Liberté Grande*, il testo si sviluppa liberamente da un'immagine all'altra con un'andatura tipicamente onirica.

Paola Dècina Lombardi

Wilhelm Jensen

Il nome di Wilhelm Jensen (1873-1911), lo scrittore di origine danese nato nell'Holstein pochi anni dopo l'annessione alla Germania, è legato a *Gradiva*, una lunga novella che suscitò così tanto l'interesse di Freud da diventare l'oggetto di un suo importante studio.

Confrontando la teoria espressa ne *L'interpretazione dei sogni* (1900) con il rapporto tra vissuto e sogni del protagonista di *Gradiva*, l'allora cinquantenne e non ancora celebre medico viennese trovava conferma della dottrina psicanalitica che andava elaborando. Ma questo suo saggio, primo esempio di interpretazione psicanalitica di un'opera letteraria, in realtà, come ha notato Cesare Musatti, «riscriveva» il racconto di Jensen arricchendolo di quei prolungamenti che lo scrittore aveva lasciato all'interpretazione del lettore. E, benché Freud abbia raccomandato ai lettori del suo saggio di leggere la novella, è avvenuto che il successo della sua «Gradiva» mettesse in ombra quella originaria. In Italia, per esempio, mentre *Der Wahm und die Traume in W. Jensen «Gradiva»* (*Delirio e Sogni nella «Gradiva» di W. Jensen*) fu pubblicato in rivista nel 1923, *Gradiva, ein pompejanisches Phantasiestück* ha dovuto aspettare parecchie decine di anni prima di apparire nella traduzione di Cesare Musatti del 1961.

Jensen la pubblicò nel 1903, verso la fine di una lunga attività di romanziere, drammaturgo e poeta che affiancò quella di pubblicista svolta per i più importanti quotidiani tedeschi dell'epoca.

Dopo un'infanzia e un'adolescenza trascorse a Kiel e Lubecca lontano dalla famiglia, interrotti gli studi di medicina Jensen si laureò in filosofia nel 1860 a Monaco dove iniziò l'attività giornalistica. Sei anni dopo pubblicò la novella *Magister Thimo-*

theus, la prima di una lunga serie di opere che gli dettero una certa notorietà a cavallo del secolo grazie al successo di *Karin von Schweden*, un romanzo storico più volte ristampato.

A segnalare *Gradiva* a Freud, nel giugno del 1906, fu Gustav Jung che si preoccupò anche di chiedere a Jensen se nella stesura della sua novella avesse tenuto conto delle teorie psicanalitiche. La risposta fu negativa: quella novella era soltanto il frutto della sua immaginazione. Qualcosa di più riuscì a ottenere Freud nella primavera del 1907 in risposta all'invio del saggio che aveva composto, a caldo, nell'estate precedente. Jensen questa volta spiegava come l'idea di quel racconto fantastico gli fosse stata suscitata dall'antico bassorilievo conservato nei Musei Vaticani e come egli stesso, nel corso di una visita a Pompei, avesse provato una certa suggestione trascorrendo lunghe ore meridiane nella contemplazione di quei luoghi. A proposito del protagonista aggiungeva poi: «Non è affatto uno spregiatore della bellezza femminile, come ben risulta dal godimento che trae dal bassorilievo;... egli reca in sé l'aspirazione latente a un "ideale" femminile. Di quanto accade in lui però non sa nulla, ha solo il senso di aver bisogno di qualcosa che gli manca...». Jensen chiariva anche che la connessione tra il giovane archeologo e la «Gradiva» si fondava sulla somiglianza «vaga» tra la donna del bassorilievo e quella reale di cui da bambino aveva colto l'immagine senza collegarvi sentimenti particolari. A far coincidere le due donne era Hanold stesso, indotto dal suo «desiderio». Divenuto adulto, la riapparizione dell'antica compagna di giochi aveva risvegliato in lui «uno struggimento erotico» che, accentuandosi progressivamente, aveva annullato nella sua testa «il controllo della ragione sostituendovi il predominio di un desiderio e di un'aspirazione sognante».

Quello che per Jensen era, e doveva restare, un racconto sulla complessità dell'amore, sul conflitto tra istinto e ideale nel processo di iniziazione alla sessualità e all'amore, per Freud risultava, seppure in termini poetici, la traduzione di un caso clinico, e infatti affrontava l'analisi della psicologia dei personaggi come persone reali. Anzi, dall'iniziale interesse per il «delirio» e i sogni del protagonista fu spinto a indagare sul rapporto tra racconto e autore per capire il processo su cui si fondava l'invenzione poetica. Ulteriori ricerche sullo scrittore e la lettura di altri due racconti, anch'essi segnalatigli da Jung, che contenevano elementi psicologici sull'amore analoghi a quelli presenti in *Gradiva*, lo portarono a stabilire un interesse di Jensen per il tema dell'amore infantile perduto, suscitato dalla sua personale esperienza. In una seconda lettera, Jensen gli aveva infatti rivelato di aver provato un primo amore verso un'amica d'infanzia, morta a diciotto anni, con la quale era cresciuto «in modo assai intimo», e di esser stato legato d'amicizia con una giovane donna anch'essa morta improvvisamente.

Tali notizie rafforzavano in Freud l'idea della possibilità di una interpretazione analitica di un'opera d'arte riferendola all'esperienza dell'autore.

Indubbiamente Freud – come ha scritto André Breton che chiamò Gradiva la Galleria d'arte surrealista da lui aperta a Parigi nel 1937 – ha «magistralmente commentato la stupenda novella di Jensen», ma la sua lettura, che insiste sulla «repressione di impressioni erotiche» come fonte della malattia del protagonista e sul ruolo terapeutico dell'amore di Zoe non mi pare esaustiva. *Gradiva* infatti, col suo denso simbolismo, suggerisce a mio parere altre riflessioni, e la sua conclusione, «il solito lieto fine e il matrimonio», come dice Freud, che Jensen avrebbe utilizzato per «accontentare le sue lettrici», è tutt'altro che artificiosa. È infatti l'approdo cui tende tutta la vicenda dipanata grazie a Zoe Bertgang il cui nome equivale a «vita che avanza splendendo». Ed è lei, Zoe, la donna viva capace di perpetuare la vita, che Hanold finirà per preferire alla figura ideale della Gradiva (colei che avanza) fissata nella pietra.

Jensen ci presenta Hanold come un «prigioniero» perché·«non è cresciuto nella libertà naturale... ma chiuso in un recinto che la tradizione familiare aveva elevato intorno a lui con l'azione educativa, predeterminando il suo avvenire...». E aggiunge che, essendo figlio di uno studioso del mondo antico, è «destinato a perpetuare, o ancor meglio a superare la fama del nome paterno». Allora, «la prosecuzione dell'opera paterna, apparendogli il naturale scopo della sua vita futura», rende ai suoi occhi la scienza «l'unica realtà vivente capace di conferire scopo e valore alla vita degli uomini». Ma la «natura» ha dotato il giovane di una «fantasia particolarmente ricca» che entra in conflitto con la disciplina ricevuta dall'educazione familiare e con la passione, indotta, per la scienza. Proprio la fantasia stimola in Hanold l'impulso al viaggio che, rompendo la routine della sua solitudine, gli permette di avvertire un sentimento di mutilazione: «La sua compagna di viaggio, la scienza» non può riempire il vuoto che sente dentro di sé. Finché si rende conto che «tutta la scienza lo ha abbandonato» ma anche che ormai non ha alcuna voglia di rincorrerla perché «essa riguarda solo l'arida scorza del sapere, e non chiarisce il contenuto, l'essenza... insegna una fredda concezione archeologica... parla un morto linguaggio filologico... non aiuta a capire affatto qualcosa dell'anima, dello spirito, del cuore...».

La critica della scienza è implicita anche nel ritratto che Zoe fa del proprio padre, l'entomologo tutto preso dalle sue farfalle al punto da trascurare, dimenticare, il bisogno d'affetto della figlia. Jensen ha messo in scena nei due casi una passione scientifica che assorbe al punto da mutilare l'individuo nella sua sfera sentimentale col rischio della alienazione dalla realtà. Ha invece impersonato la realtà in Zoe, l'unica che non ha «rinunciato» ad amare, prima indirizzando l'amore per il padre verso Hanold, poi seguitando ad amarlo benché, reso «cieco» dalla scienza, sia diventato «insopportabile».

Senza addentrarci in una analisi delle ragioni culturali – la critica al positivismo, l'interesse per l'archeologia, il gusto del fantastico – che possono aver sollecitato Jensen, non sfugge che la novella mette a confronto scienza e natura, ragione e sentimento, attraverso i modelli maschile-femminile. Da una parte ci sono due uomini votati dalla loro passione al celibato, dall'altra c'è una giovane donna che aspira a una relazione di coppia. Poiché il modello di coppia che si contrappone lungo tutta la novella al «celibe» Hanold è quello degli sposi in viaggio di nozze, è proprio il matrimonio l'elemento sotteso lungo tutta la novella. Quell'unione che prima gli pareva «promossa dall'istinto di accoppiamento senza essere in grado di capirne le motivazioni», sarà per Hanold l'approdo di un processo che gli restituisce insieme alla gioia di vivere la propria integrità. Ora, non è difficile intuire che la sua scelta servirà a «perpetuare» non tanto «la fama del nome paterno» quanto «la vita che avanza splendendo».

Paola Dècina Lombardi

Maria Messina

La riscoperta di questa scrittrice siciliana è dovuta a Leonardo Sciascia che nei primi anni Ottanta ne ha riproposto alcuni racconti.

Nata a Palermo nel 1887, figlia di un maestro elementare e di una aristocratica senza patrimonio, Maria Messina crebbe in un clima familiare dominato dalle tensioni tra i genitori e dalle ristrettezze economiche. A incoraggiarla a scrivere e ad aiutarla a usare una lingua priva di inflessioni dialettali fu il fratello che aveva fatto studi universitari.

Le sue prime novelle sono piccoli schizzi di vita quotidiana della povera gente che le vive intorno: lavandaie, ricamatrici, contadini, piccoli artigiani, giovani che ripongono tutte le loro speranze nella «Merica». Poi, al ritratto degli umili, si affiancherà quello ugualmente amaro dei signori: avvocati «dalle parlate ampollose» i quali, dilapidata la loro fortuna per un'amante, vedono languire figlie senza dote che nessuno vuole sposare; oscuri impiegati che fantasticano di diventare cavalieri del Regno; massari spietati tronfi d'orgoglio; baroni che possiedono impunemente delle povere disgraziate; ambiziosi giornalisti approdati a Roma capaci, col loro disamore, di spingere al suicidio giovani mogli piene di sensibilità.

Nelle novelle pubblicate con i titoli *Pettini fini* (1909), *Piccoli gorghi* (1911), *Le briciole del destino* (1918) se figura dominante è la donna schiacciata da una condizione comunque opprimente, il motivo che le attraversa è la lotta per la sopravvivenza cui s'accompagnano solitudine e disinganni.

A queste prime raccolte che ebbero un certo successo di critica e di pubblico seguirono racconti per l'infanzia e i romanzi *La casa nel vicolo*, pubblicato postumo nel 1982, *Alla deriva* (1920), *Un fiore che non fiorì* (1923), *Le pause della vita* (1926) oltre a numerose altre novelle.

Intanto, i trasferimenti del padre che era diventato ispettore scolastico, le avevano fatto conoscere realtà diverse in altre regioni italiane: Umbria, Marche, Toscana, Campania. A Napoli, dove la famiglia visse un periodo di relativa tranquillità e benessere economico, la scrittrice cominciò a entrare in contatto con alcuni esponenti del mondo letterario spingendosi anche ad allacciare una fitta corrispondenza con Giovanni Verga. Ma fu allora che si manifestò la sclerosi multipla contro la quale Maria Messina lottò scrivendo finché le fu possibile battere a macchina. Nel frattempo, morti i genitori, s'era trasferita in Toscana, la regione che più amava, e a Pistoia, dove per molti anni aveva vissuto assistita da un'infermiera, morì nel 1944.

Paola Dècina Lombardi

Jurij Oleša

«Sono nato nel 1899 a Elisavetgrad, che adesso si chiama Kirovograd. Non posso dire di questa città nulla che le possa dare una caratteristica interessante. Vi ho trascorso solo alcuni anni dell'infanzia, dopo andai a vivere a Odessa, dove s'erano trasferiti i miei genitori.»

Questa l'immagine della città dove nacque Jurij Oleša, da una famiglia nobile caduta in disgrazia dopo la vendita della tenuta paterna e la successiva perdita al gioco dell'enorme somma di denaro ricavato. Una tragedia che riempì tutta l'infanzia dello scrittore. A Odessa cominciò la sua attività letteraria come poeta e finalmente, nel 1922, si trasferì a Mosca dove lavorò nella rivista dei ferrovieri «Gudòk» (La sirena), firmando con lo pseudonimo Zubilo (Scalpello) articoli e feuilleton che lo resero famoso. A Mosca conobbe la fama e i più grandi scrittori di quegli anni. L'incontro con Majakovskij in una sera d'autunno sul viale Roždestvenskij, in prossimità del monastero, fu quasi una folgorazione. «Mi passò accanto e sembrò che non avesse due, ma decine di gambe, come sempre accade quando c'è la nebbia.» L'amore e l'ammirazione per Majakovskij tornano con insistenza in tutta quella straordinaria raccolta frammentaria di pensieri e ricordi di J. Oleša, che va sotto il titolo *Ni dnja bez stročki* (*Non un giorno senza una riga*), uscita postuma nel 1965.

Aveva ventotto anni, nel 1927, quando fu pubblicato a Mosca il romanzo *Zavist* (*Invidia*) che, se da un lato segnò il momento più alto nella carriera letteraria dello scrittore, al tempo stesso scatenò polemiche e critiche per l'ambiguo ritratto della società che l'opera di Oleša aveva disegnato. Di quest'opera così scrive Nina Berberova in *Kursiv moj* (*Il corsivo è mio*): «Nel 1927 lessi *Invidia* che suscitò in me la più grande emozione letteraria di quegli anni. *Invidia* fu e rimane per me il più grosso avvenimento della letteratura sovietica...». La storia grottesca del salumaio Andrej Babičěv, inventore di una grande mensa razionale, il Četverták (il nome allude all'unità monetaria di venticinque copeche, un quarto di rublo che corrisponde al prezzo di un pranzo di due portate) si fonde con quella di suo fratello Ivan Babičev, sognatore e perditempo. A questi fanno da controcanto Volodja Makarov, comunista e amante della tecnica, e Nikolaj Kavalerov, poeta fallito. Nasce così l'antagonismo tra due mondi, quello del futuro, della rivalsa, e quello romantico e individualista del passato e non si può fare a meno di constatare che, ancora una volta, tornano in campo le bande dei «puri» e degli «impuri» majakovskijani, eroi di un'altra opera di J. Oleša dal titolo *I tre grassoni* (*Tri Tolstjaka*), pubblicata nel 1928. Tre avidi e grassi tiranni rapiscono il bambino Tutti per farne l'erede del proprio potere e per sostituire il cervello umano del piccolo con un cervello di ferro, estraneo agli affetti che minacciano una *Congiura dei sentimenti*, titolo della riduzione teatrale che Oleša elaborò del romanzo *Invidia*. Accanto a questa pièce converrà ricordarne un'altra: *Spisok blagodejanij* (*L'elenco delle benemerenze*), dopo la quale seguì un lungo periodo in cui dello scrittore sulla stampa apparvero solo brevi racconti, articoli, lettere, note. Cominciò un periodo difficile per Jurij Oleša dopo l'evacuazione e il ritorno a Mosca. Aveva perso la casa e rifiutava ogni aiuto che non provenisse dal suo mestiere. Poi il 1953, la morte di Stalin, e l'inizio della ritrovata serenità e speranza che gli fanno scrivere alla madre, in una lettera del 1954: «un'invincibile caparbietà, un'incredibile sicurezza in me...».

In *Ljubov* (*Amore*), il racconto qui presentato, che porta la data del 1929, l'amore sembra davvero solo un pretesto per un vagheggiamento onirico sulla natura, sul deformarsi della realtà, come per un difetto di miopia (nell'autobiografia Jurij Oleša racconta come da giovane, un giorno, fosse stato invitato dai medici ad aver cura dei propri occhi!), elaborato in un tessuto linguistico complesso e bizzarro che svela quella straordinaria capacità di equilibrio alchemico attraverso la quale Oleša dosava e cesellava la frase letteraria. Così scrive Viktor Šklovskij: «Ogni parola egli la stringeva fra i denti come si fa con l'oro, la esaminava alla lente d'ingrandimento come se fosse un diamante, la girava e la rigirava fino a farla combaciare con le altre, prima d'incastonarla nella riga».

Nel breve racconto domina la sintesi di quei motivi che legano Oleša agli scrittori di tutta un'epoca: l'amore per le macchine, i primi voli, lo stupore con il quale osserva la natura: qui la lucertola e gli insetti, altrove una libellula venuta a posarglisi sulla spalla, o una scimmia; miracoli inspiegabili, rivelazioni del creato... Torna il motivo dell'aquilone, di cui parla a lungo in un capitolo dell'autobiografia dove scrive: «quand'ero bambino non sono mai riuscito a far volare un aquilone...». E ancora: l'inquietudine degli oggetti, demonìa celebrata dai futuristi, lo scomporsi minaccioso degli oggetti comuni che opprime Šuvalov: «mi stanno usando!» e che apre mirabilmente anche il primo, romanzo di J. Oleša, *Invidia*, con un agoscioso appello: «le cose non mi vogliono bene... tra me e la coperta corrono rapporti complicati».

Nel difficile incastro tra realtà e sogno traspare talvolta un misterioso, ma sicuro richiamo al cinema e quella silhouette nera, seduta sulla panchina del parco, rievoca l'omino di Chaplin, mentre l'esile figurina di Lelja, sottile «come una canna da pesca, come un bambù», riporta alla mente l'irrequieta attrice Lelja Gončarova, eroina della commedia di J. Oleša *L'elenco delle benemerenze*, che esclama estasiata: «Arriverò a Parigi. La pioggia... Lo so... Pioverà. E in periferia, chissà dove, una sera d'autunno, in un piccolo cinema, vedrò Chaplin, scoppiando a piangere...».

In una lettera alla madre, di sé Oleša scrisse: «una volta io ho detto che non camminavo sulla terra ma che volavo sopra di essa, e fu espressione felice...».

Jurij Karlovič Oleša è morto a Mosca, il 10 maggio 1960.

Cristina Di Pietro

Valerij Popov

Valerij Georgevič Popov è nato a Kazan', l'8 dicembre 1939. Dopo il diploma, conseguito presso l'Istituto elettrotecnico di Leningrado Vladimir Lenin, frequenta la facoltà di sceneggiatura dove si laurea. Comincia a scrivere nel 1964 e fino a oggi ha pubblicato sei libri per bambini, sei per adulti, ai quali si aggiungono varie sceneggiature cinematografiche.

Nell'alternarsi delle vicende e atmosfere politiche Popov ha sempre custodito e difeso con tenacia una profonda indipendenza di pensiero, avendo più cara la propria libertà di scrittore che non una comoda e vantaggiosa adesione al dogma. Questo gli ha garantito la possibilità di conservare uno sguardo limpido e originale, in un campo visivo negli anni spesso affollato di modelli e stereotipi imposti dal regime. Come egli stesso ama affermare: «Ci sono persone che combattono sulle barricate, io, invece, ho sempre avuto in tasca una sola arma: la mia penna e la parola».

Il racconto breve o la «povest» (racconto più lungo, ma non romanzo) è la forma letteraria più frequente nella prosa di Valerij Popov, quella brevità in cui il pensiero si contrae e si condensa in un quadro dove, tuttavia, nessuno degli elementi essenziali del suo stile narrativo viene trascurato o rimandato ad altre occasioni. La capacità di decifrare e rivelare i risvolti insoliti e inconsueti nella vita quotidiana dell'uomo contemporaneo, del «cittadino sovietico», prende l'avvio da una sostanza umoristica e grottesca naturale nello scrittore, che rende più facile ai suoi eroi la scelta dell'autoironia, anche nell'infelicità, anche in tempo di sventura.

Nel racconto (*Dve poezdki v Moskvu*) *Due viaggi a Mosca* due personaggi, un uomo e una donna, vivono una stessa storia d'amore, ma con tensioni diverse. Allo slancio istintivo e passionale di Irina, che non evita la possibile rovina, né insegue la prudenza (dunque votata alla disillusione), corrisponde l'incerta volontà del protagonista maschile, l'alternarsi di desiderio e fuga, la continua tentazione al risparmio di sé, all'economia dei sentimenti, come per una sorta di oblomoviana estenuazione, di rassegnata rinuncia alla vita.

La critica contemporanea pone il nome di Valerij Popov accanto a quello dei più celebri scrittori sovietici contemporanei.

Sebbene sia già stato tradotto in Germania e negli Stati Uniti, è questa la prima volta che Valerij Popov viene tradotto e pubblicato in Italia.

Cristina Di Pietro

Raymond Roussel

Nato a Parigi il 20 gennaio 1877 in una famiglia dell'alta borghesia legata al mondo degli affari e morto a Palermo il 14 luglio 1933, per «eccesso di barbiturici», come è scritto nel verbale di polizia, Raymond Roussel è l'autore di un'opera singolare che ha suscitato l'interesse e l'ammirazione delle avanguardie artistiche e letterarie del Novecento: dai dadaisti che avrebbero voluto coinvolgerlo nella loro avventura mentre lui diceva di non sapere cosa fosse il dadaismo, ai surrealisti che applaudivano con entusiasmo le sue pièces messe in scena con grande fasto a spese dell'autore nonostante le critiche feroci; dagli esponenti del *nouveau roman* alle ultime leve di strutturalisti.

La sua biografia è ricca di aneddoti relativi alla sua smisurata ricchezza dilapidata generosamente (la fobia delle cose lavate lo portava a indossare i colletti una sola volta e gli abiti cinque volte; all'attore protagonista della messinscena di *Impressioni d'Africa* regalò un fermacravatte con un magnifico solitario come riconoscimento della sua bravura), ma scarna di avvenimenti se si eccettuano l'incontro con «l'uomo di incalcolabile genio» Jules Verne, i viaggi intorno al mondo da cui confessò di non aver ricavato nulla per i suoi libri perché per lui «l'immaginazione [era] tutto», e gli scandali suscitati dalle sue pièces.

Dopo gli studi al Conservatorio, a diciassette anni Roussel cominciò a scrivere un romanzo in versi, *La doublure* (1897), la cui stesura lo esaltò ma il cui insuccesso lo gettò in una crisi depressiva così forte da convincere la madre a farlo curare dal dottor Pierre Janet. Il titolo dell'opera è significativo: *doublure* equivale ad attore sostituto ma anche a doppio, fodera, e insomma a schermo. Racconta infatti nei minimi dettagli la sfilata delle maschere al carnevale di Nizza cui partecipano Gaspard, un maldestro attore, e la sua infedele compagna. Ancora in versi scriverà i tre testi raccolti in *La vue* (1904), un titolo anch'esso a doppio senso (la vista, la veduta), e *Nouvelles impressions d'Afrique* (1932), descrizione di alcuni siti storici egiziani visti con un binocolo che attraverso una consistente catena di incisi, parentesi e note dilata e riduce in frammenti il testo.

La tensione verso un'opera letteraria che fosse frutto integrale dell'immaginazione spinse Roussel, dopo aver utilizzato l'artificio letterario della versificazione, a elaborare un procedimento creativo basato sull'ambiguità del linguaggio. Sfruttando il doppio senso di parole e di frasi, le associazioni di termini con leggeri scarti semantici, la disarticolazione dei gruppi sillabici, otteneva infatti uno spazio linguistico lacunoso che, ripercorso e riempito con l'immaginazione, gli forniva «una creazione imprevista dovuta a combinazioni foniche».

Con questo procedimento, rivelato nel testo postumo *Come ho scritto alcuni miei libri* (1935), Roussel compose *Impressioni d'Africa* (1910), resoconto dello spettacolo in cui debbono distinguersi «o con un'opera originale o con un'esibizione sensazionale» i naufraghi di una nave catturati da un capotribù africano; *Locus solus* (1914), che descrive il parco di una villa solitaria dove il geniale inventore Martial Canterel, «consacrando la sua vita alla scienza» ha creato un luogo di salvezza e di, seppure fittizia e momentanea, resurrezione; *La stella in fronte* (1924) e *La polvere di Soli* (1926), due pièces che mettono rispettivamente in scena il ritrovamento di una legittimità regale e la decifrazione di un testo misterioso che si risolve in una vera caccia al tesoro.

L'utilizzazione del «procedimento» – ha sottolineato Roussel – comporta una grande maestria se si vogliono ottenere «buone opere», opere cioè che siano prodotto di invenzione. Ma, nonostante la presa di distanza dal reale ottenuta attraverso il meccanismo del procedimento, le associazioni dell'autore sono entrate immancabilmente in gioco e nei suoi testi sono riconoscibili non solo certi frammenti del suo vissuto ma anche quei temi ricorrenti come il doppio e la ripetizione, la tecnologia e la magia, emblematici di certe sue angosce di morte esorcizzate attraverso più o meno fantastici mezzi di salvezza.

Il breve racconto *La pelle verdastra della prugna*, che appare per la prima volta in traduzione italiana, risale al periodo dei primi tentativi di «procedimento». Composto intorno al 1900 fu pubblicato postumo nel 1933 nella raccolta *Textes de grande jeunesse ou Textes génèse*. Esso è infatti costruito sul leggero scarto tra la prima e l'ultima frase. *La prune* (la prugna) diventando *la brune* (la bruna) cambia infatti completamente il senso della frase. A coprire la distanza tra le due frasi c'è il «tessuto» della narrazione che vede la messinscena casalinga di uno spettacolo che, come le sciarade animate tanto in voga all'epoca, la madre dello scrittore allestiva volentieri con grande sfarzo nel suo *hôtel particulier* facendovi recitare parenti e amici. E, in proposito, il racconto è assai interessante. Natte, la protagonista impersonata dalla quarantaseienne padrona di casa, ha tutte le caratteristiche di Marguerite Roussel Moreau-Chaslon, come ce la mostra un ritratto fotografico dell'epoca in cui il figlio diciassettenne recitava in quegli spettacoli cominciando a sostenere parti da adulto.

All'artificio letterario su cui si fonda il racconto, qui molto semplificato trattandosi di uno dei primi esperimenti, corrisponde un plot tipico della letteratura popolare. Ma il tema del tradimento e della vendetta amorosa assume in Roussel un carattere tutto particolare sottolineato dalla dichiarata finzione scenica. Come ha scritto Michel Leiris, «la compilazione di un repertorio tematico dell'opera di Roussel permetterebbe di reperire in essa un contenuto psicologico equivalente a quello della maggior parte delle grandi mitologie occidentali... perché i prodotti della [sua] immaginazione sono, in un certo senso, dei *luoghi comuni quintessenziati*... attingeva infatti alle stesse fonti dell'immaginazione popolare e infantile... la sua cultura era essenzialmente popolare e infantile... come lo sono i suoi procedimenti (racconti a incastro... metodo creativo a calembours drammatizzati...). Senza dubbio, l'incomprensione quasi totale in cui Roussel si è imbattuto, dipende non tanto da una incapacità di cogliere l'universale quanto piuttosto da questo insolito legame tra la semplice banalità e la quintessenza».

Paola Dècina Lombardi

Abraham B. Yehoshua

Nato a Gerusalemme nel 1936 da genitori appartenenti a famiglie di ebrei sefarditi immigrati in Israele alla fine del secolo scorso, dopo aver passato alcuni anni a Parigi Abraham Yehoshua si è stabilito ad Haifa dove insegna Letteratura comparata all'Università. La sua attività letteraria è cominciata nei primi anni Sessanta con dei racconti che si sono imposti per la visione dell'attualità in termini tutt'altro che convenzionali o trionfalistici e per lo spessore umano dei loro personaggi. Che si tratti di padri o di figli, entrambi appaiono inadeguati a vivere una realtà di cui non capiscono il senso, in preda a una crisi di identità che li confina in una estrema solitudine e li condanna a una perenne stanchezza esistenziale che paralizza l'espressione dei loro sentimenti, come avviene, per esempio, in *Shetiqah holekheth wenimshekheth shel meshorer* (*Il poeta continua a tacere*) e in *Bithchillath qaytz 1970* (*All'inizio dell'estate del 1970*). Un più recente romanzo, *Molcho* (1986), racconta invece la crisi di un uomo di cinquant'anni che, rimasto vedovo, deve reinventare i suoi rapporti con le donne e con la gente che gli sta intorno.

Convinto pacifista e sostenitore della Sinistra israeliana, Yehoshua ha costruito, spesso velandole di ironia, delle vicende in cui tensioni e dubbi, contraddizioni e ambiguità denunciano l'insostenibilità sul piano individuale di situazioni determinate dalle posizioni di forza assunte da Israele. Alla denuncia del «disagio» tra l'israeliano e il suo paese si accompagna, per esempio in *Mul haya' arok* (*Di fronte ai boschi*), la critica alla Diaspora[1], generosa in denaro e targhe-ricordo con cui decorare

---

[1] *Elogio della Normalità*, Saggi sulla Diaspora e Israele, Giuntina 1991.

gli alberi ma avara di presenza umana. È per questo che il giovane protagonista, non avendo il coraggio di farlo lui stesso, convince un arabo a bruciare la foresta traboccante di targhe nata su un villaggio arabo distrutto dagli israeliani.

Ma la vena di Yehoshua è più poetica che politica. Lo testimonia anche il bel racconto che viene qui pubblicato per la prima volta, dove alla vendetta amorosa e al conflitto tra valori tradizionali e libertà sessuale viene contrapposta «l'inadeguatezza» di colui che pare l'unico a provare un autentico amore per Galia.

Dopo *Il poeta continua a tacere* (Giuntina 1987) e *L'amante* (Einaudi 1990), la traduzione di altre opere di Yehoshua è imminente presso gli stessi editori.

Paola Dècina Lombardi

Schede bio-bibliografiche

ISAAK BABEL', di origine ebrea, nacque nel 1894 e trascorse i primi anni a Odessa, città sul Mar Nero ricca di fermenti, che avrebbe in seguito ispirato molti dei suoi racconti, appunto *I racconti di Odessa*, *Primo amore* e *Storie della mia colombaia*, nonché il dramma *Il tramonto*. Ma furono le brevi storie di vita militare raccolte sotto il titolo *L'armata a cavallo* a dargli la celebrità, che però si ritorse a suo danno. Il regime bolscevico non apprezzò le sue veritiere osservazioni sulla brutale condotta tenuta all'epoca da certi individui in seno all'esercito russo, e nel 1937 Babel' fu arrestato e condotto in un campo di concentramento, ove morì fucilato nel 1941.

SAMUEL BECKETT, massimo esponente, insieme con Ionesco, del «teatro dell'assurdo», è nato nel 1906 nei pressi di Dublino. Laureatosi nel 1927 in Letteratura francese e italiana, insegnò per alcuni anni a Parigi, dove entrò in contatto, tra gli altri, con il suo connazionale Joyce, con cui strinse rapporti di amicizia e collaborazione. Nel 1937 abbandonò il lavoro universitario dedicandosi interamente all'attività letteraria. Nel secondo dopoguerra si segnalò come autore di saggi, di romanzi e di testi teatrali, ma fu la rappresentazione della commedia *Aspettando Godot*, nel 1953, e dargli fama internazionale. Tra le sue opere narrative si segnalano i romanzi Murphy (1935) e *Molloy, Malone muore* (1951), *L'innominabile* (1953), che costituiscono una sorta di trilogia. Tra le sue opere teatrali, oltre alla celeberrima *Aspettando Godot*, ricordiamo *Finale di partita* (1957), *Atto senza parole* (1957) e *Giorni felici* (1961). Nel 1969 Samuel Beckett ha ricevuto il Premio Nobel per la letteratura. È morto a Parigi nel 1989.

Per HEINRICH BÖLL, nato a Colonia nel 1917, l'esperienza della Seconda guerra mondiale cui partecipò sia sul fronte occidentale sia in quello orientale è stata determinante. Essa rivive nei suoi primi romanzi e racconti: *Il treno era in orario* (1949), *Viandante, se giungi a Spa...* (1950), *Dov'eri Adamo?* (1951). All'inizio degli anni Cinquanta seguita ad essere presente con la realtà delle macerie, con i problemi umani dei reduci, delle vedove, degli orfani: *E non disse nemmeno una parola* (1953), *Casa senza custode* (1954), o dei giovani che scoprono nell'amore il significato autentico della vita: *Il pane dei verdi anni* (1955). Poi, bersaglio della pungente satira di Böll è la società del miracolo economico: nel 1959 apparve *Biliardo alle nove e mezzo* e nel 1963 *Opinioni di un clown*. È del 1971 il suo romanzo più famoso, *Foto di gruppo con signora*, un vasto affresco della società tedesca tra il nazismo e l'epoca attuale. Gli è stato assegnato, nel 1972, il Premio Nobel per la letteratura. È morto a Bonn nel 1985.

MASSIMO BONTEMPELLI (Como 1878-Roma 1960). Fu il promotore del movimento letterario novecentista, che ebbe grande influenza sulla cultura italiana tra gli anni Venti e Quaranta, e il teorizzatore di un neoclassicismo da lui definito «realismo magico», uno stile di scrittura di cui risentono le sue opere narrative come *La scacchiera davanti allo specchio* e *L'amante fedele*. Notevole è altresì la produzione teatrale di Bontempelli, come *Nostra Dea, Minnie la candida* e *Cenerentola*, lavori tuttora presenti nel repertorio di molte compagnie.

JORGE LUIS BORGES, nato a Buenos Aires nel 1899, fin da giovanissimo si dedicò alla letteratura, invaghito dei grandi scrittori di lingua inglese come Stevenson, Wells e Dickens, nonché degli antichi testi orientali ed europei del XII secolo. Attento studioso delle esperienze letterarie, filosofiche e poetiche del vecchio mondo, la sua vita fu costellata da numerosissime conferenze e dall'adesione a movimenti che vanno dall'«ultraismo» al «classicismo», e agli sconvolgenti fenomeni sociali del suo tempo. Autentico uomo di lettere, Borges fu poeta (*Fervore di Buenos Aires, Luna di fronte, Quaderno San Martin*), narratore (*Finzioni, L'Aleph*), e saggista (*Storia dell'eternità, Inquisizioni, Il manoscritto di Brodie, Evaristo Carriego*), e in tutta la sua vastissima produzione, specie poetica, affiorano prepotenti le radici della sua terra natale. Perduta progressivamente la vista, morì a Ginevra nel 1986.

PIERO CHIARA è nato a Luino nel 1913. Dopo un lungo peregrinare in Francia, in Svizzera, e quindi in varie città italiane alla ricerca di un lavoro soddisfacente, nel 1950 si dedicò completamente alla letteratura. Il suo primo romanzo *Il piatto piange* ebbe un immediato successo di critica e pubblico, così come i successivi, tra i quali si ricordano *La spartizione*, *I giovedì della signora Giulia*, *La stanza del vescovo*, *Il cappotto di astrakan* e *Viva Migliavacca!*, quasi tutti ambientati in quella cittadina sul Lago Maggiore, Luino, simbolo dell'atmosfera sonnolenta e grottesca della vita italiana di provincia. Chiara scrisse pure numerosissimi racconti ed elzeviri su giornali e riviste, e alcuni libri per ragazzi, fra cui *Le avventure di Pierino al mercato di Luino*. Si spense a Varese nel 1986.

COLETTE (Sidonie Gabrielle) nacque in un borgo della Francia settentrionale nel 1873. Sposatasi a vent'anni con lo scrittore Willy, iniziò ben presto l'attività letteraria pubblicando i romanzi ispirati al personaggio di *Claudina*. Dopo aver divorziato nel 1906, fu per un certo tempo attrice di teatro, non trascurando tuttavia la sua feconda vena di scrittrice. Di quel periodo sono i romanzi *Il rifugio sentimentale*, *L'ingenua libertina*, *La vagabonda*. In seconde nozze sposò Henri de Jouvenel e a partire dal 1913 pubblicò i suoi libri di maggiore successo: *L'ancora*, *Cheri*, *La casa di Claudina*, *Il grano in erba*, *Il sorgere del giorno*, *La gatta*, *Gigi*, in cui vengono trattati con grande maestria i temi dell'amore, della sensualità, della gelosia e della rinuncia. Scrisse inoltre un volume di memorie in cui vengono rievocate le sue vicissitudini familiari, sentimentali e di lavoro dal 1900 in poi. Morì a Parigi nel suo appartamento al Palais-Royal nel 1954.

JULIO CORTÁZAR, lo scrittore argentino considerato uno dei massimi esponenti della narrativa contemporanea è nato a Bruxelles nel 1914 ma è cresciuto a Buenos Aires dove, laureatosi in lettere, insegnò nelle scuole medie prima di diventare professore di Letteratura francese all'Università di Cuyo. Nel 1951, a causa del suo acceso antiperonismo, fu costretto a lasciare l'Argentina e a rifugiarsi in Francia dove morì, a Parigi, nel 1984. Nel 1951 pubblicò *Bestiario*, la sua prima raccolta di racconti che hanno per oggetto la difficile realtà dell'uomo contemporaneo. Seguirono *Storie di Cronopios e di Fama* (1962), *Le armi segrete* (1964), *Ottaedro* (1974), *Tanto amore per Glenda* (1980). Tra i romanzi, i più noti sono *Il gioco del mondo* (1963), *Il viaggio premio* (1960) e *Il persecutore* (1979). Sperimentalismo e dimensione fantastica caratterizzano la scrittura di Cortázar. Come sottolinea Ernesto Franco in prefazione all'ultima raccolta einaudiana dei racconti dello scrittore «il suo racconto non utilizza i concetti dell'astrazione attraverso cui procede il discorso razionale, ma le immagini conscie o inconscie dell'esperienza nel suo complesso, nei tempi non lineari in cui esse si danno al soggetto: è un meccanismo a tempo limitato che – avendo il tempo come tema di fondo – deve organizzare una "fugacità in una permanenza". In questa segreta alchimia, i sentimenti sono il punto di vista in cui tale fugacità si apprende; le tecniche narrative sono invece gli strumenti attraverso i quali essa si organizza in permanenza e prova la comunicazione».

GABRIELE D'ANNUNZIO nacque a Pescara nel 1863. Esordì giovanissimo come poeta e poi si dedicò, con crescente successo, al giornalismo e alla letteratura. A Roma, dove si trasferì all'inizio degli anni Ottanta e successivamente a Napoli, a Firenze, a Venezia, a Milano e a Parigi, visse un'intensa vita mondana, riempiendo le cronache con le notizie dei suoi successi, delle sue avventure galanti e dei suoi numerosi scandali. Scoppiata la Prima guerra mondiale, partecipò attivamente al conflitto, segnalandosi per alcune audaci imprese, come il volo su Vienna e, nel 1919, l'occupazione di Fiume. Ritiratosi nel suo Vittoriale sul Lago di Garda, vi morì nel 1938. Tra le sue opere nel campo della poesia si ricordano: *Primo vere* (1878), *Canto novo* (1882), *Poema paradisiaco* (1893) e soprattutto *Laudi del cielo, del mare, della terra e degli eroi*, ciclo di cui fanno parte il libro di *Maia* (1903) e di *Alcyone* (1903), considerati i suoi capolavori lirici. Tra i romanzi: *Il piacere* (1889), *L'innocente* (1892), *Trionfo della morte* (1894), *Le vergini delle rocce* (1895), *Il fuoco* (1900) e *Forse che sì forse che no* (1910). Tra le opere teatrali: *La città morta* (1895) e la celeberrima *Figlia di Iorio* (1903).

FRANCIS SCOTT FITZGERALD. Massimo interprete dei «ruggenti anni Venti» americani, l'autore di *Tenera è la notte*, *Il grande Gatsby* e *Gli ultimi fuochi* nacque nel 1896 nel Minnesota e compì gli studi a Princeton. Recatosi in Europa subito dopo la prima guerra mondiale, si unì ad altri scrittori e artisti della cosiddetta «generazione perduta», e vi condusse una vita disordinata e folle insieme alla moglie Zelda, che per prima ne risentì gli eccessi tanto da essere ripetutamente ricoverata in case di cura. Di ritorno in patria, si stabilì e lavorò a Hollywood fino alla morte, avvenuta nel 1940. I suoi romanzi riflettono le emozioni, le speranze, le disillusioni di una certa società americana, quella dei «vincenti», destinata tuttavia a una impietosa autodistruzione.

NATALIA GINZBURG. Nata a Palermo nel 1916, Natalia Levi ha adottato come scrittrice il cognome del primo marito, Leone Ginzburg, fervente antifascista che morì in carcere nel 1944 per le sevizie subite e lo ha conservato anche dopo il matrimonio con l'anglista Gabriele Baldini. I suoi primi racconti apparvero sulla rivista «Solaria», ma sono le pagine scritte subito dopo la guerra che dettero alla Ginzburg una immediata, vasta notorietà: in esse c'è il suo tipico modo d'essere donna, un modo spesso dolente ma sempre pratico e quasi brusco. Tra le sue opere di narrativa si ricordano: *La strada che va in città* (1942), *È stato così* (1947), *Tutti i nostri ieri* (1952), *Le voci della sera* (1961), e i libri di memorie e riflessioni *Lessico famigliare* (1963) e *Le piccole virtù* (1962). Vasta è la sua produzione teatrale, raccolta nei volumi *Ti ho sposato per allegria* e *Paese di mare*. Attualmente vive a Roma.

ERNEST HEMINGWAY nacque nel 1899 a Oak Park (Chicago) da agiata famiglia protestante. Compiuti gli studi alla High School della città natale, entrò come cronista al «Kansas City Star». Volontario nella Prima guerra mondiale, venne gravemente ferito sul fronte italiano nel 1918 e quindi decorato con la Croce di guerra americana e con la medaglia d'argento italiana. Se dall'esperienza di Caporetto trasse ispirazione per *Addio alle armi* (1929) dalla partecipazione alla Resistenza spagnola contro Franco trasse il materiale per il suo famoso *Per chi suona la campana* (1940). Nel 1932 apparve *Morte nel pomeriggio*, nel 1935 *Verdi colline d'Africa*, nel 1937 *Avere e non avere,* nel 1938 *I quarantanove racconti*, nel 1950 *Di là dal fiume e tra gli alberi*. Ottenuto nel 1953 il Premio Pulitzer con *Il vecchio e il mare*, fu insignito l'anno successivo del Premio Nobel. Morì suicida a Sun Valley, Idaho, nel 1961. Postumi sono usciti *Festa mobile* (1964), *Storie della guerra di Spagna* (1969) e *Isole nella corrente* (1970).

HENRY JAMES. Nato a New York nel 1843, si dedicò sin da giovanissimo alla letteratura, ma lo stile della sua narrativa, lontano dai canoni imperanti a quel tempo, non incontrò il favore del pubblico americano e spinse lo scrittore a varcare l'oceano. Nel 1876 si stabilì in Inghilterra, quindi visitò la Francia e l'Italia ricavandone impressioni esaltanti che poi trasferì nei suoi numerosi romanzi, Tra questi si citano *L'americano*, *Daisy Miller* e il suo indiscusso capolavoro *Ritratto di signora*, incentrato sulla figura di una giovane donna che giunta in Europa da una cittadina degli Stati Uniti scopre le realtà di un «nuovo mondo» per lei assolutamente agli antipodi di quello in cui è nata. Altri racconti famosi di James, per l'introspezione psicologica dei personaggi, sono *Il giro di vite, Il carteggio Aspern* e *La tigre nella giungla*. Divenuto cittadino britannico nel 1915, morì a Londra l'anno dopo.

JAMES JOYCE nacque a Dublino nel 1882. Dopo gli studi classici compiuti presso i Gesuiti e la laurea conseguita all'University College della sua città, a vent'anni, in preda a una profonda crisi religiosa e insofferente al provincialismo culturale di Dublino, si trasferì a Parigi e quindi, nel 1904, a Trieste. Qui visse dieci anni insegnando la lingua inglese ed ebbe fra i suoi allievi Italo Svevo al quale si legò di affettuosa amicizia. Visse in seguito a Parigi e a Zurigo dove morì nel 1941. Esordì nel 1907 con una raccolta di versi, *Musica da camera*, seguita nel 1914 dalla sua prima opera narrativa *Gente di Dublino*. Nel 1915 usciva in America *Dedalus*, un romanzo di iniziazione di cui verrà pubblicata postuma una prima stesura col titolo *Stefano eroe*. Nel 1919 veniva rappresentato a Monaco il suo unico dramma, *Esuli*. Del 1922 è l'*Ulisse*, il capolavoro di Joyce cui lo scrittore aveva lavorato per anni, al quale seguirono *Poesie da un soldo* (1927) e *La veglia di Finnegan* (1939).

FRANZ KAFKA (Praga 1883-Kirling, Vienna 1924). Figlio di un agiato commerciante, intraprese controvoglia gli studi di giurisprudenza, si laureò e ottenne un impiego presso una compagnia di assicurazioni. I contrasti col padre autoritario segnarono profondamente il suo carattere e sono testimoniati dalla celebre *Lettera al padre,* così come le *Lettere a Milena* e i primi racconti, soprattutto *La metamorfosi*, rivelano l'angoscia esistenziale dello scrittore che già nel 1910 soffriva dei primi sintomi della malattia, la tubercolosi, che lo avrebbe condotto alla morte. Della caratteristica atmosfera «kafkiana» sono pervasi i due romanzi più noti, *Il processo* e *Il Castello*, in cui risaltano i motivi fondamentali dell'intera opera di Kafka: l'ineluttabile condanna dell'uomo alla solitudine, oppresso dalla volontà di arcane potenze.

RUDYARD KIPLING (1865-1936) nacque in India e compì i suoi studi in Inghilterra, ma ben presto fece ritorno alla sua terra natale dedicandosi al giornalismo e alla narrativa. Al celebre *Libro della giungla*, una vera e propria epopea dell'uomo a contatto diretto con la natura, seguirono *Capitani coraggiosi*, storie di intrepidi marinai e pescatori nei gelidi mari del Nord, e *Kim*, ambientato nell'India del primo Novecento, in cui l'autore evidenzia e approfondisce i rapporti spesso difficili esistenti tra le culture inglese e indiana costrette a convivere. Kipling fu anche autore di pregevoli poesie, tra le quali spicca la notissima *Se...*, una sorta di lettera indirizzata al figlio nella quale gli suggerisce la strada da seguire perché possa diventare un vero uomo.

DAVID HERBERT LAWRENCE. L'autore del celeberrimo romanzo *L'amante di Lady Chatterley*, nacque nei pressi di Nottingham, Inghilterra, nel 1885. Iniziò l'attività letteraria dopo un breve periodo di insegnamento, e conquistò una immediata fama di ribelle con il romanzo *L'arcobaleno*, cui seguirono *Figli e amanti* e *Donne innamorate*. L'originalità della sua scrittura e il crudo verismo con cui indaga i rapporti tra i sessi suscitarono violente reazioni nell'Inghilterra puritana del tempo, tanto che *Lady Chatterley* vi fu pubblicato integralmente solo nel 1960. Oltre a numerosi racconti, Lawrence scrisse poesie venate di tenero romanticismo e di spiccata sensibilità. Morì nel Sud della Francia nel 1930.

DAVID LEAVITT. Nato a Palo Alto, California, nel 1962, si è conquistata una vasta notorietà negli anni Ottanta con i romanzi *Ballo di famiglia*, *La lingua perduta delle gru* e *Eguali amori* in cui vengono narrati piccoli fatti della vita quotidiana con uno stile asciutto ed essenziale, proprio degli scrittori cosiddetti «minimalisti» di cui Leavitt è uno dei più noti esponenti. Dalle sue storie emergono i conflitti, le contraddizioni, i rapporti sentimentali spesso drammatici tipici della società dei nostri giorni.

GIORGIO MANGANELLI, nato a Milano nel 1922, è stato fra i principali esponenti del Gruppo 63, movimento che si contrapponeva agli schemi linguistici della letteratura imperante. Del tutto nuova e personale è la sua prosa, ironica e paradossale, e i suoi lavori sfuggono a qualsiasi definizione e classificazione. Fra trattato e narrativa sono *Hilarotragoedia* (1964, 1987), *Nuovo commento* (1969) e *Amore* (1981). Più pertinenti al racconto *Agli dei ulteriori* (1972), *Sconclusione* (1976), *Dall'inferno* (1985) e *Tutti gli errori* (1986). Una riscrittura in forma drammatica della storia di Otello è *Cassio governa a Cipro* (1977), mentre per quanto riguarda la saggistica si ricordano *La letteratura come menzogna* (1967, 1985), *Pinocchio: un libro parallelo* (1977), *Angosce di stile* (1981) e *Laboriose inezie* (1986). Sempre scritti nel suo stile caustico e suggestivo sono *Cina e altri Orienti* (1974) e *Rumori e voci* (1987). Giorgio Manganelli è morto a Roma nel 1990.

THOMAS MANN. Nato a Lubecca nel 1875 in una ricca e aristocratica famiglia, iniziò giovanissimo la carriera letteraria collaborando a prestigiose riviste come il «Simplicissimus», ma ottenne la fama nel 1901 con il romanzo *I Buddenbrook*, poderoso affresco dell'ascesa e del crollo di una potente famiglia che adombra le vicissitudini della sua. Con l'avvento del nazismo, Mann decise di abbandonare la Germania e visse in Svizzera fino al 1930. Quindi passò negli Stati Uniti e nel 1944 ottenne la cittadinanza americana. Nel 1952 fece ritorno in Svizzera, a Zurigo, dove morì nel 1955. Le opere più note, oltre *I Buddenbrook*, che maggiormente definiscono la complessa personalità dello scrittore tedesco sono: *Altezza reale, Tonio Kröger, La morte a Venezia, La montagna incantata, Doktor Faustus* e il ciclo delle *Storie di Giuseppe*. Nel 1929 gli fu conferito il Premio Nobel.

KATHERINE MANSFIELD. Nata a Wellington, Nuova Zelanda, nel 1888, durante la sua inquieta e breve vita (morì di tisi nel 1923) scrisse innumerevoli racconti, con uno stile del tutto personale. La sua prima raccolta apparve nel 1911 con il titolo *Una pensione tedesca*, ma sono i *Diari* e le *Lettere*, pubblicati postumi a cura del marito Middleton Murray, che più documentano la tormentata personalità della scrittrice inglese. La sua introspezione psicologica dei personaggi, soprattutto femminili, spicca nei racconti della maturità, come *Beatitudine* (1921), *Festa in giardino* (1922), *Il nido delle colombe* (1923), che diedero alla Mansfield una vasta notorietà, non ancora spenta, specie tra gli amanti di quel genere narrativo.

ALBERTO MORAVIA è nato a Roma nel 1907. Dopo un'adolescenza segnata da una lunga malattia che gli impedì di compiere studi regolari, pubblicò nel 1929 il romanzo *Gli indifferenti,* opera di coraggiosa rottura per il suo linguaggio scarno e concreto, in contrasto con la ricercatezza formale tipica della produzione letteraria del tempo. Negli anni Trenta, anche per evadere dal clima oppressivo maturato dal fascismo, viaggiò a lungo, alternando l'attività di scrittore a quella di giornalista. Quindi, dopo gli anni difficili della guerra, Moravia riprese con successo il suo impegno narrativo, caratterizzato da un'acuta sensibilità per i mutamenti di costume della società italiana e da un'estrema attenzione alle proposte dei più svariati campi culturali, dalla psicanalisi alla sociologia. Fra le sue opere più note, oltre agli *Indifferenti*, ormai considerato un testo fondamentale della letteratura italiana del Novecento, si citano: *La romana* (1947), *Il conformista* (1951), *Racconti romani* (1954), *La ciociara* (1957), *La noia* (1960), *L'attenzione* (1965), *Io e lui* (1971), *La vita interiore* (1978), *Boh* (1976), e tra le ultime *L'uomo che guarda* (1985), *Il viaggio a Roma* (1988), *La villa del venerdì e altri racconti* (1990). Vanno ricordate inoltre le sue numerose corrispondenze giornalistiche: *Un'idea dell'India* (1960), *A quale tribù appartieni?* (1972), *Lettere dal Sahara* (1981), i testi teatrali *L'intervista* (1966), *Il mondo è quello che è* (1966), nonché le recensioni cinematografiche, molte delle quali raccolte nel volume *Al cinema* (1975). Alberto Moravia è morto a Roma il 26 settembre 1990.

ROBERT MUSIL. Nato a Klagenfurt nel 1880, fu studente di ingegneria e assistente al Politecnico di Stoccarda, ma passato agli studi di psicologia, si laureò a Berlino, e ben presto iniziò a pubblicare racconti su giornali e riviste letterarie. Durante il regime nazista peregrinò in Italia e in Svizzera, lavorando ininterrottamente al suo capolavoro, *L'uomo senza qualità*, uno dei vertici assoluti della letteratura europea del nostro secolo. Articolato in tre parti, narra le vicissitudini di un ex ufficiale asburgico che vede naufragare le sue ambizioni (l'uomo «senza qualità», appunto), e storie di contenuto sociale in cui agiscono personaggi nelle spire della ineluttabile decadenza dell'impero. La sua opera prima, *I turbamenti del giovane Törless* (1906), segnò una rottura nella storia della narrativa tedesca, paragonabile a quelle operate circa in quegli stessi anni da Kafka e Rilke. Morì a Ginevra nel 1942.

ANAÏS NIN è nata a Neuilly (Parigi) nel 1903. All'età di dieci anni si trasferì con la madre a New York e vi rimase per vent'anni. Quindi tornò a Parigi ove cominciò a frequentare gli ambienti letterari in seguito alla pubblicazione di un suo acuto saggio su D.H. Lawrence. Il suo primo romanzo apparve nel 1936, *La casa dell'incesto*, e nel 1942 *Inverno artificiale* che non ebbero quella risonanza internazionale che i *Diari*, pubblicati a partire dal 1966, avrebbero avuto grazie a un linguaggio e a una forma del tutto particolari, tipici dell'espressionismo astratto americano. Scrittrice erotica per eccellenza, elogiata da un insigne maestro quale fu Henry Miller, Anaïs Nin scrisse ancora *Una spia nella casa dell'amore* (1954), *Il delta di Venere* e *Uccellini* (usciti postumi nel 1978), tutti incentrati sull'indagine della sessualità femminile, tema molto caro a Colette, che molto influì sulla formazione intellettuale della scrittrice. Morì a Los Angeles nel 1977.

GOFFREDO PARISE, nato a Vicenza nel 1929, frequentò la facoltà di filosofia presso l'Università di Padova e dal 1954 intraprese l'attività giornalistica che non avrebbe mai abbandonato nel corso degli anni. Suo primo romanzo fu *Il ragazzo morto e le comete* (1951), cui seguirono *La grande vacanza* (1953) e quello che si può considerare il suo capolavoro, *Il prete bello* (1954). Successivamente apparvero *Il fidanzamento* (1956), *Atti impuri* (1959) e *Il padrone* (1965) che gli valse il Premio Viareggio. Attento e sensibile osservatore delle realtà politiche e sociali che segnarono il mondo negli ultimi trent'anni, Parise scrisse come «inviato speciale» impressioni e testimonianze sulla Cina (*Cara Cina*, 1966), sul Vietnam (*Due, tre cose sul Vietnam*, 1967), sul *Biafra* (1968) e sulla megalopoli americana (*New York*, 1977). Documenti della sua indagine sui malesseri della società moderna sono inoltre contenuti ne *Il crematorio di Vienna* (1969) e, in parte, nei due *Sillabari*, pubblicati rispettivamente nel 1972 e nel 1982. Goffredo Parise morì a Treviso nel 1986.

DOROTHY PARKER è nata a West End, nel New Jersey, nel 1893 ed è morta a New York nel 1967. È stata una acuta osservatrice e un'ironica testimone del suo tempo. Autrice di testi pubblicitari per «Vogue», collaboratrice di «Vanity Fayr» e del prestigioso «The New Yorker» come critico letterario e teatrale, scrisse anche incisive corrispondenze dalla Spagna dove si recò come inviato durante la guerra civile. La sua opera letteraria permeata di umorismo conta due volumi di racconti (*Il mio mondo è qui*, 1939; *Racconti*, 1942) e tre volumi di poesie (*Collected Poetry*, 1944) oltre ad alcune commedie.

CESARE PAVESE nacque a Santo Stefano Belbo (Cuneo) nel 1908. Studiò a Torino dove si laureò in lettere. Fu tra i primi letterati italiani a studiare e a utilizzare l'esperienza degli scrittori contemporanei americani; a essi dedicò saggi su riviste e traduzioni di gran pregio, prima fra tutte quella del *Moby Dick* di Melville. Arrestato per antifascismo, nel 1935 fu al confino in Calabria. Nel 1936 pubblicò il suo libro di poesie *Lavorare stanca* e nel 1941 uscì il romanzo breve *Paesi tuoi* cui seguirono *La spiaggia* e dopo la guerra *Feria d'agosto*, *Dialoghi con Leucò*, *Prima che il gallo canti*. Nel 1949 pubblicò *La bella estate* e nel 1950 *La luna e i falò* che condensa in una sintesi narrativa tutti gli elementi della complessa personalità dello scrittore. Pavese morì suicida in un albergo a Torino nel 1950.

LUIGI PIRANDELLO nacque ad Agrigento nel 1867 e morì a Roma nel 1936. Drammaturgo e narratore, è la figura più viva del teatro e delle lettere italiani del Novecento. Pubblicò i suoi primi racconti su giornali e riviste, tra cui «Nuova Antologia» e il «Marzocco», e successivamente si dedicò al teatro, una forma essenziale all'espressione della propria genialità. I suoi drammi erano destinati a esercitare un sensibile influsso sul teatro e la letteratura europei. Nell'opera sia teatrale sia narrativa di Pirandello viene espressa la crisi che travaglia la società borghese disperatamente ancorata a convenzioni fittizie, dove l'uomo scopre i termini del suo malessere esistenziale. Ricevette il Premio Nobel nel 1934. Tra i romanzi si ricordano: *L'esclusa*, *Il fu Mattia Pascal*, *I vecchi e i giovani*, e, tra i racconti, *Novelle per un anno*. Tra le opere teatrali: *Pensaci, Giacomino*, *Così è (se vi pare)*, *Il gioco delle parti*, *Sei personaggi in cerca d'autore*, *Enrico IV*.

VITTORIO SERMONTI è nato a Roma nel 1929. Laureatosi in lettere, ha svolto attività di docente, di giornalista, di traduttore e di teatrante. Pubblicò il suo primo romanzo nel 1954, *La bambina Europa*, cui seguirono *Giorni travestiti da giorni* (1960), una rievocazione della propria infanzia e adolescenza vissute nelle penombre del regime fascista e *Novella storica* (1968). È del 1980 il dossier estremamente puntiglioso e drammatico sulla Praga del '68: *Il tempo fra cane e lupo*, mentre di tutt'altro tema e di vena satirica è *Dov'è la vittoria?*, uscito nel 1983, in cui sono raccolte testimonianze, commenti e aneddoti vari sui mondiali di calcio del 1982. Notevole è il recente impegno di Sermonti nel suo lavoro di parafrasi e commento del poema dantesco; ne fanno fede *L'Inferno* e *Il Purgatorio di Dante*, pubblicati rispettivamente nel 1988 e 1990.

ANTONIO TABUCCHI, nato a Pisa nel 1943, esordì nella narrativa con i romanzi *Piazza d'Italia* (1975) e *Il piccolo naviglio* (1978), cui seguirono due volumi di racconti, *Il gioco al rovescio* (1981) e *Donna di Porto Pim* (1983) con i quali l'autore si è meritata la fama di uno dei più interessanti scrittori della nuova generazione. La sua prosa è nitida, fine e intensamente comunicativa, qualità che spiccano in special modo nel breve romanzo *Notturno indiano* del 1984, determinato appunto da un suo viaggio in India. L'anno successivo apparve *Piccoli equivoci senza importanza* e nel 1986 *Il filo dell'orizzonte*. Attualmente Tabucchi è docente di letteratura portoghese all'Università di Genova, e ha trasferito la sua specializzazione nella cura di un'antologia di poeti surrealisti portoghesi e un'altra dell'opera di Fernando Pessoa.

MICHEL TOURNIER è nato a Parigi nel 1924. Dopo aver intrapreso gli studi giuridici e letterari, si è laureato in filosofia e dal 1958 al 1968 fu direttore editoriale presso la Casa editrice Plon. Esordì nella narrativa con il libro che più di ogni altro gli avrebbe dato fama e prestigio: *Venerdì o il limbo del Pacifico* (1967), in cui riprende e stravolge il noto intreccio del romanzo di Defoe. Premiato dall'Académie Française, a questo romanzo seguì nel 1970 *Il re degli ontani*, che gli valse il Prix Goncourt. Seguirono *Le meteore* (1975), *Gaspare, Melchiorre e Baldassarre* (1980), *Gilles e Jeanne* (1983). Tournier ha inoltre scritto saggi in cui vengono esposte e motivate le sue scelte letterarie, e alcuni libri per l'infanzia, come *Pierrot ou les secrets de la nuit* (1979) e *Barbedor* (1980). È collaboratore di «Le Monde» e «Les Nouvelles Littéraires».

MARGUERITE YOURCENAR è nata a Bruxelles nel 1903 da padre francese e madre belga. Cresciuta nel Nord della Francia e a Parigi, ha poi trascorso la maggior parte della sua vita all'estero, in Italia, Svizzera, Grecia e Stati Uniti. Eletta all'Académie Française nel 1980 (prima e unica donna), è autrice di raccolte di versi, poemi in prosa, racconti, lavori teatrali, saggi, traduzioni, e si è conquistata una fama mondiale con i romanzi *Alexis* (1929), *Il colpo di grazia* (1938), *Memorie di Adriano* (1951), *L'opera al nero* (1968). Ha lasciato una testimonianza narrativa delle proprie radici familiari in *Care memorie* (1974) e *Archivi del Nord* (1977). È morta negli Stati Uniti nel 1987.

Indice

OSCAR SCRITTORI DEL NOVECENTO

«Racconti d'amore del '900»
a cura di Paola Dècina Lombardi
Oscar Scrittori del Novecento
Arnoldo Mondadori Editore

Questo volume è stato stampato
presso Mondadori Printing S.p.A.
Stabilimento NSM - Cles (TN)
Stampato in Italia - Printed in Italy

N.000580

47771
2000